郭 戈 刘立德 主编

中国近代教育专题史论丛

中国近代教育行政史

ZHONGGUO JINDAI JIAOYU XINGZHENGSHI

熊贤君 著

人民教育出版社

·北京·

图书在版编目(CIP)数据

中国近代教育行政史/熊贤君著.—北京：人民教育出版社，2014.12

(中国近代教育专题史论丛)

ISBN 978-7-107-24557-2

Ⅰ.①中… Ⅱ.①熊… Ⅲ.①教育行政—教育史—中国—近代 Ⅳ.①G529.5

中国版本图书馆 CIP 数据核字（2014）第 280434 号

人民教育出版社 出版发行

网址:http://www.pep.com.cn

保定市中画美凯印刷有限公司印装 全国新华书店经销

2014 年 12 月第 1 版 2014 年 12 月第 1 次印刷

开本：890 毫米×1 240 毫米 1/32 印张：19.5

字数：495 千字 印数：0 001～2 000 册

定价：44.50元

如发现印、装质量问题，影响阅读，请与本社出版科联系调换。

（北京市海淀区中关村南大街 17 号院 1 号楼 邮编：100081）

《中国近代教育专题史论丛》出版前言

本着“服务教育，繁荣学术，积累文化”的宗旨，我社策划编辑出版了一系列中国近代教育史专业的学术著作、大学教材和师生课外读物，如《中国近代教育史》、《中国近现代教育思潮与流派》、《中国近代教育文选》、《中国近代教育史教学参考资料》（3卷）、《中国近代教育论著丛书》（24卷）、《中国名校丛书》（14卷）、《蔡元培年谱长编》（4卷）、《20世纪中国中小学课程标准（教学大纲）丛书》（15卷），等等，极大地充实了全国师范院校教育专业师生的教育读物，既为国外教育学界提供了研究中国近代教育史的系统的文献资料，又对继承祖国教育遗产、弘扬优良传统，发展和繁荣我国教育科学，建立中国特色社会主义教育体系产生了重要影响，多次荣获全国优秀教育图书奖、国家教育部优秀教材奖、国家图书奖等各种奖项。

为了适应21世纪社会主义现代化建设的需要，加强新世纪的中国教育史学科教材建设和学术著作的出版，我社策划编辑出版《中国近代教育专题史论丛》，作为教育部课程教材研究所规划重点项目。经国家新闻出版总署批准，该丛书又被列为国家出版规划重点项目。

《中国近代教育专题史论丛》既是学术著作，又可作为高等学校教材和教学参考书使用。其编辑出版的宗旨是：以历史唯物主义为指导，对我国近代教育发展史进行专题的、个案的深入探讨，以促进教育史学科研究和教学水平的提高，为该学科的建设和发展提供丰富的思想源泉，并为当代教育改革与发展提供借鉴；以科学性、前沿性的标准，从中国教育近代化的视角，着重探讨中国近代教育史上社会教育、乡村教育等创建和发展的基础和背景，考察其发展的历史轨迹与脉络，评析产生重要影响的事件、活动、社团和著作，总结代表人物的思想与贡献，并联系当前实际，从近代教育发展趋势中吸取经验教训，得到有益的启示。

教育界、教育史学界和史学界专家、学者，热情关注本论丛的编辑出版，并提出了宝贵的意见和建议；华中师范大学原校长、博士生导师章开沅教授，北京师范大学博士生导师郭齐家教授，中国教育科学研究院原教育史研究室主任宋恩荣研究员，人民教育出版社原副总编吕达编审，浙江大学教育学院原院长、博士生导师田正平教授欣然担任本论丛学术顾问；各卷作者也付出了辛勤的劳动。对此，我们深表谢意。

限于水平，本论丛的编辑出版或有不妥和不足之处，敬请读者不吝指正为感。

人民教育出版社

2013年1月

《中国近代教育专题史论丛》总序

章开沅

历史不仅是集体记忆，而且是集体智慧，是人类数千年改造自然并且改造自己的集体记忆、智慧的丰厚积累。所以马克思和恩格斯在《德意志意识形态》中强调指出："我们仅仅知道一门唯一的科学，即历史科学。"他们把历史划分为两个方面，即自然史与人类史，两者相互制约。他们还语重心长地说："我们需要深入研究的是人类史，因为几乎整个意识形态不是曲解人类史，就是完全撇开人类史。"① 我不知道有多少学者，特别是自认为是马克思主义的学者，曾经认真研究过这个简短的注释，但至今我们仍然可以从中汲取极为深刻的教训。

教育史是人类史的一个重要组成部分，其重要性就在于它着重研究人类如何改造（优化）自己，包括其理论、理念、方式、方法与实践诸方面。教育史不仅记载了教育如何随着社会的进化而不断发展变化，同时也记载了教育如何促进了社会的进化，特别是具有前瞻性的教育又如何推动了社会的根本变革。但是，我认为教育的发展通常不宜用"日新月异"一语来表述，因为教育毕竟是一种塑造人的慢工细活。教育在任何时代都不能忽略前后传承与相对的稳定，因为教育本身具有人所共知的长期性与持续性的特点。教育必须适应社会的变迁，但是教育的发展又具有自己相对的独立性，有其绵延千年、衔接古今的内在规律。当然，教育决不是孤立的存在，教育的发展与校园以外的各种社会因素紧密相牵连，教育的任

---

① 《马克思恩格斯选集》第一卷，人民出版社 1995 年版，第 66 页。

何重大变革都是一桩繁密细致的系统工程，都需要经过多少次的实验与不断修正完善。因此，教育的革新在更多时间经常表现为渐进式的积累以及作为其结果的“水到渠成”。动辄以政治威权和“群众运动”推行的粗暴“教育革命”，不仅难以实现短期速成的预期目标，反而严重伤害了教育本身，特别是挫伤了众多教育工作者的积极性。20 世纪初著名的新式教育倡导者张謇经常说：“欲速则不达”，“行百里者半九十”，即深悟其中三昧。

中国近代教育史是中国教育史的一个重要组成部分，这不仅因为它与我们相距最近，而且因为它是中国教育从传统走向近代的重大转折，也可以说是中国教育现代化的初始阶段。筚路蓝缕，以启山林，先驱者的艰难困苦、呕心沥血，为后世所难以想见。中国教育现代化是在一个半殖民地半封建社会的畸形环境里发展的，而且又是在既痛恨列强侵略又必须向西方学习先进教育制度的矛盾心态中奋力前进的。先天不足，后天失调，其发育不良与诸多方面的局限是无可避免的。但是，我们绝不能以虚无主义的眼光来看待这段历史。从科举应试教育到新式各级学堂，这乃是中国教育史上的“千古大变局”，经过几代人的不断奋力拼搏，中国教育毕竟无可逆转地走上了现代化的道路，而且还有一大批各类各级学校办出了较高水平，同时也涌现了不少海内外知名的教育家。他们教育思想的丰富深刻、办学理念的卓越高远以及实践业绩的泽惠后世，至今仍然受到中外学者的高度肯定与尊重。可以说，无论是成功还是失败，他们都给人们留下了一笔极其宝贵的历史遗产。

但令人感到遗憾的是，由于意识形态（加上某些政治因素）的干扰，对于中国近代教育史给以“曲解”和“排除”的消极现象，曾经长期存在。从 20 世纪 50 年代的“学习苏联”、“教育革命”，到 60、70 年代的“学术批判”、“文化大革命”，为中国教育现代化而鞠躬尽瘁的这些伟大先驱及其学术与业绩，统统都被列入“封、资、修”的反动范畴，经过粗暴批判而被抛进“历史的垃圾堆”。

为此而付出的惨重代价，早已为人们所熟知。我只想提一个醒，从20世纪80年代开始的教育革新，其中许多曾经名噪一时的所谓重大举措，如学分制、聘任制、选修课、学位制度乃至讨论式教学等等，很多是中国近代史上那些“旧学校”早已实行多年且初见成效的“老一套”。而且随着时间的推移和现今教育革新的深化，经过长期的反复的冷静反思，终于有越来越多的人认识到，不管科技与经济发展如何日新月异，教育理应适应于社会的变革而进行相应的变革，但对于过往的教育总还有一些应该继承（即令是批判的继承）和发扬（即令是超越前人）。正如有些论者所言，人们首先是缅怀那些博学睿智的大师，随即联想到那些大师栖息弦歌于其间的著名高等学府。起初热侃的似乎是集几所名校之精粹的西南联大，随后往上推移终于深入探讨一大批名校（如北大、清华、燕京、金陵等）办学之何以有成？这不是怀旧，更不是开倒车，而是重新审视教育自身内在的规律，以及体现这些规律的某些相对稳定且应持续继承的办学理念。例如培养目标中必不可少的人格塑造，教学工作中必须发扬学生的主动性与创造性，以及校园理应享有的学术自由与民主空气，等等。中国近代史上的先驱者在这些方面曾经有所执著，有所追求，也曾经取得了程度不等的进展，但囿于当时的环境而未能大有所成。我们应该坦诚自责，现今这些重要方面的改进工作仿佛又是重新开始。而教育的人文关怀，甚至还要有待于现今上层领导的三令五申，才使不少浑浑噩噩、随波逐流者有所醒悟。这乃是中国当代教育的极大悲哀。

由此可见，学点中国教育史，特别是学点中国近代教育史，具有何等重要的意义！正是有鉴于此，人民教育出版社在改革开放以来，为中国近代教育史的教材建设与学术著作的策划编辑出版进行了极大努力，并且有一批水平较高、影响较大的成果问世。这些出版物或则比较系统地整理了近代中国有价值的教育理论文献，或则对富有创造性的教育思想、理论、实践、人物，进行比较系统的研究和阐述，为在新世纪该学科的进一步发展奠定了坚实的基础。

21世纪世界格局与中国自身的变化都是前所未有的迅速、巨大而又深刻，人们对教育革新的要求之高与期待之殷也是空前的。为加强新世纪中国教育史学科教材建设和学术著作的出版，人民教育出版社遂策划出版一套《中国近代教育专题史论丛》。根据我们的理解，它既是一套体现中国近代教育史最新研究成果的学术专著，又是一套高等师范院校教育史学科的优质教材，可供教育学、教育史研究人员、师范院校高年级本科生阅读，也可作为广大中小学教师提高教育理论素养与教育史学素养的必备读物。这套丛书不追求大而全，而是从若干专题研究入手，特别是从该学科研究的薄弱环节入手，着重探讨近代中国社会教育、乡村教育等等创建与发展的基础及其背景，考察其历史轨迹与发展脉络，评析其间曾产生重大影响的事件、活动和著作，总结代表人物的思想、实践与贡献，并联系当前实际从近代教育史中吸取经验教训，认真寻求有益的启示。

中国幅员辽阔、历史悠久、人口众多，而且各地区、各民族的经济、文化发展又很不平衡，如果不先做扎扎实实的专题研究与区域研究，就很难写出一部名实相符的高水平的中国近代教育通史。所以，这套丛书的出版是新世纪中国近代教育史学科大发展的重要起点，我们需要继续努力做的事情还很多很多。教育是全社会的共同事业，也是各界人士眼光集注的焦点，我们希望专业的和非专业的广大热爱教育的人士携起手来，为21世纪中国教育与教育科学的真正腾飞而共同努力。

（本序作者系著名史学家、教育家、华中师范大学原校长）

目录

CONTENTS

CONTENTS

CONTENTS

导　言

教育行政是国家各级政府对教育事业的领导和管理。中国教育行政史是研究国家各级教育行政组织及其职能行使的历史。中国近代教育行政史是研究近代国家各级教育行政组织及其职能行使的历史。

一

中国近代教育行政组织诞生于清朝风雨飘摇内忧外患之际，中华民族有史以来濒临最严重的亡国灭种之危。

传统中国的教育行政系统是礼部之下设置国子监，由国子监主管中央数所国学；地方行省设置学政分管全省各府、州、县教育，而府、州、县设置教授、教谕诸职管理一地教育事业并亲行执掌教鞭。自唐代以降，从中央到地方的教育行政组织的职能主要是掌理科举考试。《明史·选举志》开宗明义："科举必由学校。"但在实施过程中却反客为主，演变成"学校必依科举"，科举成为学校教育工作的指挥棒。所谓教育行政，几乎就可以说将科举考试当作学校教育工作的全部。而科举考试的内容与方式方法则抱着四书五经僵尸不放，以八股文章定取舍，学校不能培养经世致用的人才，科举考试抡才大典不能录取雄才大略匡时救世之士。这种危机到1840年爆发的鸦片战争后便暴露无遗。

1840年，西方的坚船利炮打开了久闭的国门，中国面临前所未有的危机。可是，学校依旧我行我素，两耳不闻窗外事，目不斜视，耳不妄听，专心传授“诗云子曰”；武科举考试照样以“弓、刀、步、石”、“举巨石以投人”录用所谓“经韬武略”人才——将中华民族一步步推到万劫不复的深渊。终于有一部分有胆有识之士起而肩起救亡图存历史重任。他们兴办新型学校，向东西洋派出留学生，进行教育行政体制改革。

19 世纪末 20 世纪初的中国，教育改革风兴水起，新型学校如同雨后春笋，形成席卷全国的兴学大潮。遍及天涯海角的各级各类新型学校，不再是传统的教育行政管理系统能够掌控得了的，新型教育、新型学校呼唤新型教育行政组织机构。终于，近代新型教育行政管理机构——学部，于光绪三十一年（1905 年）宣告成立，结束了两千余年的传统教育行政体制。

风雨如晦，鸡鸣不已。中国近代第一个新型教育行政机构——学部在凄风苦雨、腥风血雨中诞生。学部成立时不同寻常的历史背景，赋予了学部特殊的历史使命，要求学部引领中国人民救亡图存，培养救国救民堪担大任的人才。清廷寿终正寝后，学部随之成为历史名词，代之而起的中华民国教育部，虽然名称不同，教育行政职能有所更易，职官有很大变化，但是其历史使命并没有发生任何变化，肩负的救亡图存重担并没有丝毫减轻，反而因为日本帝国主义的大举进攻而更形沉重，承担着亘古未有的救亡图存抗战建国的历史使命。

一言以蔽之，一部近代中国教育行政史，就是一部近代中国人民救亡图存史，就是一部教育救国理想的践履史，就是一部在救亡图存背景下教育行政组织及其职能改革、转型、振衰起微发奋图强的历史。

二

“教育行政”一词，人们的看法小有分歧。有的认为“教育行政”是关于教育政务在中央及地方专司其事的机关，有人认为“教育行政”是指各级教育领导官厅、各级学校及社会教育机关研究、讨论、计划、指导及处理关于教育政务的一切活动，还有人以为“教育行政”就是国家专设关于教育事业之计划、组织、实施、监督、指导的行政组织。这些观点都从一定的角度揭示了“教育行政”的内涵。综合人们对“教育行政”的认识，“教育行政”即国家各级政府从事贯彻教育宗旨、方针，推行教育政策及法令，拟定各级各类学校及行政机构自身的规章制度，编制教育计划，审核教育经费，任用教育管理官员及各级各类学校教师，视察、指导、考核所属机关、学校的官员及教师，实现教育事业的组织、计划、决策、指导和协调等职能活动。

根据对“教育行政”的理解，本书先后论述了清末教育行政、中华民国教育行政和中国共产党建立的革命根据地教育行政。在附录中论述了日伪政权的教育行政。这里主要指伪满洲国教育行政和汪伪政权的教育行政，而汪伪政权的教育行政又包括日伪华北政权的教育行政。日本入侵占据台湾时期，日伪台湾教育行政与伪满洲、伪华北和汪伪政权的教育行政有相似性，故本书不再赘述。

本书之每一部分，所论述的内容大致分为五大板块，即中央教育行政、省级教育行政、市县教育行政、教育行政首脑任内的建树，以及上述三级教育行政职能的践履。由于篇幅有限，省级教育行政和市县教育行政因为涉及面过广，相关政务过多，不得不从简、从略。如省级教育行政职能践履，只能从简，或者从全国二十余省中抽取少量样本作简要铺陈，而市县教育行政职能践履，则完全忍痛割爱。

在清末教育行政、中华民国前期和后期教育行政诸部分中，专门辟有一章记述该时期出任过教育行政首脑（主要是中央教育行政首脑）在任期内的主要建树。开辟这一板块的意旨，是为了扬善惩恶。在教育行政首脑（教育总长、教育部长、教育厅长等）任期内，为教育发展奠定了扎实基础，所采取的举措推动了教育发展，便借写书著史之机会书写厚重的一笔，使之流芳百世、彪炳千秋；反之，对那些滥竽其间，专事投机钻营、攀缘附势，或是尸位素餐、不事作为，对教育发展非但无功，反而带来横祸者，则予以无情鞭挞，把他钉在历史的耻辱柱上，以儆效尤。

——这大概可以算作教育史学工作者良心之一方面。

三

有教育便有教育行政管理，中国教育行政管理源远流长。而对中国教育行政史的研究则起步很迟，中国近代教育行政史的研究，更是这样，不仅起步晚，而且是十分“冷僻”、很少有人关注的领域，丰厚而高价值的教育资源，长期闲置于被人遗忘的角落。

中国教育行政专题史研究的开山之作，当属薛人仰的《中国教育行政制度史略》一书。该书 1939 年由中华书局出版，第一次运用近代史学研究方法，对先秦至中华民国两千年间教育行政制度史进行了全面系统的梳理，初步建构了中国教育行政史研究框架体系，开启了中国教育行政史研究之门径，指明了中国教育行政史研究的方向。对中国教育行政史研究而言，筚路蓝缕，薛著无疑享有开创之功。但是，正如其书名“史略”所示，该书对中国教育行政史的研究，有的章节的确过于简略，有的部分浮光掠影，仅几百字、千余字，就将一个历史时期的教育行政勾勒了一遍，略得不能还原该历史时期的教育行政，因而人们难以从中吮吸到中国教育行政丰厚的营养。

沿着薛人仰《中国教育行政制度史略》的思路，笔者的《中国教育行政史》于 1996 年由华中理工大学出版社出版，在薛著的基础上有较大幅度的展开，也有所突破。如增加了教育家论教育行政诸问题，对教育行政首脑的事功也有论述，等等。但这些都限于通史的体例，对各个历史时期的教育行政诸多问题的探讨，无疑存在着“语焉未详”的“毛病”。

薛人仰的《中国教育行政制度史略》出版前后，有一些关于中国教育行政问题的研究论文面世，如 1925 年余家菊发表了《国家主义下之教育行政》，等等。这些关于中国教育行政史研究的专题论文，对中国教育行政史中某些问题进行专题研究，对中国教育行政史研究的深入有相当助益。

值得一提的是台湾学者雷国鼎于 1983 年由台湾教育文物出版社有限公司出版的《中国近代教育行政制度史》。这是第一本专题研究中国近代教育行政制度的专著，代表着中国近代教育行政研究的成就。但是，雷著明显地带有官方教育行政法规连缀成篇的倾向，教育行政制度之实施及其评价，则悬而未论；全书的文献也多限于中央及省市教育法规制度，缺乏地方鲜活的史料。通过雷著《中国近代教育行政制度史》，人们对中国近代教育行政制度演变的历程，可以一目了然，但是这些教育行政制度实施情况如何，取得了哪些成绩，摸索到了什么经验，还有哪些问题，却未曾涉足。这对于中国近代教育行政的经验教训的汲取而言，不能不说是一桩憾事。

作为中国教育行政史研究园地中的一株新绿，本书要站在巨人的肩膀上，力争有所超越，使中国近代教育行政研究往前进一步。怀此“宏愿”，笔者志欲充实过去“语焉未详”的板块，还原各时期各区域教育行政的原貌；在教育行政思想与制度的践履上加重笔墨，尽力挖掘教育家任内的建树与事功，使那些尸位素餐者见此大汗滂沱。还有一点尝试与努力，这就是力避将一部中国近代教育行政史写成一部中央及省市教育行政档案史的通病，尽力挖掘地方教育史志资料，如地方省市县出版的教育志、教育年鉴、教育史专著，当事人的回忆文章，教育家和教育行政首脑的文集、日记、回忆录等，更多一些来自“田野”的资料，照顾到地方教育行政的区域性，而尽可能少一些人们转抄的中央文献档案资料，使中国近代教育行政史研究园地荡漾着田野的清新之风和芬芳的气息。

第一章 中国传统的教育行政

漫长的中国古代社会，形成了比较稳定的适合传统中国教育发展需求的教育行政管理制度。自给自足的小农经济，集权专制的王权统治，温情脉脉的儒家文化，催生出古代中国社会特有的教育行政管理制度。

第一节 古代中央教育行政

直到光绪三十一年，中国尚无专门中央最高教育行政机关及官员之设。远自西周以后由国家其他机关及其官吏兼管中央教育行政的体制，几乎原封不动地被继承下来。

一、汉魏时期中央的教育行政

汉代中央教育行政由中央主管宗庙礼仪和文化教育的太常兼管，太常的办公衙门同时又是中央教育行政管理的部门。汉代实行三公九卿制①，太常为九卿之一，又为九卿之首。太常在九卿中是首屈一指的，是中枢长官之一，堪称一言九鼎，是发号施令的重要枢纽。

太常脱胎于奉常。秦所设之奉常主要分管祭祀和文化教育、占卜和医药卫生。“常是祭祀时之旗帜，奉常即主祭之意。”② 汉魏时期采太常之制，虽然名称上有所更易。汉惠帝时恢复秦之奉常，景帝时又更为太常。

太常的职掌繁多且驳杂。《汉书·百官公卿表》云：“掌宗庙、礼仪。”《后汉书·百官二》记载太常的职掌为：“掌礼仪祭祀。每祭祀先奏其礼仪，及行事常赞天子。每选试博士，奏其能否。大射

---

① 三公九卿制，三公为丞相、太尉、御史大夫，九卿为太常、郎中令、卫尉、太仆、廷尉、典客、宗正、治粟内史、少尉，这些是中央重要行政职官。

② 黄本骥编：《历代职官表·历代职官简释》，上海古籍出版社 1980 年版，第 82 页。

养老，大丧皆奏其礼仪。每月前晦察行陵庙。”① 但是，史料也有太常只分管“宗庙，典诸陵邑”② 的记载。不过，根据其属官太乐、太宰、太史、太卜、太医等职来看，《汉书·韦玄成传》所载过于简略不详。

太常的属官各有所司，有“分工负责”制的意味，也印证了其时“学在官府”、“官守学业”、“官师合一”、“政教合一”的笼统混沌特色。章学诚曾对这种“学术官守”特点有精辟的阐述：“理大物博，不可殚也。圣人为之立官分守，而文字亦从而纪焉。有官斯有法，故法具于官；有法斯有书，故官守其书；有书斯有学，故师传其学；有学斯有业，故弟子习其业。官守学业，皆出于一，而天下以同文为治，故私门无著述文字。私门无著述文字，则官守之分职，即群书之部次，不复别有著录之法也。”③ 汉代虽然社会生产力有了较大发展，但文化教育资源仍然极为匮乏，纸张笔墨等教育器具，依然主要为官府所控制，唯官有书而民间无书、唯官有器而民间无器、唯官有学而民间无学的局面还没有太大的松动。故他们虽然主管祭祀、天文、历算、文秘、人才选拔诸事宜，但这些方面的人才培养也是由他们掌管的。

二、隋唐以后中央的教育行政

隋唐以后，实施了千年之久的三公九卿制退出了历史舞台，代

① 《后汉书·百官二》，《二十五史》（2），上海古籍出版社、上海书店1986年影印版，第839页。

② 《汉书·韦玄成传》，《二十五史》（1），上海古籍出版社、上海书店1986年影印版，第651页。

③ 《校雠通义·原道第一》，章学诚著：《史通通释·文史通义》附《校雠通义》，江苏广陵古籍刻印社1991年影印版，第228页。

之而起的是三省①六部制②。礼部属于六部之一，始设于隋代。北齐时祠部兼辖屯田、起部掌营造，而吉凶礼制则由殿中尚书管辖。隋文帝定六部之制，六部之中添设礼部，这是礼部出现之始。唐代礼部管辖的范围增加了学校、贡举等事务。故礼部是古代最早最高的中央分管教育行政的机构。

隋唐以后礼部仅是分管教育行政的最高机构而已，礼部之下专设有国子寺专理中央教育行政。国子寺在不同的时期，名称曾有更易，有时称国子监，有时称国子学，还有时称司成监，但称国子监的时间最长。

国子寺最早设于何时？马端临在《文献通考》中有如下记载："隋文帝开皇中，令国子寺不隶太常。自前代皆属太常也。"③ 国子学之设，最早见于晋武帝咸宁四年（278 年）。是年置国子学，专收五品以上官吏子弟，可见国子学一开始就是中央最高等次的学校。北魏继承中央设国子寺的传统，不过改国子寺为国子学，另外还设置有太学和四门学。不过，此三学中，国子学的地位最高。

北齐沿例设置国子寺。

隋朝设置国子寺更多地套用北齐国子寺制度。学术界为什么不以北齐及其以前的国子寺作为中央相对独立的教育行政机关呢？主要原因可能是北齐之前的国子寺几乎只是完成了国子寺的制度设计而已，并没有将这幅蓝图付诸实施。国子寺对中央学校的管理徒有虚名。如齐氏太学"博士徒有虚名，唯国子一学，生徒数十人耳，

---

① 三省是中书省、门下省、尚书省。三省长官为中书令、侍中、尚书令，是为宰相职。历史上曾短时内实行五省制和六省制。

② 六部制，六部是从隋到清历代中央行政机关吏、户、礼、兵、刑、工各部的总称。六部本属尚书省，但元及明初改属中书省，均归宰相管辖。明太祖废除中书省，不再设置宰相职，六部尚书直隶于皇帝。

③ 《文献通考》卷四一《学校二》，浙江古籍出版社 2000 年影印版，第 391 页。

欲求官正国治，其可得乎？胄子以通经仕者，唯博陵崔子发、广平宋游卿而已”①。此处所载，北齐国子寺的管理的确不善，但管理不善只是管理职能履行上出了问题，不能因此否定北齐在相对独立的教育行政机关草创方面所作的贡献。

隋所建立的国子寺虽属中央教育行政机关，但只是分管中央官学的机关，与地方郡州县的教育行政机关没有关系。这一点，从开皇初的诏书便可见一斑：“建国重道，莫先于学；尊主庇民，莫先于礼。自魏氏不竞，周齐抗衡，分四海之民，斗二邦之力，递为强弱，多历年所。务权诈而薄儒雅，重干戈而轻俎豆，民不见德，唯争是闻。朝野以机巧为师，文吏用深刻为法，风浇俗敝，化之然也。虽复建立庠序，兼启黉塾，业非时贵，道亦不行。……今者民丁非役之日，农亩时候之余，若敦以学业，劝以经礼，自可家慕大道，人希至德。岂止知礼节，识廉耻，父慈子孝，兄恭弟顺者乎！始自京师，爰及州郡，宜祗朕意，劝学行礼。”② 此诏足以说明国子寺与地方州郡并无行政领导与被领导的关系，充其量只是要求京师作为“首善之区”，当发挥“样板”作用而已。

唐代不仅继承了隋朝国子寺之制，而且对这一制度予以强化、具体化，并付诸全面实施，直至唐代退出历史舞台。隋朝是一个短命王朝，唐朝则国祚长久，故有时间对国子监制度进行精心设计。唐朝设计了国子监下设国子学、太学、四门学、律学、书学、算学等六学的规制，后来设置了广文馆。《唐会要》记载说：“两监学生总五百五十员，国子馆八十员，太学馆七十员，四门馆三百员，广

① 《北齐书》卷四四《儒林传》，《二十五史》(3)，上海古籍出版社、上海书店 1986 年影印版，第 2569 页。

② 《隋书》卷四七《韦世康传》，《二十五史》(5)，上海古籍出版社、上海书店 1986 年影印版，第 3401 页。

文馆六十员，律馆二十员，书馆十员，算馆十员。”① 合共有六学。

在设置国子寺的同时，中央教育人事行政也起步了。魏晋时期中央教育行政官员主要有太学博士祭酒、太学博士、国子祭酒、国子博士、国子助教，以及律学博士、书学博士和算学博士等。这些中央教育行政官员，只是中央某所学校的教员或管理人员，并不是专门的中央教育行政官员。北魏、北齐设置国子寺，其下设有诸学，国子寺的祭酒等官员，堪称中央教育行政官员。祭酒等职出现较早，两汉时期祭酒为太学的学官，到南北朝时期渐渐集中于教育行政官员，社会兼职逐渐增多，呈现出向隋唐相对专门化过渡的特征。纪昀等在《历代职官表》中明确地说：“国子祭酒，盖如今之总理监事大臣。”② 这里的“监事”，相当于国子监诸学之事，自然有别于汉魏时太学等学的祭酒。

唐代国子监的教育人事行政就出现了某些专门化的特征。在国子监中设置了专门官吏，有“祭酒一人，司业二人，丞一人，主簿一人，录事一人，府七人，史十三人，亭长六人，掌固八人”，明确规定：“国子监祭酒、司业之职，掌邦国儒学训导之政令，有六学焉：一曰国子，二曰太学，三曰四门，四曰律学，五曰书学，六曰算学。凡春秋二分之月，上丁释奠于先圣孔宣父，以先师颜回配，七十二弟子及先儒二十二贤从祀焉。”③

唐代不仅建构了国子监行政管理职官系统，还对国子监职官的征聘和考核晋升制度均建章建制。如唐代极重祭酒、司业之选，因为这是国子监非常重要的教育行政官员，非合适者不授，坚持“凡

① 《唐会要》卷六六《东都国子监》，上海古籍出版社 2006 年版，第 1371 页。

② 纪昀等撰：《历代职官表》卷三四《国子监》，上海古籍出版社 1989 年影印版，第 638 页。

③ 李林甫等撰：《唐六典》卷二一《国子监》，中华书局 1992 年版，第 555、557 页。

祭酒、司业，皆儒重之官，非其人不居”① 的原则。譬如，韩愈掌国子监时，针对国子监“多循资叙，不考艺能”的弊端，反其道而行之，不重资叙，专考艺能，按照岗位要求严格选任学官。他推荐张籍担任国子监职官，正是因为他认为张籍符合条件。韩愈在呈状中指出，张籍“官学有师法，文多古风，沉默静退，介然自守；声华行实，光映儒林”②。韩愈还纠正了国子监长期存在着的重教官容貌，不重艺能的坏风气。当时国子监有一位直讲“能说礼而陋于容，学官多豪族子，擯之不得共食。公命吏曰：‘召直讲来，与祭酒共食。’学官由此不敢贱直讲”③。他恢复了国子监的讲学制度，“奏儒生为学官，日使会讲，生徒多奔走听闻，皆相喜曰：‘韩公来为祭酒，国子监不寂寞矣。’”④重视人才的培养过程，鄙弃以科举制度作为终结性的学业成绩评价办法。国子监教育行政职官的考核亦制定了典章制度。唐代国子监职官接受吏部组织的考核。吏部对国子监教官的考核，参考几年考评确定是年等第，考课的标准是国家颁布的“四善”、“二十七最”。“四善”是中央对各级官吏从德、清、公、勤四个方面提出的共同要求，即“德义有闻，清慎明著，公平可称，恪勤匪懈”。“二十七最”是担任不同职务的官吏实施考核的依据和准绳，其中考核教育行政官员的主要有如下诸条：“训导有方，生徒充业，为学官之最”，“礼义兴行，肃清所部，为政教之最”，“职事修理，供承强济，为监掌之最”。⑤

隋唐所建构的中央礼部下辖国子监专门从事中央教育行政管理

---

① 《通典》卷二七《职官九》，浙江古籍出版社 2000 年影印版，第 161 页。

② 韩愈：《举荐张籍状》，严昌校点：《韩愈集》，岳麓书社 2000 年版，第 416 页。

③④ 李翱：《韩公行状》，吕大防等撰：《韩愈年谱》，中华书局 1991 年版，第 184 页。

⑤ 李林甫等撰：《唐六典》卷二《尚书·吏部》，中华书局 1992 年版，第 42—43 页。

的体制，一直延续到清末。尽管其中有短时的调整或少数民族政权的改弦易辙，但这一体制持续了约一千三百余年，方为新的中央教育行政体制所替代。

第二节　古代地方省级教育行政

中国古代专门的地方教育行政制度建立较晚，但是混沌型、过渡型的地方教育行政，则比较早便诞生了。

一、宋代以前的地方教育行政

早在西周时期，中央推行“官师合一”的教育行政体制，地方则效颦于中央政府，实行“政教合一”。一般认为，“官师合一”与“政教合一”为同义语，二者意义相近。其实，二者间还是有细微区别的。“官师合一”与“政教合一”有兼容的一部分，当行政长官的，既是国家官吏，又负有为本部门培养人才的责任；官是从政之官，教是培养人才的行为，故二者在职能上有一部分重合。但“官师合一”与“政教合一”的区别又是明显的。“官师合一”是中央行政官员既司理本职工作，又为本行业培养专业人才；而“政教合一”的重要含义之一是行政和教化合一，执掌教化的为地方行政长官，地方行政长官由中央任命，不可能由地方行政长官培养。因此，可以推知，“政教合一”重在社会教化，偶尔也教授一点文化知识而已。

西周时期实行“政教合一”的地方教育行政领导体制，实出无奈。主要原因首先是社会剩余产品还不丰富，生产力水平也很低，地方行政管理部门不可能有太多的行政管理人员，分工不可能太细，呈现的是一种混沌状态，地方各种事情集于行政长官一身。其次，中央实行“学在官府”，地方当然不可能有什么“高级官府”，因而地方也就没有士人，知识分子、教师尚未流落到民间，不得不由地方行政长官兼理地方教化工作，可以说是别无选择。再次，从地方乡学及社会教育内容来看，教化的内容与地方最高行政长官工作性质也别无二致。这些内容主要是“六礼”、“七教”、“八政”和“三物”。“六礼”是冠礼、婚礼、丧礼、祭礼、飨礼、相见礼；“七教”为父子、兄弟、夫妇、君臣、长幼、朋友、宾客；“八政”即饮食、衣服、事为（百工技艺）、异别（五方用器之差异）、度、量、数、制（布帛幅广狭）；“三物”指知、仁、圣、义、忠、和“六德”，孝、友、睦、姻、任、恤“六行”，礼、乐、射、御、书、数“六艺”。地方行政长官主要有大司徒、乡大夫、州长、乡师诸种。大司徒之职掌“修六礼以节民性，明七教以兴民德，齐八政以防淫，一道德以同俗，养耆老以致孝，恤孤独以逮不足”①。还有文献记载，大司徒之职，掌“建邦之土地之图，与其人民之数，以佐王安扰邦国。以天下土地之图，周知九州之地域广轮之数，辨其山林、川泽、丘陵、坟衍、原隰之名物”②；并施“十有二教”：“一曰以祀礼教敬，则民不苟；二曰以阳礼教让，则民不争；三曰以阴礼教亲，则民不怨；四曰以乐礼教和，则民不乖；五曰以仪辨等，则民不越；六曰以俗教安，则民不偷；七曰以刑教中，则民不虣；八曰以誓教恤，则民不怠；九曰以度教节，则民知足；十曰以世事教能，则民不失职；十有一曰以贤制爵，则民慎德；十有二曰以庸制禄，则民兴功”③。这里教化的意识似不很浓郁，但《左传》所载则包含了教化：“大司徒之职，以五礼防万民之伪，而教之中；

① 《礼记·王制》，《十三经注疏》（上），中华书局1980年影印版，第1342页。

②③ 《周礼·地官·大司徒》，《十三经注疏》（上），中华书局1980年影印版，第702、703页。

以六乐防万民之情，而教之和。”①

秦统一六国后，实行郡县制。汉随秦制，各郡置郡守，掌理一郡行政事宜。《通典·职官典》载其职责为“掌治民，进贤、劝功、决狱、检奸”。记载比较粗略，而《文献通考》所载则比较详细：“……常以春行所主县，秋冬遣无害吏按讯诸囚，平其罪法，论课殿最，并举孝廉。汉制：岁尽，遣上计掾史各一人，条上郡内众事，谓之计偕簿郡。为诸侯王国者，置内史以掌太守之任。宣帝以为太守吏民之本，数变易则下不安，民知其将久不可欺罔，乃服从其教化，每拜刺史守相辄亲见，问观其所由，退而考察，以质其言。常称曰：与我共治者，唯良二千石乎！是以汉世良吏，于是为盛，称中兴焉。”② 这些记载显示，似乎郡守与教化等关系不很明确。但汉代许多文献所反映的似乎主要是掌教化。其一，郡守负责向朝廷输送合格官吏和太学生：“郡国县官有好文学、敬长上、肃政教、顺乡里，出入不悖所闻，令相长丞上属所二千石。二千石谨察可者，常与计偕，诣太常，得受业如弟子。”③ 其二，巡察所属地区的学校，督促学官尽职尽责。何武任刺史，“行部必先即学宫，见诸生，试其诵论，问以得失。然后入传舍，出记问垦田顷亩、五谷美恶”④。其三，设立学校，发展地方教育。蜀郡郡守文翁任内“修起学官［宫］于成都市中，招下县子弟以为学官弟子，为除更繇，高者以补郡县吏，次为孝弟力田。常选学官童子，使在便坐受

① 孙逢吉著：《职官分纪》，中华书局1988年影印版，第28—29页。

② 《文献通考》卷六三《职官一七》，浙江古籍出版社2000年影印版，第568页。

③ 《汉书》卷八八《儒林传》，《二十五史》(1)，上海古籍出版社、上海书店1986年影印版，第697页。

④ 《汉书》卷八六《何武传》，《二十五史》(1)，上海古籍出版社、上海书店1986年影印版，第687页。

事。每出行县，益从学官诸生明经饬行者与俱，使传教令，出入闺阁”①。其时，地方教育发展的瓶颈是师资，为了使比较偏僻的蜀郡能够迎头赶上，文翁想尽办法，直至减省官府用度，买刀买布筹集资金，送蜀郡生员赴太学学习。史载：文翁“为蜀郡守，仁爱好教化。见蜀地辟陋，有蛮夷风。文翁欲诱进之，乃选郡县小吏开敏有材者张叔等十余人，亲自饬厉，遣诣京师，受业博士，或学律令。减省少府用度，买刀布蜀物，赍计吏以遗博士。数岁，蜀生皆成就还归，文翁以为右职，用次察举，官有至郡守刺史者”②。文翁的举措，“县邑吏民见而荣之。数年，争欲为学官弟子，富人至出钱以求之。由是大化，蜀地学于京师者，比齐、鲁焉”③。文翁在蜀郡立学校，兴教化，得到了汉武帝的肯定，武帝令“天下郡国皆立学校官”。

教化之本原在学校。文翁兴教化的思路和举措，直接影响到以后历朝历代的地方教育行政。

二、宋代提举学事司之设

宋代积贫积弱，内忧外患。范仲淹直截了当地指出：“国家之患，莫患于乏人。”④ 王安石也一针见血地指出：“州县虽有学，取墙壁具而已，非有教导之官，长育人才之事也。”太学虽然设有教导之官，但“未尝严其选，朝廷礼乐、刑政之事，未尝在于学”。⑤因此，将国家振衰起微的根本举措放在教育行政改革上。范仲淹和

① 《西汉会要》（上），上海人民出版社 1977 年版，第 256 页。

②③ 《汉书》卷八九《文翁传》，《二十五史》（1），上海古籍出版社、上海书店 1986 年影印版，第 700 页。

④ 《范文正公文集》卷三《邠州建学记》，中华书局 1985 年版，第 20 页。

⑤ 《王文公文集》卷一《上皇帝万言书》，上海人民出版社 1974 年版，第 6 页。

王安石都试图通过改革太学和设置州县学来根除国家的内忧外患。然而，发展地方州县学需要地方行政官员掌理其事，而各种情况均说明，地方行政长官当处理的事体颇多，诸如路一级的监司官，在国家的多事之秋要将主要精力用于督察地方学校，实际上是不可能的。而发展地方学校又是专业性很强的事体，要求主管部门和主管官员专门化。因此，宋初以转运使督察学校为主、其他司干预为辅的兴办地方学校的办法是行不通的。

宋神宗熙宁四年（1071 年）五月，诸路始置教授学官。熙宁六年（1073 年），朝廷规定“诸路学官委中书门下选差”。为此，一度引起地方续置学官问题的争论。刘挚上疏云：“学校为育材首善之地，教化所从出，非行法之所。虽群居众聚，帅而齐之，不可无法，亦有礼义存焉。治天下者遇人以君子、长者之道，则下必以君子、长者之行而应乎上。若以小人、犬豕遇之，彼将以小人、犬豕自为，而况以此行于学校之间乎！愿罢其制。”① 结果非但没有罢除学官，朝廷反而措辞严厉地强调不但仍要设置此职，而且地方转运司等还要推荐“有德义者”，并由朝廷任命。这是朝廷任命地方教育行政官吏之始。

虽然学官为朝廷所任命，但毕竟是学官，是掌理一学校教职的官员，而非一路最高教育行政专职官吏。限于他们的身份，对于一路教育的发展不便过问太多，因而设置地方学官仍然不能从根本上解决地方教育发展的问题。于是，崇宁二年（1103 年），朝廷命诸路设置提举学事司，并设提举学事使主理其政。

提举学事司是地方路一级最高教育行政部门，简称“提学司”；主提举学事司之政的为提举学事使，简称“提学”。因为地方兴学之事浩繁，故特为提学设置副手管勾文字，这是提学的重要属官。

① 熊承涤著：《中国古代教育史料系年》，人民教育出版社 1985 年版，第 435 页。

宋代提举学事司的主要职掌有五个方面。

第一，根据本地的实际情形，提出地方官学兴革举措。大观三年（1109 年），提举黔南路学事戴安仁言："所管多是新创州学……今欲乞立劝沮之法中，分为上、中、下三等，上等为能诵《孝经》、《论语》、《孟子》及一经，略通义理者特与推恩；中等为能诵《孝经》、《论语》、《孟子》者，与赐帛及给冠带；下等为能诵《孝经》、《论语》或《孟子》者，给与纸笔砚墨之费。从之。"①

第二，执行国子监的指令。据载："至崇宁二年，乃设提举学事司与。又考绍兴十八年，国子监参酌诸州军如未差教授处，即令本路提举司于本州有出身官选差一员兼领。"② 从这里可以看出，国子监与地方路提举学事司似乎有业务上的联系。

第三，提举学事司不仅有督察学生学习之责，还肩负查核学生数量的责任。因为宋代在学生员是享受官府津贴的，这津贴是按照生员数额发放的，为了防止学校虚报学生人数，提举学事使常常到学校核实。大观四年（1110 年），吏部尚书刘拯根据"学生实在学者常少，系学者常多"等情况，建议诸路提举学事司契勘实数。朝廷"诏可"后，提举学事使添加了这一责任。宋代提举学事司的地位"宜在常平官之上"，但将责权利紧紧地绑在一起，如果学生人数和学业并不见佳，"州县学生有犯，教授令佐职事不纠举"，那么，提举学事司"与同罪，知通失按减一等，提举官又减一等。若故纵并加二等"。③

第四，任免教官。大观四年规定，州学教授"以本州在任有出身官兼领，阙即知通于本州在任官内，选曾在太学辟雍及得解与贡

①③ 《宋会要辑稿》第五十四册《崇儒》二之一四、二一。

② 纪昀等撰：《历代职官表》（下），上海古籍出版社 1989 年影印版，第 986 页。

经行可称之人，申学事司审察权差”①。地方学校的教官经提举学事司“审察”通过后，方可“权差”。这说明提举学事司有任免地方学校教官的权力。

第五，地方学校办学经费管理。宋代为保证地方学校有比较充裕的办学经费，特为地方学校置有学田②。政和二年（1112 年），一位国子监司业建议：“乞下诸路提举学事司索州县养士之余，除量存留外，各处所余之数旋还常平旧拨产业之价。”③在宋代，地方刁民豪强恶霸侵吞学校田产之事频频发生，不但引起有司的注意，甚至大理寺也屡屡过问。绍兴二十一年（1151 年），大理寺主簿丁仲京奏赡学田“多为势家侵佃，望令提举学官觉察。既而户部请令提举司置籍勾管”④。提举学事司所承担的地方办学经费管理的职责，直接关系到学校兴衰，提举学事使自然不敢有丝毫怠慢。

三、明清学政的设置

明代地方行政机构仿元代设行中书省办法，除南、北两京外，将全国划分为 13 个布政司。这是地方最高行政机关，布政使是布政司中的行政长官，是长一省之政的地方最高行政长官，掌使朝廷德泽、禁令、承流宣播，下达于下属各部门。清承明制，在明朝地方行政建制方面损益均不大。

（一）提督学道之设

明朝实行高度的中央集权制度，在中央和地方设置管理京师和

①③ 《宋会要辑稿》第五十四册《崇儒》二之一五、二之一九。

② 学田，为宋代所首创，是宋代地方学校办学经费的形式之一，以地产等实物充之。

④ 纪昀等撰：《历代职官表》（下），上海古籍出版社 1989 年影印版，第 986 页。

地方教育行政机构的官员——督学。又在地方设立专司教育的高级教育行政官员——儒学提举。两职共同负责地方教育行政事务。

督学是明代首设的专职教育行政官员名称，亦称“提督学道”、“督学道”、“提学道”，简称“学道”或“提学”。凡任提督学道者，不得再理刑名之事，自然，其他部门的行政长官也不得干预教育与学校内部之事。

提学官始设于明英宗正统元年（1436年）。据载：“初，生员入学，从巡按御史、布按两司及府州县官选取。至是，户部尚书黄福言：‘比来生员学业疏浅，宜令专官遍历考试，庶得真才。’于是南北直隶各置御史一员，余置按察使副使或佥事一员，专督学校。”① 为了更加有效地节制地方，监察地方不折不扣地贯彻朝廷御旨，起到防止地方权力过大，又避免酿成运转不灵的弊病，故又派遣监察、御史或部院大臣出任总督、巡抚、巡按各差，都察院十三道监察御史、提督学校，两京各一人。万历末，南京增设一人。按察司副使、佥事、提督学道、十三布政司各一员，惟湖广二员。督学之设，与明代的这种体制是连通一气的。同时，给地方派遣御史督导地方教育，还有重视地方教育发展之意。

督学官的重要职掌，是督促监察地方教育行政部门履行职掌之责。如彭勖以杨士奇推荐，授予御史。当时初设提学官，乃命彭督南畿学校，详立教条，士风大振。督学还亲行到学校督察诸生肄习。成化三年（1467年），朝廷诏提学官躬历各学，督率教官化导诸生。陈选督学南畿，颁冠婚祭射仪礼于学宫，令诸生以时肄习。又亲自作《小学集注》教诲诸生，且“按部必止宿学宫，夜巡两

① 《续文献通考·学校四》（1），浙江古籍出版社2000年影印版，第3245页。

庑，察诸生诵读”。还停止考试糊名之制，曰：“己不自信，何以信于人?”① 提学官还经常深入到学校检查教官管理诸生功课及德行道艺之事。明英宗正统六年（1441 年），诏“提调官置簿稽考生员所业，提学官所至察提调勤怠以书其称否，生员不率教者黜退之。至是仍令置簿考验。其德行优、文艺赡、治事长者，列上等簿；或有德行而劣于经义，或有经义而短于治事者，列二等簿；经义虽优，治事虽长而德行或缺者，列三等簿。岁课月考，循序而上，非上等不许科贡”②。这种督学，督得十分实在，直接对每一生员打分定等。

不但如此，督学还对诸生进行赏黜劝惩。据载，明初优礼师儒，然黜降教官亦极严，“其后教官之黜降，生员之充发，皆废格不行，即《卧碑》亦具文矣。诸生上者中式，次者廪生，年久充贡，或选拔为贡生，其累试不第、年逾五十、愿告退闲者，给与冠带，仍复其身。其后有纳粟马捐监之例，则诸生又有援例而出学者矣。提学官岁试校文之外，令教官举诸生行优劣者一二人赏黜之，以为劝惩”③。

明代极重教育行政官吏的选聘，“司教之官，必选耆宿”，认为教官得人，必造福一方。《春明梦余录》载曰：“明初重督学之选，其盛时未论。迨正德末，御史萧鸣凤惩恶严，虽才不贷。副使魏校敦行急受欺不悔，副使李梦阳伸士节，振萎习，士诵义不休。其后，督学官稍轻，柄其任者非必有卓行实学，厌士心如异时，高者虚谈沽誉，劣者安禄养交，下者至开幸门、听请托不忌。又巡历二

① 熊承涤著：《中国古代教育史料系年》，人民教育出版社 1985 年版，第 688 页。

② 《续文献通考·学校四》（1），浙江古籍出版社 2000 年影印版，第 3246 页。

③ 《明史》卷六九《选举志一》，《二十五史》（10），上海古籍出版社、上海书店 1986 年影印版，第 7959 页。

三岁乃一至，至不过浃旬月，独品所为校试一日文而止，不复关行能，考察他道艺，即甄考德行，亦独按郡县学官所报三等簿奖汰之，不复有案质。甚乃惮巡行劳苦，独高坐引日月，至大比，独委府、州、县类考而合试之，故士习刓而人骛于奔趋。”① 明初，地方教育行政长官履职严格，到中晚明则松松垮垮了。

提督学道之设，很有明代特色，与朱元璋猜忌各级官吏，既用之又疑之的心理十分契合。不过，这一制度的设置，对贯彻朝廷建邦立学重教化的旨意，是有一定实际作用的。

（二）儒学提举司之创

明代在地方府、州、县设置官学，统称儒学。为对地方儒学进行有效管理，在设置儒学的同时设置了教育行政管理机构——儒学提举司。儒学提举司在明初便开始设置：“明初，置儒学提举司。洪武二年，诏天下府州县皆立学。十三年，改各州学正为未入流（前为从九品——著者）。二十四年，定儒学训导位杂职上。三十一年，诏天下学官改授旁郡州县。正统元年，始设置提督学校官。又有都司儒学、行都司儒学、卫儒学，以教武臣子弟，俱设教授一人、训导二人；河东又设都转运司儒学，制如府；其后宣慰、安抚等土官俱设儒学。”②

儒学提举司本为优礼师儒教官而设，由于教育直接关系到地方稳定，因而教育之事备受重视。出任儒学提举一职，常直接擢升给事御史。给事御史是朝廷重要职官，由儒学提举官一步到给事御史，令人称羡。但是，朝廷对他们也“钳束甚谨”，重点考察他们履职情况。有关他们的职掌，纪昀在《历代职官表》中有比较详细

① 孙承泽：《春明梦余录》卷五五，上海古籍出版社 1993 年版，第 869 页。

② 《明史》卷七五《职官志四》，《二十五史》（10），上海古籍出版社、上海书店 1986 年影印版，第 7977 页。

的记述："初，教官考满兼核其岁贡生员之数，后以岁贡为学校常例。乃定学官考课法，专以科举为殿最。九年任满，核其中式举人，府九人、州六人、县三人者为最。其教官又考通经即与升迁举人少者为平等，即考通经亦不迁举人至少及全无者为殿；又考不通经则黜降生员之数。……提学官既带按察司衔，即不得不少屈于督抚，往往阿附迁就，不能自举其职。而为学官者，又多取诸岁贡之士，大率阘冗疲老无以为诸生表率。以致鼓箧之徒，把持上官侵噬百姓，聚党成群，投牒呼噪，论者徒归咎于养士之不精，而不原于制法之未善，则亦非为通论也。"① 从这里可以看出，儒学提举司的重要职责与儒学紧密相关，主要是抓学官考课一事，其标准便是"以科举为殿最"，也就是说以该学应科举考试中式名额多寡为标准。由此看来，我国教育行政围绕着应试转，由来已久。

（三）清代提督学政之置

纪昀在《历代职官表》中分析说："明制，两京督学以御史，盖两京不设按察司，故以御史督学兼重其选，所以尊京畿，则今制各省学政多以京官简充，实本诸此。"②整个清代设置地方教育行政机构制度，均沿袭明朝之旧。清代在各省设提督学政，简称"学政"，亦称"提督学院"。顺治之初，各省设提学道，直隶、江南各设提学御史。康熙年间，均改为提督学政，直隶、江南、安徽、浙江、江西、福建、河南、山东、山西、湖北、湖南、陕西、四川、广东、广西、云南、贵州各设一员。唯奉天稍有不同，设府丞一人管理奉天、吉林等地学校事宜。

提督学政提职掌，主要有："通饬府、州、县、卫教授、学正、教谕、训导，务立课程，令其时到学宫而加考试"，"掌学校政令，

①② 纪昀等撰：《历代职官表》（下），上海古籍出版社1989年影印版，第991、990页。

岁、科两试。巡历所至，察师儒优劣，生员勤惰，升其贤者、能者，斥其不帅教者。凡有兴革，会督、抚行之”。① 可见提督学政以督察所辖一省府、州、县儒学，在所任的三年内要巡历所辖各府、州、县学，检查教官履职情况和生员肄业情况；大比之年，要主持科试，预选将应乡试的生员。

提督学政还要负责全省教官的考核，并兴办学校。顺治九年（1652 年）规定：“提学官按临之日，考试儒学教官学行，分别劝惩。又定每乡置社学一区，又题准各提学官督率教官，令诸生将所习经书义理，讲求实践。不许别创书院，及号召游食之徒，空谈废业。”又“刊置《卧碑》于明伦堂之左，晓示生员。十年，题准生员犯小事者，府、州、县行教官责惩；犯大事者，申学政黜革，然后定罪”。②

提督学政承担了督察地方府、州、县儒学教官履行教职的责任，同时也直接训导士子，执掌教鞭。提督广东肇高等处学政的王安国，在学政任内直接站讲台，训导学生，为地方儒学教官做出了榜样，也为其他地方的提督学政做出了示范。他“教国子也，严日课，抑营竞，进诸生讲濂洛关闽之学，不沾沾论文艺。其督学政也，粤东山海辽远，初分两学政以宽考校之期。公所部自肇庆以西达琼儋，皆滨海地，文风视南海诸郡县为劣。公教士以立品为先，接诸生，严毅有不可犯之色，而提命谆谆若父兄。辟学舍，拔士之秀如干人，饩其中，亲为授业。有司以非礼挫折诸生者，公执持不少屈。其有败群而害于乡者，绳以重法无所贷。由是人知学政之

① 《清史稿》卷一一六《职官志三》，《二十五史》(11)，上海古籍出版社、上海书店 1986 年影印版，第 9237 页。

② 《清朝通志》卷七四《选举略三》，浙江古籍出版社 2000 年影印版，第 7195—7196 页。

任，以整齐风教，扶树人材为大，地方吏亦知所严惮云”①。

直到清末，学政一职都是政坛中的一颗耀眼的明星，一旦放学政，便意味着此人官运亨通，前途无量。既然如此，清廷历来重视学政一职，决不轻置滥授。雍正即位的当年，便下谕旨：“督学一官，尤人伦风化所系。遴选各省学臣，倍加郑重。尔等须廉洁持身，精勤集事，实行文风，两者所当并重。若徒事文华，而不敦崇实行，未为尽职也。”②

与此同时，清廷还颁布了一系列严格的法规，使学政不敢有丝毫越轨行为。清初沿明之旧，学政一职多为明朝遗老遗少，腐败之风，十分猖獗。顺治十年（1653 年）便着手整顿，谕令礼部：“比闻各府、州、县生员有不通文义、倡优隶卒本身及子弟，厕身学宫，甚者出入衙门，交结官府，霸占地土，武断乡曲。国家养贤之地，竟为此辈藏垢纳污之所。又提学官未出都门，在京各官开单嘱托。既到地方，提学官又访探乡绅子弟亲戚，曲意逢迎，甚至贿赂公行，照等定价，督学之门，竟同商贾。正案之外，另有续案；续案之外，又有寄学，并不报部入册。以至白丁豪富，冒滥衣巾；孤寒饱学，终身淹抑。以及混占优免，亏耗国课。种种积弊，深可痛恨。”一旦查实，实属“徇情通贿，违者事发治罪”。③

康熙以后，还颁布了一系列学政聘任与考核的规章。康熙十八年（1679 年），吏部议复了《剔除学臣考试十弊》，列举了学政考核时的十大弊端，如果学政涉嫌未根除此十弊，即严惩不贷。其文曰：“学道考试童生府考无名，径取入学，弊一；额外滥取童生，

① 李元度：《国朝先生事略》卷一六《王文肃公事略》，岳麓书社 1991 年版，第 475 页。

② 《清朝文献通考》卷七〇《学校考八》，浙江古籍出版社 2000 年影印版，第 5495 页。

③ 《清朝文献通考》卷六九《学校考七》，浙江古籍出版社 2000 年影印版，第 5487 页。

拨发别学，弊二；私查印簿某卷某号即某人，以便贿买，弊三；解部册籍迟延，更改等第，弊四；先开六等草单，吓诈保等银两，弊五；将文童充武入学后，夤缘改武为文，弊六；将童生远调考试，弊七；纵容教官，包揽通贿，弊八；曲徇情面，孤寒弃斥，弊九；额外滥取童生附生员，册内报部，弊十。请嗣后凡考核学政之时，若有不能剔除此十弊者，督抚纠参；有赃者革职提问，无赃者降二级调用。”① 雍正皇帝还要求督抚监督钳制学政，使之不敢违法。雍正声色俱厉地说：“盖学政与督抚同在一省，学政之优劣，督抚未有不深知者，止因督抚有所请托分肥，必致瞻徇情面而代为隐瞒。……各省若有考试不公，徇情贪贿者，除将学政从重治罪外，该督抚必以溺职罪严加处分。”② 严酷的法律，并采取株连的方式，将督抚大臣与学政紧紧绑在一起，虽不会使得教坛弊尽风清，但对于督促学政恪尽职守，还是有一定威慑作用的。清代出了不少名垂青史的学政，应当说与这些苛严的法规是分不开的。

第三节　古代地方府州县教育行政

传说西周时已经有比较完善的行政体制，并按地方行政区域为一般奴隶主和部分庶民子弟设立了学校。段玉裁曾指出：“乡有乡学，其属，别为州、党、族、比、闾。每乡州五，党二十五，族百有二十五，闾五百，比二千五百。州有州序，党有党序。”③ 这里

① 《清朝文献通考》卷六九《学校考七》，浙江古籍出版社 2000 年影印版，第 5490 页。

② 商衍鎏著：《清代科举考试述录》，生活·读书·新知三联书店 1958 年版，第 294 页。

③ 《三与顾千里书论学制备忘之记》，段玉裁著，钟敬华校点：《经韵楼集》，上海古籍出版社 2008 年版，第 310 页。

的州、党、族、比、闾是地方民户编制，亦即地方行政编制。《周礼·地官·大司徒》曰："五党为州。"《礼记·王制》曰："二百一十国以为州，州有伯。"州的地域比较大，《汉书·地理志下》载："自合浦、徐闻南入海，得大州，东西南北方千里。"秦汉以后，地方府、州、县行政制度更日臻完善。

一、设乡州之长掌教化

传说西周时期已经建立了完善的行政系统，地方教育行政与中央"学在官府"、"官师合一"、"政教合一"保持一致，由地方乡、州行政长官掌理。

作为一乡之最早行政长官的乡大夫，主要的职掌为："掌其乡之政教、禁令，以岁时登其夫家之众寡，辨其可任者，以岁时入其书；以乡射之礼、五物询众庶，使民兴贤，出使长之；使民兴能，入使治之。遂大夫每遂中大夫一人，各掌其遂之政令，以岁时稽其夫家之众寡、六畜、田野，辨其可任者，与其可施舍者，以教稼穑，以稽功事。掌其政令戒禁，听其治讼，令为邑者，岁终则会政致事。"①

地方州一级的行政长官，也掌有教化的重要责任。西周时期，每州设置了中大夫一人，主要职责是："掌其州之教，治政令之法。正月之吉，各属其州之民而读法，以考其德行道艺而劝之，以纠其过恶而戒之。若以岁时祭祀，州社则属其民而读法亦如之。春秋以礼会民，而射于州序，凡州之大祭祀、大丧，皆莅其事。若国作民而师田行役之事，则师而致之。掌其戒令与其赏罚，岁终则会其州之政令，正岁则读教法如初。三年大比，则大考州里，以赞乡大夫

---

① 纪昀等撰：《历代职官表》（下），上海古籍出版社 1989 年影印版，第 1024 页。

废兴。”① 这些概括，完全是以西周资料记载为根据的。据此可知，西周时期的州长，负责的不外是教民读法，使民知法、懂法、守法，教民习射之类的武备之事，教民祭祀之礼等道德之事，还有选拔人才，立赏罚戒令，扬善惩恶，也说明其主要职责是兼管地方教育行政事宜。地方乡师是大司徒的属官，大司徒置有乡师四人，爵位为下大夫，比州长次一等。其职掌为：“掌其所治乡之教而听其治。以国比之法，以时稽其夫家众寡，辨其老幼、贵贱、废疾、马牛之物，辨其可任者与其施舍者。掌其戒令纠禁，听其狱讼。大役则帅民徒而至，治其政令……岁终则考六乡之治，以诏废置。正岁稽其乡器。……若国大比，则考教察辞，稽器展事，以诏诛赏。”② 很显然，这里的“师”，并不是今之教师之“师”，而是与官合一之“师”，乡师掌理着一乡之重要行政事务，其责是掌一乡之“戒令之禁”的法规、民事诉讼、选拔一乡俊异人才。

二、“设三老以掌教化”

秦短暂地统一全国后，实行“以吏为师”的制度，地方则“设三老以掌教化”。“三老”是地方的三种行政长官有秩、啬夫和游徼，有秩、啬夫完全根据一地居民多寡而定。大乡达到五千户的，指派有秩掌理；小乡不足五千户者，指派啬夫为行政长官。游徼的分工是掌巡察盗贼。这些从表面看来，与地方教育行政并不存在什么关系，但是其时普遍实施的吏师制度，是将地方包括教育在内的一切事务囊括其中的。而教化是地方最为重要的职责之一，秦的

① 纪昀等撰：《历代职官表》（下），上海古籍出版社 1989 年影印版，第 1047 页。

② 《周礼注疏》卷一一《小司徒》，《十三经注疏》上册，中华书局 1980 年影印版，第 713—715 页。

“书同文”、“行同伦”、“匡饬异俗”的工作，在短短的十几年中收到奇效，而国家又不设立官立学校，私学也遭到取缔，三老当是功不可没的。

汉承秦制，地方延续三老之制，地方县下设乡，乡是地方基层行政组织。据载：“大率十里一亭，亭有亭长；十亭一乡，乡有三老；有秩、啬夫、游徼，三老掌教化，啬夫职听讼，收赋税；游徼徼循禁贼盗。县大率方百里，其民稠则减，稀则旷，乡、亭亦如之，皆秦制也。”① 汉文帝十二年（前168年），诏“以户口率置三老常员”。这样，三老在汉代便成了常设职官。

汉代担任三老是有一定要求的。汉高帝二年（前205年）规定：“举民年五十以上，有修行，能帅众为善，置以为三老，乡一人。择乡三老一人为县三老，与县令丞尉以事相教，复勿徭戍。”② 既有年龄要求，又有德行上能服众的要求。三老还有等级，分县三老和乡三老。

汉代三老的职责主要是推行社会教育。凡是有益于社会风化，为民德范者，均由三老出面旌表其门。汉文帝十二年的诏书中明确指出，“三老，众民之师也”，说明三老承担着朝廷推行教化的重托。如果三老对教化工作懈怠，地方教化不善，三老是要受到责问追究的。《汉书·司马相如传》载，武帝遣司马相如晓谕巴蜀，“责三老以不教诲之过”。

正因为三老的责任重大，关系到一方太平，朝廷还曾派博士到地方指导三老的工作。武帝元狩六年（前117年），“遣博士大等循行天下，谕三老、孝弟以为民师”③。

① 《汉书》卷一九上《百官公卿表》，《二十五史》(1)，上海古籍出版社、上海书店1986年影印版，第439页。

②③ 《西汉会要》卷四八《民政三·置三老》，上海人民出版社1977年版，第557页。

如果三老能秉公办事，守正不阿，工作绩效显著，常常会受到破格提拔，有的甚至官至九卿、郡守，给予酒肉、布帛之类的赏赐。

三、府州县教授、教谕诸官之设

宋代到明清时期，不仅府、州、县遍设学校，而且均设置了教育行政管理机构及其教育行政职官。明清时期虽然府、州、县学统称儒学，教育行政职官都有统一的规范的称谓，府学的教育行政职官称教授，州学称学正，县学称教谕；府、州、县儒学均设训导一职。

（一）府州郡教授

中国古代地方府、州、县设立教育行政机构及其行政职官，是从宋代开始的。宋以前地方府、州、县设立学校，远不是古代文献资料中所载的黉舍林立，乡间亦弦歌不绝。所谓化及蛮荒之地，实属溢美之词。宋代府、州、县设立教育行政机构及行政官员，始自地方学校之设。地方遍设学校，则需要有管理学校的教育行政人员。宋代地方兴学运动始自何时？周予同认为“始于仁宗庆历四年”。而陈青之则认为要稍早一些，因为“地方学校，自宋祖开国以后，郡国已有设立的，不过未经政府明令，由政府明令地方开办学校之时，始于仁宗景祐四年（1037年）。但此时不过许藩镇所辖地方设立，于郡县地方尚未顾及。到庆历四年（1044年），才通令各州一律设学，县有学生二百人以上的，亦可自由开办县学；到徽宗崇宁元年又撤销限制，所有州县一律置学。所以，论宋朝地方学校，发轫于开国初年，推广于庆历，普及于崇宁”①。可以说，宋

① 陈青之著：《中国教育史》，东方出版社2008年版，第186页。

初地方学校兴办问题便受到注意，大力推行地方学校建设，则是在庆历和崇宁年间。

大约在建立州郡学校的同时或稍晚，宋代地方便设置了州郡教育行政机构及其行政职官。庆历四年，诏州县立学，下湖州取胡瑗教授弟子法以为太学法，说明湖州州学已经有了教授之设。嘉祐三年（1058 年），福州知州蔡襄荐进士周希孟为国子监四门助教，本州州学教授。嘉祐中，陈烈被蔡襄荐为本州教授；元祐初复教授本州，在职不受廪俸。嘉祐五年（1060 年），以颍州进士常秩为试将作监主簿、本州州学教授。熙宁三年（1070 年），不远千里受经于王安石的陆佃，被选为郓州教授。

宋代全国地方州郡设立教育行政职官后，熙宁六年（1073 年），规定了州郡教育行政职官的任职条件和任命方式："诏诸路学官，委中书门下选差。""始置教授，以经术行义训导诸生，掌其课试之事，而纠正不如规者。委运司及长史于幕职州县内荐，或本处举人有德艺者充。……至是始命于朝廷。"① 南宋时期依例设置地方州郡县教育行政职官，绍兴十六年（1146 年）明确规定，诸州教授"不许兼他职，令提举司常切遵守"②，对地方教育行政管理制度予以进一步完善。

（二）县学教谕

构建县级教育行政系统，是宋代的创举。据载，宋初朝廷诏令云："今朕建学兴善，以尊大夫之行，更制革敝，以尽学者之才。有司其务严训导，精察举，以称朕意。学者其进德修业，无失其时。其令州若县皆立学，本道使者选部属官为教授。员不足，取于

①② 《宋史》卷一六七《职官志》，《二十五史》（7），上海古籍出版社、上海书店 1986 年影印版，第 5683 页。

乡里宿学有道业者。”① 这里，只是将县学的教育行政职官笼统称“教授官”。有一些文献称县学教官时也是含糊其辞：“制诏州县立学。惟时守令有哲有愚，有屈力单虑，祇顺德意；有假宫借师，苟具文书；或连数城，亡诵弦声；倡而不和，教尼不行。”② 这里的“守令”比较含混，可以理解为县令，也可以理解为县儒学的教育行政职官。

明清时期，对县学教育行政职官的称谓进行了规范，统一称作教谕，并且明确规定县儒学只设教谕一人。教谕作为学官，始设于宋代，当时只是京师小学和武学中的教官。元明清时期是县儒学教育行政职官。教谕职责是“训迪学校生徒，课艺业勤惰，评品行优劣”。明初要求教谕须每月考验生员，质疑问难，以了解生员的学业进展。洪武二年的《明立常设科分教格式》规定：“每月考验生员，观其进退揖拜之节，听其言语应对之宜。背读经史，讲通大义；问难律条，试其处决。讲礼务通古今；写字不拘格式；审音详其所习之乐；观射验其膂力，又能中的；稽数明其乘除，口手相应。守令置立文簿，同教授。”《沈丘县志》对教谕的职责记述较具体：“掌明经史，务使生员知孝弟忠信、礼义廉耻，通晓古今，识达时务。及提调各训导教习，必期成效。……于儒士有才德，有学问，通晓时务者，选官为应付行粮脚力，悉赴中书省考验。”③ 可见其职责大致可分三个方面：一是掌县教育发展的规划事宜，二是掌管文庙祭祀事宜，三是教育训导所属儒学的生员。

县儒学教育行政官员是比较低级的职官，地位比较卑微，待遇比较低下，但是朝廷强调：“教职一官，其职虽卑，而其责乃至重

① 《宋史》卷一五七《选举志三》，《二十五史》(7)，上海古籍出版社、上海书店 1986 年影印版，第 5646 页。

② 李觏：《袁州学记》，《李觏集》，中华书局 1981 年版，第 247 页。

③ 《沈丘县志》卷二《学校・皇明立常设科分教格式》(明嘉靖刻本)。

也。”因此，对县学教谕等教育行政职官有严格的聘任制度。但明末吏治混乱，县教谕形同虚设，教谕聘任条件混乱至极。天顺三年(1459年)，建安县老人贺炀曾在上疏中指出：“朝廷建学立师，将以陶熔士类，奈何郡邑学校师儒之官，真材实学者百无二三，虚糜廪禄，猥琐贪饕，需求百计。而受业解惑，莫措一辞。师范如此，虽有英才美质，何由而成?”①《明史·选举志》载曰：“后久顽弊，师儒之职益轻，副榜举人不屑就，而贡生年稍迈、若贫困甚者乃甘心焉。因取充位，精力倦于鼓舞，而学术纰缪，无能为诸生先，奔走有司，结富豪以苟得，而于月考课及上下三等簿，率以赀，不复问行能，盖冗蠹甚矣。”说明明代中后期吏治腐败对教师的选聘带来极为不好的影响，连副榜举人都不愿意出任教官，最后充教职的都是那些穷困潦倒、年迈力衰、学术纰缪的除了充当教官外什么事情都不能胜任的贡生。

清代县儒学教谕的职掌，最高行政部门——礼部对其职掌和行为准则有明确的规定。综合《礼部则例》中的若干条文，其职掌主要有如下诸点。

其一，教谕要主持季考、月课。“季考、月课，除实在丁忧、患病，及有事故外，严传各生面加考试。照例用‘四书文’一篇，排律诗一首，或试以策，或试以论，由教官衡定等次。”

其二，教谕要为生员讲解刑律。季考、月课后的次日，教官须将律内载刊之刑名钱谷关系紧要者，与诸生详细讲解。

其三，每遇朔望日，教谕须召集生员到明伦堂，“恭诵圣祖仁皇帝御制《训饬士子文》、御制万言《广训》、世宗宪皇帝御制《朋党论》及卧碑各条”，并令诸生恭听恪守。每逢督抚到任及学政按临，拜谒先师之日，地方儒学教官应“率诸生宣读如仪”。

① 黄汝成：《日知录集释》卷一七《教官》，岳麓书社1994年版，第631—632页。

其四，遇节庆日，教谕须带诸生行礼。凡遇“万寿”、元旦、冬至、丁祭之期，传令优等生员分班陪列行礼。居地遥远者，亦令轮班入城学习行礼。

其五，学政前来主持岁试时，教谕须向学政呈报优生和劣生。

最后，教谕负责发放学租给廪生和寒士。

针对明末腐败的地方儒学，清初对县儒学教育行政职官进行了整顿，整顿便是从县教谕聘任条件入手的。康熙十八年，“定教职用科贡出身人员；有不由科贡出身者，题明送部别用。若部选教职未到，只许本学及别学官署事，不得滥委杂流”①。对县教谕的出身作了严格的规定，不准轻置滥设。但是，一些年后，不少老年迂疏者改从教职的频频出现，使得雍正朝严词制止。雍正十三年(1735年)，谕旨：“县令为亲民之官，关系民生休戚最为切近。凡选用知县者，类多举人、进士出身之人，其中才具可观，克称厥职者固多，而年老迂疏，不谙吏治者亦复不少。朕念其攻苦寒窗幸登科目，不忍遽令放废，于是定以改教之例。每见候选各员有年老才庸不称县令之任，而苦不自量，仍欲免强谒选。其意盖以县令为荣，希图侥幸，且以到任之后，不能办事，仍可改补教职，无碍于功名。故为苟且姑试之计，殊不思以不能胜任之人，冒昧铨选，及到任之后，试看一年半载，再请改教。其间辗转更换时日，已多事务废弛之患，有必不能免者。嗣后科目出身之员，若系简选命往者，到任后不胜县令之任，准该督抚以教职题请改补。如系月选之员，或年力衰迈，或才识庸愚，即当于未选之先，或临选之际，呈请改教。若不自量度，仍欲铨选知县，该员到任后着该督抚留心察看。或以才力不及，或以溺职，分别题参。不得奏请改教，以遂其自便之私。如果有为人谨慎，学问优通者，著该督抚将应否改补教

① 《清朝文献通考》卷六九《学校七・直省乡党之学》，浙江古籍出版社2000年影印版，第5490页。

职之处，具本声明送部引见请旨。”① 这一谕旨直接影响着县儒学教育行政官吏的素质，竟将不能任县令者改教职，从而使县学教谕素质每况愈下。不能胜任县令者改充教职的口子一开，直接导致许多老眼昏花本该致仕者厕身教职。尽管雍正年间三令五申，令“教职多衰老庸劣，不但不能以道德礼义化导齐民并课士之职，亦不克举”，还特谕“督抚会同学政严饬所属教官，务以实心实力劝学兴文，恪尽课士之责。其有年力衰颓贪恋禄位，及庸劣无能，不称师儒之席者，秉公甄别，咨部罢黜”。② 但风气一时难以逆转。

雍正时期的这一做法，后世竟全盘继承下来，甚至有过之而无不及。乾隆二十六年（1761 年），一次就从落第举人中挑选了380 人充各省学正和教谕。并有由举人出身的州、县官降职者改任教谕的记载。据《清高宗实录》卷二三七载，乾隆二十七年（1762年），将“言语不清，动作进退有似痴呆，两目斜视，耳亦不聪，询以一二事，皆答非所问”的知县罗坤改任教职，足见教官的素质并没有得到真正重视。

（三）府州县教育行政属官

地方府、州、县设立教育行政机构，同时设置了相应的教育行政官吏，筚路蓝缕，一地兴学掌教之事浩繁，地方一二教育行政官吏实难推动。因此，地方府、州、县均配置了部分属官。

府、州、郡学校所配置的教育行政属官及其职掌主要有：

学正、学录：维持校规。

直学：管理本学钱粮。

① 《清朝文献通考》卷四九《选举三・举士》，浙江古籍出版社 2000 年影印版，第 5320 页。

② 《清朝文献通考》卷七一《学校九》，浙江古籍出版社 2000 年影印版，第 5512 页。

纠弹：专司纠正违反纪律的行为。

司计：钱粮出纳。

教授：以经术、行义训导、考核生员，执行学规。

教谕：训导和考校、责罚学生。

其中教授的主要职责是教学，要求教授每日讲解经书两三纸，授诸生所诵经书文句音义，题所学字样，出所课诗赋题目，撰所对诗句，择所记故事。其他属官偏重行政工作。

这些府、州教育行政职官到明清称谓及其职掌小有变化，唯教谕一职有颇大不同。宋代教谕与其说是地方教育行政职官，不如说是学官；而明清时期的教谕则是一县的教育行政职官，他们的职责有着很大的区别。

府、州、县儒学教授、学正和教谕，明清时期都配置了一名副手——训导，协助他们处理教育行政管理事务，也协助他们从事教育和教学工作。训导不分所在儒学级别，统统称之为训导，并不另名区别之。

传统的教育行政管理主要特征有二。一是由礼部管理全国的教育，由于区域过于广泛，事务过于浩繁，各地情形过于复杂，文化背景又各不相同，加之礼部自身分工管理的事项也头绪纷繁，因而无暇过问全国各地教育发展情形，实际上各地教育处在自生自灭状态。事实上，各地的学校教学往往只是大比之年才有教学活动而已——京师学堂和府、州、县儒学实际上形同传舍；学校教官贿买公行，营私舞弊成风，礼部处理了的仅百中一二而已。全国的教育管理处于散漫状态。二是礼部对学校的管理，也只是以科举考试为核心，几乎所有管理举措，都是围绕着科举考试展开，为科举考试而精心设计。或者说各级教育行政官吏都是将全部精力和智慧集中在三年一次的层层筛选上，提举学事使、提督学政、府州县儒学教官，为三年一次的乡试选拔考生；全国的许许多多行政大员和教育行政官员主持乡试，从各地选拔的考生中选出乡试中式者——举人，作为“贡士”输送省试生员。……所谓的教育行政管理，实际上也就是每隔三年举行一次考试——只问收获，并不过问这三年间的教育过程。这种教育根本不可能培养出国家所需要的匡时救世的人才，因而到了鸦片战争后，这种传统的教育行政管理体制，也就寿终正寝了。

第二章 近代新型教育行政的草创

伴随着鸦片战争的隆隆炮声，清廷迎来了三千年未有之变局。李鸿章在一篇奏折中指出："今则东南海疆万余里，各国通商传教，往来自如，麇集京师及各省腹地。阳托和好之名，阴怀吞噬之计，一国生事，诸国构煽，实为数千年来未有之变局。轮船电报之速，瞬息千里；军器械事之精，工力百倍，炮弹所到，无坚不摧，水陆关隘，不足限制，又为数千年来未有之强敌。外患之乘，变幻如此，而我犹以成法制之，譬如医者疗疾，不问何症，概投之以古方，诚未见其效也。"① 清王朝"天朝大国，万邦膺服"的优越心理顿然丧失殆尽，古老的中国第一次经受着欧风美雨的洗礼，传统的教育行政不得不走上近代化的历程。

① 李鸿章：《筹议海防折》，吴汝纶编：《李鸿章全集》（2），海南出版社 1997 年影印版，第 825 页。

第一节 学部的诞生

同治元年（1862 年）恭亲王奕䜣奏设的京师同文馆开办，是为中国教育近代化发轫的标志。这一年也是“同（治）光（绪）新政”的开端，亦称“洋务新政”。1911 年 10 月 10 日武昌首义爆发，结束了统治数千年的封建帝制。从 1862 年到 1911 年的 50 年，是中国历史上的多事之秋。古代中国千年一变，到此时即十年一“千年未有之变局”，其间有太平天国运动、甲午战争、戊戌变法、义和团运动、科举废除、学部成立、辛亥革命等。近代“先进的中国人”在这个亘古未有的舞台上演出了一幕幕活剧。

一、新型学校的发荣滋长

同治元年，中国第一所近代性质的学校——京师同文馆设置。此后，一所所新型学校接踵而至，犹如雨后春笋，破土拔节而生。而传统的管理学校的机构国子监的功能，则在逐渐弱化。由于学事日多，陈旧的管理机构实在难堪重任，逐渐成为可有可无、名存实亡的管学机关。新型学校无疑要求传统的教育行政机构与官吏来适应它，来规划和管理新教育的发展。因此，日新月异的新型学校，正是新型教育行政管理机构的催生婆。

（一）京师同文馆的设置

鸦片战争后，中国在政治、军事、经济等诸多方面与外国的交往日益频繁。这些活动涉及面非常广泛，包括翻译、外交、律例、企业管理、电报、矿务、冶炼、机械制造、水陆军事等，迫切需要培养新型人才以应时需，特别是“通事”或“通舌”（翻译）人才更是迫在眉睫。而当时虽有从买办等渠道自发形成的“通事”者，但一方面人数有限，远不能满足需要，而且质量也不符合要求；另一方面，此类人员大多与洋人关系甚密，清廷对他们不信任。事实上，他们也的确不值得信任。李鸿章刚到上海便发现这些“通事”者的劣迹，并在奏折中予以揭露：“查上海通事一途，获利最厚，于士农工商之外，别成一业。其人不外两种：一、广东、宁波商伙子弟，佻侻游闲，别无转移执事之路者，辄以学习通事为逋逃薮；一、英法等国设立义学，招本地贫苦童稚，与以衣食而教肄之，市儿村竖，来历难知，无不染洋泾习气，亦无不传习彼教。此两种人者，类皆资性蠢愚，心术卑鄙，货利声色之外不知其他。”这些人文化底子单薄，翻译常常失实出错，他们“惟知借洋人势力播弄挑唆，以遂其利欲，蔑视官长，欺压平民，无所忌惮”，甚至“欺我聋喑，逞其簧鼓，或遂以小嫌酿成大衅”。①

李鸿章所言，一语中的。这些做翻译的人，一是社会地痞无赖，无业游民；二是由外国人培养出来的，他们在与洋人打交道过程中，往往与洋人沆瀣一气，成事不足，败事有余。而任江苏巡抚的他，处在上海交涉前沿地区，对自己培养翻译人才的迫切感更超过了恭亲王奕䜣。李鸿章曾表达过他的这种心情：“伏惟中国与洋人交接，必先通其志，达其欲，周知其虚实诚伪，而后有称物平施之效。互市二十年来，彼酋之习我语言文字者不少，其尤者能读我经史，于朝章宪典、吏治民情，言之历历；而我官员绅士中绝少通习外国语言文字之人。各国在沪均设立翻译官一二员，遇中外大臣会商之事，皆凭外国翻译官传达，亦难保无偏袒捏架情弊。中国能通洋语者，仅恃通事，凡关局军营交涉事务，无非雇觅通事往来传话，而其人遂为洋务之大害。”②奕䜣在代表朝廷与英法谈判并签订

①② 李鸿章：《请设外国语言文字学馆折》，吴汝纶编：《李鸿章全集》(1)，海南出版社1997年影印版，第110页。

《北京条约》时，一面说“与外国交涉事件，必先识其性情，今语言不通，文字难辨，一切隔膜，安望其能妥协”①，一面说“欲悉各国情形，必先谙其言语文字，方不受人欺蒙”②。因此，非有自己的译员不可。

1862年8月20日，在原停办的俄文馆基础上扩建的京师同文馆正式开学，奕䜣聘得包尔腾任教，当时仅设英文馆，后陆续增设法、俄、德、日文诸馆。学生在八旗中挑选天资聪颖年在13～14岁以下者4～5人，但实际上挑取了20名，“除已传十名外，记名人数无多，将来传补将次完竣，应由八旗满、蒙、汉闲散内，择其资质聪慧，现习清文、年在十五岁上下者，每旗各保送二三名”，“酌量录取，挨次传补”。③ 中国近代第一所新式学堂注重从满洲贵族亲信中挑选生员，足以显示清廷对洋务事业的重视程度。

京师同文馆是对付时局的产物，也是“中体西用”思潮初兴的产物，对中国近代外交和政治军事发挥过重要作用，对新型学堂的开办起到了导乎先路的作用。

（二）其他学堂的设置

京师同文馆首开近代学校风气。然而，它同时也表明了清廷以满族贵族垄断新式人才的企图。但是，在亡国灭种的危机之下，这一企图很快就化成泡影，为握有开办洋务的汉族封疆大吏们所粉碎。

1. 外语学堂

就在京师同文馆办理的过程中，江苏巡抚李鸿章奏请在上海设

---

① 咸丰朝《筹办夷务始末》（八），中华书局1979年版，第2679页。

② 同治朝《筹办夷务始末》（一）卷八，中华书局2008年版，第342页。

③ 《同治元年七月二十五日总理各国事务奕䜣等折》，中国史学会主编：《洋务运动》（二），上海人民出版社、上海书店出版社2000年影印版，第8—9页。

立类似的学馆，同时，清廷也命令广东设立语言文字学馆，饬广州将军库克吉泰、两广总督晏端书仿照京师同文馆办理，郑重强调："此事为当今要务……务当实心办理，不得视为具文。"还具体说明办理办法："择其资质聪慧，年在十四岁内外，或年在二十左右，而清、汉文字业能通晓，质地尚可造就者，一并拣选。延聘西人教习，兼聘内地品学兼优之举贡生员，课以经史大义，俾得通知古今，并令仍习清语；厚其廪饩，时加考查。倘一二年后学有成效，即调京考试，授以官职，俾有上进之阶。"① 李鸿章特别强调说，既然广东和上海两地的交涉事件转多于总理衙门，所以"势不能以八旗学生兼顾。惟多途以取之，随地以求之，则习其语言文字者必多；人数既多，人才斯出"②。李鸿章高人一筹的是，他认识到培养外语人才除为中外交涉外，还可为引进科学技术知识创造条件。他在筹办广方言馆时就强调："彼西人所擅长者，测算之学，格物之理，制器尚象之法，无不专精务实，泐有成书。经译者十才一二。必能尽阅其未译之书，方可探赜索隐，由粗显而入精微。我中华智巧聪明，岂出西人之下！果有精熟西文，转相传习，一切轮船火器等巧技，当可由渐通晓，于中国自强之道，似有裨助。"③李鸿章之奏议直接促成近代新式学堂添设现代科学技术课程与专业。

这样，在1863年，上海广方言馆"仿同文馆之例"设立。1864年，总理各国事务衙门设立广州同文馆。朝廷通令成绩优异者可派送到京师同文馆深造，或充派各衙门翻译官。此外，还相继开办了新疆俄文馆（1887年）、台湾西学馆（1888年）、珲春俄文书院（1889年）及湖北自强学堂（1893年）等。

① 同治朝《筹办夷务始末》（二），中华书局2008年版，第613页。

②③ 李鸿章：《请设外国语言文字学馆折》，吴汝纶编：《李鸿章全集》，（1），海南出版社1997年影印版，第110页。

2. 军事学堂

福建总督左宗棠意识到西方科学技术的重要性，着手在马尾船政局创建求是堂艺局①，培养水师人才。左宗棠一开始就将设立艺局与西方科学技术紧密地联系在一起。他在奏折中指出："夫习造轮船，非为造轮船也，欲尽其制造、驾驶之术耳；非徒求一二人能制造、驾驶也，欲广其传，使中国才艺日进，制造、驾驶展转授受，传习无穷耳。故必开艺局，选少年颖悟子弟习其语言文字，诵其书，通其算学，而后西法可衍于中国。艺局初开，人之愿习者少，非优给月廪不能严课程，非量予登进不能示鼓舞。"②在这一思想指导下，同治五年（1866 年）创办了求是堂艺局。

求是堂艺局开办后，一大批军事学堂破土而出。1880 年李鸿章奏设天津水师学堂，是为近代中国第一所海军学校。1885 年李鸿章奏设天津武备学堂，这是中国第一所陆军学校。1887 年 8 月，两广总督张之洞奏设广州水陆师学堂。1890 年南洋大臣曾国荃设江南水师学堂。此外，还有广东黄埔鱼雷学堂（1886 年）、北京昆明湖水师学堂（1888 年）、山东威海卫水师学堂（1889 年）、奉天旅顺口鱼雷学堂（1890 年）、直隶武备学堂（1896 年）、湖北武备学堂（1896 年）等。

3. 技术学堂

同治四年（1865 年），李鸿章、曾国藩设上海机器学堂。其后丁日昌于光绪二年（1876 年）奏请设立福州电报学堂，这是中国

---

① 求是堂艺局初办时定此名，半年后便改名为前、后学堂。前堂以练习造船之术为目的，采用法文教授，又谓之法国学堂。后堂以练习驾驶之术为目的，采用英文教授，又谓之英国学堂。其课程分为三类：（1）主科，即练习造船、驾驶之术；（2）辅科，即英法语言、文字及算法、画法；（3）训练科，凡《圣谕广训》、《孝经》必须诵读，兼习策论，以明义理而正趋向。

② 《同治五年十一月初五日左宗棠折》，中国史学会主编：《洋务运动》（五），上海人民出版社、上海书店出版社 2000 年影印版，第 28 页。

近代最早的电报学校。光绪六年（1880 年），李鸿章奏设天津电报学堂；光绪十九年（1893 年），李鸿章奏设天津医学馆（或称北洋医学堂），这是中国近代官府自办的最早的西医学堂。光绪二十二年（1896 年），张之洞在南京创办江南储才学堂，这是清末培养实政人才的学校。后于光绪二十九年（1903 年）更名为江南高等学堂。

此外，还有广东实学馆、福州电气学塾、上海电报学堂、台湾电报学堂、湖北矿务局工程学堂等。

（三）颁行近代学制系统

京师同文馆首开中国近代史上新型学校风气之先，随后 40 年新学校教育有了长足发展，各级各类学校应运而生，犹如雨后春笋；学校层次五花八门，教育内容色彩斑斓，迫切需要出台学制系统规范与引导办学行为。

1901 年 1 月 29 日，慈禧太后在西安颁布“变法”上谕，随即出台了一系列教育改革措施。如改革科举考试制度，废除八股，改试策论，停罢武科，以新式学堂兼习武备；改书院为学堂，省城书院改为大学堂，府和直隶州书院改为中学堂，州、县书院均改为小学堂，并多设蒙养学堂；派遣游学及派遣考察；重开京师大学堂等。教育方面出现的喜人变化，迫使清廷仿照西方和日本的学校管理办法，制定学制系统，以规范日益高涨的办学行为，指导人们办学，保障各级学校的教学质量。光绪二十八年（1902 年），张百熙主要吸纳了部分官员赴日本考察学制的成果，拟订了清朝政府第一个新型的学制系统——《钦定学堂章程》，光绪二十八年七月十二日（1902 年 8 月 15 日）颁布。因这一年为旧历壬寅年，故亦称“壬寅学制”。壬寅学制为中国近代由国家颁布的第一个正式的学制系统文件。

壬寅学制包括钦定蒙学、小学、中学、高等、京师大学及考选入学章程六个文件，规定各级各类学堂的目标、性质、年限、入学条件、课程设置及相互衔接关系。壬寅学制分三段七级。初等教育设蒙学、小学堂，中等教育设中学堂，高等教育设高等学堂或大学预科、大学堂、大学院。师范学堂附设于中学堂，高等学堂及大学堂内附设师范馆。

壬寅学制颁布后，因为清廷内部的权力博弈，也因为壬寅学制制定过于仓促，还因为它自身存在着种种不足，未能付诸实施。

次年，清廷采纳张百熙等人的意见，“着即派张之洞会同张百熙、荣庆将现办大学堂章程一切事宜，再行切实商定，并将各省学堂章程，一律厘订，详悉具奏，务期推行无弊，造就通才，俾朝廷收得人之效，是为至要”①，开启了学制的修订工作。

张之洞等综合了各方意见，亦采东西方各国学制的优长，并总结了他在湖北各地办学探索新学制的经验教训，历时数月，七易其稿，完成了学制的修订工作。光绪二十九年十一月二十六日（1904年1月13日）清廷颁布张之洞、张百熙、荣庆合拟的《奏定学堂章程》。因是年为农历癸卯年，故以“癸卯学制”称之。癸卯学制是中国近代教育史上第一部在全国范围内实际推行了的学制系统，包括《学务纲要》、蒙养院及家庭教育、初小、高小、中学、大学堂、初级师范及职业教育章程等十七个文件。癸卯学制分三段七级：初等教育分蒙养院（4年）、初小（5年）、高小（4年）三级，中学教育仅中学堂（5年）一级，高等教育分高等学堂或大学预科（3年）、大学堂（3～4年）、通儒院（5年）三级。与壬寅学制比较，癸卯学制实业学堂、师范学堂各自成系统，增加了幼儿教育机构，系统更周密完备。无论是对以后学制系统文本的制定，还是对以后学校教育的发展，其影响都是前所未有的。癸卯学制实施了将

① 《请派重臣会商学务折》，谭承耕、李龙如校点：《张百熙集》，岳麓书社2008年版，第35页。

近十年，中华民国南京临时政府成立后即予废止。

癸卯学制颁布实施后，办学有了规章，结束了过去无章可依的局面。本来“新政”后从京师到全国各地建立学校的势头迅猛，癸卯学制实施后，更是掀起了新一轮的办学高潮。很显然，传统的靠礼部兼管学校的老模式，根本无法适应千变万化的新形势，从而顺理成章地提出了改革教育行政系统，建立学校管理的专门行政部门——学部的要求。

二、新型官学机构——学部的诞生

近代性质的学校在全国的普遍设置，呼唤着新型管理学校机构的诞生。过去的礼部及下设国子监，由京师大学堂代管和设立学务处管理的模式，已经完全不能适应学校发展的需要了——学校数成倍增长，学事异常繁杂，旧的机构、旧的管理方法、旧的管理观念，均已不合时宜。新型的管学机构就在这一背景之下呱呱坠地了。

（一）设管学大臣兼管教育行政

中央教育行政改革早在戊戌变法时期便已经提出。戊戌时期因为新式教育蓬勃发展，又因为朝廷政体的急剧变革，将中央教育行政改革推向焦点。梁启超敏锐地捕捉到了这一态势，看到了政治体制改革和教育行政变革的关系，指出：“吾今为一言以蔽之曰：变法之本，在育人才；人才之兴，在开学校；学校之立，在变科举。而一切要其大成，在变官制。”① 他所言之“官制”，包括中央教育行政官制，可谓一语中的。

① 梁启超：《论变法不知本原之害》，张品兴主编：《梁启超全集》第一册，北京出版社1999年版，第15页。

维新派并没有放弃改革官制的努力。光绪二十四年（1898年），康有为上《应诏统筹全局折》（亦称《上清帝第六书》），这也就是被视为维新派的变法纲领。在这一奏折中，康有为提出了设制度局作为指导全国变法的中枢机构的设想。根据他的设计，凡经制度局拟定的新政事宜，都交制度局下设的十二个局实施。这十二局中便有名列第三的“学校局”。这里的制度局实际就相当于国务院，十二局相当于国务院下设的十二个职能部门，“学校局”便相当于学部或教育部。“学校局”的职责是督促京师及各直省将书院、佛寺改为学堂，建立从中央到地方包括各级各类学校的新式教育体系，并作为专门的中央教育行政机构实施统一管理。① 这些“自京师立大学，各省立中学，各府、县立小学及专门各学。若海、陆、医学、律学、师范学，编译西书，分定课级”之事，“非礼部所能办，宜立局而责成焉”。②

康有为的变革政治体制的建议，挖动了清廷的“祖坟”，也使得权贵大臣们的官位岌岌可危。朝野上下认为制度局之设，总理法律、度支、学校、农、工、商、邮政、铁路、矿务、游会、海陆军等事，“朝论哗然，谓此局一开，百官皆坐废矣”③。尽管光绪多次催办，但无奈奕䜣百般委蛇抵制，终致流产。为了搪塞光绪帝及维新派，总理衙门和军机处翻出 1896 年刑部左侍郎李端棻设立京师大学堂的建议，并提出简派大臣中之博通中外学术者一员，管理京师大学堂事务，即以节制全国所设之学堂。李端棻 1896 年 6 月 12 日上《请推广学校折》，力言过去之道未尽，以致人才匮乏，提出再设立京师大学堂。李端棻的奏折，总理衙门当月议复云：办学校

---

① 关晓红著：《晚清学部研究》，广东教育出版社 2000 年版，第 36 页。

② 朱寿朋编，张静庐等校点：《光绪朝东华录》（四），中华书局 1958 年版，总第 4029 页。

③ 胡思敏：《戊戌履霜录》，中国史学会主编：《戊戌变法》（一），上海人民出版社、上海书店出版社 2000 年影印版，第 363 页。

"仍视人士之乐于向学，若地方自安辟固，无意讲求，虽加提倡，固亦无益"①。于是此议搁浅。

就在这时，御史王鹏运再度奏请开办京师大学堂，总理衙门和军机处就在否定了康有为《应诏统筹全局折》的第二天，便批准了开办京师大学堂的奏议。1898年，康有为旧话重提，上《请开学校折》，重申此议。6月，光绪帝下《明定国是诏》，宣布创办京师大学堂，"以期人才辈出，共济时艰"。于是，总理衙门委托梁启超起草京师大学堂章程上报，令孙家鼐为管学大臣，聘请美国人丁韪良为总教习。

《京师大学堂章程》共分八章。第一章总纲，举凡设校旨趣、学校性质及规模、内部机构。第二章学堂功课例。第三章入学例。第四章学生出身例。第五章聘用教习例，规定："学堂功课，既中西并重，华人容有兼通西学者，西人必无兼通中学者。……设溥通学分教习十人，皆华人。英文分教习十二人，英人、华人各六；日本分教习二人，日本人、华人各一；俄、德、法文分教习各一人，或用彼国人，或用华人，随所有而定。"② 第六章设官例，主要官员有：管学大臣一人，以大学士、尚书、侍郎为之，略如管国子监事务大臣之职；总教习一人，不拘资格，由特旨擢用，略如国子监祭酒、司业之职。此外还有分教习、总办、提调、供事、誊录等官，略如翰林院五经博士、国子监助教等职。第七章经费。第八章新章。

孙家鼐是光绪帝批准的第一任管学大臣。所谓管学之"学"，实际上就是京师大学堂，也就是说张百熙是京师大学堂首任校长。但这个"学"掌控全国各级各类的书院及府、州、县儒学。这在

① 陈学恂主编：《中国近代教育大事记》，上海教育出版社1981年版，第71页。

② 朱有瓛主编：《中国近代学制史料》第一辑下册，华东师范大学出版社1986年版，第660—661页。

《京师大学堂章程》中有明确的表述。1898 年实施的《京师大学堂章程》第一章第二节明确规定："各省学堂皆当归大学堂统辖，一气呵成。"① 这样，朝廷授予京师大学堂管理全国学校教育的权力。这说明京师大学堂不是普通意义的学校，它是兼国家最高学府与全国最高教育行政管理机构于一身的特殊教育行政部门。

相当于教育部的京师大学堂，职权范围在《京师大学堂章程》的总纲中作了规定："各省近多设立学堂，然其章程功课皆未尽善，且体例不能划一，声气不能相通。今京师既设大学堂，则各省学堂皆当归大学堂统辖，一气呵成；一切章程功课，皆当遵依此次所定，务使脉络贯注，纲举目张。"②但是，因"各省会所设之中学堂尚属寥寥，无以备大学堂前茅之用；其各府州县小学堂，尤为绝无仅有"③，所以，尽管明文规定以京师大学堂代理全国教育行政，实际上却是有名无实。

首任管学大臣孙家鼐在《京师大学堂章程》批准后，也就承担起了国家"教育部"部长的重担。他上任数日，在请示履行权限的奏折中表明了他的复杂心态，并为他长"教育部"的工作定下了基调："学堂之设，本以教育人才，而转以蛊惑民志，是导天下于乱也。履霜坚冰，臣窃惧之。一旦犯上作乱之人起于学堂之中，臣何能当此重咎。皇上既命臣节制各省学堂，臣以康有为书中凡有关孔子改制称王等字样，宜明降谕旨，饬令删除。"不允许教科书中出现康有为所倡孔子改制、孔子纪年之类，并主张重新厘定教科书，"钦定发下，然后颁行"。④ 在这一点上，孙家鼐是坚持宁左勿右，几乎所有举措与维新派如出一辙，但对教科书的修订编撰，却退到

①②③ 朱有瓛主编：《中国近代学制史料》第一辑下册，华东师范大学出版社 1986 年版，第 654 页。

④ 朱寿朋编，张静庐等校点：《光绪朝东华录》（四），中华书局 1958 年版，总第 4136 页。

了八股取士之前。不过其他方面，如各省改书院为学堂之类，京师大学堂还是依法行政的，因为全国各省书院均一律改为学堂，“皆颁给《京师大学堂章程》，令其仿照办理”①。

戊戌变法后，改革停辍，京师大学堂管理全国教育的职能“气若游丝”，名存实亡。1899 年秋，清廷任命吏部侍郎许景澄为管学大臣。许景澄（1845—1900），字竹筠，谥文肃，浙江嘉兴人。同治七年（1868 年）进士，旋选庶吉士，三年后散馆，授编修。后曾出使日本、俄、德、意、奥、荷等国，光绪二十四年回国。当年 7 月，受管学大臣孙家鼐之荐，被简任为京师大学堂总教习。戊戌变法后，许景澄在极度困难的情况下，为京师大学堂的筹备开学，立下了汗马功劳；他将任东北铁路公司总办的薪俸作他建议在京师设立俄文学堂的开办费。当年秋，孙家鼐因病乞休，许景澄遂以京师大学堂总教习代理管学大臣。他主持招收新生近二百名，将原设“诗、书、易、礼”四堂改为“立本、求志、敦行、守约”诸堂，又创立“史学、地理、政治”三堂，在代理管学大臣的不太长的时间内，小有建树。1900 年 7 月，鉴于义和团运动已经波及京师，加之朝廷保守势力抬头，许景澄上疏请暂行裁撤京师大学堂：“溯查创设大学堂之意，原为讲求实学，中西并重；西学现非所急，而经史诸门本有书院、官学与诸生讲贯，无庸另立学堂选就。”7 月底，因力主剿办义和团，忤逆慈禧太后及仇外大臣，许景澄被冠以“任意妄奏，且语多离间”罪名被戮。②

光绪二十七年十二月初一日（1902 年 1 月 10 日），张百熙出任第三任管学大臣，管理京师大学堂及全国教育行政事务。

---

① 朱寿朋编，张静庐等校点：《光绪朝东华录》（四），中华书局 1958 年版，总第 4229 页。

② 许景澄于 1900 年 7 月 28 日被杀弃市。1901 年重行“新政”后，获平反昭雪。

（二）设总理学务大臣和学务处

光绪二十九年闰五月初三（1903 年 6 月 27 日），张百熙与荣庆鉴于壬寅学制虽经颁布却未能实施，而为兴学务防流弊，“必须有精审画一之课本，完全无缺之章程”，又因为“张之洞为当今第一通晓学务之人，湖北所办学堂，颇有成效，此中利弊，阅历最深”，特请派张之洞“会同商办京师大学堂事宜，一切章程，详加厘定”。他们的请求，很快获准。批文曰：“着即派张之洞会同张百熙、荣庆，将现办大学堂章程一切事宜，再行切实商订，并将各省学堂章程一律厘订，详悉具奏，务期推行无弊，造就通才。”①

光绪二十九年十一月二十六日（1904 年 1 月 13 日），清廷颁行张之洞等拟订的癸卯学制。癸卯学制的亮点之一便是学制系统的颁布与实施，需要建立全国性的教育行政机构作保障。所以，癸卯学制中的一个重要文件《学务纲要》明文规定：“各省通设学堂，其事至为重要，必须于京师专设总理学务大臣，统辖全国学务。凡整饬各省学堂，编订学制，考察学规，审定专门、普通、实业教科书，任用教员，选录毕业学生，综核各学堂经费，及一切有关教育之事，均属焉。应请旨简派大臣管理。其大学堂应请另派专员管理。至各省府厅州县遍设学堂，亦须有一总汇之处，以资管辖。宜于省城各设学府处一所，由督抚选派通晓教育之员总理全省学务，并派讲求教育之正绅，参议学务。”② 并划定以“整饬各省学堂，编订学制，考察学规，审定专门普通实业教科书，任用教员，选录毕业学生，综核各学堂经费及一切有关教育之事”③为其职责权限，完成了设置总理学务大臣和学务处的制度设计。

---

① 朱寿朋编，张静庐等校点：《光绪朝东华录》（五），中华书局 1958 年版，总第 5036—5037 页。

②③ 张百熙、荣庆、张之洞：《学务纲要》，谭承耕、李龙如校点：《张百熙集》，岳麓书社 2008 年版，第 59—60 页。

同日，张之洞奏请特设学务大臣，统辖全国学务。原京师大学堂另设总监督，专司大学堂事务，其地位降下一格，受学务大臣节制。其奏折云："学务一事，实为今日自强要图，必须全国一律举行，方有大效。关系至为重要，条理又极精详。各国均设有文部大臣，专司其事。凡厘定条章，审察学术，考核功过，皆归其综理。现在整顿京外大小学堂，必须特设专员，方能专心致志，筹办妥协。查现在管学大臣，既管京城大学堂，又管外省各学堂事务，目前正当振兴学务之际，经营创始，条绪万端。即大学堂一处，已属繁重异常，专任犹虞不给，兼综更恐难周。况京城大学堂，不过学堂之一，其所办是否全行合法，师生是否一律均有成效，亦宜别有专司考核之大员，方无窒碍。臣之洞与诸臣商酌，拟请于京师专设总理学务大臣，以统辖全国学务。……如是则全国之学务，与首善之大学，皆各有专责，而成效可期矣。"① 请求"于京师专设总理学务大臣，以统辖全国学务。其京师大学堂拟请另设总监督一员，请旨简派三四品京堂充选，俾专管大学堂事务，不令兼别项要差，免致分其精力，仍受总理学务大臣节制考核"②。

张百熙、张之洞和荣庆《学务纲要》的奏请，加之权要人物、"当今第一通晓学务之人"张之洞特设学务大臣的上奏，于张之洞上奏的次日便获准，清廷颁布"改管学大臣为学务大臣，命大学士孙家鼐充学务大臣"③ 的上谕。反应之快，令人惊叹。很显然，清廷将总理学务大臣和学务处之设，看作"新政"的重要举措，认识到设总理学务大臣和学务处事关重大，关系到癸卯学制实施的成败。

①② 《请专设学务大臣片》，苑书义等主编：《张之洞全集》第三册，河北人民出版社 1998 年版，第 1595 页。

③ 朱寿朋编，张静庐等校点：《光绪朝东华录》（五），中华书局 1958 年版，总第 5129 页。

学务大臣下设总理学务处，学务处下又设六处，每处各掌一门。其下所设六处是：（1）专门处，管理专门学科学务；（2）普通处，管理普通学科学务；（3）实业处，管理实业学科学务；（4）审定处，审定各学堂教科书及各种图书仪器，检察私家撰述，刊布有关学务之书籍报章；（5）游学处，管理出洋游学一切事务；（6）会计处，管理各学堂经费。又规定，学务大臣要遣派属员随时考察各省学堂规制及课程教法是否合度，并禀报学务大臣。若各省学堂学科不完备，教法亦有未妥之处，应随时咨会该省督抚转饬学务处迅速增改。学务处是后来学部的雏形，有的传媒甚至直呼为"学部"。① 曾任中华民国南京临时政府教育部秘书长、著名学者蒋维乔认为："清末之教育行政权，其初统辖于京师大学堂，厥后又辖于总理学务大臣，其属官设六处，隐然与专设一部无异，然未见诸实行也。"②

学务大臣之下配备了属官，每处置总办一员，帮办数员，量事之繁简酌定。这些属官的选用，有具体资格条件要求，规定："学务大臣所用属员，均须选择深通教育事理之员，将来以京师大学堂、各省高等学堂毕业学生，及游学外洋大学堂、高等学堂毕业回国学生考选充补。其各学堂尚无合格学生可资选用时，应准参用仕学馆、进士馆毕业学员。目前暂行选取通晓学务之京、外职官充之。"③ 另外，学务大臣还可以从所属各员中"随时派赴各省，考察所设学堂规制及课程教法是否合度，禀报学务大臣"④。

在学务大臣和学务处设立后的一年余时间里，对全国教育行政事务进行了力所能及的指导和管理。第一，大力实施癸卯学制，督

① 关晓红著：《晚清学部研究》，广东教育出版社2000年版，第59页。

② 朱有瓛等编：《中国近代教育史资料汇编·教育行政机构及教育团体》，上海教育出版社1986年版，第97页。

③④ 张百熙、荣庆、张之洞：《学务纲要》，谭承耕、李龙如校点：《张百熙集》，岳麓书社2008年版，第60页。

促开办学校，按照癸卯学制规范办学行为。“新政”开始后，特别是癸卯学制颁布后，真正竭力办学的省份并不多，唯湖北、湖南、河北几省而已，很多省份仍按兵不动，等待观望。江西“省垣自设立大中小各学堂后，以外府厅州县并未一律兴办，京师学务处屡次查催，地方官不得已，择地筹款，呈送章程，以便举事”。学务处所派出的督察官员，所到一地，都要求学校“学科程度一律完备妥善”，检查“教法有未妥善之处”。①

第二，推进四年制义务教育。壬寅学制虽然没有来得及实施，但对义务教育还是有所规划。壬寅学制中规定：“儿童自六岁起受蒙学四年，十岁入寻常小学堂修业三年；俟各处学堂一律办齐后，无论何色人等，皆应受此七年教育，然后听其任为各项事业。”②癸卯学制继其未遂之志，《学务纲要》中第六条明确规定“小学堂应谕绅富广设”，指出：“初等小学堂为养正始基，各国均任为国家之义务教育，东西各国政令凡小儿及就学之年而不入小学者，罪其父母，名为强迫教育。”虽然当时推进国民义务教育的条件并不成熟，但学务处“明知山有虎，偏向虎山行”，仍要求“各地方官绅务当竭力劝勉”。少数条件较好及认识到义务教育重要性的督抚，捷足先登，强力而行，成为义务教育的实验区和示范区。

第三，筹措教育经费，鼓励兴办实业教育。学务处成立三个月后，商部拟办实业学堂，学务处亦认识到实业学堂甚有价值，遂允拨常年经费两万两。1904年底，“学务处行文各省，令将所有学堂经费一并详细核算，报部存案”③。在学部成立前夕的光绪三十一年四月，学务大臣考虑到“医学系实业专门之学，讲授之余，必须

① 《学界龃龉》(北京)，《警钟日报》1904年11月24日。

② 《钦定小学堂章程》，舒新城编：《中国近代教育史资料》中册，人民教育出版社1981年版，第400页。

③ 《核算学费》(北京)，《警钟日报》1904年12月14日。

临证治病，以资实验”，要求为学生实习实验提供条件和机会，要求医学实验馆与京师施医局联手，“俾医学教习可兼襄诊治，学生得兼资实验”，收到“体用相济”、“相辅相成”之效。合办的费用各占一半，学务处和施医局各出一万两银，但常年经费由学务处支付。

第四，派遣官绅与学生出洋留学。《学务纲要》指出：“学堂所重，不仅在教员，尤在有学堂管理之人。必须有明于教授法、管理法者实心从事其间，未办者方易开办，已办者方能得法；否则成效难期，且滋流弊。各直省亟宜于官绅中推择品学兼优、性情纯挚，而平日又能留心教育者，陆续资派出洋。员数以多为贵，久或一年，少或数月，使之考察外国各学堂规模制度，及一切管理教授之法，详加询访体验。目睹外国教习如何教，生徒如何习，管理学堂官员如何办理。回国后，分别派入学务处暨各学堂办事，方能有实效而无糜费。”① 资遣学生分赴东西洋各国肄业，及派出新科进士出洋游学，是学务处的职责之一。学务处设立的当年年底，便“请各省选取该省学堂高材生数人送学务处，以便送往外国学陆军”②。

此外，学务处还承担着控制学生思想言行的重要职能。清末“新政”时期，民变四起，资产阶级革命风起云涌，学生受资产阶级革命思想影响，出现“不轨”行为比比皆是，这成为学务处的心腹大患。以前，从孙家鼐到张百熙，对学生思想言行方面出现异端行为，无不忧心忡忡。学务处也毫不例外。1905 年初，学务处为肃清师生间普遍存在的“奇邪险怪”言论，就咨行各学堂，“即将所有教肄功课按旬分咨本处，以备随时查核入奏”③。1905 年 9

① 张百熙、荣庆、张之洞：《学务纲要》，谭承耕、李龙如校点：《张百熙集》，岳麓书社 2008 年版，第 41 页。

② 《咨送武备出洋》（北京），《警钟日报》1904 年 12 月 27 日。

③ 《学务处训词》（北京），《警钟日报》1905 年 1 月 16 日。

月，科举考试制度停止了，学生的思想言行更难控制，学务处令各省对学生的思想言行不可有丝毫懈怠，申令各省“科举既停，学堂学生当以品行为重，如有不服校规者，应即行斥退”，学务大臣还“督同学务处诸员，特订一考核之法，共分言语、容止、行礼、作事、交际、出游六项，特立一科，附于各科学之间，名曰品行科，通咨各直省转行各学堂管理加意考核”。①

总理学务大臣和学务处存在的时间仅一年余，但在“新政”推行后的多事之秋，为清末教育近代化所做的工作还是有目共睹的。这些工作也为学部的建立作了重要的铺垫。

（三）谕令成立学部

学部虽然成立于1905年底，但成立学部之倡由来已久。鸦片战争后，西方传教士纷至沓来，他们为中国带来了科学和文化。他们在向中国介绍西方国家科学技术和政府机构设施的同时，还介绍了西方国家文化教育发展情形和设施状况。其中也有传教士建议学习西方国家，设立全国教育行政管理机构教育部，就目前的资料考察可知，“最早向清政府建议设学部的，是英国人李提摩太”②。

李提摩太在华的时间长达半个世纪之久，经历的事情极多，与朝野高官名流接触也很多，很同情中国民众的悲惨境遇。他是在朝廷添设学部的积极而最早的倡导者。在1887年撰写的《七国新学备要》中，他介绍了欧美发达国家及日本、印度教育和科技文化概况，并向清廷提出了应对局势当采取的兴学措施。在诸多建议中，有两条涉及设立学部的，其一是建议朝廷设立学校管理的机构——学部，以专司其职，督察各地创设新型学校；其二是朝廷当授予学

① 《学务处特设学生品行科》，《直隶教育杂志》第1年第17期（1905年11月27日）。

② 关晓红著：《晚清学部研究》，广东教育出版社2000年版，第65页。

部统辖全国各省学政之权。但是，由于当时只是洋务派创办了一些洋务学校，创设新型学校的风气并未大开，因而李提摩太的建议并没有引起重视。

但是，李提摩太不改其志。三年后，又一次提出设立新学部的问题。光绪十六年（1890年），他撰写了《论新学部亟宜设立》一文，专论设立新学部的问题。他认为："至现在，遍立电线，纵横至三万余里，加以各国开矿，南北开铁路，非所学之力不克至此。所惜者，中国新学一端不甚认真，用款亦有限，如派学生赴美国时只一次拨银一百二十万两；再闽厂学生派赴欧洲，三年共拨银二十万两，前后仅此二次，殊非久远育材之计。……然前习新学各生，亦仅知其端倪，而精微之域究未深造。试观他国自立新学以来，早获富国养民之益，今中国为亚洲大邦，岂可转落人后耶？"李提摩太还重点介绍了日本设立学部的情况："日本……十几年前，设立新学部，费银无多。现每年新旧各学至用银六百万，此外又有教士分立中等书院，以广甄陶，而日本绅宦虽不在教，因知其益国益民，各愿捐银几万助成善举。……至新学部各事，则派亲王总办，以昭郑重。"他将笔锋转向中国，说："如中国翻然变计，欲广新学，宜特简派亲王游历五洲，遍览各国风俗政事，俾知新学为当务之急，实力讲求，亦设立新学部，再多筹经费，广立书院，从此渐推渐广，人材辈出，为国家宣劳，为海疆保障，大用大效，小用小效，又何难驾出西人上哉！"① 李提摩太建议的命运和第一次建议并无差别，如泥牛入海，没有掀起波澜。其时，朝野对设立学部发展教育并无太大兴趣，对"蕞尔小国"日本，重视程度也远没有甲午战争后那么高，他建议学习日本设立学部之法自然也没有什么力度。

甲午战争后，李提摩太还是执著地在《新政策叙》中提出设立

---

① 李提摩太：《论新学部亟宜设立》，《皇朝经世文新编》卷五下《学校》。

学部的问题。他在文中认为“中国目下应办之事”共有九条，第二条为“宜立新政部”，第七条为“学部为人才根本，应请德人某某、美人某某。总之，此二人名望甚高，才德俱备，可与中国大臣合办”。① 此外，林乐知等传教士也曾提出了设立学部的建议。

李提摩太和林乐知等传教士的建议，在反响上前后有很大不同。以前专门设立学部的建议是无声无息，但他们在甲午战争后的建议，虽然是夹杂其间，而且建议德国人和美国人当学部总管，也多有不妥，但是恰逢其时。当时《马关条约》签订后，民族情绪空前高涨，李提摩太又紧紧抓住这个难得的机会，与大权在握的翁同龢、奕䜣、孙家鼐等亲贵与重臣频频接触，使其接受他的主张。李提摩太等传教士的活动，甚至引起了维新派重要领袖康有为、孙家鼐，以至光绪皇帝的重视。此后，设立学部渐渐成为朝野议论的重要话题之一。

何启是广东南海人，生于香港。幼年就读于香港中央书院，1872 年留学英国，毕业于阿伯丁大学；又入林肯法律学院学习，取得律师资格。1887—1900 年，与胡礼垣两人合作发表政论文多篇，后汇集为《新政真诠》。他们建议国家机构中急需添设三个部门，学部居其二。他们认为：“学部不设，则国内无堪用之才，故加立学部而进之为第二者，欲中国以贤才为宝也。”② 汪康年撰写了《中国自强策》一文，提出国家机构应急于改革的主张，他建议设立的十多个部中，便有“教部”，以教部掌管学校之事。光绪二十三年（1897 年）四月，麦孟华在《论中国变法必自官制始》一文中，论证了学部设置的重要意义：“……三曰学部。西国大小学

---

① 《万国公报》第 87 卷，第 5 册，光绪二十二年三月（1896 年 4 月）。李提摩太推荐德国人花之安（Ernst Faber）、美国人丁韪良（W. P. Martin）总管学部。

② 何启、胡礼垣著：《新政真诠》二编《新政论议》，辽宁人民出版社 1994 年版，第 137 页。

校，诸学学堂，遍于国内，立部司之。识字之民，十得八九，著书之数，岁乃二万。中国人寡读书，犷若苗徭。识字之数，百不得十。非民之智于西而愚于中也，上不设学校以开其智也。多立学堂，别创学部，专官任事，重其责成。如是而民智不开，殆未有也。”①

朝野关于设立学部议论纷纭，形成了浓郁的舆论氛围。康有为也提出了他的看法，他指出：“夫养人才，犹种树也，筑室可不月而就，种树非数年不荫，今变法百事可急就，而兴学养才，不可以一日致也。故臣请立学亟亟也。若其设师范，分科学，撰课本，定章程，其事至繁，非专立学部，妙选人才，不能致效也。”② 军机处和总理衙门否定设立学部的奏折后，湖北巡抚谭继洵仍然执著地建议：“今各省亦竞言学堂矣，然而章程不同，则无其法；款项支绌，则无其费；教习难聘，则无其师。以臣观之，此三者皆非所难也，难在规模未定耳。拟请于京师设立学部，总管各省学校事务，议定办理学校之章程，处分之则例，与教习之程式，生徒之功课，以及学成考试之法，分门别类，纲举目张，以之颁行天下，使其一律遵办，则法整齐矣。”③

很多关于设立学部的议论也就议论一下罢了，并没有伤及反对论者的毛发。但是礼部六堂官阻挠王照上奏设立学部的建议，遭到被光绪帝罢官革职的惩处。王照提出新立学部，又以翰林院为基础设立教部。此教部之教，与宗教之教颇为相似，设教部旨趣在“以西人敬教之法，尊我孔子之教；以西人劝学之法，兴我中国之学，

---

① 《时务报》第24册（光绪二十三年三月廿一日），中华书局1991年版，第1600—1601页。

② 康有为：《请开学校折》，汤志钧编：《康有为政论集》（上），中华书局1981年版，第307页。

③ 《湖北巡抚谭继洵折》，国家档案局明清档案部编：《戊戌变法档案史料》，中华书局1958年版，第232页。

特设教部”，而新设立的学部“专辖各等学堂，企入专门，亦自博大精深……此学部之专责，以实用为重者也”。如此教部和学部“相辅而行，不相牵掣”。王照的良苦用心试图收一箭双雕之利，一方面可以满足卫道士们以儒学压西学弘扬儒学的心态；另一方面，单独设立学部，使学校的发展能够大行其道，“概无阻滞”。① 礼部官员是不想丢掉学堂这一块“肥肉”的，他们意识到如果这一方案获准，将大权旁落，朝不保夕了。王照与礼部官员的冲突，并非政见不同所致，实际上是要了礼部的命。于是众官员异口同声阻挠王照上奏，被光绪皇帝诏令革职。

“新政”推行后，设立学部的呼声仍不绝于耳。罗振玉在《教育世界》创刊号上发表《教育私议》一文，文中提出了发展教育的诸条措施，诸措施的第一条便是设立学部，以总揽“教育之纲领”。他的建议，实际上集中在营建全国教育行政系统。他说：“今宜采用日本之制，相宜变通之。京师既立学部，更于各地方立学务官如今之教官，而崇其品秩，重其职任，直辖于学部，以掌本地之学务。更分天下为数学区，而特令大臣充学政巡察使者，使按区巡视。如是则官立职分而事自举矣。”② 使中央和地方连通一气，全国学校才有振兴之望。他认为，学部成立后，不再直接管理学校，执牛耳之事是“则定处理章程是为先务”。沿着罗振玉的这一思路，次年一篇作者不详的名为《论中国宜设立文部之关系》的文章，将古代礼部与倡立的学部两相比较，认为：“中国之礼部虽有职掌文化之权而兼摄非专官向自春闱一试外，他不甚与闻。各省学政亦但知以一岁一科校阅文字为官，官于学务置诸膜外，此未改科举前相传之曩例也。今既□兴学堂，势不能不随之而变，宜特立文部一衙

① 王照：《礼部代递奏稿》，中国史学会主编：《戊戌变法》（二），上海人民出版社、上海书店出版社 2000 年影印版，第 354—355 页。

② 关晓红著：《晚清学部研究》，广东教育出版社 2000 年版，第 73 页。

门，以各省学政归入文部，以各省所有学堂归入学政，其文部或即名为学务部，画出其职掌于礼部。外而另订学务部则例，泐为成书，仿东西国教育制度之作颁行国中而遵循焉。"① 传统的教育行政体制难以应对时局，迫切需要建立新的教育行政机构以度时艰。而既立新的国家教育行政管理机构，必有新的章法则例。

"新政"推行后，从朝廷到地方形成了改革的良好态势。就在一浪高一浪的设立学部的议论浪潮中，朝廷尚停留在设立学部的阵阵雷声时，湖北和河北两省率先设立了省学务处。于是，从光绪三十二年（1906 年）起，社会舆论已经有了变化，不再是学部设立的议论了，直接以"将设学部"相传。终于无风不起浪，几个月后清廷批准成立学务处。

壬寅学制颁布后，特别是癸卯学制颁布并实施后，各地兴起了兴办学校的高潮，社会舆论对清廷设立学务处而不设立学部显得有些不理解也不满意。癸卯学制实施仅仅一年时间，全国各级各类学堂 8 277 所（不含教会学校），在校学生达 25 万人，远远盖乎历朝历代。学堂数成倍增长，各省按照《学务纲要》和《奏定京师学务处分设属官章程》相关规定，江苏等省均设立了学务处，湖北学务处还下设了六科，有的省还在学务处下设了若干学务分处。这些也在一定程度上迫使学务大臣和学务处提高规格，扩充机构，才有利于理顺中央与地方学务上的种种关系。

山雨欲来风满楼。"新政"推行后，社会舆论对科举的微词日渐增多，朝野大臣对科举考试制度扼制新型人才成长的弊端也越来越清楚，终于决定分步停止科举。本打算每年递减进士及第名额三分之一，分三次停止。但是时不我待，外交上诸多事件恶化，国内民变四起，清廷于光绪三十一年八月宣布停科举。清廷美其名曰"停"科举，实际上是废除科举。之所以叫"停"，显示了清廷的智

---

① 《论中国宜设立文部之关系》，何良栋编：《皇朝经世文四编》卷四。

慧，使热衷于科举功名的遗老遗少还抱一线希望，不至于铤而走险参加反清革命。科举的停止，的确断了礼部和国子监及地方一大批从事科举考试组织和管理的职官的命脉，他们不得不将传统的职能转向发展新型学校，转向教育行政管理。很显然，到这个时候，学部成立的时机成熟了。

1905年10月8日，山西学政宝熙奏请速设学部，并请将礼部、国子监两衙归并入学部。附片又请将翰林院归并学部。宝熙的奏折说："教育人才实事求是之盛举，薄海士流，莫不闻风鼓舞，注重学科，化愚为明、自柔而强之基，实植于此。窃谓此后普及之教育，日推日广，则学堂之统系，愈重愈繁。欲令全国学制划一整齐，断非补苴罅漏之计所能为，一手一足之烈所能济，且当变更伊始，造端宏大，各处学务之待考核统治者，条绪极繁，必须有一总汇之区，始足以期日臻进步。拟请饬下学务处会议，速行设立学部，上师三代建学之深意，近仿日本文部之成规，遴选通才，分研教育改良之法，总持一切，纲举目张，实于全国学务大有裨益。"①宝熙的奏折还建议，科举既停，"礼部、国子监两衙门公事愈形清简，似宜统行裁撤，归并学部，以节经费，兼免纷歧"。之后，又有人反对将礼部归并入学部，"以为典礼攸关，未便裁撤"；又认为翰林院虽然"事务尤觉清闲"，但为"词臣回翔之地"，可令其温故而知新，研究学务；如并入学部，"一旦由读讲编检改为郎中主事，实恐窒碍难行"。此外，顺天学政陆宝忠、翰林院编修尹铭绶等也有此议，并有将翰林院并入学部或文部之议，并提出"现在学堂林立，应有文部统摄，自京师大学堂译学馆以下，天下学堂皆归文部

① 朱寿朋编，张静庐等校点：《光绪朝东华录》（五），中华书局1958年版，总第5408—5409页。

管理”。①

光绪三十一年十一月初十（1905年12月6日），政务处和学务大臣综核各奏折，表示同意国子监归并入学部，而裁撤礼部之事并入其他奏折另行议奏，归并翰林院则“毋庸议”。其议复宝熙奏请设立学部的奏折云：“现在停止科举，专重学堂。整理一切学务，不可无总汇之区，自应特设学部，以资管辖。查国子监现管事务较简，拟请即将该衙门归并学部，其详定员缺核支经费及应办事宜，均俟奉旨后，由该部妥筹详酌，奏明请旨施行。国子监祭酒、司业拟即裁撤，另以相当之缺补用，未经补缺以前，资俸一切，均照裁缺通政使司堂官之例。监丞以下人员，不乏可用之才，如何分别改用留用，及原有监内肄业各生，并所设学堂，均由学部酌核办理。”②

同日，清廷终于颁布上谕，批准政务处和学务大臣议复宝熙条陈的奏折，确认发展学校“必须有总汇之区，以资董率而专责成。著即设立学部，荣庆著调补学部尚书，学部左侍郎著熙英补授，翰林院编修严修，著以三品京堂候补，署理学部右侍郎”③。同时，国子监并入学部。

至此，旷日持久的设立学部之议终于宣告结束，中国历史上第一个专司全国教育行政事务的最高教育行政机构宣告诞生。学部是全国教育管理、整齐划一新型学校的“总汇之区”，是中国教育行政近代化起步的重要标志。

三、学部的机构和官制

光绪三十二年四月，学部《奏酌拟学部官制并归国子监事宜改

①②③　朱寿朋编，张静庐等校点：《光绪朝东华录》（五），中华书局1958年版，总第5410、5444、5445页。

定额缺折》，提出了学部机构设置与官员安排的设想。此前于1905年宝熙及政务处、管学大臣的奏折均有提及，但均语焉未详，未可实施。学部的奏折云：学部“为全国学务总汇之区，国民程度之浅深，教育推行之迟速，董率督催，责任綦重，顾设官分职。必豫筹夫久远可行之规，以徐收夫名实相副之效。……参仿外商警部分曹隶事之办法，拟设左右丞各一员，左右参议各一员，参事官四员。分设五司十二科，郎中员外郎主事各缺，视事之繁简，为缺之多寡，期于各专责成，无有旷误。此外视学官暂无定员，咨议官不设额缺，其一切翻译图书、调查学制，以及督理京师学务，与夫本部会议研究教育之事，皆分设局所，派员兼理，徐规美备”①。

光绪三十二年闰四月二十日（1906年6月11日），“奉旨依议”，正式颁行，予以实施。

学部《奏酌拟学部官制并归国子监事宜改定额缺折》是学部机构设置和官制方案。这一方案的主要特点有如下诸点。

第一，以日本文部省机构设置和官制为蓝本，学部下设五司一厅十二科。

（1）总务司。这是学部的中枢机构，设郎中一员，总理司务，掌机要文书，审核图书典籍事。下设三科。机要科：设员外郎一人，主事二人，掌理机要文书，撰拟紧要章奏及关涉全部事体之文件函电（各司专件，仍归各司办理），并稽核京外学务官员功过、任用、升调及掌检定教员、聘用外国人等。案牍科：设员外郎一人，主事一人，掌收储各种公文函电，案卷册籍编类编号，编纂统计报告兼管各省学务报告等。审定科：设员外郎一人，主事一人，掌审查教科图书，收管本部应用参考图书，编录各种学艺报章等事。

① 朱寿朋编，张静庐等校点：《光绪朝东华录》（五），中华书局1958年版，总第5514—5515页。

（2）专门司。设郎中一人总理司务。下设二科。专门教务科：设员外郎一员，主事一员，办理科务。掌核办大学堂、高等学堂及凡属文学、政法、学术、技艺、音乐各种专门学堂一切事务，并稽核私立专门学堂教课设备是否合度及应否允准与官立学堂有一律权利或颁公款补助等事。专门庶务科：设员外郎一员，主事一员，办理科务。掌保护奖励各种学术技艺，考察各种专门学会，考察耆德宿学研精专门者应否赐予学位，及学堂与地方行政之关系。又凡关于图书馆、博物馆、天文台、气象台等事均办理，并掌海外游学生功课程度及派遣奖励事等。根据专门司的这些职掌可知，学部不仅分管全国学务，还承担全国文化事务管理的职能。其时尚无文化部之设，本属文化部的职能暂时划归学部管理。

（3）普通司。分管普通教育及与之密切相关的学务。设郎中一员总理司务，具体掌管师范、中小学校，各以其法定规程，稽督课业事。下设三科。师范教育科：设员外郎一员，主事二员，分掌优初级师范、盲哑学堂、女子师范之教课规程、设备规则，以及管理员、教员、学生，并学堂与地方行政财政有关系的一切事务；通俗教育、教育博物馆等均归由该科管辖。中等教育科：设员外郎一员，主事一员，掌中学堂、女子中学堂之教课规程、设备规则，以及关于管理员、教员、学生，并与地方行政财政有关系之一切事务。凡与中等学堂相关的事务归并其科。小学教育科：设员外郎一员，主事二员，负责小学设立、教课规程、设备规则及管理员、教师、学生，以及地方劝学所、教育会、学堂与地方行政有关系的一切事务。与蒙养院及小学相关的事务归并该科。普通司之设表明，学部极其重视国民教育和推行强迫教育。新设立的学部，已经今非昔比，将学前教育纳入国民教育范畴，管理的对象和范围已经不同于以往，远非昔日仅以从事科举考试的组织与管理可比。

（4）实业司。设郎中一人总理司务，掌农、工、商专门学校，审核各省实业、为民兴利事。下设二科。实业教务科：设员外郎一员，主事一员，主管科务。分掌农、工、商、实业教育讲习、实业补习、艺徒等学堂（所）的设立维持、教课规程、设备规则及关于管理员、教师学生等一切事务。实业庶务科：设员外郎一员，主事一员，主科务。分掌调查各省实业情形及实业教育与地方行政财政之关系，并筹划实业教育补助费等。这是中国实业教育在整个教育系统中占据重要位置之始。

（5）会计司。这是中国近代学部内部机构设置与日本迥然有别之处。学部将会计司与其他诸司平列，这是学部首创，也是从中国实际情况出发作出的选择。各地兴学的瓶颈，正是办学经费。通商大埠办学经费难筹，人所共知，而比较偏僻的乡村，更是不言而喻，所以会计司与其他诸司平列，表明学部对筹集教育经费和合理使用教育经费的重视。长期以来，办学经费始终没有单独划分出来，学部下设会计司，当是考虑到了这一国情的。会计司设郎中一人总理事务。下设二科。度支科：设员外郎一员，主事一员，主科务。掌本部经费之收支报销及本部岁出岁入之预算决算及教育恩给事。管理本部所有财产器物，核算各省教育费用。建筑科：设员外郎一员，主事一员，主科务。掌本部直辖各学堂图书馆、博物馆之建造、营缮，并考核全国学堂图书馆等之经营建造是否合度。可聘精通建筑的技师为顾问。

学部还设有司务厅，设专员二员，掌开用印信收发文件，值日值宿，递折传抄折件，并管辖本部各项人役及不属各科杂项事务皆隶之，并派本司员督理其事。

第二，与传统教育机构相衔接，设置迫切需要的辅助机构。学部除五司一厅之外，还设有京师督学局、编译图书局、学制调查局、教育研究所、高等教育会议所、国子监等机构，皆分设局所，派员兼理其事。

（1）京师督学局。这是比较特殊的教育行政机构，直属于学部。京师是全国首善之区，当作出表率，为全国教育行政管理作出示范。它相当于各省教育行政机关，下设师范教育、中等教育、小学教育三科，每科设科长一人。局长由学部奏派，科长可酌派学部中司员兼任，科员任用采聘用制。京师督学局之设，不仅体现了学部以发展普通教育为本的理念，同时从人员配备、机构设置上精心设计，希冀京师普通基础教育办成示范之区。

（2）编译图书局由原京师学务处所设的编书局而来。原京师学务处设有研究所，负责研究和编纂各科教科书。这对于提高教科书质量、统一控制师生思想有一定作用。编译图书局局长由学部奏派，局中官员由局长酌量聘用，毋庸另设实官。

（3）学制调查局。其职掌是专门研究各国学制，以资参考借鉴，预备随时改良章程，供学制改革之用。学制调查局之设，显示学部极为重视外国学制发展的经验与教训，希望随时得到国外学制改革的最新信息。同时也表明，学部看到学制改革是一个与时俱进的动态过程，不能选取一个蓝本就一劳永逸，要求不中断地研究，以随时改良学制。局长由视学官内派充，另设翻译官员数人，以任翻译。

（4）教育研究所之设，旨在学习西方近代教育理论，探索教育发展的规律，科学管理教育行政事务，提高教育管理的效率。研究教育的旨趣，在于培训学部各司官员和地方提学使的教育理论水平和实践能力，以在行政管理实践中发挥应有的作用。这是学部设置的一个颇值得称赞的机构。学部官制文件指出，设教育研究所，缘以从事教育行政工作者，由于琐事纷扰，必远离学术，部内特设研究机构，以促部员之进修。雷国鼎认为，学部设教育研究机构之举，“非但亘古所未有，且有胜于今日也”①。

（5）高等教育会议所并非指高等学校的组织，而是因学术的高

① 雷国鼎著：《中国近代教育行政制度史》，台湾教育文物出版社有限公司1983年版，第16页。

深，针对办学实际中发现的问题，选派“本部所属职官、直辖各学堂监督、各省中等以上学堂监督，及京外官绅之学识宏通于教育事业素有阅历者”① 充当议员，定期或不定期召集会议，研究并解决教育问题。据此可知，高等教育会议所带有咨询议事机构的性质。高等教育会议所延聘教育之员，定期讲演，以教育原理及教育行政为主，学部人员均须按时前往听讲。

（6）国子监归并入学部。国子监作为传统的教育行政管理机构，进入近代后，特别是学部成立后，其主要职能既是中央高等学府，又是管理中央部分官学的机构。随着科举制度的停止，除管理文庙、辟雍殿事务及祭祀礼仪等功能尚存外，其用武之地已绝不同于前。原设 52 缺裁剩 19 缺，这表明其作用已经不被重视。不过对礼教的道统地位和精神作用仍存部分认同而已。

第三，重视督察和信息沟通。学部设立了视学官和咨议官，一方面督察各地执行学部所颁制度法规的情况，另一方面加强与社会各界的沟通联系。视学官没有固定的编制，但总数控制在 12 人以内，秩正五品，相当于郎中。其职责是专门巡视京外学务。咨议官也无固定员额，不作为实缺，不限定常川在部。仿照商部顾问官的办法，将咨议官分为四等，一等视丞，二等视参议，均由学部奏派；三等视郎中员外，四等视主事，均由学部委派。“凡学部有重要筹议之件，随时咨询。”学部试图通过设置视学官和咨议官加强与朝野各方的联络，以得到更多有价值的信息，听取社会各界对学务的意见和建议，集思广益，以便科学决策，同时得到社会各界的理解与支持。在光绪三十二年到三十四年（1906—1908 年）间，学部先后两次奏派一等咨议官陈宝琛、张謇、郑孝胥、汤寿潜、严复等著名学者和礼部右丞刘果、外务部左参议杨枢等 12 人，二等

① 《奏定学部官制暨归并国子监改定额缺事宜折》，学部总务司编：《学部奏咨辑要》卷一，宣统元年（1909 年）刊本，第 47 页。

咨议官汪康年、陈三立、熊希龄、谭延闿、王同愈、夏曾佑、赵启霖等巡视各地。这些咨议官都是社会名流，有极高的学养，学贯中西，不仅有高深的教育理论，还有相当丰富的办学实践经验，在教育上极有建树。两次派出素质如此之高的咨议团，博得社会各界良好声誉。

新设的学部，内部组织机构庞杂，人员众多。就组织结构而言，这些机构大致可以分为四类：一是议事单位，譬如设有咨议官；二是执行单位，设有左右丞、左右参议、参事官和五司一厅十二科；三是视导单位，如有视学官之设；四是有编译图书局、京师督学局、学制调查局、高等教育会议所、教育研究所和国子监等。就学部的人事而言，除设置尚书一人、左右侍郎二人外，还设有左右丞各一人，左右参议各一人，参事官四人，郎中五人，员外郎十二人，主事十五人，司务二人。另外，还有视学官、咨议官及书记官等若干人。一个新设的机构便如此复杂，冗员如此之众，运作起来难免不人浮于事。一个学部，官员中郎中以上人数过多，很难有不导致官僚主义盛行的。

四、经费筹措与部员待遇

学部成立后，经费成为最大的难题之一。教育行政经费开支的有增无减，各省解部款项的拖欠，形成一个难以解开的结。学部刚成立时，经费没有单独立项，仅在学务处经费的基础上，拨入国子监经费和科场费的五成银两，这对于迅速扩大的教育行政和学务而言，简直是杯水车薪。光绪三十二年九月，学部呈递《奏请各省认解本部经费办法折》，呈请圣裁。文曰：“自设部以来，经纬万端，支付各项，日益繁剧。查前学务处直辖各学堂及资遣东西洋学生，岁需约五十余万金，除华俄银行息银外，专待各省协济，计每年解到之款，亦不过十万两内外。以之支给直辖各学堂，尚虞不足，若欲扩张规模，普兴教育，非另筹的款，无从措手。臣等审察中外大势，立国之原则，在普通教育；储才之本，则在专门教育，并骛兼营，刻不容缓；现在京师督学局业经开办，而以分定学区，实行强迫教育为入手要义，条理至繁，需款至巨。……顾支绌之数既如此其多，而收入之数，乃如彼其少，臣等日夜焦思，深虞竭蹶。近晤商直隶总督臣袁世凯，两江总督臣端方，请其拨款接济，该督等以首善兴学，关系甚大，除应解旧日大学堂经费外，并允每年各在该省另拨银五万两解部，以资补助，亟应奏明立案，准为臣部常款；拟恳天恩俯念学务重要，饬下各省督抚，除旧日大学堂经费仍照解外，援照南北洋另拨常款办法，大省每年解银五万两，中省三万两，小省二万两，常年拨解臣部，以应急需。"① 为了保固国脉，扶植人才，要求"所有商拨南北洋的款，并请饬各省援案认解"。

学部呈递《奏请各省认解本部经费办法折》开具各省认解学部经费清单。清单根据全国诸多省份的大小和经济承担能力划分为大、中、小三个等级，大省承担五万两，中省三万两，小省二万两。清单中的大省有直隶、江苏、浙江、江西、福建、河南、山东、四川、广东九省，中省有安徽、湖北、湖南、陕西、山西、云南六省，小省有广西、贵州、甘肃、新疆四省。朝廷以"奉旨依议"批准了学部的奏请。学部仅凭这一项，可以获得七十一万两的经费保障。

近代中国，割地赔款的事件不胜枚举，各省筹款实在不容易，学部呈递《奏请各省认解本部经费办法折》获批准后，一些省份以种种理由不予解送。但学部一口咬定，必须尽数解京，可以分批解送，但分文不能减免，与各省锱铢计较。

旋即学部又发布《咨催各省速解大学堂欠解经费文》，文后附

① 《奏请各省认解本部经费办法折》，学部总务司编：《学部奏咨辑要》卷二，宣统元年（1909 年）刊本，第 135—136 页。

列了《各省认定大学堂已解欠解简明表》，这是学部通过下发公文的方式催解经费，足见拖欠学部经费已经不是个别省份，而是普遍的现象。根据《学部官报》第九期登载的《咨催各省速解大学堂欠解经费文》可知，拖欠学部经费的省份之多，无法想象："如科场经费，江、安、赣、粤、云、贵等省未解分文；其廪膳银两，直、东、豫、江、安、赣、闽、晋、甘、贵等亦未解分毫；至考棚经费，则东三省及直、豫、晋、江、安、赣、浙、鄂、川、粤、桂、陕、云、贵等又均未提解。如各省认解部用经费，惟两江、山东照数清解，此外清解者少，压欠者多。如各省认解大学堂经费，除桂、甘、新疆未认解外，鲁、豫、湘、鄂、闽等省，有欠解至两三年者。"少数省份居然几项经费样样都拖欠。

各省认解学部经费的确有困难，但对办学也的确存在认识上的差距。教育不可能在短时间内解决国家的种种困难，但地方督抚又看不到教育的长效性和远效性，毕竟抵抗外侮和镇压革命党所需经费是第一位的。所以，学部呈递《奏请各省认解本部经费办法折》也好，发布《咨催各省速解大学堂欠解经费文》也罢，一纸空文而已。万般无奈之下，学部也只好申请专款立项和广开财源。

光绪三十四年六月，学部奏请修建衙署费 7 万两银，由度支部拨发。筹办分科大学时，署理学部尚书张之洞与度支部尚书载泽商议，奏请拨给开办费 200 万两。由于度支部也有困难，分四年拨给，每年 50 万两。申请专项拨款，是解决学部经费困难的途径之一。多渠道筹措学部经费，亦不无小补。为了筹措到一些教育经费，学部官员四出寻求商机。当时，科举考试制度已经停止，但各级学校的毕业生可获相似的功名。国家分科大学毕业，可以获进士，只是在执照上附上学科名以示区别，如农科进士；各府中学堂毕业，可以授予举人资格等。外国留学生经过考试，合格者亦可授予进士功名。学部授予执照时收取一定的"工本费"，是天经地义的。这种比较稳定的收入，可以缓解学部无米下锅之窘态。光绪三十四年九月，“学部奏定毕业生得奖给照各费，进士、举人、贡生由部给照，廪增附生由督学局、提学司照刊给发，撤革须缴还。进士照费银二十四两，举人十二两，充分科大学经费；贡生六两，充京省兴学经费；廪生等二两，充府、州、县学费，不得移作别用”①。

此外，开源节流也不失为办法之一。学部每年按部员品级发放薪俸。学部尚书每年应支养廉银1万两，实际上每月仅支400两；左右侍郎每年支养廉银8 000两，现月支300两；左右丞每年支养廉银5 000两，现月支200两；左右参议、国子丞每年各支养廉银4 000两，现月支160两；郎中、参事官、视学官每员每年支养廉银3 600两，除郎中、视学官员缺尚未奏补，未发生开支外，参事官月支80两，现月支50两；司务及一等书记每人每年支养廉银960两，现月支30两；二等书记官每员每年支养廉银720两，现月支20两；三等书记每人每年支养廉银480两，现尚未奏补，未经开支；以上各司人员，其差使繁要者酌增。学部堂司官，应得俸银俸米，均各按品级，由度支部照例支领。但为了节约开支，学部各堂、司、局、所，原缺之官一般不补，原拟增加之官，亦不增加，以节约人头费开支。

学部本是一清水衙门，能够创收的执照费等，因为完全透明化，分分文文均按定章；而本该领取的薪俸，从学部尚书开始，均大打折扣。其他部的尚书年俸银1万两，学部尚书仅4 800两，足足体现了“共体维艰”的风范。据统计，学部尚书、侍郎每月实际领取的养廉银仅仅为其他各部同级官员的45%～48%，而主事仅为25%。② 为了不影响部员的士气，使其兢兢业业做好本职工作，学部只好劝部员体谅国家困难，承诺经济形势好转，再酌量增加——无异于画饼充饥。

① 《申报》1908年9月7日《专电一》。

② 关晓红著：《晚清学部研究》，广东教育出版社2000年版，第282页。

教育是一项持久的事业，支撑教育的经费须有固定来源。清末学部经费筹措可谓绞尽脑汁，乞望各省如数解送，广开财路，开源节流，申请专项拨款等，东面挖一块，西面找一坨；今天拉一笔赞助，明日搞一笔创收，只能缓解燃眉之急，不可能从根本解决教育经费短缺的问题。根本解决途径，当是在国家预算中定下固定的比例，并将这一比例通过法律的形式予以确认，这样才不至于时时有断炊之虞。

五、教育行政职能的践履

学部从光绪三十一年（1905 年）底创立到宣统三年（1911 年）短短的六年时间里，在生态环境极度不良的景况之下，做了于教育发展颇有效益的事情，当在中国教育发展史上大书一笔。

（一）建系统

无论是京师大学堂代管全国教育行政，还是学务大臣与学务处管理全国教育行政，与全国各省、府、州、县真正建立行政组织联系，实是子虚乌有。学部成立后，将整顿地方学务，构建省、府、州、县教育行政系统视为当务之急。学部在构建内部机构组织的同时，“即行奏派专员分赴各省充任学堂监督，稽查一切，督催功课，以期速求精进，所有学政一差，自当裁撤”①。随后一些地方也就改造地方传统教育行政机构献计献策。顺天学政陆宝忠等提议，沿袭原有体制，稍加扩充改造，各省学务“均应责成学政主持，学政衙门亦应仿文部分设数司，统隶文部以归画一”②。当时裁撤学政

① 《拟裁学政改派监督》，《大公报》1906 年 2 月 14 日。

② 《清朝续文献通考》卷一〇三《学校十》，浙江古籍出版社 2000 年影印版，第 8611 页。

及其衙门的时机不成熟，顺天学政陆宝忠等的建议可以减小建立地方教育行政系统的阻力，调动地方传统教育行政组织与官员的积极性。稍后因为袁世凯和吴鲁身为督抚和学政，裁撤学政之论“尤为洞中时弊”，最后学部与政务处决定裁撤学政，各省改设提学使司。

光绪三十二年四月，学部连续上奏了《各省学务官制折》、《各省提学使办事权限章程》和《奏请简放直省提学使并陈未尽事宜折》等，明确了提学使司的职责权限，构建了省以下厅、州、县劝学所的建制。理顺了如下关系：第一，提学使在各省行政官员中位列“布政使之次，按察使之前”。第二，提学使须由翰林院人员中品端学粹及曾经出洋确有心得者，或现任各省学政暨学务处总办且“果系素谙学务，办学认真者”担任。第三，提学使与学部及督抚的关系，提学使“为督抚之属官，归其节制考核”，在学政缺员时，“拟由学部以京外所属学务职员开单奏请简放”；提学使履职不力者，学部可随时撤换。提学使如要出省考察，须经学部批准。第四，明确规定了提学使的权限、职责和待遇。第五，规定了提学使的属官的权限和职责。第六，各厅、州、县均设劝学所，下设视学一人，兼充学务总监；由提学使在本籍出洋留学者和习师范者中遴选札派充任。第七，提学使司内，除设学务公所及所辖议长、议绅等参议咨询官外，还须设教育官练习所——地方学务官员进修培训机构，以提高地方学务官的教育管理水平，亦与学部相关机构衔接。第八，地方学务官的考核，不再像过去如同具文，改以兴学育才实绩为标准，考核结果与官员的提拔奖惩挂钩。

（二）立宗旨

公元前124年汉代设立太学，这是我国第一所有史料可考的学校，迄今已经两千多年了。两千多年间教育的发展，并无任何宗旨颁布，大部分时间在围绕着科举制度做文章。到近代，民族危机日益加重，一批肩起拯救民族危亡的志士仁人，以教育为救亡之利器，从救国的根本上下功夫。为保证教育真正能发挥救国的效用，梁启超发表《论教育当定宗旨》，提出“教育无宗旨，则寸毫不能有成”，所立宗旨，应“能合于今世文明国民所同向之宗旨”。在他看来，“教育之意义，在养成一种特色之国民，使结团体，以自立竞存于列国之间，不徒为一人之才与智云也”，故教育的宗旨应当“使其民备有人格（谓成为人之资格也，品行、知识、体力皆包于是），享有人权。能自动，而非木偶；能自主，而非傀儡；能自治，而非土蛮；能自立，而非附庸；为本国之民，而非他国之民；为现今之民，而非陈古之民；为世界之民，而非陬谷之民。此则普天下文明国教育宗旨之所同，而吾国亦无以易之者也”。① 之后，忧国忧民之士均觉有立定教育宗旨的必要。

光绪二十九年十一月，张之洞等《重订学堂章程》中附有《学务纲要》，其中详述了学堂设置要旨，但无明确的教育宗旨，“时论颇以为非”②。光绪三十二年三月，学部特上《奏陈教育宗旨折》。当年四月，奉谕公布。学部奏折云：“今中国振兴学务，固宜注重普通之学，令全国之民无人不学，尤以明定宗旨宣示天下为握要之图。兹谨分别条目，敬为我皇太后、皇上缕析陈之：夫教育之系于国家密且大矣。若欲审度宗旨以定趋向，自必深察国势民风强弱贫富之故，而后能涤除陋习，造就全国之民。窃谓中国政教之所固有，而亟宜发明以距异说者有二：曰忠君，曰尊孔。中国民质之所最缺，而亟宜箴砭以图振起者有三：曰尚公，曰尚武，曰尚实。”③ 明确指出，国家兴办教育，无非是要使国民无论贫富、贵贱、老

① 张品兴主编：《梁启超全集》第 2 册，北京出版社 1999 年版，第 911—915 页。

② 雷国鼎著：《中国近代教育行政制度史》，台湾教育文物出版社有限公司 1983 年版，第 47 页。

③ 学部总务司编：《学部奏咨辑要》卷一，宣统元年（1909 年）刊本，第 5 页。

幼、男女，都能知书达理，臻于文明。而欲达此目标，必先明定教育宗旨，晓谕天下，以便于全国各地推行。这是中国教育史上由朝廷颁布的第一个教育宗旨。

《奏请宣示教育宗旨折》由学部右侍郎严修草拟。严修 1894 年任贵州学政，任内改贵州学古书院为经世书院。戊戌变法失败后，寓居天津，聘日本人教日语。1904 年偕张伯苓赴日本考察学务。他所提出的五项教育宗旨，可视为学部成立的宣言书，也告示世人学部发展教育的目标和指归。宗旨学习和借鉴了日本明治维新时期颁定的《教育敕语》和《教育要旨》，继承了传统“经世致用”的思想。该教育宗旨中提出的“尚公”、“尚武”、“尚实”诸项，既有鲜明针对性，也很有现实意义。“尚公”针对着当时的中国，外有列强雄视，内则民心涣散、一盘散沙之弊，通过立“尚公”之旨，希冀通过各科教育阐明公德之旨意，及精诚团结之要则，以期人人视人若己，爱国如家。立“尚武”之旨，试图通过学生幼年在学习闻忠勇爱国之训，长大入社会养成坚忍耐劳之风。所以要求学校于各科教学中蕴含军国民主义思想，期其耳濡目染，积渐成习，一旦外强侵犯，必可执干戈以卫社稷。“尚实”强调教育要密切联系实际，“凡中小学堂所用之教科书，宜取浅近之理与切实可行之事，以训谕生徒，修身、国文、算术等科，皆举其易知易从者，勖之以实行，课之以实用；其他格致、画图、手工，皆当视为重要科目，以期发达实科学派，教员于讲授之际，凡有事实之可指者，必示以实物标本，使学生知闻并进，且时导学生于近地游行，以为实地研究之助”，一改宋儒高谈性命、崇尚虚无的学风。教育宗旨中的“尚公”、“尚武”、“尚实”诸项注入国家主义、军国民主义，对空疏无用的传统教育而言，是具有积极意义的，认为“尚公”、“尚武”、“尚实”为“中国民质之所最缺，而亟宜针砭以图振起者”，唯此“方足以图存之具”，是颇有见地的。

教育宗旨中颇有异议、分歧颇大的是前两条“忠君”和“尊孔”。“忠君”强调“我国夙称礼义之邦，忠爱根于性生，感发尤易为力。欲谋普及教育，宜取开国以来列祖列宗缔造之艰难，创垂之宏远，以及近年之事变，圣主之忧劳，外患之所由乘，内政之所当亟，捐除忌讳，择要编辑，列入教科；务使全国学生每饭不忘忠义，仰先烈而思天地高厚之恩，睹时局而深风雨飘摇之惧，则一切犯名干义之邪说皆无自而萌”。“尊孔”要求“无论大小学堂，宜以经学为必修之科目，作赞扬孔子之歌，以化末俗浇漓之习；春秋释菜及孔子诞日，必在学堂致祭作乐以表欢欣鼓舞之忱。其经义之贯彻中外，洞达天人，经注经说之足资羽翼者，必条分缕析，编为教科，颁之学堂以为圭臬。但学生各有程度，则学课自有浅深，高等以上之学堂，自可力造精微；中学堂以下则取其浅近平实，切于日用，而尤以身体力行不尚空谈为要旨；务使学生于成童以前，即已熏陶于正学，涉世以后，不致渐渍于奇邪；国教愈崇，斯民心愈固”。在那个时代，君主是国家的象征，孔子是中国文化的象征。自从西方各种思潮学说流播华夏以来，国家的凝聚力日益丧失，顾小我而忘大我；学者每误信西人主进化而斥保守，以致事事欲舍其旧而力图其新，不知进化乃扩其所未知未能，而补其所未完未备，绝非轻视乃至抛弃以孔子为代表的传统文化。同时，这两点也是对汉代以来“罢黜百家，独尊儒术”文教政策的继承和发展。国难当头，统一思想，弘扬主流文化，不仅有利于巩固万世一统，更有益于君民一体抵抗外患，排遣内忧。“彼山野椎鲁之民，其于国家之休戚，或懵然而不知，或漠然不以为意者，此非民之无良也，无以喻之则不晓，无以激之则不动，无以训迪之则知识不进，而忠义之气虽发而不能中节，是则司教育者之责也。”不能不说是有一定道理的。此外，对日益高涨的民族情绪，乃至众多学生关注国家与民族的命运，志欲投身于改造社会发奋图强运动，也是一种积极引导。但毋庸置喙的是，《奏请宣示教育宗旨折》带有鲜明的以皇权抑压民权，以孔子为代表的儒家文化抵御西方文化倾向。

（三）停科举

科举考试制度一般认为草创于隋大业二年（606 年），是年始置进士科，策试诸士。自科举制度诞生之日始，弊窦百出，停废之声就不断。及至清末，更是流弊丛生，识者咸以为非。早在学部建立前的维新变法时期，就有人主张改革科举，提出废止八股考试、改试策论的人才选拔方法。“新政”推行后，光绪二十九年二月，直隶总督袁世凯、两江总督张之洞联名奏请改革考试制度，设计了废止科举制度的步骤。他们认为科举一日不废，则学校一日不能大兴；士子将永远无实在之学问，国家永远无救时之人才；中国永远不能进于富强，则永远不能争衡于各国。科举制度不废止，士人都有侥幸得第之心，学堂大兴是绝不可能的。当年十一月，张百熙、荣庆和张之洞联名呈递《奏请递减科举注重学堂片》，详细陈述了科举的流弊及递减科举法。他们认为，朝廷兴学诏书颁发后，应者寥寥，原因正是科举未停，国人多存观望之心；又因为生徒恃科举为退路，多不愿专心向学；而且学堂功课繁难，更兼及行检，其品学之优劣立可判定，故一般生徒基于避难就易的心态，均裹足不前；科举停止后，为避免世人竞谈西学而鄙视中学，拟规定各级学堂课程，概须包举中国经史子集；科举停止后学生学业评价同时改革，将各级学堂的毕业考试，委托校外人士主持，以确保不致使教员徇私而导致学生成绩评断不公之事发生。

光绪三十一年八月，谕令立停科举，以广学校。上谕：“方今时局多艰，储才为急。朝廷以提倡科学为急务，屡降明谕，饬令务督抚广设学堂，将俾全国之人咸趋实学，以备任使，用意至为深厚。前因管学大臣等议奏，当准将乡会试分三科递减。兹据该督等奏称科举不停，民间相率观望，推广学堂必先停科举等语，所陈不为无见。著即自丙午科为始，所有乡会试一律停止，各省岁科考试亦即停止。其以前之举贡生员分别量予出路，及其余各条，均著照所请办理。总之学堂本古学校之制，其奖励出身亦与科举无异。”①

废除科举制度，是清末最高教育行政长官学务大臣和学务处的一大政绩，结束了在中国古代以来实施了 1 300 年影响至深至广至巨的政治制度、教育制度，此后育才与抡材的双重任务，全部由学校承担。

科举制度停止后的当年年底，学部宣告成立。学部接替了学务处的全部工作，把科举停止后的善后工作作为重要学务之一。为了防止因废除了与士人命运密切相关的重大政治制度导致社会动荡，学部精心设计了停止科举到兴学校的平稳过渡措施，同时也为了理清各地设置学校过滥造成的管理混乱，使各级学校归口管理，整齐划一，学部明确规定：重行修订了学生毕业考试奖励录用办法，大、中学堂学生毕业后，须定期会考，成绩在中等以上者予以奖励，并给以功名。大学分科毕业会考合格，奖以进士；大学预科、优级师范、高级学堂、专门学堂毕业会考合格，奖以举人。在进士②与举人③之前，还冠以所学科目的名科，诸如分科大学农业科毕业会试合格，授之以农业科进士；法政学堂毕业，授之以法政科举人。中学堂及相当于中学堂毕业会考成绩合格，则根据成绩分别

① 《清帝谕立停科举以广学校》，舒新城编：《中国近代教育史资料》上册，人民教育出版社 1981 年，第 65 页。

② 进士，科举考试及第的等级。明清两代，举人经过会试、殿试后，中榜者分为三甲，一甲三名，赐进士及第，二甲赐进士出身，三甲赐同进士出身，统称进士。

③ 举人，唐宋时称各地人京应试的乡贡，意即应举之人。明清专称乡试中式者。举人作为一种出身资格，进可应会试举进士，退可进国子监肄业，或可充任地方教官。

予以授奖。最优者授予拔贡①，优等者授予优贡②，中等者授予岁贡。高等小学堂毕业后不进行会考，由各学校自行考试，最优者授予廪生，优等者授予增生，中等者授予附生。可谓一箭双雕。

学部为加强会考的管理，规定大学分科、预科及同等学堂的会试，由学部主持；中学堂及同等学堂的会试，由该省提学司主持。并规定：会考取得进士、举人身份者，按其等第授予相应官职，进士授以翰林院编修、检讨、庶吉士、各部主事及内阁中书等职；举人授以中书、七品京官等职，如不就京官请改任外省官吏者，可改任知县、通判、州判等职。

学部在科举停止后所采取的过渡措施，成功地实现了从停科举到兴学校的平稳过渡，同时又理顺了各级学校之间的复杂关系，为停止科举后学校的又好又快发展提供了有力保障，不能简单以“借尸还魂”论之。

（四）设女学

鸦片战争前数千年，中国并无女子学校之设，女子受教育的唯一场所是家庭。父母是她们的第一老师，教育的内容是“三从”③、

① 拔贡，亦称拔贡生，清代贡生之一。因明选贡之遗制，顺治元年（1644 年）始从地方官学中选拔文行兼优之生员贡入国子监肄业。雍正五年（1727 年）定每六年一次；乾隆七年（1742 年）改为十二年一次，遂为永制。选拔由学政会同督抚主持。

② 优贡，亦称优贡生。清代贡生之一。顺治二年（1645 年），令各省不拘廪、增、附生，选文行兼优者，大学 2 人、小学 1 人送国子监肄业。雍正年间定唯廪、增生才有资格选送。乾隆四年（1739 年）规定大省不超过 5～6 名，中省 3～4 名，小省 1～2 名。每三年选拔一次，由学政会同督抚考选。正取之外，另设陪优，若正取于本年乡试中式举人，则以陪优顶补。

③ “三从”，即旧礼教对女子提出必须遵从的道德要求。《仪礼·丧服》：“妇人有三从之义，无专用之道，故未嫁从父，既嫁从夫，夫死从子。”

"四德"①，教育的目标是要她们做贤妻良母，教科书是班昭的《女诫》等"女四书"②，明清后《女儿经》和《改良女儿经》更是她们耳熟能详的教材。鸦片战争后，伴随着西方传教士东来，给中国带来了西方文化教育，给中国传统女子教育制度以猛烈冲击。1898年，维新派在上海创办了经正女学，尽管存在时间不长，但起到了开风气之先的作用。上海务本女塾创办于光绪二十八年十月，吴馨遵母之命将家塾迁至小南门，扩大规模，更名为务本女塾。吴馨综理女塾事务，陆仲炳、陈菊生为专任教员，沈颂平、沈权逵、沈硕庵、王季贞、陈景韩等任义务教员，王培荪夫人沈竹书任舍监，吴馨之妻葛尚平为副手。开学之日，仅有7名女学生，但不到一年即增至40名，逾年又翻了一番，不几年激增至数倍。1902年蔡元培、蒋观云等于冬季在上海创办爱国女学。尽管民间送女孩入学者逐渐多起来，创办女学的积极性也逐渐高涨，但官方反对者仍不乏其人，折中者不在少数，缄默者更大有人在。光绪二十九年十一月二十日（1904年1月7日），荣庆、张百熙、张之洞《奏定蒙养院章程及家庭教育法章程》中表露出的对女学的态度，颇有代表性。他们认为，外国皆有幼稚园，令女师范生为保姆以教之，而中国不可能设培养女师范生之师范学校，"中国此时情形，若设女学，其间流弊甚多，断不相宜"。对女子必须开展教育，但教育内容断断

① "四德"，指中国古代妇女的四种道德规范：妇德、妇言、妇容、妇功。班昭《女诫》：妇德"不必才明绝异"，"清闲贞静，守节整齐，行己有耻，动静有法"；妇言"不必辩口利辞"，"择辞而说，不道恶语，时然后言，不厌于人"；妇容"不必颜色美丽"，"盥浣尘秽，服饰鲜洁，沐浴以时，身不垢辱"；妇功"不必工巧过人"，"专心纺绩，不好戏笑，洁齐酒食，以奉宾客"。

② "女四书"，又名《闺阁女四书集注》，是中国古代四种女子教育书籍，被视为女子教育的重要教材，由康熙年间王相辑成。包括班昭《女诫》、唐代宋若华《女论语》、明成祖后徐氏《内训》和王相母刘氏的《女范捷录》。

乎不能依照西方："所谓教者，教以为女、为妇、为母之道也，惟中国男女之辨甚谨，少年女子断不宜令其结队入学，游行街市，且不宜多读西书，误学外国习俗，致开自行择配之渐，长蔑视父母夫婿之风。故女子只可于家庭教之，或受母教，或受保姆之教，令其能识应用之文字，通解家庭应用之书算、物理及妇职应尽之道，女工应为之事，足以持家教子而已。其无益文词，概不必教，其干预外事，妄发关系重大之议论，更不可教。"① 就在张之洞等给女学"定性"后，各种期刊仍热烈地讨论女子教育问题，文章雪片一般飘舞，倡言女权、女学者，毫无顾忌。也许是这一场讨论影响之故，1906 年 2 月 21 日，慈禧太后见民意难忤，谕令学部振兴女学，揭开了女子教育史上新的一页。于是，女子教育讨论立即改弦易调，不再讨论应不应设女学了，明确认为"女学断不可不设，流弊亦断不可不防"，讨论的主题倒向另一方，改为女学设立后可能出现的问题的防范。

光绪三十三年一月二十四日（1907 年 3 月 8 日）学部奏定《女子小学堂章程》、《女子师范学堂章程》出台。《女子小学堂章程》共分立学总义、学科程度、编制设备、教习管理员四章。规定设立女子小学"以养成女子之德操与必须之知识技能并留意使身体发育为宗旨"，不得与男子小学混为一体。如女子小学开办之后，"倘有劣绅地棍造谣诬蔑、借端生事者，地方官有保护之责"。

女子小学堂分初等、高等及两等并设三种。其培养目标主要有如下七种："一、中国女德，历代崇重，今教育女儿，首当注重于此，总期不悖中国懿嫝之礼教，不染末俗放纵之僻习。二、无论何种学科，苟有与道德教育、国民教育相关之事理，各教习均当留意指授之。三、教授知识技能须选适于日用生计者，使之反复练习，

① 朱有瓛主编：《中国近代学制史料》第二辑下册，华东师范大学出版社 1989 年版，第 573 页。

应用自如。四、童年身体期于发达健全，凡教授各种学科，须合女子心身发达之程度，勿得逾量增课，致有耗伤。五、女子缠足最为残害肢体，有乖体育之道，各学堂务一律禁除，力矫弊习。六、女子性质及将来之生计，多与男子殊异，凡教女子者，务注重辨别，施以适当之教育。七、凡教授学科，期无误其旨趣及法则，尤务使各学科互相联络，以谋补益。”①

《女子师范学堂章程》分立学总义、学科程度、考录入学、编制设备、监督教习管理员、教职义务六章。学部在《章程》中深刻阐明了兴办女学的意义，曰：“家政修明，国风自然昌盛。而修明家政，首在女子普受教育，知守礼法。又女子教育，为国民教育之根基。故凡学堂教育，必有最良善之家庭教育，以为补助，始臻完美。而欲家庭教育之良善，端赖贤母。欲求贤母，须有完全之女学。凡为女子师范教习者，务于此旨体认真切，教导不怠。”奏折中说明了设女子师范的意图与宗旨，即：“王化始于正家，倘使女教不立，妇学不修，则是有妻而不能相夫，有母而不能训子，家庭之教不讲，蒙养之本不端，教育所关，实非浅鲜，此先圣先王化民成俗所由，必以妇学为先务也。”② 要求女子师范“总以启发知识，保存礼教、两不相妨为宗旨”。为了打消对兴办女学抱怀疑甚至反对者的担忧，章程对女德予以着重强调：“今教女子师范生，首宜注重于此，务时勉以贞静、顺良、慈淑、端俭诸美德。总期不背中国向来之礼教与懿孏之风俗。……其一切放纵自由之僻说（如不谨男女之辨，及自行择配，或为政治上之集会演说等事），务须严切屏除，以维风化（中国男子间有视女子太卑贱，或待之失平允者，

① 《奏定女子师范学堂章程折》，学部总务司编：《学部奏咨辑要》卷三，宣统元年（1909 年）刊本，第 240 页。

② 《奏定女子师范学堂章程折》，学部总务司编：《学部奏咨辑要》卷三，宣统元年（1909 年）刊本，第 221、225 页。

此亦一弊风。但须于男子教育中注意矫正改良之。至于女子之对父母、夫婿，总以服从为主)。”

学部《女子小学堂章程》和《女子师范学堂章程》颁布的当年女学堂即猛增三倍,① 次年又出现一次跳跃式发展。这次发展的直接原因是学部颁行了《女子学堂章程》，女子学堂遂又一次迅猛发展，官立女子学堂增长一倍多，公立亦增加了20%，私立再创新的纪录，达一倍之多。学部于1908年作出新规定，女学堂暂时免收学费，其因经费支绌，必须征收学费者，听其按程度比照各学堂酌减征收。这一措施的出台，女学兴办更如火上加油，学校数猛增。据廖秀真在《清末女学在学制上的演进及女子小学教育的发展(1897—1911年)》② 统计，1903—1908年的5年间，全国女校增加58.5倍，其中官立女校占31%，公立39%，私立30%。

《女子小学堂章程》和《女子师范学堂章程》的颁布实施，是中国女子教育史上的一件大事，具有拓荒的意义。它弥补了癸卯学制无女子学校的缺陷，开创了女子官学教育的新纪元。尽管这两个章程充斥着封建女子教育的内容，但主导面是积极的，对女子教育的发展是有积极意义的。

（五）行义教

推行义务教育，提高国民基本文化素质，是近代学人梦寐以求的。壬寅学制中的《蒙学堂章程》规定，蒙学堂修业年限4年，寻常小学堂3年。根据《小学堂章程》第一章第六节中的“俟各处学堂一律办齐后，无论何色人等，皆受此七年教育，然后听其任为各项事业”的规定可知，这7年的小学教育为其时所定的义务教育

① 官立女子学堂增3倍多，公立增4.5倍余，私立达1.5倍。

② 李又宁等编：《中国妇女史论文集》第2辑，台湾商务印书馆1988年版，第205页。

年限，含有强迫的性质。这个学制虽然没有实施，但为推行义务教育的学校组织提供了基本的框架结构。

1904 年 1 月 13 日，清廷颁布实施的《奏定学堂章程》中的《学务纲要》规定："初等小学为养正始基，各国均任为国家之义务教育，东西各国政令，凡小儿即就学之年而不入小学者，罪其父母，名为强迫教育。盖深知立国之本，全在于此。"这说明癸卯学制的制定者对初等小学极其重视，将推行四年义务教育作为重要任务。次年，学部成立，遂将《奏定学堂章程》中提出的推行四年义务教育作为重要职责。其后不久，学部颁改订两等小学堂章程、改订部颁小学堂教科书、拟订国库补助小学经费章程；又奏准《改订两等小学堂课程》，将初等小学堂三科并为一科，均改为四年毕业，删除简易科目。① 又与地方诸省连通一气，联手推进四年义务教育，如江苏咨议局常会议决、经两江总督批准施行《推广初等教育方法》六条。

《奏定学堂章程》虽然提出要在全国推行四年义务教育，但在学校系统方面并没有提出有效的推进措施。如强调初等小学整齐划一，颇不合中国国情，并不容易做到。学部深感全国遍设普及义务教育的初等小学实在不容易，不可强求一律，程度也不可能一致，不妨采取灵活措施，灵活设学，因陋就简，多种层次设学，如此方能收普及之效。因此在癸卯学制颁布后，在初小方面逐渐补充完善。到宣统三年，学部奏《酌拟改订筹备教育事宜折》，改订两等小学课程，改正部颁小学堂各项经费程式等，旨趣全在保证学校系统有助于推进四年义务教育。

为了便于推进四年义务教育，学部对学校系统进行了改造。第一，批准兵营驻防设置初等小学堂。光绪三十四年七月二十三日

① 第一、第二两学年改为每日授课 4 小时，第三、第四两学年则增至 5 小时。

(1908 年 8 月 19 日)，福州将军朴寿等奏请办理福州驻防蒙小学堂。将两等学堂改为初等小学堂，津贴经费，添聘教员，令八旗子弟年龄相当者一律就学。由于旗丁大多进入兵营，“以图补食练饷”，福州将军强调说：“查服从教育之年龄，本无充当兵役之义务，且转学退学，尤足阻学堂进步。旗丁有籍可稽，宜实行强迫教育，凡幼童已及学年不入学者，罪其父兄，其随意退学转学者，一并责其父兄，于学务庶有裨益。”① 要求对国文一门，尤加注重。

第二，开办简易识字学塾。宣统元年十一月二十九日（1910 年 1 月 10 日），学部呈《奏拟简易识字学塾章程折》，认为：“今日教育之困难，属于办学者有二，属于就学者亦有二。民瘠则经费难筹，地僻则师资缺乏。此办学之难也。生计操作之鲜暇，书籍用品之无资。此就学之难也。宪政编查馆有鉴乎此，于立宪九年预备单内奏设简易识字学塾，欲以辅小学教育之不及，而期以无人不学为归，规划极为周至。惟此项学塾既以简易为名，则一切章程必使易知易从，而后不背乎委曲变通之旨。”② 而且要求凡官立、公立、私立各项学堂经费稍裕者，皆令附设此项学塾。这样普及义务教育的初小数“在期月之间，较旧设学堂之数可以骤增一倍”。同日，学部奏准公布《简易识字学塾章程》16 条，简易识字学塾遂正式纳入义务教育学校制度体系，成为初等小学的重要辅助机关。

第三，开办半日学堂。癸卯学制颁布后，各地试办了许多初等小学的辅助形式，有的设夜间学堂，有的设农工医学堂，有的设女学堂；有的属官立，有的属民立。光绪三十一年，湖南巡抚端方令湖南各府厅州县多立半日学堂，使“穷民子弟半日读书，半日谋食”，

① 《福州将军朴寿等奏办理福州驻防蒙小学堂及研究所情形折》，故宫博物院明清档案部编：《清末筹备立宪档案史料》下册，中华书局 1979 年版，第 1003 页。

② 《学部奏拟简易识字学塾章程折》，故宫博物院明清档案部编：《清末筹备立宪档案史料》下册，第 1010—1011 页。

其具体办法为“以午前、午后为界，将学生分为二班，以一班午前来学，以一班午后来学，更番教授，减经费而省教员，一堂可收二堂之益”，旨在“使人人知读书，处处有学堂，文教大兴，风俗丕变”。①

由于地方诸省的倡导与试行，摸索到了普及教育的辅助途径。光绪三十一年十二月初四日（1905 年 12 月 29 日）给事中刘学谦奏设半日学堂，建议各州县广筹经费，立半日学堂，专收贫寒子弟；“不取学费，不拘年龄，使之无所借口、无所畏难”，要求“无论城乡，每二三百家即应设一处，庶向学者众，教育可以普及”。十二月初十日（1906 年 1 月 4 日）学部通令全国“为贫寒子弟计”，多设半日学堂，肯定这是普及教育“第一要义”。此后，各省先后办起了一批半日学堂。半日学堂亦成为普及义务教育的一种重要教学组织形式。下面是宣统元年（1909 年）的统计数据，详见表 2-1。②

表 2-1　宣统元年全国半日学堂及其学生统计表

省份＼类别	学堂	学生	省份＼类别	学堂	学生
京师	9	294	江西	9	246
直隶	168	3 853	湖北	27	1 492
奉天	3	161	湖南	32	1 215
吉林	3	99	四川	203	6 353
黑龙江	1	47	广东	9	715
山东	50	884	广西	10	295
山西	23	622	云南	3	76
陕西			贵州	5	130
河南	52	1 240	福建	7	137
江宁	22	530	甘肃	7	152
江苏	12	457	新疆	241	3 788
安徽	13	481	合计	974	25 486
浙江	65	2 219			

① 《湖南官报》第 947 号（1905 年）。

② 熊贤君著：《中国近代义务教育研究》，华中师范大学出版社 2006 年版，第 174 页。

学部成立后，制定并实施了一些推行义务教育的保证措施，将义务教育进一步法制化、规范化。1906 年 1 月 4 日，学部通咨各省设半日学堂，这是专收贫寒子弟的学校，不取学费，亦不拘年龄。半日学校为普及教育、方便儿童就学的重要教学组织形式。同年 4 月 11 日，学部通电各省迅将省城师范名额尽力扩充，至少设一年卒业之初级简易科生 500 人，以养成小学教习。7 月 23 日，学部通行第一次审定初等小学暂用书目。此后，诸如简易学塾、改良私塾、女子小学堂等章程相继面世，调查学龄儿童数、在校儿童数、初等小学数等活动亦不再流于空谈，而且关于义务教育年限问题、义务教育经费问题的讨论逐渐深入，人们亦逐渐形成了共识。从 1904 年开始到 1911 年辛亥革命爆发，不到 8 年时间，尽管当时民变四起，革命风起云涌，国库亏空、债台高筑，但清廷还是在内外交困中使义务教育逐渐步入正轨，并取得较可观的成绩，于表 2-2、2-3 可见一斑。①

表 2-2　清末初等教育段学生数对比表

年　期	全国小学以上学生数	初等教育段学生总数	%
1902	6 912	约 5 000～6 000 人	90
1903	31 428	约 2 万数千人	90
1904	99 475	约 8 万数千人	90
1905	258 876	约 23 万余人	90

表 2-3　清末义务教育段学堂、学生对比表②

年　期	初等教育前各种学堂数	各种学堂学生总数	小学生数	%
1907	34 650	918 586	895 471	90
1908	41 379	1 192 912	1 153 780	95
1909	51 678	1 532 746	1 481 389	95

① 熊贤君著：《中国近代义务教育研究》，华中师范大学出版社 2006 年版，第 127 页。

② 半日学堂数目未列入这一统计表。

以上表中的数字相对于4亿人口来，虽不足挂齿，但是其发展趋势是相当好的，像这样下去，义务教育的前景本是大可乐观的。

（六）改私塾

私塾遍设于全国各地，嚣闹的城镇与偏僻的乡村无处不有。私塾的程度大多属于小学，其中大多数相当于初等小学。四年义务教育工程启动后，全国广设小学，一方面所需经费无法筹措，另一方面合格之师资也深感不足。如果将私塾纳入义务教育轨道，因势利导，其事较易，其机较顺，对义务教育而言是一股不可低估的力量。学部乃于光绪三十二年三月初一日所上奏折指出："查奏定小学堂章程内所列教授科目，如私塾力能完备，即可名为私立小学，倘学科未全，断不能与在堂学生一律卒业。……查《奏定初等小学堂章程》内开，凡一人出资独力设一小学堂，或家塾招集邻近儿童附就课读人数在三十人以外，及塾师设馆招集儿童在馆授业在三十人以外者，名为初等私立小学，均遵官定章程办理。"① 学部担心在私塾向私立小学转换过程中出现冒滥，条件不成熟照样升格换牌子。

但是，当年四月二十日学部奏准公布《奏拟劝学所章程》，其中就写进了凡"遇私塾塾师课程较善者，劝其改为私立小学，并代为禀报"一条，对私塾改造为初等私立小学的口气大为缓解，而且有急事快办的承诺。

私塾改良，上海、苏州先着一鞭。光绪三十二年，《上海私塾改良总会章程》公布规定："每逢暑期及年假前，由本会董事请熟悉教育者数位，合同查课，评定甲乙，酌给学生奖物，并酌赠各教员酬金。……各塾教课细章，一会须公推一人主政，庶课程划一。

① 《议覆御史夏敦复请定私塾附属章程折》，学部总务司编：《学部奏咨辑要》卷一，宣统元年（1909年）刊本，第17—18页。

各教习须平心商酌，化私见而顾大局。每一会课期之前，必预定应考某书，自某课至某课，逐班派定，功课繁简有差，俾各塾师生预先讲习。”① 对私塾改造主要是对塾师的改造。该章程规定：“各教习照常各自收徒讲授，馆室照旧，脩金照旧，惟教授悉用新法，重讲解不重背诵，先求讲明蒙学新书，然后由浅入深，实事求是，务必到馆一日，即获一日之进益。……请师范毕业生教人按期轮流与会所，与各私塾教员及有志教育诸友研究教育之理、教授之法。”② 其后，各省教育行政机关分别推广。光绪三十三年（1907 年）直隶提学司通饬实行私塾改良，鉴于私塾教师对于传授算学最感头痛，直隶提学司规定从改良塾师算学人手，由地方官聘本城曾习师范者教之，谕令塾师每日晚间到本城劝学所听算学两小时，六个月毕业。一个月后，即以每晚所习者传诸其徒。这样塾师昼间教学，晚间补习，两不相妨。“他若修身、国文、体操等科，塾师汉文既通，览书能知无事。传习塾师既与劝学所直接，应由总董随时稽查，并令一律用教科书及教授法。似此，则私塾改良之事可期实行。如或因风气未开，暂仍私塾之名，亦无不可。”直隶提学司的实行改良私塾办法，措施较具体，便于操作。正如所言：“否则空言改良，而无一定之办法，悠悠岁月，成效难期，教育安有普及之日？”③

嗣后，全国各地纷纷制订私塾改良章程，内容大多与《上海私塾改良总会章程》大同小异。宣统元年，《河南提学司详定改良私塾章程》规定：“各区私塾能如期实行改良者，应酬奖该区劝学员。全属私塾均能如期实行改良者，应酬奖全体劝学员，并由地方官禀请重奖劝学总董。”规定改良私塾为劝学所总董各员之责，而劝学

①② 《上海私塾改良总会章程》，李桂林等编：《中国近代教育史资料汇编·普通教育》，上海教育出版社 1995 年版，第 147、147—148 页。

③ 《直隶教育杂志》第 7 期。

总董各员非专为改良私塾而设。《章程》将私塾改良分为三步。第一步改良事件共三点：（1）塾师入师范研究所；（2）课读经用新颁教授法；（3）课国文用学部审定教科书。第二步改良事件包括三点：（1）加课算学、体操；（2）购置黑板，设讲坛，学生面教师坐；（3）按期举行年考期考。第三步亦有三点：（1）加课格致、历史、地理、修身，均用部定教科书；（2）实行初等小学一切规则；（3）甲乙二种正名为公立小学，丙丁二种正名为私立小学。该章程还有调查、考查、研究、期限等专章，措施相当审慎稳健。但是，如果在规定的期限内私塾改良未收实效，“各区私塾如期改良不到半数者，撤换劝学员，全属私塾如期改良不到半数者，撤换劝学总董，以后仍接续劝办”①。到此时，改良私塾已经成为必须按期完成的任务。

有的府、厅、州、县也颁行了私塾改良章程。光绪三十四年，直隶清苑县颁行《私塾改良简章》，其办法云：“但重精神，不责完全形式，庶用力少而成功多。其办事手续，则先从城关试办，再行推至四乡。”② 亦不无可取之处。

在各地积极尝试探索的基础上，宣统二年（1910 年）六月十九日，学部发出《通咨各省查择京师及河南省改良私塾章程切实办理文》，指出：“惟我国地大人众，固贵有完全之小学，以养其道德知识之源，而公家之财力有限，自不可无私塾以资辅助。自奉到此次谕旨之后，凡京外所设私塾，均应按照本部奏定初等小学简易科课程，切实教授；其各处省视学、劝学所总董及县视学，宜各就本地私塾善为劝导，设法改良，期于各门课程，悉能遵用部颁课本，

---

① 《河南提学司详定改良私塾章程》，李桂林等编：《中国近代教育史资料汇编·普通教育》，上海教育出版社 1995 年版，第 156 页。

② 《清苑县私塾改良简章》，保定市教育局史志办公室编：《保定教育史料类编》，河北人民出版社 1990 年版，第 403 页。

俾官学、私塾，得以渐归划一。……今特将原送各件，通咨各省，务各按照本地情形采择增减，切实举办，以收教育普及之效。总之，私塾所以辅助小学之不及，应改良不应歧视，庶国内多一就学之人，教育即有一分起色。”① 学部对各地改良私塾办法提出了三个方面的意见：第一，各地私塾课程，务以奏定初等小学简易科课程为标准，切实教学，使全国官学、私塾，渐趋划一；第二，各地当因地制宜，自拟详细办法，改良私塾，以达尽善的目标；第三，私塾是小学的辅助机关，应改良不应歧视，庶收普及之效。

其后，各省亦着手改良私塾，如宣统二年湖南教育总会开始调查各地私塾状况，先每塾发给《改良私塾章程》，并《私塾改良浅说》一本，凡塾师年貌、籍贯、姓氏及学生姓氏、学额多少、是否酌授各项教科书，每日授课若干时，均一一登册。吉林提学司也颁发了改良私塾告示，要求私塾按学部厘定《改良私塾章程》，做到："管理则有规则可循，书籍则有定本可购，课程甚属单简，教法不尚高深，诱掖以方，忌扑刑之滥用，讲解为重，亦默诵之兼行。"对于私塾教师，中学只求清通，算术但期粗解。认为只有这样私塾既可维继，又可逐渐改良，通行甚易，使之"随时改善"，必定能"计日程功"。如果专员考察来时，该私塾仍"不谙管理规章，不用部定课本，不克勤加讲解，不能屏去扑刑，至若附近有讲习之所，并不前往研究，及已经改良之塾，亦不注意观摩，一经查出，定即勒令解散，决不稍事通融"②。河北省不仅对私塾改良提出要求，且予以指导。

学部的设置，是中国教育行政史上的一件大事，是中国近代最

① 转引自雷国鼎著：《中国近代教育行政制度史》，台湾教育文物出版社有限公司 1983 年版，第 121—122 页。

② 《吉林提学司札饬各属改良私塾告示》，《教育杂志》第 10 期"章程文牍"。

早专设的中央教育行政专门管理机关。学部的诞生，结束了过去中央与地方教育行政各不相干、国子监在礼部之下实行纯属名义上管理全国教育实则不相闻问的历史，是中国教育行政近代化、世界一体化起步的标志。同时，也标志着清朝廷对教育功用认识的提高，还是清朝廷在列强威逼下作出发愤图强举措的反映。

第二节 清末省级教育行政

清末省级教育行政沿袭旧制，各省均设提学道，主理全省教育行政事宜。雍正年间改提学道为提督学政，全国共有 18 个省，每省设提督学政一人，盛京（即辽宁省沈阳市）学政由奉天府丞兼任，台湾学政由台湾道兼任。鸦片战争后，全国政治、经济和社会制度处在激烈的调整改革之中，中央教育行政体制亦在频频变革中，省级教育行政制度变革与之如影相随。

一、省学务处设立

自京师同文馆设立后，全国各省纷纷设立新型学堂。新设立的学堂不仅数量上成倍增加，而且学科门类多样化、复杂化，迫使传统的省级教育行政体制进行变革。

（一）省教育行政体制革新大势所趋

光绪二十二年五月，李端棻上《请推广学校折》，在提出筹办京师大学堂之议的同时，建议在省一级行政单位设省大学堂。他说："惟育才之法匪限于一途，作人之风当偏［遍］于率土。臣请推广此意，自京师以及各省府州县皆设学堂。府州县学，选民间俊秀子弟年十二至二十者入学。其诸生以上欲学者听之。……学中课程一如省学，惟益加专精，各执一门，不迁其业，以三年为期。其省学大学所课，门目繁多，可仿宋胡瑗经义、治事之例，分斋讲习，等其荣途，一归科第；予以出身，一如常官。如此，则人争濯磨，士知向往，风气自开，技能自成，才不可胜用矣。”① 为了节约新学堂的开办费，李端棻提出了可行性建议：“今国家正值患贫，何处筹此巨款。臣查各省及府、州、县率有书院，岁调生徒入院肄业，聘师讲授，意美法良。惟奉行既久，积习日深，多课帖括②，难育异才，今可令每省每县各改其一院，增广功课，以为学堂。”③ 要求以旧有公款维持，其有不足，始拨官款追补。这样因旧增广，则事顺而易行；就近分筹，则所需不多而易于筹集。

李端棻倡此言之前，地方设立新学并不多见，风气尚未广开。因此此倡议算得上空谷足音。但是，这并未引起执政者重视。光绪二十四年五月，康有为上奏《请开学校折》，提出遍置地方学校的主张：“请远法德国，近采日本，以定学制，乞下明诏，遍令省、府、县、乡兴学，乡立小学，令民七岁以上皆入学；县立中学，其省府能立专门、高等学、大学，各量其力皆立图书仪器馆。”④ 康有为的主张，在“百日维新”期间得到部分实现。但是，维新派的改革，遭遇重重阻力。除湖南一省外，其他省份多停滞未行。“百日维新”失败后更是如此。所以，省立大学代地方教育行政之事，实际是子虚乌有之举。

---

①③　舒新城编：《中国近代教育史资料》上册，人民教育出版社 1981 年版，第 142—143 页。

②　帖括，为应付帖经考试而辑成的经文歌诀。唐及宋代之初，明经科以帖经试士，专帖孤章绝句及疑似参互之处，以难考生。应试者遂总括经文，编成歌诀、顺口溜，便于熟记。《新唐书·选举志下》：“明经者但记帖括。”明清的考试文体八股文也称帖括。

④　康有为：《请开学校折》，汤志钧编：《康有为政论集》（上），中华书局 1981 年版，第 306—307 页。

在维新运动中，鉴于“自京师立大学，各省立中学，各府县立小学及专门各学。若海陆医学、律学、师范学，编译西书，分定课级”诸事，需要中央设立一专门部门管理学务，这些学务“非礼部所能办，宜立局而责成焉”。① 光绪二十四年，朝廷批准设立管学大臣，既管理京师大学堂，也“节制各省所设之学堂”。《京师大学堂章程》第一章第二节规定：“各省学堂皆当归大学堂管辖。”这样，中央最高教育行政部门不再是礼部，而是由京师大学堂兼。显然，这是一个过渡方案，京师大学堂兼有两种功能，既是高等学府，又是行政管理机构。而中央算是有了全国学校管理部门与官员，但地方却还是由提督学政管理。过去，提督学政只是以考（科举考试）督学（学堂），通过主持三年一次的科举考试督察省内包括书院在内的各种学堂。而到此时，三年一次的科举考试虽然照样进行，但八股文体已经废止，而且废止整个科举考试制度的呼声渐高，而地方新型学堂发展的势头十分强劲，新学学务日趋繁杂，靠提督学政衙门管理全省学务，实在有些勉为其难。因此，地方设立新型教育行政管理机构是大势所趋。

（二）部分省的先行尝试

光绪二十八年四月二十六日，张之洞《札学务处专设办公处所》道：“照得湖北省遵旨兴建大中小各学堂，现经筹商定议，将两湖书院作为两湖大学堂，以课高等专门之学。以原有武备学堂暨防营将弁学堂，作为武高等学堂。设立文普通中学堂一所，以自强学堂屋舍充用。……设立武普通中学堂一所，择地于垱子山迤南创建，该学堂未造成以前，暂借江汉书院先行开办。其农务学堂移设武胜门外真武庙地方，令与试验场相近，已经绘有图式，从速兴

① 朱寿朋编，张静庐等校点：《光绪朝东华录》（四），中华书局1958年版，总第4029页。

造。工艺学堂应行添屋添厂，定章定额，另行详办。设立方言学堂一所，以城内旧日农务局屋舍充用，即将自强学堂原有学生移入，仍另行定章，分别去留。又设立师范学堂一所，择地于黄土坡一带创建，该学堂未造成以前，暂借安徽会馆先行开办。又就省城内分中东西南北五路，共设高等、普通小学堂五所，以作各州县城镇应设立小学堂之标准，均已择有地址。……各学堂课程门目、毕业年限、管理人员职守，应再统行详议，凡异等者应另立章程，同等者应会通划一。此均系学务处应办之事。至各府州县应设中小各学堂暨民间私设各学堂，亦宜归学务处随时稽察考核。此后，学务处文牍纷繁，图书荟萃，人员众多，应专设学务处一区，以便会集筹办。查有坐落水陆街之城守营备衙门暨西邻官房一所，堪以改作湖北学务处，以为办公之所。该处需用常年经费，应饬北善后局筹议详办。并由该局刊刻清汉文木质关防一颗，文曰‘湖北全省学务处’之关防，刻日呈赍来辕，听候饬发开用。所有原派总办、提调、坐办暨委员、参议等，务须常川到处，将应行筹办考查事宜，公同商酌，分门别类，悉心经理。”① 其实，此前湖北省便有设立地方教育行政管理机构的尝试。光绪二十五年（1899 年）一月，湖广总督张之洞就在“铁政洋务局”下设立了一个“学堂所”管理新式教育。

从张之洞的手札中可以看出，1902 年湖北全省已经开办了很多学堂，并还准备筹设文武高等学堂、文武中学堂、农业学堂、工艺学堂、方言学堂、师范学堂、高等普通小学堂、勤成学堂及仕学院等。这些学堂的主管机关就是湖北全省学务处。手札中提到刻“湖北全省学务处”印章之事、常年经费之事，证明湖北学务处还没有正规的办公处所，印章也没有雕刻。尽管如此，不容否认的

① 《札北善后局刊呈学务处关防备发并将该处经费筹议详办》，苑书义等主编：《张之洞全集》第六册，河北人民出版社 1998 年版，第 4192—4193 页。

是，湖北学务处已经成立了，并且开始履行职能了。

可是，湖北学务处究竟成立于何时呢？张之洞的手札书于光绪二十八年四月二十六日，即公历 1902 年 6 月 2 日，故可以肯定湖北学务处在此前便成立了。张之洞手札之前的同年四月初七日，即公历 1902 年 5 月 15 日，张之洞还签发了两份公文，一份是《照委王同愈充湖北学务处总办兼充两湖大学堂监督》，另一份是《札委黄绍第充学务处总办》。这两份公文中均指出："照得湖北省前因各学堂、各书院改章整顿，事务殷繁，亟添设总汇之区，以资筹议。特于本衙门设立学务处一所，派委江苏特用道郑道孝胥、湖北候补道赵道滨彦会同总办在案。现在遵旨更定学制，改设文、武大中小各学堂，并添建师范学堂、方言学堂、仕学院、教士馆等所，兼之各府、厅、州、县纷纷请设学堂及民间私设学堂，亦复接踵兴起，均应由学务处督饬举办，核定考察，庶学制、教程可期画一，邪说诐行无自萌生。"① 这里所吐露的信息是，湖北学务处成立至迟是光绪二十八年四月初七日或以前。而据劳祖德整理的《郑孝胥日记》第二册记载，光绪二十七年六月二十一日（1901 年 8 月 5 日），湖北省成立学务处，以郑孝胥、赵渭清为总办，下设坐办、委员、参议等职。

而光绪二十七年六月又是什么概念呢？这一年是慈祥太后宣布实施"新政"的当年，是辛丑年，次年岁在壬寅，壬寅年七月十二日（1902 年 8 月 15 日），清廷颁布了《钦定学堂章程》（即壬寅学制）。也就是说，湖北学务处成立时间比没有实施的壬寅学制至迟还要早一年三个月，比《学务纲要》设立新型地方教育行政机构动议更要早得多。其时，清廷学务大臣和学务处之设尚未动议，仍然是由京师大学堂兼全国最高教育行政机关。这说明眼光超前的张之

① 苑书义等主编：《张之洞全集》第六册，河北人民出版社 1998 年版，第 4185—4186 页。

洞较早就洞察到了地方教育行政体制改革的这一趋势，先行尝试，为全国性的地方教育行政改革积累了经验。事实上，也正因为张之洞较早在湖北先行试验，取得了地方教育行政体制改革的经验，才在《学务纲要》中写进了关键性的一条。

在湖北学务处设立后的第二年，江苏也有设立教育行政机构的行动。据载，“光绪二十八年、三十年，清政府分别于南京、苏州设立两江学务处、江苏学务处，负责筹办学堂事宜”。仿照布政使例，设两个提学使：一称江宁提学使，一称江苏提学使，分管全省学务。江宁提学使管辖江宁、句容、溧水、高淳、江浦、六合、江都、仪征、东台、兴化、宝应、高邮、南通、海门、如皋、泰兴、淮安、淮阴、泗阳、涟水、阜宁、盐城、铜山、丰、沛、萧、砀山、邳、宿迁、睢宁、东海、赣榆、沭阳、灌云等县；江苏提学使管辖吴、常熟、昆山、吴江、松江、上海、南汇、青浦、奉贤、金山、川沙、太仓、嘉定、宝山、崇明、武进、无锡、宜兴、江阴、靖江、丹徒、丹阳、金坛、溧阳、扬中等县。① 其时，今上海市尚属江苏省管辖，当在江苏提学使管辖范围内。

走在地方教育行政体制改革前列的还有直隶省。清初至清末“新政”前负责河北省教育的长官初为直隶督学御使，后改为顺天学政，衔为“提督顺天等处地方学政”。学政衙门首驻京师，后驻通州，管理顺天府及直隶全省教育。清末“新政”实施后，为了保证直隶省教育得到良性发展，设立学校司，创建新教育行政体制，是河北近代教育发展的有力保障。其时，新学渐兴，而提督学政一般只管科举考试，不管新式学堂。光绪二十八年七月初五（1902年8月8日），直隶总督袁世凯因当时“各府、厅、州、县遍立学堂，端绪纷繁，必须有总司学务者，乃能若网在纲，有条不紊”，

① 江苏省地方志编纂委员会编：《江苏省志·教育志》（下），江苏古籍出版社2000年版，第1055页。

遂在省城保定创设直隶学校司，“为通省学务总汇之所”。① 胡景桂为直隶学校司督办。下设专门教育处、普通教育处、编译处，各设总办一人；外附支发、稽查两处。②

袁世凯精心挑选了学校司的官员，聘前湖南按察使胡景桂为学校司督办，翰林院庶吉士丁惟鲁为专门教育处总办，翰林院编修王景禧为普通教育处总办，兼编译处总办。还聘请日本东京音乐学校校长兼东京高等师范学校教授渡边龙圣为教育顾问。专门教育处掌实业教育及专门教育的发展以及学堂教科书。学校司附设有收支、稽查两所。收支所掌本司银钱事务及学堂经费，稽查所掌分查学校事务。直隶学校司成立后，督办胡景桂亲往日本“考察学务，凡有心得，次第施行”。学习日本教育管理的经验，使“省垣各学，开办在先，各属中小学堂亦设殆遍。两年以来，士气民情，均有鼓舞奋兴，蒸蒸丕变之势”。③

河北省在光绪三十一年学部成立前，仅用三年时间便建成了较为完善的全省近代教育行政管理体系，“在当时居全国前列”④。

（三）依章设置省学务处

“百日维新”期间，朝廷便有改革地方教育行政机关之议。王照为了调和矛盾，消除障碍，“庶乎道可卫而学可兴”，避免守旧派借维护纲常名教向维新派兴师问罪，他力陈中学与西学可以并行不

① 《省城设立学校司片》，廖一中、罗真容整理：《袁世凯奏议》（中），天津古籍出版社 1987 年版，第 598 页。

② 河北省地方志编纂委员会编：《河北省志·教育志》，中华书局 1995 年版，第 671 页。

③ 《委五品卿衔翰林院编修严修接办学校司事宜片》，廖一中、罗真容整理：《袁世凯奏议》（中），第 921 页。

④ 阎国华、安效珍主编：《河北教育史》第二卷，河北教育出版社 2003 年版，第 41 页。

悖，主张朝廷设立教部，与学部平行，两部“相辅而行，不相牵制”。他所言之教部，主要是从事以儒学为代表的传统文化的组织管理工作。他提议，以翰林院为教部署，专门讨论经术，维系纲常；各省学政改名为教政，佐以教职；各邑各乡增设明伦堂，由师儒聚讲儒书。① 这个酷似康有为托古改制的方案，未能得到实施。

光绪二十七年，罗振玉在《教育世界》创刊号上发表《教育私议》一文，在“措施之方”中提出了改革地方教育行政体制的主张。他说：“京师既立学部，更于各地方立学务官如今之教官，而崇其品秩，重其职任，直辖于学部，以掌本地之学务。更分天下为数学区，而特令大臣充学政巡察使者，使按区巡视。如是则官立职分而事自举矣。”

一篇名为《论中国宜设立文部之关系》的未署名文章，提出了中央在进行教育行政体制改革的同时，要注意对地方教育行政机构进行配套改革的主张。文曰：“宜特立文部一衙门，以各省学政归入文部，以各省所有学堂归入学政……今各省学堂之设，其权在于督抚封疆大吏政事繁剧，未必尽心于教化。而学政除按临考试外，反近于投闲而置散，名实［不］符。其在内则礼官之权不能及督抚以考察其设立学堂之效验，又无民间学堂教育制度之定本，家自为教，人自为学，拉杂淆乱，异说歧趋，如是而欲彰文明文化，树新国于东亚，不为外人所狎侮，难矣！”②

朝野对于地方教育行政体制改革广泛而深入的讨论，再加之湖北省、江苏省和河北省对设立地方省级教育行政管理机构作了有价值的实践尝试，地方教育发展迅猛，管理井井有条，取得了一些经验后，湖北省教育行政体制改革的重要领袖张之洞将其摸索到的经

① 王照：《礼部代递奏稿》，中国史学会主编：《中国近代史料丛刊·戊戌变法》（二），上海人民出版社、上海书店出版社2000年版，第354—355页。

② 《论中国宜设立文部之关系》，何良栋编：《皇朝经世文四编》卷四。

验注入到了他参与起草的《奏定学堂章程》中。光绪二十九年十一月，张百熙、荣庆、张之洞上《学务纲要》。这是其时发展教育的总体思路和指导纲领。在地方教育教育行政体制改革方面，《纲要》建议："至各省府、厅、州、县遍设学堂，亦须有一总汇之处以资管辖，宜于省城各设学务处一所，由督抚选派通晓教育之员总理全省学务，并派讲求教育之正绅参议学务。"光绪三十一年八月十三日（1905 年 9 月 11 日），清廷谕令各省学政专司考核学堂事务，直属学务大臣，不再归礼部管辖。①

学部成立后，地方传统教育行政何去何从？学部将建立中央与地方教育行政系统提上了议事日程。顺天学政陆宝忠最早提出请裁撤地方提督学政，一省学务交由督抚专管的主张。学部初准备采纳这一建议，"拟请即令裁撤各省学政，所有学堂事宜责成各该省往吏管辖，其功课之事应由本部遴派熟悉各该省情形之司员前往该省充理监督之任，并以监督差使作为四品实官，与司道平行"②。但很快发现，此举易产生"纷歧之弊"，且"有意将各省学政之名改为监学，凡一省之学务统归其管理，而禀承于学部"③，等于中央设立了教育行政部门，而地方却基本是照行旧制，因而犹豫再三。此时，袁世凯上《缕陈学务未尽事宜折》，不仅指出了在停止科举兴办学堂后情势丕变，学务与地方行政关系比以往任何时候都要密切，而且指出过去旧学政体制弊窦丛生，宜在提学道之下设置正副学堂提举官，分别管理学堂的教学和行政事务，扩充各府、州、县教学行政人员，并提高他们的待遇。他在《缕陈学务未尽事宜折》中还强调："今改设学堂，则教育行政之权，自督抚以至地方官皆

① 朱寿朋编，张静庐等校点：《光绪朝东华录》（五），中华书局 1958 年版，总第 5395 页。

② 《会议裁撤学政》，《申报》1906 年 2 月 26 日。

③ 《学政改为监学》，《申报》1906 年 4 月 9 日。

有责任”，且“提学道除考试毕业学生及教科管理之不合法者饬属巡视纠察外，其地方学务之建置扩充若何兴革，可商承督抚转饬本省学务处责成地方官办理”。与此同时，还有张之洞“学政勿裁”、“改作实缺”的建议。学部权衡各种如何推进地方教育行政机关改革的建议，最终在重点参考袁世凯等建议的基础上，形成了地方教育行政体制改革的三项决定。

第一，裁撤学政衙门，各省改设提学使司。设提学使一人，秩正三品，视按察使统辖全省地方学务，归督抚节制；但提学使的人选，“应由学部博求深明教育、素有阅历者开单请简”，地方教育行政官员仍归学部掌控。

第二，提学使司于省会地方置学务公所，分设总务、普通、专门、实业、会计、图书六课，每课设课长、副课长、课员，分曹隶事。学务公所是提学使司的直属行政机构，六课中五课的职能范围与学部的五司相对，另设图书课，“掌理编译教科书、参考书”，并兼管图书馆、博物馆事务，与学部编译图书局和专门司相对应。提学使司还设有学务议长和议绅等，是参议学务之人，近似于学部的参事与咨议官。

第三，原学政与新设提学使司并存时期，各省一方面裁撤学政，“饬令回京供职”，“其旧有学政衙门之胥吏，尤当一律裁革”；另一方面“一俟提学使司设立之后，其各省学务处即行裁撤，所有学务处绅士及办事委员，其佐理学务实有成绩者，应留充学务公所议绅及课长各员之选，均由提学司届时斟酌分别办理”。提学使到任后，接管学政衙门，并将学务处裁撤，改建为学务公所。①

1906 年 4 月，学部连续上奏《各省学务官制折》、《各省提学使办事权限章程》和《奏请简放直省提学使并陈未尽事宜折》，朝

① 《会奏遵议裁撤学政设立直省提学使司折》，学部总务司编：《学部奏咨辑要》卷一，宣统元年（1909 年）刊本，第 29 页。

廷终于在当月 25 日颁发上谕，批准了学部和政务处的关于建立地方教育行政系统的会奏。

二、省学务处内部机构与职能

在朝廷颁发批准学部和政务处、建立地方教育行政机关及内部机构与职能的会奏前，已经有湖北和河北两省教育行政机关内部设置机构和建构职能系统的尝试。湖北和河北两省分别代表着两种模式，可供学部和政务处借鉴权衡。

湖北省学务处的模式由光绪三十年九月初十日（1904 年 10 月 18 日）张之洞在《札学务处分设六科》中进行了设计。张之洞之文曰："查湖北全省学堂建设日多，出洋游学员生人数日众，以后学务处事体益繁，经费益巨，必须分析条理，各有专司，则考察利病方能切实，综核度支不致散漫，亟应循照奏定京师学务处分设属官章程，将学务应办之事，厘为六科：一曰审订科，凡审定各学堂教科书及各种图书仪器，检察私家撰述，刊布有关学务之书籍、报章等事皆隶焉。二曰普通科，凡普通学科事务，如优级、初级师范，高等、中小学堂，教课程度，进退教员，奖黜学生，一切有关考核之事皆隶焉。三曰专门科，凡专门学科事务，如仕学院、医学堂、武高等、武中等各学堂，教课程度、进退教员、奖黜学生，一切有关考核之事皆隶焉。四曰实业科，凡实业学科事务，如农、工、商各项实业学堂，教课程度、进退教员、奖黜学生，一切有关考核之事皆隶焉。五曰游学科，凡出洋游学、游历事务，如料理官派游学、游历东西洋各员生及考察自备资斧，呈请出洋游学、游历各员生等事皆隶焉。六曰会计科，凡各学堂及各国游学、游历官员生徒各项经费，暨图书馆支用款目，以及建筑工程、采购器物有关动用款目，筹计盈绌，考核销算等事皆隶焉。”①

这是湖北省学务处的六科建制。张之洞要求审订科应派委专办一员，该科事务最为繁难精细，应派委帮办若干人，无定数，因人因事随宜酌派。普通科应派专办一员，帮办一员。专门科应派委专办一员，帮办一员。实业科应派委专办一员，帮办一员。游学科派委专办一员，帮办一员。会计科应派委专办一员，帮办两员。其原派文武管理提调、武昌知府梁鼎芬，应改为学务处总提调；原派武学堂总提调修补知府黄以霖，原派文学堂总提调修补知府汪凤瀛，均应改为学务处帮总提调。其原派参议各员，应改称为咨议员。

整个学务处，置总提调一人，综理处务；帮提调二人，襄助总提调处理处务。又置咨议员若干人，司议事一职。在此草创之期，编制扣得很紧，全处人员不多。以一二十人办理一省学务，效率是很高的。梁鼎芬为总提调，亦颇为兢兢业业，堪称师生表率，抓湖北的教育较得法效力，张之洞多次为他请赏。

与湖北学务处同时建立的，有直隶省学务处。其职掌有：“掌通省学校事务。凡本司职员暨各学堂之职员、教师，均归稽察。大事上之总督，小事由司酌核办理。若遇疑难事项，或应增减定章，督办调某所职员会议。其有不决者，呈候总督核办，由总督刊发学校司之关防只领启用。”②

其具体职掌如下：（1）各处总办及各职事人员，并各学堂教师，有应赏罚升降之处，均由督办呈请总督核定。（2）全省教职员有应予赏罚升降之处，均由督办呈请总督核定。（3）全省学堂所用关防钤记，均由督办转请总督刊刻颁发。（4）各学堂毕业文凭，及

① 《札学务处分设六科》，苑书义等主编：《张之洞全集》第六册，河北人民出版社 1998 年版，第 4253 页。

② 朱有瓛等编：《中国近代教育史资料汇编·教育行政机构及教育团体》，上海教育出版社 1993 年版，第 33 页。

学务处图书案卷一切收存发送等事，均由督办核定。(5) 资遣学生出洋学习，及派教师出洋考察学制等事，均由督办转请总督给资。

直隶省学务处的隶属关系、内部机构设置、人员编制等，与湖北省学务处有所不同。其章程作了规定："……专司通省学校事务，径归总督统辖，首设督办一员，由总督遴任。督办之下，置参议一员，专门教育处总办一员，普通教育处总办一员，编译处总办一员，别置支发一员，均由总督选用，归督办管辖。参议之下置文案，总办之下各置随办专门、普通二处，总办之下各置稽查，均由督办随时酌定员额，禀请总督派充。至司事、书识、书手，统归督办核定。"①

专门教育处掌通省专门教育事务，由总办秉承督办统率所属随办之员经理。

普通教育处掌通省普通教育事务，由本处总办统率所属随办之员经理。主要职掌有：第一，办理蒙养学堂、小学堂、中学堂、师范学堂所有一切事务；第二，核定诸学堂考验教习，远则派员往查，近则调考。

编译处掌翻译图书事务，由总办秉承督办统率所属随办之员经理。主要负责中外各种图书，检选善本，会同专门、普通二处总办商定教科、参考两项，分别翻译编纂；凡图书经书翻译编纂后，均由该处总办呈请督办查阅，交由印书局印刷校勘。

《直隶新设学校司章程》对学校司内其他部门的职掌都一一作了规定。

光绪三十一年，朝廷降诏，立即停止科举，令全国广设学校。于是学务迅即膨胀，各省学务顿形繁剧，原设提督学政，力有未逮。有鉴于此，学部与政务处联合上奏，请裁撤各省之学政，改设

① 朱有瓛等编：《中国近代教育史资料汇编·教育行政机构及教育团体》，上海教育出版社 1993 年版，第 32—33 页。

提学使司、提学使。会奏的《裁撤学政设立直省提学使司折》指出，地方学政的管学体制，问题很多，“现在停止科举，专办学堂，一切教育行政及扩张兴学之经费，督饬办学之考成，与地方行政，在在皆有关系。学政位分较尊，事权不属，于督抚为敌体，诸事既不便于禀承；于地方为客官，一切更不灵于呼应。即有深明教育之员，补苴一二，为益已鲜。且各省地方辽阔，将来官立、公立、私立之学堂日新月盛，势不能如岁科各试分棚调考之例，而循例按临，更有日不暇给之虑，劳费供张，无裨实事”，故当裁撤，以提学使司代之。各省设提学使一员，秩正三品，视按察使统辖全省地方学务，归督抚节制，于省会地方置学务公所，分设总务、普通、专门、实业、会计、图书六课，每课设课长、副长、课员，分曹隶事，仿汉代辟召之例，选官绅之有学行者，由提学司详请督抚札派；另设学务议绅四人，由提学司延访本省学堂较崇之绅士充选；并设议长一人，由学部慎选奏派，其提学使司养廉，一仍学政之旧，仍量加公费以资津贴，僚佐薪费皆以公款支给，所有从前之棚规供应，一概禁绝。“一俟提学司设立之后，其各省学务处即行裁撤，所有学务处绅士及办事委员，其佐理学务实有成绩者，应留充学务公所议绅及课长各员之选，均由提学司届时斟酌分别办理。”①

光绪三十二年四月初二（1906 年 4 月 25 日），上谕曰：“现在停止科举，专办学堂，所有学政事宜，自应设法变通，著即照所请，各省改设提学使司，提学使一员，统辖全省学务，归督抚节制；一切详细官制及办事权限章程，仍由学部筹议具奏。所有各省学政，一律裁撤，均著回京供职；各该省学校事宜，暂由各

① 《会奏遵议裁撤学政设立直省提学使司折》，学部总务司编：《学部奏咨辑要》卷一，宣统元年（1909 年）刊本，第 27—29 页。

该督抚督饬属员，妥为经划，余著照所议办理。"①

学部与政务处的奏折和朝廷的批示，重点有如下诸点。第一，以前提督学政主管的科举等事宜，随着停止科举广兴学堂，已经不复存在。第二，新设提学使司，置提学使一人，位秩正三品，视同按察使，统辖全省学务，归督抚管辖。第三，各省设学务公所，提学使总理其事，下设六课，分曹治事。第四，六课均置正副课长及课员等，就学行俱优的官绅选充，由提学提请督抚委派。第五，学务公所置学务议绅四人，议长一人。学务议绅由提学使遴选，议长由学部慎选奏派。第六，提学使司设立后，原学务处一律撤销，原学务处绅士及办事委员，择优留充学务公所议绅及课长。第七，裁撤学政，原学政回京供职。

在地方省设教育行政机构提学使司的同时，提学使司设置提学使一职掌管全省教育行政事宜。提学使司是提学使的办公衙门，与宋代略同。为了节约费用，《学务官制章程》规定，可利用原先具备的条件，以旧有学政衙门充，但原学政衙门与督抚设在两地，则应搬迁，改归一律。

提学使司下设赞襄议事部门学务公所。《各省学务官制章程》规定：各省业经裁撤的学务处，即改为学务公所。以前的各项公牍，概移交提学司衙门稽考。

光绪三十二年四月二十日（1906 年 5 月 13 日），学部《奏定各省学务官制办事权限并劝学所章程折》，规定了各省学务官制及其职掌。该章程对提学使的职责权限与学务公所内部机构设置及其职能作了详细规定。第一，每省设提学使司提学使一人，秩正三品，在布政使之次、按察使之前，总理全省学务，考核所属职员履职状况。过去旧有的学务处，俟提学使到任后即行裁撤，

① 朱有瓛等编：《中国近代教育史资料汇编·教育行政机构及团体》，上海教育出版社 1993 年版，第 40 页。

以专责成。第二，提学使照各直省学务处应用之款，应会同藩司筹划，详请督抚办理。第三，提学使于通省学务应用之款，应会同藩司筹划，详请督抚办理。第四，提学使如遇有紧要事件，应行出省考察，须先期电达学部，经学部允准后，方可出省考察，但须轻骑简从，不要惊扰地方。第五，学务公所分为六课①，即总务课、专门课、普通课、实业课、图书课、会计课。

章程对学务公所下分设六课及各课所掌事务规定如下。

（1）总务课。办理机要文书事件，收发一切公文、函电、案卷、册籍，编纂统计报告及各种学务报告，编印教育官报、检定教员，考核所属职官教员功过，及其任用、升黜、更调，核定关于本省学务全体之规则章程。雇聘外国人。查考公所人役一切杂项事务纳入其职掌之中。此外还管理各学堂卫生事务。

（2）专门课。负责该省高等、专门学堂教课规程、设备规则，以及关于管理员、教员、学生一切事务。保护奖励各种学术技艺及海外留学生事务。

（3）普通课。管理该省优级、初级、女子师范学堂，中小学堂及女子中学堂规程，设备规则及关于管理员、教员、学生一切事务；又负责办理通俗、家庭教育、教育博物馆及与中小学堂相类之学堂。

（4）实业课。管理该省农、工、商学堂及实业教员讲习所、

① 光绪三十四年七月初五，清廷宪政编查馆具奏考核直省劝业道官制细则时，呈称“课”字不若“科”字通行明晰，主张以课改科，其提学司、巡警道两官制及其他各省章程有用分课字样者，应即一律照改，以归划一。光绪帝降旨依仪，并分饬各部遵照办理。学部于光绪三十四年八月十九日颁发《通行各省应照宪政编查馆奏准改学务公所六课为六科文》。文曰：“查本部前奏学务公所分为六课，现改课为科，原设六课，应即改为总务科、专门科、普通科、实业科、图书科、会计科；其课长、课员，均改为科长、科员，以归一律。”

实业补习普通学堂、艺徒学堂，及各种实业学堂之设立维持、教课规程、设备规则及关于管理员、教员、学生等一切事务，并考察本省实业情形，筹划扩张教育费用。

(5) 图书课。负责编译教科书、参考书，以及负责该省各学堂教科图书，翻译本署往来公文书牍、集录讲义、经理印刷，亦掌管图书馆、博物馆等。

(6) 会计课。负责学务公所的经费收支、报销、核算省会及各府厅州县教育费用，稽查各学堂经费；又负责各学堂建造营缮诸事。

下面是光绪三十四年学务公所组织机构图（见图 2-1）。

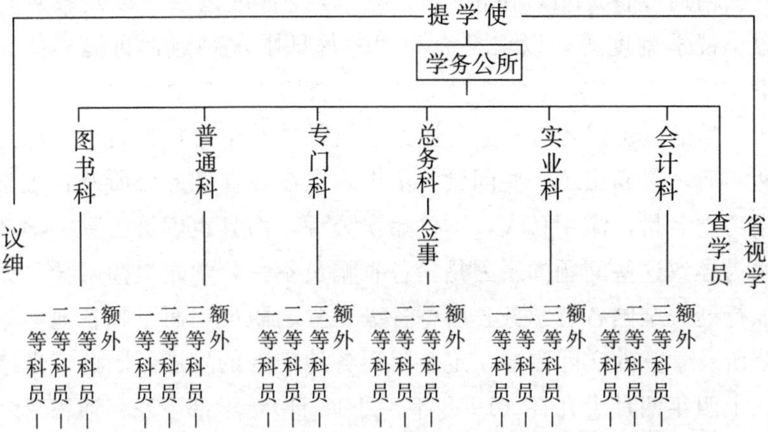

图 2-1　光绪三十四年学务公所组织机构图

学务公所内各课设课长、副课长各一人，其课员视事之繁简，由提学使酌量详派，但编制有限，多不得超过三人，少则一人亦可。这些职员以曾在中学堂以上毕业，或曾习师范、充任过学堂管理员、教员，有一定经验者充任。不过，在创办之初，合适人员难觅，应予变通，暂就本省官绅办理学务积有阅历、学望素孚者，由提学使详请督抚札派。

提学使下设省视学六人，承提学使命令，巡视各府、厅、州、县学务，各省视学由提学使详请督抚札派曾习师范或出洋游学，并曾充当学堂管理员、教员，积有一定经验并取得一定成绩者充任；其巡视区域及规则，应有详细规程，由学部奏明办理。课长、副课长、省视学，如无官者，均给予职衔，课长五品，副课长及省视学均六品，其有资深人员，准以京外相当之学务官调用。

因为各省教育发展的需要，且要与中央教育行政机构改革相衔接，各省亦设教育官练习所，由督抚监督，由提学选聘国内或外国精通教育之员，讲演教育学、教授管理诸法，以及教育行政、视学制度等，以谋补充识力。每日限定钟点，自提学使以下，所有学务职员，至少每星期须到堂听讲演三次。

学部《奏定各省学务官制办事权限并劝学所章程折》实施近两年后，暴露出了一些问题，集中表现在各省学务公所及各级学堂巧立名目，滥用私人，不仅贻误公务，而且也虚掷公款。学部认为导致这些问题的原因是，各省幅员不一，学政繁简殊异，如强行划一全国各省学务公所暨各级学堂之职员，而不顾各地学务公所及学堂的实际需要，定会阻碍各地学务的发展。因此，光绪三十四年四月十九日（1908 年 5 月 18 日），学部下发《通咨京外各衙门凡学务公所人员及学堂职员名目一律遵章办理文》，指出："查各省学务公所，关系全省学政，自应遴选通才相助为理，各学堂事务殷繁，亦须有分任管理之人；惟是各省学务公所课长、课员，各学堂管理员人数、名目，均经前总理学务大臣暨本部先后奏定通行在案。现据各省咨报学务公所人员及各学堂职员表册，其中按照定章毫无增加者固多，亦间有于定章之外别立名目者……通行各省学务公所及各项学堂，一律遵照，除名目、人数与定章不合者，另文驳改外，相应咨行查照办理可也。”①

三、提学使与学务公所职官素质要求

地方教育行政职官基本素质高是地方教育发展的重要保障。早前朝廷便很重视地方提督学政等职官的素质，雍正曾就学政素质问题强调：“学校为士子进身之阶，督学一官，尤人伦风化所系。遴选学臣，倍加郑重。尔等须廉洁持身，精勤集事。实行、文风，两者所当并重。……必士品端而后文风正，他日为国家柱石。朝庙羽仪，不綦重欤？……勿私纳苞苴，勿瞻徇情面，勿轻视武途，勿滥取祠荫，勿矫激沽名，勿昏庸废事，勿卑污贬节，勿骄暴凌人。胥吏必谨关防，幕客尤宜选择。如此，则内外交毖，本末兼修，上不负朝廷，下不愧多士。”② 地方教育行政体制改革启动后，从朝廷到地方督抚对地方教育行政职官的素质都提出了极高的要求，非其人不予聘用。

清末地方教育行政系统改革启动前，湖北和直隶两省率先进行省教育行政机构改革尝试，湖北设立省学务处，直隶设立学校司。机构设置后，在掌控该机构人员素质上，张之洞和袁世凯都是煞费苦心的。今天已经无法看到他们对省教育行政官员素质的直接论述，但是通过他们所选聘的人员，可以略知一二。

张之洞在《照委王同愈充湖北学务处总办兼充两湖大学堂监督》的公牍中指出，王同愈是湖北差遣翰林院编修，他“道艺赅通，深谙学务”③，拟充湖北学务处总办，兼充两湖大学堂监督；

---

① 雷国鼎著：《中国近代教育行政制度史》，台湾教育文物出版社有限公司1983年版，第148页。

② 清代官修《学政全书》卷一六《学政事宜》。

③ 苑书义等主编：《张之洞全集》第六册，河北人民出版社1998年版，第4185页。

而黄绍第为光绪进士，授翰林院编修。光绪二十一年（1895年），黄绍第参加强学会，主张变法维新，广开民智；协助译印西书，编印《强学报》。光绪二十八年上疏光绪帝，陈述朝政壅蔽之患，主要在于不通中外之情，上下之情隔膜，从总督到巡抚，再到州县，上下欺蒙，尔虞我诈，欺上瞒下，积成痼疾。以为救治之方当从广施教育入手。他参酌中西形势，拟订教养措施四条，作为当时变通的根本急务："一、整顿义塾以端蒙养；二、广兴工艺以收贫民；三、矜恤商情以苏积困；四、劝兴妇学以基风化。"他认定如此便能"内以销中国隐忧之渐，外以折列国眈视之谋"。① 进而建议借鉴西方官制，裁汰繁文缛节。他曾任湖北提学使，是张之洞兴学的干将之一。

梁鼎芬系广东番禺人，光绪六年进士，旋选庶吉士，散馆授翰林院编修。1885年上书弹劾李鸿章签订《中法新约》，被以"妄劾罪"降级调用，旋辞官归里，被力主抗法的两广总督张之洞引为相契，先后受聘出任惠州半湖书院、肇庆端溪书院主讲。在广州创设并主持广雅书院。手订《广雅书院学规》，对学生的德行、学业、考核等方面均作出明文规定。1891年受聘为湖北两湖书院史学教习，又随张之洞到江苏任南京钟山书院山长。张之洞返鄂后，任两湖书院中学主讲。1902年任湖北学务处提调，主管湖北省教育行政事务，协助张之洞创设在湖北师范学堂，兼任监督，又任文学堂提调。

根据张之洞所任用的这三位人物来看，出任教育行政长官，要求有教育行政管理工作的经历，或者有在学堂任教的经历。王同愈曾任湖北学政，梁鼎芬也曾担任总提调，主管湖北全省学政。张之洞还强调要求思想维新，支持废科举兴学堂。黄绍第和

① 武修敬主编：《历代教育名人志》，湖北教育出版社1994年版，第372页。

梁鼎芬都支持维新变法。梁鼎芬独掌两湖书院监督之权后，与其他书院掌理者每日巡视课堂，轮流接见十名学生，提倡尊师爱生，鼓励学生努力学习，声名鹊起。任湖北学堂总提调后，积极改革教育，推行新制，派遣留学生出国深造，“多所擘划，张（之洞）曾奏请清廷给予奖赏”①。

全国各省教育行政机构建立后，虽然还没有见到单独的对省级教育行政机构提学使等职官任职条件及素质要求的文件，但通过学部及各省所颁发的有关章程来看，还是可以捕捉到一些有关地方教育行政职官素质要求的信息的。光绪三十二年四月《学部奏请简放直省提学使并陈未尽事宜折》中，对直省提学使的任职条件和基本素质提出了要求，文曰：“伏查提学使司员缺统辖全省学务，关系重要，非资望素著、深通学务之人，殆难胜任。臣等遵奉谕旨悉心延仿，谨就京外服官人员择其心术纯正，通达时务，并各省学务处总办经理学务历有年所……”② 从这里可以看出，学部对省提学使的要求很高，总体上要“资望素著、深通学务”，还要“心术纯正，通达时务”，并要求有较长的经理学务的经验。

就在《学部奏请简放直省提学使并陈未尽事宜折》的当月或稍晚数天，学部对省提学使的任职条件和素质又提出了新要求。学部在奏陈各省学务官制的文件中，提出各省初设提学使，需要人员比较多，“拟由翰林院人员品端学粹、通达事理及曾经出洋确有心得，并京外究心学务素有阅历之员，不拘资格，一体擢用”③。新的地

① 湖北省地方志编纂委员会编：《湖北省人物志稿》，光明日报出版社1989年版，第1030页。

② 朱有瓛等编：《中国近代教育史资料汇编·教育行政机构及团体》，上海教育出版社1993年版，第41页。

③ 《学部奏陈各省学务官制折》，朱有瓛等编：《中国近代教育史资料汇编·教育行政机构及团体》，上海教育出版社1993年版，第42页。

方教育行政机构与官吏初设，物色合适的官员尤为重要，这是发展地方教育的重要条件，也是地方教育行政发展史的经验之谈。

学部规定，每省设提学使一员（江宁、江苏各设一员，照布政使管辖地方之例管理学务；吉林、黑龙江、新疆三省均各添置），秩正三品，在布政使之次，列按察使之前。员缺，应由学部以京外所属学务职员内开单请简，初设需员，各省可从翰林中挑选。同时，各省学政及学务处总办中，可将其办事认真者咨报学部，改任提学使。提学使三年俸满，由督抚考核所办事项，咨报学部奏闻。是作留、升还是作更调处理，请旨遵行。对于升转，凡由四五品京堂或实缺道员简任者，升转与臬司同。

提学使是总督、巡抚的属官，归其节制考核。提学使对所属的科长以下各员有权选用委派；对劝学所总董得札委、更换；对所属府、州、县之学务应予考成，均申详督抚办理；又有权密陈督抚转咨学部察核学务议长、议绅之才品学识。对学务议长“须择端正绅士通学务者”①，各课长、副课长、课员，须“以曾在中学堂以上毕业，或曾习师范，并曾充学堂管理员、教员，积有劳绩者充任”②。

学部对省级教育行政部门及其职官的任职条件和素质提出比较严格的要求，对于刚刚建立的省级教育行政管理部门而言，是非常有意义的。就所提出的具体条件与素质而言，定格比较高，对于人才匮乏的近代而言，符合学部要求的人难觅难求，最终恐怕只能降格以求。

四、新型省级教育行政的履职行动

“新政”实施后，全国各省先后进行教育行政体制改革，最终

①② 朱有瓛等编：《中国近代教育史资料汇编·教育行政机构及团体》，上海教育出版社1993年版，第43—44、44—45页。

促成学部领导全国性省级教育行政体制改革。全国各省新教育行政机构和职官设立后，积极履行所赋予的职能，推动了地方教育的迅猛发展，使地方教育面貌得到较大较快的改变。

（一）设立普通小学校

从第一所新型学校京师同文馆创立到新型地方教育行政机构设立，虽然有一些学校面世，但是无论是从类型上看还是从数量上看，都是远远不够的。各省教育行政机构成立后，地方学校发展有了组织、规划、督促和检查的领导部门，因而能保证地方教育有长足而健康的发展。

湖北省在省学务处成立前，虽然有在全国比较有影响的湖北自强学堂、湖北方言学堂、湖北农务学堂和湖北工艺学堂等，但这些都是洋务运动中所设置的实用性质的学堂，无法满足教育新形势发展的需要，特别是对于四年义务教育的实施，不能发挥什么积极作用。湖北省学务处设立后，及时地将兴学的重心转移到普通教育上，形成了初等、中等、高等学校成龙配套的普通教育体系，首开全国风气之先。光绪三十年，学务处将省城武昌分东西南北四区，初设立初等小学 34 所，城外设 17 所，经费由学务公所支付，并大力支持民间自办小学堂。同年，学务公所还在武昌城内分东西南北中五路，设高等小学堂 5 所，每所定额 100 名，招收 11～14 岁文理粗通少年儿童入学。

四川响应大兴学堂的号召，采取了有力措施，全省兴起了兴学高潮。据《江津县志稿》载，1904 年江津知县蔡承云亲履四乡，各就庙会平称斗息筹定之款设立初等小学堂 132 所，其中女子初等小学堂 4 所。并倡先捐廉三百金，劝募绅民量力捐资，还在城内修建江津中学堂。截止到 1911 年，四川部分县各级学堂数已经十分可观，下面是四川省拥有 80 所以上学堂的县份：涪州 567 所，合江县 280 所，江津县 279 所，仁寿县 261 所，荣县 208 所，梁山县

202 所，巴县 200 所，合州 193 所，永川县 183 所，富顺县 161 所，盐亭县 160 所，安叙县 157 所，沪县 151 所，渠县 149 所，云阳县 144 所，遂宁县 140 所，绵竹县 134 所，大宁县 128 所，西充县 127 所，南部县 125 所，资阳县 118 所，宜宾县 118 所，阆中县 107 所，乐至县 107 所，新宁县 106 所，达县 103 所，南充县 103 所，东乡县 102 所，内江县 101 所，长寿县 100 所，巴州 100 所，汉州 100 所，大竹县 92 所，荣昌县 87 所，彭县 87 所，梓潼县 87 所，夹江县 87 所，射洪县 86 所，大足县 85 所，乐山县 83 所，万县 98 所，绵阳县 90 所，铜梁县 81 所，金堂县 80 所，江安县 80 所，汉源县 80 所。① 这些数字主要是小学堂，其中又主要是初等小学堂。四川学校发展速度，堪称全国之冠。

1902 年直隶学校司拟定《直隶省小学堂暂行章程》，令各州县书院和私塾改为新式小学堂，每州县兴办官立小学堂一所，私塾改为私立小学堂。当年，保定第一、第二、第三、第四初等小学堂建立，满城第一高等小学堂建立。次年，贺松圃夫人田氏创办清苑县第一小学堂。1905 年前后，天津官立模范两等小学堂、玉皇庙两等官立小学堂等纷纷建立。据不完全统计，直隶全省有新式小学堂 8 809 所，学生 197 832 人。到 1909 年，全省有小学堂 10 569 所，学生 230 813 人。② 在校小学生数约占全国在校小学生总数的十分之一。③ 在全国仅次于四川，居第二位。

① 熊明安等主编：《四川教育史稿》，四川教育出版社 1993 年版，第 203—205 页。

② 阎国华、安效珍主编：《河北教育史》第二卷，河北教育出版社 2003 年版，第 73 页。

③ 河北省地方志编纂委员会编：《河北省志·教育志》，中华书局 1995 年版，第 129 页。

（二）发展师范教育

“新政”实施后，全国新型学校日新月异，最感头痛的是师资不足。师资问题成为发展新式学堂的瓶颈。如果将学生送出国学习师范，一是耗费钱财，二是耗时间太长，三是不可能满足各省需要。于是，各省提学使决定立足本省，广设师范教育机构，培养师范人才。

为了为新型的学堂提供足够数量的教师，湖广总督张之洞可谓慧眼独具，将师范教育提到优先发展地位，全力发展湖北全省的师范教育。省学务处积极落实张之洞发展师范教育的战略思想，将教育经费集中到发展师范教育上，先后创办了湖北师范学堂、两湖总师范学堂、湖北师范传习所及支郡师范学堂等，形成了湖北区域的师范教育系统。其中湖北师范学堂是中国近代教育史上最早的独立完备的师范学校。①

1902 年，直隶师范学堂在保定创办，这是河北师范教育的发端，也是全国最早独立设置的师范学堂之一。1905 年，省学校司令所属各府、直隶州、厅设立初级师范学堂，分完全、简易两科。当年又在天津创建北洋师范学堂。设置直隶提学使后，省学务公所在天津创设北洋女子师范学堂。1910 年，因直隶省各师范学堂办理成绩并不见佳，全省发展也不甚平衡，于是着手整顿。各府、州、厅所办师范学堂，根据具体情况分别改组或停办。北洋师范学堂改为商业学堂，天津师范学堂改为省立第一师范学堂，又在保定设立第二师范学堂，在滦州设立第三师范学堂，在邢台设立第四师范学堂。到 1911 年，全省有省立优级师范学堂 1 所，初级师范学堂 4 所，另有北洋女子师范学堂 1 所。各师范学堂积极探索师范教育发展规律，严格师范生的教育。如天津北洋师范学堂要求学生做

① 冯天瑜、何晓明著：《张之洞评传》，南京大学出版社 1991 年版，第 142 页。

到："一要热爱教育，以普及教育为己任，而不惑于他途；二要刻苦钻研业务，务以研求有得为止境，而不涉于怠慌；三要注意团结，要知能互益，教学相长，不可怀轻蔑之心与嫉妒之念；四要兴居有节，不可染嚣张之习，腾诽谤之谭。"①

广西省发展师范教育的势头也不减他省。光绪三十年，广西桂林高等学堂内就开办有简易师范，次年全省又建立了师范传习所。据光绪三十三年十月初一日统计，广西全省有简易师范及师范传习所 7 所，这些是：省城官立简易师范学堂、广西高等学堂附属师范馆、广西高等学堂附属传习所、桂垣私立速成师范学堂、两广初级师范简易科、旅穗广西师范传习所三校、全县师范传习所、怀集县初级师范简易科、藤县师范传习所、柳城府师范传习所、来宾县师范传习所、柳城县师范传习所、雒容县师范传习所、庆远府师范简易科、庆远府师范传习所、永福县速成师范馆、平乐府师范传习所、贺县师范传习所、昭平县师范传习所、恭城县师范传习所、梧州府师范传习所、苍梧府师范传习所、岑溪师范传习所、容县速成师范学堂、归顺直隶县师范传习所、上思厅师范传习所、百色厅师范传习所、桂平县初级师范简易科、贵县初级师范简易科、宾县师范传习所、龙县初级师范简易科、左县师范传习所、南宁府师范传习所、横县师范传习所、镇安府师范传习所、天保县师范传习所、玉林直隶县师范简易科、博白县师范传习所、北流县师范传习所、陆川县师范简易科、崇善县师范传习所。广西竟有 41 个师范教育机关，其中官费 32 所，公费 3 所，自费 5 所，1 所官私立性质不详。② 此外，广西还创建了一批独立的师范学堂。广西在师范教育

① 河北省地方志编纂委员会编：《河北省志·教育志》，中华书局 1995 年版，第 444 页。

② 李彦福等编：《广西教育史料》，广西人民出版社 1990 年版，第 181—186 页。

方面耗费了巨资，仅广西初级师范学堂设于南宁的第三校，虽然以蔚南、左江两书院旧址改建，仅建筑费便耗银 3 200 余两，开办费 3 674.15 元。① 广西省提学使可谓对师范教育认识到位，情有独钟。

（三）创设实业学堂

实业教育在中国起步比较晚，发展亦步履维艰。冯国璋创设河间学堂（后改名商业学堂），学生不足 100 人，甲班 23 人，乙班 21 人，实习科一班，43 人。该校国文教员认为“现在风气不开，多以商业为末务而不屑讲求，故入学者不甚踊跃”②。因此，各地发展实业教育，堪称“明知山有虎，偏向虎山行”。

地处中国东南的上海，实业教育遭受的阻力并不比北方小多少，但两江总督和支持“新政”人物将兴办实业学堂看作既是推行“新政”、发展实业的需要，也是教育改革的一部分，乃强力而行。

浙江养蚕业是获利的大项，实业学堂也围绕着养蚕业设置。清末浙江实业学堂设置很不均衡，主要分布在省城杭州及周边城乡。仅杭州一地就有蚕桑学堂 3 所，1898 年，杭州知府林启斥资银 10 300 两建筑杭州蚕学馆校舍，以 3 000 两银购置仪器设备。1908 年改为浙江官立中等蚕桑学堂。这是“国内同类学堂中的领先者”③，其后出现的有广东蚕业学堂、云南农业学堂蚕科、福建蚕桑局及蚕桑公学、湖北农务学堂蚕桑科、北京蚕业讲习所等。同时，也培养了一大批蚕丝专业人才，“豫、蜀、滇、黔、鲁、晋、闽、粤、吉、陕、湘、宁、苏、皖诸省，多聘其毕业生，以资仿办”④。

---

① 唐现之：《清末本省的初级师范学堂》，《广西教育研究》1942 年第 3 卷第 4 期。

② 保定市教育局史志办公室编：《保定教育史料类编》，河北人民出版社 1990 年版，第 332 页。

③④ 张彬主编：《浙江教育史》，浙江教育出版社 2006 年版，第 393 页。

浙江除林启创办的蚕学馆外，还有钱塘县蚕桑学堂和1907年开办的蚕桑女学堂。孙诒让在1897年创办的永嘉蚕学馆，1905年改为温州蚕桑学堂，1911年扩充规模，定名为温州官立中等农业学堂，下设蚕科。绍兴设有震旦蚕业女子学堂，慈溪县的锦堂两等小学堂的高小部于1910年改为初等蚕科实业学堂。浙江一些工业学堂也围绕着蚕业做文章，注重培养为丝织业服务的人才。1911年成立的浙江官立中等工业学堂设机械和纺织两科，以为蚕桑丝织业成龙配套。

1905年，吴县人施兆祥联合金业同人捐建金业公立商业学堂。初为金业公立小学堂，次年改为金业公立商业学堂，为预储商才，振兴商业服务。该校的创办并非一帆风顺，经费紧张、社会偏见，使得金业公立商业学堂"自开办后，于经济则事事为之撙节，于教育则曲体社会心理"①。1906年，豆米业董事张嘉年、袁肇烊等筹款创办了豆米业初等商业学堂。原为两等小学堂，1910年改为初等商业学堂。从1905年到1907年的三年间，上海开办了兵工中学堂、中等商业学堂、中等工业学堂和中等农业学堂。② 其发展也算是披荆斩棘。

山东省重视发展实业，1901年，袁世凯便奏请设立了农工商务局。周馥任巡抚时又通饬各属设立农桑会，为实业教育开展提供了较好的生态环境。1903年，山东省学务处筹银5 000两，在青州设立蚕桑学堂，"这是见于记载的山东最早的实业学堂"③。学堂以朱钟琪为总办，益都县县令李祖年为监督，聘杭州蚕学堂优等毕业

---

① 朱有瓛主编：《中国近代学制史料》第二辑下册，华东师范大学出版社1989年版，第55页。

② 陈科美主编：《上海近代教育史》，上海教育出版社2003年版，第160—161页。

③ 赵承福主编：《山东教育通史》（近现代卷），山东教育出版社2001年版，第45页。

生充当教习，是一所设备完善、教育教学很正规的学校。第一届只招到10名学生，都是长山县选送的。学生受聘前往“考验”的日本农学士对学生的学业成绩“极为称许”。后经学务处和农工商务局“详请”，学生每届30人，均为周围各县选送。其后山东省学务处筹办了兖州初级实业学堂、历城工艺学堂和商会学堂。山东农桑类学堂以青州蚕桑学堂和兖州初级农业学堂办理得最有成效。此外还有郯城马头镇孙霭庭自办的农桑学堂、济宁农业初级学堂、历城农林学堂、蒙阴蚕桑学堂、黄县蚕桑学堂、菏泽农桑小学堂、濮州初等农桑学堂、夏津实业实习学堂、齐河农业学堂。工业类学堂以传授铁工、木工、织布、编制、印染、制皂等技艺为主。办理较早的有沂州知府设立的教养局、鱼台县习艺所、黄县实业学堂、齐东县工业补习普通学堂、夏津工艺传习所、东昌府实业学堂。到1909年，山东设有高等农业学堂1所，中等农业学堂1所，初等农业学堂12所，中等工业学堂1所，其他实业学堂3所，① 初步形成了实业教育体系。

（四）派遣留学生

虽然早在洋务运动和维新变法时期便有官方派遣留学生的行动，但高潮的出现却是在清末“新政”时期，特别是在各省教育行政体制改革以后。此前留学生派遣主要是督抚行为，以后各省则有专门机构主理留学生派遣事宜。

张之洞督鄂期间，十分热衷于派遣学生出国游学，认为“出洋一年，胜于读西书五年，此赵营平‘百闻不如一见’之说也。入外

① 赵承福主编：《山东教育通史》（近现代卷），山东教育出版社2001年版，第46—47页。

国学堂一年，胜于中国学堂三年，此孟子‘置之庄岳’之说也”①。张之洞以为游学为加速培养合格新式教员的捷径，他说：“学堂固宜速设矣，然而非多设不足以济用，欲多设则有二难：经费巨一也，教习少二也。求师之难，尤甚于筹费。天下州县，皆立学堂，数必逾万，无论大学、小学，断无许多之师，是则惟有赴外国游学一法。”②

在游学国别上，张之洞认为“西洋不如东洋”。一则日本路近费省；二则易于考察控制；三则相对于欧美语言，日文更便于中国学生掌握；四则日人已经对西学作了选择介绍，便于学习。1896年，湖北派出第一名公费留日学生戢翼翚。其后又陆续派出大批学生赴日学习实业、师范、法律、警察、军事。陈青之在所著《中国教育史》中写道：“据光绪三十三年的统计，留日学生全国各省共计五千四百余名，湖北所派学生即有一千三百六十余名，占了四分之一，所以湖北在当时有先进省之称。”③

湖南是向日本派出留学生最多的省份之一。湖南省学务公所设立前，也向日本派出了部分留学生，但规模比较小。1902 年，湖南抚宪派遣俞诰庆等 12 人赴日本留学，均学习师范。1903 年，巡抚派出留日官费、自费生 32 名；1904 年，再派 30 名留学生赴日；1905 年，巡抚端方派出 20 名女学生赴日，这是“湖南女子官费出国留学之滥觞”④。这些行为可以视作巡抚个人举动，但湖南省教育行政体制改革后，全省留学生派遣不再是个人行为了，而是有省

---

① 《劝学篇·外篇第二·游学》，苑书义等主编：《张之洞全集》第十二册，河北人民出版社 1998 年版，第 9737 页。

② 《变通政治人才为先遵旨筹议折》，苑书义等主编：《张之洞全集》第二册，河北人民出版社 1998 年版，第 1405 页。

③ 陈青之著：《中国教育史》，东方出版社 2008 年版，第 520 页。

④ 冯象钦、刘欣森总编：《湖南教育史》第二卷，岳麓书社 2002 年版，第 200 页。

学务公所和省提学使主其事，留学生派遣遂成为有计划有组织的事业。1906年，湖南省提学使经考选，派出官、幕、绅99人赴日游学，此数还不包括自费留学生。据《学部官报》统计，全国留日学生总人数为5 418人，其中湖南有589人，占全国总人数的1/10强。①

奉天省在教育行政体制改革前，"出洋游学者人甚寥寥"。省学务公所设立后，在将军赵尔巽倡导下，遴派70人赴日本学习师范及法政。于是，"闻风兴起，自备斧资赴日本留学速成警监、法政者多至二百余人"。当年，还派往比利时、美国留学各1人。次年又选派女子师范学堂37名学生到日本实践女校学习，"而女学之自费者亦接踵而起"。② 这一年还派往英国4人，分别学习矿学、商业和政法等，奉天遂成为全国留学生派出大省。

（五）推进义务教育

1904年1月，清廷颁布《奏定学堂章程》，其中《学务纲要》明确指出："初等小学堂为养正始基，各国均任为国家之义务教育。东西各国政令凡小儿及就学之年而不入小学者，罪其父母，名为强迫教育。盖深知立国之本全在于此。"③ 一般将《奏定学堂章程》颁布时间视为中国义务教育的起源。1906—1907年，学部咨行各省督抚："现在预备立宪，非教育普及不足以养成国民之资格"，特厘定《强迫教育章程》十条，"通行各省，以期实行"。④ 此后，全

① 冯象钦、刘欣森总编：《湖南教育史》第二卷，岳麓书社2002年版，第202页。

② 李喜平主编：《辽宁教育史》，辽海出版社1998年版，第209页。

③ 张百熙、荣庆、张之洞：《学务纲要》，谭承耕、李龙如校点：《张百熙集》，岳麓书社2008年版，第42页。

④ 《学部咨行各省强迫教育章程》，李桂林等编：《中国近代教育史资料汇编·普通教育》，上海教育出版社1995年版，第36页。

国各省均积极行动起来，积极推进义务教育。

义务教育是百年大计，是浩繁而艰巨的伟大工程，必须动员全社会民众参与。义务教育的推进，兴建校舍、培训师资等，耗资极巨，光靠国家难收其效。有鉴于此，清廷于光绪三十二年五月颁布的《劝学所章程》中规定："筹款——考查迎神赛会、演戏之存款。绅富出资建学，为禀请地方官奖励。酌量各地情形，令学生交纳学费。——以上为劝学所总董之责，惟须据劝学员之报告，联合村董办理。"① 当年十一月，学部在《札各省提学使分定学区文》中开宗明义："教育之兴，贵于普及；而兴办之责，系于地方。"② 明确规定地方提学使负有筹款兴学之重大责任。各省学务公所四出寻觅地方绅富担任学董，将地方推行义务教育经费筹集重担转移到绅富肩上。地方绅富又利用他们的特殊身份筹募推行义务教育的经费。1910 年，江苏盐城绅士季龙绅兄弟三人为八滩乡兴办初、高两等学堂，将祖遗田地 202 亩捐献，以田租收入作为学校常年经费。江苏学务公所为鼓励私人捐资办学，订有兴学奖励条例。③ 江苏学务公所煞费苦心筹募义务教育经费，兴建小学堂，收到了较好的效果。江苏全省官立小学堂由州县官府拨款创办，公立小学堂系由地方行业集资创办，私立小学堂由私人捐助或教会津贴创办，成为全国义务教育较发达地区。

湖北省学务公所大力推进以湖北为单位的区域性义务教育，将兴学的重心放在初等教育方面。省学务公所下令各州县从 1903 年起，将应解庚子赔款改为"学堂捐"，悉数留下，作为各地兴办小

---

① 《学部奏定劝学所章程》，朱有瓛等编：《中国近代教育史资料汇编·教育行政机构及教育团体》，上海教育出版社 1993 年版，第 61 页。

② 《学部札各省提学使定学区文》，朱有瓛等编：《中国近代教育史资料汇编·教育行政机构及教育团体》，上海教育出版社 1993 年版，第 63 页。

③ 江苏省地方志编纂委员会编：《江苏省志·教育志》（下），江苏古籍出版社 2000 年版，第 1093 页。

学堂的专款，任何人不得挪用他途。张之洞还特地指出："此系学堂定名捐款，无论该处何项紧要公事，均不得擅行挪用。"① 这不仅为湖北发展普及教育创造了一定的经济条件，也提供了制度保证。湖北省利用赔款办起了一大批小学堂。直隶学务公所亦严饬府、厅、州、县于城乡遍设蒙小学堂。

宣统二年十二月，学部奏复普及教育最要及次要办法，将义务教育推行分为"最要之事"和"次要之事"，有计划地推进义务教育。学部复奏"办法"后不久，各省学务公所制订了普及教育计划。如江苏南通州教育会鉴于"通州全境共计八千方里，内除去滨江滨海岸外草地不计外，照十六方里设一初等小学之规划，应设三百三十二校，现已成立者八十七校。但同在十六方里者，虽有数校，只能姑作一校计算，尚应添设二百七十五校"，决定分步骤按计划完成设校任务。打算从 1911 年起，各区按应设之校数，"次第筹办，迄宣统七年一律办完"，并要求"每区兴办初等小学若干校，年终由会所分别等第，报告地方长官，以照劝惩"。②

清末实施义务教育数年，效果甚微。主要原因是经费严重不足导致不能提供足够的小学堂。清廷学部发现或者改私塾为识字学塾，或者私用私塾加设识字班，或者直接设立简易识字学塾，可以达到不花钱或少花钱办义务教育的目的。各省学务公所闻风响应，大力设立简易识字学塾。到 1911 年，四川学塾中附小学者 1 670 所，学生 29 137 名；就祠庙公所特设者 926 所，学生 18 474 名；改良私塾照三年简易科办理者 7 504 所，学生 59 000 余名。湖北、浙江设塾各在 1 000 所以上，山东设塾 900 所以上，广东设塾 700 所以

---

① 《札各属免解赔款留办学堂》，苑书义等主编：《张之洞全集》第六册，河北人民出版社 1998 年版，第 4248 页。

② 《南通州教育普及之计划》，《教育杂志》第 3 卷第 5 期"记事"(1911 年)。

上，福建、湖南、陕西设塾各在500所以上，黑龙江设塾300所以上，奉天、吉林、江西设塾各在200所以上。① 对义务教育的推进发挥了一定的作用。

第三节 府州县教育行政

在清末教育改革如潮水般冲击全社会之时，相对来说，在远离京城、省城的府、州、县，教育行政改革显得有些滞后，当然，这也与中央改革的重点聚集在高层有关。在以京师大学堂兼理教育行政时，便有人慨叹府、州、县设学寥寥无几，以致京师大学堂难起前茅之功用。其时省级行政部门响应者仅湖南而已，其余各省多取观望态度，地方基层府、州、县就更不用说了。光绪二十九年十二月，张百熙、荣庆、张之洞上《学务纲要》，其中言及"各省府厅州县遍设学堂"，其实，岂止是未遍设，恐怕像样的小学都是凤毛麟角，故此语完全是为后面的"须有一总汇之处以资管辖"作铺垫。但《学务纲要》颁发后，地方府、州、厅、县或迟或早均有所行动，他们见兴学为大势所趋，乃渐有兴学之举。与此同时，省以下管理学务的机构亦按朝廷要求设置。

一、劝学所的设置

清末"新政"以前，地方行政区域分为省、道、府或州及县四级。州又分直隶州及属州两类，直隶州行政上相当于府，属州则相当于县。但只在府州及县两级设立学校，凡在府称府学，在州称州学，在县称县学。教育行政与之相匹配，各省设提督学政，掌全省

① 《教育杂志》第3卷第6期。

学校士习文风之政令，任职者须有进士功名，三年一任。学部成立后，提督学政改为提学使。省以下府、州、县均设教育行政管理职官，府置教授、训导，州置学正、训导，县置教谕。因为这些教育行政职官的主要职责是负责考试学生，对于一般教育事务，多不介入，故所谓教育行政管理基本有名无实。继学部和省教育行政体制改革后，府、州、县教育行政体制改革便接踵而至。

学部和各省教育行政体制改革完成后，为形成自上而下的教育行政系统，使教育行政工作收到指臂之效，地方府、州、县教育行政体制改革提到了议事日程。

就在学部设立的同时或稍早，直隶便启动了府、厅、州、县教育行政机构改革行动，“清末府、州、县设立的劝学所制度，最早发轫于直隶”①。清末“新政”实施后，直隶省便着手进行省级教育行政改革，设立省学校司。光绪三十年四月，袁世凯特聘严修为学务处督办，并再次派他东渡日本考察学校管理制度。严修回国后，饬令直隶各州县设立劝学所。光绪三十一年冬，直隶先后颁发《劝学所章程》和《续充章程》，在州县比较普遍地建立教育行政机关劝学所。劝学所主管本州县的学校教育事务，负有倡导地方兴办学堂，推行癸卯学制的责任。劝学所设立之初，设总董一人，负责本地筹款兴学的全部责任。总董是半官半绅性质，州县行政官员不以属员对待。总董之下设劝学员，担负着劝导、督促、推动和视察学校的责任。到宣统元年，直隶共筹办劝学所 150 所。各州县劝学所衙门的设置地，据载，直隶清苑县设在保定城隍庙内，张国淦任总董，下设 6 名劝学员。其他州县劝学所衙门也可能像清苑县这样，利用现有设施作办公处所。

直隶省府、厅、州、县教育行政机构改革，取得了宝贵的经

① 阎国华、安效珍主编：《河北教育史》第二卷，河北教育出版社 2003 年版，第 41 页。

验。清苑县劝学所设置后，限定时间创建新式学堂，很快全县建立起初级小学150所。满城县劝学所总董杨式震将四乡15所乡塾改为初等小学。鉴于府、厅、州、县推进兴学运动需要教育行政的有力支持，而劝学所又能够较好地发挥这一作用，光绪三十一年十二月，严修升署学部侍郎，遂“把劝学所经验推广全国”①。

光绪三十二年四月二十日（1906年5月13日），学部奏定《各省学务官制、办事权限章程》23条，并《劝学所章程》10条，首倡筹设劝学所，以为县级教育行政机关。《劝学所章程》“总纲”规定：“各厅、州、县，应各于本城译地特设公所一处，为全境学务之总汇，即名曰‘某处劝学所’，每星期研究教育，即附属其中。凡本所一切事宜，由地方官监督之。”② 劝学所下面不设具体机构，只是“就所辖境内划分学区，以本治城关附近为中区，以次推至所属村坊市镇，约三四千家以上即划为一区，少则二三村，多则十余村，均无不可。在本治东即名东几区，在本治西即名西几区，推之南北皆然，由第一区至数十区可因其所辖地之广袤酌定”。

《学部奏定劝学章程》规定劝学所应当精兵简政，以本地方官为监督，设总董一员，综核各区之事务，每区设劝学员一人，负一学区内劝导之责。总董由县视学兼充，劝学员由总董选择本区土著之绅衿品行端正、夙能留心学务者，禀请地方官札派，“薪水公费多寡，各就本地情形酌定”。学部在《奏陈各省学务官制折》中，对厅、州、县劝学所内部人员，也作了初步规定：“各厅、州、县劝学所，设县视学一人，兼充学务总董，选本籍绅衿年三十以外，品行端方，曾经出洋游历，或曾习师范者，由提学使札派充任；即

① 阎国华、安效珍主编：《河北教育史》第二卷，河北教育出版社2003年版，第45页。

② 《学部奏定劝学章程》，朱有瓛等编：《中国近代教育史资料汇编·教育行政机构及教育团体》，上海教育出版社1993年版，第60页。

常驻各厅、州、县城，由地方官监督办理学务，并以时巡察各乡、村、市、镇学堂，指导劝诱，力求进步。给以正七品虚衔。其办理实有成效者，准其擢充课长、副长，以示鼓励。"①

学部规定了府、厅、州、县教育行政机构的名称、行政长官称谓、内部组织、职官人员编制，以及劝学所职能权限，各地并没有像省级教育行政提学使那样马上予以响应，而是有的迅速作出反应，有的则行动相当迟缓。这一点就是在以后学部颁发的文件中也得到了印证。1906—1907 年学部咨行各省《强迫教育章程》中，第一条便要求"广设劝学所"。从这里清楚地看到，各府、厅、州、县的劝学所并没有得到"广设"。

山东在《学部奏定劝学章程》实施的当年，便在各地设立了劝学所，县设视学一人，兼充学务总董，县视学"从本县年在三十岁以上、品行端正并曾出国游学，或曾接受过师范的人中选拔，并'由提学使札派充任'"。宣统三年，全省共设立劝学所 106 所，共有劝学员 1 299 人，"形成了提学使司（提学使负责）—劝学所（学务总董负责）—学区（劝学员负责）三级教育管理体制"②。但是，有的省份并没有积极响应。如福建省到 1909 年仅设劝学所 46 所，配置总董 46 人，劝学员 363 人，经费支出 6 394 两。③ 而云南省直到 1910 年，"各州、县的劝学所已基本上都成立了"④。浙江省温州市各县劝学所设置的时间也不尽一致。《学部奏定劝学章程》颁发的当年设置劝学所的仅乐清县；1907 年设置的有永嘉

① 《奏定各省学务官制办事权限并劝学所章程折》，学部总务司编：《学部奏咨辑要》卷一，宣统元年（1909 年）刊本，第 61—62 页。

② 赵承福主编：《山东教育通史》（近现代卷），山东教育出版社 2001 年版，第 30 页。

③ 教育部中国教育年鉴编审委员会编：《第一次教育年鉴》甲编"教育总述"，开明书店 1934 年版，第 32 页。

④ 蔡寿福主编：《云南教育史》，云南教育出版社 2001 年版，第 315 页。

县、瑞安县；1908 年设置的有平阳县。还有两个特例，泰顺县于 1909 年改县学和公所为劝学所，玉环厅亦于宣统元年改学务公所为劝学所。① 泰顺县和玉环厅在改为劝学所前称学务公所，当是没有依据的，县学务公所设置时间不甚明了。这些县劝学所衙门有的设在县公署，有的借县明伦堂后面尊经阁为办事处所，有的以旧书院为衙署。湖北利川县于 1908 年在县考棚设立劝学所。

宣统年间推行地方自治，地方学务列入各府、厅、州、县及城镇乡自治事务范围，由各地按照地方自治章程办理。宣统二年十一月，学部颁定《地方学务章程》，规定各府、厅、州、县城镇乡，为办理学务应设置学务专员。这表明劝学所为府、厅、州、县的教育行政辅助机关，除佐理官办学务外，在自治未办理的地方，对于自治学务有代其执行的责任；而在自治成立的地方，对于自治学务有赞助监督的责任。当年十二月二十六日，学部奏准颁行《改订劝学所章程》，规定劝学所不能单独对外行文，应办事务须经该管长官核定后，以长官名义行之；劝学所经费由该管长官负责，劝学所各员的薪俸，亦由该管长官核定；劝学员长及劝学员，原无官职者，得分别授予七八品衔；劝学所人员，不得于学务外干涉他事；所中人员服务成绩，由该管长官负责考核。这样一来，劝学所已成为地方行政长官的附庸机构，学务人员也与地方长官的僚属无异。这直接导致劝学所与地方自治事务所在职权上发生冲突，从而致使劝学所这一教育行政权力机关变成教育行政的辅助机关。尽管如此，劝学所在成立后的短短几年里，作出了举世瞩目的成绩，为地方教育现代化作出了重要贡献。

据统计，到宣统元年，全国大多数省份的府、厅、州、县建立

① 温州市教育志编纂委员会编：《温州市教育志》，中华书局 1997 年版，第 536 页。

了劝学所。其基本情况见表 2-4。①

表 2-4 清末各省劝学所一览表

类别 行省	所数	总董		劝学员		经费
		员数	月薪	员数	月薪	
直隶	152	153	1 709	713	2 809	110 669
奉天	42	42	1 543	209	3 294	120 994
吉林	18	18	285	102	851	46 703
黑龙江	17	17	384	38	218	47 799
山东	106	103	555	1 299	217	20 014
山西	89	96	541	535	2 606	15 591
陕西	81	79	268	554	489	22 599
河南	102	100	7 741	738	11 673	32 201
江宁	32	33	62	595	288	29 733
江苏	25	32	330	356	452	105 975
安徽	53	50	1 781	415	1 443	6 338
浙江	76	78	568	858	524	49 428
江西	48	39	77	380	73	9 470
湖北	68	69	559	440	396	121 832
湖南	63	63	449	335	803	89 146
四川	145	145	4 008	1 029	3 510	331 387
广东	86	86	494	1 366	731	53 333
广西	80	80	678	280	876	39 639
云南	86	86	687	569	1 189	51 916
贵州	65	58	356	410	134	40 473
福建	46	46	71	363	111	6 394
甘肃	75	75	100	381	23	2 369
新疆	33	29	299	101	423	11 636
总计	1 588	1 577	23 645	12 066	33 131	1 365 639

据此表可以看出，直到 1909 年，吉林、黑龙江、奉天、江宁、江苏、新疆等，并不是每府、厅、州、县都设立了劝学所，说明地方府、厅、州、县教育行政机构改革进展颇不平衡。

① 教育部中国教育年鉴编审委员会编：《第一次中国教育年鉴》甲编“教育总述”，开明书店 1934 年版，第 32—33 页。

二、劝学所的职责权限

光绪三十二年四月二十日（1906 年 5 月 13 日），学部颁布《奏定各省学务官制、办事权限章程》23 条，并附《劝学所章程》，规定各厅、州、县劝学所的职掌为掌管“全境学务”：“各属劝学所总董与劝学员，及各村学堂董事，均为推广学务而设，不准于学务以外干涉他事。如有包揽词讼，倚势凌人者，经地方官查实，轻则立时斥退，重则禀明提学司究办。”① 具体言之，劝学所的职掌主要有如下诸端。

第一，划分学区，调查筹款兴学事宜。《学部奏定劝学所章程》第二条“分定学区”，规定劝学所“各属应就所辖境内，划分学区。以本治城关附近为中区，以次推至所属村、坊、市镇。约三四千家以上，即划为一区，少则两三村，多则十余村，均无不可。在本治东，即名东几区；在本治西，即名西几区；推之南北皆然。由第一区至数十区，可因所辖地之广袤酌定”。劝学员要深入调查本管区内筹款兴学事项。对于学堂经费要责成村董就地筹款，并与总董拟定推进学务办法，劝令各村董事务必筹集款项，兴办学堂。但所筹之款，“官不经手”。劝学员要随时稽查报告于劝学所。各劝学所要“每年两学期之末，由劝学所造具表册汇报本地方官，一面榜示各区以昭核实。若提学司派遣省视学查验时，应由劝学所总董将各区学堂情形详述，以便省视学酌赴各区调查”。

第二，讲习教育和宣讲政策。府、厅、州、县所有劝学员要先于本城劝学所会齐，开一教育讲习科，事先预定日期，如每月第一星期为东乡各区劝学员会集之期，第二星期即西乡各区，第三星期

① 《奏定各省学务官制办事权限并劝学所章程折》，学部总务司编：《学部奏咨辑要》卷一，宣统元年（1909 年）刊本，第 68 页。

即南乡各区，以此类推，保证劝学员每月赴本城劝学所会集一次，呈交劝学日记，商订改良各项事宜。讲习研究的内容为学校管理法、教育学、奏定小学堂章程、管理通则等。

《学部奏定劝学所章程》强调："各属地方一律设立宣讲所，遵照从前宣讲《圣谕广训》章程，延聘专员，随时宣讲。"所讲内容有三：一是宣讲《圣谕广训》。在宣讲时，"凡遇宣讲圣谕之时，应肃立起敬，不得懈怠"。二是宣讲忠君、尊孔、尚公、尚武、尚实五项谕旨。宣讲时，"应反复推阐，按条讲说"。三是学部颁行宣讲各书，及国民教育、修身、历史、地理、格致等浅近事理，以迄白话新闻，"概在应行宣讲之列"，"惟不得涉及政治演说一切偏激之谈"。

第三，推广学务。这是最为重要的职责。《学部奏定劝学所章程》规定："劝学员既系本区居住之人，自于本地情形熟悉，平时宜联合各家及本村学董，查有学龄儿童已届入学年岁之子弟，随时册记，挨户劝导，并任介绍送入学堂之责，使学务日见扩广。每岁两学期，以劝募学生多寡，定劝学员成绩之优劣。"为确保收到实效，《学部奏定劝学所章程》提出了以下五种办法供参考。

（1）劝学。"婉言劝导，不可强迫。一次劝之不听，无妨至再至三。"劝学员要向人们说明"学堂为培养学童之道德，并不得误认新奇，自生疑阻"，讲明"停科举兴学堂之谕旨，使知舍此则无进身之阶"，并要"说入学于谋生治家大有裨益。说入学之儿童，可以强健身体"。如果遇到贫寒子弟，可劝其进入半日学堂；如果遇到塾师课程较善者，要劝其改私塾为私立小学，并代为禀报。当然，如果遇到富绅，不要忘记劝其捐助兴学，造福地方。

（2）兴学。各村学堂董事宜"计算学龄儿童之数，须立若干初等小学。计各村人家远近，学堂须立于适中之地，查明某地不在祀典之庙宇、乡社，可租赁为学堂之用；定明某地学童须入某学堂。筹画某地学堂屋宇多寡，可容若干人，为定分班之数，颁行课程，延聘教员，选用司事，稽查功课及款项”。

（3）筹款。“考查迎神赛会演戏之存款。”劝学所总董如见有绅富出资兴建学堂，劝学员应禀请地方官奖励。因为办学经费难筹，而兴学耗资巨大，故劝学员可“酌量各地情形，令学生交纳学费”。

（4）开风气。劝学员当“访有急公好义、品行端方之绅耆，请其襄助学务”。还应择本区适中的地方，组织小学师范讲习所，或冬夏期讲习所，并组织宣讲所和阅报所。如见有好学之士，可介绍于本府初级师范学堂，或本城传习所，使其学习科学。

（5）去阻力。劝学员如查出各地劣绅地棍阻挠学务，如有愚民造谣生事，如有顽陋塾师禁阻学生入学堂，如有娼寮烟馆等所之附近学堂有妨管理之类情事，通知本城劝学所，禀地方官处理。

此外，劝学员还应“商同本区各村董事，就所辖地方，遵照学部颁行格式，绘成总、分各图，注明某地有学堂几处，每学堂若干斋室，随时报明本城劝学所存查”。

《学部奏定劝学所章程》指出，如果劝学所兴学有法，劝学卓有成效，应随时记功。其有特别劳勋者，记大功。提学司按记功多寡，由地方官禀明提学司，予以奖励。对于“固陋怠惰或办理不善者，随时禀撤另举”。

《学部奏定劝学章程》颁布后，京师督学局基本按照该章程的结构，具体条款也大同小异，公布了《京师劝学所试办章程》。河南省出台了《通行各属拟订劝学所总董权限专章文（附专章）》及河南省《抚院通饬各属修订劝学所章程文（附章程）》等，对劝学所的职责权限都作了明细规定。

三、劝学所职员任职资格与选聘

府、厅、州、县劝学所是清末教育行政机构中最基层的机关，学务总董是最基层的教育行政官员，从朝廷到省学务公所的种种兴学指令，最终大多都有赖于府、厅、州、县劝学所具体实施，关涉地方兴学能否得到落实。因此，学务总董虽然职务不大，级别不高，意义却是非凡的。

正因为如此，《学部奏定劝学所章程》规定劝学所设学务总董一员，综核各区之事务。总董由县视学兼充，劝学员由总董选择本区土著之绅衿品行端正、夙能留心学务者。山东省遵章在府、厅、州、县教育行政机构改革，设立劝学所，设视学一人，兼充学务总董。在县视学任职资格与素质上，对《学部奏定劝学所章程》对县视学任职资格和素质要求进行了修正，条件有较大幅度提高，要求“从本县年在三十岁以上、品行端正并曾出国游学，或曾接受过师范的人中选拔”①。

山东省提学使提高县学务总董的任职资格和素质要求，又本于光绪三十二年四月学部《奏陈各省学务官制折》。该奏折中规定：“各厅、州、县劝学所，设县视学一人，兼充学务总董，选本籍绅衿年三十以外，品行端方，曾经出洋游历，或曾习师范者。”②

《学部奏定劝学所章程》及《奏陈各省学务官制折》对劝学所职员的任职条件和素质都有要求，但是各地情况千差万别，很难物色到相当之人，于是出现一些素质颇为低下的学务总董，在兴学劝学过程中做出了许多荒唐的事情。《学部奏定劝学所章程》本意是“为通行事，各省兴办学堂，本系教育行政中万不可少之事，各州县开办小学堂尤属必不可缓之举。但兹事以筹款为最难，全在贤有司恩信素孚于民，晓谕殷勤，不惮烦碎，并将学堂出入之款，榜示通衢，俾知涓滴归公，并无丝毫冒滥。又得本地绅士乡望素孚者，

① 赵承福主编：《山东教育通史》（近现代卷），山东教育出版社 2001 年版，第 30 页。

② 《奏定各省学务官制办事权限并劝学所章程折》，学部总务司编：《学部奏咨辑要》卷一，宣统元年（1909 年）刊本，第 61 页。

广为劝导，使人人皆知，学堂不立，则身家性命无以自存”①。对劝学员的德行品质有很高的要求，要以兴学为重，所募得的经费要涓滴归公，不得中饱私囊。可是，由于合适人员难觅，出现冒滥的状况。劝学员“有借官差以拘拿平民者，有属令地方官用刑追逼者，有苛罚多金者。推其用意，岂非冀巨款之早集，学堂之日多，而不知此正先圣所谓欲速则不达，断非明白事理，洞悉物情者所宜出此。且愚民无知，谣言易起。近年僻陋地方，往往以不近情理之谤归于学堂，而人易贸然信之道听涂说，以讹传讹，于是有指学堂为教堂者，有目体操为洋拳者，因而打毁学堂之案层见迭出”。学部认为之所以出现这些与愿相违的事情，主要原因在于各省劝学员绅“不谙事理，一味操切从事”。他们“往往百废不兴，而托名于宽厚又或峻刑苛罚，希巨款之立成”，结果往往适得其反，更有甚者，“借名学费肥私入己者，尤为有玷官常”。为了杜绝此类事情再度发生，学部强调各省提学使“务当慎选廉明厚道之绅士充当，劝学兴学员绅，毋得倚势作威，致为闾阎之累”。并随时查察所属官绅“其有借名学务，扰累闾阎，及劝学事宜延搁不办者，均应据实详参”。②

清末所有府、厅、州、县劝学所职员的选聘，除江苏川沙县外，均采省提学使聘任制。江苏川沙县学务公会成立于光绪三十二年春，当年年底改立劝学所。川沙学务公会立案禀报川沙厅文载：“吾川土瘠民贫，素无公款，一时筹费，实非易易。欲求城乡各镇，到处设立，抑又为难。然使因噎废食，何以重学务而期普及，于是学会之设，不得不亟亟也。”设立学务公会推进兴学运动，已迫在眉睫，刻不容缓。然而学务公会能否真正成为川沙兴学的中坚，关

①② 《学部札各学使劝学所办学员绅务当慎选文》，朱有瓛等编：《中国近代教育史资料汇编·教育行政机构及团体》，上海教育出版社 1993 年版，第 65 页。

键便在其中的职员。于是《立案禀川厅文》设计了堪称中国最早“听证会”、“海选”的先例，提出：“开全境学务公会、公议会章、分划学区，用投票法，各区分举议员，全体投票公举会长、副会长、议长、副议长、经济部总干事、各职员。”① 从这里明显可以看出，清末立宪运动、地方自治及西方国家选举制度对劝学所职员选拔的影响。

第四节 辅助与中介机构：教育会

在教育资源极度贫乏、教育基础极度薄弱的国度兴学，困难程度可以想见。清末从朝廷到直省和府、厅、州、县进行了教育行政体制改革，形成了从中央到地方基层的教育行政系统，但因为教育行政官员在知识素质上不符合教育发展新形势之需，各级教育行政的力量很难直接影响到底层民众。要动员全社会一切可以动员的力量，关心教育、赞助教育，推动教育普及的进程，还需有教育行政辅助与中介机构和民众相沟通，将民众拧成一股绳，上下一气呵成兴学大事。

一、各省教育会、总会的成立

学部成立后，自上至下无不感觉到上下之间存在着严重的隔膜，学部深感对基层教育实施情况存在的问题不甚了解，往往导致教育决策失误，造成不可挽回的损失；而基层亦无不感觉到对国家的教育方针政策和发展教育的规划与措施不明其详，实践上不知所

① 《为学务公会立案禀川沙厅文》，中华职业教育社编：《黄炎培教育文集》第一卷，中国文史出版社 1994 年版，第 11 页。

措，致使教育改革盲人骑瞎马，无所适从。因此，自上而下都觉得有成立省及以下行政单位教育会、教育总会的需要。光绪三十二年六月初八，学部具奏《各省教育会章程折》15条。

（一）江苏学务总会首发第一声

1905年初，阳湖恽祖祁等发起江苏学会，崇明王清穆等继之。其后江苏士绅多次集会讨论成立江苏学会事，到当年十一月召开成立大会，公推通州张謇为总理，恽祖祁为协理，同时改名为江苏学务总会。学部《各省教育会章程折》颁布后，江苏学务总会遵章改名为江苏教育总会。①

1908年，江苏教育总会会所在上海落成，"周览南北市，求一能容数百人之会场为吾国人所建筑者，则犹以江苏教育总会会所为最早"②。这是江苏学务总会最值得夸耀的地方之一。其他省教育总会都寄人篱下，或设在城隍庙，或租赁民间屋宇，或在县衙中谋一办公室，而江苏教育总会不仅有独立的办公处所，且有容数百人会场的建筑，足以证明江苏对教育总会的重视程度。

江苏教育总会有严明的制度，建章建制，依章办事。1905年，在江苏学会成立之初，便有《江苏学会暂定简章》。该简章确定的宗旨为："专事研究本省学务之得失，以图学界之进步，不涉学外事。甲、注重师范：劝导各道或各府建立师范学校，养成教员、管

① 朱有瓛等编《中国近代教育史资料汇编·教育行政机构及团体》（上海教育出版社1993年版，第256页）载《江苏省学务总会改名江苏教育总会》一文，推定该文为1906年。该文说"敝会于上年九月开常会时，亦遵章改为江苏教育总会"，时间不准确。按此语的意思，该会更名时间为1905年9月，而所谓"遵章"即遵学部颁《各省教育会章程》，此章程颁布时间为1906年，故江苏学务总改名时间当为1906年下半年。

② 《江苏教育总会会所落成记》，朱有瓛等编：《中国近代教育史资料汇编·教育行政机构及团体》，上海教育出版社1993年版，第256页。

理员，多设初级小学，以谋教育之普及。乙、考求实业：劝设实业学校，养成农工商实业之才。丙、提倡尚武精神：各学校均宜注重体育。丁、预备地方自治。戊、联合本省学界：（一）查出洋学生名籍、学科，并查出生年月及出洋年月、毕业期限；（二）每年二次，春以三月，秋以八月，派人分赴江南北厅府、厅、州、县，调查学务（调查员舟车路费由总会支给）；（三）总会所调查或各处自陈意见及办法于总会者，分次汇告会员。"① 1908 年，江苏教育总会第二次改订章程，相对于前此的"暂定章程"而言，有很大变动。第二次改订章程取消了该会的宗旨，代之以办理"重要之事项"。其所谓"重要之事项"有六点："一、注意教育普及以予储立宪国民之资格。二、注意政治上之教育，以养成议院及本省咨议局各地方议事会董事会之人才。三、注意实业教育，使农工商三业其实力足以助各种机关之发达而立富国之基本。四、注意尚武教育，使地方人民皆有军国民之精神，以立强国之基本。五、辅助本省之教育行政，以期各厅、州、县之学务办法归于统一。六、联络各省教育总会，以期共同进化合于国民教育之宗旨。"②江苏教育总会还制订有《评议员会规则》和《董事会规则》等。

良好健全的规章制度为江苏教育总会经常性活动的开展提供了制度保障。江苏教育总会自 1905 年成立到 1911 年，共召开大会 7 次，每年一次的年会都风雨无阻地召开，研究江苏教育应兴应革之事。

江苏教育总会成立后，对江苏教育现代化的确起到了推动作用。第一，设立法政讲习所。1906 年，设立法政研究会，旋改为讲习所。仅一年时间，毕业人数近百人。1908 年，第二届毕业生 79 人，第三届 93 人。"均呈明给资赴东考察，借便留学，余或归

①②《江苏学会暂定章程》，朱有瓛等编：《中国近代教育史资料汇编·教育行政机构及团体》，上海教育出版社 1993 年版，第 269、271—272 页。

任乡土义务或和筹设讲习所。”① 第二，咨呈端方筹设单级教授练习所。江苏教育总会“相度目前之所急中，其在辅助教育行政之范围者，惟筹设单级教授练习所最为切要之图”，曾派上海龙门师范学校教员杨保恒、浦东中学教员俞旨一（子夷）、通州师范学校毕业生周维城赴日本考察日本单级教授法，旨在“俾厅、州、县各镇乡得多设单级小学，以期教育之普及”。设立单级教授练习所的目的是义务培训单级教授法师资，“由劝学所或教育会任费者，毕业后即回本籍地方筹办单级教授练习所。因本地方无合格之人未经保送者，由本会咨请提学使派志愿入学者前往筹办”。②

江苏教育总会会聚了一批教育名流，如清末状元著名教育家张謇任首任会长，继任者为著名教育家唐文治，还有江问渔、袁希涛、沈恩孚等知名人士。

（二）河南教育总会不甘人后

光绪三十三年五月二十九日（1907 年 7 月 29 日），河南省详报议复编修王安澜等呈《设立教育总会并拟章程请咨部立案文》，“拟借明道书院为教育总会会所，公举李绅时灿、郑绅思贺为会长，并酌议总会章程”③。河南全省教育总会简章明确规定，该会宗旨为“以集思广益，补助教育行政，联络各属劝学所、教育会，图教育普及为宗旨”。公推省学务公所议长李时灿兼会长，郑恩贺任副会长。会址在开封明道书院。会员由三部分人组成：第一，省城绅董和各学堂教职员中自愿入会有志教育者；第二，省内各府、厅、

① 《设立法政讲习所》，朱有瓛等编：《中国近代教育史资料汇编·教育行政机构及团体》，上海教育出版社 1993 年版，第 287 页。

② 《江苏教育总会咨呈江督端方筹设单级教授练习所文（附简章）》，朱有瓛等编：《中国近代教育史资料汇编·教育行政机构及团体》，第 288 页。

③ 《详报议复编修王绅安澜等呈设立教育总会并拟章程请咨部立案文》，朱有瓛等编：《中国近代教育史资料汇编·教育行政机构及团体》，第 310 页。

州、县劝学所总董、县视学、教育会会长；第三，官绅界中名誉素优，或以财力赞助总会者，可为名誉会员。会员享有提建议、发表意见的权利，表决时须少数服从多数，并听从会长裁决。

河南教育总会的“会务”主要有如下诸点。第一，研究教育。选聘讲师于每星期日到会讲演，编辑学报分致各属会员及其余之任学务者。第二，推广学务。其一是“筹设公立普通、实业、法政、师范各学堂，以为通省之倡”，其二是“调查各处师范传习所及实业学堂之类，是否设立，其学科如何”。第三，联络声气。各县劝学所教育会未经设立，可设法助其成立；已设立者，应由总董会长每学期调查本境学务，向河南省教育学会报告。第四，振兴实业。河南可兴实业，如矿务、路政、森林、畜牧、农业、蚕桑、工艺、商业，“虽一时未能建设学堂，而或资遣学生送入各处实业学堂，或创设森林、农业、蚕桑、工艺等实习厂，以为教育学基础”。

河南教育总会的主要任务与该会“会务”既有一定联系，又有一定区别。其主要任务有五项。(1) 选聘讲师于每星期日到会为会员讲演，编辑学报分致各地会员及其他从事教育行政的人员，以推进对全省教育的研究改进。(2) 筹备设置公立、普及、实业、法政、师范各类学堂，调查各处师范传习所及实业学堂的设置状况(是否设立，学科如何)。(3) 各府、厅、州、县劝学所、教育会尚未建立的，总会设法助其成立；已设立的，总会督促劝学所总董、教育会会长每学期按时调查本境学务，报告总会。调查范围区域户籍、学龄儿童数；官立、公立、私立学堂若干，何时建立；教师姓名、籍贯、学生数；各学堂学科教授时间；各学堂经费状况；各学堂所用教科书及讲义，师生管理状况；各会员对本地学务的意见、建议。(4) 振兴实业教育，河南可兴办矿务、路政、森林、畜牧、农业、蚕桑、工艺、商业等类实业学堂，可设法拨款资送学生入各处实业学堂深造。(5) 推进地方自治，设戒烟会、天足会以除积弊，设商会、农会以保利权，设宣教所、阅报所以开民智，劝办城市巡警、田野巡警，以维持公益。①

河南教育总会根据本省自然和社会的实际制定教育发展规划，并做了力所能及的工作。

（三）福建教育总会工作的推进

“新政”推行后，福建积极开展教育革新，但由于福建官府与民间存在深深的隔膜，新学推进总有落后于他省之感。省城热心新学的绅士，经常聚集在一起议论福建教育革新之事，都认识到“学务繁重，不可无联合商榷之机关。况全省地博，所以谋改良教育，而补佐教育行政者，不可不详为研究”②。光绪三十一年十一月初十，热心新学的绅士假东街文昌宫簪堂召开“闽省学会”成立大会。到会者有翰林、进士、举人、留日人士及省高等学堂、师范学堂教习等，共四五十人。公推陈宝琛、郭曾炘为会长。不久郭曾炘应召进京，遂推举郑锡光、刘学恂为副会长，徐友梧等12人为评议员，林炳章为干事员，孙葆瑨为常驻干事员。次年，学部公布《教育会章程》，规定各省府、州、县可设立教育会，省可设立全省教育总会。于是，闽省学会更名为福建教育总会。总会成立后，大力推动福建各府、州、县设立教育分会。据《光绪三十三年分第一次教育统计图表》统计，全省共设立府、州、县教育会16个，共有会员647人，资产达银27 600两。

根据福建省教育发展的实际，分期推进教育总会的工作。第一期下设研究部，从会员中推举数人，讲演各种教育必要科目。下设传习部，聘请各科讲师，教授各种教育必要科学。下设陈列部，购

① 王日新、蒋笃运主编：《河南教育通史》中册，大象出版社2004年版，第68—69页。

② 刘海峰、庄明水著：《福建教育史》，福建教育出版社1996年版，第256页。

备新出教科各书，并仪器标本以及教育物品，以便浏览，并廉价代售。下设调查部，要求会员随地调查风俗、户口、物产，以为设学预备。第二期着力办两件事，一是成立编辑部，译述东西洋各科专书，并采辑本国各种书籍，以供教科之用；二是成立出版部，购置印书机，印刷教育书籍。第三期应办之事亦有两件，一为成立建设部，派遣会员分往各地，设立普通、专门学堂；二为成立实业部，“酌度各地情形，开设工场，以振实业”。①

福建教育总会成立后，与府、州、县教育会携手积极推进全省教育革新，着手进行四方面的工作。

第一，创立和调整小学堂。1906 年，清廷决心推进四年义务教育，接着颁布了《强迫教育章程》。福建教育总会落实义务教育，在福州大力创设小学堂。在不太长的时间内，创设两等及初等小学堂达 36 所之多。由于创设新型学堂缺乏经验，在教学和管理方面颇感力不从心，加之新型学堂条件过于简陋，乃决定通过创办“模范”小学作为示范，以带动一般或较落后的学堂，于是设立了城东、城西两所小学堂作为“模范”。对所创办的其他学堂，实行关停并转，调整为 22 所，后再压缩为 18 所。同年，福建教育总会又增设 5 所单级小学。

第二，开办教育和法政讲习科。福建教育总会以“宏教育之知识，培办学之人才”为指归，特设教育讲习科，李世新等 8 名会员担任教员，所讲授的内容，必修科目主要有教育学、学校制度、学校管理法、教授法等必修科目，随意科目有物理、化学、博物等。据 1906—1907 年统计，听讲者达 290 人，毕业学员 114 人。② 由

① 《福建教育会章程》，朱有瓛等编：《中国近代教育史资料汇编·教育行政机构及团体》，上海教育出版社 1993 年版，第 310 页。

② 刘海峰、庄明水著：《福建教育史》，福建教育出版社 1996 年版，第 257 页。

于省法政学堂成立比较晚，福建教育总会希冀“养成法政思想，俾应立宪预备”，开设法政讲习科，由会员何琇先等讲授行政法、地方自治制、经济学、国际法学、法学通论、比较宪法等课程，招收全省学员 237 人，学习期限为一年。196 人获得毕业证书，43 人取得修业证书。

第三，创设全闽公学。1904 年，教会创办的福州鹤龄英华书院的学生因反对校方无理处分学生，决定全体退学。福建教育总会在学生请求下决定另办一学堂，使学生不致中断学业。会长陈宝琛“悯其志，自行捐款三百元，又移拨公款二千元，择定乌麓神光寺为校地”，成立全闽公学，接收从鹤龄英华书院退学而来的二百余名学生。全闽公学以英文和算学为主，程度相当于中学。为了满足福建士人留学之需，更名为游学预备学堂，旋即改为官立中等商业学堂。

第四，大力开展宣讲活动。福建教育总会主张“于学校教育之外，谋以通常知识灌输于一般人民，所谓通俗教育是也”①。福建教育总会极其重视宣讲活动，视之为宣讲所分内的事体，定期择就城内适中之地或城外民居稠密的乡村，遣员前往宣讲。

福建教育总会作为一个咨询辅助和中介机构，在不太长的时期中，开办学校，召开全省教育联合会会议，以及全省小学教师会议；另组建了福州小学研究会，发挥了教育行政机构不能发挥的作用。

（四）广西教育总会的面世

宣统元年三月二十七日，广西省提学司以“桂省学务素称幼稚，欲教育之普及，势必上下相维，官绅共济，借绅力以补官力之

① 刘海峰、庄明水著：《福建教育史》，福建教育出版社 1996 年版，第 257 页。

不足，地方学务乃能发达”①，根据学部有关教育会章程，结合广西地方实际，稍加修改变通，将广西教育总会章程名册等，详请报督抚咨学部察核立案。

《抚部院据学司详送教育总会章程咨部查照文》所附章程规定广西教育总会宗旨为：“专以研究教育、扩充学务，于补助教育行政、图教育之普及为宗旨，应与学务公所、劝学所联为一气。”会员入会条件有五点：“一、现任各学堂监督堂长、教员、管理员及劝学所各员；二、曾任各学堂监督堂长、教员、管理员及劝学所各员之无失职者；三、曾留学或游历各国之士绅；四、热心学务之士绅有名誉者；五、曾毕业于师范、中学以上之学校及同等学校有证书者，但现为学堂之学生者不在此例。”②

广西教育总会成立后集中力量做了“研究”、“调查”和“建设”三大“会务”。其研究系“凡会员平日对于教育内教授、管理两部必须注意其有经调查员所调查之实况或一己之心得，当随时约会同人共同研究”。③调查分为以下四个方面。第一，调查境内官立、公立、私立各种学堂的管理教授情形，教科用书、器具种类与程度是否完备合适，学校设置地点和卫生状况，学生的品行状况。第二，调查地方学龄儿童数，调查官立、公立、私立小学堂校数及建校年月，调查各学堂管理员、教员的姓名和籍贯，调查各学堂学生人数，调查各学堂学科及教授时间，调查各学堂经费数目及来源。第三，调查本省出国留学和出省求学人数及其基本情况。第四，调查其他地方兴学办法，以备参考。建设集中在三个方面，即兴建阅报所和图书馆、教育品陈列场。

广西教育总会名之曰总会，是因为全省各府、州、县设立了分会。总会与各分会的关系，除详实答复分会询问的事件等外，总会

①②③ 《抚部院据学司详送教育总会章程咨部查照文（附章程）》，李彦福等编：《广西教育史料》，广西人民出版社 1990 年版，第 133、137、134 页。

“为全省学界发达起见，欲图扩充改良，非仓卒所能议决或非本会之力所能独任者，应函请各分会公举代表莅会协筹办法”①，还应向分会通报每年经费和教育研究心得等。

广西教育总会是全国各省中成立较早的省级教育行政辅助和中介机关，为教育信息沟通做了一些值得肯定的工作。

二、府州县教育会的设立

光绪三十二年六月初八日（1906 年 7 月 28 日），学部具奏《各省教育会章程折》，指出：“自科举停止以来，各省地方绅士热心教育，开会研究者，不乏其人。章程不一，窒碍实多，有完善周密毫无流弊者，亦有权限义务尚欠分明者。臣部职司所寄，亟须明定章程，整齐而画一之。权限既明，义务自尽，似于振兴教育，不无裨益。”② 章程第四条规定：“教育会为全省所公立……为府、厅、州、县所公设，而设在本处地方者（府有专辖之境地，如贵阳安顺之类，得于州县教育会之外，另立府教育会。其无专辖之境地者，不必复设），称某府厅州县教育会。”各地遵循学部章程，纷纷设立地方府、厅、州、县教育会。

（一）上海县教育会

光绪三十三年，江苏省提学使致函上海县催办教育会。次年由教育研究会会长姚文楠、沪学会会长龚杰联合各学董、各校长共同发起，将两会合并，改办为上海县教育会，并于光绪三十四年九月

---

① 《抚部院据学司详送教育总会章程咨部查照文（附章程）》，李彦福等编：《广西教育史料》，广西人民出版社 1990 年版，第 136 页。

② 《奏定各省教育会章程折》，学部总务司编：《学部奏咨辑要》卷一，宣统元年（1909 年）刊本，第 95 页。

召开成立大会，选举朱寿朋为会长。

上海县教育会章程对其职责权限作了明确规定："本会与本邑劝学所联络一气，而权限各分，故本会对于劝学所有调查、纠察之权，有评议立法之权，而不侵其行政之权。""本境居中外学战第一要冲，教育事宜非止一隅之关系，故本会补助教育行政，尤注意保存国粹，吸取文明，冀裨全局，非但以图谋普及为应尽之责任。"①

上海县教育会的会务集中在研究、调查、搜集和宣讲四个方面。研究和调查是四项工作中的重点。章程规定，根据研究工作的性质，可以分设研究分会，如研究本学科及其教授法与教科书之得失者，可以设立校长会、监学会、庶务员会、修身科教员会、经学教员会、国文教员会、历史教员会、地理教员会、算学教员会、格致教员会、图画教员会、体操教员会、农业教员会、工业教员会、商业教员会、乐歌教员会、西文教员会、东文教员会等 18 个分会。各分会须将"研究之实事，曰发表心得，曰商释疑难。研究之要旨，曰研究社会之情状，以施相当之教育；曰研究世界之情势，以求教育之进步"。调查对象有三项：一是调查本境学务，以资统计；二是调查在外国游学、旅学，以资联络；三是调查他邑他省之学务办法，以资参考采用。

（二）宝山县教育会

宝山县教育会的前身是宝山学会。宝山学会成立于光绪三十一年七月。清末"新政"推行后，学务草创，废止科举的呼声日渐高涨，时邑绅袁希涛被推举为宝山县学堂总理。他认为"推广学校，不可无研究辅助机关"，于是将当地办学士绅组织成一个团体，称之为学会。光绪三十三年，《劝学所章程》和《教育会章程》颁布，

① 《上海教育会章程》，朱有瓛等编：《中国近代教育史资料汇编·教育行政机构及团体》，上海教育出版社 1993 年版，第 337 页。

学务公所改组为劝学所，宝山学会遂改名为宝山教育会。宝山县教育会会长每年改选一次，首届和第二届会长为袁希涛，第三届至第五届会长为钱淦。袁希涛为知名教育家，光绪二十九年在宝山县创立县学堂、蒙学堂。次年受命与沈恩孚等赴日本考察教育。光绪三十一年，他担任龙门师范学堂堂长，依照《奏定师范学堂章程》开设新课程；支持马相伯创办复旦公学，兼任该校教职。后主持创立太仓州中学，任监督。同时，兼江苏省学务处议绅、上海总工程局议董，支持协助宝山各乡镇创建新型学堂 30 余所。因此，袁希涛当时声望极高，是县教育会会长的当然人选。

在成立大会上通过的《宝山县教育会章程》，所确定的宗旨为研究学校教育、社会教育和家庭教育；“对于本省教育会及本县、市、乡教育会，均有密切之关系，须互相联络”①。宝山县教育会的活动从未间断，忠实地按照《宝山县教育会章程》“每年八月由会长择定会期，招集全体会员举行之”的规定开展活动。

宝山县教育会成立后，便扮演了辅助和咨询的重要角色。据《宝山县续志》记载：“劝学所之总董、县视学辄由会选举之，又得由会监察之，其各学区之种种纠纷，劝学所或不能处理者，又得由会调查而解决之。”② 宝山县教育会的这些职责权限“虽未列举于会章，而习惯上已为官厅所承认。盖其时教育会之地位隐然若议事机关，与劝学所之执行机关相对等矣”。它较好地发挥了教育会的辅助咨询作用，对教育行政机关既有如同左右臂的辅佐作用，又有监督评议的功能。在清末县级教育机关中，宝山县教育会可能是独一无二的。之所以宝山县教育会能够发挥其干预和影响作用，恐怕

① 《宝山县教育会章程》，朱有瓛等编：《中国近代教育史资料汇编·教育行政机构及团体》，上海教育出版社 1993 年版，第 343 页。

② 朱有瓛等编：《中国近代教育史资料汇编·教育行政机构及团体》，第 342 页。

与袁希涛在宝山县各界有很大影响不无关系。

三、各省教育总会联合会的组织

宣统二年，江苏教育总会会长唐文治“意在公议关系全国之教育事宜，期于共同一致，改良进步，为帝国教育会之预备，促各省教育之进行”，发起成立各省教育总会联合会。宣统三年五月召开第一次会议。在第一次会议上议决了《各省教育总会联合会章程》。章程第一条说明了联合会的旨趣：“本会由各省教育总会同意组织，以公议关系全国之教育事宜，期于改良进步为目的。”会员均由各省教育总会公推，每省两人，尚未成立教育总会的省份，由咨议局公推。会员中无一学部代表名额，纯属各省代表组成。

章程提出了四项“提议事件之范围”，即：“一、全国教育方针；二、初等教育普及方法；三、高等教育及中等教育之规划；四、其他关于教育范围以内之事。”① 章程规定每年开会一次，以四月为会期，会所轮设于交通便利省份的教育总会。在每次会毕时，决定下一次会所及开会时间。

在宣统元年五月的成立大会上，与会者有 11 省，“学务大臣始终无缺席，则其集思广益之盛意，已足为教育界所共喻也”。该会由江苏教育总会会长唐文治发起组织，唐会长在大会上所致的欢迎词阐述了他发起的动机：“敝会发起联合会之目的，在沟通各省教育界之知识与情谊，以期对于学部可发表共同一致之意见，对于内部得酌量本地方之情势，为各方面之进行，务使所持之教育主义勿

① 《各省教育总会联合会章程》，朱有瓛等编：《中国近代教育史资料汇编·教育行政机构及团体》，上海教育出版社 1993 年版，第 181 页。

入迂途，适于生存竞争之世界而已。”① 江苏教育会会长张謇阐述各省教育总会联合会发起大旨时指出：“凡百事业，均须有世界之眼光，而后可择定一国之立足地；有全国之眼光，而后可以谋一部分之发达。欲定教育宗旨，尤不可不注意于此。”之所以发起成立联合会，是希望搭建一个平台，使各省所教育发展的经验“互相陈述，以期交换知识，增进文明”。②

为期半月的第一次大会，全国 11 省“教育大家苟相与发挥其所心得，勤勤恳恳，各以其正当之主张求贯彻乎教育之原理，而一一消释社会心理之障碍，俾主持教育行政者，得依据此正当之理论而渐有正常之设施”③。会议议决案有五件。其一是《请定军国民教育主义案》，奏请特颁谕旨，宣布军国民教育主义；“通饬高等小学及与之同等以上之学堂，一律注重兵式体操”；“通饬各种学堂，体操科一律列为主课”。其二是《统一国语方法案》，要求字音之统一；话法之统一，即以京话为标准语，选合于各学之京话编为国语话典。其三为《请停止毕业奖励案》，建议实官奖励立即停止；废进士、举人、优拔、岁贡、廪、增、附生等名称。大学堂毕业称学士，其他各学堂毕业均称毕业生，并另颁学位章程。四为《请变更初等教育方法案》，建议小学列手工为必修科，初等小学不设读经讲经科，初等小学儿童年龄在 10 岁以内准男女同校，酌改简易识字学塾章程，严定初级师范学堂监督之资格，以立改良初等教育之基础。五是《请变更高等教育方法案》，建议学部：第一，并经科

① 《唐会长（文治）致各省教育总会代表欢迎词之大略》，朱有瓛等编：《中国近代教育史资料汇编·教育行政机构及团体》，上海教育出版社 1993 年版，第 183 页。

② 《张会长（謇）致各省教育总会联合会发起词之大略》，朱有瓛等编：《中国近代教育史资料汇编·教育行政机构及团体》，第 183 页。

③ 《各省教育总会联合会纪要》，朱有瓛等编：《中国近代教育史资料汇编·教育行政机构及团体》，第 184 页。

大学于文科大学，并商科大学于政法大学；第二，定大学堂高等专门学堂为一阶级，大学得设预科；第三，各省现设之高等学堂，应就地方情形酌改为农、工、医、矿、法政等各专门学堂，其议续设者，亦须标示何项专门名目；第四，优级师范学堂由部直辖，其经费以国家行政费支给，规定全国应设若干所，毋庸各省分设，其各省现设之优级师范学堂，或改部辖，或改初级师范学堂。以上五项，均建议学部予以实施。

四、中央教育会的成立与活动

为了保证朝廷、省、府、厅、州、县教育行政部门与基层教育工作者及民众之间保持上情下达、下情上传的良好沟通，各级教育行政部门设置了教育中介机构教育会。

光绪三十二年六月八日（1906 年 7 月 28 日），学部奏定《各省教育会章程折》，请立教育会。学部奏设各省教育会的理由及旨趣为："窃维教育之道，普及为先。中国疆域广远，人民繁庶，仅恃地方官吏董率督催，以谋教育普及，戛戛乎其难之也。势必上下相维，官绅相通，借绅之力以辅官之不足，地方学务乃能发达。现在学堂教育方见萌芽，深明教育理法之人殆不数觏是非，互相切劘，互相研究，不足尽劝导之责，备顾问之选。自科举停止以来，各省地方绅士，热心教育，开会研究者，不乏其人，章程不一，窒碍实多，有完善周密毫无流弊者，亦有权限义务尚欠分明者。臣部职司所寄，亟须明定章程，整齐而画一之。权限既明，义务自尽，似于振兴教育，不无裨益。"① 其宗旨是期于补助教育行政，图教育之普及。教育会要求与学务公所及劝学所联络一气。

① 《奏定各省教育会章程折》，学部总务司编：《学部奏咨辑要》卷一，宣统元年（1909 年）刊本，第 95 页。

在省会则议绅、省视学、各学堂监督、堂长及学界素有声誉者，有发起省教育总会之责；府、厅、州、县学务总董、县视学、劝学员、各学堂监督、堂长及学界素有声望者，有发起分会之责。发起者务必“化除私见，集合同志”，遵守本章程之宗旨，斟酌该地情形，拟定详细会规，禀经该省提学司批准后，陈明地方官立案，方为成立。教育会为全省公立性质，设于学务公所所在之地者，称某省教育总会；设于府、厅、州、县治所所在地，称某府、厅、州、县教育会。除省城可既设总会，又设分会者外，一地仅许设教育会一所。

教育会设会长、副会长，均于会中公举，禀请提学使审察允准选充，任期三年。会长有采决众议、综理会务之权，副会长襄助办理。设书记司理文件，会计经管账目，均由会长、副会长于会员中择人委派，员额视事之繁简而定。会长、副会长的任职条件是“品学兼优，声誉素著，或于本地教育有功者”，会员“须品行端正，有志教育者”。入教育会需呈具入会志愿书，由确实的介绍人加保证书，请会长审查允许。教育会设有名誉会员，条件为“以品学素优，或以财力资助该会，而誉望素无亏损者充之”。凡学堂曾经黜退的学生，及游学外国因事开除的学生，既不可为会员，尤不可自行发起。

教育会的会长、职员、会员及其权限为：第一，会长有采决众议、综理会务之权；第二，副会长襄助会长办理会务，会长未到会则代之；第三，书记司理文件，会计经管账目，须经常驻会；第四，会员应服从指挥，同心协力，图本会发达；第五，名誉会员虽不能常到会，但应随时留心教育，共谋促进会务发展。

教育会应举之事务有八：（1）立教育研究会，以求增进学识。要求聘讲师定期讲演教育史、教育原理、教育法、管理法、教育制度等。会员一律听讲。（2）立师范传习所。所聘讲师至少以一年为期，传授师范学科，学生为地方举贡生员年在35～45岁不能入各学堂肄业者充之。传习生毕业应禀请提学司派员检定，出题考试，合格者即发证书，可出任小学堂副教员。(3) 以上讲毕，应否接续办理，由会长体察地方情形酌定。(4) 调查境内公私立学堂：①管理教授实况；②教课所用之图书、器具的种类、程度是否完备合式；③校地卫生；④学生言行。(5) 作境内教育统计报告：①地方户口与学龄儿童数；②公私立小学数及建立年月；③各种学堂数及建立年月；④各学堂教职员之籍贯姓名；⑤各学堂学生总人数；⑥各学堂学科及教授时间；⑦各学堂经费数目。(6) 参考其他地方兴学之法，详察本地风土所宜，为提学司及地方官咨询服务。但仅可听候采择，不得强求。(7) 择地开宣讲所，宣讲《圣谕广训》和明定教育宗旨等，对于破迷信、重卫生、改正猥鄙之细曲歌谣等事，均应随时注意，设法劝诫。(8) 筹设图书馆、教育品陈列馆及教育品制造所，搜集教育标本，刊行有关教育的书报等，以资学界。

对于袭用教育会之名并不设研究所、干涉教育范围以外之事(如关于政治演说等)、勒索捐款，取图私利、会员争吵不休、挟私聚众阻碍行政机关的教育会，即令解散。对办理成绩优良的教育会，提学司应详请督抚，酌给奖励。

由于全国中央到地方教育行政系统尚未完善，学部奏请设立教育会只是一纸空文，仅表达了学部良好的愿望而已。

到宣统元年前后，各省教育会、教育总会相继设立，之后在全国部分省成立教育总会的基础上，又有成立全国教育总会联合会之倡。就在全国教育总会联合会成立大会暨第一次年会后大约一个月，学部决定成立中央教育会。宣统三年五月初四日（1911 年 5 月 31 日），学部旧话重提，再次奏准《设立中央教育会并拟具章程折并章程》，指出："窃以教育之兴废，为国家强弱所由系，教育之良否，为人民知昧所由分。东西各国，莫不注重教育，合力通筹，以立强国智民之本。惟是教育理法，极为博深，教育业务，又益繁重，非决一二执行教育之人所能尽其义蕴。……中国幅员辽廓，民生艰窘，其间土俗人情，又各自为风气，措办学务，每多扞格。其普及教育之推广维持、教授管理，在在均须广集教育经验，有得人员，周资博访，始足以利推行而免阻碍。”① 成立中央教育会，“难解之疑问、滞塞之情形，均可借以沟通，取便措注”，“于学务前途不无裨益”。

学部《中央教育会章程》规定，该会应议事项有：“一、关于中小学堂教育之主旨及关于学科程度、设备管理事项；二、关于两级师范、中等以下各学堂督察事项；三、关于教科用图书事项；四、关于两级师范、中等以下各学堂学费事项；五、国语调查事项；六、推广义务教育事项；七、担任维持学务经费事项；八、国家及地方补助学堂计划事项；九、学堂卫生事项；十、此外，学务大臣认为必要之事，得临时提议。”②该章程还规定了会员资格及人数：“一、学部丞参及各司长参事官各局局长；二、学业部曾派充视学人员；三、学部直辖各学堂监督；四、民政部内外厅丞及民治司司长；五、陆海军部军学司司长；六、京师督学局二人；七、各省学务公所议长或议绅，及教育总会会长、副会长，由提学使推举一人或二人；八、各省学务公所科长及省视学，由提学使遴派一人；九、各省两级师范及中学堂之监督教员及两等小学堂长，由提学使遴派二人；十、著有学识或富于教育经验者，由学部酌派三十人。”从这十条“会员资格”中可以看出，入会的主要是带“长”的各种行政官员，最后一条才是与教育相关的。由于这30人由“学部酌派”，基层“富于教育经验者”恐怕不会是“酌派”人选。

①② 《学部奏准设立中央教育会并拟具章程折并章程》，朱有瓛等编：《中国近代教育史资料汇编·教育行政机构及团体》，上海教育出版社 1993 年版，第 171、172 页。

宣统三年六月二十日，中央教育会在京师召开第一次会议，会期近一月，到会者百数十人，共有 12 项议决案。① 会长唐文治虽然因“近体多病，目疾尤剧”，不能到学部参加中央教育会的第一次盛会，但仍“将目前教育事宜应行改革提倡者”书面意见交会，以不辜负“学部殷殷垂询之意”。唐文治会长的“应行改革提倡者”有三条：一是“停止实官奖励”，二是“变通考试章程”，三是“提倡军国民教育”。②

中央教育会成立暨第一次年会召开，在中国教育界产生了巨大影响。教育家陆费逵指出：“集思广益，补助教育行政，甚盛事也。开会一月，重要议案通过者甚多。”“就议决各案观之，成绩卓然。第一次开会已能如是，实可喜之现象。”但是，作为第一次年会，也暴露了三个方面的问题：“一则朝野显分二派，时为无谓之竞争。一则各省会员纷纷提议，深明教育之会员，不能以同一之眼光，向同一之目的进行。（变通初等教育方法案，本为联合会议决案，各员合力进行，故结果独佳。）一则会场房屋，不能聚音，常有误听之处。”③ 中央教育会作为中央教育行政机关的辅助机构，是学部与全国教育工作者之间的桥梁。虽然第一次会议有一个良好的开端，议决了很多有价值的方案，对学部的工作的确起到了促进作用，使学部工作思路得到了拓展，但由于会员的代表性不太强，中央和各省的行政长官太多，“上下之情，暌隔太甚，各省状况与夫民间之经验，学部不尽知也”④。中央教育会设立的旨趣是使上情下达，下情上传，结果事与愿违，并不能做到这一点。

近代中国教育行政体制处在急剧调整变革之中。传统的教育行

---

① 《中央教育会议及其议决案》，《教育杂志》第 3 卷第 7 号，“记事”。

② 《唐会长（文治）致中央教育会说略》，朱有瓛等编：《中国近代教育史资料汇编·教育行政机构及团体》，上海教育出版社 1993 年版，第 175—177 页。

③④ 《论中央教育会》，吕达主编：《陆费逵教育论著选》，人民教育出版社 2000 年版，第 74、71 页。

政是官府管理系统的附庸，教育行政事务均无一例外地由行政长官兼理。鸦片战争后，学务日繁，教育地位与作用的重要性日渐为人们所认识，传统的教育行政管理体制已经不能适应新的形势的需要，改革势在必行。1905 年底，学部建立，其后省提学使司（或学务处）、府、厅、州、县劝学所先后成立，宣告了新型独立的教育行政系统形成，告别了传统的教育行政机关依附于礼部的历史。从新型的教育行政机关内部组织来看，不仅设立了教育研究所，而且设置了学制调查局、高等教育会议等，表征着教育行政部门决策官员重视集思广益，重视借鉴外国教育发展的经验教训，重视垂询各地教育专家的意见，重视在调查研究的基础上决策。这些说明近代教育行政改革比历史上任何教育行政改革更具有科学性和指导意义。从短短几年的实践来看，近代教育行政体制改革成绩是主要的，主导面是成功的，不仅构建了新型的教育行政管理体制，而且构建了新型的学校系统，对中国教育发展的影响是极其深远的。中央教育会所提出的停止实官奖励、实行军国民教育、《统一国语方法案》、《请停止毕业奖励案》、《请变更初等教育方法案》、《请变更高等教育方法案》等，直接为中华民国南京临时政府教育部所借鉴。当然，新型的教育行政体制从传统的教育行政系统中脱胎而出，必然带有旧时代的各种痕迹，导致官场腐败，效率低下，这是毋庸讳言的。一些地方存在好大喜功、盲目冒进的问题，给地方教育改革和发展带来损失和阻碍。不过，近代教育行政体制改革的拓荒作用，在中国教育史上是应予充分肯定的。

第三章 南京临时政府和北京政府的教育行政

1911年10月10日，武昌首义，推翻了两千余年的封建帝制。1912年1月1日，孙中山宣布就任临时大总统，中华民国诞生，南京临时政府成立。同年3月10日，南北议和成功，袁世凯在北京就任总统，中华民国北京政府成立，通称“北洋政府”或“北洋军阀政府”。袁世凯圆了83天皇帝梦后，有黎元洪、冯国璋、徐世昌、曹锟、段祺瑞等相继握掌国柄，倒行逆施，教育领域里复古主义猖獗一时。分裂、动荡、战乱，是此时期的社会特征。以《新青年》诞生为标志的新文化运动，狂飙突起；在民主和科学旗帜之下，资产阶级民主主义者对封建教育进行了猛烈批判，大力倡导学习西方近代教育理论，形成了席卷全国的新教育运动。1926年4月20日，临时执政段祺瑞下野，北京政府实际上宣告倒台。其间，1921年5月5日，孙中山在广州就任非常大总统职。1925年7月1日广东国民政府宣告成立，汪精卫任主席。1927年1月1日，迁都武汉，史称“武汉国民政府”。同年4月18日，蒋介石在南京另立国民政府，通称“南京国民政府”或“南京政府”；7月，“宁汉合流”；9月，南京国民政府改组，形成了名义上向全国发号施令的统一的中央政府。

第一节 教育部的成立

中华民国元年（1912年）1月3日，临时大总统孙中山在南京组织临时政府，任命蔡元培为教育总长，景耀月为教育部次长；9日，宣告改清末学部为教育部。自此而后，教育部虽历经年所，总长频频易人，但教育部始终是全国最高教育行政管理机关，是全国教育管理的总汇之区。

一、废学部成立教育部

1912年1月3日，全国各省代表开会，通过大总统所提各部总长、次长名单。南京临时政府设九部，其名称和人选为：陆军总长黄兴，海军总长黄钟瑛，财政总长陈锦涛，司法总长伍廷芳，外交总长王宠惠，内务总长程德全，教育总长蔡元培，实业总长张謇，交通总长汤寿潜。他们中部分是中国同盟会会员，部分是清末显宦名流、同情革命之士，但各部次长都是同盟会会员。

教育总长人选，孙中山原提章太炎，在第一天的各省代表会上就遭到反对。黄兴原拟推荐胡元倓担任教育总长，但胡元倓坚辞不就，只好作罢。同时，还有人推荐汪精卫和严修，“均未成事实”①。孙中山命薛仙舟招蔡元培，言将任命他为教育总长。蔡元培在《自写年谱》中记曰：“我力辞之。薛先生说：‘此次组阁，除君与王君亮畴外，各部均以名流任总长，而同盟会老同志居次长的地位；但诸名流尚观望不前，君等万不可推却。我今日还须约陈君

① 高平叔撰著：《蔡元培年谱长编》第一卷，人民教育出版社1998年版，第396页。

兰生同去，备任财长，如君不去，陈更无望了。’”①

蔡元培的同乡章太炎曾阻挠他参加孙中山组织的临时政府。当蔡元培由南京回上海报告各省代表不赞成展缓选举，几乎一致主张举孙中山担任临时大总统时，章太炎对蔡元培说：“如孙果被举，组织政府时，我浙人最好不加入。”章太炎的一番话，使蔡元培“不得已而允之。即回寓取行装，章君引浙人不入阁之约以相难，扣我行装。我告以不能不一去，去而面辞，如得当，无问题；否则我当于报纸上宣布我背约之罪以谢君。章君之诸弟子亦劝其师勿固执，乃容我往。我到南京后，见孙先生面辞，不见许。乃拟一广告稿，寄章君之弟子，请其呈师订正，备发表。未几，其弟子来一函，说章君不愿发表云”。②

1912 年 1 月 4 日，蔡元培偕蒋维乔等到南京就职。他们来到一个小旅馆里，首要的事情是找个办公地点。当时其他八个部大多已经成立，南京旧时各官署早已为其他机关占用。蔡元培见到孙中山时，要求拨官舍给教育部。孙中山回答说：“办公房屋须汝自找。”③ 蔡元培亲自“踯躅里巷”，奔走两天，一无所获。无意中遇见了从前教他拉丁文的马相伯，马相伯当时任江苏都督府内务司长，机关设在碑亭巷，楼上有三间空房，乃由蔡元培商借，作教育部办公之用。此足见蔡元培成立教育部之初“不讲排场，因陋就简”原则之一斑。④

蔡元培从上海抵南京任职前，专访学者蒋维乔，邀他入教育部“任总务科事”。蒋维乔回忆：蔡先生“特来访余，邀余进部襄助为理，且谓之曰：‘余在欧洲多年，于国内教育状况，多所隔膜，今

①② 高平叔编：《蔡元培全集》第七卷，中华书局 1989 年版，第 305 页。

③ 朱有瓛等编：《中国近代教育史资料汇编·教育行政机构及教育团体》，上海教育出版社 1993 年版，第 163 页。

④ 唐振常著：《蔡元培传》，上海人民出版社 1985 年版，第 83 页。

拟将一切事务，全权托子，子其为我规划之。’余告之曰：‘目前战事未了……只可先做预备功夫。’先生曰：‘预备功夫奈何?’余曰：‘前清学制，久为教育界诟病，应从事改革。……正可趁此时日，邀集习教育经验之人，组织学制起草委员会，着手编订草案。至对付目前环境，则应先拟民国教育暂行办法，俾各学校有所遵循。’先生曰：‘然，请悉由子主持之。’”①蔡元培就是这样装着他主持教育部的“规划”，于 1912 年 1 月 12 日乘 13 时 5 分的沪宁铁路特别快车离开上海，晚间 19 时抵达南京的。

1912 年 1 月 19 日，教育部正式成立，启用印信，开始办公。其呈文云：“中华民国教育部总长蔡为呈报事：正月十九日奉大总统令，颁给印信一颗，遵即敬谨祇领，即日启用，为此呈报钧案……再，本部办事处，暂设碑亭巷江苏外务司，合并声明。”②这样，从 1 月 12 日蔡元培从上海到南京，到 1 月 19 日的 7 天时间内，完成了教育部的筹备工作。

教育总长蔡元培上任伊始，首先便废除久为教育界诟病的前清学部。学部不仅是前清的教育行政机关，而且代表着封建教育制度，代表着空疏不周世用的教育系统。但是，蔡元培并不是将旧时代所有的教育制度教育举措全部扫进垃圾堆，而是衡量这些旧制是否与国情相抵触。蒋维乔向他建议说：“现在改革才只是开始，军事未定，不是实施教育的时候。目前先要着手的是学制问题。清朝的学堂章程合乎帝制，不适用于共和，各省已办的学校，碰着这新旧交替的时候，将会无所适从。应该一面颁发通令，对旧制抵触国情的，一概禁止；不抵触国情的，暂准施用。一面应该从速草拟新

---

① 高平叔撰著：《蔡元培年谱长编》第一卷，人民教育出版社 1998 年版，第 398 页。

② 《临时政府公报》第 3 号，1912 年 1 月 31 日。

学制，作根本的改革。”① 他非常赞成这一意见，废除清末学部，废除清末颁定的教育宗旨，废除清末教科书，主要原因是这些与中华民国共和精神从根本上是相抵触的。

中华民国初期的教育部最为注意的是吸纳高层次人才。孙中山曾与蔡元培一信札，云：“关于内阁之设备及其组织用人之道，弟意亦如是，惟才能是称，不问其党与省也。但此时不能不收罗海内名宿，来教所论甚的，然其间尚有当分别论者。康氏至今犹反对民国之旨，前登报之手迹，可见一班［斑］。倘合一炉而冶之，恐不足以服人心，且招天下之反对。至于太炎君等，则不过偶于友谊小嫌，决不能与反对民国者作比例。尊隆之道，在所必讲，弟无世俗睚眦之见也。”② 本来孙中山是打算重用“海内名宿”康有为的，但因为他仍然坚持反对民国的立场，怕舆论上通不过，故不作教育等部人选；而章太炎是不能与康有为相提并论的，他是同盟会员，尽管有一些小小的嫌隙，但他是支持民主共和的。

蔡元培本身也是惜才如金从谏如流的。出任教育部长后，他不遗余力地罗致人才。譬如，王云五参加教育部的工作，便是蔡元培重用人才的例子。王云五初名之瑞，在上海从事教育工作，与蔡元培素不相识，此时刚被孙中山委任为大总统秘书。他在将去南京就职前，曾给蔡元培写了一份关于高等教育改革的信。他回忆说：“（一）提高中等学校的程度，废止各省所设的高等学堂，在大学附设一二年的预科，考选中等学校毕业生或相当程度者入学，预科毕业者升入本科。（二）大学不限于国立，应准许私立；国立者不限于北京原设之一所，全国暂行分区各设一所。那时候我主张，除北京原有所谓京师大学堂外，南京、广州、汉口应尽先各设一所。

① 唐振常著：《蔡元培传》，上海人民出版社 1985 年版，第 83 页。

② 高平叔撰著：《蔡元培年谱长编》第一卷，人民教育出版社 1998 年版，第 399 页。

（三）各省得视需要，设专门学校，其修业年期较大学为短，注重实用。"① 王云五本来以为他这个未曾受过高等教育的青年，所提的意见会如同泥牛入海，不会有人理睬的。使王云五没有料到的是，他的信寄出后几天，就收到由上海家中转来的蔡元培亲笔信，认为他的意见十分中肯，并邀请他到教育部相助为理。王云五请示孙中山，得到的是一个折中方案——王云五后来回忆说，自己在总统府任职不满半月，突接上海家里转来那时任教育总长蔡元培先生亲笔信，邀自己往教育部相助为理。王云五在入京任职以前，由于任教多年，对民国的教育政策颇有主张，便把自己的意见写成建议寄给蔡先生。想不到蔡先生对于一位向未谋面的青年，而且丝毫没有表示毛遂自荐之意，竟也特予拔擢。王云五说："但一念我承孙先生意外拔擢……实在舍不得离开……持着蔡先生的信面谒孙先生请示，孙先生……说：'你多年从事教育，担任教育部的工作，实最适宜，但你在总统府任职也很得力，我主张……你还是上半日留在这里，下半日往教育部办事，如此，便两不相妨。'"② 孙中山特地给蔡元培写信说明此事。王云五带着孙中山的手札，去教育部拜访蔡元培。从此开始，他不仅在蔡元培领导下工作半年，而且两人从此缔结了近三十年的友谊，至蔡元培在香港逝世，王云五是朋友中唯一随侍病榻前的送终者。鲁迅到教育部担任佥事一事，更是人们耳熟能详的。

蔡元培主持教育部，不像其他部那样，很快将部的摊子拉得很大，人员编制架子张得很开，马上购置车子。他组建的教育部，组织至为简单，"自总长以下，至录事，不过三十余人，不分等级，一律月支津贴三十元。每月各项开支，仅及千元。例行公事亦至

---

①王云五：《商务印书馆与新教育年谱》，《王云五文集》（五），江西教育出版社 2008 年版，第 68 页。

② 王云五著：《谈往事》，台湾传记文学出版社 1981 年版，第 204 页。

少。不过各省请问，加以答复而已。总长出门，临时雇人力车，纯然平民行动”。但是，蔡元培以总长赴国务会议，往往因车缓而迟到，蒋维乔提出给总长雇订马车一乘。因为当时的南京，除总统有一辆汽车外，其余各部都用马车。蔡元培勉强同意特为他雇订“专车”，以便到总统府开会不致临时难以雇到马车。教育部的职员，一律平等，按蔡元培的意思，“正式政府未成立前，教育部不必效他部所为，除总、次长为政府任命外，其余官职，概不呈请任命，统称部员，故无所谓分科办事”①。偌大的中华民国教育部，一月的工薪和事业费仅及千元，蔡元培勤俭办教育的精神可见一斑。

南北议和期间，南京谣传江西军队不稳，临时政府教育等部人员纷纷“请假”离宁。教育部除次长始终未到部外，至此时，仍剩最初到宁的三人，即蔡元培、蒋维乔和会计员。而蔡元培每天 8 点到总统府开国务会议，经常到晚间七八点才回来，所以，教育部人员走光的事情，他并不知情。蒋维乔回忆说：一天晚上，蔡元培回到教育部，面有怒容，急于收拾行李，将乘 23 时的夜车赴沪。蒋维乔问道：“‘先生向无疾言厉色，今有怒容，何故?’则云：‘黄兴这小孩子，不顾大局，只知争夺陆军总长。因此障碍，南北不能统一。我将去沪，在报章发表言论警告之。’余曰：‘此万不可，是助长袁世凯之气焰，暴露南京政府之裂痕也。’蔡曰：‘吾决计行之。’余忽生一急智，则曰：‘部中近日情状，君知之乎?’持灯与之巡行一周。蔡曰：‘部员皆不见，何往耶?’余曰：‘近日兵变谣传甚盛，皆畏死，托辞请假去，只余吾等初来时之三人。公必欲行，则外间不察，亦将谓公畏死而去。今请行，余不强留矣。’蔡曰：‘既然如

① 蒋维乔：《民初以后之教育行政》，朱有瓛等编：《中国近代教育史资料汇编·教育行政机构及教育团体》，上海教育出版社 1993 年版，第 163 页。

此，我即不行。’”① 1912 年 4 月，南北统一，北京政府成立。参议院议决官制，正式改组教育部，规定总长、次长以下，设参事 3 人。承政厅设秘书长 1 人，分文书、会计、统计、建筑四科，编纂、审查二处。设普通、专门、社会三司。5 月，将前清钦天监典礼院事项，划归教育部，分属专门、社会二司。8 月，依修正教育部官制，改承政厅为总务厅，设秘书、编纂、审查三处，文书、会计、统计、庶务四科。三司仍旧，但社会司之宗教礼俗改隶内务部。次年 1 月，公布《视学规程》，全部计参事 4 人，司长 3 人，秘书 4 人，视学 16 人，佥事 24 人，主事 42 人，技正 1 人，技士 1 人。②

改组后的教育部总长一职，却有一段插曲。新任国务总理唐绍仪到南京，组织内阁，坚请蔡元培仍任教育总长。蔡元培回忆：“当我们将离北京以前，唐君少川商拟一内阁名单，得袁同意，仍以我为教育总长，我力辞之，乃易为范君静生。到南京后，范君闻此消息，忽出京，不知所之；又有人散布谣言，谓以范易蔡，乃因蔡迎袁无效而受惩。以此种种原因，孙先生及唐君等定要我继续任职。我托人询范君以可否屈任次长，渠慨然愿任，我于是仍为教育总长之候补者，提出于参议院而通过。”③ 因为蔡元培离开北京前坚辞续任，并“荐范静生君自代”，所以 1912 年 3 月 16 日孙中山代袁世凯向参议院提出 12 部总长的名单时，教育总长是范源廉。而范源廉闻讯后，立即致电袁世凯及唐绍仪，请其收回成命，电云：“闻内阁教育部职，将以廉承其乏。作育新民，责任重大，自维才德，万不克胜，敬乞立收成命。蔡孑民行生品学崇优，万众钦

①② 蒋维乔：《民初以后之教育行政》，朱有瓛等编：《中国近代教育史资料汇编·教育行政机构及教育团体》，上海教育出版社 1993 年版，第 164、164—165 页。

③ 高平叔编：《蔡元培全集》第七卷，中华书局 1989 年版，第 309 页。

服，务祈设法慰留，至为切祷。”① 他到北京后，又当面告诉袁世凯，袁世凯遂于3月22日致电孙中山及即将抵宁的唐绍仪，再次恳商蔡元培留任。电云：“教育总长前电拟以范源廉充任。兹据其回京面称，自维才力，万难胜任。蔡鹤卿先生学望优隆，众所仰佩，今民国初建，必得为学界殷望之人，方足负主持学务之责，务乞设法慰留云云。词意坚挚，并云已面达孙大总统，刻下统一政府云［亟］待成立，蔡君在京时，曾商请其续任，未荷允诺。今范既坚辞，鄙意以蔡君接续此任，最为允洽，如承同意，望即就近恳商留任，交院速定，是所切盼。”②

新闻媒体也有反应，发表挽留蔡元培的言论。一位叫血儿（徐天复）的记者发表文章，挽留蔡元培，文曰：“先生学问道德，海内夙所钦仰。先生任临时政府教育总长时，国民无不为民国教育前途庆。今先生任专使回南，绝意退闲不仕……先生之高风让德，诚足尚矣。然一念教育至重，先生又何忍固辞也！统一政府行见成立……教育则为立国根本……先生任之，则全国教育振兴，国基巩固；先生而独善其身，则全国青年俱将失学，以虚掷其宝贵之光阴。先生之进退所关如此。责先生以大义，先生当恍然不忍以清福自享矣。”③ 言辞恳切，几致垂泪。

1912年3月29日，南京参议院同意唐绍仪内阁各部总长人选。当日下午5时，参议院召开临时会议，出席者39人，列席者有孙中山、唐绍仪等，议长林森主席，先由国务总理唐绍仪发表意见及介绍10位总长的简历。唐绍仪讲话中讲到教育总长时说：“推蔡君元培任之，蔡君学问道德”，“不待赘言”。7时开议、投票选举。教育总长蔡元培同意38票，不同意1票。除司法总长王宠惠

① 《民立报》1912年3月16日。

② 《附录·电报》，《临时政府公报》第49号，1912年3月27日。

③ 《挽留蔡孑民先生》，《民立报》1912年3月26日。

与蔡元培得票完全一样外，其他总长有的得不同意票 4 票，得不同意票最高为 22 票（交通总长梁如浩）。这样，除交通总长外，其他 9 位总长全部通过。翌日，总统袁世凯正式任命各部总长，并以唐绍仪兼长交通，唐绍仪内阁遂告成立。

4 月 8 日，袁世凯任命范源廉为教育次长。范源廉后来回忆他承诺担任教育次长的过程说："当时蔡先生两次亲自访问我。他说：'现在是国家教育创制的开始，要撇开个人的偏见，党派的立场，给教育立一个统一的智慧的百年大计。国民党里并不是寻不出一个次长，我现在请先生作次长，也不是屈您作一个普通的事务官。共和党随时可以组阁，您也可以随时出来掌邦教。与其到那时候您有所变更，不如现在我们共同负责。教育是应当立在政潮外边的。我请出一位异党的次长，在国民党里边并不是没有反对的意见；但是我为了公忠体国，使教育部有全国代表性，是不管这种反对意见的。听说您们党里也有其他看法，劝告您不要自低身份，给异党给老蔡撑腰；可是这不是为了国民党或我个人撑腰，乃是为国家撑腰。我之敢于向您提出这个请求，是相信您会看重国家的利益超过了党派的利益和个人的得失以上的。'蔡先生几次的这样说，他的真诚和热情，使我终于接受了他的要求。这个决定曾经使不少更亲近的前辈朋友们责备误会，可是我回想起来是没有什么后悔的。在我们的合作期间，部里的人都是知无不言，言无不尽，讨论很多，却没有久悬不决的事。一经决定，立刻执行。所以期间很短，办的事很多。"①

4 月 21 日，国务院成立。国务总理及各部总长在总统府召开国务员会议，议定各部交替或暂行继续办理事宜。国务院宣告成立。次日，教育部致电范源廉、夏曾佑、袁希涛、钟观光、蒋维

① 高平叔撰著：《蔡元培年谱长编》第一卷，人民教育出版社 1998 年版，第 432—433 页。

乔、许寿裳、周树人、谢冰、汤中、王云五、杨曾诰、胡朝梁、曹典球、钱方度、高鲁、陈墨涛、马邻翼、林冰骨、赵幼梅、胡豫、张鼎荃、洪逵、杨乃康、张邦华、顾澄、许季上等人，电文云："昨日国务院成立，教育部亟须组织，请即日北来，为盼。"① 22日，袁世凯签署命令，任命蔡元培任教育总长职。次日，教育部发布《接收前清学部谕示》："本部未成立以前，须先派员接收学部事务，以便重行组织。兹派白作霖、赵允元接收总务司事务；陈应忠、刘唐劭接收专门司事务；陈清震、王章祜接收普通司事务；路孝植、王家驹接收实业司事务；陈问咸、柯兴昌接收会计司事务；崇贵、陈琦接收司务厅事务；彦惠、刘宝和、祝椿年、李春泽接收督学局事务；高步瀛接收图书局事务；常福元接收名词馆事务。定于本月二十六日上午十钟办理接收。该员等自接收之日起，即应按日到署，各司其责。俟本部组织成立，再候本总长分别委任职务可也。"②

至此，前清学部的全部事务，遂由中华民国教育部接收，并遵循民国元年（1912 年）所提出的教育方针开展工作。不久，蔡元培辞职到欧洲留学，蒋梦麟接任教育总长。蒋梦麟表示遵循民初教育方针，即沿着蔡元培开辟的方向，推进教育部的工作。

二、教育部的机构设置

教育部的内部组织，开始由法制院拟定，大抵全仿日本。但教育部认为不妥，乃着手自行草拟《民国教育部官职令草案》，共 13 条，

---

① 高平叔撰著：《蔡元培年谱长编》第一卷，人民教育出版社 1998 年版，第 435 页。

② 《接收前清学部谕示》，高平叔编：《蔡元培全集》第二卷，中华书局 1984 年版，第 155—156 页。

对教育部职责权限、内部组织及人员编制，均有详密规定。此草案阐明在教育部设承政厅和普通教育、专门教育、实业教育、社会教育、礼教及蒙藏教育六司。遂呈请总统转送法制院修订。1912年8月3日，以临时大总统令公布《教育部官制》12条。嗣后又于1913年底修正。1914年7月11日，袁世凯公布《修正教育部官制》19条，规定教育部直隶于大总统，管理教育学艺及历象事务。与《民国教育部官职令草案》比较，仅删除了“礼教”二字，但对改良礼制、整饬风俗、指导宗教及寺观教堂、举凡祀典、监理僧侣教士道及讨论教理等项，则置诸教育行政职掌之外；衡以民初民俗未开，风气闭塞之期，撤销礼教职司，的确不是明智之举。再度修订后的《教育部官制》规定了教育总长的职责权限，为全国教育及文化最高行政长官，依法指挥监督各省、县教育行政首长。“教育部置总长一人，承大总统之命，管理本部事务，监督所属职员，并所辖各官署”，“教育总长对于各省巡按使及各地方最高级行政长官之执行本部主管事务，有监察指示之责”，“教育总长于主管事务对于巡按使及各地最高级行政长官之命令或处分，认为违背法令或逾越权限者，得呈请大总统核夺”。①

《教育部官制》明确规定，教育部置总务厅及普通教育、专门教育、社会教育三司。其职掌大致如下。

1. 总务厅

掌理12个方面的事务：（1）直辖学校及公立学校职员事项；（2）学校卫生事项；（3）学校图书馆、博物馆等修建事项；（4）教育会议及教育博览会事项；（5）本部经费并各项收入的预决算及会计事项；（6）学校经费及稽查直辖各官署的会计事项；（7）管理本部所管财产；（8）撰辑、保存、收发文件；（9）编制统计及报告；

① 朱有瓛等编：《中国近代教育史资料汇编·教育行政机构及教育团体》，上海教育出版社1993年版，第111页。

（10）记录职官的进退；（11）典守印信；（12）管理本部庶务及其他不属于各司的事项。

2. 普通教育司

掌理：（1）师范学校；（2）中学校；（3）小学校及蒙养园；（4）盲哑学校及其他残废等特种学校；（5）与师范、中小学、盲哑和残废特种学校相关事项；（6）学龄儿童就学；（7）检定教员；（8）整理私塾；（9）小学校基本金；（10）地方学务机关设立变更事项。

3. 专门教育司

掌理：（1）大学校；（2）高等专门学校；（3）与大学及高等专门学校相等之各种学校；（4）实业教育；（5）外国留学生；（6）历象；（7）博士会；（8）国语统一会；（9）医士药剂士考试委员会；（10）各种学术会；（11）授予学位事项。

4. 社会教育司

掌理：（1）通俗教育及演讲会；（2）感化事项；（3）通俗礼仪；（4）文艺音乐演剧；（5）美术馆及美术展览会；（6）动植物园等学术事项；（7）博物馆、图书馆；（8）通俗各种博物馆、通俗图书馆；（9）公众体育及游戏事项。

教育部下设视学处，这是调查全国学务供教育部决策的咨询机关。1913年1月20日，教育部公布《视学规程》17条；3月28日，部令公布《视学处务细则》19条；12月30日，部令公布《视学留部办事规程》12条；1914年12月24日，部令公布《视学室办事细则》12条。经反复修正，完善了视学制度。

教育部将全国视学区划分为八个：（1）直隶、奉天、吉林、黑龙江；（2）山东、山西、河南；（3）江苏、安徽、浙江；（4）湖北、湖南、江西；（5）陕西、四川；（6）甘肃、新疆；（7）福建、广东、广西；（8）云南、贵州、蒙古、西藏为特别视学区域，规程另定。

每视学区域派视学2人，视察该区域之普通教育及社会教育，并得酌派部员协同视察。视察分定期和临时二种。定期为自8月下旬起至次年6月止，临时依教育总长特别命令行之。视学到各地方视察学校，毋庸提前通知该校，必要时可变更教授时间、考查学生成绩、调阅各项簿册。

视学应视察的事项有七：（1）教育行政；（2）学校教育；（3）学校经费；（4）学校卫生；（5）学务各职员履职情况；（6）社会教育及其设施；（7）教育总长特命视察事项。视察各地，应先与地方长官、省视学及国立学校校长等接洽讨论，借以知晓该地方学务以往历史、现状及将来计划。如遇有如下各事项，应就主管者表示意见：（1）与教育法令相抵触事项；（2）部议决定事项；（3）学校教授管理事项；（4）社会教育设施事项；（5）教育总长特命指示事项。

《视学规程》还对担任视学者的资格作了规定：（1）毕业于本国、外国大学或高等师范学校，任学务职一年以上者；（2）曾任师范学校、中学校长或教员三年以上者；（3）曾任教育行政职务三年以上者。

考察分析《视学规程》可知，教育部视学关注的有如下诸端：其一，对边疆教育明显比以前重视；其二，比较偏重普通中小学及社会教育设施；其三，重视视学人员的素质；其四，“视学之职权，统涉行政及教学，甚为合理”①。

① 雷国鼎著：《中国近代教育行政制度史》，台湾教育文物出版社有限公司1983年版，第169页。

教育部行政组织机构见图 3-1。①

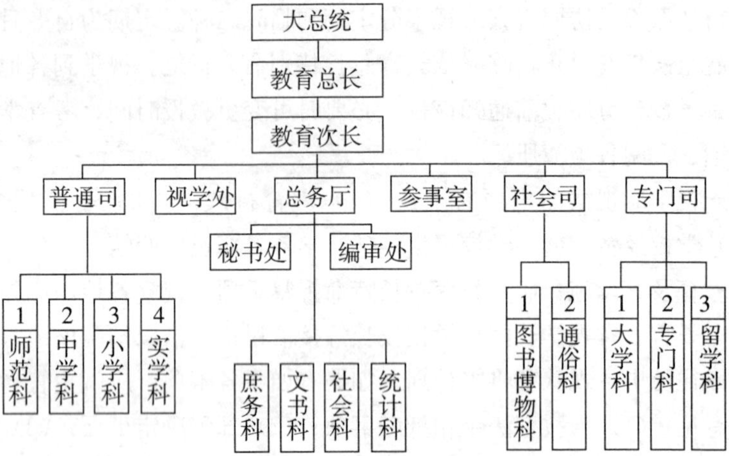

图 3-1　教育部行政组织机构图

唐绍仪内阁教育部既经成立，便迅即开展工作。1912 年 5 月 13 日，蔡元培向参议院发表政见演说。他将教育部工作思路与计划分为七点，即教育方针、教育设施、划定中央教育行政权限、教育经费的规定、京师教育界现状、海外留学生计划和蒙藏回教育。

(1) 教育方针。他将教育方针一分为二，即“一普通，一专门。在普通教育，务顺应时势，养成共和国民健全之人格。在专门教育，务养成学问神圣之风习”。

(2) 教育设施。他将教育设施亦分为二：“(甲) 普通教育之设施：一曰普通学校，如中小学及中等以下之职业学校等。二曰社会教育之含有普通性质者。三曰特殊教育，如盲哑废疾者之教育。(乙) 专门教育之设施：一曰专门学校，如大学及高等专门学校是。

① 《1914 年 4 月大总统令公布教育部官制》，朱有瓛主编：《中国近代学制史料》第三辑上册，华东师范大学出版社 1992 年版，第 82 页。

二曰派遣游学。三曰社会教育之含有专门性质者。”①

（3）划定中央教育行政之权限。他主张，专门教育由教育部直辖分区规定，次第施行；普通教育由教育部规定进行办法，责成各地方之教育行政机关执行，而由部视学监督。私立学校，务提倡而维持之。

（4）规定教育经费。从两个方面入手：“（甲）专门教育经费，取给于国家税，或以国有财产为基本金。（乙）普通教育经费，取给于地方税，或以地方公有财产为基本金。”

（5）调整京师教育。蔡元培拟从三个方面进行调整：第一，以京师学务局为普通教育行政机关，其经费及所辖各学校经费，应暂由教育部直接筹拨；第二，对于高等专门学校，取其内容近似者合并，以期经费易于拨发，而学生均不致荒废学业；第三，“对于大学校图书馆等未完成者，皆渐图结束前局，而于一定期间内，为革新之起点”。②

（6）海外留学生计划。全国高等教育既归教育部直接管辖，以后派遣留学生，拟归中央政府直接办理，并以直接能进外国高等专门学校及在本国高等专门学校毕业成绩最优，而更求深造者为限。

（7）蒙藏回教育。五大民族既然已经成为一个统一的国家，自应使五族人民均享受同等的教育。除满人已习用汉文、汉语，毋庸特为计划外，至蒙古、西藏及回部习俗、语文尚多隔阂，是宜特定教育方法，以期渐归统一。

蔡元培的演讲，阐述了教育部倡导的精神和工作思路，说明民初教育部强调要维护大学或专门教育领域的学术尊严，重视学校式的社会教育及特殊教育；国家办理高等教育，基础教育由地方省州县办理；对私立教育机构采取倡导支持政策；留学生教育以质胜量；贯彻五族融合的精神，重视边疆教育。

①② 蔡元培：《向参议院宣布政见之演说》，高平叔编：《蔡元培全集》第二卷，中华书局1984年版，第164、165页。

三、教育部的行政职官

1914年7月10日，袁世凯公布《修正教育部官制》19条，对教育部设官及编制，作了明确规定：

教育部置总长1人，承大总统之令管理本部事务，监督所属职员，并所辖各官署。对各省巡按使及各地方最高级行政长官之执行本部主管事务，有监察指示之责。对其职掌还规定："教育总长于主管事务，对于巡按使及各地最高级行政长官之命令或处分，认为违背法令，或逾越权限者，得呈请大总统核夺。"①

置教育次长1人，辅助总理整顿事务。

置参事3人，承长官之命，掌拟定关于本部之法律、命令案事务。

置司长3人，承长官之命分掌各司事务。

置秘书4人，承长官之命助理总务厅及各司事务。

置技正1人，技士2人，承长官之命掌技术事务。

置佥事24人，承长官之命分掌总务厅及各司事务。

置主事42人，承长官之命助理总务厅及各司事务。

另外，酌用雇员缮写文件及其他特别事务。

1918年12月7日，教育部颁布改订《分科规程》，实行厅司之下设科之制。总务厅下设编审处和文书、会计、统计和庶务四科；普通教育司置第一至四科，分掌各项事务；专门教育司设第一至三科；社会教育司设两科。如普通教育司第一科掌："一、师范学校事项；二、高等师范学校事项；三、女子师范学校及高等师范学校事项；四、临时教员养成所及与养成教员相关事项；五、检定教员及关于服务事项；六、不属于他科所掌事项。"第二科掌中学

① 宋恩荣、章咸选编：《中华民国教育法规选编》，江苏教育出版社2005年版，第55页。

校、女子中学、与中学校相当之各种学校事项。第三科掌："一、小学校事项；二、蒙养园事项；三、特殊教育事项；四、调查学龄儿童就学事项；五、与小学校相当之各种学校事项；六、县学务机关设立变更事项；七、小学基金事项；八、奖励小学教员事项；九、整理私塾事项。"① 第四科掌甲乙两种实业学校事项、与实业学校相当之各种学校事项、养成实业教员事项、女子职业学校事项和实业实习学校事项。

社会教育司的设置，是民初教育部机构设置的重大创新。改订后的教育部《分科规程》将社会教育司析为二科，第一科所掌事务为："一、博物馆、图书馆事项；二、动植物园等学术事项；三、美术馆、美术展览会事项；四、文艺、音乐等事项；五、调查及搜集古物事项。"第二科掌："一、厘正通俗礼仪事项；二、通俗教育及讲演会事项；三、通俗图书馆、巡行文库事项；四、通俗戏剧、词曲等事项；五、通俗教育之调查、规画事项；六、感化院及惠济所事项；七、不属他科所掌事项。"②欧美人道主义精神在这个改订分科规程中已经有体现，社会教育司内设置有感化院和惠济所等慈善机构，便是明证。

从 1912 年到 1926 年，教育总长多次易人，有的"请假"，有的辞职，有的未曾到任。下面是民国前期教育总长任职等有关情况(见表 3-1)。

表 3-1　中华民国前期教育部总长任职情况表

职　务	姓　名	籍　贯	任职年月	备　注
总　长	蔡元培（孑民）	浙江绍兴	1912 年 1 月 3 日	时国都在南京，组织临时政府。三月，政府迁北京，另组政府，仍继任总长

①② 宋恩荣、章咸选编：《中华民国教育法规选编》，江苏教育出版社 2005 年版，第 59、59—60 页。

续表

职务	姓名	籍贯	任职年月	备注
总长	范源廉（静生）	湖南湘阴	1912年7月29日	
兼署总长	刘冠雄		1913年1月	范辞职，刘以海军总长兼教育总长
	陈振先（铎士）	广东新会	1913年3月	刘冠雄辞去兼职，陈以农林总长兼署教育总长
代理部务	董鸿祎（恂士）	浙江杭县	1913年4月	陈辞兼职，董以次长代理
总长	汪大燮（伯唐）	浙江杭县	1913年9月	
总长	严修（范孙）	直隶天津	1914年2月20日	未到任
署总长	蔡儒楷		1914年4月20日	严到任前由蔡暂署
总长	汤化龙（济武）	湖北浠水	1914年5月	
兼代总长	章宗祥		1915年9月	汤请假
总长	张一麐		1915年10月	继章任
总长	张国淦（乾若）	湖北蒲圻	1916年4月	继张任
代理部务	吴闿生（辟疆）	安徽桐城	1916年6月	以次长代理部务
总长	范源廉		1916年7月12日	
代理部务	袁希涛（观澜）	江苏宝山	1917年6月	范呈请辞职，政府慰留给假，次长袁代理
总长	傅增湘（沅叔）	四川江安	1917年12月	继范任
代理部务	袁希涛		1919年5月15日	傅辞职，由次长袁代理
	傅岳棻（治芗）	湖北武昌	1919年6月5日	袁代理辞职，任傅为次长并代理部务
总长	范源廉		1920年8月11日	
代理部务	马邻翼（振五）	湖南宝庆	1921年5月29日	范辞职，任马为次长并代理部务
总长	黄炎培（任之）	江苏川沙	1921年12月25日	未就职
兼署总长	齐耀珊		1921年12月25日	在黄到任前，由内务总长齐兼署
	周自齐（子廙）	山东单县	1922年4月8日	齐辞职
总长	黄炎培		1922年6月12日	周辞职，黄仍未就职
兼代总长	高恩洪		1922年6月12日	黄到任前由交通总长高兼代
代理总务	汤尔和（尔和）	浙江杭县	1922年7月25日	时高辞兼代理，任汤为次长代理部务
署总长	王宠惠		1922年8月5日	
署总长	汤尔和		1922年9月19日	继王任
	彭允彝（静仁）	湖南长沙	1922年11月29日	继汤任，1923年1月改为实任

资料来源：教育部中国教育年鉴编审委员会编《第一次中国教育年鉴》戊编“教育杂录”，开明书店1934年版，第205—206页。

教育部总长的任职资格，南京临时政府时期，强调必须是国内名宿，道德文章饮誉中外，学术研究有极深造诣。南京临时政府教育部总长的提名，就是遵循着这一标准。在孙中山看来，符合这一标准的首屈一指的是章太炎。但是，章太炎在参议会上未获通过，继而提名蔡元培，结果以高票通过。但是，其后的近三十名教育总长中，符合民初教育总长标准的为数不多。其时，教育的生态环境十分恶劣，出任教育总长如果不尸位素餐的话，似乎很不容易，所以辞职者不乏其人，不到任者编出种种托词；更有甚者，托以请假推辞教育总长之职。这些情况的出现，在民国前期非常突出。究其原因，可能与他们不是教育科班出身，对办教育毫无经验，不敢轻易涉足其中有关，也可能与教育经费难筹，教育界爆发的事件接二连三不无关系。

民初的教育部教育行政官员，除雇用少量人员外，官员编制仅15人。作为中央最高教育行政部门，可以说人员精简到最低限度。从这一点看正好说明人员编制是按蔡元培因事设人、注重实效原则进行的。尽管教育部颁行了《教育部官制》，人员编制都要以此为基准，否则，法制无据，按违章论处，但蔡元培在《教育部官制》的原则要求下，严格做到唯才是用，以少胜多，民主平等。下面是教育部人员机构表（见表3-2）。

表3-2 民国初期教育部人员机构与职掌

部门		职掌	科员（各科均为科员）
参事		草拟法令	钟观光、马邻翼、蒋维乔
承政厅	秘书长	主持本厅工作	董鸿祎
	文书科	文牍、图书、学校卫生	吴震春、陈应忠、赵允元、刘唐劭、崇实、陈琦
	会计科	出纳、报告、监查、预算、决算、庶务	严葆诚、陈问咸、李廷瑛、柯兴昌、兴安
	统计科	调查、编录	顾澄、陈简、赵用霖、德启
	建筑科	规划、检验	贝寿同、范鸿泰、赵世暄
	编纂	编辑法令、辑译书报	顾兆熊、汤中、张轶欧、常福元（均为编纂员）

续表

部门		职掌	科员（各科均为科员）
承政厅	审查	教科书、仪器标本	白作霖、林启一、陈懋治、高步瀛、毛邦伟（均为审查员）
普通教育司	司长	主持本司工作	袁希涛
	第一科	幼稚园、小学	许寿裳、刘宝慈、吴思训、胡豫
	第二科	中学	陈清晨、谢冰、杨乃康、张鼎荃
	第三科	师范、高等师范	张邦华、伍崇学、谈锡恩、李宝圭
	第四科	普通实业学校、实业补习科、艺徒学校	洪思苓、陈文哲、王家驹、杨华
	第五科	蒙、藏、回学务	徐敬熙、桂诗成
专门教育司	司长	主持本司工作	林棨
	第一科	大学及游学生	王之瑞、刘家愉、杨曾诰、蒋履曾、秦锡铭
	第二科	高等专门	路孝植、曹典球、王焕文、程良楷、王季点
社会教育司	司长	主持本司工作	夏曾佑
	第一科	宗教、礼俗	沈彭年、樊炳清、冀贡泉
	第二科	科学、美术	周树人、胡朝梁、许丹、游洪度
	第三科	通俗教育	伍达、王章祜、齐宗颐、徐协贞

资料来源：高平叔撰著《蔡元培年谱长编》第一卷，人民教育出版社1998年版，第442—443页。

教育部用人，不管荐头有多硬，一律看重德行道艺。蔡元培曾经回忆说，南京临时政府结束时，孙大总统“秘书长胡君汉民深怪我……对于本党老同志不肯特别提拔。故政府北迁时，有人请胡君介绍入教育部，胡君对以‘别部则可，教育部不能’。我那时候只有能者在职的一个念头，竟毫没有顾到老同志的缺望。到正式组织时，部员七十人左右，一半是我所提出的，大约留学欧美或日本的多一点；一半是范君静生所提出的，教育行政上有经验的多一点，却都没有注意到党派的关系”①。而表 3-2“民国初期教育部人员机构与职掌”中的各科科员，教育部统统只是暂作安排，这些人员都须符合蔡元培提出的用人原则，另外还要求职位与《教育部官制》一致。为了免得日后生出种种麻烦，教育部特地发出声明：“本部因承政厅及各司官制尚须提出参议院酌量变通……五月初五日部令……暂就现在应办之事量为分设，故于承政厅未设秘书而暂委科员……又于各司亦暂不设科长，均俟参议院改定官制公布后，再准据规定名称，分别荐任委任，始为完全成立。特此声明，庶免误会。”② 足见蔡元培在用人问题上是唯才是用，而不管是“老同志”还是“新同志”，也不管是不是位尊权重。他与教育次长的默契配合，使得教育部风气纯正，没有惹是生非的事情发生，走进教育部，如同进入了编书局，只听见“沙沙……”的写字声，而不见争吵聊天的人语声，“绝无官署意味”③。整个教育部学术空气甚浓，部员们每天上午九时到下午四时半止，分工做事，“苟有案牍，随到随办”④。

在南京临时政府时期，教育部更是克勤克俭。教育总长蔡元培自奉甚俭，反对浪费公款。教育部“诸事简陋，惟务实际，内鲜仆役，致以堂堂教育总长，亲诣大总统府领印，白巾咫尺，裹一方寸

---

① 《自写年谱》，高平叔编：《蔡元培全集》第七卷，中华书局 1989 年版，第 306 页。

② 高平叔撰著：《蔡元培年谱长编》第一卷，人民教育出版社 1998 年版，第 444 页。

③ 蒋维乔：《民国教育部初设时之状况》，舒新城编：《近代中国教育史料》第 4 册，中华书局 1933 年版，第 196 页。

④ 庄俞：《元年教育之回顾》，舒新城编：《近代中国教育史料》第 4 册，第 173 页。

物，乘人力车往返，见者骇为开国史之趣谈”①。教育部工作人员不分等级，概称部员。自总长下至录事，每月一律给30元。教育部1912年1月份（16—31日）共支出420.52元，其中各部员津贴64元，仆役工资5.50元；2月份共支出1 609.77元，其中总长、次长及各部员津贴458元，仆役工资25.39元。据南京临时政府财政部所编收支总报告，临时政府教育部存在的3个月中，全部支出仅7 160元，“在临时政府各部中，为数额最少者”②。

四、教育部的主要兴革

民国初期，教育部对全国各地教育设施的兴革，不遗余力，为以后教育部的工作起到了示范作用。值得称道的有如下诸端。

（一）颁行壬子癸丑学制

在新学制制订和实施之前，前清教育宗旨、教科书、教育方式方法都以极大的惯性影响着中华民国新教育。南京临时政府教育部成立后，废除了清末实施近十年的《奏定学堂章程》（即癸卯学制），封建教育制度崩塌，共和政体刚刚创建，全国各级各类学校、各种教育事业何去何从，各地纷纷来电来函请示。为此，教育部不得不急筹应付措施，避免给教育发展带来损失。就在教育部开始办公之日，便通电颁发《普通教育暂行办法》及小学、中学、师范课程标准。《普通教育暂行办法》和课程标准，是蒋维乔和陆费逵一同起草的。陆费逵对蒋维乔说，蔡元培做了教育总长，他提出的一些

① 庄俞：《元年教育之回顾》，舒新城编：《近代中国教育史料》第4册，中华书局1933年版，第173页。

② 高平叔撰著：《蔡元培年谱长编》第一卷，人民教育出版社1998年版，第428页。

建议，“蔡先生以为然，并嘱起草。我与蒋竹庄先生商定一稿，即元年一月所颁之《暂行办法》及‘四条通电’，其内容大体根据我三年中所研究的结果，如缩短在学年限（中小学改为十二年），减少授课时间，小学男女共学，废止读经等，均藉蔡先生采纳而得实行”①。

所拟定的《普通教育暂行办法》有如下要点：（1）从前各种学堂改称学校，监督、堂长改称校长；（2）每年仍分二学期，阳历3月开学，至暑期为第一学期；暑假后至来年2月，为第二学期；（3）初等小学男女同校；（4）各种教科书务合乎共和民国教育宗旨；（5）小学废止读经；（6）小学注重手工科；（7）高等小学以上注重兵式体操；（8）初等小学三学年起兼课珠算；（9）中学不分文实科；（10）中学及初级师范修业年限由5年缩短为4年；（11）旧时奖励出身，一律废止。毕业于学校者分别称初、高等小学毕业生，中学校、师范学校毕业生。《普通教育暂行办法》还规定了全国小学于1912年3月4日一律开学，中学和师范亦宜同时开学；3月5日，又通告各省“速令高等学校、专门学校开学”。所用教科书，批准上海书业商会关于“请将旧存教科图书修正应用”的呈文，如重印不及，准许先印校勘记，随书附送，以应急需。高等以上学校在新规程尚未颁布前，准“暂照旧章办理，惟《大清会典》、《大清律例》、《皇朝掌故》、《国朝事实》及其他有碍民国精神……科目，宜一律废止；……关于前清御批等书，一律禁止滥用”②。

在《普通教育暂行办法》颁布的当天，教育部又颁发了《普通教育暂行课程标准》十一条，规定了小学、中学、师范学校开设的课程和统一的课程表。初小的科目为修身、国文、算术、游戏、体

① 《我青年时代的自修》，吕达主编：《陆费逵教育论著选》，人民教育出版社2000年版，第392页。

② 高平叔撰著：《蔡元培年谱长编》第一卷，人民教育出版社1998年版，第426页。

操；视地方情形，得加设图画、手工、唱歌之一科目或数科目；女子加课裁缝。高小科目为修身、国文、算术、中华历史、地理、博物、理化、图画、手工体操（兼游戏）；女子加裁缝；视地方情形，得加设唱歌、外国语、农工商业之一科目或数科目。中学校科目为修身、国文、外国语、历史、地理、数学、博物、理化、图画、手工、法制、经济、音乐、体操；女子加设家政、裁缝。师范学校（指旧制之初级师范学堂）的修业年限为四年，科目有修身、教育、国文、外国语、历史、地理、数学、博物、理化、法制、经济、习字、图画、手工、音乐、体操，女子加设家政、裁缝，视地方情形加设农工商业之一科目。师范学校设预科，修业年限为一年，科目偏重国文、外国语、数学。各级学校开设的外国语，以英、德、法、俄四国语种为限。

《普通教育暂行办法》和《普通教育暂行课程标准》的颁布和实施，及时拨正了教育发展的航向，维护了教育的正常持续发展，避免了教育的等待观望带来的损失，保证了新旧教育在接替时期的较好连接。

《普通教育暂行办法》等两个文件的出台，只是特殊时期的暂行办法而已，并非长久之策。为不使教育发展受到影响，教育部动员全体部员研究旧制的利弊，博采各国学制的优长，草拟出新的学制系统，以奠定民国教育始基，举“凡小学、中学、专门、大学各项学制，部员各就所学，担任起草，一如书局中之编辑所，绝无官署意味。临时政府三个月结束，而中华民国全部学制草案，实于此时大略完成。迨南北统一，正式政府成立，教育部迁移北京，再将草案修正，于暑假期间，召集临时教育会议，提出通过，始于元年之秋，陆续以部令颁布全国”①。

① 蒋维乔：《民国教育部初设时之状况》，高平叔撰著：《蔡元培年谱长编》第一卷，人民教育出版社 1998 年版，第 425 页。

教育部成立之初，蒋维乔便向蔡元培提出先行草拟民国学制的建议。嗣后不久，高凤谦发表《敬告教育部》一文，建议教育部编定学制，不必求全责备，只需定一适当之制，以为通则即可，允许各地根据当地情形增减变通。陆费逵在《教育杂志》发表文章，就民国学制提出了看法。他认为，“学堂系统，当谋联络而祛重复。且国民教育、人才教育、职业教育三者，必当并重。盖无国民教育，则国家之基础不固；无人才教育，则兴办事业，乏指挥整顿之人；无职业教育，则在下者生计艰困，在上者辅助乏才。”① 他还设计了初小、高小、中学和师范学校的课程表，希冀“养成独立、自尊、自由、平等、勤俭、武勇、绵密、活泼之国民，以发达我国势”②。教育部草拟出新的学制系统后，为了广泛征求全国教育界的修改意见，在1912年3月间发表《拟议学校系统草案》，以吸纳各方意见，便于修正完备。《草案》前言称：“本部自成立以来，深维教育行政经纬万端，必先以规定学制系统入手之方法。承海内教育家投以意见书，积久盈尺，因归纳各家意见，并参酌列国成规，拟就第一次草案；继加修改，成第二次草案；最后成第三次草案。现在所拟新学制，即以第三次草案为标准。惟集思可以广益，讨论不厌求详。用特将三种草案，先登报端，以供教育家之研究。”③张榜纳言，求贤若渴，表现出了海纳百川的风范。

《拟议学校系统草案》数易其稿，经临时教育会议讨论审议通过，于1912年9月3日由教育部正式公布，是年为旧历壬子年，故称“壬子学制”。壬子学制公布后，到次年8月，教育部又陆续公布曾在临时教育会议上议决的《小学校令》、《中学校令》、《师范教育令》、《专门学校令》、《大学令》、《实业学校令》及各种学校规

①②　《民国普通学制议》，吕达主编：《陆费逵教育论著选》，人民教育出版社2000年版，第110、117页。

③《拟议学校系统草案》，《教育杂志》第3卷第12期，1912年3月。

程等，不仅丰富了学制的内容，而且对壬子学制实施过程中暴露的问题进行了订正和调整，形成了在壬子学制基础上综合制订而成为一个统一的学制系统。因为 1913 年为旧历癸丑年，故称“壬子癸丑学制”。

壬子癸丑学制规定的修业年限为 17～18 年。纵向分为三段四级。初等教育段分二级，即初等小学（4 年），为义务教育；高等小学（3 年）。中等教育段不分级，4～5 年毕业（师范学校 5 年）。高等教育段不分级，内分预科、本科，6～7 年毕业。此外，小学前设蒙养园，大学之上设大学院，均不计年限。横向有三个系统，除普通教育系统，由小学而中学，由中学而大学或专门学校外，还有师范教育和实业教育两个系统。师范教育分师范学校和高等师范学校两级，相当于中等和高等教育阶段。实业教育下分乙种实业学校和甲种实业学校二种，与高小及中等教育阶段类同。另外还有补习科、专修科及小学教员讲习科等，是为三个系统中特设或附设的旁支。壬子癸丑学制还规定，女学不另立系统，就各种学校增减学科施教。小学男女同校，中学男女分校。

壬子癸丑学制的公布，使教育在民国前期政局动荡、社会秩序纷乱的局面中理顺了教育内部的各种关系，建立了较好的教育秩序，从而保障了各级各类教育的发展。这在混乱的政治环境中是非常难得的。

（二）保障教育经费

教育经费自始至终都是困扰着教育部的问题。南京临时政府时期，教育部便呈请临时政府保护各处学堂及查封充公的房屋，视此为保障教育经费的措施之一。教育部的呈文云：“南京自光复以后，凡学堂、局、所及充公房屋等处，恒为兵队驻扎，所有房屋、器物、书籍、仪器等，多遭焚毁搬取，损失甚巨。公家财产措办匪易，亟应加以保护。敝部前经派员分路调查各学堂所存书籍、仪器，随加封条，以免再遭损失。惟到处仍有军队驻扎，恒与调查员龃龉。至充公之房屋，内中所有精本书籍，亦复不少，调查员前往，亦恒为看守所拒。敝部权力实有不及。为此，呈请大总统令下陆军部、内务部各派人员，会同敝部调查员前往办理，庶几公家保存一分财产，即社会多培一分元气。”① 孙中山总统乃下令陆军、内务部派员会同教育部调查员保护各处学堂及查封充公的房屋。后来，北京政府教育部于1912年5月8日通电全国，指出：“民国初建，教育亟应进行，所有军兴以来各省教育财产有移作军事及他项之用者，希即设法一律归还，即由教育司督饬所属……点验接收。”②

在教育经费极为紧张的景况下，蔡元培要求教育部厉行节约，勤俭办教育。他指出：“教育之困难，由于学生程度不齐，加以前清办学之种种糜费，其细情不外奢、纵二字。现在入手办法，拟先将中学以上官、公、私立学校，严加归并，裁汰冗员，严定章程，以便早日开学。国家无论如何支绌，教育费万难减少。无已，惟有力行节俭，以为全国倡，亦拟自中学以上始。其所撙节之款，以之多办初、高两等小学，渐立普及教育基础，一洗前清积习。”③

1912年7月9日，全国临时教育会议召开前日，教育部邀集临时教育会议议员开茶话会。会上，四川、江苏、河南、福建、江西等省的议员相继报告本省教育状况，大致不外两种：一是财政支绌，原有学校未能全开；二是办学职员大半腐败，致教育事业鲜见成效。最终认识到靠撙节开支是远远不够的，教育经费必须谋固定

① 《临时政府公报》第15号，1912年2月14日。

② 高平叔撰著：《蔡元培年谱长编》第一卷，人民教育出版社1996年版，第445页。

③ 《在北京就任教育总长与部员谈话》，高平叔编：《蔡元培全集》第二卷，中华书局1984年版，第156页。

的来源，必须在国家总预算中划拨一定的比例，才能为教育发展提供保障。因此，1913 年 11 月 30 日，教育部通告各省，转饬所属各县，教育经费不得挪作别用。通告指出，民国初建，教育最为当务之急；由于军政影响，捉襟见肘的财政，严重拴住了学务的推广。应要求县知事督率城乡各董，筹划经费。已设立的学校，应竭尽全力维持，未设立则力谋增设。次年 2 月，大总统颁《维持学校令》，云："开国承家，必以兴贤育才为要义。古今中外，皆视民德、民智、民力之进退，为强弱治乱之机。……应即责成教育部，分行主管司长，对于各学校力持严重主义，养成优美整肃之学风，一洗骄纵浮嚣之故习。建筑设备，务求俭朴；编订教科书，尤贵宗旨正大，以免分歧。近虽国家财力困难，诸待节缩，其固有之公私各学校，各省民政长仍应切实考察，竭力维持。须知贫弱尚不足忧，惟教育不良，乃真无富强之希望。既不可因噎废食，尤不可讳疾忌医，其各实力进行，以副国家化民成俗之至意。"①

1915 年 1 月 22 日，大总统颁布《特定教育纲要》，规定："各地方固有学款，宜分别保存，不得挪作他用，并将国家地方税项查明厘定，确定学款支出范围，以防混淆。"②

1925 年，教育部向善后会议③提《教育经费独立案》、《教育基金宜即指定专款案》、《小学教育应由国家补助薪金案》。前两案

① 袁世凯：《维持学校令》，李桂林等编：《中国近代教育史资料汇编·普通教育》，上海教育出版社 1995 年版，第 470 页。

② 宋恩荣、章咸选编：《中华民国教育法规选编》，江苏教育出版社 2005 年版，第 25 页。

③ 善后会议，召开于 1924 年 10 月。是月直系军阀政府被冯玉祥推翻后，皖系军阀段祺瑞被推为临时政府执政。为了巩固军阀反动统治，段祺瑞在日本帝国主义支持下，于次年 2 月 1 日在北京召开善后会议，以对抗孙中山倡导的国民会议。参加者有各省的军阀代表以及政客一百多人。最终在全国人民强烈反对之下，于 1925 年 4 月瓦解。

讨论后送政府施行。《教育经费独立案》云："教育为立国之本，非普通行政可比，所需经费，自与他项行政费不同，要有永久独立之款，庶不受事变与政潮之影响。年来大局多故，财政紊乱，中央及各省教育经费，因无指定专款之故，往往停发积欠，教育事业不独不能随时代发展，即固有之萌芽亦且不能保持。且以员师枵腹，从事无心，遂致节外生枝，学潮迭起。青年有失学之势，国本有危殆之虞。全国教育究应如何维持，实为善后之重要问题。兹拟请将教育经费定为独立之款，指定专款，另设保管机关管理，不令与普通政费混合，俾教育事业得以循序进行。"①

《教育基金宜即指定专款案》云："教育事业，国命所寄。教育之与国家，犹血液之与人身，不可一时停滞。谋教之安全，即所以奠国家之基础。近年以来，政潮迭起，兵乱频仍，教育机关，常现动摇，时闻停辍。非政府之不重视，实外力所牵制。……查筹划教育基金一案，虽迭经政府主持，但关于款项如何指拨，尚无明令规定。"②该提案所言"指定专款"有三方面：一是各国退还的庚子赔款；二是所得税之收入；三是国有土地划充学田。

民国前期教育经费的筹集，作为教育部，作为北洋政府，可谓煞费苦心。一方面，这是教育界为经费不懈斗争的结果；另一方面，是教育部、政府对教育经费之于教育发展作用的认识大有提高。但是，民国前期教育经费解决并不理想。这也是有具体原因的：其一，国家多灾多难，力有未逮；其二，列强侵略，国库竭蹶，故教育经费捉襟见肘，教员囊中羞涩；其三，战祸连年，耗费巨资。

①② 中国第二历史档案馆编：《善后会议》，档案出版社 1985 年版，第 394、395 页。

（三）推展社会教育

清末学部下设普通教育和专门教育二司，置社会教育于不顾。南京临时政府教育部成立后，提倡补习教育和民众教育，在教育部中增设社会教育司。这是社会教育第一次在教育行政中占一席之地，产生了极其深远的影响。社会教育司既经成立，即于 1912 年 1 月 30 日通电各省都督："社会教育，亦为今日急务，入手之方，宜先注重宣讲。即请贵府就本省情形，暂定临时宣讲标准，选辑资料，通令各州县实行宣讲，或兼备有益之活动影画，以为辅佐。并由各地热心宣讲员，集会研究宣讲方法，以期易收成效。所需宣讲经费，宜令各地方于行政费或公款中，酌量开支补助。至宣讲标准，大致应专注此次革新之事实，共和国民之权利、义务及尚武、实业诸端，而尤注重于公民之道德。当此改革之初，人心奋发，感受较易。"① 强调社会教育的重要意义，要着力推行社会教育。

在初改学部为教育部之时，便设社会教育司，辖宗教、美术及编辑三科，负责推行社会教育。1914 年 2 月 19 日，教育部公布《半日学校规程》十条，要求为幼年失学者设半日学校，提供半日或夜间补习，修业年限为三年。同时发布筹办普及教育训令，要求"在办初等小学的同时，应举办半日制学校，发展校外教育"②。

1915 年颁教育发展纲要，阐明凡学校以外的教育属社会教育的范畴。可分高尚与通俗两类：高尚者包括图书馆、博物馆、美术馆等；通俗者包括通俗讲演、通俗书报、通俗图书馆等。

1919 年教育部拟订全国教育计划书，提出社会教育分九项进行。《教育杂志》第 11 卷第 3 号全文刊登了"计划书"：

1. 图书馆　借此启导学术，其功用等于学校，乃就原有

① 《临时政府公报》第 5 号，1912 年 2 月 2 日。

② 陈学恂主编：《中国近代教育大事记》，上海教育出版社 1981 年版，第 251、252 页。

国立图书馆，大加整理扩充。

2. 建博物馆　以中国文化流传最久，历代留遗之古器，足资学术之参考文化之表征者，不胜缕举。

3. 扩充及补助通俗讲演所　以输入一般国民之普通知识，收效极宏。

4. 筹设美术馆　美感教育，极关重要。宜筹款设立，并办理提倡美术事宜。

5. 筹设教育动植物园　给予国民以直接观察之知识。

6. 提倡文艺、音乐、演剧　以高尚娱乐增高其思想，陶冶其品性。

7. 提倡公众体育　体育仅限于学校，未免偏枯，应筹设公众体育场所，以图国民体育之发展。

8. 制造通俗教育用具　如幻灯活动影片，于馆导社会，有最良之功用。

9. 译印东西文化书籍　择学术文艺中必要者译印，供校外教育之用。

在清末教育近代化进程中，社会教育虽在一定程度上受到重视，但并未见有什么成效。民国初年在发展普通教育的同时，社会教育亦受到重视，并采取了一些切实可行的举措，使社会教育物质层面发生一定变化，这是有目共睹的。

（四）创办高等学校

由于蔡元培对高等教育有所偏爱，民国初年教育部创办了一批高等学校。蔡元培曾回顾在教育部时对大学教育予以特别关注的争论，他说："我与次长范静生君常持相对的循环论。范君说：'小学没有办好，怎么能有好中学？中学没有办好，怎么能有好大学？所以我们第一步，当先把小学整顿。'我说：'没有好大学，中学师资那里来？没有好中学，小学师资那里来？所以我们第一步，当先把大学整顿。’把两人的意见合起来，就是自小学以至大学，没有一方面不整顿。不过他的兴趣，偏于普通教育，就在普通教育上多参加一点意见；我的兴趣，偏于高等教育，就在高等教育上多参加一点意见罢了。”① 蔡元培对高等教育情有独钟，关注点更多地放在高等学校上面。在蔡元培看来，各省所办的高等学校程度不整齐，中学毕业生进大学时，甚感困难，主要原因是“国立大学太少，规定于北京外，再在南京、汉口、成都、广州，各设大学一所”。于是，这些城市创办了高等师范学校，是为南京大学、武汉大学、四川大学和中山大学的前身之一，为中国高等教育的发展作出了重大贡献。蔡元培回忆说：“后来我的朋友胡君适之等，对于停办各省高等学堂，发见一个缺点，就是每一省会，没有一种吸集学者的机关，使各省文化进步较缓。这个缺点，直到后来各省竞设大学时，才算补救过来。”②

正是在蔡元培的高等教育思想的指导下，1912 年 7—8 月举行的全国临时教育会议，除决定十年之内在全国建成四个大学区，分别在北京、南京、武昌、广州设立大学以外，还通过了《划分高等师范学区案》等，拟在全国划分六个高等师范学区，以北京、南京、武昌、广州、成都、沈阳为本部，各设一所高等师范学校（北京另设女子高师一所）。③ 凡在这六大师范区内的优级师范学堂可改建为高等师范学校；不在这六大师范区内的优级师范学堂，均不得招收新生，等学生全部毕业后，即告停办或并入他校。其后，北京、南京、武昌、广州、沈阳、成都几大城市率先创办高等师范学校，成为当地吸纳学术人才之所，在一个幅员辽阔、经济与社会发

① 《我在教育界的经验》，高平叔编：《蔡元培全集》第七卷，中华书局 1989 年版，第 197 页。

② 《自写年谱》，高平叔编：《蔡元培全集》第七卷，第 312 页。

③ 《临时教育会议日记》，舒新城编：《中国近代教育史资料》上册，人民教育出版社 1979 年版，第 305 页。

展很不平衡的中国，谋求全国文化教育相对均衡发展，做了非常有意义的尝试。

北京高师成立最早，1912 年 5 月 15 日宣告成立。紧跟其后成立的是四川高等师范学校。1913 年春，四川优级师范学校改名为四川高等师范学校，并根据教育部颁《高等师范学校规程》进行整顿。次年 7 月开始招生，设国文部、英语部、数理部，分预科和本科。1915 年增设手工图画和乐歌体育两个专修科。1916 年 7 月，经教育部批准，增设史地部、物化（物理和化学）部、博物部，以足高等师范学校应设六部之数。同时，为了适应全国六大国立师范学校名称统一的要求，当年 11 月改称“国立成都高等师范学校”。1914 年 7 月，江苏省立第二师范学校校长贾丰臻等省内各公立学校校长，鉴于“苏省自光复后，中等学校教员大为缺乏”而致函江苏省巡按使公署，一致“请求设立高等师范学校”。当年 8 月 30 日，巡按使韩国钧批复：“由省委派校长先行筹办”，定校名为“南京高等师范学校”，同时成立“筹办事务所”，要求务必于当年“筹备完竣，以便定期开学”。① 武昌高师和广州高师亦相继成立。

在创办一批高等师范学校的同时，教育部注意高等学校的法制建设，通过高等教育法规保障高等学校的发展。1912 年 10 月，北京政府教育部颁行《大学令》22 条，对大学的教育宗旨、学科设置、学制年限、学生入学资格、教师职级和管理体制作了明细规定。1913 年 1 月，教育部公布了《大学规程》6 章 30 条，对大学预科、大学的学科及科目、修业年限、入学资格等，作了具体的规定。此外，教育部还公布了《专门学校令》和《专门学校规程》，明确规定了专门学校的办学宗旨、学校种类、设学管理、入学资

① 王德滋主编：《南京大学百年史》，南京大学出版社 2002 年版，第 47 页。

格等。

教育部创办的民国时期最早一批高等师范学校，是现代中国人才成长的摇篮，又是民国时期高等学校发展的“母机”，成为现代中国高等教育发展的重要基础。

五、北京政府教育行政的纷乱

辛亥革命的果实被袁世凯所窃取。袁世凯在中华民国的旗帜下，导演了复辟帝制的闹剧，颁布了一系列复古倒退的教育宗旨及制度。这给民初刚步入教育行政管理、学校管理科学化、民主化轨道的教育行政以很大冲击，造成北京政府时期教育行政的纷乱。

教育行政的纷乱，最具代表性的是教育行政首脑更换频繁，无一定任期。民国建元后首任教育总长蔡元培本来雄心勃勃，欲办一番大事业，却因政见不合等因，仅任半年时间便辞职。此后教育总长如同走马灯一般频繁更换。

（1）范源廉出任教育总长。1912 年 7 月 14 日，大总统袁世凯（1912 年 3 月 10 日—1916 年 6 月 6 日）批准蔡元培辞职；26 日，袁世凯重新任命各部部长，范源廉出任教育总长。范源廉（1875—1927），字静生，湖南湘阴人，早年就读于湖南时务学堂。后留学日本，1905 年回国，任学部主事。曾创办法律学校等。辛亥革命后，任教育次长、总长。就职时宣布按民元的教育方针主持教育部。袁行帝制时，他与梁启超、蔡锷通声气，从事倒袁运动。1916 年，黎元洪继任总统，被任为段祺瑞内阁之教育总长。1920 年 8 月及 1921 年 5 月，复任靳云鹏内阁之教育总长，旋即漫游海外，考察各国政治、教育。1923 年冬，被任命为国立北京师范大学第一任校长。他大力整顿师大，提倡人格教育，主持修订师大组织大纲和各种规程；主张严格考查学生成绩，但终因“经费竭蹶，债台高筑”，“痛愤之余，拂然而去”。①

（2）刘冠雄兼署教育总长。1913 年 1 月 28 日，袁世凯准范源廉辞职，以海军总长刘冠雄兼署。

（3）陈振先兼署教育总长。刘冠雄兼署教育总长不到两个月，袁世凯批准刘冠雄辞职，改以农林总长陈振先兼署。陈振先（1877—1938），字铎士，广东南海人。1907 年毕业于加利福尼亚大学。归国后授农科进士。曾任奉天农业试验场监督，兼高等农业学堂监督。他摆脱官习，出则骑马，从不乘车。购英国牛、美国羊，使孳养蕃畜，改良品种。经考察，奉天成绩优等，晋四品衔。民国成立，唐绍仪组阁，他因广东籍及留美关系，被任为农林部次长；1912 年 7 月，官农林总长，后兼署教育总长。1915 年向袁世凯签名劝进，名节因之扫地。

（4）董鸿祎代理教育总长。1913 年 5 月 1 日，袁世凯批准陈振先辞职，令次长董鸿祎暂行代理。

（5）特任汪大燮为教育总长。1913 年 9 月 11 日，袁世凯特任汪大燮为教育总长。汪大燮于同月 15 日就职。汪大燮（1859—1929），字伯唐，浙江杭县人，光绪举人。光绪二十八年（1902年）派充留日学生监督。次年任外务部参议，旋任驻英公使。光绪三十二年（1906 年）转外务部侍郎。1913 年 9 月，任熊希龄内阁之教育总长。晚年远离政治，登报谢绝一切团体名义，唯对手创的平民大学（任董事长）不忍舍去。

（6）严修任教育总长（蔡儒楷代理）。1914 年 2 月 20 日，汪大燮被免职，袁世凯任命严修为教育总长。严修字范孙，原籍浙江慈溪，先世移居天津。清末负海内教育家重望者，南曰张（謇），北曰严（修）。曾任职于提学使司，以劝学筹款为首务，创设劝学

① 北京师范大学校史编写组编：《北京师范大学校史》，北京师范大学出版社 1982 年版，第 73 页。

所、宣讲所等。又创天津模范小学、天河师范、北洋师范、高等法政、女子师范等学堂。尤注重师资，推荐20人赴日习师范。民国二年（1913年）颇致力于政治。既见事不可为，乃漫游欧洲。归国后见袁政府之专横不可扼制，乃遇事韬晦。西南起义，袁颇自危，严修劝其撤去帝号。此后专心教育，不言政事。可以推断，他实以韬晦之计拒绝袁世凯聘任。

（7）汤化龙任教育总长。1914年5月1日，袁世凯特命汤化龙为教育总长。汤化龙（1874—1918），字济武，湖北浠水人。1902年中举，1904年中最后一届进士，授刑部主事。应山西学政宝熙之聘，任山西大学堂国文教习。辛亥前自请资送赴日学习法律。1911年10月10日夜"潜匿私室"，次日在士兵逼迫下始出任事。见革命可能成功，乃转而附和革命。在教育总长任内，颁布了一系列复古倒退的教育宗旨。1915年8月，袁世凯的帝制丑剧敲响了开台锣鼓，国人反帝制斗争更加高涨。他见袁已靠不住，遂于9月10日称病告假赴津。10月，辞职获准。

（8）张一麐任教育总长。1915年10月5日，汤化龙辞教育总长职，袁世凯任命张一麐为教育总长。张一麐（1867—1943），字仲仁，江苏吴县人。举人出身，应经济特科，廷试取录一等，授补用知县。学部侍郎严修荐为直隶提学使，未就。袁任总统，他被召为总统府秘书，后为机要局长。1915年10月任徐世昌内阁教育总长，每月捐俸洋200元，以为注音字母传习所经费。因不赞同复辟帝制，还苏。段祺瑞二次组阁，任教育总长，未几离职。与张謇等组苏社，任理事，并兼任国语统一筹备会会长。

（9）张国淦为教育总长。1916年4月23日，袁世凯命张国淦为教育总长。张国淦，字乾若，号石公，湖北蒲圻人。1912年4月，袁世凯窃取大总统职位后，他深得袁的器重，任国务院铨叙局局长、国务院秘书长。1913—1916年，他先后任总统府秘书长、政治会议副议长、国务院内务次长、教育总长等职。他与黎元洪因同乡关系结为好友，深受信任，又与段祺瑞、徐世昌关系密切。官僚军阀们权力之争表面化后，他从中调解，起到了息事宁人的作用，博得各方倚重。

（10）傅增湘任教育总长。1916年，黎元洪继任总统（1916年6月7日—1917年7月30日），任命范源廉为段祺瑞内阁教育总长。1917年12月4日，范因赴美考察教育，辞教育总长职。冯国璋任命傅增湘任教育总长。傅增湘，字沅叔，别号双鉴楼主人等，四川江安人。光绪二十四年（1898年）进士。自1905年开始，即从事教育工作，曾创天津女子公学、高等女学、北洋女师。1908年任直隶提学使，任职三年。其间大力推广基础教育，尤其重视乡村小学。往往不辞旅途辛劳，亲赴全省各地视察学校，旁听讲课，并评定优劣。他“在保定、天津、滦县、邢台四地创设初级师范学堂，为全省广储教师。在当时，身为一省提学使，能亲赴各地视察，甚至深入荒村古寺的新设学校中旁听，并加以指导，在全国确是难能可贵的创举，对推广小学教育，鼓舞办学士气，提高教学质量，起了很好的作用”①。

1917年他担任北洋政府王士珍内阁教育总长，年46岁，下两届内阁又复留任。五四运动爆发，因反对镇压学生和拒绝签署免蔡元培北京大学校长之命令，愤而辞职。为避当局阻挡，微服化装，由夫人陪同去火车站，搭乘三等火车到汉口、扬州等地亲友家中隐居，未告知家人，以致家人惊慌不宁。出走以后，学生运动提出的条件之一，便是挽留傅增湘、蔡元培。此后决意退隐，周游名山。1922年由友人推荐，情不可却，任了非阁员的财政整理委员会督办。但仅一年即坚决退隐，自此匿迹政坛。

① 李国俊：《致力于藏书、校雠、出版、献书审议会的名宿傅增湘》，四川省政协文史资料研究委员会、四川省文史馆编：《四川近现代文化人物》，四川人民出版社1989年版，第110页。

(11) 黄炎培为教育总长。1920 年 8 月 11 日，北京政府大总统徐世昌（1918 年 10 月 10 日—1922 年 6 月 2 日）任命范源廉为教育总长；1921 年 5 月 14 日，靳云鹏内阁改组，教育总长仍为范源廉。1921 年 12 月 25 日，北京政府梁士诒组阁，任黄炎培为教育总长；未到任前，由齐耀珊兼署教育总长。黄炎培是著名职业教育家。1912 年他任江苏省教育司长。1915 年参加游美实业团，考察美国教育，回国之后深感有发展职业教育之必要。1916 年在江苏省教育会中设职业教育研究会，亲主其事，次年 5 月他广结南北知名人士，成立中华职业教育社①，他是该社实际领导者。1918 年在上海设立中华职业学校，提出手脑并用、双手万能，实行工读结合。

(12) 周自齐为教育总长。1922 年 4 月 8 日，北京政府大总统徐世昌任命周自齐为教育总长。周自齐（1869—1923），字子廙，山东单县人。光绪甲午科副贡，在方言、同文诸馆供职，通英语。曾任袁世凯内阁副大臣；1913 年 9 月，任熊希龄内阁交通总长，徐世昌内阁财政部长。1916 年黎元洪下令通缉帝制祸首，周自齐亦列名其中。遂亡命日本。1917 年归国。1922 年 4 月，被任为国务总理兼教育总长。6 月，徐世昌退位，周自齐依法兼摄大总统职务。黎元洪入都，始卸教育部长职，漫游欧美。

---

① 中华职业教育社，近代教育团体，简称“职教社”。1917 年 5 月 6 日由黄炎培联合教育界、实业界知名人士蔡元培、张謇、宋汉章、梁启超等人发起成立。宗旨为推广职业教育，改良职业教育、普通教育，沟通教育与职业，达到使无业者有业、有业者乐业、改良社会的目的。社员分三种，即普通社员、特别社员、永久特别社员。下设议事部、办事部。前者由特别社员互举 7～25 人组成；后者为实际掌权机关，设主任 1 人、总书记 1 人。黄炎培连任办事部主任达 11 年。1928 年改由江恒源（问渔）接任。1917 年 10 月出版机关刊物《教育与职业》，1949 年停刊，1985 年复刊。1925 年陆续创办《生活》、《国讯》、《展望》等刊物。1966 年后停止活动，1979 年恢复社务。

(13) 高恩洪兼代教育总长。1922年6月12日北京政府大总统黎元洪(1922年6月11日—1923年6月13日)任命黄炎培为教育总长,黄炎培未到任前由交通总长高恩洪兼代。黄炎培坚辞不就。

(14) 王宠惠兼教育总长。1922年8月5日,北京政府大总统黎元洪任命代理国务总理王宠惠兼教育总长。王宠惠(1881—1958),字亮畴,广东东莞人。天津北洋大学堂法科毕业,留学欧美,先后得美国耶鲁大学博士学位,并考取美国律师资格。1922年8月,就任唐绍仪内阁教育总长。1926年被选为国民党二届中央监委;5月,颜惠庆内阁复活,任教育总长,未赴任。1927年任国民政府司法部长。1928年任国民政府委员兼司法院院长。

(15) 汤尔和任教育总长。1922年9月5日,北京政府大总统黎元洪任命汤尔和为教育总长。前此于7月25日曾令汤尔和暂理部务。

(16) 彭允彝为教育总长。1922年11月29日,北京政府大总统黎元洪任命彭允彝为教育总长。1923年1月,彭非法逮捕北大兼课教师、财政总长罗文干,蔡元培因其干涉司法独立,愤而辞去北大校长职。他在辞呈中说:"元培目击时艰,痛心于政治清明之无望,不忍为同流合污之苟安,尤不忍于此种教育当局之下支持教育残局,以招国人与天良之谴责。"①1月17日发表声明云:"元培为保持人格起见,不能与主张干涉司法独立、蹂躏人权之教育当局再生关系,业已呈请总统辞去国立北京大学校长之职,自本日起,不再到校办事,特此声明。"② 18日,北大学生举行大会,通过

① 《向大总统辞北大校长职呈》,高平叔编:《蔡元培全集》第四卷,中华书局1984年版,第309页。

② 《辞北大校长职声明》,高平叔编:《蔡元培全集》第二卷,中华书局1984年版,第310页。

"驱逐彭氏","挽留蔡校长"、"警告国会"等项决议。同年1月30日,彭允彝正式就任北京政府教育总长。

(17)黄郛为教育总长。1923年9月4日,北京政府大总统黎元洪任命黄郛为教育总长。黄郛(1880—1936),字膺白,号昭甫,浙江绍兴人,蒋介石、冯玉祥的朋友与顾问。1908年从日本振武学校毕业。1923年春代施肇基任外交总长,复任外交委员会委员长。9月,于高凌霨之摄政内阁转任教育总长。1924年,颜惠庆内阁复任教育总长。及冯玉祥推倒直系,曹锟被囚,黄郛任国务总理,兼摄大总统事,执政府成立始下野。1927年任上海特别市市长。

(18)范源廉、张国淦、黄郛任教育总长。1924年1月12日,北京政府大总统曹锟(1923年10月10日—1924年11月3日)任命范源廉任教育总长,范辞不就。21日,复任命张国淦为教育总长。9月14日,再任命黄郛为教育总长。

(19)易培基为教育总长。1924年11月10日,北京政府摄政黄郛(1924年11月2日—11月23日)以大总统名义任命易培基为教育总长。24日,临时执政段祺瑞任命王九龄为教育总长。25日,王九龄未到任前令马叙伦次长暂代部长。易培基,字寅村,湖南长沙人。曾肄习于湖北两湖书院、方言学堂。1913年,任湖南第一师范、高等师范、高等工业学校教员。1923年任广东大学教授及文科主任。1924年大本营特派为驻北京全权代表,任黄郛内阁教育总长、清室善后委员会委员。1925年,又任许士英内阁之教育总长。

(20)马叙伦代教育部总长。王九龄未到任,1924年11月25日宣布由马叙伦代总长。马叙伦(1885—1970),字彝初(夷初),浙江杭州人。1913年汤尔和创北京医校,马叙伦任中文教师,不久回浙江从事反袁活动。1922年9月任王宠惠内阁教育部次长。11月内阁倒台,回北大教书。1924年又任教育次长。因他已是国民党北京党部宣传部长，故不久辞去教育部次长的职务。1925 年 2 月 16 日，他于执政段祺瑞在北京召开的善后会议上提出三要案：教育经费独立案，教育基金宜即指定专款案，小学教员应由国家补助薪金案。

（21）王九龄任教育总长。1925 年 3 月 16 日，北京临时执政段祺瑞（1924 年 11 月 24 日—1926 年 4 月 20 日）任命王九龄为教育总长，同日就职。北京各校均反对王九龄就任教育总长，各校代表在教育部门前“挡驾”，王九龄由警察保驾护航到部。4 月 14 日，段祺瑞令王九龄请假，以章士钊暂行兼署。

（22）章士钊任教育总长。1925 年 4 月 14 日，章士钊代教育总长。章士钊（1881—1973），字行严，湖南长沙人。辛亥革命后，任浙江教育司长，曾被任为北京大学校长。1926 年，军务院成立于肇庆，聘章任秘书长。1924 年底，段祺瑞入京执政，任为司法总长，旋又转任教育总长。1925 年 7 月，续刊《甲寅》① 杂志于北京，改为周刊，反对新文化运动。因杂志封面绘一虎，人咸谓之“老虎报”，又称他为“老虎总长”。一时北京遂有“打虎”运动发生。1925 年 4 月 17 日，北京临时执政府教育部颁布整饬学风禁止学生集会令。代教育总长章士钊亲自起草了命令：“近来各校，每有校外团体，假借校舍开会；或本校学生，亦时有在校号召非有关

① 《甲寅》，政论性期刊名。1914 年（夏历甲寅年）5 月创刊于日本东京。月刊。发起人为胡汉民，秋桐（章士钊）为主编。陈独秀曾协助编辑工作。撰稿人主要有高一涵、周鲠生等。主要栏目有时评、评论、通讯、文艺等。其宗旨为“条陈时弊，朴实说理”，新刊政论文章。有反袁倾向。《甲寅》虽名为月刊，但经常脱延。1915 年 5 月出至第五期后，迁至国内出版。该年 10 月停刊。此后曾两度复刊。1917 年 1 月在北京第一次复刊。初为日刊，2 月改为周刊。1925 年 7 月，第二次复刊。时恰值章士钊任段祺瑞政府教育总长，此刊遂成为半官方刊物。该刊宣传封建复古思想，反对新文化运动，还刊载抵制学生爱国运动的政府公文。封面为一只老虎。1927 年 2 月停刊，共出 45 期。

益身心之会。叫嚣扰攘，流弊何穷？实属有妨秩序，显背部章，合亟通令告诫。……倘未得校长允许及职员之督率，任意开会，或非学生在校借地开会等事情，应即一律禁止，以肃学风而敦士习。”①

5月7日，兼代总长章士钊禁止学生举行国耻纪念活动，学生与警察发生冲突，学生被捕者18人，受伤多人。下午，学生捣毁章宅。9日，学生四千多人向政府请愿，要求释放学生，废止治安警察法、出版法，并罢免章士钊。12日，章士钊辞本兼各职。

1925年7月28日，北京临时执政段祺瑞仍任命章士钊为教育总长。章士钊因鲁迅支持女师大学生运动，8月12日呈请段祺瑞免去鲁迅教育部佥事职务。22日，鲁迅向军政院投诉状，控告章士钊，胜诉。10月30日，章在教育部部务会议上讨论中小学课程标准时，提倡小学读经，禁用国语。

（23）易培基回任教育总长。1925年12月31日，北京临时执政府执政段祺瑞再度任命易培基为教育总长。

此后，在不长时间内，教育总长席位多次变动：1926年3月4日，段祺瑞任命马君武为教育总长，马辞不就。31日，任命胡仁源为教育总长。5月13日，北京军政府大元帅张作霖任命王宠惠为教育总长。6月22日，张作霖又任命任可澄为教育总长。

考察教育权柄易主的历史，可知在1912年到1927年前的15年时间中，教育总长的第一把交椅更换了近三十人次之多！平均一年易二主，有时两个月或数月甚至数天就交换权柄。政治的纷乱、政局的动荡，军事斗争导致教育行政纷乱，教育行政纷乱的标志是教育总长频频易人。全国教育行政的最高领导者如此频繁更换，使已经建立起来的教育行政制度不可能切实执行，刚刚建立起

① 中央教育科学研究所编：《中国现代教育大事记》，教育科学出版社1989年版，第99页。

来的教育行政组织机构不能正常运转，基本处于瘫痪状态，因而实在难以对全国教育事业进行切实领导，也难以对全国各级教育进行一盘棋部署，即使是曾留学西洋、在教育上颇有造诣的教育家，使尽浑身解数，亦难见成效。上梁不正下梁歪。中央教育行政的纷乱，必然波及各省、县教育行政，对各级各类学校管理、布局、规划，必产生不良影响。教育部以下各单位，无疑会等待观望，看风使舵，投机钻营。

从教育部总长素质上分析，经任命的近三十人次的教育总长中，对教育理论、教育管理有所研究者，除范源廉、蔡元培、黄炎培、马叙伦等外，实不多见。有的以海军总长、司法总长等兼任，有的纯粹是因骑墙中立、平衡关系、亲朋故友、同乡同学关系担任教育总长。这些门外汉掌理全国教育，其结果是可想而知的。由于任免过于频繁，使得一些本来可能有较大作为、素质颇高的教育总长，亦政绩平平，无所建树。这是令人深思和惋惜的。

六、首任教育总长的建树

蔡元培（1868—1940），字鹤卿，号孑民，浙江绍兴人。中国近代民主革命家、教育家。光绪进士，授翰林院庶吉士，补编修。1898—1901年，先后担任绍兴中西学堂监督和上海南洋公学教习。1902年，与章炳麟等在上海创立中国教育会，被选为会长。主持爱国学社和爱国女校。1907年去德国莱比锡大学留学。1911年武昌起义后，任南京临时政府教育总长。1912年7月因不满袁世凯专制统治，辞去教育总长职务，再次赴德学习，后又到法国考察。1915年与吴玉章、李石曾在法国组织留法勤工俭学会及华法教育会。1916年回国后任北京大学校长。1923年离开北大，再赴欧洲，参与要求英国政府退还庚子赔款、兴办教育的活动。1927

年后，任大学院院长和中央研究院院长。1937 年抗日战争爆发，上海沦陷，移居香港，1940 年在香港病逝。其著作辑有《蔡元培全集》。

蔡元培是中国近现代著名民主革命家和教育家，是中国教育史上开风气的人物，很多教育思潮和教育运动，都与他的思想有关。蔡元培数任教育行政首脑，在教育行政改革方面建树极丰。

（一）颁布《普通教育暂行办法》

在蔡元培的领导下，南京临时政府教育部 1912 年 1 月颁布了《普通教育暂行办法》，对清末旧学制进行改革。此项改革的主要内容有如下诸点：（1）改学堂为学校；（2）小学废止读经；（3）各种教科书务必符合共和国国民教育宗旨，清学部颁行之教科书一律禁用，如学校教员遇有教科书不合共和宗旨者，可随时删改；（4）初小可男女同校；（5）中学为普通教育，文实不分科；（6）废止旧时奖励出身；（7）拟订教育部官制。鉴于欧洲诸国校外教育的发达，中国年长失学者居多，为使他们能受到教育，蔡元培极力提倡社会教育，他创设社会教育司，与普通教育司、专门教育司平立。这是社会教育首次在教育行政上获得独立地位。

（二）召开临时教育会议

袁世凯窃取临时大总统后，任命唐绍仪为国务总理。袁邀请蔡继续担任教育总长，他力辞不就，荐范源廉以自代。但范源廉坚辞不就，请袁挽留蔡元培。袁、唐遂一再邀请蔡元培继续任总长。1912 年 4 月 26 日，他不得已到教育部视事，部地设于铁匠胡同原学部旧署内。

为了改订适合共和政体的学校制度，蔡元培决心广泛征集全国教育专家的意见，决定教育的基本方针和学校制度，谋求教育事业的发展，在主持教育部后进行的一项重要工作，便是召开全国临时教育会议。

全国临时教育会议于1912年7月10日正式举行。蔡元培致开幕词。他指出："今日之临时教育会议，即中华民国成立以后第一次之中央教育会议，此次会议关系甚为重大。因有此次会议，而将来之正式中央教育会议，即以此次会议为托始。且中国政体既然更新，即社会上一般思想亦随之改革。此次教育会议，即是全国教育改革的起点。此次议决事件，如果能件件实行，固为重要关系，即使间有不能实行者，然为本会已经决议之案，将来亦必有影响。"①

蔡元培认为，"前清时代承科举余习，奖励出身，为驱诱学生之计"，其目的在于"使受教育者皆富于服从心、保守心，易受政府驾驭"，教育家的任务是促使教育者养成对社会"克尽其种种责任之能力"。完成此任务，必须提倡五种主义，以"公民道德为中坚，盖世界观及美育皆所以完成道德，而军国民教育及实利主义，则必以道德为根本"。②

这是中华民国第一次全国性教育会议，对中央教育行政产生了巨大影响。

（三）主持修订新学制

在全国临时教育会议中，蔡元培起草了《大学令》，经会议通过，教育部于1912年10月颁布。会议还重订学制，制定学校系统，于是年9月3日颁布。因为这一新学制的制订跨越两个年度，即从1912年全国临时教育会议开始到1913年8月，陆续公布各级各类学校规程，这两年的天干、地支是壬子、癸丑，故在中国近代教育史上称作"壬子癸丑学制"。壬子癸丑学制前后实施了10年，

①② 高平叔编：《蔡元培全集》第二卷，中华书局1984年版，第262、263页。

在中国学制史上占有特殊地位。

1922年9月20日至30日，北洋政府教育部召开学制会议，蔡元培任主席。会议主要议决案有《学校系统改革案》等。同年11月2日，以北京政府大总统黎元洪令公布实施。《学校系统改革案》确定的改革标准为胡适所提出的七原则：（1）适应社会进化的需要；（2）发挥平民教育精神；（3）谋个性之发展；（4）注意国民经济力；（5）注意生活教育；（6）使教育易于普及；（7）多留各地方伸缩余地。1922年为壬戌年，史称“壬戌学制”。壬戌学制与壬子癸丑学制最大的不同点有六：（1）小学由7年缩为6年，义务教育年限暂定4年；（2）中学由4年延展为6年，分初高两级，各3年，实行选科制；（3）师范由5年延长到6年；（4）以职业教育系统代替实业教育系统；（5）大学设科多寡不限，4～6年，不设预科；（6）蒙养园改为幼稚园，收6岁以下儿童。

《学校系统改革案》又提出：“注意天才教育，得变通年限及教程，使优异之智能尽量发展”，“对于精神上或身体上有缺陷者应施以相当之特种教育”。此学制影响最为巨大，甚至20世纪50年代后大陆与台湾亦基本沿用此学制。

考察壬戌学制的来龙去脉，它既是广州全国教育会联合会第七届年会的成果，是民间自发起草，最后由政府通过的第一个学制，又反映了五四平民教育、科学民主思潮对学制的影响，同时还明显受到美国学制的影响。

（四）改革大学教育

民初全国大学程度受清末影响，参差不齐，中学毕业生进大学极感不便，故蔡元培决定设大学预科，附属于大学，以求程度划一。高师科学程度较低，决定逐渐停办；中学师资以大学毕业生再进修教育者充之。因国立大学太少，规定在南京、汉口、成都、广州各设大学一所。

蔡元培主张仿德国大学学制，改清末学制上规定的大学之上设的通儒院①为大学毕业生的研究之所。他亲自起草的《大学令》，规定大学高年级学生必须入研究所，俟研究的问题解决才告毕业。蔡元培认为，大学与普通学校不同点主要因它是研究学理的机关，故应偏重发明学理的文理科。基于此认识，《大学令》规定：设法商等科而不设文科的，不得为大学；设医工农等科而不设理科的，亦不得为大学。蔡元培又主张取消经科。清末高等教育仿袭西方设神学科之例，在文科之外又设经科。蔡元培认为诸经中，《易经》、《论语》、《孟子》拨入哲学系，《诗经》、《尔雅》置于文学系，《尚书》、“三礼”、“大戴记”、“春秋三传”分入史学系。十余经已五马分尸，已无专设经科的必要。

蔡元培是民国建元后的第一位教育总长，是第一个现代国家最高教育行政机关——教育部的创建者。他任教育总长的时间虽然不长，但对于清末陈腐的教育制度的摧毁和现代新型学校教育制度的建立，作出了卓越的贡献。

第二节 省教育厅和教育司的设置

中华民国成立后，各省教育事业，大多附属于都督府。都督府下设参谋厅和军政厅及民政、财政、司法、外交四司。在民政司中设有总务、警察、教育、实业、交通五科。教育之事由五科中的教

① 通儒院，清末癸卯学制中规定的最高学府，附设于京师大学堂内。按规定，入院者必须是分科大学毕业或相同学历者。学制五年。教学方法以独立研究为主。学生毕业时要求能发明学理，著有成书，或者可制造出新器具，足资利用。但未见实行。

育科掌理。1917 年 9 月 6 日，各省设教育厅，其后各省教育行政多有变化。

一、摇摆不定的省级教育行政机构

清末省级教育行政系统比较紊乱，尚有一些省份并没有按照学部要求进行省级教育行政机构改革。中华民国教育部成立后，在形成全国教育行政系统方面作过一些积极努力。1912 年 5 月，教育部电饬各省教育长官名称均须一致。其电文云："现在官制未定，名称纷歧。凡本部通行公事，有称教育司者，所有主管全省之教育长官，无论名称是否相符，均应一律遵照，以专责成。"① 1913 年 1 月，北洋政府大总统公布《划一现行各省地方行政官厅组织令》，规定须划一各省行政公署，除各设一总务处外，下设内务、财政、教育、实业四司。并规定划一各司设官名称，各司设司长、科长和科员。根据这一文件可知，各省行政公署下设教育司分管教育事宜，一省最高教育行政机构即为教育司。

1913 年 9 月，国务院通电各省，因为财政困难的原因，不得不实行精减机构，否则不能继续维持，乃饬令所属司局，如教育、实业两司，除湖北、广东、江苏和直隶等省外，其余各省须将教育、实业两司并归到内务司，设立教育和实业两科。此举虽然是不得已而为之，实属无奈而采取的临时办法，但是因为教育不属独立的机关，自然没有独立的地位，教育发展必然受到来自各个方面的掣肘。很多学者为教育面临的如此惨状深感痛心，发出了专设独立的教育行政机关的呼吁。高丕基草拟了《各省教育行政宜设专管总机关》的草案，指出："窃维立国之道，首在开通民智；欲开通民

① 《教育部电饬各省教育长官名称均应改归一律》，《教育杂志》第 4 卷第 4 号，"记事"，1912 年。

智，须力求教育普及；欲教育普及，端在整顿地方教育行政之机关。盖各省教育行政，非有专管总机关，则不能谋地方教育之发达，全国教育之精神，亦万难统一，故各国地方教育行政均有特别机关之组织。”他建议借鉴德国、法国、美国等国家经验，美国“各州均设学务局，直隶于中央教育部。法国分全国为十七大学区，每区设一学务局，以办理地方学务，其学务局之长官，直接受中央之管辖”。他认为当时的教育行政体制弊端甚多，“提学使司专管机关已裁撤，仅于各省巡按使署、道署、县署分设教育科，则教育科员为巡按使道尹县知事之属僚，对于中央教育部无直接关系，教育部对于各省教育科员之办理学务，势不能直接督责。微论各省地方教育行政，难谋全国统一之进行，且其中实有种种莫大之隐患”。①

1914 年，诸如高丕基那样要求设置地方教育行政独立官厅的呼声逐渐增大，而且出现了由相当一级组织出面呈请之举。当年 6 月，直隶、京师、山东、奉天、山西、黑龙江、陕西、湖北、安徽、湖南、广东等省教育会会长、副会长联合呈请设置地方教育独立官厅，认为“巡按使为全省行政官，于教育行政只能提挈大纲，至于考核稽察之权，不得不分诸属吏，而教育科长分位不崇，即使勉力尽职，其实权亦不能稽核地方官吏”，请大总统“俯念教育为立国之根本，仍令各省设置教育独立之官厅，庶足以专责成而收实效”。② 各省教育会会长和副会长的振臂疾呼，终于促成 1914 年 12 月教育总长汤化龙呈请大总统设立各省教育厅。汤化龙的呈文有三项内容：其一为“陈明教育纲要”；其二为“请以命令，饬各省保全教育经费”；其三为“请以各省政务厅中之教育科及视学官等组

① 朱有瓛等编：《中国近代教育史资料汇编·教育行政机构及教育团体》，上海教育出版社 1993 年版，第 125、126 页。

② 《直隶等省教育会联合呈请设置地方教育独立官厅》，《教育杂志》第 6 卷第 4 号，“记事”，1914 年。

织教育厅”。①

鉴于我国幅员辽阔，各省教育发展很不均衡的现实，一下子划一全国各地教育行政体制有很大的难度，但独立的教育行政机构之设又迫在眉睫，教育部遂出一两全之策，实行分步推进。教育部制订了一个计划，提出：“政府对于地方教育之计划，本拟设立教育厅，为独立机关，以督办全省之教育。惟苦于经费不足，以致久未实行。近以各方面之条陈，益知教育厅之设置，为不容已，因拟着手筹备，惟现当经费缺乏之际，拟先缩小其规模，而采逐渐扩充办法。”以前教育行政机构不独立，主要原因之一是经费拮据，现在经费问题并没有解决，而教育行政机构要独立，所以教育部强调，教育厅设立不能拉大架子，务须控制规模，逐渐扩充，因而对经费进行大致匡算：“甲、临时费：各省教育厅设立之初，一切筹备之临时经费，由各省担任，至多不得逾三千元。乙、经常费：各省教育厅之年支经常费，比较各省事务之繁简分为三等：（一）直隶、江苏、湖北、四川、广东等省为一等，每年三万元；（二）河南、山东、山西、奉天、湖南、安徽、江西、浙江、福建等省为二等，每年二万四千元；（三）陕西、甘肃、新疆、吉林、黑龙江、云南、贵州、广西等省为三等，每年一万九千二百元。”②

民间教育组织坚持不懈地要求迅速设立各省教育厅。1915 年、1916 年，第一、二届全国教育会联合大会都有请速设立各省区教育厅的提案。会议提案从教育行政事务的性质、教育行政责任专属、教育行政制度史和外国通例等角度阐述了设立教育行政机构的必要性和重要性。譬如，就教育行政事务的性质而论，“教育为一种特殊事业，与他项政务不同。其考核宜衷诸教育原理，其整饬各

① 《教育总长汤化龙请各省组织教育厅》，《教育杂志》第 7 卷第 1 号，“记事”，1915 年。

② 《教育部设立各省教育厅之计划》，《教育杂志》第 7 卷第 8 号，“记事”，1915 年。

种学校，推广地方教育，尤宜悉心体察实际情形，加以妥切之筹划，乃可确收成效。现行省官制，虽设教育一科，而主持政务之权则属之巡按使。巡按使综一省大政，处理要务，日本不暇给。即政务厅长参划机宜，亦复薄书旁午。其于教育事务，即不偏废，亦只能视为各种政务中之一种，不能有详确之筹划。所属教育科，则秉承指示，或只司文牍册籍之钩稽，恐难策教育推行之宏效。故欲求发展教育，而督促其进步，不能不专设教育厅也"①。

由于教育部与全国教育会联合会上下联手，造成了强大的舆论攻势，终致地方省教育厅"千呼万唤始出来"，1917 年 9 月和 11 月，先后颁布了《教育厅暂行条例》和《教育厅署组织大纲》两文件。

1917 年 9 月 6 日，代理总统冯国璋颁布《教育厅暂行条例》，规定各省教育厅直隶于教育部，设厅长 1 人，由大总统简任，秉承省长，执行全省教育行政事务，监督所属职员暨办理地方教育之各县知事。教育厅分设各科处理各项事务。设科多寡视事务繁简定夺，但至多不得逾三科。各科设科长 1 人，科员最多不超过 3 人，掌理本科教育事务。9 月 7 日，任命各省教育厅长。9 月 8 日颁布大总统令：所有省长公署政务厅内依据省官制第十四条所设教育、实业二科，着即废止。

《教育厅暂行条例》大约实施两个月后，教育部于 1917 年 11 月 8 日颁布《教育厅署组织大纲》，规定教育厅公署下设第一至第三科。各科职掌如下：第一科，掌管印信，收发文件，办理机要文牍，整理案卷，综核会计庶务，编制统计报告，及不属于他科之各事项。第二科，主管普通教育及社会教育。第三科，主管专门教育及外国留学事项。《大纲》规定，各科为办理收发、庶务、会计、统计事项，及遇有特别繁重事务时，得增设事务员。各厅仅设两科

① 《第一、第二届全国教育会联合会大会议决案之一：请速设各省区教育厅案》，朱有瓛等编：《中国近代教育史资料汇编·教育行政机构及教育团体》，上海教育出版社 1993 年版，第 130 页。

时，得以第三科事项归并第二科办理。①

《教育厅署组织大纲》颁布后，各省先后设置教育厅，建立起省级教育行政管理部门。贵州省教育行政部门的演变轨迹，正好印证了现代中国地方教育行政机构设置的过程。1911年11月，辛亥革命在贵州取得胜利，大汉贵州军政府设立学部，部长谭璟，副部长傅中藩。1912年3月，军政府被颠覆。5月，唐继尧在都督府下设教育司，司长何麟书，副司长符诗熔。1913年，唐继尧离黔，刘显世任贵州护军使，戴戡任贵州巡按使，唐尔镛任教育司长。1914年，袁世凯任命亲信龙建章任贵州巡按使，取消教育司，仅在巡按使的政务厅下设一教育科。1921年，袁祖铭主黔时，曾组织贵州教育委员会，分总务、专门、普通三科，各科委员常驻办公，但很快就因政局变化，又变为政务厅下的一个科。1923年，滇军第二次入黔，云南军阀唐继虞任贵州军事善后督办，省政府增设教育司，邀请谢隽彝任教育司长。谢隽彝提出任职的“任期暂代两月”、“教育经费独立”、“服务地方不用官样文章官僚形式”的三个条件，于1923年9月15日正式任职。他任职后拟订了《贵州省教育司暂行组织条例》、《贵州省教育司行政组织大纲》和《贵州省教育司教育委员会组织章程》等文件，并创办教育刊物《贵州教育公报》。但由于他提出的条件并不能得到满足，当年12月他以“经费困难”、“无从着手工作”为由提出辞职。1926年，周西成任贵州省长，委任周恭寿代理教育厅长。次年3月1日，教育厅正式成立。周恭寿任厅长期间，将县劝学所改为教育局，并采取有力措施，大力调整和发展贵州教育，“是军阀统治贵州时代贵州教育较有生气的时期”。②

① 《教育部核准教育厅署组织大纲》，朱有瓛等编：《中国近代教育史资料汇编·教育行政机构及教育团体》，上海教育出版社1993年版，第133页。

② 孔令中主编：《贵州教育史》，贵州教育出版社2004年版，第276页。

江苏省辛亥革命后在民政司下设总务、警务、教育、实业、交通五科，教育是其中之一科。1912 年 3 月，临时省议会议决都督交议都督府暂行官制 13 条，设民政、财政、教育、实业、提法、外交六司，“以教育实业事简，仍隶于民政司，与总务、警务、统计、选举、交通并称科”。教育科设科员 1 人。4 月，设省视学 6 人。6 月，宁苏机关合并，重行组织。教育科设科长 1 人，科员 2 人，助理员 1 人。12 月，军民分治，设教育司，置司长 1 人，简任。第一至第四科各设科长 1 人，科员 2 人，另设助理员 3 人，不分科。① 江苏省仅民国元年省教育行政机关便有如下三个模式。

第一，1912 年 2 月以前：

- 都督府
  - 参谋厅
  - 军政厅
  - 民政司
    - 实业科
    - 警务科
    - 总务科
    - 教育科
    - 交通科
  - 财政词
  - 提法司
  - 外交司

第二，1912 年 3—11 月：

- 都督府
  - 提法司
  - 教育司
    - 选举科
    - 实业科
    - 警务科
    - 总务科
    - 教育科
    - 统计科
    - 交通科
  - 民政司
  - 财政司
  - 实业司
  - 外交司

① 《江苏省教育行政机构之变迁》，朱有瓛等编：《中国近代教育史资料汇编·教育行政机构及教育团体》，上海教育出版社 1993 年版，第 137 页。

第三，1912 年 12 月—1913 年 7 月：

- 省行政公署
  - 教育司
    - 第一科
    - 第二科
    - 第三科
    - 第四科
  - 内务司
  - 财政司
  - 实业司

省级教育行政机构长期没有独立的地位，附设在省政府政务厅之下，时而教育司，时而教育委员会，时而政务厅下的教育科，等等，变化不定。江苏省是地方教育行政改革雷厉风行的省份，在短短的一年多中便有三种教育行政机构模式，教育行政机构摇摆不定情形可以想见；教育行政官员没有独立地位，仰人鼻息，做一天和尚撞一天钟，鲜有作为。

二、省级教育行政职官及其职能

无论是南京临时政府还是北京政府时期，财政都极度紧张，在教育行政官员的设置上都精兵简政，尽量压缩教育行政官员的编制，以减少开支。1913 年 1 月大总统公布《划一现行各省地方行政官厅组织令》，规定各省行政公署内设教育司，各司设官称为司长、科长和科员。对这些职官的任职条件，并没有明确提出，只是强调他们是“深明大义之官长”①。

各省根据大总统的命令，纷纷成立省教育司，任命教育司司长。下面是 1912—1914 年 8 月当时主要省份教育司长姓名及任职时间表（见表 3-3）：

① 《教育部呈大总统请规定各省教育司长职权》，《教育杂志》第 6 卷第 2 号，“记事”，1914 年。

表 3-3 1912—1914 年 8 月各省教育司长姓名及任职时间表

省别	姓名	籍贯	任职年月	备考
江苏	黄炎培（任之）	江苏川沙	1912 年 12 月	
	江　谦		1914 年 2 月	
浙江	夏曾佑（穗卿）	浙江杭县	1912 年 1 月	由都督委任，各省略同
	沈鸿钧		1912 年 2 月	继夏任
	章士钊		1912 年	
	沈钧业	浙江绍兴	1913 年 1 月	
江西	卢建侯		1913 年 4 月	
	蔡漱芳	江西湖口	1913 年 7 月报部	
安徽	江　谦		1912 年	
	江　玮		1912 年 12 月	
	李　蕴	安徽巢县	1913 年	
山东	王朝俊	山东鄄城	1912 年	
	雷光宇		1913 年 6 月	继王任
山西	解芒纫		1912 年	待考
河南	葛成修（德三）	河南固始	1912 年	仍沿用提学使旧名
	李时灿（敏修）	河南汲县	1912 年 1 月	
直隶	蔡儒楷		1913 年 1 月	
湖南	吴景鸿	湖南桃源	1912 年	
	唐联璧		1913 年 3 月	
湖北	姚晋圻		1912 年 3 月	学界公举
福建	高发鲤		1912 年	
	魏　怀		1912 年 12 月	
	张　琴		1913 年 1 月 15 日	
	宋渊源		1913 年 2 月 12 日	继张任
	周　翰	福建建阳	1913 年 3 月 25 日	继宋任
广东	钟荣光		1912 年 12 月	
	李翰芬（守一）	广东香山	1913 年 8 月	继钟任
广西	唐钟元	广西灌阳	1912 年 12 月	

续表

省别	姓　名	籍　贯	任职年月	备　考
四川	王章祜（叔钧）	四川华阳	1912年12月	
云南	周钟岳 田云龙		1912年 1913年2月	
贵州	何麟书 唐尔镛	贵州贵阳	1913年1月 1913年4月	
陕西	李元鼎	陕西蒲城	1913年1月	
甘肃	马邻翼（振五）	湖南宝庆	1912年9月	
新疆	金　抡	直隶天津	1913年	官制未定，各省设司设局设部，及沿用提学使名称者极不一致。
奉天	吕一恒 莫贵恒	奉天辽中	1913年1月	待考
吉林	郭宗熙		1913年1月 6日、28日	
黑龙江	涂凤书	四川云阳	1912年2月、 1913年12月	

资料来源：教育部中国教育年鉴编审委员会编《第一次中国教育年鉴》戊编“教育杂录”，开明书店1934年版，第231—238页。

根据表3-3可知，民国元年和二年各省教育行政混乱不堪，很多教育司长的籍贯尚不清楚，有的教育司长任职时间极为短暂，甚至只有一个月不到，有的任职只知年份而哪一月莅任竟无从知晓。任职时间短暂，必然导致工作无计划，更谈不上制定地方区域性教育发展规划，教育上的短期行为，给地方教育发展必定带来种种危机。

教育总长汤化龙、全国教育会联合大会提请速设各省教育厅议案后，1917年9月，教育部公布《教育厅暂行条例》，规定各省设立教育厅，设厅长1人；教育厅视事务之繁简确定设科数目，但至多不得逾三科；每科设科长1人，由厅长委任，承厅长之命掌理该科事务。1917年11月，教育部核准《教育厅署组织大纲》，规定教育厅公署内设三科，分别掌管相关事务。这些文件都无一例外地没有涉及教育行政长官的素质要求和任职条件，只是全国教育会联合大会议决案《请速设各省区教育厅案》中，一句话击中了民国前期教育行政职官的要害："各省行政长官既非教育专门人才，用人无选择标准。"①

教育部一系列教育厅组织文件公布后，各省纷纷组建教育厅，任命教育厅长等教育行政官员。下面是各省教育厅成立后教育厅长的任职情况（见表3-4）：

表3-4 1917—1922年各省教育厅长姓名与任职时间表

省别	姓名	籍贯	任职年月	备考
江苏	陈润霖		1917年9月	
	符鼎升（九铭）	江西宜黄	1917年11月	陈未到任前调符署理
	陈润霖			到任时期待考
	胡家祺（玉孙）	直隶天津	1919年2月	继陈任
	邓振瀛		1922年6月	继胡任
	蒋维乔（竹庄）	江苏武进	1922年7月	继邓任
浙江	刘以钟（资厚）	福建闽侯	1917年9月7日	9月20日即转任教育部参事
	伍崇学（仲文）	江苏江宁	1917年9月21日	继刘任
	夏敬观		1919年12月	继伍任
	马叙伦（夷初）	浙江杭县	1922年6月	继夏任
	张宗祥（阆声）	浙江宁海	1922年9月	继马任
江西	伍崇学		1917年9月7日	
	许寿裳（季黻）	浙江绍兴	1917年9月21日	伍由赣调浙，许由奉调赣
	伍崇学		1921年1月	继许任
	蒋维乔		1921年10月16日	继伍任，蒋旋辞，未赴任
	李金藻		1921年10月28日	继蒋任
	朱念祖		1922年9月	继李任

① 《第一、第二届全国教育会联合会大会议决案之一：请速设各省区教育厅案》，朱有瓛等编：《中国近代教育史资料汇编·教育行政机构及教育团体》，上海教育出版社1993年版，第131页。

续表

省别	姓　　名	籍　贯	任职年月	备　考
安徽	卢殿虎（绍刘）	江苏宝应	1917 年 9 月	
	马邻翼（振五）	湖南宝庆	1918 年 5 月	时卢调甘，马由甘调皖，8 月马留部用
	赵宪曾（次原）	直隶南宫	1920 年 9 月 9 日	
	张继煦（春霆）	湖北枝江	1920 年 10 月 14 日	继赵任
	杨乃康（莘耜）	浙江吴兴	1921 年 10 月	继张任
	江　玮		1922 年 10 月	继杨任
山东	胡家祺		1917 年 9 月	12 月留部秘书处
	袁荣叟		1919 年 8 月	
	覃寿堃（孝方）	湖北蒲圻	1920 年 9 月	继袁任
	谢学霖		1922 年 4 月	继覃任
	孙丹巘		1922 年 10 月	继谢任
山西	李步青（廉方）	湖北京山	1917 年 9 月 7 日	9 月 21 日辞职
	虞铭新（和钦）	浙江镇海	1917 年 9 月 21 日	继李任
河南	覃寿堃		1917 年 9 月	
	吴鼎昌		1918 年 4 月	覃调任陕教育厅，吴由陕调豫
	李步青		1920 年 8 月	继吴任
	凌　冰（季东）	河南固始	1922 年 9 月	继李任
直隶	黄炎培（任之）	江苏川沙	1917 年 9 月 7 日	9 月 21 日辞职
	王章祜（叔钧）	四川华阳	1917 年 9 月 21 日	继黄任
	马邻翼		1920 年 8 月	
	张　谨（仲苏）	直隶清苑	1922 年 10 月 3 日	
湖南	沈恩孚		1917 年 9 月	
	李金藻		1917 年 11 月	沈辞李继

续表

省别	姓名	籍贯	任职年月	备考
湖北	熊崇煦（知白）	湖南南县	1917年9月	
	路季植（壬甫）	陕西盩厔	1919年7月署，1920年3月实任	
	程鸿书		1922年12月	
福建	蒋凤梧		1917年9月	
	王述曾		1920年1月署，1921年6月实任	继蒋任
广东	符鼎升（九铭）	江西宜黄	1917年9月	1922年9月辞职离任，以后人选待考
广西	吴鼎新		1917年9月	以后人选未详
四川	吴景鸿	湖南桃源	1917年9月	
云南	陈廷策		1917年9月	继任人选待考
贵州	席聘莘		1917年9月	
陕西	吴鼎昌		1917年9月	
	覃寿堃		1918年4月	继吴任，同年5月留部秘书处
	沙明远（月坡）	山东临清	1921年10月	
甘肃	马邻翼		1917年9月	
	卢殿虎		1917年5月	继马任
	林锡光（芷馨）	福建长乐	1921年2月	继卢任
新疆	易抱一		1917年10月	
	刘文龙（铭三）		1922年3月	
奉天	许寿裳		1917年9月7日	辞职未到任
	谢荫昌（演苍）	江苏武进	1917年9月21日	继许任，以后人选待考

续表

省别	姓　　名	籍　　贯	任职年月	备　　考
吉林	钱家治（均甫）	浙江杭县	1917年9月7日	21日辞职
	杨乃康		1917年9月21日	继钱任
	周玉炳		1921年7月	继杨任
黑龙江	刘　潜		1917年9月7日	
	廖宇春		1919年1月23日	继刘任
	谭士先		1919年9月	
	孙其昌		1920年7月	
	于驷兴		1921年8月	以后人选待考

资料来源：教育部中国教育年鉴编审委员会编《第一次中国教育年鉴》戊编“教育杂录”，开明书店1934年版，第231—238页。

根据表3-4可以清楚地看到，虽然地方教育厅或早或迟设立起来了，虽然教育厅长也任命了，虽然也有少数可圈可点之处，如教育厅长还是有一些是当时教育界名流，如蒋维乔、许寿裳、朱念祖、张继煦、李步青、凌冰、黄炎培、沈恩孚等，有相当多教育厅长是异地任职，说明是比较重视他们的教育学识，而不看重他们的籍贯、人脉，但是由于没有建立系统的教育行政管理制度，没有明确的任期制，没有任职资格与素质要求，所以在教育厅长任命上出现了很多荒唐的事情，有很多教育厅长与军阀沾亲带故，有相当一部分在教育界名不见经传；有好几位任职仅几天便辞职，或改他任，如刘以钟1917年9月7日担任浙江省教育厅长，但9月20日即转任教育部参事，任职仅13天，黄炎培1917年9月7日担任直隶教育厅长，9月21日辞职，李步青1917年9月7日担任山西教育厅长，9月21日辞职；至于仅一月或数月便改他任或辞职的，更是大有人在。各省教育厅人事一团乱麻的原因，主要是当时政局纷乱所致。北京政府教育部教育总长也是三月五月换人，教育总长走马灯一般更换，地方各省教育厅无疑会与中央“保持一致”。

三、省级视学制度

民国初年省级教育事业多附属于都督府，教育行政制度极其紊乱，直接导致省级视学制度混乱不堪。1914 年，北京政府颁布各省官制，其中竟无视学一职。当年 6 月 6 日，教育部呈文中央，请求保留各省视学。其呈文云："窃维全省学务，每易纷歧，必先熟悉情形，始可遍加整顿。故省视学一职，关系于教育之统一，至为重要。前清奏定各省学务官制，特设省视学六人。民国以来，沿行不改。现在公布省官制，虽无规定明文，而要职所关，未可中辍。况迩来战事频仍，学风日下，将欲振兴教化，尤非先从视察入手，不能统筹并顾，救弊补偏。拟请仍留省视学一职，应由各省巡按使慎选宗旨正大，深明教育原理之员，委充斯任。其员额即由巡按使酌量地方情形，妥为规定。惟至少之数，必须四人。厘定官守，以专责成。随时督饬，分赴各属，认真考察，切实指导，庶几办学官绅，各顾考成，地方学务，日趋正轨，实于教育行政，裨益甚多。"① 呈文获准后，各省相继制定出台了省视学规程等法规，委派省视学，开展教育视察活动。

事实上，在教育部呈文前，江苏省都督府早在 1912 年 1 月便制定了《江苏省立学校管辖通则》（6 条），规定省立各学校由都督府管辖，县立学校由民政长官管辖，市乡公所管理市立、乡立学校。在人事管理上，省立学校校长由都督任免；其他职员的任免权，授之于各校校长。在经费上规定，省立学校每年度预、决算，分别造册呈报都督府交省议会议决。省立学校规程，由都督府定之，并随时接受省视学的视察。

---

① 《教育部呈大总统拟仍留各省省视学以维学务文》，《教育杂志》第 6 卷第 4 期，"记事"，1914 年。

《江苏暂行视学规程》共15条，其要点有以下诸端。

（1）省视学6人，由都督任免。

（2）凡合下列资格之一者，得受委任为省视学。①曾任师范学校或中学校长教员或各种中等实业学校校长三年以上者；②毕业于中等以上学校，曾任学务二年以上者。

（3）省视学视察事项如下：①各属县教育行政；②学校教育；③学校卫生；④学校经费；⑤关于教员学艺及学校各种设施；⑥与学务有关系各员履职状况；⑦社会教育；⑧其他特命视察事项。

（4）省视学如遇下列问题，应向当事者传达指示：①与法令相抵触的事项；②省议会所议决的事项；③关于授业法及学校管理法之事项；④其他所属长官特别指示之事项。

（5）视察结束，应叙述境内教育情形，并表明自己的意见。

无独有偶。1914年5月，湖北省巡按使通令改定视学区域，鄂省视学原每府1名，因大总统令撤销教育司，于巡按使公署政务厅下设教育科，决定裁减视学员额，全省设视学4人。湖北巡按使也承认，湖北地区广阔，仅4人之力巡视自难周全，仅因学款支绌，不得已而出此耳。

鉴于各省对视学制度不予重视的现实，教育部在向大总统呈文后的第十天，即于6月17日咨行各省巡按使，要求从速设置省、道、县视学。建议省设4人，道至少设2人，均由巡按使委任；各县至少设1人，由道尹委任。若道不设视学，省视学则应充实到6人。教育部强调："教育行政，首重视察，必先周知弊害，始可徐图改良。故视学一职，关系甚重。现在各省省视学，业经酌留数人，惟员额不多，深恐耳目不周，即整顿难期尽效，自应另设道、县视学，俾臻完备。"①

① 《教育部通咨各省巡按使道县视学均应设置希查照见覆文》，《教育公报》第一册（1914年6月），第3页。

1914年10月，教育总长以时届视学之期，特饬司员拟定省、道视学注意事项。省视学视察时应注意四点：（1）严格视察小学教员讲习所，办理不善者应立时报告，设法取缔；（2）视察省立师范学校毕业生及县讲习所毕业生服务状况；（3）检查各县教育费实支数目是否与所报概算表相符；（4）查察各县教育款产经理处组织情形。道视学视察时应注意三点：（1）劝导小学教员随时预编各科简单教授案；（2）留意小学教员国文教授；（3）小学教员国文教授研究会是否组织成立。

1917年，教育部公布《教育厅暂行条例》，其中对省视学有如下规定："教育厅设省视学四人至六人，由厅长委任，掌管视察全省教育事宜。"要求先将省视学的队伍建立起来。

1918年4月30日，教育部特颁《省视学规程》19条，各省的视学制度建立趋于统一。《规程》明确规定："各省设视学四人至六人，承省教育行政长官之命，视察全省教育事宜"，"省视学由省教育行政长官委任"，"不得兼任他职"。

省视学的任职资格有三条：第一，大学文科或高等师范学校毕业者；第二，师范学校本科毕业，曾任学务职五年以上，著有成绩者；第三，曾任师范学校、中学校长或教员二年以上，著有成绩者。

省视学在视察过程中，遇到以下诸项事情，应当予以指导："一、地方教育行政设施事项；二、学校教育设施事项；三、社会教育设施事项；四、幼儿教育及特殊教育设施事项；五、教育法令上规定之事项；六、省教育行政机关决定之事项；七、主管长官特命指示之事项。"① 省视学到地方视察学校，毋庸向视察的学校提前通知。

---

① 《省视学规程》，朱有瓛等编：《中国近代教育史资料汇编·教育行政机构及教育团体》，上海教育出版社1993年版，第134页。

省视学视察地方学校时，可以调阅学校的各项簿册；可以测验学生的成绩，因为测验学生的成绩可以变更教学时间。

这是中国近代由国家颁布的关于省级教育视察的第一个法规。这一法规的出台，结束了自清末以来各省视察工作办法不一、时兴时废的混乱局面。此后，各省视学制度逐渐趋于统一化、正常化和法规化，是省级教育视学制度逐渐完善，教育行政管理逐渐迈向成熟的标志。

四、省教育行政的兴革

民国前期，各省正值军政时期，教育行政制度及隶属关系各有不同。尽管各省教育行政机构所处的生态环境十分恶劣，但是许多教育行政官员从“教育救国”的良好愿望出发，企图通过自己孜孜不倦的努力，为国家的发展夯实基础，因而在各省教育行政机构设置之后，均锐意图新，抱定信念革故鼎新，一展宏图。

（一）推进义务教育

实施义务教育是中国多少代人的梦想。中华民国建立伊始，教育部就将推进义务教育提上议事日程。但是由于纷乱的政局、濒临崩溃的经济，尽管北京政府教育部关于义务教育的文件堆积如山，但推进工作仍然一筹莫展。

1918 年 5 月，山西率先宣布实行义务教育，并颁布了《施行义务教育程序》等文件，规定山西全省义务教育自 1918 年起筹备施行，明确了区域推进期限：

第一次——省城，限至 1918 年 9 月办理完竣；

第二次——各县城，限至 1919 年 2 月办理完竣；

第三次——各县乡镇及 300 家以上之村庄，限至 1919 年 8 月办理完竣；

第四次——200 家以上之村庄，限至 1920 年 2 月办理完竣；

第五次——100 家以上之村庄，限至 1920 年 8 月办理完竣；

第六次——50 家以上村庄及不满 50 家毗连之村庄能联合设学者，限至 1921 年 2 月办理完竣；

第七次——凡人家过少之村庄而附近又无村庄可联合者，应由该地方官绅特别设法办理。①

《程序》规定施行义务教育的责任如下："一、造就师资，由省公署督饬县知事办理。二、调查学龄儿童，由县知事分令各区长督饬各街村长副办理。三、筹款设学，由县知事分令劝学所会同各区长督饬各街村长副办理。四、劝导就学，由劝学所及宣讲员、各区助理员暨各街村长副，分投切实办理。五、强迫就学，由县知事分令各区长督令各街村长副办理。"

山西从 1918 年开始，便厉行义务教育。全省计划分七期，用三年半时间在全省普及义务教育。"每半年为一期，先强迫男女儿童就学（女儿童缓二期续办）。自七年九月第一期省城办理完竣，至九年八月第五期百家以上村庄办理完竣，然不及百家之村庄，已有提前设校者。"② 众所周知，山西属于全国贫困省份，但由于采用分期进行办法，利用市镇的示范、辐射力，"先自都市城镇实行，而后推及于乡村"思路妥当，而且"官厅督促很严"——行政手段得力，因而成绩为中国教育界所惊诧。阎锡山在一个报告中曾作过一个比较。他说："自七年始定教育递进计划，专门学校由三所增至四所，甲种实业由三增至六，中学由九增至二十六，义务教育规程，由七年五月起，推及五十户以下之村庄；七年起十年止，国民学校一万九千七百余所，学生七十二万九千八百人，学龄儿童已入

① 《山西国民教育计划》，《申报》1918 年 12 月 20 日。

② 袁希涛：《民国十年之义务教育》，《新教育》第 4 卷第 2 期。

学者占百分之七十五，较六年前加十倍。”① 阎锡山为夸大自己的“政绩”，不免有一些溢美之词，知识分子、教育家的反映应属可信的。据1920年调查，山西全省入学儿童占该省儿童总数60%强。陶行知亦指出：“我们不能不佩服山西人民对于义务教育之忠实努力。自从民国七年开始试办，到了现在，山西省一百学龄儿童中已有七十多人在国民小学里做学生了。山西之下的第二个省份只有百分之二十余。可见真正实行义务教育的，算来只有山西一省。”②

研究义务教育的专家袁希涛注意到了这样的数目：1920年8月调查，山西全省国民学校男儿童564 565人，女儿童80 583人，共645 148人。据1916年调查，山西当时人口有10 529 823人，按各国儿童与人口数之比例，约五人中有学龄儿童一人，以8年学龄中4年就学，应有就学儿童105万余人计算，山西义务教育入学率已达60%以上。所以袁希涛称赞说：“非晋省政教修明，励精图治，不能有此成效也。”③

山西义务教育的成功，不胫而走，哄传全国。1922年10月，江苏省议员丁作则提出施行义务教育办法案，其中提出了《促进义务教育办法》七条，即：甲、就地筹款（主张移办私塾之款，并就地征收之杂捐及原有公产举办）；乙、委派坐办（主张省市乡各出若干人，合组实施义务教育委员会，每县省委一人坐办，分县为若干区，次第进行，义务教育成功后，省委始回省）；丙、演讲；……戊、强迫就学已改良教材；庚、慎选教师。

江苏省部分议员对义务教育特别钟爱，利用行政权力推动了江

① 《申报》1923年6月6日。

② 《时局变化中之义务教育》，华中师范学院教育科学研究所主编：《陶行知全集》第1卷，湖南教育出版社1984年版，第583—584页。

③ 袁希涛：《民国十年之义务教育》，《新教育》第4卷第2期。

苏义务教育发展，一跃而与山西比肩。《申报》1922 年 9 月 16 日发表了《南汇义务教育近状》一文，言江苏南汇县教育行政人员“颇注重义务教育”，已规定学区限期推广。南通、无锡成为江苏义务教育模范区，无锡全县就学儿童占 45%以上。

在五四科学民主思潮冲击下，许多省份提高了对义务教育的认识，精神为之一振。除山西、江苏外，山东、浙江、江西、广东、安徽、察哈尔等省，亦有所行动。山东教育厅于 1920 年规定义务教育进行程序，分全省为一、二、三等各区：

一等区（县治及市镇与 300 户以上之乡村）——限当年 9 月办竣，取普及主义；

二等区（100 户以上）——限当年 12 月办竣；

三等区（100 户以内者）——限 1921 年 6 月办竣，均取普及主义。

浙江省于 1920 年筹议义务教育确切进行办法，采取地丁加税、抽收户捐、所得税补助等办法筹集义务教育经费。

江西省从 1921 年起便规划实行义务教育，“以省城为特别义务教育区域，限十年十二月办竣，各县市乡分期至十七年六月办竣。设义务教育研究会，印发《义务教育浅说》，以资鼓吹；并拨定留县五成附税为专款。其在省会，特设筹办义务教育委员会，期能如限竣事”①。

湖北省教育司以共和成立，教育当以强迫教育为其始基，制定出六条办法：其一，谕令各县知事，将所辖地点仿日本办法，一律划为市、町、村。其二，调查该属市町各相距里程及该市、町、村户口多少，便于详精比较。其三，于各市、町、村酌派学董若干名，以专责成。其四，儿童进入学龄期，无论贫富，一律入学肄业。违者罚其父兄，并将该地学董分别议处。其五，经费由当地人

① 袁希涛：《民国十年之义务教育》，《新教育》第 4 卷第 2 期。

民负担，不准在该属已筹定之学款项下挪用。其六，各属暂酌设女学一二所，以为提倡。

安徽也制订了义务教育筹办计划，从1921年起，第一期先筹办省城及芜湖商埠，第二期先筹办各县城及城镇：（甲）增设校数。第一期省城增100所，芜湖设80所；第二期各县城镇共设3 120所。（乙）养成教员数，平均两所配正副教员3人，两期共需4 950人。比较偏远落后的察哈尔省，都统于1920年7月令地方教育事务所长筹办义务教育，并拟定施行义务教育完全计划，“第一期设施事项；先令各县局组织学务委员，令各旗创设劝学所，并令分别预筹学款，造就师资”①。

各省教育行政部门竭尽全力推进义务教育，虽然离义务教育的目标相去甚远，但在义务教育刚刚发轫的年代，国家又处在内外交困之中，能够为义务教育的高楼大厦添砖加瓦，也是利在千秋之举。

（二）实施社会教育

民国初期教育部设立后的得意之作之一是设立社会教育司，推动社会教育。河北省督府鉴于中国学校教育远未普及，共和真理知者极寡，特拟定社会教育办法四条，令刚刚成立的省提学司办理。（1）劝令热心人士，各就当地情形，编辑通俗宣讲书，广为散发，责成自治各团体巡回演讲。（2）城乡镇村设置图书馆，但因财力物力之故，暂时宜督饬地方自治各团体遍置书报社。（3）编演新戏。为涤除社会心理之旧染，新我国之道德知识，阐发其精神，应一面责成旧戏园将旧剧本克日抄送，听候派员删定，应禁则禁，可取者或改其词曲，或增易其说白；一面劝学界编演新剧。（4）绘制教育

① 陈宝泉：《我国义务教育之经过及进行》，蔡振生、刘立德编：《陈宝泉教育论著选》，人民教育出版社1996年版，第164页。

图画。河北省督强调，应劝学界人士各运巧思，绘制图稿，待呈送鉴定后饬发刊行。

河北地处京兆之地利，请来众多专家学者讲演科学和民主及平民教育诸专题。1917 年胡适等学者在天津以“新国家与新文学”为题讲演，陶孟和以“国家与新社会”为题讲演，李石曾以“国家与新科学”为题讲演。1919 年，李大钊应天津学联的邀请，在维斯理堂作公开演讲，他勉励青年们“要注意研究世界革命新思潮”。在新文化运动中，平民教育最早在河北掀起热潮。天津的一些大中学校的青年学生纷纷走出学校，开展平民教育活动。据有关资料统计，1916 年前后，天津贫民半日学社创立，初设 27 处，后增加到 46 处，就学儿童有 4 744 人；还先后开设了民众补习学校 70 余处，私立民众补习学校 50 余处，以帮助年长失学者掌握初步的文化知识。① 李大钊关心和指导的天津法政专门学校的于树德和安体诚于 1921 年 9 月创办了天津工余补习学校，给普通工人和学徒面授常识、国文、数学、尺牍等，为有一定基础的工人讲授国文、英语、数学；还通过讲故事、读报、作报告、个别交谈等方式，向工人宣传俄国十月革命和马克思主义。

1923 年，中华平民教育促进总会在北京成立，随即晏阳初等来到河北定县进行调查研究，确定以定县作为平民教育实验区，推进社会教育。

在五四运动的感召下，河南平民教育掀起了高潮。曹靖华组织河南省学生会联合会教育股部分成员在省立开封二中、省立开封第一师范学校分别附设了两所平民义务学校。之后不久，许多学校也相继开办平民义务学校。各校学生人数不等，少则二三十人，多的

① 赵宝琪、张凤民主编：《天津教育史》上卷，天津人民出版社 2002 年版，第 223 页。

也有六七十人。①1920 年 1 月，河南省学联还开办了开封女子平民学校，他们以提倡男女平等、妇女解放为宗旨，招收女生 50 名，“使失学女同胞皆得普通知识，所以不甚限制年龄，7 岁至 25 岁皆可入学”，“学制二年，每天下午三时至五时为授课时间”。河南省会开封还开办了平民职业女学校，为女职校制定了“养成女子普通知识，应用技术，使能自谋生活”的宗旨，试图借此帮女子挣脱“苦海”，获得社会平等地位。所开设的课程主要有：“知识科：专授语文、珠算二门，凡入学学生均需练习之；技能科：暂分纺织、编帽、织巾、织袜、缝纫六门，由学校检定学生能力，使习一门或二门”，学制一年，6 个月修业期，6 个月义务实习。学生实习所得，一半归个人所有，一半充学校教育经费。

江苏省推进社会教育的力度颇大。1912 年，江苏省就成立了教育厅，并设立社会教育科，规定社会教育的宗旨为：“巩固社会防闲，尊崇公众道德，鼓励国家观念，阐扬共和原理，灌输实业知识，注重体育卫生，提倡家庭教育，解释现行法令。”② 要求各地建立通俗图书馆、通俗演讲所等。1916 年 5 月，江苏省教育行政会议决定成立模范讲演团，并着手培养讲演人才。教育厅委托教育会举办了一期讲演传习所，通知各县知事派人参加。全省 60 个县选送学员 22 名，学习 5 个月后分派到各地开展讲演活动。讲演团共巡回讲演 180 次，内容以劝善、除毒害、除迷信陋习为主，兼及生计、卫生、时事等。

1918 年 9 月，江苏省教育厅在《江苏省社会教育之进行》训令中，对社会教育应行设置管理事项及施行方法作出了规定：

① 王日新、蒋笃运主编：《河南教育史》中册，大象出版社 2004 年版，第 151 页。

② 江苏省地方志编纂委员会编：《江苏省志·教育志》（下），江苏古籍出版社 2000 年版，第 830 页。

(1)图书馆，亟宜注意者为通俗图书馆；(2)通俗宣讲团，规定县治设立宣传总机关，由各县小学校教员担任之；(3)露天学校，即流通之学校，为课程之讲解；(4)公共体育场，各县均宜设立，以增进社会科学之概念；(5)通俗教育馆，制订各项助进兴味办法，以引起展览人之同情；(6)公园，为社会娱乐之所，足以引起社会之快感及陶冶品性，应预为筹划。1925 年，江苏教育厅组织成立江苏公民教育委员会，委员 28 人，均为教育界知名人士，每月集会一次。主要从事公民教育之设施及推行公民信条为主，内容为：(1)发展自治能力；(2)养成互助精神；(3)崇尚公平竞争；(4)遵守公共秩序；(5)履行法宪义务；(6)尊重公共财产；(7)注意公众卫生；(8)培养国际同情。① 为社会教育的推进做了诸多扎扎实实的工作。

（三）开展职业教育

民国元年，教育部颁布“五育并举”的教育方针，认为“今之世界，所恃以竞争者，不仅在武力，而尤在财力”，而“我国地宝不发，实业界之组织尚幼稚，人民失业者至多，而国甚贫”。所以，要发展社会经济，谋求国家富强，在世界竞争中立于不败之地，那么“实利主义之教育，固亦当务之急者也”。②

民初的教育方针中的“实利主义教育”，在教育部颁布的《国民学校令》中得到了落实。实业方面增加了农业，或视地方情形改农业为商业，女子加课家事、缝纫等。广西省在落实民初教育方针方面虽然没有具体的方案，但教育司提请都督发交省议会各项议案

---

① 江苏省地方志编纂委员会编：《江苏省志·教育志》（下），江苏古籍出版社 2000 年版，第 831 页。

② 《对于新教育之意见》，高平叔编：《蔡元培全集》第二卷，中华书局 1984 年版，第 131 页。

中，有比较具体的计划。广西教育司提议“规复优级师范学校案，初级师范学校由公家设立案，筹办义务教育案，开设英文、手工专修科案，邕桂分设农业学校案，规复工业学校案，开办保姆养成所案，开办初等实业教员养成所案，开办女子缝纫专修科案，开办女子刺绣专修科案”①。

河北省学校司对于职业教育给予了极大的关注。宣统元年（1909 年），直隶提学司委张良弼等设直隶省补习学堂，就保定城内西北隅北菜园一带官地建筑校舍。1912 年 10 月，学校名称改为直隶甲种工业学校，补习班毕业，招考染织科两班，修业年限为四年。1913 年 1 月，学校续招染织科两班，艺徒一班。4 月，添修染色实习厂四间，以礼堂为机织实习厂，购置手织机等件。

甘肃省教育厅发展职业教育的力度也很大。1917 年 4 月，教育厅以省款创办甘肃省立甲种农业学校，招收普通农科学生一班，次年增设普通林科一班。② 1918 年，皋兰县筹款创办县立乙种工业学校，设编织、栽绒、纺线、肥皂四科。1919 年，省教育厅创办省立工艺学校，招收编毛科一班，其程度在甲种与乙种实业之间。该校次年改为省立甲种农业学校、甘肃省立甲种工业学校，增设应用化学科一班。1920 年，临洮县创办乙种工业学校，设肥皂和纺织两科。相对于清末甘肃的实业学堂而言，有明显进步。

民国初年，湖南教育行政部门贯彻教育部教育方针，认识到在民困财竭的景况下，发展实业教育极为重要，尤其是湖南物产资源丰富，实业教育更不容耽搁。清末湖南全省共有 14 所中等实业学

① 《民国元年之教育计划》，李彦福等编：《广西教育史料》，广西人民出版社 1990 年版，第 271 页。

② 甘肃省地方史志编纂委员会编纂：《甘肃省志·教育志》，甘肃人民出版社 1991 年版，第 234 页。

堂，除6所继续办理外，其余均停办。1912年，湖南省教育行政部门积极推动职业教育发展，在短短的一年时间里，全省实业学校增至74所，是清末实业学堂数的5倍多，中等和初等实业学校在校学生人数为4 817人。当年全国实业学校共425所，学生人数为31 736人，湖南的实业学校数和在校学生数分别占全国的17%和15%。①1913年，教育部公布《实业学校令》、《实业学校规程》，将实业学校分为甲乙两种，“甲种实业学校施完全之普通实业教育，乙种实业学校施简易之普通实业教育，亦得应地方需要授以特殊之技术”②。湖南教育行政部门对相关职业学校按教育部规定进行更易，变更后的实业学校均改为省立，受省款补助。据统计，1914年全省甲种实业学校共28所，学生2 822人，乙种实业学校68所，学生3 543人；甲乙两种实业学校共96所，学生6 365人，占全国的比例比较高（当年全国实业学校525所，学生31 774人）。③

中国现代职业教育发展虽然不尽如人意，可谓步履蹒跚，但是应当看到职业教育的基础比较薄弱，几乎是一片空白，清末职业学校也才刚刚起步，民国前期职业教育能够取得如此成绩，实属不易。

（四）开拓边疆与蒙藏教育

边疆地区教育行政改革，也有较大进展。1916年，北京政府众议院的若干众议员提议咨请政府先行回复四川边区教育原状，渐谋扩充，以期进化而固边圉。其办法要点有三：其一，川边教育厅

①③ 冯象钦、刘欣森总编：《湖南教育史》第二卷，岳麓书社2002年版，第352、353页。

② 宋恩荣、章咸选编：《中华民国教育法规选编》，江苏教育出版社2005年版，第488页。

直隶于教育部，以专责成。盖以川边为特别行政区域，一切行政包括教育行政，均属于镇守使军政之下。对于该地的教育，应特别重视，各级学校应分年筹备。故应设一专门教育行政机关，提纲挈领，严格考成，否则不足以资督率而收实效。其二，川边学校制度，仍应注重官话教育。前此官话学校，应一律恢复，并力求扩充，以期官话普及。这类学校与国民学校性质相同，不过基于特别情形，以官话为重。高等小学校及实业学校等，为官话学校之升级，宜于交通便利物资丰盛之处择要设立。其三，酌量追加川边教育经费。所拟办法要求每年由川边教育厅基于筹设学校计划，调制精确预算，提出于教育部，由国库支付。1917 年 8 月，甘肃省教育厅成立，内设学务、总务两科，共分八股。改视学为督学，设督导处和编审处。学务科内设民族教育股，“这时甘肃教育行政机构内正式有了民族教育管理机构的设置”①。其后在银川、兰州、西宁等地先后成立了宁夏蒙回教育劝学所、兰州回教劝学所和宁海回教教育促进会。

川、甘、青、藏、蒙等地教育行政部门成立后，贯彻民国教育部关于少数民族教育方针，开设民族学校，推进川、甘、青、藏、蒙的教育。四川丹巴县在民国初年设立了丹巴县两等小学校，五四运动后改为两级小学校。到 20 世纪 20 年代，先后办起了巴底、巴旺、东谷、绒坝沟、三岔沟、黑风顶、梭波、阿众沟、黑火二屯、上甲屯等 10 所国民小学校。②

1913 年 2 月，教育部公布《蒙藏学校章程》，规定蒙藏学校“以开发蒙、藏、青海人民学识，增进蒙、藏、青海人民文化为宗

① 朱解琳著：《甘宁青民族教育史简编》，青海人民出版社 1993 年版，第 224 页。

② 杨明、王岚著：《中国藏族教育史略》，成都科技大学出版社 1993 年版，第 280 页。

旨”。根据章程设立的蒙藏学校，招生不分民族，“惟因西北闭塞，而办此学，故重在多收蒙、藏、青海学生”，但“蒙、藏、青海学生概不收纳学费，其膳宿费亦由公家备办，以示提倡”。① 在招生比例上，内外蒙古占 50%，西藏占 15%；青海及附近回族占 10%，汉族和满族占 25%。②

在民国前期，川、甘、青、滇四省藏族地区的初等教育都有一定发展，学校数见表 3-5。

表 3-5 民国前期川、甘、青、滇四省藏族地区初等小学校数

省份	合计	两级小学	初级小学	备　注
四川省	40	7	33	1928 年在校学生 6 845 人
甘肃省	14	1	13	
青海省	288	29	259	
云南省	23	2	21	
合　计	365	39	326	

资料来源：杨明、王岚著《中国藏族教育史略》，成都科技大学出版社 1993 年版，第 285 页。

设置京师学务局，是地方教育行政改革的成果之一。教育部决定在京师设学务局，管理京师地区包括满、蒙、回、藏等少数民族教育事宜。《教育杂志》载：“教育部决定将京师督学局及八旗学务处合并为北京学务局；将财政、法律、银行三学堂合并为法政学堂；原有八旗高等学堂及八旗各学堂，其机关仍继续设立，但将‘八旗’名称取消，五族子弟（汉、满、蒙、回、藏）皆可入学。另原有贵胄法政学堂及贵胄陆军学堂立即废止，两处学生分别并入

① 《蒙藏学校章程》，舒新城编：《中国近代教育史资料》下册，人民教育出版社 1981 年版，第 829—831 页。

② 朱解琳编著：《藏族近现代教育史略》，青海人民出版社 1993 年版，第 76 页。

新设立的法政学堂及陆军学堂。”①

民国前期，川、甘、青、滇地区满、蒙、回、藏等少数民族教育算是刚刚起步，不被置于被遗忘的角落，就应当充分肯定了，更何况小有进步呢！

第三节　县级教育行政机构

省教育行政机构相对于中央而言，显得纷乱不定；而县教育行政机构相对于省而言，不但摇摆不定，而且紊乱至极。民国改元之初，县一级教育行政机构五花八门，有以学务委员会称之者，有以劝学所称之者；有裁并劝学所而入县公署者，也有仅设县视学而代之者；有撤销劝学所另置教育公所者，又有撤销劝学所而设县教育款产经理处者；还有撤销劝学所而保留学区，借置学务委员受县知事监督者；更有一例，撤销劝学所以县行政公署管辖区内的教育，教育行政机关迟迟未立者。② 如果说中央教育部、省教育厅教育改革方兴未艾，甚至轰轰烈烈，而县则显得有些无动于衷。

一、从劝学所到教育局的变迁

民初改元以后，县级教育行政机构与省级相比，因为“天高皇帝远”，也因为政令不畅通，颇为变幻莫测，或者也有很多县份“以不变应万变”，很长时间照样我行我素，显得诡异非凡。

① 陈学恂主编：《中国近代教育大事记》，上海教育出版社 1981 年版，第 225 页。

② 教育部中国教育年鉴编审委员会编：《中国第一次教育年鉴》甲编“教育总述”，开明书店 1934 年版，第 38 页。

（一）县劝学所的续置

劝学所得以继清末之余绪设置，其间还有一些周折。1912 年 2 月 1 日，临时大总统公布《划一现行各县地方行政官厅组织令》，始定县公署设科以司教育管理的体制。

该令第四条规定："县知事公署佐治员称曰科长、科员。"第五条规定："分科方法，量事之繁简，设二科至四科。"第七条规定："科长、科员由省行政长官委任。"凡设四科的县，掌理县区教育行政及省行政公署委任之教育行政者，为第三科，设科长 1 人，科员 1 人；凡设三科的县，则以第三科兼理第四科；凡设二科的县，以第三、四科并入第一科。民国伊始，百废待兴。教育应有专门机构、专门人员擘划，而无论第三科或并入任何一科，均以非专门机构与人员兼理教育，办学难奏效。蒋维乔曾对县级教育行政机构变更作过追述："至县教育行政，民国成立后，厅、州悉改为县，而劝学所则仍旧。惟民元二月，颁布地方行政官制，规定县公署设第三科，专管全县教育事宜。劝学所在法令上遂形取消，而成县公署之附属机关。当时各县情形有仍设劝学所者，有新设教育公所者，有设学务经理处者，有设学务委员者，亦有不设任何教育行政机关者。教育部为求划一起见，于二年十二月，重行颁布《劝学所规程》。"①

1913 年 12 月，教育部重行颁布《劝学所规程》，规定"劝学所辅助县知事，办理县教育事宜，并综合各自治区教育事宜"，以资补救。1915 年 8 月，教育部呈大总统《拟订劝学所及学务委员会规程文》，呈文云："地方教育为事至繁，有责之于县者，有责之于自治区者。责于县者，不可无总汇之区；责于自治区者，亦宜有询谋之地。查劝学所之设，始自前清，经由我大总统倡于北洋，成效最著。

① 蒋维乔：《民初以后之教育行政》，朱有瓛等编：《中国近代教育史资料汇编·教育行政机构及教育团体》，上海教育出版社 1993 年版，第 165 页。

民国成立，或设或否，县自为政，不足以昭划一。现拟恢复旧时办法，规定各县均应一律设置。至于该所职务，重在辅佐知事办理县属教育行政事宜；而对于各自治区学务，在自治［区］未成立时，有代其执行之责任；在自治［区］成立以后，有实施综核之权。”①

教育部呈文获得批准后，1915 年 12 月 15 日，教育部公布《劝学所规程》。其内容要点如下。

（1）劝学所及所长、劝学员职掌。

劝学所“辅佐县知事办理县教育行政事宜，并综核各自治区教育事务”。所长受县知事监督，指挥总理所内职务；劝学员受所长之监督，指挥分掌所内事务。

（2）劝学所的人员编制及其聘任。

劝学所设所长 1 人，由县知事详请道尹委任，并详由该管最高级行政长官咨报教育部；劝学员设 2～4 人，由县知事委任，详请道尹转报该管最高级行政长官。遇必要时，得置临时劝学员，由县知事就各区学务委员内委令兼充。劝学所视事务之繁简，得设书记 1～3 人。

劝学所职员的薪俸公费，由县知事详请该管最高级行政长官定之。劝学所的经费，由县知事就地方公款项下自行筹支，仍详报主管长官查核备案。

（3）劝学所所长、劝学员任职资格。

具备以下条件之一者得充劝学所所长：曾任地方教育事务五年以上者；曾任高等小学校校长三年以上者；曾在师范学校毕业，任教育职务一年以上者。

具备下列条件之一者，得充劝学员：曾管理地方教育事务二年以上者；曾任国民学校或高等小学教员二年以上者；曾在师范学校毕业者。

① 朱有瓛等编：《中国近代教育史资料汇编·教育行政机构及教育团体》，上海教育出版社 1993 年版，第 147 页。

（4）劝学所与自治区的关系。

《规程》第十条规定，自治区未成立的地方，由劝学所依照《地方学事通则》处理其教育事务。《通则》的附则指出，在自治区未成立的地方，由县知事督率劝学所处理之。由此可知，劝学所在自治区未成立前为办理教育事务，“得就各该区划分学区”，“应于各该区组织学务委员会”，“得联合二区以上设立学校及办理其他教育事务”，等等。

附则还规定，京师地方及未设县治的行政区域，关于地方教育事务的处理，适用《国民学校令》第五十三条、第五十四条。《国民学校令》第五十三条规定：“未设县治地方：关于就学儿童教育事务之处理，由地方长官咨陈教育总长定之。”第五十四条属于京师学务范畴，在此不赘。

《规程》颁布后，渐次补充完善：1916 年 4 月 28 日呈准《劝学所规程施行细则》14 条①；1917 年 2 月 26 日咨山东省长文，变通“劝学所所长改归省委”；1918 年 1 月 10 日，又通咨修改劝学所规程及施行细则。由于劝学所之于地方教育管理的操作性越来越强，故在《规程》颁发后不太长的时间里，全国绝大多数县份都设置了劝学所这一县级教育行政管理机构，从而形成了从中央到基层县的教育行政管理系统。

（二）学务委员会的创设

1915 年 8 月 6 日，教育部呈《拟订劝学所及学务委员会规程文》，呈文附有《地方学事通则草案》。呈文所定设置学务委员会旨趣云：“地方学务委员，在各国均以明文规定。吾国自治制度未完全成立，自治区域，每县不过四区或六区，下级组织，至为简单。

① 朱有瓛等编：《中国近代教育史资料汇编·教育行政机构及教育团体》，上海教育出版社 1993 年版，第 156 页。

现拟于自治区内划分学区，即以学务委员为执行学区事务之专员，并于一自治区内，组织学务委员会，为咨询自治区学务之机关，庶几教育事务与其他自治职务，得以同时进行。”① 呈文及附件获准后，县级教育行政即遵章改革。

与上述文件送呈的同一天，教育部还呈送了《地方学事通则缮具草案请核定公布文并批令》。该文的附件《地方学事通则草案》第一条规定：“自治区按照《地方自治试行条例》及关于教育之法令规程，办理地方教育事务。”第三条规定：“自治区为办理教育事务，应于各该区组织学务委员会。”②此为设置学务委员会的依据之一。1915 年 12 月 15 日，教育部公布《学务委员会规程》；又于 1916 年 4 月 28 日呈准公布《学务委员会规程施行细则》12 条，使学务委员会制度逐渐完善。

《规程》规定：学务委员会的会所，应设于自治区办公所在地；学务委员辅佐区董办理本学区教育事务。学务委员会依区董之咨询及学务委员之提议，会议自治区及各学区的教育事务。本会事务，由学务委员会推选 1 人任主任综理。学务委员于自治区内依照学区之分划，每学区各设 1 人，但经区董认为必要时得增设 1 人。

《规程》还规定，学务委员为名誉职，但依地方情形得酌给公费。关于学务委员会的经费，由自治区经费支给。

《学务委员会规程施行细则》规定学务委员会委员担任条件有四点：“一、曾在师范讲习所毕业者；二、曾充国民学校教员一年以上者；三、曾充地方教育事务一年以上者；四、曾办地方公益事务一年以上者。”③ 国民学校高等小学校长或教员，不得兼任学务

---

①② 朱有瓛等编：《中国近代教育史资料汇编·教育行政机构及教育团体》，上海教育出版社 1993 年版，第 147 页、145—146。

③ 教育部中国教育年鉴编审委员会编：《第一次中国教育年鉴》甲编“教育总述”，开明书店 1934 年版，第 41 页。

委员。

学务委员会办理如下教育事务："一、调查学龄儿童事项；二、督促就学事项；三、免除或展缓就学事项；四、学校及其他教育事业之设备及建筑事项；五、改良私塾事项；六、学务经费之预算、决算事项；七、学务基本财产及积存款项之处理事项；八、各学校学额学级之分配及教科目增减事项；九、学校图表之调查、编制事项；十、社会教育之设施事项；十一、其他经区董之委任事项。"① 凡遇以下事项，学务委员会当开会研究议决：（1）分划学区事项；（2）国民学校之校数及其位置事项；（3）学校联合及就学委托事项；（4）代用国民学校事项；（5）在家庭或他处肄习国民学校教科之认可事项；（6）各学区经费及预算、决算之整理事项；（7）征收学费事项；（8）其他依区董之咨询或委员提议事项。

学务委员会是与清末地方自治运动相伴而生的特殊性质的教育行政机构。近代中国自治制度并没有完全建立起来，并不是以一县为自治单位，而是一县之内设立 4～6 个自治区域，这些自治区域下面的组织极其简单。现在要在自治区域内划分学区，即以学务员为执行学区事务之专责，并在一自治区内成立一个学务委员会作为咨询自治区学务的机构，目的是保证教育与其他自治事务得以同时进行。这种愿望是很好的，但是由于国民根本没有接受过自治训练，在自治区域内办教育经费捉襟见肘，而且更重要的一点，学务委员会只是咨询自治区域内的学务，而不是权力机关，因而难以收到想象中的效果是可想而知的。

（三）县教育局的创置

1921 年 10 月 27 日—11 月 7 日，全国教育会联合会在广州举

---

① 《学务委员会规程施行细则》，《第一次中国教育年鉴》甲编"教育总述"，开明书店 1934 年版，第 41 页。

行第七届年会，与会者有17省区的35名代表。通过了《学校系统草案》、《改革地方教育行政制度案》、《增加小学教员薪俸案》、《学校经济公开案》、《促进教育经费实行独立案》等15件。与会者一致认为："中国教育办理已数十年，劝学所名词，已不甚适用。且劝学所乃一种官办机关，其地位与职权，均有变更之必要。故通过一改革地方教育行政制度案，主张代以'教育局制'。"①

1922年9月20—30日，北京政府教育部召开学制会议，与会者78人，蔡元培任主席。会议议决案除学校系统改革案外，还有县教育行政机关组织大纲、特别市教育行政机关组织大纲等，决定改劝学所为教育局。

1923年4月29日，北京政府大总统黎元洪令公布《县教育局规程》15条和《特别市教育局规程》11条。自此，各县劝学所遂改为教育局。

《县教育局规程》规定：县设教育局局长1人，视学及事务员若干人。局长的职掌为"商承县知事，主持全县教育行政事宜，并督促指导属于该县之市、乡教育事务"②。县教育局得将全县市乡酌创若干学区，每学区设教育委员1人，受教育局长的管辖，办理该学区教育事务。县教育局长应"就素有教育学识经验者"选任市乡学区教育委员。县教育局下设董事会，董事定额为5人，但视地方教育发达情形，可增至7～9人。县知事可遴选一名视学担任董事，其余由县参事会依准一定标准选举。董事会有如下职权："一、审议县教育之方针及计划；二、筹划县教育经费及保管县教育财产；三、审核县教育之预算、决算；四、议决县教育局长交议事件；

①② 教育部中国教育年鉴编审委员会编：《第一次中国教育年鉴》甲编"教育总述"，开明书店1934年版，第41页。

五、提议关于县教育事项。”①

县教育局长的任职资格如下：第一，毕业于大学教育科、师范大学或高等师范学校者；第二，毕业于师范学校，并曾任教育职务三年以上者；第三，毕业于专门以上学校，并曾任教育职务二年以上者；第四，曾任中等学校校长或小学校长三年以上者；第五，曾任教育行政职务五年以上，著有成绩者。县教育局局长任期三年。

根据此规程可知，县教育局为全局教育之执行机关，董事会为县内教育审议及立法机关。董事会为教育局的下机设构，置董事5人，但可视地方情形增减。董事的组成，由县行政长官选派1人，县教育会推选2人，县立及其他公私立学校推选2人。担任董事的资格有二：其一是有教育学识及经验者；其二是在中等以上学校毕业者。董事任期四年，每二年改选半数。董事会的权限为：凡关于县教育行政事项，均由其议决行之，教育经费也归该会掌管；局长的任用，由董事会提出陈请教育行政长官委任；县教育局的组织亦由董事会议决。

《特别市教育局规程》的要点有四：

（1）特别市之教育行政，得视县教育行政酌量定之。

（2）县所属的特别市乡划定学区，每区设学董1人，任本区教育之调查及设施事项。市乡各学董的任用，得视地方情形自定。

（3）市乡各区教育行政办法，由各县视地方情形自定。

（4）市乡各区的教育经费，须确定专款，供本区教育之用。

县教育局的设置，明显带有五四运动后“西化”程度加剧，西方教育行政作用于中国教育行政的印迹。“教育局”一词，在中国教育行政史上是首次出现。尤其是教育局下设董事会，为县教育行

---

① 教育部中国教育年鉴编审委员会编：《第一次中国教育年鉴》甲编“教育总述”，开明书店1934年版，第42页。

政改革的又一重大举措。这显然是受美国教育制度影响所致。

二、县视学制度的完善

视学制度于清末始建，到民国初年有了长足发展，逐渐趋于严密完善。民国初期县视学制度的出现，最早见于江苏省。1912年4月1日，江苏省都督府颁定《江苏暂行视学规程》15条，以利地方教育事业的推行。其内容主要有以下诸点。第一，视学设置与资格。第一条规定江苏教育行政机关为监督指导地方教育事宜，特设视学。省视学6人，由都督任免；县视学1人，由该县民政长官任免，县视学可由该县学务课长兼任。充县视学的条件，具备下面二者之一即可：（1）具省视学资格者；（2）有高等小学校正教员资格，曾任高等小学校长至三年以上者。第二，县视学的职责：（1）监督指导所属市乡学务；（2）监督市乡所定学校位置及校数之适当否；（3）监督所属市乡对于市乡经常费内教育应占成数的规定；（4）调查境内对于教育法令施行之实况；（5）考核各地方学龄儿童之就学及出席状况；（6）视察各校教授、管理、训育之状况；（7）视察各校编制学级支配教员及厘定学科课程之状况；（8）视察生徒之学业成绩及其风纪；（9）视察学校职员及其他与学务有关系各员履职状况；（10）视察学校设备及整理清洁之状况；（11）调查学校经济及生徒纳费之实况；（12）调查社会教育之状况并指导之；（13）其他民政长官特命注意之事项。第三，视学当表明态度的事项：（1）与法令相抵触者；（2）省议会或县议会所议决之事项；（3）关于授业法及学校管理法之事项；（4）其他所属长官特命指示者。

如同江苏省一样，全国很多省均制定了县视学制度，但各行其是，规制颇不一致。据1914年教育部《视察学务报告》所载，各省所定差别颇大。如直隶省照旧设劝学所，内沿清末之制，设劝学总董 1 人，劝学员 3～6 人不等，县视学多由总董兼任。奉天仍以劝学所为教育行政总机关，掌任免全县公立初小教员。劝学所的组织，各县略有差异，均设劝学员长 1 人，定期改选。县视学一职归劝学员长兼任者半，专任者亦居其半。湖北仍以原有劝学所为各县学务机关，综行全县学事。所置劝学员长及劝学员、县视学员数人。劝学员长综核全县学校数，劝导学生入学及筹备兴学事宜，县视学查察学生，以劝学员长总其成。

1915 年 2 月，湖北省巡按使为整顿全省学务事，通饬省内各道县，指出前已派员驰赴各县详细考察，各员报告大体一致，道县学办理较好者占十分之二三；不好的占十分之七八，其弊在于因循敷衍，上下相蒙。要求各县办一校收一校之功，培养一人获一人之用，实事求是，不骛虚名；知事必须与视学努力同心，进行一致。在此饬令发出的同时，附抄有整理各县学务办法 10 条，即：(1) 县视学当受重视；(2) 县知事署当设教育专员；(3) 各县模范两等小学，当极力维持；(4) 各县有设中学及甲种实业学校者，当暂停办；(5) 各县宣讲员，当参用本县人；(6) 各县私塾奖励金当核实；(7) 各县官立初等小学，当分纳费与不纳费两种；(8) 当先设初等女学，教员当用师范生；(9) 改劝学所为教育公所；(10) 对各县学校实行奖罚，以肃功令。

民国改元后至 1918 年，县级教育视学制度尚未统一，大致各省自行定夺。至 1918 年 4 月 30 日，教育部以第 38 号令公布《省视学规程》19 条，同日又以部令第 39 号公布《县视学规程》16 条。后者对县视学作了统一规定，要者如下。

第一，视学编制及聘用。《规程》规定，各省设县视学，每县 1～3 人，秉承县知事，视察全县教育事宜。县视学由县知事呈请省教育行政长官委任；遇必要时得由省教育行政长官直接任用；县视学不得兼任他职，但因特别情形，经省教育行政长官许可，暂由劝学所长兼任者，不在此限。

第二，任职资格。有下列资格之一者，得任县视学：(1) 师范学校毕业，任学务职一年以上者；(2) 中学校或二年以上简易师范科毕业，任学务职二年以上，著有成绩者；(3) 曾任高等小学校校长或本科正教员二年以上，经省教育行政长官认为确有成绩者。遇特殊情形，经省教育行政长官许可暂行聘用不在此限。

第三，县视学之职掌。(1) 督察教育法令实施；(2) 督察学务计划进行；(3) 查核各区教育经费及学校经费实况；(4) 查核各区学龄儿童入学实况；(5) 视察各学校设备编制及管理状况；(6) 视察课程教授及学业成绩；(7) 视察各校训育学风及操行成绩之状况；(8) 视察各校卫生体育及生徒健康；(9) 视察社会教育及实施状况；(10) 视察幼儿教育及特殊教育设施；(11) 视察学务职员履职状况；(12) 视察主管长官或省视学所指定事项；(13) 宣达主管长官指示的事项。

自此而后，县视学开展工作，均有中央制定的有关法令为凭准。县视学制度的建立与完善，对于中央教育厅教育法令的贯彻，对于地方教育的推展，都是大有助益的。

第四节 空前活跃的教育会

在中华民国前期，因为共和的成功，极大程度地调动了广大知识分子关心国事天下事的积极性和首创精神，他们积极主动地参与到社会的各项建设事业之中。其中，中央、省级教育会就空前活跃起来。他们通过教育会的活动改造旧教育，推进新教育，在纷乱的政局中竟取得了骄人的成绩。

一、全国性教育会及其活动

清末中央教育会在张謇、唐文治等教育家的倡导下，一度极其活跃，为国家复兴献计献策，受到各界的充分肯定。但辛亥革命后的几年时间内，却销声匿迹。教育会沉闷的局面终于在1914年被直隶教育会打破。

（一）全国教育会联合会

全国教育会联合会的成立，稍后于全国部分省份的教育会。1914年初，浙江省向各省教育会函商召开全国教育会联合会，正与直隶教育会不谋而合。1914年初夏，直隶教育会向教育部呈文，提出于当年7月在天津召开全国教育会联合会。文曰："窃维教育为治国之要图，国之富强，端赖于是。当兹民国初兴，冀造就人民立于健全之地，尤须毅力促进，庶观厥成。但教育事业极为重大，非萃集全国教育家，各执疑难，逐项剖析。凡夫社会教育、家庭教育、各种学校教育，必须如何计划，始合进化之趋势，如何布置，始免不完备之指摘，如何教诲，始得收良好之结果，此中头绪纷歧，差厘而谬千里。……讨论教育利害得失，以条陈于教育行政官厅，既无上下隔阂之虞，又无远近分歧之弊，法至善也。"① 为此，提请邀集各省教育会，在当年7月召开全国教育会联合会，"推选教育家，富于学识经验者共同讨论，各抒心得，庶几谐离娄鲁班各输长策，为教育界稍助螳臂之力"。教育部很快批示同意召开全国教育会联合会，"共同讨论教育事宜，可谓知所先务。事属可行，务即悉心筹备"，并要派部员莅会。

教育部答复后，直隶省教育会为了召开全国教育会联合会，向

① 《请开全国教育会联合会》，《教育杂志》第6卷第9号，"记事"。

各省教育会发出函件，提出："民国成立，倏已三年，教育一途，日形萎绌，固由国家财力支绌，亦由国民矢责不专，有以致也。此者欧洲战役方酣，正我国人民对教育积极进行之会。夫欲巩固统一之政府，以对外而生机能，然必养成统一之人心，以对上而尽职分，此中枢要舍教育靡由也。"① 并邀请各省派代表两到三人，"积极建言，当仁不让"。

接着，1915 年就有了《全国教育会联合会章程》出台。《章程》第一条规定："联合会由各省教育会及特别行政区域教育会组织而成，定名为全国教育会联合会。"第二条规定了全国教育会联合会的宗旨，即："以体察国内教育状况，并应世界趋势，讨论全国教育事宜，共同进行为宗旨。"会员产生办法系"以各省教育会及特别行政区域教育会推选代表三人以内充之"。

《章程》对"会"和"议"予以严格区分。"会"非有赴会会员过半数，不得开会；"议"非有到会会员过半数出席，不得开议。②

教育评议会之设，亦为教育行政改革、教育民主化的又一重要成果。1920 年 10 月 20 日—11 月 10 日，全国教育会联合会在上海举行第六届年会。主席黄炎培，副主席沈信卿。会上通过了《各省区教育行政机关宜联合本省区教育会组织评议会，以谋教育进行》的提案。该提案认为，中国教育处在幼稚时期，每项改革举措，端赖随时随地研究推行。各省均已设教育官厅，主持教育事务，唯组织过于简单，厅员不多，借以处理公牍已感不足，若利用余暇筹谋全省教育改革，实属不可能。查考美国教育行政，各州教育局均设有评议会，会员少的 5～6 人，多的 30 人不等。会员由众公举之。会员负议论全州教育事项之责。所以，建议各教育厅及未设厅省区

① 《直隶教育会致各省教育会公函》，《教育杂志》第 6 卷第 7 号，"记事"。

② 教育部中国教育年鉴编审委员会编：《第一次中国教育年鉴》戊编"教育杂录"，开明书店 1934 年版，第 157 页。

的主管教育行政机关，联合本省教育会组织评议会，会员10～20人不等，各视本地情形而定。省教育评议会的职责，是随时集会讨论关于教育的各种事项，庶官厅与地方共负改善进行之责，以免产生隔阂之弊。评议会之设，是教育行政民主化决策的重要措施，标志着民国前期教育行政向民主化迈出了关键的一步。此时所设的评议会，与清末学务公所中所设的议长、议绅辅助提学使筹划教育事项的体制貌合神离，虽从中脱胎而出，但实则有很大不同之处。

全国教育会联合会有严格的会议规章。《章程》规定："每年开会一次，于每次会毕时，决定下次之会期、会所。""会议期以两星期为度。如因议案过多，不能完成时，得延长一星期以内。"① 因为全国教育会联合会会议制度严格，更因为广大知识分子和教师参与教育革新的积极性空前高涨，关心教育的责任心极强，因而直到1925年，全国教育会联合会不管战事频仍雷打不动地召开年会，会员们提写方案的积极性与日俱增。

1915年4月在天津召开第一次会议，到会者53人，共收到72件提案，会上议决的有12项议案，主要有《拟将义务教育列入宪法案》、《请设各省教育厅案》、《军国民教育施行方法案》、《请改三学期为二学期案》、《社会教育进行计划案》、《征集义务教育意见案》等。

第二次会议于1916年5月在北京召开，到会者56人，议决案有《请速设各省教育厅案》、《地方教育经费规划案》、《请颁行县知事办学惩劝条例案》、《请设女子高等师范学校案》、《中学校改良办法案》、《注意贫民教育案》等。

第三次会议于1917年10月在杭州举行，到会者39人，议决

① 教育部中国教育年鉴编审委员会编：《第一次中国教育年鉴》戊编"教育杂录"，开明书店1934年版，第157页。

案有《请通咨各省区实行知事办学考成条例案》、《请规定学界团体乘坐火车划一减价办法案》、《请速划定大学区添设大学案》、《请定国语标准并推行注音字母以期语言统一案》、《整顿县教育行政案》、《职业教育进行计划案》、《推广女子教育案》、《请促行义务教育案》等。

第四次会议于1918年10月在上海召开，与会者33人，共议决15件提案。这些提案主要有《请续设各省区教育厅案》、《今后我国教育之注重点案》、《每届联合会议决事项仍宜随时互相研讨共策进行案》、《推广体育计划案》等。

第五次会议于1919年10月在山西太原召开。议决案有29项之多，为历届之最，有《请裁兵兴学案》、《请废止教育宗旨宣布教育本义案》、《改革女学制度案》、《改革学校体育案》、《推行义务教育案》、《中等以下教育宜注重工艺案》等。会议期间，美国教育家杜威在会场作了《教育上之试验态度》的演讲。

第六次会议议决在广东开会，将届会期，而“广州军事上猝生变更，各省区代表到沪者不复前进”①，故到会代表仅13人。10月23日，代表共到19人（后来陆续还有增加），达到法定人数，即召开第一次大会。议决案呈送教育部的共12件，即《推广蒙养园案》、《促进男女同学以推广女子教育案》、《教育经费独立案》、《各省区教育行政机关宜联合本省区教育会组织评议会，以谋教育进行案》、《请设国立体育学校案》、《请修改学校及教育团体公文式案》、《请修改选派留学生条例，并增各区留学专额案》、《任用校长应注重相当资格案》、《请速增设国立大学案》、《请定北京音为国音，并颁国音字典案》、《请修正学校学年、学期及休业日规程案》、《请速设各特别区教育厅案》。这次“匆促开会，各省区代表到者仍

① 《全国教育会联合会第六次开会纪略》，《教育杂志》第12卷第12号，“特别记事”。

有三十六人，会期历二十二日，议决案件得二十四件，成绩不可谓不佳。会场上各据所见，侃侃而谈，虽系经验之报告，高尚之理论，多年交好之表示，亦必再三辨诘，大声疾呼，面红耳赤，毫不循情”①。真毅诚挚之精神，溢于言表。

第六次会议本来计划在广州举行，“因战事临时更改”②，在上海召开。1921 年 10 月，当仁不让地在广州召开第七次年会。会议到会代表共 25 人，汪精卫在会上致词，主张“应以学制系统讨论为中心”。各方面提案共 29 件，亦以学制系统改革为最多。美国哥伦比亚大学孟禄博士亦参与讨论。会议共通过了 17 项议决案，主要有《学制系统案》、《组织客观测验方法研究会案》、《推行小学校设计教学法案》、《暂行限制课本采用名词及度量衡案》、《拟订儿童发育标准案》、《倡办职工教育案》、《将年来国耻事项插入国民学校三四年级教材案》、《增加小学教员薪俸案》、《学校经费公开案》、《促进教育经费实行独立案》等。

广州第七次会议上对广东的提案评价极高。到 10 月 28 日，“审查会议之结果，以广东案较为完备，议决审查教育方法即以广东案为根据，与其他各案比较审查”。会议综述中评介说：“广东之提此草案，其手续非常完密。先组织学制系统研究会，以省教育会正副会长及全体评议员三十人，并聘全省小学以上校长十八人，有大学及专门学校毕业会研究教育者九人，教育行政人员十四人为会员。由全体会员中举出各部委办，参酌各国学制，分部研究。经各部举派代表开联席会议以研究之。结果制定草案及说明书，提交大会通过，然后提出于全国教育会联合会。故其提案比较的完备。审

① 《全国教育会联合会第六次开会纪略》，《教育杂志》第 12 卷第 12 号，“特别记事”。

② 教育部中国教育年鉴编审委员会编：《第一次中国教育年鉴》戊编“教育杂录”，开明书店 1934 年版，第 160 页。

查标准：（一）根据共和国体，发挥平民教育精神；（二）适应社会进化之需要；（三）发展青年个性，使得选择自由；（四）注意国民经济力；（五）多留各地方伸缩余地；（六）使教育易于普及。”①到29日，“将研究二年未决之学制系统草案通过”。这就是1922年公布的“新学制”草案。

第八次会议于1922年10月在山东济南举行，到会者共46人，议决案最多，达32项之数。议决案的主要内容还是学校系统草案和教育行政制度，其次是教育经费。前者有《学校系统草案》、《新学制课程案》、《实行地方教育行政制度公布施行案》、《拟将第七届联合会议决改革地方教育行政制度案送请教育部公布案》、《实行新学制，学校宜联络讨论以利进行案》等，后者包括《拟请建议国会将教育经费订入宪法案》、《实行教育经费独立案》、《筹集义务教育经费案》等，故可以视为广州会议的延续。

第九次会议于1923年10月在云南昆明召开，到会者24人。因为会议地点遥远，代表未能一致到齐。共收到提案59件，议决案31件。其主要者有《推行教育心理测验案》、《扶助无力就学之优良学生使得受均等教育案》、《各省区组织教育经费筹集委员会案》、《推广童子军教育案》、《改革童子军建议案》、《呈请教育部并函选各省区搜集古籍以保存国粹案》、《提倡科学教育案》、《促进全国义务教育计划案》等。

第十次会议于1924年10月在河南郑州召开。因受时局的影响，到会者仅35人，议决案达38件之多。这些议决案主要包括《请教育部严订大学设立标准案》、《催请教育部〈扶助无力就学之优良学生使得受均等教育案〉通令遵行案》、《取缔外人在国内办理教育事业案》、《各省区组织教育委员会案》、《请各省当局筹划留学

① 《全国教育会联合会第七次开会纪略》，《教育杂志》第14卷第1号，“特别记事”。

生经费案》、《庚款分配标准及董事会组织原则案》、《学校内不得传布宗教案》、《男女合校之中小学应注意个性分别施教案》、《中小学应加重训育案》、《小学校应切实设施休闲教育案》等。

最后一次即第十一次会议于1925年10月在湖南长沙召开，到会代表共38人，其中中华教育改进社代表1人。大会收到提案共84件，议决案25件。议决案主要包括《修改庚款董事会组织原则并规定协争庚款办法案》、《今后教育宜注意民族主义案》、《请设立全国生物调查所调查全国动植物分布区系编为中国动植物图志以促进科学教育案》、《请组织中等以上学校考试委员会案》、《学校体育应特别注重国技案》、《拟平民教育办法并催促实施案》、《学校应注意军事训练案》等。

全国教育会联合会的活动到第十一次年会便戛然而止，使得发育不良的教育行政机关痛失咨询组织，如同失去左膀右臂。究其原因，一是“五卅惨案”后政局动荡，每次会议均多多少少不同程度地受到影响；二是国民党北伐战争前夕战云密布，山雨欲来风满楼，全国教育会联合会失去了其安定的必要条件；三是广东国民政府提出的“党化教育”，更使全国教育会联合会“软环境”丧失殆尽。

全国教育会联合会是全国性的非官方教育社团，拥有众多团体会员，成员播散到全国各地，在推行义务教育方面影响政府的决策。全国教育会联合会拥有众多的团体会员，国内众多著名教育家诸如陶行知、胡适、黄炎培等，是该会的重要成员，会员遍及全国各省市，是联系教育实际工作者和政府的重要纽带和桥梁。该会亦以团结同志，群策群力，集思广益，与政府上下齐心，补官力之不足、不及为职志，为民初教育的发展立下了不朽的功勋。

（二）中华教育改进社

中华教育改进社是五四运动时期的教育团体。1912年12月由中华新教育共进社、新教育杂志社、实际教育调查社三团体合并改组而成，总事务所在北京。名誉董事有美国教育家孟禄、杜威，董事有蔡元培、范源廉、郭秉文、黄炎培、汪精卫、熊秉三、张伯苓、李建勋、袁观澜，总干事陶行知。其宗旨有三：调查教育实况，研究教育学术和力谋教育进步。其下设有教育行政委员会、高等、中等、初等、幼稚、义务、乡村、师范、职业等 32 个专门委员会，还有理化、数学、生物、国语、英语、历史、地理、美育、音乐、体育等各门学科教育委员会和心理教育测验委员会等。该会重视介绍欧美教育，常派社员赴国外考察，并邀请克伯屈、麦柯尔、柏克赫斯特等美国教育家来华讲学。

中华教育改进社从 1922 年到 1925 年共举行四次年会，每年举行一次。每次年会到会者极众，除举行董事会外，还有社务会议，并有分组会议及全体学术会议，其议题皆以“如何促进中国教育”为中心。每次会议议案不下百数十件，对中国教育现状的改进均有极重要的意义。

第一次会议于 1922 年 10 月在山东济南举行，到会人员 366 人，可谓盛况空前。会议分为教育行政、高等教育、师范教育、中等教育、职业教育、初等教育、女子教育、公民教育、生物学教学等 20 个分组会议。教育行政组到会 23 人，收到议案 24 件。该组提议案两件，开小组会议 5 次，议决案有如下 7 件：《取缔电影案》、《各学校及各教育机关需公布财政用途案》、《变更视学制度案》、《建议本社设立教育经费委员案》、《学校厉行新历案》、《设教育行政组委员会案》、《设教育行政研究会案》。

在第一次中华教育改进社年会上，梁启超的《教育与政治》、黄炎培的《职业教育》、麦克尔的《中国体育应有之改革》、邓萃英的《美国教育之状况》、美国科学教育家推士的《科学与教育》、蒋梦麟的《英美德法四国人民之特性与大学之特点》、张默君的《欧美女子现今在社会上的地位》和胡适的《中学的国文教学》等演讲，都博得会议代表的好评。

第二次会议于1923年在北京举行，到会代表达570人之多，再创纪录。会议分为两种，一为全体会议，即社务会议和学术会议；二为分组会议，包括教育行政等32个小组会议。教育行政组的议决案主要有《政府对于学校员生旅行乘火车轮船特给减价以示优待案》、《请教部设立中央盲哑教员养成所暨设盲哑学校案》、《中小学校教职员之待遇宜特别规定案》、《修改检定小学教员规程及施行办法案》、《咨请教育部统筹全国各级学校学额以免升学困难案》、《催促政府实行兴办蒙回边藏教育案》等。

会议安排的精彩传统节目是教育名家讲演。第二次会议邀请了如下教育名家讲演：朱经农（《新学制课程》）、黄炎培（《施行新学制后之职业教育》）、张仲述（《中学课程研究的手续》）、陶知行（《平民教育》）、麦克尔（《教育心理测验》）、德尔曼（《教育调查报告》）。

第三次会议于1924年7月在南京举行，到会代表再创新高，达600余人，开幕大会到会者竟约2 000人。教育行政组的议决案主要有：《请求谋收回教育权案》、《拟请教育部及各省教育行政机关，规定各级公立学校酌量免收小学教员子弟学费案》、《促进社会教育案》、《学校训育的方法宜有系统的组织案》、《各省区设立教育联合会案》、《改进成绩考查法记分法案》、《拟请教育部规定中学校长及教员任用资格案》、《教育行政机关聘请专家专司建筑案》、《各省区组织大学试验委员会应有同标准案》等。

颇受欢迎的讲演在第三次会议上再次展示亮点，除安排范源廉讲演《何谓好公民?》、马寅初讲演《中国财政与教育之关系》、章炳麟讲演《襄治史学及史学的利病》、马君武讲演《一元哲学之宇宙观》、日本学者村泰贤讲演《宗教之本质与佛教之地位》外，会议还组织了“蒙古之讲演大会”的专题讲演。具体内容有：黄成垿的《十三年在蒙古之经验及感触》，福龄的《呼伦贝尔之现在与将来》，外蒙古陈雪静的《蒙古教育的主体观念与客体观念》，陈问策的《外蒙两部及科布多唐努乌梁海》，关静民的《国人对于蒙古应注意之要点》，郭道甫的《蒙古问题与世界问题》，陶行知用幻影灯片说明蒙古生活及蒙古内部情形，给代表们打开了新的教育视野。

第四次年会于1925年8月在山西太原召开，参加会议的机关社员、个人社员和邀请人员及年会会员共700多人，又创新高。教育行政组议决案共有8件，即《请教育部依据国家主义明定教育宗旨案》、《宪法中应划定教育专章案》、《中等以上学校设施军事训练案》、《请组织国家教育政策委员会案》、《本社宜组织劳工教育委员会研究励行工人教育方法，以养成健全之国民建议案》、《官立学校校长一律改为聘任制案》、《规定各学校职教员待遇建议案》、《请由本组建议学术大会，速用本社名义，致电教育部改北京女子师范大学为女子大学案》等。

这次年会邀请美国教育家柏克赫斯特讲演《道尔顿制概要》，叶恭绰讲演《交通与教育》，马寅初讲演《不平等条约与经济关系》，陶行知讲演《中国教育政策之商榷》，黄炎培讲演《职业教育》。

中华教育改进社的年会虽然仅有四次，但因为赴会代表甚众，议题极切合中国教育问题，又有教育名家的演说传播新教育理念，因而“对于中国教育之改进，功绩甚大”①。

此外，属于全国性教育社团组织的还有中华职业教育社、中华

---

① 教育部中国教育年鉴编审委员会编：《第一次中国教育年鉴》戊编“教育杂录”，开明书店1934年版，第163页。

平民教育促进会①等。

二、省级教育会的蓬勃发展

1912年9月6日，教育部公布《教育会规程》，规定教育会以“研究教育事项，力图教育发达为目的”。地方教育会分省教育会、县教育会和城镇乡教育会三种。三种教育会互为联络，但不相统辖。教育会研究主要事项为学校教育、社会教育和家庭教育，并要以研究所得建议于教育官厅，亦当处理教育厅委任的事务。还规定：“教育会为讲求各项学术及开通地方风气，得分设各项研究会，或讲演、讲习等会。”② 教育会会员资格有三：一是现任教育职务者；二是于教育上富有经验者；三是有专门学识者。

1919年，教育部公布《修订教育会规程》，规定教育会“以研究教育事项，发展地方教育为目的”。教育会的名称以其设立区域确定，有省教育会、特别区域教育会、县教育会、区教育会。四种教育会不相统辖，但遇必要时，得互相联络，组织联络会议。教育会为讲求学术、促进文化，得设各项研究会及讲演、讲习等会。会员资格有五种：“甲、现任学校教职员；乙、曾任学校教职员二年以上者；丙、现任教育行政人员；丁、曾任教育行政人员三年以上

---

① 中华平民教育促进会是1923年成立于北京的教育团体，总社设在北京，朱其慧为董事长，晏阳初为总干事，在20个省区设有分会。主张推广平民教育，开办平民学校、平民读书处、平民问字处，以《平民千字课》为教材，试图使青年或成年文盲从认识最基本的汉字中，取得最基本的生活知识。1926年，工作重心转向乡村，以河北省定县为乡村平民教育实验区。1929年，总部迁至定县。晏阳初认为中国乡村的根本问题是愚、穷、弱、私四大病症，需开展文艺、生计、卫生和公民教育，运用学校式、社会式和家庭式三大方式予以解决。新中国成立后解散。

② 中国第二历史档案馆编：《中华民国史档案资料汇编》第三辑“教育”，江苏古籍出版社1991年版，第727页。

者；戊、专门以上学校毕业，担任教育职务一年以上者。”①《教育会规程》和《修订教育会规程》公布后，各地纷纷成立省和特别市教育会。

（一）江苏省教育会

江苏省教育会在清末便在全国产生了相当大的影响，是其他省份马首是瞻的教育会。民国改元后，江苏省教育会及时修订了章程，并继承清末以来教育会的传统，教育会连续不断地开展活动。1912年10月15日，江苏省教育会遵循教育部规程，以中华民国成立以前之江苏省教育会会员继续组织，确定名称为“江苏省教育会”。新章程确定的宗旨是：“一、审民国之前途以定方针；一、审本省之现状以求进步。”

《江苏省教育会章程》规定该会研究学校教育、社会教育、家庭教育三大内容。研究的重点有：“一、注意教育普及，以养成民国国民之资格；二、注意政治上之教育，以养成国会、省会、县会、市乡会之人才；三、注意实业教育，使农工商三业其实力足以助各种机关之发达，而立富国之基本；四、注意尚武教育，使地方人民皆有军国民之精神，以立强国之基本；五、与本省、县、市、乡教育会互相联络，以期各地方之教育方法归于统一；六、联络各省省教育会，以期共同进化，合于国民教育之宗旨。”②章程对评议员、学校教育部干事员、社会教育干事员、调查部干事员的职务及权限作了规定。评议员的职务及权限为：“一、统筹全会事务；二、决议关于本省教育统一方法之建议事件；三、决议教育官厅委任处理事件；四、决议会员关于教育事务之意见书；五、核议本会每年出入款项之预算、决算。”学校教育部干事员的职务及权限为：

①② 朱有瓛等编：《中国近代教育史资料汇编·教育行政机构及教育团体》，上海教育出版社1993年版，第254、281页。

“一、编集各处关于学校教育一切所调查及报告之事件；二、提倡或成立讲述各项学术之研究、讲习等会，不论普通、专门，皆由此部干事员经理。”社会教育干事员的职务及权限有：“一、编集各处关于社会教育一切所调查及报告之事件；二、审查各处行用之社会教育品物等类；三、实行社会教育事务（如周游宣讲或改良戏曲、小说或演幻灯与电光影戏等类），开通地方风气，以促社会之进步。”调查部干事员的职务及权限包括：“一、调查各教育会之成绩；二、调查各学校之设备及教授管理法；三、调查各地方关于学务之经济；四、调查各处行用之教科图书；五、调查各处社会教育之成绩。”①

江苏省教育会清末开了七次常年大会，南京临时政府成立后，江苏省教育会并不因为改朝换代而停辍活动，仍然按照清末的规矩，每年一次常年大会。1912 年召开第八次常年大会，修改章程，选举职员。1913 年 6 月 29 日，召开选举大会，以此会代替常年大会。1914 年召开江苏省教育会十周年纪念会及第十次常年大会。以后每年一次常年大会成为江苏省教育会的会议制度，不得随便更易停辍。

江苏省教育会对省内各道（下设州、县）产生影响的方式，主要是通过在各道设置会员，通过会员扩大省教育会的影响；通过会员来覆盖全省各州县，使江苏省教育会的根须深入到全省各州县的学校及教育机构。下面是江苏省民国前期教育会会员分布情况（见表 3-6）。

① 朱有瓛等编：《中国近代教育史资料汇编·教育行政机构及教育团体》，上海教育出版社 1993 年版，第 283—284 页。

表 3-6　民国前期江苏省教育会会员分布情况

道别	1915 年	1917 年	1918 年	1921 年	1922 年	1923 年	1924 年	1925 年
金陵道	93	117	113	125	130	134	46	91
沪海道	173	233	206	260	322	300	137	146
苏常道	166	362	339	381	415	436	169	151
淮扬道	30	127	157	139	146	143	34	26
徐海道	72	62	61	80	75	76	20	68
会员总数	534	901	876	985	1 088	1 089	406	482

资料来源：谷秀青著《清末民初江苏省教育会研究》，广西师范大学出版社 2009 年版，第 51 页。

江苏省教育会为民国前期江苏教育改革与发展作出了重要贡献，是全国教育改革的示范之区。江苏省教育会几乎每年都有重要教研活动。

1914 年，江苏省教育会举行讲演大会，讲演学校卫生及管理等要旨。11 月 22 日，江苏省教育会举行理科教学研究会成立大会，到会者 40 余人。

1915 年 6 月 9 日，江苏省教育会举行陈主素考察北方学务报告会，他深有感触地说："欲救国，只须人人有责任心，即各人各认定一部分之责任去做。第一要耐劳忍苦，第二要竭尽心力，第三要用志不纷，第四要恒久不懈，第五要即知即行。国民人人有此良好之性格，不患国不可救。"① 8 月，江苏省教育会受江苏巡按使委托开办体育传习所，以培养各县公共体育场指导管理人才。学员共 141 人，由 57 县选派 139 人，给毕业证者 130 人，自愿来所者 2 人。10 月 2 日下午，江苏省教育会召开赴美考察讲演会，到会者约 100 多人。黄炎培介绍了赴美目的和游历大概，介绍了美国的学制和教授设备之方法及注意研究之点等。黄炎培认为，美国教育之

① 《考察北方学务报告会》，《教育杂志》第 7 卷第 7 号，"记事"。

要点，一在注重实用，二在各呈特色。与中国不同点在于："美国重道德而尤注意于公德。知识贵切实适用而高深次之。体育十分重视。而处境人人求快乐幸福。中国重道德而偏重私德，知识重虚文而少切实。体育不甚重视。而处境崇尚耐苦。于此可见两国由来教育之不同矣。"黄炎培主张教育当积极改进，"道德不专重私德而尤要注意公德。知识目前姑求切实适用，体育定须十分注重，处境非不想望快乐，但现在仍须提倡耐苦"。① 可见黄炎培并不是一味照抄照搬美国教育。

1915—1916 年，江苏省教育会举办小学教授法讲习会及小学教员暑期讲习会，听讲者 238 人，由 34 县选派 173 人，志愿听讲者 65 人。1918 年，江苏省教育会设立国语补习会及注音字母传习所，共办 4 期，传习人数有来自 47 县 41 校的 176 人，旁听者约百人。

1917 年，江苏省教育会举行菲律宾职业教育报告会。江苏省教育会以前派出陈筱庄等赴菲律宾调查职业教育。陈返回江苏后，在江苏省教育会开会报告调查情形。陈指出："其教育长官，且谓将来于各校之教员学生，一律施以健康上之检查。……他如教育，则所重者三项：一普通教育，二职业教育，三体育，而职业教育尤为重。……至于职业教育，其目的有二：一辅助教育，二发展经济。"②

1918 年，江苏省教育会派出省立第二工业学校校长刘勋麟、第二农业学校校长王舜成、第一商业学校校长黄迺穆赴日本、朝鲜，调查农工商实业教育等，返回后即召开报告会。

1919 年 8 月 18 日，江苏省教育会组织中等以上学校教育研究

① 《美国教育状况》，中华职业教育社编：《黄炎培教育文集》第一卷，中国文史出版社 1994 年版，第 178 页。

② 《菲律宾职业教育报告会》，《教育杂志》第 9 卷第 4 号，"记事"。

会，讨论各种问题。会议形成了三大议决案：第一，学生课外服务社会问题；第二，学生自治团组织问题；第三，减少授课时间与变通教科精选教材问题。议决案当引起注意之点有："一、渐趋学科之分业制度，就分科及选科上研究实施方法；二、教科务取提要，另谋课外补充方法；三、将教育之普通目的详细分析，并据所分析之部分目的，精选教材；四、注意图书馆、博物馆及其他必要之设备；五、普通科注意升学上必要之程度；六、教师按时计薪改为按科计薪。"①

1920 年是江苏省教育会最为忙碌的一年。江苏省教育会当年 7 月特开征集小学校图画、手工成绩展览会，"用觇改良实况并冀其因此比较而求进步"②。展览会进行了 11 天，与会者 79 校，展出 1909—1920 年的图画手工作品 5 000 余件。紧接着，8 月 15 日，江苏省教育会在理科实验室召开理科教授研究会，除会员外，本地及松江、宝山各高等小学校之理科教师大多到会。

1921 年 8 月 28 日，江苏省教育会理科教授研究会召开大会，报告一年来所做的工作：第一，举行理科讲演 17 次；第二，举行工艺传习会 5 次；第三，举行理科讲习会 1 次；第四，审查化学、物理名词。其后，还有关于理科教育应注意之事项、理科教学法等讲演。同年 12 月 8 日，江苏省教育会召集第一次新学制草案讨论委员会会议。会后另组学程研究会，研究初等教育、中等教育、高等教育、师范教育、职业教育诸内容。各项学程标准讨论完竣，计划出版新学制小学校、初级中学、高级中学、高等教育、职业教育学程标准各一册。会议决定 1924 年 2 月 11—13 日在江苏省教育会

① 《江苏中等以上学校教育研究会之议决案》，《教育杂志》第 11 卷第 9 号，"记事"。

② 朱有瓛等编：《中国近代教育史资料汇编·教育行政机构及教育团体》，上海教育出版社 1993 年版，第 295 页。

开会讨论江苏省校以后五年计划案。

（二）其他省市教育会

中华民国建元后，各省知识分子和各级学校的教师纷纷组建省教育会，联络同人，沟通信息，达到改造地方教育的目的。1912年后创办的省教育会主要有以下几个。

1. 安徽教育总会

该会“以研究全省教育事项，力图教育发达为宗旨”。与清末不同的是，安徽教育总会设有31名评议员。这些评议员的产生按照众议院安徽省复选区分配，第一区（旧安庆府6县）3人，第二区（旧庐州府、六安州两属共8县）4人，第三区（旧凤阳府、滁州、泗州三属共14县）7人，第四区（旧颍州属7县）4人，第五区（旧徽州府属6县）3人，第六区（旧宁国、广德州两属共8县）4人，第七区（旧池州府属6县）3人，第八区（旧太平府和州两属共5县）3人。评议员的产生仿照众议院议员办法，尽可能公平均等。

2. 浙江省教育会

1912年成立，其宗旨为：“以研究教育原理及普及文法，并补助教育行政。”下设评议部、干事部、编译部。其职责主要为调查教育现状，编辑小学教科书及教育杂志，设立讲演所，筹办教育上一切应行事宜。①

3. 湖南省教育会

1912年1月，经湖南教育界人士依教育部颁《省教育会章程》成立。1922年公布的《湖南省教育会法》规定其基本会务为：“筹议教育改进事项，向省议会提出教育法规的提案；向行政官署提出

① 《浙江教育总会章程》，朱有瓛等编：《中国近代教育史资料汇编·教育行政机构及教育团体》，上海教育出版社1993年版，第317页。

建议，并答复行政官署或省议会的调查、咨询；调查、统计全省教育状况；设立各种学术团体；开办讲习班；发行教育杂志及报告书；设立图书馆、博物馆、公共体育场；以及联络各县市教育会协同办理其他关于教育应行办理之事项。”①

4. 北京教育会

1912年成立，“以谋北京地方教育之发达为宗旨”。北京教育会与其他省市教育会不同的是设有名誉赞成员和特别名誉赞成员。名誉赞成员指“凡以财产、图书、器具或建筑物捐助本会及学问专家以著作、编纂、译述、讲演协助本会者，本会均推为名誉赞成员”，特别名誉赞成员指“凡友邦学问专家赞助本会教育事业者，本会均推为特别名誉赞成员”。② 为了保证教育会的学术性，保证研究有所收获，北京教育会下设立了一些讲习所和分会。1912年7月，北京教育会夏期手工、音乐讲习会简章颁布，表征着北京教育会夏期讲习所正式开办。同年8月，公布《通俗讲演研究会简章》，通俗讲演研究会正式设立。同年9月，《小学研究会简章》公布，小学研究会开始活动。1913年3月，北京教育会公布《小学教员讲习会简章》，小学教员讲习会正式成立。以后，北京教育会以这些下属研究机构为依托，紧锣密鼓地开展教育教研活动。

北京教育会主要会务有如下诸点：(1) 将教育研究所得建议于当局；(2) 开设小学研究会及通俗讲演研究会；(3) 开设夏期讲习会，讲习各种科学，以资补习；(4) 编辑教育报；(5) 推举会员巡行讲演；(6) 筹设图书馆，以供本会参考及公众阅览。

北京教育会是一个教育活动非常频繁的学会组织。1912年，

① 湖南省地方志编纂委员会编：《湖南省志》第17卷《教育志》下册，湖南教育出版社1995年版，第1231页。

② 《北京教育会章程》，朱有瓛等编：《中国近代教育史资料汇编·教育行政机构及教育团体》，上海教育出版社1993年版，第322页。

为了贯彻民初教育方针，北京教育会开办夏期讲习所，讲习科目有手工和音乐。1913 年，在东城公立第七高等小学校和西城公立第八高等小学校继续开办夏期讲习所，主讲科目为体操和乐歌。1914 年，在东城公立第二中学和西城公立第三中学举办夏期讲习所，讲习科目为理化。

通俗讲演研究会的简章中规定讲演的科目有五，即社会学大意、社会教育概要、心理论理大意、雄辩学、讲演实习。1912 年 10 月开办首期通俗讲演研究会，推定徐协贞、伍崇学、钟启和毛邦伟为计讲员，钟世谦为评议员。他们在京师学务局设立讲演及巡行讲演，各讲演员周行宣讲。

小学研究会以“联合学界同志组织之，以研究小学教育期于改良进步为宗旨”①。自 1912 年 9 月成立到 1914 年 3 月，共开研究会及谈话会、茶话会 28 次。1915 年 6 月的茶话会决定：“因以前研究开会非有系统的研究，改为设题通信研究，就研究所得刊行报告分送各校，以备参考。”活动方法改进后，效果十分明显，到 1916 年 3 月，这项报告已刊行 4 次，第一次报告标题为“教授各科时，使学生知耻之方法，学校教育注重勤劳刻苦主义之方法”，第二次报告标题是“读经科教授法之研究”，第三次为“修身科作法之研究”，第四次系“课外运动方法之研究”。该会的活动十分丰富，活动极其频繁。如 1915 年每月都安排了一项活动：1 月 30 日第一次会，2 月 28 日第二次会，3 月 28 日第三次会，4 月 25 日第四次会，5 月 30 日第五次会，6 月 27 日茶话会，7 月 25 日第七次会，8 月 29 日第八次会，9 月 26 日第九次会，10 月 31 日第十次会，11 月 28 日第十一次会。足见北京教育会活动饱满之一斑。

小学教员讲习会于 1913 年 5 月开讲，11 月闭会。讲习科目主

---

① 朱有瓛等编：《中国近代教育史资料汇编·教育行政机构及教育团体》，上海教育出版社 1993 年版，第 330 页。

要有教育学（教育原理、教授法、管理法）、教育史、心理学概要和论理学概要。

此外，还有四川省教育总会、湖北省教育总会、南京教育会、九江教育会等，不一一赘述。

三、县级教育会的持续发展

清末全国便有许多州县遵循教育部章程创立县教育会。民国建元后，有一些县仍然延续清末县教育会格局，继续为州县教育发展献计献策；也有的州县新创教育会，辅佐县教育行政部门推进教育改革。

（一）上海县教育会

上海县教育会在清末就十分活跃，在民国亦一如既往，并不减当年。1918年10月，上海县劝学所和上海县教育会联手发起成立小学教育研究会，邀集上海公私立小学教职员参加。其宗旨“以研究小学校教学管理训练上实施方法为主”①。研究方法有三种：“甲、普通研究，各小学校长及经众公推之会员会同本会职员开会研究，是谓普通研究会。凡提议之问题，先由普通研究会讨论，认为成立者，提出研究，研究之结果可完全解决者即行议决，如必须分科研究者提交分科研究会。乙、分科研究，依据研究问题之性质，就会员中公推或自认分别担任开会研究，是谓分科研究。分科研究会应自定研究方法，并推一人为主任。丙、通讯研究，凡关于

① 《上海县小学教育研究会简章》，朱有瓛等编：《中国近代教育史资料汇编·教育行政机构及教育团体》，上海教育出版社1993年版，第340页。

采访意见及调查实施方法、经过情形等，得通讯于各会员研究之。”①

1920年8月，上海县教育会又成立上海县市区教育会，下属分会有闵行乡教育会、北桥乡教育会、峃桥乡教育会、漕河泾乡教育会、曹行乡教育会。有的乡教育会还下设了小学教育研究会等，规定每月底各学校教职开会一次。

上海县教育会之所以能够不间断高质量地开展活动，有力地推动地方教育的发展，是因为有一批有热情有威望的正副教育会长。上海县教育会正副会长的具体情况见表3-7。

表3-7 上海县教育会正副会长一览表

年份	届别	会长	副会长	备　注
1912年	第五届	贾丰臻	王纳才	前第一至第四届会长、副会长名单不详
1913年	第六届	贾丰臻	王纳才	
1914年	第七届	李宗�	姚文枬	
1915年	第八届	吴　馨	贾丰臻	
1916年	第九届	吴　馨	贾丰臻	
1917年	第十届	吴　馨	贾丰臻	
1918年	第十一届	贾丰臻	丁熙咸	
1919年	第十二届	李味青	丁熙咸	
1920年	第十三届	李味青	曹　楙	
1921年	第十四届	贾丰臻	曹　楙	
1922年	第十五届	贾丰臻	曹　楙	
1923年	第十六届	贾丰臻	曹　楙	

资料来源：朱有瓛等编《中国近代教育史资料汇编·教育行政机构及教育团体》，上海教育出版社1993年版，第340页。

① 《组织小学教育研究会》，朱有瓛等编：《中国近代教育史资料汇编·教育行政机构及教育团体》，上海教育出版社1993年版，第341页。

（二）宝山县教育会

宝山县教育会自光绪三十三年（1907 年）二月成立以后，就一直没有中断过教学研究活动。据《宝山县续志》记载，自 1913 年后，宝山县教育会每年暑假都要举办一次成绩展览会。1914 年 8 月，还将展品派员赴各市乡陈列，“以便就近展览”。1916 年征集的展品分学生和学校两种，“生徒成绩如作文、习字、算术、图画、手工、缝纫、针黹等七种；学校成绩如各项表式、规程及学校状况、教师自制教具等”①。通过展览活动，沟通了全县各学校之间的信息，交流了教育理念，使许多学校看清了努力方向。

1915 年 2 月，宝山县教育会共派出三个小组，前往吴县、无锡、南通等处参观，取经学习。参观人员开会交流报告，并将心得交宝山县教育会 1914 年 8 月创办的会刊《教育界》发表。像这样的教育参观团，1917 年 5 月又一次组团外出造访。1915 年 4 月，宝山县教育会组织私塾改良讲习会，共有 90 人参加学习。同年 5 月，又组织短期讲习会，“以教授麦秆细工为主，兼及游戏、体操”②。参加讲习会的共有 80 人。

宝山县为使新教育理念影响到最基层的学校，从 1912 年开始，特地成立了宝山县市乡教育会。到 1917 年，全县已有十多个乡成立了教育会，仅有真如、彭浦、高桥三乡及宝闸区域尚未组织教育会。具体情况见表 3-8。

①② 朱有瓛等编：《中国近代教育史资料汇编·教育行政机构及教育团体》，上海教育出版社 1993 年版，第 346 页。

表 3-8 宝山县市乡教育会一览表

市乡名称	成立年月	届别	会长姓名	副会长姓名	任职年月
月浦乡	1912 年 2 月	第一届	徐　纲	杨歧棫	1912 年 2 月
盛桥乡	1912 年 4 月	第一届	赵同福	赵作绪	1912 年 4 月
大场乡	1912 年 4 月	第一届	李祚先	杨　云	1912 年 4 月
城　区	1912 年 8 月	第一届	邵曾模	张贵杰	1912 年 8 月
		第二届	张贵杰	张祖轩	1914 年 1 月
		第三届	张贵杰	张祖轩	1915 年 7 月
		第四届	张贵杰	张祖轩	1916 年 8 月
		第五届	张贵杰	张祖轩	1917 年 8 月
刘行乡	1912 年 11 月	第一届	李荣怀	王庆钺	1912 年 11 月
殷行乡	1913 年 4 月	第一届	李文浦	朱家珍	1913 年 4 月
		第二届	李文浦	朱家珍	1917 年 7 月
罗店乡	1915 年 8 月	第一届	李钟瀚	钱衡璋	1915 年 8 月
		第二届	李钟瀚	钱衡璋	1916 年 8 月
		第三届	马孟元	陈祖楫	1916 年 8 月
杨行乡	1916 年 9 月	第一届	杨尹礽	汪　辉	1917 年 9 月
江湾乡	1917 年 7 月	第一届	汪元祐	吴序恩	1917 年 7 月
吴淞乡	1917 年 8 月	第一届	李中一	刘梓文	1917 年 8 月
广福乡	1917 年 10 月	第一届	沈仁麟	彭祖绪	1917 年 10 月

资料来源：朱有瓛等编《中国近代教育史资料汇编·教育行政机构及教育团体》，上海教育出版社 1993 年版，第 347—348 页。

（三）绍兴县教育会

早在光绪二十九年（1903 年）二月，绍兴教育界杜亚泉、杜海生、何豫才等 44 人就“以全府人民教育普及为目的”，发起成立绍兴教育会。绍兴教育会设在府城，府属各县及上海均设立了分会。光绪三十二年（1906 年）后，绍兴府各县陆续组建县教育会。

1912 年，绍兴府根据中华民国临时政府教育部颁布的《教育会章程》，相继成立绍兴县教育会、嵊县教育会、新昌县教育会。诸县教育会以“研究教育事宜，力图教育发达”为宗旨，以“讲求学术，将研究所得建议于教育官厅”为主要任务。① 绍兴教育会会员为责任教育职务者，在教育上富有经验的教师和有专门学识者，会员以民间为主体。1915 年，绍兴县教育会设评议会，共有评议员 20 人。基本任务是为教育行政机关及境内各小学作教育咨询，并举办教育方法培训等。绍兴府绍兴县教育会及各县教育会为了改革旧教育，宣传新教育，大多创办编辑出版了各种教育刊物。绍兴府属各县教育机构和教育学术团体创办的教育刊物见表 3-9。

表 3-9　绍兴府各县教育会创办的教育刊物一览表

期刊名称	创刊和停刊时间	主办单位
《绍兴县教育会》(月刊)	1913 年 10 月—1914 年 11 月	绍兴县教育会
《绍兴教育杂志》(月刊)	1914 年 11 月—1919 年 1 月	绍兴县教育会
《上虞教育杂志》(旬刊)	1919 年 7 月—1921 年 3 月	上虞县教育会
《绍兴教育》(周刊)	1920 年 10 月—1922 年 11 月	绍兴县教育会
《绍兴教育界》(季刊)	1922 年 1 月—1924 年 11 月	绍兴县教育会学生部
《绍兴教育公报》(半月刊)	1922 年 1 月—1933 年 12 月	绍兴县教育局
《小学教育通讯》(不定期)	1925 年—?	嵊县小学教育研究会
《上虞教育》(旬刊)	1925 年 9 月—1926 年夏	上虞县教育研究会
《教育》(月刊)	1926 年 8 月—1927 年 4 月	上虞县教育研究会

资料来源：章玉安主编《绍兴教育史》，中华书局 2004 年版，第 145 页。

这些教育期刊在当时为传播教育新思想、新经验、新方法，活跃学术研究气氛，推进教育改革发挥了重要作用。

1918 年，绍兴府各县根据省教育厅训令，在县劝学所内设立教育研究会。研究会以现职劝学所长兼任会长，以在职小学教职员为会员。其主要任务是：“组织小学教员集会研究和彼此参观，以

① 章玉安主编：《绍兴教育史》，中华书局 2004 年版，第 143 页。

通函研究为主要方式，不分区域，不限日期，可随时以书函授投递互相咨询讨论，并由劝学所所长和县视学负责指导各教员互相交流研究成果，比较得失。”① 各县还以学区为单位建立小学教育研究会。这些小学教育研究会除集会确定研究课题，交由各县立小学研究实验外，还综合有关研究成果，编印教育丛刊，刊登《小学指导大纲》、《卫生习惯具体标准》等内容，分发各小学参照。

民国前期省级教育行政的改革，将中国地方教育近代化向前大大推进了一步。其建树是多方面的。建立全国教育行政系统，完善教育行政规章制度，创建适合中国国情的教育督导系统，利用各地教育会集思广益吸纳民间教育智慧，等等，对中国教育行政管理向世界化、民主化、法制化迈进，起了重要推动作用。就此而言，民国前期教育行政制度在中国教育行政史上占有特殊地位。

第五节　教育独立思潮

进入民国以来，兵祸频仍，政潮迭起，神圣的教育事业，于卑污龌龊的漩涡之中风雨飘摇，几濒破产，教育事业一再受到摧残。为了重新建设精神生活，教育家“不能不作‘教育独立’之呼吁”。教育独立思想所包括的内容十分丰富，包括教育行政独立、教育思想独立、教育制度独立、教育经费独立、学位制度独立等思想。

一、教育独立思潮的兴起

民国初年，军阀争权夺利，尔虞我诈，陷入军阀割据连年混战的漩涡之中。由于政府将大部分经费用于军事开支，教育经费只能

① 章玉安主编：《绍兴教育史》，中华书局2004年版，第143页。

分些残汤余羹，直接导致各地各级学校由于经费严重不足而罢课索薪，酿成一浪高一浪的学潮。

第一次世界大战爆发，世界思潮出现激剧变化，北京政府对内对外设施，实不足以满足国人的期望，政府与人民逐渐分道扬镳。但政府公信力并没有丧失殆尽，民众对政府尚抱有一线希望，政府的部分举措尚能收买部分人士。1919 年为着山东交涉问题，政府所采取的举措使它威信扫地，进而爆发了五四运动和“六三”冲突。李石岑曾指出：“近年学潮澎湃，愈演愈烈。如去岁北京殴伤教职员、学生，安徽学生姜高崎因学潮殉命，皆为最伤心之事。至于湖北学生因校款无着赴京请愿；湖南学生罢课要求经费；其他各省，亦所在皆是。莘莘学子，废时失学，仓皇于道左者，无非经费问题。势事所迫，呼吁政府，而政府漠不关心，一味敷衍；于是全国教育日在洪涛巨浪之中，尚何滋长荣生之望?”① 这些事件发端于教育界人士，其结果是使人民看清了政府反人民的嘴脸。因此，五四以后，北京政府教育部对于教育界以祸首相许，使得政府与教育界完全站在对立立场。对学生爱国民主运动的勃兴，更视作洪水猛兽，“唯恐其或有起色，以与政府为难”②。

祸不单行。设于北京的中国、交通两银行停止兑现，到 12 月价格不及兑折，京中公立学校教职员所得薪俸，多为纸币，导致生活大受影响。他们多次要求兑现而不得，乃于当年 12 月 15 日宣布罢课 。财政拮据和政府对教育现状听之任之，直接使得问题不能得到满意解决。随着时间的推移，经费上的问题越积压越严重，政府和教育界的冲突已经难以避免。

---

① 李石岑：《教育独立建议》，《教育杂志》第 14 卷第 2 号，1922 年 2 月。

② 舒新城编：《近代中国教育思想史》，福建教育出版社 2007 年版，第 184 页。

离奇荒唐的是，就在教育界因为经费问题屡屡酿出严重事端的时候，1920 年，国家的预算中军费开支占去一半以上，教育经费仅占总开支的 1/75。即便如此，这些微不足道的教育经费还常常被侵占挪用，或者一拖再拖。就在这一年，湖南教育界人士在万般无奈之下为谋实现教育经费独立，创设了经营盐税附加教育捐的办法。① 所以，忧时人士欲图补救，大倡教育经费独立之说。1920 年的全国教育会联合会上，便有教育经费独立的议决案。原案分关于教育经费及教育基金两项，甲项第三款为划清教育经费使之独立，他项经费不得侵用。所提出的理由和措施是："教育为立国根本，而经费为教育命脉。各省区主管财政者，对于该省、区学校经费往往任意推延，多不按期核放，稍有事故而借口停发，致办理多年之学校无法维持，甚至停辍，良可叹。自应由中央先行划清教育经费，并令行各省区长官，督饬财政教育主管机关妥筹办法，统计每年该省区教育费共需若干，于最短期内妥为处理，专款存储，按时发放。无论遇何紧要事件发生，均不准挪用，以示限制。庶经费确定，教育可期进步。"② 可以说，整个教育独立运动，起因是教育经费问题。由教育经费问题人们不得不对教育进行系统而全面的思考，形成了惊涛拍岸巨浪排空的教育独立思潮。

二、教育当交与教育家办理

民国前期，卑污龌龊的政治军事及党派，对教育横加干涉，教育无一定宗旨，无一定规划，致使教育发展进退维谷，陷入"欲生

① 湖南省地方志编纂委员会编：《湖南省志》第 17 卷《教育志》下册，湖南教育出版社 1995 年版，第 1231 页。

② 中国第二历史档案馆编：《中华民国史档案资料汇编》第三辑"教育"，江苏古籍出版社 1991 年版，第 714 页。

不能，欲死不忍”的窘状之中。1922年2月12日，全国教育独立运动会在北京高等师范学校召开成立大会。20日，发表宣言：“……吾国教育界同人，所受教育不独立之痛苦，牺牲学业者有之，牺牲生命者有之，大罢课者有之；而受思想不自由之压迫者，更不知多少。且本会已明定宗旨，除履行宗旨外，无论何事，概不干与，党派自无利用之余地。”① 总之，深受教育不独立、教育家无办学自主权之苦。

五四运动后，教育界因反对军阀官僚政客对教育事业的摧残，出现了影响面极为广泛的教育独立思潮。蔡元培是这个思潮的理论台柱之一，又是教育独立运动的倡导者和领袖。1922年2月，他为此运动撰写了《教育独立议》一文，提出教育应当交与教育家办理。他说：“教育是帮助被教育的人，给他能发展自己的能力，完成他的人格，于人类文化上能尽一分子的责任；不是把被教育的人，造成一种特别器具，给抱有他种目的的人去应用的。所以，教育事业当完全交与教育家，保有独立的资格，毫不受各派政党或各派教会的影响。”②这是由教育的本质与教育的目的决定的。教育权柄握于教育家之手，使教育超然于党派。教育万万不可沦落于党派之手。如教育入于党派，便是推教育进魔窟，入火坑。他指出：“教育是要个性与群性平均发达的。政党是要制造一种特别的群性，抹杀个性。例如，鼓励人民亲善某国，仇视某国；或用甲民族的文化，去同化乙民族。今日的政党，往往有此等政策，若参入教育，便是大害。教育是求远效的；政党的政策是求近功的。中国古书说：‘一年之计树谷，十年之计树木，百年之计树人。’可见教育的成效，不是一时能达到的。政党不能掌握政权，往往不出数年，便

① 《全国教育独立运动会宣言》，《新教育》第4卷第5期，1922年5月。

② 高平叔编：《蔡元培全集》第四卷，中华书局1989年版，第177页。

要更迭。若把教育权也交与政党，两党更迭的时候，教育方针也要跟着改变，教育就没有成效了。”所以，教育事业应超然于各派政党以外，勿使教育成为党派间倾轧的工具，勿使教育成为党派更迭斗争无谓的牺牲品。

蔡元培还认为，教育之权切不可交与教会，这也是教育的特质所决定的。他认为，“教育是进步的”——凡有学术，总是后胜于前的，因为后人凭着前人的成绩，站在前人、巨人的肩上，“更加一番功夫，自然更进一步”。与此相反，“教会是保守的”——无论怎样尊重科学，一到《圣经》的成语，便绝对不许批评，加了一个限制。“教育是公同的”——英国学生可以读阿拉伯人所作的文学，印度的学生可以使用德国人造的仪器，彼此并无国界畛域之限，而“教会是差别的”——基督教与回教不同，回教与佛教又不同。非止于此，教派内部又有派系之分，“彼此谁真谁伪，永远没有定论”。既然如此，“若是把教育权交与教会，便恐不能绝对自由”。胡适也认为，强迫学生信教和加入党派，一则与培养人才的宗旨有碍，一则违反了普遍的信仰自由、思想自由原则。因为“学校是发展人才的地方，不是为一宗一派收徒弟的地方”，而且“利用儿童不能自己思想的时期，强迫他做宗教的仪式，劝诱他信仰某种信条，那是不道德的行为”，无异于“诈欺取利”。① 所以，教育事业不可不超然于各派教会以外。

最后，归根结底，教育应交与教育家，独立于政党、教会。

教育家向军阀、政客、官僚讨要教育权，最终当然是竹篮打水一场空。要求他们不再将教育作为扩张自己势力、党派间倾轧克敌制胜的器具，完全是知识分子的一厢情愿。

---

① 胡适：《今日教会教育的难关》，季羡林主编：《胡适全集》（3），安徽教育出版社 2003 年版，第 833—834 页。

三、教育行政独立

在教育独立运动会成立大会后，李石岑撰写文章，为教育行政独立摇旗呐喊。他认为中国教育欲摆脱困境，走出低谷，图谋振兴，根本出路在教育行政机关独立。他指出："年来吾国教育，因经费支绌，濒于破产之境；忧时人士，欲图补救，大倡教育经费独立之说。全国教育联合会深韪其言，屡提议案。不佞心窃思之，教育经费独立，固属要务；但徒经费独立，教育机关隶诸政府管辖之下，结果仍等于零。鄙意在今日研究此问题，首在教育行政机关根本改造。改造之法，在中央废除教育部，在地方废除教育厅；而省县市城镇乡教育会之职权与组织，另行创造。别并立一省县市城镇乡教育行政委员会，其职权尽举教育行政之权而有之，而其组织出自选举，更采合议制之精神。"①

教育行政机关必须独立，但必须进行根本改造。改造之方，一是要进行教育会立法，一是教育行政立法。关于前者，李石岑主张省、县、市、城镇乡均应设立教育会。但它因以前"纯为一种咨询机关；当此军阀煽惑，政蠹肆虐之际，宜乎无所措手足；既就公文程式而论，俨同僚属，较诸商会，望尘莫及"。所以，现存的教育会是"形同虚设之机关，非从根本改造，何能为役?"他理想的教育会，"本身已具有行使职权之可能性，迥非现教育会所可同日而语"。他认为教育会应具有以下几点精神："（一）市教育会之设，盖以市占地方自治中最重要之地位，不属县行政区域范围，具有独立之资格者。……（三）各教育会代表名额，有主张以学龄为标准者，有主张以学校为标准者，大都持之有故，言之成理。……盖取

① 李石岑：《教育独立建议》，《教育杂志》第14卷第2号，1922年2月。

柔性的办法，俾足以应时势之需要，而得有伸缩之余地。其他规定，固在在谋扩张本身之职权；而对于政府方面，仍在在注意互相维系之处。”①

所以立教育会法，根本旨趣是扩张教育会本身的职权。这是教育行政机关独立的重要方面。

关于后者，李石岑草拟了《教育行政委员会法》，认定教育行政委员会“为教育行政机关；执行关于教育行政一切之职务”。共分四个层次，即省、市、县、城镇乡教育行政委员会。省教育行政委员会“为全省最高教育行政机关，城镇乡、县、市各教育行政委员会，一切设施，不得与省教育行政委员会抵触”。他强调：“教育行政委员会纯采合议制，特将立法、行政两部冶合一炉，自可免扞格之弊；且教育经费，复有征收与管理之规定，则教育饥荒，自可无虑矣。”所以，只有教育行政独立，一切问题便可迎刃而解。他断言，如果“本案果能早日促成，与教育会法同时实现，则造福于国家，自可操券而待也”。

教育行政机关如何独立，蔡元培在《教育独立议》中作了粗略设想，与李石岑可谓异曲同工。他拟定的“实行超然的教育”办法是：“分全国为若干大学区，每区立一大学；凡中等以上各种专门学术，都可以设在大学里面，一区以内的中小学校教育，与学校以外的社会教育，如通信教授、演讲团、体育会、图书馆、博物馆……都由大学办理。大学的事务，都由大学教授所组织的教育委员会主持。大学校长，也由委员会举出。”“教育部，专办理高等教育会议所决议事务之有关系于中央政府者，及其他全国教育统计与报告等事，不得干涉各大学区事务。教育总长必经高等教育会议承认，不受政党内阁更迭的影响。”蔡元培指出：“大学中不必设神学

① 李石岑：《教育独立建议》，《教育杂志》第14卷第2号，1922年2月。

科，但于哲学中设宗教史、比较宗教学等。各学校中，均不得有宣传教义的课程，不得举行祈祷式。以传教为业的人，不必参与教育事业。”①

蔡元培后来出任南京国民政府首任教育行政长官，便一往情深地推行他的“超然的教育”——大学区制②，显然是童心未泯。

蔡元培和李石岑均主张教育行政机关独立，独立的形式，一个是大学区制，一个是委员会制，可以说是殊途同归。蔡元培的大学区制设想在南京政府成立后的两年内曾进行过大规模实验，毋庸讳言，这一理想最终化为泡影。事实进一步证明，想搬用外国的教育行政制度以谋求实现教育独立，是没有希望的。这不仅是因为它不合中国的国情，而且教育本身总是要从属于一定的政治，并为它服务的。教育是国家的内政之一，不管哪个国家，当政者为了贯彻他们的政治主张，总是要借助教育的，必然要使教育受其政策支配。所以，设想教育完全脱离政治和党派而独立存在与发展，只能是梦呓之语。

在李石岑和蔡元培讨论教育独立文章发表后，《教育杂志》不时有论述教育独立的文章发表。值得注意的是 1923 年 11 月周太玄的《我国教育之集中统一与独立》一文，认为教育部与教育总长的产生当遵循如下要求：“教育部在国家政务之中，虽仍可包括在内

① 蔡元培：《教育独立议》，高平叔编：《蔡元培全集》第四卷，中华书局 1989 年版，第 177 页。

② 大学区制，为法国拿破仑统治时教育行政管理体制。19 世纪初，拿破仑建立了中央集权的政府，在教育上也实行高度中央集权的行政体制。他创立的帝国大学，是掌管全国教育行政最高权力的领导部门，实为法国中央政府教育部。帝国大学之下，全国划分为 27 个大学区，每一个大学区分管几个省的教育行政工作。大学区设总长和学区评议会，又按省设大学区督学。大学区职员属国家官员。大学区总长由帝国大学总监任命。1927 年，蔡元培任大学院院长，推行大学区制，以大学区为地方最高教育行政机关。1927 年 7 月成定制。1929 年 7 月停止试行，恢复教育厅制。

阁以内，但其位置性质，至少应与现行政体中之参谋部相等；即教育部总长应由大总统特任，其去留应以教育行政本身为标准，不当与其他之国务员连带负责。由最高教育会议推荐，由大总统任命，或由大总统提出于最高教育会议，得其同意，然后任命之。”地方教育行政组织，当将全国划为十学区，“每区择适中及重要地点，设一区学院、一国立大学及一区教育会议，综理一切高等教育、中级教育、国民教育、社会教育、平民教育及其他特种教育等等。各区学院及大学，均统属于教育部；但其内部组织及更改，则应有最高教育会议，将其议定之条例，交教育部颁布执行之”。① 教育一切举措，都在法律范围之内。教育立法由国会厘定；其余教育制度组织及一切专门事务等，则由最高教育会处理。可见最高教育会“为一国教育之常设最高立法机关，与教育部及教育总长为教育行政首长处于对等地位。其组织法，应由国会议决公布之”。周太玄之论以集中、统一与独立三者并重，对于教育立法、教育行政、学术之最高机关及教育经费四项均有论列，还是符合常情的。不过，这种理论只是听上去不错，实施起来将最高教育会议提到如此之高的地位，怕也只是一部分知识分子不切实际的想法而已。龌龊的政府、卑污的政党，根本不可能容许教育超逸其政治规范之外。教育家们声嘶力竭地吁请教育独立，只能是知识分子们的“单相思”。

四、教育经费独立的呼声

民国前期的许多运动、学潮是由经济问题引起的。1920 年 10 月 20 日—11 月 21 日召开的第六次全国教育会联合会上的《关于

① 舒新城编：《近代中国教育思想史》，福建教育出版社 2007 年版，第 187 页。

拟请教育经费独立案》开宗明义："吾国兴学虽历有年，而教育终未若何成效者，其故不外二端：(一) 教育行政不能独立；(二) 教育经费不能独立。权其轻重，经费不能独立尤其主因。"① 人们将各种教育问题聚焦到教育经费，而深挖教育经费问题的根子，又是教育经费不独立。

《关于拟请教育经费独立案》指出："今者，各处经费久久不发，学校机关名存实亡，现在状况既难维持，进行扩充更复何望？故欲解决教育种种问题，第一须先解决教育经费。"如何解决呢？首当划拨教育经费与行政经费的比例，"教育经费应占全省区行政费百分之四十以上"，并且"以后费额应递年增加，期与世界文明各国最高额相等"。其次，实行裁减军费，将所余之款专充教育经费。再次，"划清教育经费，使之独立，他项政费不得侵用"。《独立案》还提出要建立教育基金，认为"教育经费虽已划清，若无专款以充基金，则教育基础仍难巩固"。政府当"筹拨专款作学校基金，并划拨官产作学校产业。……各省官产，财政部几于每年变卖，以充岁入，然以有限之官产供无限之需用，终非善策。又况官产即为国民之一种公共产业，无变卖之理由，应请此后勿再变卖，并饬各省区财政教育主管机关，将各官产会同分配于省区立、县立各学校，以作校产"，并应"商请退庚子赔款，专充教育基金"。教育基金建立起来后，"应组织省区教育基金委员会保管之"。②

蔡元培把教育经费独立作为教育独立的重要办法，主张"各区教育经费，都从本区中抽税充用。较为贫困的地区，经高等教育会议议决后，得由中央政府拨国家税补助"。李石岑认为，捉襟见肘的教育经费，已不敷实用，加之层层拦截，雁过拔毛，造成种种目不忍睹的事端。因"势事所迫，呼吁政府，而政府漠不关心，一味

①② 中国第二历史档案馆编：《中华民国史档案资料汇编》第三辑《教育》，江苏古籍出版社 1991 年版，第 713、713—715 页。

敷衍”，以致将事态扩大，遂将教育推入洪涛巨浪之中，教育“尚何滋长荣生之望?”其原因是教育经费不独立，其出路在教育经费独立。

对于教育经费独立，《全国教育独立运动会宣言》的呼声最为强烈，云：“教育经费之应急谋独立也。”并阐述其理由说：“教育经费，东西各国无不占国家预算之大部。我国岁入除军费、政费之外，教育费用，所值几何！乃近年来，并此区区之数亦尽饱入武人政客之私囊。最痛心者，即此种人民膏血之涓滴，以期苟延精神生活之残喘者，反转而以养兵，养兵以祸国，祸国以殃民，是不仅吾人精神生活因此破产，而更益之以物质之损失。精神破产，物质荒凉，交互影响，欲求免陷于万劫不复之境，其可得耶！推厥原因，均为教育经费不能独立之所致。故势不能不急谋独立，脱离政治藩篱，明定预算，指定拨的款，由教育界直接取用，共同保管，政府既无支配之权，则挪用之道自绝。”①

《宣言》还进一步认识到，仅明定预算、指定拨款还是不够的。为不使教育的发展因经费拮据、断绝粮草而中途停辍，《宣言》主张应“急谋指定”教育基金，指出：“我国政治，既时呈不安，教育事业又不能中断，苟无基金之指定，教育尤难免一时破产之虞。况近来各国退还赔款之声日高，此皆吾人前此精神破产之陈迹，尤不可令其转入军阀政党手中，重受精神上之掠夺。是则教育基金，不仅有早日指定之必要，且有早日指定之可能；不仅有早日指定之可能，且一不早日指定，则以之赍盗之粮，助桀为虐之结果，吾人精神生活之被掠夺，更不知伊于胡底矣。”②

1923 年 11 月，周太玄在《教育杂志》上发表了《我国教育之集中统一与独立》一文。他将教育经费分为“教育行政经费、普通

---

①② 《全国教育独立运动会宣言》，《新教育》第 4 卷第 5 期，1922 年 5 月。

教育经费、特别教育经费三项。即指广义的教育行政，包括教育部各区学院、最高教育会议、区教育会议之经费而言，又可名曰间接教育经费，盖属于教育之事务者。至于普通教育经费，则指学校经费而言，即直接用于学校者。除私立学校不计外，凡国立、区立、市立、乡立之各级学校经费皆属之。此种经费，可以为共同之统计，而不可为共同之预算、决算，尤不能挹彼注此，盈虚相补，亦不可时丰时瘠、随国家及行政区域之预算为转移。”①。在周太玄看来，三项经费来源不同，其保障原则也有三条：“（一）属于教育行政经费者，仍算为国家行政经费之一部分，列入于预算、决算案中，政府有伸缩权，但此种伸缩以不摇动教育行政之组织为限度。（二）普通教育经费应由国会或中央政府、地方政府分别指定恒定之税收，国产、公产或官营事业之恒定收入为其基本金及常年经费，既与教育行政经费了不相涉，更与国家财政盈绌无关；一经指定、划归某校之后，所有权即完全转移，使其基金或常年经费成为永久的、独立的。”第三条属社会教育经费，如博览会等，“若能与普通教育经费相同，得有确定之指定收入固佳，否则，由教育行政经费中按年拨给亦可。但此项款项，因系属于特别教育经费，不得缩减，不得挪移”。②他的分析头头是道，道理讲得十分透彻，是提倡教育独立者的一种比较完备的方策。但是执政者充耳不闻，知识分子唇焦舌敝地呼喊，怎奈政府这只一毛不拔的“铁公鸡”何！

如果没有较雄厚的教育基金，教育的发展便没有经费保证。在兵荒马乱之时，设教育基金尤有必要。但在军阀割据、政派拥兵自重之时，别说是教育基金办不到，就是教育经费单独划拨都成为泡影，教育经费不拖欠不侵用，已经是教育工作者的奢望了。

尽管教育独立的呼声震天价响，教育危机依然日趋加重，教育

①② 舒新城编：《近代中国教育思想史》，福建教育出版社 2007 年版，第 190、190—191 页。

经费问题依然日趋突出，到南京政府时期并没有多少起色。胡适是教育独立主张的积极拥护者，他接过“教育独立”的旗帜，不停地与政府讨要教育的独立地位。他将政府的责权利进行划分，认为政府对于教育只管分拨经费和任免行政人员；对教育内部的事务，对于教育的过程则不应干涉。他说：“政府对教育应负之责任，为教育经费之维持，教育人材之选任与撤换；对于教育进行之方针，则应委之教育人员，政府不应过问。乃现政府对教育经费之供给，不但不能用之于扩充教育，虽现状之维持亦有岌岌可危之势。”① 所以，政府如不能宽筹教育经费，而去干预教育方针、宗旨，控制学生思想言行及学校内部事务，便是严重失职，是狗咬耗子——多管闲事。

教育独立论者在教育经费独立方面的呼吁，也是枉费心机。如在善后会议上，教育部提交了教育经费独立的三个提案，通过了两个。尽管提案通过了，教育经费未见增加，也未见“独立”，可见“教育经费独立”问题，虽经教育家们奔走呼号，却收效甚微。教育经费依然遭受军阀、党棍、政客、官僚的侵蚀，教育事业仍然摆脱不了备受摧残，教育经费被截留、盘剥、挪用的命运，依然被党棍政客玩于股掌之间。这说明教育经费独立是与虎谋皮，完全是行不通的。

① 《晨报》1932 年 12 月 21 日。转引自耿云志著：《胡适研究论稿》，四川人民出版社 1985 年版，第 196 页。

第四章 南京国民政府成立至抗战爆发时期的教育行政

1927年1月1日，广东国民政府迁都武汉，建立武汉国民政府。同年4月12日，蒋介石发动政变，当月18日，蒋介石在南京另组政府，史称南京国民政府。是年9月，“宁汉合流”后，国民政府在形式上基本统一中国，宣告“军政时期”结束，开始“训政时期”。由于国共分裂，中国共产党于1931年11月在江西瑞金建立中华苏维埃共和国。第二次国共合作达成后，于1937年9月将“陕甘宁区工农政府”易名为“陕甘宁特区政府”（次年1月改称“陕甘宁边区政府”）。“九一八”事变后，日本帝国主义吞并中国的狼子野心日趋彰著。1932年3月，日本扶植清朝废帝溥仪成立了“满洲国”。从国民政府定都南京到“七七”事变爆发的10年间，教育行政体系进一步完善，教育得到了较快发展。

第一节　中央教育行政改革

南京政府成立后，随即着手进行全国教育行政体制改革，建立从中央到地方的教育行政体系。一批教育家利用新生的中央政权，借鉴西方教育行政制度，试图借机实现教育行政改革的理想，设计中华民国教育行政蓝图，推动教育快速发展。

一、大学院制的实施与废止

1927 年 4 月 27 日，蔡元培被国民政府任命为教育行政委员，并由蔡元培、李石曾等组成教育行政委员会。蔡元培和李石曾等为了提高教育行政效率，避免教育行政形同虚设，仿效法国教育行政制度，提议组织中华民国大学院为全国最高学术机构及教育行政管理机构。6 月 13 日，国民党中央执行委员会第 105 次政治会议通过了他们的提案。四天后，国民政府任命蔡元培为大学院院长。6 月 27 日，中央政治会议正式通过教育行政委员会的提议，大学院制度改革正式准予试行。

（一）大学院制提议及其旨趣

1927 年 6 月 7 日，国民党中央政治会议召开第 102 次会议。蔡元培在会上提请变更教育行政制度。所提交的呈文如下："为呈请变更教育行政制度，以一事权，而利教育事：窃职会鉴于吾国年来大学教育之纷乱，与一般教育之不振，其原因固属多端，而行政制度之不良，实有以助成之。教员勤于诲人者已不多得，遑论继续研究，欠薪累累，膏火不继，图书缺略，设备不周，欲矫此弊，自宜注重研究之一端。……自宜仿法国制度，以大学区为教育行政之单元，区内之教育行政事项，由大学校长处理之，遇有难题，得由各学院相助以解决之，庶几设施教育得有学术之根据，此制度之宜改良者又一也。”① 变更教育行政制度的办法是以大学区为教育行政之一单元。其实，蔡元培教育行政制度改革思想的萌生较早，至迟可以追溯到五四运动时期，他和李石岑在有关教育独立之倡的文章中，都曾提出这一设想。

五四运动前后的蔡元培，对北京各校教职员为争取教育经费独立及索薪而发动斗争，向政府请愿和罢教，李大钊、马叙伦、沈士远等与学生多人被殴伤，深感政府严重摧残教育，他撰写《教育独立议》正是为了使教育独立于政党和教会之外。为使教育事业超然于各派政党和教会，他提出了具体的解决办法：分全国为若干大学区，每区设一大学，区内中小学教育和社会教育，通由大学管辖。大学事务，由教授组成教育委员会主持，大学校长由委员会推举。各大学校组成高等教育会议，办理各大学区相关事务。教育部只办理高等教育会议所议决事务中有关于中央政府者，及其他全国教育统计与报告等，不得干涉各大学区事务。大学院长必经高等教育会议承认，不受政党内阁更迭影响。很显然，他所提的这一办法，兼采了法、英、美、德各国教育行政制度，为他在 1927 年提出大学区计划的先声。

蔡元培改革教育行政制度，还有其社会背景和实践因素。民国建元后设立教育部，管理全国教育事宜。但因在军阀统制下，教育部不仅是形同虚设，而且成为军阀的帮凶和爪牙，不是教育发展的推动者，而是教育发展的抑制机关，致使教育发展每况愈下。1925 年 7 月，广州成立国民政府，其情形又怎样呢？也只是在省政府之下设立教育厅，虚应故事。1926 年春，两广统一，设立教育行政

① 高平叔撰著：《蔡元培年谱长编》第三卷，人民教育出版社 1998 年版，第 51 页。

委员会，以为过渡性的临时机构，其地位相当于教育部。委员有陈公博、甘乃光、许崇清、金曾澄、钟荣光、褚民谊、张乃燕、韦悫、经亨颐九人。到1927年4月，南京国民政府成立，增补蔡元培、李石曾、汪精卫三人为教育行政委员会委员，并以蔡元培、李石曾、褚民谊为常务委员。蔡元培以为改革教育行政制度的时机成熟了，实现改革全国教育的抱负有门了，乃抓住时机提出变更全国教育行政制度设立大学院的要求。

1927年4月，蔡元培在一次谈话中，对大学院的创设及其特点作了具体说明："大学院最初组织法之起草，远在去年秋间，约在大学院成立前两三月。当时国民政府方以全力应付军事，对于教育事业，尚无具体计划。余与李（石曾）、张（静江）、吴（稚晖）诸先生以教育不可无主管机关，又不愿重蹈北京教育部以官僚支配教育之覆辙，因有设立大学院之主张。"① 为什么称"大学院"，而不称"教育部"呢？蔡元培回忆说："民国纪元以前，管理学术及教育之机关曰学部，民国元年改为教育部。依教育一辞之广义，亦可以包学术也。顾十余年来，教育部处北京腐败空气之中，受其他各部之熏染，长部者又时有不知学术教育为何物，而专骛营私植党之人，声应气求，积渐腐化，遂使教育部名词与腐败官僚亦为密切之联想。此国民政府所以舍教育部之名而以大学院名管理学术及教育之机关也。"②

国民党中央政治会议第102次会议议决："准蔡元培提出教育行政委员会呈文一件，请变更教育行政制度，以大学区为教育行政之单元，区内之教育行政，由大学校长处理之。凡大学，应设研究

---

① 《蔡元培之大学院组织谈》，高平叔编：《蔡元培全集》第五卷，中华书局1988年版，第216页。

② 《大学院公报发刊词》，高平叔编：《蔡元培全集》第五卷，第194页。

院，为一切问题交议之机关。特拟具大学区组织条例八项，及大学行政系统表，请核议施行等语。当经决议：由国民政府核议施行。”

成立大学院以扼制教育官僚化的想法，在以后的会议上和提案中都得到了体现和强化。1927 年 6 月 13 日，蔡元培向国民党中央政治会议第 105 次会议提出设立中华民国大学院案中再次强调：“关于国民政府应添设教育部问题，元培等筹议再三，以为近来官僚化之教育部，实有改革之必要。欲改官僚化为学术，莫若改教育部为大学院。”① 蔡元培对教育部的官僚化作风恨之入骨，欲迅速剔除而后快。

蔡元培推行大学院，其动机便在于使“教育官僚化”转变为“教育学术化”。这一机构完全不同于传统的教育行政机构，它的特点有：“一、学术、教育并重，以大学院为全国最高学术教育机关。二、院长制与委员制并用，以院长负行政全责，以大学委员会负议事及计划之责。三、计划与实行并进，设中央研究院，实行科学研究；设劳动大学，提倡劳动教育；设音乐院、艺术院，实行美化教育。”② 在他看来，学术化是攻克官僚化的万应灵丹，院长制和委员制并重是限制腐败的一剂良方。所以，按他的设想，实行大学院、大学区制，可使“教育行政与学术打成一片”，教育可以学术化，行政可以独立，事权可以统一。教育行政一旦独立，教育便可剔除政府的生硬干涉，避免受政潮的影响。

从这里不难洞察到蔡元培设立大学院，以“学术化代官僚化”的改革意图。这一旨趣的形成，是吃尽了过去在北洋军阀统治下，教育横遭干涉、备受摧残的苦头后萌生的。由于官僚习气充斥教育

① 高平叔撰著：《蔡元培年谱长编》第三卷，人民教育出版社 1998 年版，第 54—55 页。

② 《关于大学院组织之谈话》，高平叔编：《蔡元培全集》第五卷，中华书局 1988 年版，第 216 页。

部，使教育部变成了腐败的官僚机构。因此，他试图借学术气息冲淡官僚气息，增长教育行政制度的独立意识，使教育学术化、独立化。这与他 1922 年《教育独立议》中提出的观点是一脉相承的。从这个意义上说，大学院之设是教育独立思想的一次实践。

（二）大学院的组织与规制

大学院的组织和规制，早在 1927 年 6 月 7 日和 13 日的两次国民党中央政治会议上，蔡元培就提交了设想，即《大学区组织条例》和《大学院组织法》。前者是大学院制改革之下的省级教育行政改革设想，后者则是中央教育行政机构设置的规制格局。6 月 17 日，国民政府特任蔡元培为中华民国大学院院长。6 月 27 日，国民党中央政治会议第 109 次会议通过大学院组织法草案，咨送国府。7 月 4 日，国民政府公布《大学院组织法》。①

《大学院组织法》规定，大学院为全国最高学术机关，管理全国学校及教育行政事宜。大学院下设大学委员会、秘书处、行政处、中央研究院、劳动大学、图书馆、博物院、美术馆、观象台等行政机构及学术机构。大学委员会“议决全国学术上、教育上一切重要问题”。大学委员会由各学区中山大学校长、本院教育行政处主任及本院院长选聘之国内专门学者 5～7 人组成之，由院长任委员长。

秘书处承院长之命，办理本院事务；秘书长兼任大学委员会秘书。设秘书长 1 人，秘书若干人。

教育行政处“承院长之命，办理各大学区互相关联，及不属于各大学区之教育行政事宜”。

《大学院组织法》规定，其他机构组织条例另定。

---

① 高平叔撰著：《蔡元培年谱长编》第三卷，人民教育出版社 1998 年版，第 56 页。

大学院内部组织机构的设置，体现了蔡元培改造中央教育行政的思想。以前的教育部为教育行政总枢纽，官僚气浓郁；大学院则学术与教育并重，有鲜明的学术化特色。另一重大特色，就是院长制与委员制并用。院长在行政上全面负责，大学委员会则主要从事立法和审议等工作。大学院还将计划与实行共同推行，注重研究，专门设立中央研究院，这是中国历史上首次设立现代研究机关。清代以前中央虽设有研究性质的翰林院，但多研究经学等，中央研究院则文理并举。这是蔡元培重视学术研究的思想在教育行政改革中的实践。

同时公布的《大学院行政处组织条例》共 13 条，规定行政处“掌管各大学区互相关联，及不属于各大学区之教育行政事宜”。下设六组，即学校教育、社会教育、法令统计、图书馆、国际出版品交换和书报编审组。

学校教育组织普通、专门教育二股。普通教育股职掌主要有师范学校、职业学校、初高级中学、小学、幼稚园、取缔及改良私塾、检定教员、调查学龄儿童就学、地方事务机关设立及变更、教育会议等事项。专门教育股掌理大学校、专门学校、外籍留学生、考试学位、各种学术机关及与专门教育相关的事项。

社会教育组设政治训练及校外教育二股。政治训练股的职掌主要有：普及党化教育，养成公民的政治能力。校外教育股的职掌：平民常识教学，农、工、商职业上的知识、技能教学，民众剧院和音乐院、美术博览会、民众之其他美化教育、公共体育及游戏、盲哑者的技能教育、改良风俗及其他社会教育。

法令统计组设法令及统计二股。法令股的职掌如下：拟订及修订教育法令、审核所属机关的法令、解释教育法令、考察教育法令实施状况等。统计股的职掌有：教育统计、学术统计、编辑教育及学术年鉴。

大学院的其他机构的职掌，均有明文规定，此处不赘。

大学院成立后，其组织法经过了几次修正。1928 年 1 月 27 日，国民政府公布《修正中华民国大学院组织法》11 条。与 1927 年 7 月 4 日公布的有四点不同：(1) 增设副院长 1 人，主要是襄助院长总领全院事务；(2) 设秘书长，承院长和副院长之命，办理大学院事务；(3) 撤销行政处，另设学校教育、社会教育、法令统计、书报编审及图书馆等五组，每组设主任 1 人，股长及股员若干人。其职责为承院长、副院长之命，处理各大学区及不属于各大学区的教育行政事务；(4) 增设音乐院、艺术院两机构。

同年 4 月 17 日，国民政府公布《修正中华民国大学院组织法》22 条，与前两次相比，出入颇大。其主要内容如下。

其一，大学院是全国最高学术教育机构，直隶于国民政府，依法令管理全国学术及教育行政事宜。一方面对各省及各地方最高级行政长官之执行本院主管事务，有指挥监督之责；另一方面对于各省各地方最高级行政长官之命令或处分，认为违背法令或逾越权限者，得呈请中央变更或撤销。

其二，大学院设处的规定。大学院设五处，其名称及职掌主要如下。

(1) 秘书处。掌理撰拟收发保存文件、本院会计、本院庶务、记录职员进退、典守印信以及其他不属于各处的事项。

(2) 高等教育处。掌理大学院、专门学校、国外留学生、学位考试、各种学术机关以及关于其他高等教育事项。

(3) 普通教育处。掌理师范学校、职业学校、初高两级中学、小学校、幼稚园、取缔改良私塾、检定教员、调查学龄儿童就学、地方学务机关之设立及变更、关于教育会议以及其他普通教育事项。

(4) 社会教育处。负责公民教育、平民教育、低能残废者的教育、公共体育、图书馆、民众剧院及其他美化教育、博物馆及其他教育博览会以及其他社会教育事项。

(5) 文化事业处。负责全国出版物之征集保存及奖进、著作权之专利及登记、保存文献、国际出版品交换、编制统计报告及公报、教科书及其他教育上必要图书之编纂和关于出版物之其他事项。

其三，人员编制及职掌。《大学院组织法》规定：大学院置院长1人，承国民政府之命综理本院事务，并监督所属职员及所辖学术教育机关。置副院长1人，辅助院长掌理院务。置参事2～4人，承长官之命，掌理拟订关于本院主管之法律命令事项。置秘书长1人，承长官之命，掌理秘书处一切事务；置秘书4～6人，佐理处务。又置处长4人，承长官之命，分掌各处事务。

大学院的组织与机构比较简单，院下面直接设处，与民国前期教育部相比，减少了司一级机构，直接设处，这是体现淡化“官”意识的举措之一。大学院下面直接设立劳动大学，体现了计划与实施并重原则；大学院下直接设置图书馆、博物院、美术馆、观象台等国立学术机关，体现了重视学术的理念。大学院下设立中央研究院，其下设研究所，延揽了一大批一流研究人才，是当仁不让的全国“最高学术教育机关”。但是，按照《大学院组织法》第一条，“中华民国大学院，为全国最高学术教育机关”，大学院机构组织上看不出在各级各类教育上居“最高学术教育机关”的地位。

（三）大学院的人事制度

根据《大学院组织法》，大学院设院长1人，总理全院事务。大学院设大学委员会，议决全国学术上一切重要问题；同时设立中央研究院及劳动大学、图书馆、博物院、美术馆、观象台等国立学术机关。蔡元培在人事上一贯主张精兵简政，“但求办事上能增加效率，不因人设事，致成衙门化”，因而大学院内的办事机构仅设有秘书处和教育行政处。① 下面的人员十分精简，秘书处只设秘书

① 周天度著：《蔡元培传》，人民出版社1984年版，第268页。

长 1 人，秘书若干人，处理各大学区互相联系及不属于各大学区之教育行政事务。

1927 年 10 月 1 日，中华民国大学院正式成立，蔡元培宣誓就院长职。院址选在南京旧江宁府学及学宫。当年 7 月 12 日，蔡元培为请拨房屋为大学院院址呈文国民政府，文曰："呈为请拨旧江宁府学及学宫全部房屋为大学院院址事。窃大学院为全国学术及教育行政最高机关，现在百端待理，亟应早日组织，以利进行。查旧江宁府学及学宫，为有清同治年间就明故朝天宫遗址改建，背山面水，高明爽垲，居城之中，重屋复栏，规模齐整，以之改作大学院院址，极为适宜，拟请特予准将该项房屋全部拨归大学院应用，先由教育行政委员会接收，俾便着手修缮，克日完成，实为公便。"①

大学院草创之初，在行政规划上，人员从少，层次从少。院长下分设秘书处和教育行政组两部分。秘书处分设文书、会计科。教育行政组分设高教、普教、社会教育、出版交换处及统计处。先以金曾澄为秘书长、杨铨（杏佛）为教育行政组主任。不久出于业务和权责的需要，加以改组，不设秘书处，扩大教育行政组。几位处长分别是：高教处处长张奚若，普教处处长朱经农、社会教育处处长陈剑修、国际出版品交换处处长钱端升、由原统计处改组的总务处处长孙揆均。几位处长中除陈剑修系国民党员外，均为无党无派人士。此足以证明蔡元培院长、杨铨副院长尽管本人为国民党员，但为国家民族大计，不分党派，广开才路。张奚若、朱经农、陈剑修、钱端升等，都是国内享有盛名的专家，在各自行业上有专深的造诣。如张奚若 1909 年加入同盟会，与于右任等参加反清活动。1913 年 7 月赴美留学，入哥伦比亚大学攻读政治学。1917 年赴欧洲考察与短期进修。后曾受聘为北京政法大学、中国大学、清华大

① 高平叔撰著：《蔡元培年谱长编》第三卷，人民教育出版社 1998 年版，第 64 页。

学教授。朱经农 1904 年入日本弘文书院留学，次年转成城学校，并加入同盟会。1906 年回国在上海创办中国公学。1910 年执教于湖南高等实业学堂。1916 年赴美留学，先入华盛顿大学，后转哥伦比亚大学师范学院研究教育。曾任北京大学教育系教授、沪江大学国文系主任。担任大学院普通教育处处长前，任上海特别市教育局局长。

大学院下设中央研究院，下分若干研究所，周仁任工程研究所所长，胡刚复任物理研究所所长，竺可桢任气象研究所所长，唐钺任心理研究所所长，秉志任生物研究所所长等。这些都是非国民党员的国际著名学术专家。高思庭在《国民党政府统治教育事业概述》一文中指出：这些著名专家教授“为招收合格的研究生，培成专才，励定严格考核制度，不像后来的首长任人唯亲，以为党员才是‘贤能’，以致很多的人拿着‘党票’就能入选，并可迅速做官发财。至于各省教育厅厅长的任用，也是就地取才，才尽其用。因此，自始至终的中华民国大学院时期，自中央至地方，充满着积极兴革、崇尚实学的风气，从未发生过人事纠纷和学潮。……”①

大学院崇尚的是简约踏实的工作作风和勤俭节约精神。高思庭回忆说：“院内用人俭约，原则是为事择人，绝不为人择事，全院职员不满八十人，院长办公室也只有秘书二人审阅文稿及拟复函电。我以主任科员在院长室拟复函件和办事。当时我还年轻，只二十五岁，尚未结婚，有时公忙，院长们每叫我一同吃饭，也只两菜一汤，自奉相当俭约。吃饭时，他们常以长辈身份教育我努力学习，进一步成为专家，为国为民多做好事。……我说这些琐事，足证他们以身作则，教人以诚，为当时一般长官所不能，也足取法于

① 《文史资料选辑》第 87 辑，文史资料出版社 1983 年版，第 138 页。

后世。"① 其时大学院自院长到科员以身作则，勤勤恳恳，团结合作，呈现出蓬勃向上、不息进取的态势。

大学院的人事规制，与蔡元培创设大学院的目的是完全一致的，体现了蔡元培在大学院人事安排上的良苦用心。如此设计人事制度，是鉴于过去在中华民国前期军阀统治下对教育横加干涉，教育备受摧残，教育事业濒临破产厄运考虑的。遭此厄运的主要原因，是教育部同其他诸部一样，也变成了一个腐败的官僚机关，想采用大学院这种教育行政制度的"学术与教育并重"、"院长制与委员制并用"和"计划与实行并重"，使教育行政制度独立，避免受政潮的影响，使教育学术化，反对和制止教育机关的官僚化。所以，应当把蔡元培的大学院教育行政体制改革，看作一次教育独立思想的具体实践。

大学院与以前的教育部是迥然有别的。其重要的不同点在于大学委员会的设置——这是蔡元培最为称心得意的一点。蔡元培曾说，大学院的组织，"我们为心醉合议制，还设有大学委员会，聘教育界先进吴稚晖、李石曾诸君为委员"②。按照蔡元培的设计，大学委员会是大学院的最高立法机关，它的组成主要有三部分：一部分是全国各国立大学校长，一部分是大学院教育行政处主任，一部分是5～7名国内专门学者。这三部分人组成的大学委员会，享有推荐大学院院长和讨论学术上、教育上重大决策之权。其时大学委员会名单是：蔡元培、李石曾、褚民谊、胡适、许崇清、高鲁、杨杏佛、戴季陶、朱家骅、蒋梦麟、张乃燕、易培基、郑洪年、张谨、金曾澄。他们中虽然有一些是国民党的重要成员，但无可否认

① 《国民党政府统治教育事业概述》，《文史资料选辑》第87辑，文史资料出版社1983年版，第138—139页。

② 《我在教育界的经验》，高平叔编：《蔡元培全集》第七卷，中华书局1989年版，第200页。

的是，他们在学术界和教育界享有崇高的威望。大学院院长兼任委员长。大学委员会主要负议事及计划之责，委员大部分并非来自大学院，故不存在官僚化的问题；而大学委员会作出的决定，由大学院各处予以实施，这无疑将大学院各处降为“办事”机构，而不是权力机构，手头并没有控制着全国各级各类学校梦寐以求的教育资源，因而既不会官僚化，也不会腐败，不会出现“权力寻租”等弊端。按照这一设计，便“使大学院同政府之间，保持有相对的独立性”①。

（四）大学院的废止

大学院制度设计突出的“学术与教育并重”、“院长制与委员制并用”和“计划与实行并重”的三大特点，虽然是攻克教育官僚化的一剂猛药，但是学术化、民主化的大学院，在官僚化、集权化的腐败制度下何以能生存下去呢？这是大学院推行者未曾设想的。事实上，大学院、大学区制度在酝酿草创时期，就有人对此“颇有微词”，只是当时国民政府的主要精力放在战争上面，顾不上考虑教育行政制度改革等“区区小事”。但随着时间的推移，大学院和大学区制本身也暴露出一些问题，结果“墙倒众人推”，非议之声日高，最终不到两年时间，大学院之制便改弦更张了。

大学院制的废止，主要原因有如下诸点。

第一，大学院的名字问题。清末最高教育行政机关称学部，南京临时政府和北京政府时期称为教育部。南京国民政府成立后，改名为大学院，此名叫人们感到颇为生疏，不知为何物。于是，很多人见大学院之名就顿生“名非习见”之感，以为其义没有教育部清晰，因而怀疑者非议者不在少数。再加之其门牌上把“国民政府”四字略去，更容易引起好事之徒的猜忌与联想。不少人说，大学院

① 周天度著：《蔡元培传》，人民出版社 1984 年版，第 269 页。

明明是国民政府的一部分，却冠以中华民国，显然与教育部完全隶于政府者不同，企图独立于政府之外。攻击的焦点先是集中在这一点上。也有人指出，教育机关与行政机关毕竟有很大不同，而大学院将两者混为一谈，的确令人费解。他们根据“学术与教育是两件事，大学非教育，教育行政机关不是专管学术”等理由，提议“大学院制应即废止”。① 中央候补监察委员郭春涛、中执委刘守中等5人在他们的提案中，也指斥中华民国大学院名称“不伦不类”。

第二，教育部之名易联想到腐败问题。1928年2月，国民党二届四中全会时，便有人提出设立教育部。中执委经亨颐、朱霁青等5人在提案中反驳蔡元培设大学院的旨趣：“国民政府所以舍教育部之名改为大学院，据《公报》蔡院长《发刊词》所称，仅仅因教育部名词与腐败官僚为密切之联想。如此原因，大可不必。其他各部岂可任其腐败？应一律改为大什么院？但腐败不腐败在人，而不在机关之名。”②这一点，反对者的确占尽了道理。腐败不腐败与机构的名称并无关系，寒素清白也有混浊如泥之时，反贪局也有大腐败。虽然大学院在所存在的不太长的时间里，并没有发生什么腐败案，学潮之类的事情也在这不到两年的时间里风平浪静，但这并不就意味着大学院是一个不生腐败的地方。所以，中执委经亨颐等人的观点公之于众后，舆论顿时倒向蔡元培的对立面了，蔡元培之论起到了为渊驱鱼的作用。

第三，大学院招牌引出的问题。大学院成立后，在大学院办公用房大门口挂着的招牌是“中华民国大学院”，以表示与其他各部颇有不同之处，带有独立的意思。这个招牌悬挂出来后，迅即成为攻击的目标。1928年8月初，在国民党二届五中全会上，经亨颐等再次提出设立教育部废止大学院案。经亨颐等人的提案集中攻击大学院的招牌。提案云：“大学院的机关明明列在国民政府组织案

①② 周天度著：《蔡元培传》，人民出版社1984年版，第277页。

中，当然在国民政府之下，和其他各部院同一性质；何以大学院门前所悬的招牌，不称国民政府大学院，大书特书而曰‘中华民国大学院’？是否表示教育独立，大学院和国民政府并列？过其门者均不解是何用意！难道教育独立，必须独立在国民政府之外？”① 一大串连珠炮般的诘问之后，他们提出：“大学院既非国民政府的教育行政机关，应于国民政府之下设立教育部，一面将大学院明令取消。”中央候补监察委员郭春涛、中执委刘守中等五人在他们的提案中，也指斥中华民国大学院不称“国民政府教育部”，而名“中华民国大学院”“此种不伦不类之名称”。“以大学院而冠以‘中华民国’字样，究竟隶于国民政府乎？抑独立国民政府之外乎？且不称部而称院，现在则与审计院地位相等，将来更易与监察院、立法院名称相混。”解决的办法就是“取消中华民国大学院，改设国民政府教育部”。②

第四，蔑视普通教育问题。蔡元培曾回忆说，大学院大学委员会决议，先在北平（含河北省）、江苏、浙江试办大学区，“行了年余，常有反对的人，甚至疑命名‘大学’有蔑视普通教育的趋势，提议于大学院外再设一教育部的”③。“大学院”和“大学区”中都包含了“大学”，将它理解为普通教育之后的高等教育机构。非但如此，还将普通教育中经费拮据问题归结为大学院制造成的。而此时恰好江苏中小学教师正在上书反映教育经费分配不公的问题。诉

① 《经亨颐等在国民党二届五中全会上提请设立教育部案》，中国第二历史档案馆编：《中华民国史档案资料汇编》第五辑第一编《教育》（一），江苏古籍出版社 1994 年版，第 46 页。

② 《郭春涛、刘守中等在国民党二届五次全会上提议撤销大学院改设教育部案》，中国第二历史档案馆编：《中华民国史档案资料汇编》第五辑第一编《教育》（一），第 47—48 页。

③ 《我在教育界的经验》，高平叔编：《蔡元培全集》第七卷，中华书局 1989 年版，第 200 页。

求的文章将实行大学区制前后进行比较："苏省教育经费，在改革以前，高等教育部分占全额百分之三十，普通教育经费占百分之五十四。改革之始，大学当局声言，以原有经费办原有事业，职会以中小学校经费一再削减，几于不克维持。调查大学经费，实已超过普通教育经费总额。大学开支较前增多，而事业并未扩展。削减普通教育经费，以益大学部分不必须之消耗，故大学经费至今未能实行公开。而尽力于下层工作之中小学教职员，待遇极菲。……夫力谋教育普及，著于党纲；而中小学又为高等教育之基础，先进各国，莫不竭意经营，无待缕述。吾国乃反其道而行之，此皆由于大学当局不谙中小学校之需要，世界教育之趋势，甘心违背平民化之原则，造成贵族式之教育，可胜痛叹。"① 郭春涛、刘守中、柏文蔚等认为大学院制"以小学迁就大学，初小教育基础落空，与本党以儿童为本位之旨大相违背"②。这也是对大学院制的重重一击。

大学院与大学区制是一个整体设计的制度，两者的命运是相互依存的。就在大学院被各方质疑的时候，大学区制度在实施的过程中又添了乱子。这便成了大学院废止的直接原因。由于大学区办理不善，又由于在设立北平大学区问题上蔡元培与李石曾的寸步不让的斗争，蔡元培认为大学区制已经遇到诸多问题，应当停止继续铺开，而李石曾一意孤行，要在北平推进大学区制改革。矛盾诉诸蒋介石，而蒋介石袒李抑蔡的态度，使蔡元培非常失望。李石曾的权力欲叫他憎恶，而蒋介石袒李抑蔡的态度，更增加了他对政治的不满。蒋介石从政治控制的角度来处理北平大学区的问题，因为长期

---

① 《中央大学区中等学校联合会关于大学区制忽略中等教育请设法变更呈》，中国第二历史档案馆编：《中华民国史档案资料汇编》第五辑第一编《教育》（一），江苏古籍出版社 1994 年版，第 39—40 页。

② 《郭春涛、刘守中等在国民党二届五次全会上提议撤销大学院改设教育部案》，中国第二历史档案馆编：《中华民国史档案资料汇编》第五辑第一编《教育》（一），第 48 页。

以来南京国民政府的势力难以渗透进北平，而李石曾北平大学区的设立，有助民国民政府的势力渗入，二者权衡，蒋介石只有牺牲蔡元培了。

对于来自各方的指责与批评，蔡元培无可奈何地表示："改大学院为教育部，此事当听大会解决，本人无成见。"8月14日，五中全会议决行政院下设内政、外交、军事、财政、教育、交通、工商、农矿八部，认可教育为部，即行政院下之一部。

1928年8月17日，蔡元培向国民党中央政治会议及国民政府呈请准予辞去中央政治会议委员、国民政府委员、大学院院长及兼代司法部长等本兼各职。呈文云："窃元培一介书生，畏涉政事。前以全国尚未统一，人才不能集中，备员国府，一载于兹。于政治会议委员、大学院院长外，并兼他职。诚念渡此难关，必可遂我初服，所以黾勉从事，不敢告劳。顷统一告成，万流并进，人才济济，百废俱兴。元培老病之身，不宜再妨贤路，且积劳之后，俾可小息。谨辞政治会议委员、大学院院长本职及代理司法部长兼职，其他国民政府委员及政治会议委员亦一并辞去。愿以余生，专研学术，所以为党国效力者在此。簿书期会，实非所长，长此因循，益增愆咎。……敬请准予退休，良为万幸!"① 他在离院时，力主将大学院的决算发表，被称为"国民政府实行财政公开之第一声"②。后多方挽留，但蔡元培去意已决。9月11日，他致函蒋介石、胡汉民、谭延闿，表示"大学院院长决不复职"③。10月3日，辞职获准，任命蒋梦麟为大学院长。23日，改大学院为教育部，所有大学院事宜，由教育部办理，蒋梦麟改任部长。

① 《辞大学院院长等职呈》，高平叔编：《蔡元培全集》第五卷，中华书局1988年版，第277页。

②③ 高平叔撰著：《蔡元培年谱长编》第三卷，人民教育出版社1998年版，第282、283页。

大学院制在法国所以能卓见成效地推行，这是因法国经过资产阶级大革命，封建官僚制度经受了摧枯拉朽的涤荡，为建立民主政治和民主教育奠定了良好基础。而中华民国南京国民政府刚刚从满清王朝中脱胎而出，封建制度和封建思想的残余对社会还有相当大的影响。故在封建思想文化氛围中进行教育行政体制改革，无疑是会碰得头破血流的。

二、废止大学院后的教育部

废止大学院后，中央教育行政机关恢复教育部。1928 年 10 月 25 日，国民政府改组，推行五院制①，大学院制遂废。新成立的国民政府行政院院长为谭延闿，副院长兼军政部长为冯玉祥。各部中不再有大学院之类的“院”，教育行政以“教育部”的名字出现，部长为蒋梦麟。同年 11 月 1 日，国民政府令：“大学院著改为教育部，所有前大学院一切事宜，均由教育部办理。”② 此后，颁布了一系列文件，教育部正式恢复其行政职权。

（一）教育部的机构与职能

教育部的组织法，初于 1928 年 12 月 11 日由国民政府公布，1929 年 9 月 16 日经立法院修正通过。在公布《教育部组织法》的同时，还公布了《教育部大学委员会组织条例》14 条。

《教育部组织法》规定：教育部管理全国学术及教育行政事务；对于各地方最高行政长官执行本部主管事务有指示监督之责；对于各地方最高级行政长官之命令或处分，认为有违背法令或逾越权限

① 五院制，孙中山组构政府的设想。认为西方三权鼎立存在严重缺陷，提出政府组织的行政、立法、司法、考试、监察分立的五院制形式。

② 薛人仰编：《中国教育行政制度史略》，中华书局 1939 年版，第 123 页。

者，得请由行政院提请国务会议议决后，停止或撤销之。

《教育部组织法》规定，教育部设总务司、高等教育司、普通教育司、社会教育司、蒙藏教育司、编审处，并设大学教育委员会。其职掌分别如下：

(1) 总务司。负责教育部文件的收发、分配、撰拟、缮校、保存，部令公布事项，典守印信，记录职员的进退，编制统计报告，编印公报及发行，本部经费预算、决算及会计，稽核直辖各机关之经费及会计，本部物产之保管，本部庶务及其他不属各司的事项。

(2) 高等教育司。综理全国大学教育及专门教育事项，国外留学，各种学术机关的指导，学位授予，以及其他高等教育事项。

(3) 普通教育司。综理全国中等、小学教育事项及幼稚教育、师范教育、职业教育、地方教育机关的设立及变更事项。

(4) 社会教育司。综理全国民众教育及识字运动、补习教育，低能及残废者的教育，美化教育，公共体育，图书及保存文献，以及其他社会教育事项。

(5) 蒙藏教育司。综理全国蒙藏地方教育之调查，蒙藏地方各种教育事业的兴办，蒙藏教育师资的培养，蒙藏子弟入学的奖励，蒙藏教育经费的计划，以及其他蒙藏教育事项。

(6) 大学委员会。1928 年 12 月 11 日南京国民政府公布《教育部大学委员会组织条例》14 条。规定大学委员会应决议之事项有："教育制度及教育行政制度之变更事项；教育方针之制定事项；各国立大学校长之人选事项；教育部直属各机关预算、决算事项；专门委员会之设立事项；教育部部长交议之事项。"①

《教育部组织法》公布实施后，根据教育事业发展的实际需要，又进行了六次修订与调整。这六次修订与调整的基本情况见表 4-1。

① 中央教育科学研究所编：《中国现代教育大事记》，教育科学出版社 1988 年版，第 166 页。

表 4-1 《教育部组织法》修订情况

修订次数	修订时间	修订的主要内容
1	1929 年 11 月 1 日	增设蒙藏教育司及华侨教育设计委员会，司长增至 5 人。
2	1931 年 2 月 21 日	公布《修正教育部组织法》第 16 条，常任次长改为常务次长。
3	1931 年 7 月 6 日	(1) 督学增设 4～6 人，视察、指导全国教育事宜；(2) 规定科长为 14～18 人，科员 80～110 人，分掌各科事务；(3) 规定各级人员之任别，部长特任，次长、司长、参事、秘书 2 人及督学 2 人简任，秘书、督学、科长荐任，科员委任。
4	1933 年 4 月 22 日	裁撤编审处，改设国立编译馆。
5	1935 年 5 月 18 日	(1) 督学增为 6～10 人，科长改为 14～16 人，科员改为 80～106 人；(2) 督学改为 4 人简任。
6	1936 年 10 月 31 日	(1) 增设会计主任、统计主任各 1 人，分掌岁计、会计、统计等事项，受部长之指挥监督，并直接对国民政府主计处负责；(2) 科长增至 14～18 人，科员增至 80～110 人。

资料来源：华中师范大学广少奎博士学位论文《南京国民政府教育部及其行政制度研究》第三章。

除以上教育行政机构外，还有一些半行政的襄助机构。这些主要有：(1) 设于 1929 年的医学教育委员会、教育方案编制委员会、教育统计委员会、华侨教育设计委员会；(2) 设于 1930 年的注音符号推行委员会、大学课程及设备标准起草委员会、初等教育教科图书编制标准拟订委员会、中央检定党义教师委员会；(3) 设于 1932 年的国民体育委员会、国立编译馆；(4) 成立于 1933 年的民众教育委员会、中小学教科书编审委员会；（5）设置于1935年的全国义务教育委员会、劳工教育设计委员会，另有当年改组的国语推行委员会；（6）电化教育委员会、教科书编辑委员会等。

由于南京国民政府教育部致力于推进四年义务教育，《教育部组织法》颁布后明显不能适应教育发展形势的需要，于是进行了一次又一次的修订，增设机构，扩充机构，招兵买马，扩大人员编制。这一方面反映了教育部组织机构与时俱进，人员编制和组织机构均遵循规章办事，体现了南京国民政府教育部在向着教育行政法制化迈进，但另一方面也说明教育部工作无计划，无重点，无前瞻性，基本上是每年修订一次，1931年竟然修订了两次，自然加大了行政成本，在一定程度上影响了教育事业的发展。

（二）教育部的人员编制

教育部隶属于行政院。《国民政府组织法》第18条规定，教育部“设部长一人，政务次长、常务次长各一人”，均由行政院院长提请国民政府分别任免之。根据《中央政治会议暂行条例》可知，部长的人选，还须经政治会议议决。1929年9月16日经立法院修正通过的《教育部组织法》规定，教育部除设部长及次长外，另设秘书4～6人，参事2～4人；司长每司1人，共5人；科长及科员14～18人，科员共80～120人；督学4～6人。

教育部的人员编制是变动不居的，不同的年份和时期，其人员编制是有变化的。教育部人员编制的依据是《教育部组织法》。《教育部组织法》从公布实施到抗日战争爆发前，共修订了六次，几乎每次都涉及人员编制变动。1935年5月18日的第五次修正，加强了教育督导，督学增到6～10人，其中4人简任，其余荐任；科长编制为14～16人，科员为80～106人。1936年10月31日再度修正，增设会计主任及统计主任各1人，又将科长、科员名额恢复到1930年7月6日所定的人数，即科长14～18人，科员80～

110人。

1928年12月11日国民政府公布《教育部大学委员会组织条例》14条，规定委员由7～13人组成，由教育部部长取得当然委员多数同意，以教育部之名义聘任之，其任期为3年。当然委员为教育部部长、次长。聘任委员的资格为：现任或曾任国立大学校长及副校长者；具有特殊之教育学识或于全国教育有特殊之研究或贡献者；国内专门学者。

1929年8月16日教育部公布《教育部华侨教育设计委员会组织大纲》14条，强调该委员会以调查华侨教育情形，计划华侨教育经费，及拟订改进华侨教育各种方案为主要任务。同年12月21日，由国民政府公布该委员会组织条例，共12条。规定华侨教育设计委员会，由委员7～9人组成，由教育部部长聘任明悉华侨教育的专家和经理华侨教育行政或办理华侨教育卓有成绩者。当然委员有：(1) 中央执行委员会委员2人，由侨务委员会指定；(2) 与华侨教育有关系之国立大学校长；(3) 教育部部员3～5人，由教育部部长指定。

1931年8月31日，教育部第68号部令公布《教育部督学规程》17条，规定设督学4～6人，其中2人简任，其余为荐任，负指导、视察全国教育事宜。担任简任或荐任督学的条件是，具文官资格且曾任教育职务二年以上。

（三）教育部的人事更迭

大学院废止后，南京国民政府各方挽留蔡元培，要他继续担任教育行政首脑，但他去意已决，坚决不愿留任。1928年9月11日，蔡元培致函蒋介石、胡汉民和谭延闿三位常委，声明“大学院院长决不复职”，并说“现在须速觅一继任者，弟亦正在物色，如有认为得当而取得本人同意，即提出”。① 当年10月1日，蔡元培第四次向国民党中央政治会议递送坚辞大学院院长及兼代司法部部长，略谓：“元培三上辞呈，均蒙慰留。惟自知甚明，万难继任，而院、部政务，不能任其长此停顿，致误党国。用敢再申前请，准辞本兼各职，并任命蒋梦麟为大学院院长，督促王宠惠回司法部部长本任，以卸仔肩。”②10月3日，国民党中央政治会议第157次会议议决，准予蔡元培辞职，“特任蒋梦麟为大学院长”。这里，蒋梦麟所担任的职务仍然是大学院院长。10月25日，国民政府行政院成立，各部部长中，蒋梦麟赫然名列其中，更名为“教育部长蒋梦麟”。这是“教育部”在中华民国后期第一次正式出现在国民政府各部之中。

蒋梦麟③之任教育部长，系因蔡元培等人的推荐，蒋梦麟本人亦有出任教育部长的资质。国民政府委之以教育部长，足以证明十分重视教育部长的任职资格，吸取了民国前期不问教育部长人选资质，致使很多对教育一窍不通之徒厕身其间，给教育事业带来危害。正因为对教育部长人选格外挑剔，所以恢复教育部后，部长一职数易其人，各种力量在此职上进行大比拼，有时角逐异常激烈。

（1）蒋梦麟出任教育部长。1928年底，大学院制停废，成立教育部。蒋介石坚请蔡元培提名推荐继任教育部长职人选，蒋梦麟被推举。部长下设次长二人分管部务，由马叙伦任政务次长，刘大

①② 高平叔撰著：《蔡元培年谱长编》第三卷，人民教育出版社1998年版，第283、291页。

③ 蒋梦麟（1886—1964），字孟邻，浙江余姚人。中国近现代教育家。1908年赴美，先入旧金山大学学教育，1912年毕业，复入哥伦比亚大学，获哲学博士学位。1917年回国，在上海任编译工作，主编《新教育》月刊。1919年后受聘北京大学，先后担任哲学系主任、总务长、代理校长等职。1926年，任浙江大学校长、浙江教育厅长。1928年任大学院院长（旋改任教育部长）。1930年任北京大学校长，主张“教授治学，学生求学，职员治事，校长治校”。1948年任国民政府委员。1949年到台湾。著述主要有《中国教育原理之研究》、《过渡时代之思想与教育》等。

白任常务次长。各司人事也确定：以孙本文任高等教育司长，朱经农任中等教育司长，顾树森任国民教育司长，陈剑修任社会教育司长，蒋贞元任总务司长，陈石珍任主任秘书，毛常等任编审。

蒋梦麟教育部长任内，正值教育界的多事之秋。当时教育界学潮高涨，部内也闹出多起人事纠纷。先因政务次长马叙伦与蒋梦麟政见不合，拂袖而去。蒋梦麟遂以刘大白为政务次长，以朱经农为常务次长。其后因改国立东南大学为江苏大学，激起全校师生的反对，学生抬着江苏大学校牌到教育部与蒋梦麟评理；最后由吴稚晖调停改国立中央大学平息事态。其后又因任命段锡朋为国立中央大学校长，遭全校师生反对。最大的学潮是由建北平大学区引起的。因北平大学区要改北京大学为北平大学，引起学生的愤怒，北平、上海学界掀起广泛学潮，各校纷起罢课，反对建立大学区。学生截占火车，赴南京请愿。交通部奉命停开火车，中断了南北交通。北平的交通大学管理学院和上海交通大学学生自开火车赴南京，抢登火车到南京请愿者达数千人。国民政府、行政院、教育部三处在军警守卫之下，学生就地列坐，途为之塞，前后相持达二十多天。

蒋介石认为蒋梦麟无力平息学潮，又因秘书张西曼揭发他书写“中国文明是草棚文明”的字条以发泄情绪，直接攻击国民党当局，而遭到免职处分。① 高思庭对蒋梦麟任教育部长有过比较公道的评价，他说：“其实，在蒋梦麟担任两年教育部长时，虽出现这样或那样的纠纷，但他能守蔡元培和杨铨重视学术掌握实学遗绪，并引用常务次长朱经农、主任秘书陈石珍及高等教育司长孙本文等，他们都是留学美国的专家，对于擘划教育业务从未放松努力。尤其是对大、专学术课程标准作出详细准则和说明，为各校教授教学的必达标准，收到较好的成效。对于大学院时期所制订的中、小学课程也加以适当的修正，使其适应于青少年和儿童身心的发展和需要。

① 《文史资料选辑》第 87 辑，文史资料出版社 1983 年版，第 142 页。

对于留学各国的学生，亦作出恰合时宜的规划。总起来说，关于各级教育应作的安排，还是切合实际的，教师能尽所长以施教，学生也能孜孜不倦学习向上的。”① 诿罪于蒋梦麟，把他作为学潮的替罪羊，实在太冤枉。

（2）蒋介石兼任教育部长。蒋梦麟被免职后，由谁担任此职？事隔兼旬，在杨铨、翁文灏表示不愿出任后，1930 年 12 月 4 日，任命高鲁为教育部长，未到任；蒋介石决定自兼。蒋介石遂身兼国民政府主席、行政院长及教育部长多职。他自以为个人威望力可压众，力可平息学潮、安定人心。12 月 6 日，他发表了半小时的就职讲话。据目击者回忆，他“因没有备妥讲稿，对于大政方针，随口说来，时而谈学潮，时而谈时局，时而谈以党治国，时而谈消灭共产党。谈及教育，则说应循孔孟之道，励行仁义，讲究博爱，‘老吾老以及人之老，幼吾幼以及人之幼’，达到先总理所说的大同世界。说得杂乱无章，下不接上，没有说出要领和实施办法，只是‘这个、这个’的口头语达四十多次”②。同日，蒋介石签署行政院《整饬全国学风之通令》，云：“近年以来，我国学生受共产党人及一切反动派之诱惑，动辄借口改良校务，罢课要挟，甚则擅自集会，散发传单，供人利用，妄分派系，驯至放僻邪侈，靡所不为，青年堕落，念之滋痛。循此不革，不惟教育破产，抑且有亡国灭种之忧。政府负培养青年整饬纲纪之责，当此学风日坏，若再博宽大之虚名，坐视一般学子误入歧途，不思设法限制，岂惟放弃职责，更何以对此青年及其父兄？……学生惟当一意力学，涵养身心，凛古人思不出位之训戒，绕总理三民主义为依归。不得干涉教育行政，致荒学业。如再有甘受反动派之利用，仍若嚣张恣行越轨者，政府为爱护青年贯彻整饬学风计，惟有执法严绳，以治反动派者治

①② 《文史资料选辑》第 87 辑，文史资料出版社 1983 年版，第 142—143、143 页。

之，决不稍事姑息。秕莠不除，嘉禾不生，倘有一二学风极坏无法整顿之校，即不得已而至全校解散，亦所勿惜。”①

12月11日，蒋介石以国民政府行政院名义发表《告诫全国学生书》，内称：“近年以来，中正见闻所及，深觉于国家前途，具有莫大危机，而引为隐痛者，莫过于各地学校学风之败坏，与学潮之蜂起。……破坏法纪之学潮，自与反革命无异，政府自当严厉禁止，如法惩处。”② 同日，教育部亦发出奉行政院训令整饬学风通令。蒋介石着力于平息学潮，数月只到教育部一次，自叹无法遂其心愿，抽身去职。

（3）李书华③任教育部长。蒋介石决定卸教育部长职，意下在教育学术界知名人士中选择，但因征询杨铨、翁文灏，均婉言辞谢；又征询北京大学校长胡适，胡适也怕坏了羽翼，最后以李石曾推荐留法的李书华继任。

李书华是巴黎大学研究物理学卓有成绩者，曾获巴黎大学博士学位和该校金质奖章。回国后到北京大学任教，为北大名教授之

① 《教育杂志》第23卷第1号，1931年1月。

② 中央教育科学研究所编：《中国现代教育大事记》，教育科学出版社1988年版，第214页。

③ 李书华（1890—1979），字润章，河北昌黎人。1908年入保定直隶高等农业学堂，1912年底赴法国留学。1915年入都鲁芝大学，主修农科，选习数学、化学。1918年获农学技士证书及理学硕士学位，留校专攻物理。次年入巴黎大学理学院。1922年6月，获法国国家理学博士学位后归国。8月，任北京大学物理系教授，后兼系主任。1926年初，任中法大学服尔德学院院长兼居里学院物理学教授。3月，任中法大学代理校长，是年获法国政府赠予的荣誉勋章。1928年9月任中华大学（北京市教育厅）副校长。1931年4月任中英庚款董事会董事。6月任教育部长，颁布《修正教育部组织法》，增设“督学”及“职业教育设计委员会”，通令全国学校禁止学生干涉校政，整顿私立学校。批准4月4日为儿童节，饬令中央大学开办蒙藏班，兼办华侨教育。12月辞职。1949年去台湾，1953年移居美国。

一。他本为人敦厚，处世方正，任部长后，便启用无党派温和人士朱经农、李蒸任次长及高教司长。他采用和平政策处理教育事业和人事，任内没有发生任何纠纷。为了鼓励高等技术人才，特别在大学内设置实用科学奖学补助金额，择优良成绩学生分别发给，在培养科技实用人才上起了良好作用。

李书华自己是无党派人士，也不要求加入国民党，任部长施行和平政策，政府要员不甚满意，他自己也不愿继续任职，自请回北大教书。李蒸原为北平师范大学教授，亦回原校任教。这样，李书华仅任职半年即去职。

（4）朱家骅①担任教育部长。李书华去职后，戴传贤向蒋介石建议，说要达到“以党治国”目的，须以忠实于国民党的党员任教育部长，才能全心全意地为党效力，推行“党化教育”，他推荐了朱家骅。朱家骅就任教育部长后，将无党派人士朱经农置于闲散地位，以段锡朋为次长，又以国民党中央委员罗家伦先后任中央大学和清华大学校长，以南京市党部委员刘季洪任河南大学校长。后来国民政府希冀他在学术事业范围内做出成绩，调朱家骅为中央研究院总干事。

① 朱家骅（1893—1963），字骝先，浙江吴兴人。1914年自费留德。1917年受北大之聘教德文。次年公费留学瑞士，1920年转到德国。1922年获柏林大学地质学博士学位。1924年回国后先后在北大、广州中山大学等校任教授，并任广东省政府委员、教育厅长等。1931年12月30日，担任教育部长。次年与汪精卫联署颁《整顿教育令》，计划宽筹经费，妥订教育法规，解决院系重复，严格学生管理，要求高中以上学校实行军训，在大专院校设训育院，主持制定中小学课程标准及《小学法》、《中学法》，创设中央图书馆、博物馆、编译馆，主持编纂《中国教育年鉴》等。1932年调任交通部部长，兼理教育部部务。1949年去台湾。

（5）王世杰①担任教育部长。王世杰是留学英国剑桥大学的法学博士，曾任北京大学法学院院长，后任武汉大学校长。蒋介石曾聘他为法治讲师。王世杰建议以法治国，并说秦孝公用商鞅以法治秦而秦为六国之首，秦始皇因用李斯而一统天下。蒋介石曾说向王世杰请教如同秦始皇之于李斯一般，遂主动请他出任教育部长。他启用温和派朱经农、皮宗石为次长；又仿照蔡元培的大学院办法，稳步发展各级各类教育。据当事者回忆，他“按课程标准要求大、专学校的教学，并着重培养科学技术专才；严格规定中学毕业生升学，须要经过每年定期各省中学会考制度，打下高等教育的坚实基础；广泛开展国民教育，务使真正向普及方向迈进；并制定儿童学前教育［方案］，增设幼儿园、托儿所，使幼儿从小就养成良好习惯；自中央以至地方教育行政机关，普遍设有督学、视察人员，借负检查教学进度及施行教育制度，各省各级教育得以正常发展”②。

王世杰担任教育部长之时，正是国家多事之秋。他出任教育部长后不久，抗日战争爆发。他似乎对日本帝国主义的狼子野心有所察觉，早在1936年1月16日，就在重庆励志社大礼堂演讲说：“教育须有民族意识，北平院校不南迁，但南方应有准备，并切劝学生勿罢课，先修非常时之课程。”③ 后来形势的发展变化，证明王世杰是有先见之明的。虽然他主张北平高等院校暂不南迁，对日

① 王世杰（1891—1981），字雪艇，湖北崇阳人。早年就读于湖北优级师范、理化专科学校等。辛亥革命后任鄂军都督府一等秘书。1913年赴英留学，1917年转法国，1920年获法学博士学位，后归国任北大教授。1927年任南京政府法制局局长。1929年任武汉大学校长。1933年4月任教育部长。提出发展教育的方针为：“一、切实推进生产教育；二、确定教育经费；三、提高教育效能。”主持拟订了《中学学生毕业会考规程》等一系列法规。1934年10月，全力推进民众教育、义务教育。抗战爆发后，卸教育部长职。1949年赴台湾，历任中研院院长等。

② 《文史资料选辑》第87辑，文史资料出版社1983年版，第147页。

③ 李学通等整理：《翁文灏日记》，中华书局2010年版，第7页。

本侵略者还抱有一线希望，同时又做两手准备，但“平时要作战时看”，教育要培养学生民族意识，要开设战时的相关课程。据此看来，他不失为一个有一定远见的教育部长。

王世杰的另一贡献，是编纂《中国教育大词典》。他主张宜从教育沿革、实施方案、课程大纲以及各项细节规定都实事求是详细编入。该词典业内人士公认为是推行教育及研究教育的重要参考书。曾参与工作的高思庭说：“该书记载，完全翔实可靠，以各办理教育业务的人，一经查看此书，便能了如指掌。”王世杰还建议蒋介石在各省市党部中增加教育界知名人士，以便扩大影响，也可使党部负责人员从事学术探讨，增进服务能力，借以提高国民党在广大群众中的威信。此后一大批著名教育家到各地讲学，很多名流被吸纳进国民党各级党部，或当参政员、国大代表等。

从这五位教育部长的资质来看，除蒋介石外，都有相当好的教育背景，在国内学术界、教育界都有相当高的威望，均为国内一流的学者，又有比较丰富的教育经历，而且有几人还有丰富的从政经验。从他们出任教育部长后的工作来看，是尊重教育发展的独特规律的，每一任期内都有一定建树，将各级各类教育和科学事业向前大大推进了一步，并未出现像民国前期那样尸位素餐者，教育界的总体评价是比较高的。

但是，这近十年中教育行政最高长官的问题也是非常突出的。1931 年，国联教育考察团柏刻等奉国际文化合作委员会之命，来华考察教育，留下了数十万字的《教育之改进》的考察报告。《教育之改进》对教育部最高行政长官有如下建言：“中国教育当局，对于行政方面之组织及其技术，似宜特加注意。中国最高教育行政长官，必须熟悉其国内之行政组织，对于各国教育行政上之主要问题，并应力加研究；不惟对于战前各国有传统之教育行政者应尔，即对战后应新社会的需要而改革教育之诸国的教育行政，亦宜详加研究。"① 这个建议当然是"考察"了当时的教育部长和前任教育部长之后所提的。这些部长何止是对国内外教育行政未"详加研究"，简直是没有研究，且不打算研究。这样看来，合适的教育部长其实并未见其人。

九年之中换了五任教育部长，平均不到两年一届，说明并没有一定的任期换届制度。没有一定的任期制，也就不可能对教育发展进行规划，终致教育盲目发展。再者，蒋介石以党政军最高领袖兼教育部长，尽管以蒋介石的身份兼教育部长，在某种意义上说是对教育工作的重视，但不能令人信服地解释如下问题：第一，并不是身居高位者就具备担任教育部长的资质；第二，教育当交与教育专家来办理，蒋介石是政治家，未必就是教育家，能够将政治玩于股掌之间，未必就能够条分缕析处理好教育内部与外部的各种关系；第三，蒋介石心血来潮，高兴起来就由自己兼任，不高兴就辞职，教育部成了随便进出的家庭庭院，这当然是极不正常的。

三、教育督导制度的恢复

1931年8月31日，教育部公布了《教育部督学规程》，规定教育部设督学4～6人，督学到各地视察学校或其他教育机关，毋庸先期通知。督学到地方后，"得与地方行政长官、省市县督学、公立学校校长及其他与教育有关人员接洽讨论，借知该地方教育过去之历史，现在之实况，及将来之企画"②。

1931年9月23日，教育部公布《教育部督学办事细则》16条，

① 国联教育考察团著，国立编译馆译：《中国教育之改进》，国立编译馆1932年版，第40页。

② 宋恩荣、章咸选编：《中华民国教育法规选编》，江苏教育出版社2005年版，第116页。

决定设置督学办公室，由部长于各督学中轮流指定一人，处理一切事务，并酌设科员书记佐理之。督学办公室主要处理往来文件的分发、督学室报告簿册的保管、视察登记及稽核、各种会议的通知及记录、视察特刊编辑等。

《细则》要求督学视察地方教育前，要有充分的准备，不打无把握之仗，应对下列各项分别开会研究："一、关于视察规划及进行事项，应陈请部长、次长召集参事、司长开会研究之。二、关于视察上应行准备事项，应由各督学自行集会研究之。三、关于特殊事项，应约集主管各司处或各科人员特别研究之。"①

1936 年 8 月 19 日，教育部向各省市县发出函件，征集各省市县中小学现行视导标准。指出："各省市县现行督学、指导员之视导标准，殊不一致，甚或漫无标准，任意视察批评，不切实际，无凭遵守，殊失视导制度之本旨。"② 为了改进教育视导制度，提高中小学教育效率，教育部拟制了中小学划一视导具体标准，使"视导有所准则，不致陷于主观，而各中小学平时亦有所遵守，借资改进"，要求各省市县督学及指导员报送对视导中小学标准的意见。教育部此举甚有意义，制定一个各省市县都能够接受的中小学视导标准，有利于提高督学视导的效率，避免浪费督学资源，避免走过场搞形式，同时也广泛吸纳了各方的智慧。

1934 年上半年，教育部督学兼科长钟道赞视察安徽职业学校，呈送视察安徽职业教育报告，教育部除将原报告另行印发外，还摘录应行改进的 11 点。视察报告一针见血地指出了安徽职业教育所存在的问题：第一，校长和教员冒滥，不合资质者甚多。第二，实

① 《中华民国法规大全》第七册《教育》，商务印书馆 1936 年版，第 3631 页。

② 《教育部令征集各省市县中小学现行视导标准》，江铭主编：《中国教育督导史》，人民教育出版社 1994 年版，第 269 页。

习场地狭小，设施简陋，有碍教学。亟应扩充其范围，充实其内容。第三，各校实习材料费多不够用，应遵照规定，增加预算。第四，过于偏重口头讲授，“各学年实习时间，由少而多，每次实习有仅占二小时者。种种办法均与规程不合，应速改进。”第五，学生多关注升学，忽视实际能力培养。应注重技能学科，养成充分生产能力，以坚学生对于职业之信仰。第六，因为“该省女子职业学校，由校供给膳宿，以示优待，因之学生众多。惟对于注重女子职业培养经济独立能力之观念，仍尚淡漠，致多视此为升学之预备学校”。①

该报告还根据对安徽省立第一女子中等职业学校、省立第二中等职业学校、省立第七中等职业学校、省立第四中等职业学校、私立安徽职业学校的视察，写出了诊断改进意见，并直言不讳地提出了批评：“各科实习设备，殊属简陋，养蚕及制丝场所狭窄，破漏而又污秽，殊不适用，场外隙地，尤欠整洁。”“刺绣及染织成绩，除一小部分尚属可观外，余多粗劣，花样色彩不及社会上原有出品，应注意新鲜色彩与样式之研究。”“全校学生对普通学科之兴趣，较对职业学科为浓厚，亟宜纠正。”

1935 年教育部还派出督学视察上海市职业教育和甘肃省的义务教育。视察完毕后，均提交了视察报告。上海职业学校视察报告对部分职业学校的成绩给予了肯定，对存在的问题也毫不留情面地提出整改意见。如对商业及土木机械等专业和课程教学的意见便颇为中肯：“……多用外国文课本，逐句讲解，不特学生外国文程度低浅，进度甚慢，即实际应用，亦殊形隔膜。查年来坊间所出各项中文书本，不乏适当者，即由教员编译补充，亦属理之当然。且各校每因使用原本之故，增加外国文时数，以求了解，实害多利少，

① 《教育部令发钟道赞视察安徽省职业教育报告》，江铭主编：《中国教育督导史》，人民教育出版社 1994 年版，第 402—403 页。

应设法改善。”对匡互生创办的私立立达学园农村教育科的教学，则褒奖有加，认为立达学园“合农业职业教育与乡师训练为一，以培养乡村小学教员与改进农村人材为目的，师范与农事并重，希望达到切实的生产能力，知识与团体生活，其用意与本部去年职业教育讨论会之议决案，颇相符合”。① 偏远的甘肃的义务教育推展情况，一直是教育部关注的问题之一。1935 年教育部向甘肃派出督学，视察甘肃义务教育。督学提交的《视察甘肃省义务教育报告》，对甘肃实施第一期义务教育计划、边疆教育补助费及设施办法、短期小学的开办等，提出了改进意见。主张甘肃第一期义务教育规定在五年内完成，每年应减少失学儿童五分之一，所以“应令各县估计失学儿童数，再定每年应设校数及应收儿童数，似较依县份等级添设校数更为合理。各县学龄儿童之初步调查，应即规定简单办法，开始举行”②。

督学制度在短短的几年时间里，从恢复督学制度到向地方省市县派出督学人员督察，取得了显著的成绩，对于教育方针的贯彻实施，各地教育理念的更新，学校办学效益的提高，义务教育的推进，发挥了明显的作用。

四、大学院和教育部的兴废举措

大学院和教育部在不太长的时期里，在教育事业生态环境比较恶劣的景况下，锐意革新，从文教政策、教育宗旨到各级各类教育发展的具体措施，做出了许多令人称道的成绩，为教育的发展奠定

① 《视察上海市职业教育报告》，江铭主编：《中国教育督导史》，人民教育出版社 1994 年版，第 422、426—427 页。

② 《教育部视察甘肃省义务教育报告》，江铭主编：《中国教育督导史》，第 429 页。

了比较厚实的基础。

（一）颁定三项教育方针

大学院刚成立不久，蔡元培代表大学院提出了教育科学化、劳动化、艺术化三项教育方针，认为以后教育发展的方向是加强科学教育。蔡元培在《大学院公报》第1期上撰写的“发刊词”指出：“大学院成立以来，所努力进行者凡三：一曰实行科学的研究与普及科学的方法……盖科学方法，非仅仅应用于所研究之学科而已，乃至一切事物，苟非凭借科学，明辨慎思，实地研究，详考博证，即有所得，亦为偶中；其失者无论矣。……二曰养成劳动的习惯。现今世界之大问题，在劳心者与劳力者之对待。……欲救其弊，在使劳心者亦出其力，以分工农之劳；于是劳力者得减少其工作之时间，而亦有劳心之机会。关于生产之农、工业，人人皆须致力；关于科学、美术之文化，亦人人皆得领略。……三曰提起艺术的兴趣……本院是以有艺术教育委员会，负计划全国艺术教育之责，并直接设立音乐院；明年将开美术展览会；其他若美术学校、美术馆等，亦将次第成立焉。”① 这就是大学院颁定并在以后大力推进的三项教育方针。

此后，学校教育尤其是高等教育，将科学教育提到了首位，生产劳动和美感教育都受到了前所未有的重视。蔡元培还利用各种机会宣传这三项教育方针。1928年2月11日，蔡元培应邀出席金陵大学春季学期开学典礼，他在演讲中说：“大学院以科学化、艺术化、劳动化相提倡，大学必须具备此三种精神。金大在十七年前即成立，彼时南京尚无大学，故金大实为南京最早之大学。近来北京协和医学校房屋，均采用外中内西式样，因外表中式，则合于艺术

---

① 高平叔撰著：《蔡元培年谱长编》第三卷，人民教育出版社1998年版，第147—148页。

化；内部西式，则合乎科学化。此种精神，实由金大之首先倡导。至金大农林科创办人裴义理先生，从事赈务，开垦荒地，故近来鼓楼一带之成绩及其点缀，实为金大之功。”①蔡元培处处不忘宣传上述“三项教育方针”。

大学院在“三项教育方针”的执行和推动上，凡与之相违背的，均予取缔或废止。如废止春秋祀孔典礼，尽管五四提出“打倒孔家店”的口号，在思想界引起轩然大波，掀起了思想解放的浪潮，但影响至多在高等学校及知识分子层面，对社会普通人士及中小学，影响力已成强弩之末。直到大学院明令废止，各地春秋祀孔典礼依然我行我素。鉴于如此巨大的惯性，严重悖违“三项教育方针”，1928 年 2 月 21 日，大学院通令全国将春秋祀孔典礼一律废止。令文指出：“查我国旧制，每届春秋上丁，例有祀孔之举。孔子生于周代，布衣讲学，其人格学问，自为后世所推崇，惟因尊王忠君一点，历代专制帝王资为师表，祀以太牢，用以牢笼士子，实与现代思想自由原则及本党主义，大相悖谬，若不亟行废止，何足以昭示国民。”② 大学院此举，废止了自汉代以来的尊孔祀孔之制，在改革社会风俗习惯方面起到了积极的作用。

（二）大力推进美育

大学院院长蔡元培对美育本身就情有独钟，是我国近代美育事业的奠基人。早在民国元年所颁布的教育方针中便加进了美育的条文。他不遗余力地宣传美育的重要地位，主张以美育代宗教，提出实施家庭美育、学校美育和社会美育的具体方法。

1927 年，蔡元培继续为推动美育事业发展而努力，在大学院

① 高平叔撰著：《蔡元培年谱长编》第三卷，人民教育出版社 1998 年版，第 158 页。

② 《大学院公报》第 3 期，1928 年 3 月。

下设立的专门委员会中设立了艺术教育委员会，邀请北京国立艺术专科学校校长林风眠任委员会主任，主持全国艺术教育事宜。当年11月，蔡元培主持在上海召开的全国艺术委员会第一次会议，决定筹办国立艺术大学，认为“欲谋全国艺术普及，须于长江流域，环境适宜，风景佳胜之地，先建设一艺术学院，次及其他各地”①。12月，又在南京召开第二次会议，正式通过创办国立艺术大学的提案。蔡元培的提案指出：“美育为近代教育之骨干。美育之实施，直以艺术为教育，培养美的创造及鉴赏的知识，而普及于社会。是故东西各国，莫不有国立美术专门学校、音乐院、国立剧场等之设立，以养成高深艺术人才，以谋美育之实施与普及。……以中国地域之广，人口之众，教育当务之急，应在长江流域设一国立艺术大学，以资补救，而便提倡。”②

1928年3月16日，国立艺术院正式开学上课，初设中国画、西洋画、雕塑、图案等系，学制5年（预科2年、本科3年），当年秋增设研究部。国立艺术院聘请了一批优秀教师，其中仅从欧洲学成归国的有吴大羽、刘既漂、李金发、蔡威廉（蔡元培之女）、李树化、李风白、李超士等，国内招来的有刘开渠、雷圭元、李朴园、潘天寿等。正如蔡元培所言：“大学院设立艺术院，纯粹为提倡此种无私的、美的创造精神。所以艺术院不在学生多少，而在能创造。能创作，就是一个学生也可以。不能创作，一百、一千个学生也没有用。”③ 大学院看重的是创新，而不是培养平庸之辈。大学院创办艺术大学，为我国艺术创作培养了大批优秀人才，推动了我国现代美育的发展。

---

① 张彬主编：《浙江教育史》，浙江教育出版社2006年版，第554页。

② 《创办国立艺术大学之提案》，高平叔编：《蔡元培全集》第五卷，中华书局1988年版，第179—180页。

③ 《艺术是为研究学术而设》，高平叔编：《蔡元培全集》第五卷，中华书局1988年版，第220页。

大学院还努力将美感教育向中小学推进。1928年2月26日，大学院艺术教育委员会在上海召开会议，起草中等学校艺术课程，提交全国教育会议核议；又拟具检定中小学艺术教员办法，送大学院核准施行。并起草创刊《艺术杂志》（月刊）的计划，将美育教育推进到全国中小学。

1929年春，大学院虽然已经废止，但大学院推进美育发展的计划仍然受到了取而代之的教育部的重视，仍按计划在上海举行全国美术展览会，展出历代文物和钟鼎、雕刻、甲骨文、书法、绘画、建筑模型、古玩等。李公朴夫妇、著名画家徐悲鸿、张大千等人主动参加展览会事务性活动。开幕之日，何香凝、陈树人、柳亚子当场合画巨幅“松竹梅”，于右任、吴稚晖草书、篆书，极一时之盛。举行全国美术展览会为蔡元培提倡美感教育①的措施之一。

（三）召开全国教育会议

1928年5月15日，大学院召开全国教育会议。长江以南各省区及河南、河北、山东、陕西等省的教育厅长均出席了会议。蔡元培致开幕词后，中央党部代表谭延闿、国民政府代表宋渊源致训词，又请吴稚晖、李烈钧、何应钦、何民魂演说。蔡元培的开幕词说：“今日为全国教育会议开会之期。当全国尚未完成统一之期，而大学院已举行此种会议，有二原因：一以吾国教育界之统一，素未经何种势力之阻阂；二则以教育上有许多重大问题，非采取全国教育家之意见，未易解决也。”蔡元培列举了人才供求、师范教育、

① 美感教育，蔡元培的重要教育主张，为其全面和谐发展的教育内容的组成部分。他在《对于教育方针之意见》一文中指出：“美感者，合美丽与尊严而言之，介于现象世界与实体世界之间，而为津梁。”主张以美感教育陶冶人们的性情，纯洁人们的志趣和品格。蔡元培认为，要培养“共和国民健全之人格”，不可以不采美感教育。

乡村教育等方面存在的尖锐矛盾，认为："欲挽救此种矛盾状况，一方面似应设立教员研究所，使不任教职者有研究或补习之机会，以与现任教职者相更代；而对于乡僻之教育事业，当优其任事者之待遇以奖进之。应如何计划而实施，亦一重要问题。增高教育经费，并保障其独立，此为总理所定之政纲，决不能以财政统一之口号打破之者也。然筹自何方？以何法保障之？应合全国与定觀若画一之制，抑就地方情形，各行其是？亦为有待讨论之一端。"①

这次全国教育会议共开大会12次，收到提案400多件，分为三民主义教育、教育行政、教育经费、高等教育、普通教育、职业教育、体育、艺术教育、社会教育、出版物、改进私立学校等12组。对于教育上所存在的诸多问题，"几乎网罗无遗"。蔡元培在闭幕词中说："教育宗旨确定以三民主义为标准；教育机会均等，不但厉行义务教育，而且推广民众补习教育，不问男女、长幼、贫富、天才或低能、城市或乡村、满、蒙、回、藏或汉族、国内居人或海外侨民，务使教育普及；提倡劳动及生产；科学教育与艺术教育并重；体育之特别注意，并注意于国技之应用；教育经费之增加，及其独立保障；图书馆之普及与图书馆之提倡；中小学校补充读本之编辑；社会娱乐之改良，均有详密之讨议。为适应时势需要起见，则有军事教育之实施，国耻教材之编入，国货提倡之办法等案。对于师范教育、女子教育，及小学不用文言文等特殊问题，亦皆于反复辩论之后，得有决议。……"② 对会议取得的成果，予以高度肯定。

大会特别遴选教育学术专家20多人赴会，着重讨论了教育事

① 蔡元培：《开会辞》，中华民国大学院编：《全国教育会议报告》（下）丁编"附录一·讲演"，文海出版社1985年版，第1—2页。

② 《创办国立艺术大学之提案》，高平叔编：《蔡元培全集》第五卷，中华书局1988年版，第234页。

业上应兴应革之举。高思庭回忆：“各省教育厅长、代表及专家们均能各就所见畅所欲言，辑成专刊，以为实际进行改革的依据，产生了重大作用。对于小学生的学习和课程标准，严格规定进度，以完成普及教育的根本使命。对于中学的教育和课程，也详加规划，俾能符合大学培养专才的要求，都在实际教育的大政方针下予以部署，并全力推行。”① 全国教育会议将应兴应革的问题分门别类整理，一一讨论落实，为其后教育的发展理清了思路，确定了目标。

（四）厉行义务教育

1928年7月23日，大学院令各省区、各特别市教育行政机关厉行义务教育，筹设义务教育委员会。令“限民国十八年五月底以前，制定推行义务教育计划。于计划完成之日起，每两年须减少失学儿童百分之二十。经费由各地方指定专款或规定地方全部收入百分之几十作为义务教育经费。各省筹定之款，为市县义务教育之补助”②。

同年7月26日，大学院根据全国教育会的议决案，复通电提倡语体文，认为文言与现实生活相去久远，不及语体文更有利于人们沟通交流。语体文普通平易，便于大多数民众应用。小学教育是义务教育，为大多数民众而设，故应废文言文，兴语体文。其改进办法有四：“（一）小学一律用语体文教学，不教艰深的文言文；（二）初级中学入学考试，不考文言文；（三）各大学区、各省市教育行政机关一律提倡语体文，向社会宣传语体文的好处；（四）各

---

① 《文史资料选辑》第87辑，文史资料出版社1983年版，第139—140页。

② 中央教育科学研究所编：《中国现代教育大事记》，教育科学出版社1988年版，第159页。

教育行政机关随时考察各小学校，不准采用文言文教科书。”① 大学院的这一举措，闪耀着五四时期民主和科学精神的光辉，为义务教育的实施，提供了良好的语言文字条件。

大学院在不到两年的时间内，做了许多有益于社会的工作，为教育的发展奠定了良好的基础，成绩斐然。1929 年 3 月 27 日，教育部致函国民政府文官处，措辞慎重，表达了教育部推进义务教育的决心。该公函曰：“查严厉施行强迫教育与本党对内政纲第十三项‘厉行普及教育’同一用意，自是当务之急，本部正在筹划进行。惟据近日估计，全国尚未入学之学龄儿童，约在三千六百万人以上，倘欲强迫入学，每年至少需增加教育经费二万五千余万元(平均每年每人需费七元)，所需教员数约一百二十余万人（每一教员平均教学生三十人)。在经济、师资两告缺乏之时，强迫教育之计划不易全部实施。为今之计，惟有先行筹备大宗经费，一面培养师资，一面划定区域从事试验，以期逐渐推行，方能有济。”② 教育部感到压力极大，经费和师资等各方面均有困难，但义务教育的推进刻不容缓，只有边推进，边探索。

1930 年 4 月 15—23 日，教育部召开第二次全国教育会议，全国各省教育厅局长、大学校长、专家、国民政府有关部会代表 106 人出席大会。蒋梦麟任议长。鉴于 1928 年以后各省虽先后成立省县义务教育委员会，但义务教育却毫无进展，会议分组审议并通过了教育部制订的《改进全国教育方案》，更具体地拟就了“义务教育实施计划”专章。这份计划书将义务教育普及期限定为 20 年，在这 20 年中拟造就师资 148 万人，扩充教室 100 万间，筹

① 周天度著：《蔡元培传》，人民出版社 1985 年版，第 273 页。

② 《教育部致国民政府文官处公函》，中国第二历史档案馆编：《中华民国史档案资料汇编》第五辑第一编《教育》（一），江苏古籍出版社 1994 年版，第 604 页。

措经费 398 607 万元。专家认为，“这计划比较前教育部八年普及的理想，当然接近得多”①。会议还通过了由陈布雷等 5 人起草的会议宣言。《宣言》指出：“在训政六年期内，对于义务教育和成年补习教育，主尽量推进。”② 将义务教育作为实行训政的重要措施，无疑提高了义务教育的地位。

第二次全国教育会议后，全国上下均有所行动，但效果并不能如愿。据 1931 年的统计，1930 年度全国初等教育在校儿童仅占学龄儿童的 21.8%。③ 教育部认为，其所以经时久用力多而收效甚鲜者，则因为四年义务教育以 20 年为期普及全国，所需经费以三四千万万元计，所需教员以一百数十万计，衡诸国家财力及师资之实际状况，相差甚远。所以，教育部于 1932 年 6 月，制定《短期义务教育实施办法》、《第一期实施义务教育办法大纲》，前者以一年时间教育 10 足岁至 16 足岁之年长失学儿童，后者仍以四年为期，目的是使各省县市根据其地方情形，同时并举，以期速效。

以上两文件颁布后，山东、福建、河南、河北、贵州、湖南、湖北、安徽、江西、浙江、陕西、热河、察哈尔、宁夏、甘肃、江苏、上海、青岛等省市，均按规定斟酌地方情形，拟具计划送呈教育部。各省市经济发展不平衡，推行义务教育的期限不尽一致，具体推进期限大致如下：

福建、河北、贵州将推行期限改为 20 年，分四、五、六期办理；

江西自 1928 年 7 月起至 1930 年底，以半年为一期，分五期

① 吴研因、翁之达：《三十五年来中国之小学教育》，《最近三十五年来之中国教育》，商务印书馆 1931 年版，第 8 页。

② 中央教育科学研究所编：《中国现代教育大事记》，教育科学出版社 1988 年版，第 205 页。

③ 教育部中国教育年鉴编审委员会编：《第一次中国教育年鉴》丙编“教育概况”，开明书店 1934 年版，第 487 页。

办竣；

察哈尔自 1929 年度起至 1932 年度止，分四期办理；

湖北自 1930 年 8 月起，以四年为一期，共分五期办毕；

浙江自 1930 年起至 1935 年止，以一年为期，分六年办理；

宁夏自 1932 年起到 1951 年止，以三年为一期，分七期办理。

此外，分别指定一年、二年、三年内办毕的有云南省等，以 20 年为期，分年推进的有山东省。

大学院和教育部两次教育会议后，全国各省积极贯彻落实，掀起了新一轮义务教育高潮。安徽省按大学院的要求成立义务教育委员会，协助教育行政机关计划和组织实施义务教育，规定每两年使失学儿童减少 20%，同时对经费问题也作了相应的规定。1928 年 6 月，安徽省制定了《厉行安徽义务教育暂行规程》；各县也制定了义务教育计划，对本地区的学龄儿童进行调查，对学校的设置、布局、师资、经费等问题作了计划和安排。但由于基础太差、经费捉襟见肘、人们就学观念误区等影响，义务教育推进的效果并不好。1931 年全省在校儿童仅有 19 万名，此后每年虽有增长，但增加人数并不多。到 1934 年，在校人数仍仅有 21.6 万人，还不够学龄儿童的 10%，远远低于全国的平均水平。①

1935 年，安徽省根据教育部颁布的《实施义务教育暂行办法大纲》，制定了《安徽省实施初步义务教育计划》，制定了推进计划和步骤：（1）实施义务教育的小学校分为完全小学、简易小学和短期小学三类，同时实行二部制，试行巡回教学和改良私塾。这里除完全小学外，其余为办理义务教育的变通办法，其中简易小学是用来招收不能入初级小学的儿童，分全日制、半日制和分班补习制三种；短期小学招收 10～16 岁的年长失学儿童，用分班制进行教学，

---

① 陈贤忠等主编：《安徽教育史》（上），安徽教育出版社 2006 年版，第 506 页。

每日上课两小时，时间为一年。即使在完全小学，也采用实行二部制、充实原有班额等措施以广泛吸收儿童。（2）划分小学区。规定每1 000人左右（可酌情变通）为一个小学区，每5～10个小学区为一联合小学区。每个联合小学区设学董一人，每个小学区设助理学董一人，协助办理学区内义务教育的有关事宜。（3）重新修订义务教育规划，将安徽的义务教育分三个阶段进行：1935年8月—1940年7月为第一阶段，在这段时间内，各地广设一年制的短期小学，重点招收9～12岁的失学儿童，到1940年结束时，这一年龄段80%的儿童接受相应的教育；1940年8月—1844年7月为第二年龄阶段，在这段时间内，逐步将一年制短期小学改造为二年制的短期小学，招收8～12岁的失学儿童，到1944年结束时，这一年龄段80%的儿童接受相应的教育；1944年8月始为第三阶段，逐步将二年制短期小学改造为四年制的初等小学，并使所有的儿童接受四年的初等教育。① 因为措施比较得力，安徽省1936年在校小学生达38.5万人，约占适龄儿童人数的21%。尽管比例还很低，但不能否认的是，提升的速度还是很快的。

（五）保障教育经费独立

教育部恢复后，出台了一系列革故鼎新的举措，建树良多，保障教育经费就是值得称道者之一。

1929年2月18日，国民政府行政院发布《各省教育经费须保障其独立》训令，指出："虽现时各地方教育经费，应占各该地方收入若干成分，尚未及分别确定，然各地方已经实行独立之教育经费，各省政府当加以保障，自无疑义。乃近顷各省政府有借口财政不能统一，竟将已独立之教育经费，划归财政机关征收保管者。当

① 陈贤忠等主编：《安徽教育史》（上），安徽教育出版社2006年版，第506—507页。

此各省政费支绌之时，倘有挪移借拨情事，其影响于教育者，实非浅鲜。……在未经规定教育经费应占地方收入若干成分之前，凡既经独立之地方教育经费，概不得辄行变更原定办法，以资保障。”①强调教育经费独立，不得侵吞私占挪用。

1931 年 5 月 9 日，国民政府行政院公布《地方教育经费保障办法》14 条。这是由教育部制定、呈请行政院通令各省市政府遵照的训令。教育部呈文称：“年来各地方教育团体屡以经费不能整理保障，致使地方教育无形停顿呈诉前来，其因是发生纠纷来部呈诉者，亦数见不鲜；兹为确实保障地方教育经费起见，特制定地方教育经费保障办法。”《办法》规定：（1）各级政府对于现有的教育经费总额，应切实保障，不得任其短少。（2）自 1931 年起，各项新增地方捐税，由省市政府酌定提留若干成，作为地方教育经费。（3）各地现有教育财产，应由各该地方教育行政机关，依据下列各项，切实整理之：“甲、旧有款产，应将确定数目，一律调查清楚，据实登记，并呈报主管政府备案；乙、旧有田产，其有未缴清地价，以及未经承粮或溢丈之地，应即照章补缴升科，以免纠纷；丙、旧有款产，由地方绅士私人保管者，应一律归还公家，设法生利；丁、旧有田产税项，向由私人低价承包，于中取利得，其田产应撤回，另行直接招佃，税款应撤销承包，另定征收方法，尽力剔除中饱；戊、旧有款产，被私人侵占者，应一律查明追还。”②（4）现有教育经费必须用于教育事业，无论何人及任何机关，均不得挪借或移作别用。（5）在某项统征之捐税中，地方教育定案所占成数，永远不得减少。统征额数增多时，教育经费数应按照比例数同时增加。（6）政府不得已收用教育资产时，应按照时值另行抵偿。（7）教育捐税，因特种关系，主管政府拟行变更时，如因捐率

①② 宋恩荣、章咸选编：《中华民国教育法规选编》，江苏教育出版社 2005 年版，第 106、109 页。

或办法变更而收入减少者，应由主管政府预先指定确实相当之款项抵补。(8) 教育经费由财政局征收者，应按照所得数，随收随交当地教育行政机关，不得挪用延欠。遇必要时，教育行政机关得呈准主管政府派员同财政局办理教育专款之征收事宜；凡私人已捐出的教育资产，不得收回，并不得转移或抵押于他人。(10) 私人或私法人侵吞教育经费时，除由政府责令赔款外，并得申请司法机关，依法惩办。(11) 教育经费收支及保管人员舞弊时，除撤职惩戒外，仍应责令赔偿。(12) 各地方政府及教育行政机关对于教育经费，倘任意玩忽，致有损失时，应受相当之惩戒。(13) 教育行政机关及各级学校各种教育机关之岁出，应由主管政府或主管教育行政机关规定最严格之标准以示限制，严防浮开滥用。(14) 各地方政府应组织教育经费稽核委员会，稽核关于教育经费之预算、决算及一切账目。

教育经费独立的保障措施，十分明细，也极为严格。无疑，对于教育的推展是有一定作用的，对于贪污舞弊、吞侵挪用教育经费者也是有一定威慑力的。

为了保障教育经费，教育部于 1933 年派督学及司科长分赴各省市视察，对于教育独立一项“至为注意，故令饬改进诸点，于此点多所指示，以期达到各省市教育经费完全独立之目的”①。调查的结果显示，各省市已完全实行独立者，有江苏、江西、福建、浙江、河南、云南等六省及南京一市；部分独立者，有安徽、湖南、绥远、甘肃四省。其余各省或未独立，或正在计划独立。这个材料未必可信，即使是部分独立，也是要大打折扣的。但是教育部的调查动机是良好的，对地方教育经费独立兴许会起到一些推动作用，对地方教育经费的保障无疑会产生积极的影响。

① 《教育部关于各省市教育经费独立状况的调查报告》，中国第二历史档案馆编：《中华民国史档案资料汇编》第五辑第一编《教育》(一)，江苏古籍出版社 1994 年版，第 106 页。

对于教育经费问题，国民政府主席、行政院长兼教育部长蒋介石也极为强调其重要性，刚兼任教育部长时他便在一个通令中强调："至于教育经费，为学校生机所寄，政府尤当负责筹划，决不使公费稍有缺乏，基金稍有动摇，致妨教育之发展。"①

这样，自中央到各地政府均重视教育经费问题，设法筹措教育经费，防止漏洞，使颇为拮据的教育经费真正用于最需要的地方。这是教育经费独立所产生的效用之一。应该说，在国家工业萧条、农业濒临破产的景况下，教育经费问题的解决，教育部还是作了较大努力的，效果也是较好的。

（六）整饬全国学风

教育部成立之后，学潮迭起，学风日劣。1928 年 10 月 27 日，国民政府发表训政时期施政宣言。关于教育，宣言云："首在普及三民主义之国民教育，充实中学以上教育之内容，注重学生体格之训练，提高实用科学之智识，使青年国民之身体、精神，皆有充分健全之发育，始克保证民族无穷之新生命。因此之故，凡智识未充、判断力未备，而身体发育未臻健全者，决不任其参加政治斗争与社会斗争而自趋于戕贼也。"② 宣言强调"判断力"、"知识"、"身体发育"的理由，实际上指中等以上乃至大学学生，禁止参加学潮。这算是国民政府首次强调学风整顿。

蒋介石兼任教育部长的几个月内，他的主要工作也放在整饬学风上面。他曾以国民政府行政院名义颁布整饬全国学风训令，不许"动辄借口改良校务，罢课要挟，甚则擅自集会，散发传单，供人利用，妄分派系"；如继续"嚣张恣行越轨者"，"执法严绳，以治

① 《教育杂志》第 23 卷第 1 期。

② 中央教育科学研究所编：《中国现代教育大事记》，教育科学出版社 1988 年版，第 164 页。

反动派者治之，决不稍事姑息”。

1932 年 7 月 22 日，国民政府行政院长汪精卫、教育部长朱家骅联合签署颁发《整顿教育令》。该训令称政府“议定以最大之决心，励行整顿；对于经费决予宽筹，务期不致延欠，并于可能范围内逐渐求独立保障之实现”①。另一方面，该训令强调：“十余年来，教育纪律愈见凌替，学校风潮，日有所闻。学生对于校长，则自由选举，如会议之推举主席。对于教授，则任意黜陟，如宿舍之雇用庖丁。甚至散传单以谩骂，聚群众以殴辱。每有要求，动辄罢课以相挟持；及至年终，且常罢考以作结束。弦歌停歇，黉舍骚然。谈者每扼腕而太息，国外将传播为笑柄。”声称：“学生之风纪不切实整顿，则洁身自爱者将皆视教育为畏途。办学与教师人选，将愈加困难。回溯历年之学潮，其最受牺牲者厥为学生。轻则旷误学业，辜负光阴；重则酿成惨案，丧失生命。青年血气方刚，思虑未熟，徒以风气所播，率而效尤，逐令其失足一时，遗恨千古，抚循陈迹，曷胜痛念。”②

如何整顿呢？训令要求紧紧抓住学生管理这根缰绳，严以纪律，严格监督，决不姑息，决不宽容。训令强调：“至于学生管理方针，亦决力矫宿弊，不事姑息放任，以逢长少数分子之嚣张。实行严格监督，以维持多数学生之安定。在此暑假期间，饬令各学校详慎审查，其有屡犯校规言行越轨者，宜分别惩戒。其有习气太深不堪栽成者，宜断然开除。若有狃于习气，违犯纪律，或企图作大规模之破坏行动者，则授权当地军警，严厉制止。学校当局，不得曲为回护。”③

政府三番五次下令整饬学风，学风始终未整饬好，尽管训令频频下达，声色俱厉，也是枉然。几年间学潮并未见有好转，而且越

①②③《教育法令汇编》第一辑，商务印书馆 1936 年版，第 30、30—31、31 页。

闹越大，愈演愈烈。最后因日本侵略者的大举进攻，民族矛盾上升为主要矛盾，学潮这才暂时蛰伏下来。学潮揭示了教育方面存在深刻的问题，与思想控制、教育经费、腐败的政治、民族危机等问题，有着千丝万缕的联系。所以，当时平息学潮、整饬学风，引起了举国人士的严重关切。甚至有人认为学生罢课，不尽含反政府的色彩；诱发因素不尽出于共产党的“运动”等，国民政府、为人师表的教授以及教育部等，均应共同负责任。

（七）实行毕业会考制度

毕业会考是地区性统考制度，是各校毕业考试和升学考试之间的过渡环节。1932 年 5 月，教育部颁布《中小学学生毕业会考暂行规程》，规定：“各省县市教育行政机关为整齐小学、初级中学、高级中学普通科学生毕业程度及增进教学效率起见，对于所属各中小学应届毕业、经原校考查及格之学生举行会考。”该制度要求，各级各类学校毕业生，只有通过了毕业会考（以毕业考成绩占 40%、会考成绩占 60%综计），才可能获得毕业证书，并具备报考高一级学校的资格。会考两科以下不及格者，可复试一次；而三科以上（包括三科）不及格者，则须留级一年，并须再次通过学校的毕业考试。会考科目和成绩计算方法虽历有变更，然而重考精神却一以贯之。当年 6 月，全国先后有苏、浙、皖、沪等 18 省市依章实施了毕业会考，其他省市也开始积极筹办。但次年 12 月，教育部宣布取消小学毕业会考制度，同时公布《中学学生毕业会考规程》，规定参加会考的学校，应在会考前两周举行毕业考试。1934 年 4 月，毕业会考制度推展到师范学校，令各地师范学校严格执行《师范学校学生毕业会考规程》。1935 年 4 月 6 日，教育部修订颁发《师范学校学生毕业会考规程》，正式对师范毕业生实施毕业会考。1937 年 3 月 13 日，教育部颁发《高级助产及护士职业学校毕业会考规程》，开始在职业教育领域推行毕业会考。此后，对其他各类职业学校的毕业生也开始陆续推行会考制度。

受毕业会考影响最大者，为中等教育，其中中学又首当其冲。它不仅影响中学毕业生的个人命运，甚至还事关学校的存废。1934年7月23日，教育部颁发《经会考及视察之公私立中学成绩低弱或成绩恶劣之处置办法》明确规定："凡会考成绩过低或经视察认为成绩低弱者，应限制其招生额数或停止招生，限期责令改善。其有成绩恶劣、难期改进者，应勒令停闭。"① 由此观之，毕业会考更是悬在办学者头上的一柄利剑。

毕业会考制度本是一项有助于提高学校教育水准的措施，但由于过多的考试，严重地冲击了教学。凡毕业生均须参加两次考试，第一次是学校举行的毕业考试，考试及格取得参加毕业会考资格②；第二次考试是毕业会考，及格方取得毕业的资格。在非常短促的时间内里要参加数次考试，使学生高度紧张，所以要"整齐学生文化程度，提高教学效率的目的也根本达不到"③。毕业生只有放弃其他学科的学习，全力以赴对付必考科目，死啃"会考指南"。而学校当局为顾及学校的声誉，也任意增加必考科目的学时。更有甚者，逼迫教师帮学生猜题，大搞题海战术，因而大大加重了学生的负担。

毕业会考制度出台后，遭到许多教师与学生的强烈反对，教育家陶行知等也对此持有异议。他曾因南开中学的会考失败，谐趣地"恭贺"张伯苓。而鲁迅也用其犀利的语言，辛辣的讽刺，将毕业会考制度喻为"铁刷子"，刷，刷，刷，将青年学生统统刷下去。但是政治家蒋介石、戴传贤等，却视此为平复学潮的法宝；而教育行政管理当局，也视此为提高教学质量的指挥棒。客观说来，大多

① 《教育法令汇编》第一辑，商务印书馆1936年版，第184页。

② 1935年4月，针对会考实施几年暴露出的问题进行改进，将学校毕业考试改为毕业学期考试。

③ 熊明安著：《中华民国教育史》，重庆出版社1991年版，第162页。

教育工作者对毕业会考制度是拥护的。因其不仅有利于学校正常教学秩序的维护，而且更有利于教育选优汰劣机制的形成。

（八）推行乡村教育

由于五四运动的影响，20 世纪 20 年代初兴起了平民教育运动①。1924 年，晏阳初带领部分平教会成员来到直隶省保定道的清苑、涿县、定县、巨鹿以及北京宛平等县进行平民教育调查。他们认识到，中国是一个农业大国，80%以上的人口是农民，农民受着各种剥削，贫困不堪，愚昧落后，疾病蔓延。他们感到平民教育，“无疑的，不是在平、津、沪、汉几个大城市，而是广大的农村”②；农民是农村生活的基础，民族的基本力量蕴藏在这大多数农民身上，“每一个有志的中国知识青年都应该献身于三万万以上无知无识的民众，去从事苦力教育平民教育的工作，解除‘苦力’的‘苦’，开发‘苦力’的‘力’，然后中国才能有办法，中国人才能不受外国人的欺侮与鄙视”③。晏阳初及一批西洋留学归国的知识分子，认识到中国的根本问题在乡村，中国的出路在乡村，中国的建设应首重乡村，乃深入穷乡僻壤，远离喧嚣的大都市，举家下

① 平民教育运动，是五四运动时期的一种新思潮和运动，是民主思潮在教育上的反映。由提出“平民政治”、“平民文学”口号，逐步演成平民教育思潮与运动。早期具有共产主义思想的知识分子，试图通过提高平民，主要是城市小资产阶级及市民的文化水平，来消灭不合理现象。其中一部分人如邓中夏等，逐步以工人为主要对象，创办工人夜校，唤起他们的“自觉心”；一些资产阶级知识分子，主张“教育救国”，认为先有平民教育，才有平民政治，主张通过教育的革新改造社会。以晏阳初为代表的平民教育促进总会，主张“今日之平民教育就是将来普及教育的先声”，在全国进行有组织的实验，开展识字、读书等活动，一时在全国掀起高潮。1927 年后逐渐转化为民众教育和乡村教育运动。

②③ 《平民教育运动的回顾与前瞻》，宋恩荣主编：《晏阳初全集》第 2 卷，湖南教育出版社 1989 年版，第 275、256 页。

乡，推展乡村教育。遂将原先以城市平民为对象的平民教育，转变为以农民为主要对象的平民教育。1927年3月15日，陶行知创办的中国第一所私立乡村师范开学，志欲筹集100万元资金，培养100万位同志，改造100万个乡村；1929年中华平民教育促进会总会从北京迁到河北定县，晏阳初等知识分子举家来到定县乡村，以定县作为平民教育实验区，将定县全境划分为8个实验区，全面开展"四大教育"：以文艺教育治愚，以生计教育治穷，以卫生教育治弱，以公民教育治私；实行以学校式、家庭式、社会式三种方式为主要内容的平民教育实验。其后，全国各地名目不一、目的旨趣不一、后台背景不一的乡村教育运动如同雨后春笋发展起来。

1930年3月4日，胡汉民、刘庐隐、陈立夫合提的《实施三民主义的乡村教育案》在国民党三中全会第三次大会上通过。该提案认为，推行乡村教育极为重要，这是因为：第一，三民主义必须依赖乡村教育，将深厚根基深入民间，庶几三民主义的国家建设，始能由开创而进于完固；第二，实施三民主义的乡村教育，能将三民主义深入全国未受教育的乡村平民、儿童；第三，乡村人口占全国总人口的80%以上，城市人口不足20%，而中国的政治大抵以城市为中心，这实际上是说中国政治的基础并不广泛扎实，巩固这一基础，必赖三民主义之乡村教育，培植中国政治的基础；第四，孙中山先生的《建国大纲》规定，县为自治单位，而县自治基础必在乡村，所以乡村教育是地方自治能否顺利推行的关键。这说明，国民政府必须迅速制定实施乡村教育的方法与步骤，全力推行乡村教育。他们将实施乡村教育的方法与步骤分而为二，一是必须训练健全的师资，二是必须在各省分期开办乡村学校。

自《乡村教育案》通过后，乡村教育进入高潮。国民政府行政院成立了一个“农村复兴委员会”；文化知识界兴起了乡村教育运动①，有国民党中央政治学校政治系主任梅思平担任县长的江宁自治实验县，有金陵大学以美籍教授卜凯和中央大学农学院邹秉文为代表的农业技术改良派，有高践四主持的无锡教育学院为代表的民众教育农事教育派，又有河南内乡别廷芳、析川三为代表的乡村自治派。诸乡村教育流派中，以山东邹平梁漱溟为代表的乡村建设派、河北定县晏阳初为代表的中华平民教育会派影响最大。

乡村教育由零星的实践到蜂拥而起，与政府的提倡有着极其密切的关系，胡汉民等三人有首倡之功。

（九）制定教育法规

教育部成立两年时，曾对两年来的工作进行了小结，其中内容之一就是制定教育法规。教育部成立后，所制定的教育法规可以分为四个方面。

第一，教育宗旨及其实施方针。教育部多次组织讨论中华民国教育方针，最终否定了党化教育的内容，确定以“中华民国之教育，根据三民主义，以充实人民生活，扶植社会生存，发展国民生计，延续

---

① 乡村教育运动，20世纪20年代中期后兴起的一种教育思潮和教育实践。其时，中国一些教育团体、教育组织将自己的活动中心由城市转向乡村，致力于农民教育和农村社会改造。各派政治态度各不相同，活动的内容、方式和持续时间亦不同。这些团体组织的活动统称为乡村教育运动。这些团体的主要活动有：第一，中华职业教育社的农村改进试验。自1926年始，在江苏昆山徐公桥创办农村改进试验区，1931年试验结束。第二，陶行知生活教育社的乡村教育活动。1927年在南京郊外创办晓庄师范，实践生活教育理论。1932年秋在孟家木桥创办山海工学团。第三，中华平民教育促进总会的定县试验区。1926年10月以河北定县翟城村做试验。1931年与国民党政府政权建设结合。1933年定县被确定为河北省县政建设实验区。第四，梁漱溟的乡村建设。主张改造社会从乡村入手，即从乡村建设着手。具体做法是建立乡农学校，实行“政教合一”、“以教统政”。

民族生命为目的。务期民族独立、民权普遍、民生发展，以促进世界大同”为教育方针。① 其后又结合国情制定了实施方针——为教育宗旨提供可操作的若干标准。实施方针共有八条：(1) 各级学校教育，应使三民主义“与全体课程及课外作业相贯连”，“以集团生活训练民权主义之运用”，“以各种之生产劳动实习，培养实行民生主义之基础”。(2) 普通教育，“须根据总理遗教，以陶融儿童及青年‘忠孝、仁爱、信义、和平’之国民道德”，其次方为知识、技能教育。(3) 社会教育，须宣传社会大势，了解民族意义和中国现状，培植“家庭经济改善之技能，公民自治必备之资格”，并须养成良好习惯和互助美德。(4) 大学及专门教育，“必须重视实用科学，充实学科内容，养成专门知识、技能”，并须陶融健全品格。(5) 师范教育，以“养成一般国民道德、学术上最健全之师资为主要之任务。于可能范围内，使其独立设置，并尽量发展乡村师范教育”。(6)“男女教育机会平等。”(7)“各级学校及社会教育，应一体注重发展国民之体育。”(8)“农业推广，须由农业机关积极实施。”② 这就是其后若干年教育工作的施政大纲，对以后教育事业的发展产生了良好的作用。

第二，关于教育部所设各种委员会的法规。这些法规共有 17 种，其中重要的有《教育部组织法》、《大学委员会组织条例》、《中小学课程标准起草委员会规程》、《中央义务教育委员会规程》、《教育方案编制委员会组织大纲》等。为教育部的内部机构组织设置提供了法律保障。

第三，一般教育法则。这些一般教育法则共 16 种，其中主要有《革命功勋子女就学免费条例》、《教育机关印信颁发办法》、《教育学术统计暂行条例》、《教育会规程》、《督学规程》、《学术研究奖

①② 教育部中国教育年鉴编审委员会编：《第一次中国教育年鉴》“教育总述·教育宗旨”，开明书店 1934 年版，第 8、16 页。

励金办法大纲》等，表明教育部力图做到教育法制化，依法治教，逐步建立现代教育制度，逐渐走向教育独立。

第四，关于学校教育的法规。这方面的法规有 16 种，其中重要的有《大学组织法》、《大学规程》、《专科学校组织法》、《专科学校规程》、《中学规程》、《小学规程》、《私立学校规程》、《学校职员养老金及恤金条例》、《学校学年学期及休假日期规程》、《教科图书审查规程》等。这些法规的制定，推动了学校管理法制化的进程，为学校的发展提供了法律制度保障。

第五，关于社会教育的法规。这些法规共有 5 种，其中重要的有《民众学校办法大纲》、《图书馆条例》、《检查电影片规则》等①，保证了社会教育的良性发展。

以上林林总总的教育法规，是教育部成立两年内所制定的，其后的法制建设并没有停下脚步，还在不辍地为教育法制化建设而努力。

（十）推动少数民族教育

早在新文化运动时期，各界对蒙藏等少数民族教育便给予了关注，全国教育会联合会就有不少蒙藏教育的提案。1929 年 3 月，国民党召开第三次全国代表大会，通过了三民主义教育宗旨及实施方针，同时对蒙藏教育给予了应有的注意。当年 6 月，国民党第三届中央执行委员会第二次全体会议《关于蒙藏之决议案》中，对实施蒙藏教育作出了甚有意义的决议："于首都设立蒙藏学校，由蒙藏各地选送优秀青年应试入学。并附设蒙藏研究班，指导促进关于蒙藏事情之专门研究。关于蒙古与西藏经济与文化之振兴，应以实

① 《教育部成立两年来的工作概况》，中国第二历史档案馆编：《中华民国史档案资料汇编》第五辑第一编《教育》（一），江苏古籍出版社 1994 年版，第 137—138 页。

行发展教育为入手办法，其要点如下：（一）通令各蒙旗及西藏、西康等地主管官厅，迅速创办各级学校；（二）确定蒙藏教育经费；（三）在教育部特设专管蒙藏教育之司科；（四）在首都及其适宜之地点，设立收容蒙藏青年之预备学校。特定国立及省立之学校优遇蒙、藏、新疆、西康等地学生之办法。”①

1930 年，国民党第二次全国教育会议通过了《蒙藏教育实施计划》，具体规定了蒙藏教育行政，包括小学、中学、职业学校、师范学校等普通教育的实施，高等教育、社会教育发展，以及教育经费和编印教育图书杂志等内容。对藏族地区实施普通教育的办法规定，西藏各宗及等于宗的地方，按学龄儿童人数酌设小学；按社会需要，各设职业学校；并按实际情形设立中学，还要在藏族聚居的拉卜楞和昌都地区设中学，分别面向拉卜楞附近藏区和西康地区招生。

在国民党第三届中央执行委员会 1931 年 9 月召开的第 17 次常务会议上通过了《三民主义教育实施原则》，其中有蒙藏教育专章。在《三民主义教育实施原则》中规定了蒙藏教育目标和实施纲要。蒙藏教育的目标是“力谋蒙藏教育之普及与发展”，“谋蒙藏人民知识之提高，生活之改善，并注意其民族意识之养成，自治力之训练及生产技术之增进”，“力图蒙藏人民语言意志之统一，以期五族共和的大民族主义国家之完成”。实施纲要分别从课程、训育和设备三个方面作了具体阐述。如要求蒙藏各级学校的教材，应当特别注意做到：“1. 中国民族之融合的历史；2. 边疆和内地之地理的关系；3. 帝国主义侵略蒙藏之历史及事实；4. 蒙藏人民和国民革命的关系；5. 蒙藏人民地方自治和民权主义的关系；6. 蒙藏人民经济

① 《边疆教育概况》第二章“边疆教育方针”，转引自朱解琳编著：《藏族近现代教育史略》，青海人民出版社 1990 年版，第 134 页。

事业和民生主义的关系；7. 其他有关蒙藏人民特殊环境之教材。”①

社会教育也在蒙藏地区推进。夏河县除由中英庚款董事会、甘肃科学馆与西北防疫处合办的拉卜楞民众教育馆外，还设有两所平民学校，一所附设于县初级小学内，另一所附设在拉卜楞寺藏民汉语学校内。到1934年10月，夏河县在大夏街设立图书馆1座，藏书1 507册。据1936年统计，夏河县有体育场1处；卓尼有民众学校3所，讲演所3处，体育场3处。青海省部分县民众教育机构见表4-2。

表4-2　青海省民众教育机构一览表

县名	民众学校	图书馆	讲演所	民众教育馆	体育场	游艺场	教职员	学生数	经费数（元）	备注
贵德	1	1	1	1	1		3	25	257	
民和	6			1			11	220	502	
湟源	2	1					2	55	420	
门源	2	1					6	60	425	
循化	2		1	2			9	40	770	
乐都	11	1			1	2	18	320	1 780	
共和										无社会教育设施
同仁										无社会教育设施
玉树										无社会教育设施
化隆										无社会教育设施

资料来源：朱解琳编著《藏族近现代教育史略》，青海人民出版社1990年版，第232页。

① 《边疆教育概况》附录“边疆教育法令”，转引自朱解琳编著：《藏族近现代教育史略》，青海人民出版社1990年版，第137—138页。

1936年，宁夏教育厅在省城成立省立民众教育馆，内设儿童阅览室、民校教室、阅报室、施诊室、代笔处等。游艺设施则有象棋、跳棋、弹棋、军棋、自由棋、足球、围棋、乒乓球等。收藏有《万有书库》、《小学生文库》及各种图书杂志四千余册，报纸十多种。① 教育部还特地分配放映机、发电机和教育影片等，巡回到宁夏各地放映。

在蒙藏教育推进过程中，为了及时督导改进民族教育，教育部每年派员到民族地区进行督导。从1935年起，教育部每年派出司长、科长、督学、视察及专家到甘、青、川、滇等省视察藏族等民族的教育工作。

内蒙古的边疆教育和少数民族教育也有一定的进步。1934年，中央政治学校附设蒙藏学校、边疆教育实业考察团的绥远调查表明：归绥、萨拉齐、包头、武川、托克托、和林、清水河、固阳、东胜、五原、临河、安北、丰镇、兴和、集宁、凉城、陶林等县及安北、沃野两设治局，“高级小学和初级小学校数与学生逐年增加，显有长足之进展。全省已就学之学龄儿童有二八四六七人，未就学之学龄儿童有一七九六〇四人，其比例已就学者占百分之十四，未就学者占百分之八十六”。社会教育，全省有图书馆15座，藏书44 384册，每年经费6 810元。绥远全省教育经费共约55万余元。全省人口总数为2 275 072人，识字人数为29 506人，其比例为13%。② 尽管这个数字令人揪心，但颇感欣慰的是，绥远的教育投入逐年在增加，硬件设施改善力度在加大，况且过去欠账太多，基础过于薄弱呢！

① 朱解琳著：《甘宁青民族教育史简编》，青海人民出版社1993年版，第355页。

② 《绥远全省学校之调查》，《内蒙古教育志》编委会编：《内蒙古教育史志资料》第一辑上册，内蒙古大学出版社1995年版，第105页。

第二节 大学区与省级教育行政

南京政府在中央教育行政机关采大学院制的同时，省级教育行政试行大学区制，以期成龙配套。这一地方教育行政学术化实验，与大学院基本同时发轫，但在实施上只有少量省份照章办事；名义上与大学院一齐废止，但实际上先大学院废止。大学区废止后，各省改设教育厅，特别市设教育局。

一、大学区制的发轫

实行大学区制省级教育行政体制改革，寄予了蔡元培和李石曾等教育家的毕生教育理想。蔡元培后来回忆说："大学区组织，是摹仿法国的。法国分全国为十六大学区，每区设一大学，区内各种教育事业，都由大学校长管理。这种制度优于省教育厅与市教育局的一点，就是大学有多数学者，多数设备，决非厅局所能及。"① 1927年，国民政府定鼎南京，成立以蔡元培、李石曾等为委员的教育委员会。蔡元培等认为进行大学区制省级教育行政体制改革的时机成熟，乃提出大学区制改革。但由于中国与外国的国情颇为不同，最终决定先在江苏、浙江等少数省份实验，取得一定经验后再推向全国。

（一）设置大学区的旨趣

同大学院制一样，大学区制亦仿效法国制度建立。同样，形式是借用法国"大学区"的"瓶"，实质是内装德国重学术研究精神

① 《我在教育界的经验》，高平叔编：《蔡元培全集》第七卷，中华书局1989年版，第200页。

之“酒”。蔡元培早在 1922 年 3 月的《教育独立议》中就草拟了一个“实行超然的教育”的办法：“分全国为若干大学区，每区立一大学；凡中等以上各种专门学术，都可以设在大学里面，一区以内的中小学校教育，与学校以外的社会教育，如通信教育、演讲团、体育会、图书馆、博物院、音乐、演剧、影戏……与其他成年教育、盲哑教育等等，都由大学办理。大学的事务，都由大学教授所组织的教育委员会主持。大学校长，也由委员会举出。由各大学校长组织高等教育会议，办理各大学区互相关系的事务。”①

因此，实行大学区制是实现教育独立的重要步骤。蔡元培又说：“我对于发展我国教育的方法，主张仿法国制，分全国为若干大学区，一区有一所大学，全区的教育事业都由大学办理。……一地方若是没有一个大学，把有学问的人团聚在一处，一面研究高等学术，一面推行教育事业，永没有发展教育的希望。”②

蔡元培的这些关于教育独立的见解，在 1927 年 6 月向国民政府递交的呈请变更教育行政制度、以大学区为教育行政单元的呈文中，得到了充分体现。呈文云：“凡大学应确实研究院之制，一切庶政之问题，皆可交议，以维持学问之精神。此制度之宜改良者一也。一般教育之行政机关，簿书而外，几无他事。其所恃以为判断之标准者，法令成例而已，不问学术根据之如何，于是而与学术最相关之教育事业，亦且与学术相分离，岂不可惜！自宜仿法国制度，以大学区为教育行政之单元，区内之教育行政事项，由大学校长处理之；遇有难题，得由各学院相助以解决之，庶几设施教育得有学术之根据。此制度之宜改良者又一也。”③ 一言以蔽之曰：实

①② 高平叔编：《蔡元培全集》第四卷，中华书局 1984 年版，第 178、244—245 页。

③ 高平叔编：《蔡元培全集》第五卷，中华书局 1988 年版，第 134—135 页。

行大学区制，使学术与行政合一，以学术研究制衡官僚习气。

蔡元培的呈文还带有两个附件，一是《大学区组织条例》，一是《大学行政系统表》。《条例》规定，将“全国依现有之省份及特别区，定为若干大学区，以所在省或特别区之名名之，如浙江大学、江苏大学等。每大学区设校长一人，总理区内一切学术与教育行政事项”。大学区设评议会，为本区立法机关；办事机关有高等教育部、普通教育部及扩充教育部等。《系统表》对大学区内各单位之间的关系进行了规定（见图 4-1）。

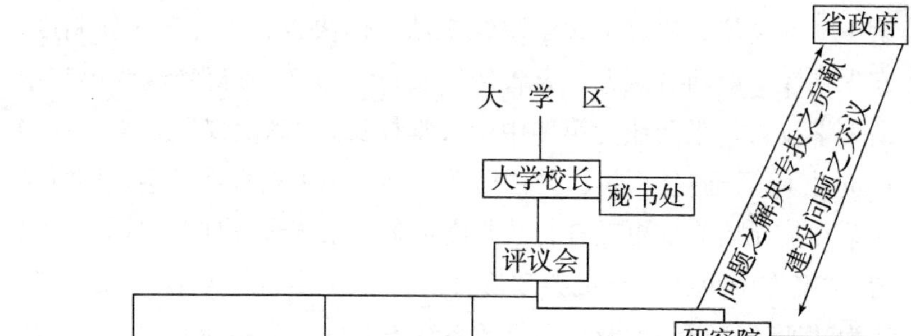

图 4-1 大学区行政系统图

资料来源：高平叔撰著《蔡元培年谱长编》第三卷，人民教育出版社1998年版，第53页。

地方教育行政实行大学区制，是地方教育行政的一次重大改革。改革的思路与中央大学院制一脉相承。改革的设计者是著名教育家蔡元培。

（二）大学区制的实施

1927年6月初，蔡元培以教育行政委员会名义拟具《大学区组织条例》，获通过。嗣后，于1928年1月27日、5月3日和12月11日三度修订。1927年6月27日，国民党中央政治会议召开第109次会议，通过了大学院组织法，尚决议："大学区新制度，准先在江、浙两省试办。粤省暂缓实行。"并任命蒋梦麟为第三中山大学校长，张乃燕为第四中山大学校长。"尚决议"之事，在当年7月12日通过。是日，"国民政府训令中央教育委员会，即行遵照蔡委员元培为变更教育行政制度拟条例系统表办理"。"训令"略谓："案准中央执行委员会政治会议咨开"，经第102次会议决议，认为"所请变更制度及拟具行政系统表等件，为刷新教育行政，注重研究精神，俾有学术之根据，均甚妥惬，应准其在粤、浙、苏三省试行，合亟令仰该会即便遵照办理"。① 6月24日，教育委员会决定："以江苏、浙江两省大学重新改组或尚在筹建，自应准其先行试办大学区新制度。惟广东方面，中山大学由广大改办时筹备经年，成立未久，一旦改制，未免变更太速，且现距下学年开学不远，筹备亦恐不及，似应照原案人建议，准其暂缓实行。"②自此时开始，大学区制实验正式起步。

1. 大学区的组织机构和人员编制

1928年1月27日，国民政府公布《修正大学区组织条例》，

①② 《国民政府关于粤浙苏三省试行大学区制训令》，中国第二历史档案馆编：《中华民国史档案资料汇编》第五辑第一编《教育》（一），江苏古籍出版社1994年版，第30页。

对大学区的组织机构和人员编制作了具体规定。

《组织条例》一共10条，第一条规定全国依各地的教育经济及交通状况不同，定为若干大学区，以所辖区域确定大学区的名称。每大学区设大学一所，除在广州的永远定名为中山大学以纪念总理外，均以所在地命名。

大学区下属机构主要有：（1）评议会，是为大学区的立法机关；（2）秘书处，辅助校长办理该大学区内行政上的一切事务；（3）研究院，为大学区内最高专门学术机关，研究院内设立设计部，凡区内一切关于建设事项，随时可提交研究；（4）高等教育部，管理该大学区各学院及留学事项，并监督该大学区内公私立大学和专门学校；（5）普通教育部，管理本区内公私立中小学校及监督公私立中小学教育事业；（6）扩充教育部，管理区内劳农学院、劳工学院，及关于社会教育之一切事项。

《组织条例》所规定的大学区人员编制极为简单，严格按精兵简政原则办事。每大学区设大学1所，大学设校长1人，综理大学区内一切学术与教育行政事项；校长应出席各该大学区内之省政府委员会。下设各处，设处长1人，分别管理大学区内大专学校、公立中小学校、劳动学院及关于社会教育之一切事项。

自1927年6月7日，国民党中央政治会议批准蔡元培变更教育行政制度的呈文后，国民政府议核施行大学区制。同月28日，决定先在江苏、浙江两省试办。7月12日，国民政府根据政治会议的决议，令教育行政委员会遵办。这样，大学区制遂在全国铺开。

2. 中山大学的组成

中央最高教育行政机关实行大学院制，地方则先在江苏和浙江大学试办。先行试办的江苏省和浙江省废止原来的教育厅，均以国立大学作为该大学区的行政办公机关。1927年8月1日，浙江省省务会议议决组织第三中山大学，接收浙江教育厅职权，遂告浙江大学区成立。1928 年 4 月，第三中山大学改为浙江大学区。稍后又接大学院令，大学区大学得加“国立”二字。7 月 1 日，改称国立浙江大学。《浙江大学综理浙江大学区教育行政事宜权限规程》规定：“浙江大学承中华民国大学院之命，综理浙江大学区内一切教育行政事项；浙江大学区之辖境，以浙江省政府之辖境为范围；浙江大学为处理或指示浙江大学区内教育行政事项，对于本大学区内各县政府及所属各省立、市立、县立、私立教育机关得发布命令；浙江省政府与浙江大学遇有相互咨询或请办的事项，无须经省政府委员会议决者，彼此得以公函行之；浙江大学遇有学术或教育行政事项，与浙江省行政无关者，对于国民政府及浙江省政府所属各行政机关得经以公函命令行之。”①

浙江大学区将省立工业专门学校、甲种农业专门学校改组为国立第三中山大学工学院、农学院，筹建文学院。蒋梦麟被任为第三中山大学校长，开始行使行政职权。譬如，1927 年 11 月 3 日，他致函浙江大学区各市市长，令各县县长限期禁止各小学采用文言文。函令规定：“自 1928 年 2 月起，‘本省各小学，不论初级、高级，一律不得再用古话文的教科书或教材’。倘有违令者‘应该勒令该校校长将该教员立即辞退改聘；如果校长违抗命令，应该立刻撤换！’”②

1927 年夏，国民政府教育行政委员会议决将江苏省立法政大学、河海工程大学、上海商业专门学校、南京工业专门学校、江苏法政大学、上海商科大学、江苏医科大学、南京农业学校、苏州工业专门学校等九校，合并改设第四中山大学，张乃燕被任为大学校

① 邵祖德等编纂：《浙江教育简志》，浙江人民出版社 1988 年版，第 22 页。

② 中央教育科学研究所编：《中国现代教育大事记》，教育科学出版社 1989 年版，第 138 页。

长。第四中山大学宣告成立。江苏省教育厅奉令裁撤，设教育行政院（部）于中央大学内，以综理大学区内一切学术与教育行政事务。1928 年春改称江苏大学区教育行政院，同年秋又改名中央大学教育行政院。①

自此而后，各地纷纷设立中山大学。继武昌中山大学成立后，河南、安徽、广西、湖南、甘肃也在筹设中山大学。1928 年 2 月，第四中山大学最后改名为国立中央大学；第三中山大学改名为浙江大学；河南、安徽、广西、湖南、甘肃等地亦相继取消中山大学名义，改称某地大学。10 月，中华民国大学院令广州第一中山大学校名永远定名为中山大学。

在全国成立的诸多大学区中，成立最晚的一个是北平大学区，这也是大学区制实验中的最后一个大学区。1928 年 7 月，直隶省改为河北省，废止京兆区，并入河北省，划出宣化等 10 县改隶于察哈尔省。天津市改为特别市，直属中央政府。原直隶省教育厅改为河北省教育厅。当年 10 月，教育厅随省政府由天津迁至北平。此前的 9 月，国民政府公布北平大学区组织条例，以热河、河北两省，津、平两市为辖区。1929 年 1 月，北平大学区成立，河北教育厅撤销。大学区设立教育行政院，任命国民党中央委员李煜瀛为大学校长，中法大学李书华为副校长。行政院设秘书处、高等教育处、普通教育处。② 北平大学是全国最大的“大学”，由北京 9 所国立大学及河北大学、天津法政专门学校、北洋大学等合并而成。

---

① 江苏省地方志编纂委员会编：《江苏省志·教育志》（下），江苏古籍出版社 2000 年版，第 1057 页。

② 河北省地方志编纂委员会编：《河北省志·教育志》，中华书局 1995 年版，第 672 页。

（三）北平大学区之争与大学区制废止

就在各大学区向国民政府、中央党部反映大学区制弊病时，国民政府于1928年6月18日决定，为便于在北京推行大学区制，改组北京国立九校为中华大学，任命原北大教授李石曾为校长，李书华为副校长。北京大学对大学区制试行反对最为强烈。北京大学自1926年4月奉军入据北京以来，数易其名。张作霖1927年8月宣布取消北京大学，将北京各国立学校合并改组，成立“国立京师大学校”。1928年6月3日，张作霖退出北京回奉。6月7日，蔡元培请恢复北京大学名称，并任命新校长，主张对于具有悠久历史的北大，不应轻易更名。于是，教育界开始了蔡系（北大系）与李（石曾）系间派系的斗争。李石曾起草的“组织大纲”规定，以北平政治分会所辖北平、天津、河北、热河为北平大学区，设大学委员会北平分会，中华大学改为北平大学，隶于北平大学区。旋即获准。1928年11月20日，李石曾离南京北上。抵北京时，各校反对大学区组织的风潮涌动，北京大学更是一马当先。11月29日，北平大学向中央党部、执监常务委员、中央政治会议、国民政府主席、行政院长及教育部长蒋介石等电文报告学生反对北平大学区之事。电文云：“职校长办公处突于本月二十九日下午二时半，有自称北京大学学生约百余人，手持‘打倒北平大学’、‘拥护北京大学’等旗帜，蜂拥入内，将门窗陈设及一切器用物具全数捣毁，并将门前所悬‘国立北平大学校长办公处’及‘大学委员会’两牌一律劈碎，复寻殴职员，幸奔避较迅，未遭惨害。彼此饱击既毕，更结队呼哨，扬言将火焚李校长煜瀛、李副校长书华私宅，幸警备司令部赶到弹压，始尽毁门窗而去。……”①12月1日，北京大学学生会向国民政府和教育部发出电文，北平市长何其巩亦致电国民政

① 中国第二历史档案馆编：《中华民国史档案资料汇编》第五辑第一编《教育》（一），江苏古籍出版社1994年版，第53页。

府。当日，李石曾派军警数百人保护接收人员往北大接管，被武装学生驱走。李石曾颁布通告四项，训诫北大学生："（一）本大学奉国府令组织，如违抗即反国民党；（二）保存北京大学旧名，有封建腐化之嫌；（三）护校重在精神，不在一字名称；（四）接收后立即开课，各生以前轨外运动概不追问。"① 最后，教育部于12月5日致电北平大学："本部职责所在，自可执法以绳，徒念该生等负笈千里，志在自成，意气之激或非本怀，用特剀切相喻，期即悛悔，如或执我梗令，即当依法制裁，希即布告周知。"② 教育部自知政府有错在先，对学生采取宽容友善的态度。

北平大学区成立的几个月内，时无一日宁，人无一日息，无时不在扰攘之中。

如果说学生"挡驾"是民间行为的话，那么河北省政府和河北省党务指导委员会表态拒绝推行大学区制则是官方行为了。1928年12月27日，河北省政府致电国民政府，旗帜鲜明地反对大学区制。声明反对大学区的理由有三："（一）大学区制系根据大学院制而产生，现大学院既已取消，则大学区当然根本不能存在；（二）大学区制在中国为试行之制度，江浙实验之结果，成绩不见佳，以试验尚无成绩之制度遽施于北方，是为有意贻误北方之青年；（三）党务教育的目的在造就革命的青年，革命的青年当然贯彻而密切的政治意识。为完成此种党化教育之目的，更不能容许教育行政脱离整个的政治组织之外。"其时，因为成立北平大学区，河北省教育厅并入北平大学，已经停止工作，故河北省政府提出四个要求："（一）请克日严令教育厅不得停止工作，以免全省教育陷于停顿；（二）请迅呈国民政府取消大学区；（三）请迅令财政厅照旧拨发教育厅教

---

① 《新闻报》1928年12月2日。

② 中国第二历史档案馆编：《中华民国史档案资料汇编》第五辑第一编《教育》(一)，江苏古籍出版社1994年版，第56页。

育经费，以维持全省教育；（四）请迅即通令全省使明瞭［了］真像［相］。”① 次日，河北省党务指导委员会致电蒋介石，表示河北省拒绝推行大学区制。电文曰：“大学区制在江浙试验结果并无成绩，以试行无成绩之制度，必命行之于制度，必强行于教育成绩素著之河北，是无异故意破坏河北教育”，请“迅令北平大学校勿遽接收河北教育厅，以免河北教育陷于不可收拾之地；并毅然主张将大学区制根本取消，以永断纠纷，而绝未来无穷之患，河北教育前途实利赖之”。②

大学区制试行终致难以收场，与蔡元培等的初衷背道而驰。设计者本欲使“教育行政与学术打成一片”，使教育学术化，行政独立，事权统一。但事与愿违，试验仅一年，非但教育行政机关远未露出一丝学术化的征兆，反而进一步加剧了学术机关的官僚化，导致“天怒人怨”，非难之声四起。南方中央大学区的反对声浪也与日俱高。1928 年 6 月，中央大学区中等学校教职员联合会发表宣言，指出：“橘逾淮而为枳，一制度之适于甲地者，每不适于乙地。……今姑以一年中大学区制试行之结果言之，其弊约有四端：一曰大学区制以事权统一之名，而得多所牵掣之实；二曰大学区制以通盘筹划之名，而得偏枯专荣之实；三曰大学区制以精神集中之名，而得散漫懈弛之实；四曰大学区制以教育行政独立之名，而得卷入政潮之实。……夫试行大学区制最大目标，厥为使政治学术化之一语。而一年以来，现象之呈露，无一而非为学术之官僚化。此为事实，良无可讳。盖以现社会实情言之，则学术之空气未浓，而官僚之积习方深；以学术机关与政治机关相混，遂使清高学府，反

① 《河北省政府致国民政府电》，中国第二历史档案馆编：《中华民国史档案资料汇编》第五辑第一编《教育》（一），江苏古籍出版社 1994 年版，第 50—51 页。

② 《河北省党务指导委员会致蒋介石电》，中国第二历史档案馆编：《中华民国史档案资料汇编》第五辑第一编《教育》（一），第 49 页。

一变而为竞争逐鹿之场。组织愈大，纠纷愈多。把持垄断之风，操纵倾轧之习，一切兴风作浪，凡腐化官僚之伎俩，几于毕具毕肖。”① 他们认为大学区豢养了一批学阀，使教育凝固不化，成为一潭死水。

中央大学区中等学校联合会常务委员上海中学校长郑通和、南京中学校长沈履、镇江中学校长薛德焴上书国民政府，指陈大学区制忽略基础教育，列举了大学区制的诸多弊害。第一，易受政潮之牵涉。大学院倡行大学区制，旨在行政、学术合一。但是，大学校长统辖全省教育行政，身系全校学术领袖，任繁责重，精力本已难支，更兼任省行政及各项委员，席不暇暖，疲于奔命。欲责其专心教育，隔离政潮，势所难能。竟不幸而遇政潮，小则伤及个人人格，大则牵累全省教育胥受阻害。此在以前似近过虑，在当时则已成为事实。如长此以往，不予补偏救弊，贻害无穷。第二，经费分配不公。江苏教育经费在改革前，高教部分占金额的30%，普教占54%。推行大学区制后，大学当局声言，以原有经费办原有事业，而当时情形则中小学一再削减，几于不克维持。而大学经费，实际上已跃居普教之前。大学经费虽加增，事业并未有拓展，大学经费亦因此始终不公开。反过来中小学教员待遇极菲。力谋教育之普及，著于党纲；普教为高教基础，而经费分配上却反其道而行之，此皆大学当局不谙中小学之需要与世界教育趋势，违背平民化原则，造成贵族式之教育的明证。主张将大学主管机关与中小学主管机关划分开来。第三，行政效率降低。普教处长要与其他处长商量，又要上报校长，校长或不在校，或要照顾大学利益，故经日累月，延不置复。甚至训令发出，复收回成命。忽此忽彼，威信动摇，致令中小学校务进行益感困难，进步阻滞。这是大学区制庞大滞钝、运转不灵所导致。第四，严重影响学风。大学自开办以来，

① 《时事新报》1928年7月1日。

风潮迭起。学生要求无不如志，纪律全无。大学既不能制裁，复牵累全省中学——“此又大学区制之赐也”①。第五，酿成学阀把持的势力。大学区制将全省教育行政用人之权，统属于一机关，即集中于少数人之手。大学评议会久久不成立，即使成立，中小学代表“不过略事点缀，借以掩饰”。如此势必侧重大学，而忽略中小学。如此下去，没有不造成学阀的道理。要求“设法变更，使各级学校分途并进”。

在全国讨伐大学区制的声浪中，1929 年 7 月 1 日，国民政府颁布停止大学区制令：“十八年六月十七日第三届中央执行委员会第二次全体会议讨论关于大学区制之存废问题一案，决议由教育部定期停止试行大学区制。”② 前后试行不到两年时间的大学区制终于不无遗憾地画上了句号。

大学区制在法国等国家实施，硕果累累，但移植到中国则四面碰壁，试行一筹莫展，导致实验之省份被讥讽为大学区制实验之牺牲品，摹仿法国大学区制被讥讽为“削足适履”，给各级各类教育带来的危害被描述为“目击心伤”。大学区制试行为何出现动机与效果严重背离呢？究其原因，主要有如下诸端。其一，教育行政去官僚化操之过急。刚刚从封建政体中脱胎而出的南京国民政府，本身还残存着严重的封建制度和观念，不可能在较短的时期内涤荡殆尽。其二，教育行政学术化混淆了教育事业与行政管理的界限。教育行政与教育事业虽然有千丝万缕的联系，但不同点也是泾渭分明的。用行政的方法办教育，必葬送教育事业。其三，各级教育联络困难，未便统整规划。中央与省市教育行政未能斠若划一，省市之

① 《中央大学区中等学校联合会关于大学区制忽略中等教育请设法变更呈》，中国第二历史档案馆编：《中华民国史档案资料汇编》第五辑第一编《教育》（一），江苏古籍出版社 1994 年版，第 40 页。

② 中国第二历史档案馆编：《中华民国史档案资料汇编》第五辑第一编《教育》（一），第 57 页。

间无法沟通，省市之内画地为牢。在这种景况下，奢言法国大学区制！其四，中国地域广袤，大学区制难收应有的效益。由于中国行政区域太广，大学区制失去其应有的作用。法国大学区仅类似中国江苏的一个师范区，所以能成为学术行政合一的机关，以指挥一区的教育，而收指臂之效。中国以一省为一学区，区域过于广阔，以一学术兼施行政机关在行政上已不能尽号召指挥之能事；而省区中各级教育更少联络的组织，以谋行政学术化之实现。所以，大学区制推行只能见其弊，却未收其利。第五，大学区制规制本身存在严重缺陷。实施大学区制的省份，将大学区内的大学合并捆绑到一起，但除安徽一省外，大学区下并无中学区、小学区之设。推行大学区前的教育厅，各校的公文至多一周便可批复，改大学区后拖延三月亦未予批答。体系没有建立起来，行政效率必定降低。安徽省政府委员会常会通过了安徽中等学校改造方案，将全省划为 6 个中学区，每个中学区设完全中学 1 所，就所在地的中学或师范改组之；每学区设女子中学 1 所，全省设中等职业学校 5 所，芜湖设初中 1 所。第六，大学区严重“党化”，使之成为教育党化的牺牲品。国民政府定都南京后，“党化教育”一度甚嚣尘上，国民政府批准试行大学区制便有便于控制教育的意图潜藏其中。北平大学区的成立，更是彰显昭著。在大学院已经废止，大学区制非难之声四起，唾骂之声不绝于耳之际，蒋介石却支持设立北平大学区，显系他为个人政治目的所驱使，插手垂涎多年的北方的企图昭然若揭。

有必要指出的是，大学区制实验还是有很值得肯定之处。国联教育考察团的考察报告《中国教育之改进》指出：“吾人以为中国教育行政之进步，实不及学校教学之进步，因为教学受外国影响甚大，故革新之处已多，而教育行政则否。欲教育行政人员改良教育制度，使与社会适合，诚非易事，而在中国尤甚。”① 我国的教育行政制度之所以数十年一个面孔，难道不是国联教育考察团所言之丝毫没有外国新的教育行政思想和教育行政制度进来之一潭死水？而陈腐不堪的教育行政却要领导有所进步的学校教育与教学，其教育行政的引领作用，难道能够发挥出来吗？

二、教育厅的恢复

在中央实行大学院、省实行大学区制改革之时，大学院制实施一举而成，大学区制的试行却举步维艰，实施的效果与蔡元培的理想相去甚远，即使是重点推行的省份，其行政效率也大打折扣。其实，大学区制的推行，不过江苏、浙江而已，其余各省则是门牌换换而已，照样我行我素，仍依循教育厅制之实。大学区制推行失败后，顺理成章地实行教育厅制。

（一）教育厅的组织结构与人员编制

大学区制停止后，按照国民政府命令，国民政府下设教育部，各省政府下设教育厅，综理全省的教育行政事宜。但是，直到1931年3月23日，国民政府才公布《修正省政府组织法》，规定教育厅所掌理的事务为如下五条：“一、关于各级学校事项；二、关于社会教育事项；三、关于教育及学术团体事项；四、关于图书馆、博物馆、公共体育场等事项；五、其他教育行政事项。”②

《修正省政府组织法》规定教育厅设厅长一人，由行政院就省

① 国联教育考察团著，国立编译馆译：《中国教育之改进》，国立编译馆1932年版，第40页。

② 教育部教育年鉴编纂委员会编：《第二次中国教育年鉴》第一编第二章“教育行政组织”，商务印书馆1947年版，第20页。

政府委员中提请国民政府任命之，综理该厅事务，指挥监督所属职员及所辖机关。教育厅设秘书 1～3 人，荐任。视事务之繁简，分科办理。每科设科长 1 人，科员 4～12 人，委任。设督学若干人。

《修正省政府组织法》实际上只是对各省教育行政组织提出原则要求，各省再根据这一原则制定具体规章制度，因而对各省的约束力并不大。譬如，福建省教育行政制度的更易便未与之如影相随。1928 年 8 月，福建省政府第一次改组，聘请原北京高等师范学校和上海大夏大学教授程时煃任省政府委员兼教育厅长。程时煃上任伊始，颁布福建教育行政方针 16 条：(1) 实施三民主义教育，以养成党治下之健全公民；(2) 厉行义务教育，以巩固党国之基础；(3) 宽筹教育经费，并保障其独立，监督其使用，以谋教育事业之发展；(4) 厉行民众教育、农村教育、补习教育，提倡女子教育及奖进优良贫寒学生之升学，以谋教育机会之均等；(5) 调查社会经济实况，厉行职业教育，以适应人民之需要；(6) 提倡国语教育，以谋全省语言之通达；(7) 调查全省教育实况，并为明确之统计，以为教育改进之根据；(8) 根据社会需要及教育研究之结果，以改造各级学校之课程；(9) 改进师资训练机关，提高教师资格及待遇，增加其进修之机会，予以专门之指导，以养成教育上专业之精神；(10) 奖进学术，鼓励研究，并扩充国外留学学额及国立大学升学补助经费，以培养地方之专门人才；(11) 注重华侨教育，以谋华侨子弟基础训练之统一及对外生产能力之增进；(12) 按照私立学校立案条例，严格限制外人设学，以保障教育权之独立；(13) 学校教学对于智识务期透彻，对于技能务期熟练，严格考试以增效率；(14) 学校训育提倡本国固有之道德，注重严格的公民训练及教师人格的感化，以养成良好之校风；(15) 依客观标准，本人才主义，以决定教育界服务人员之任免；(16) 注重教育行政机关学术化及行政人员之人格训练，以发挥教育之真精神。①

程时煃离职后，1932 年 12 月福建省政府第二次改组，化学家郑贞文任教育厅长。他莅任后宣布继续贯彻前任教育厅长制定的教育行政方针，同时补充四条本省教育原则："1. 培养民族精神、国家观念；2. 特别注意国民身体锻炼与人格修养；3. 试验教养卫合一之教育，以谋匪区复兴；4. 积极推行义务教育、民众教育，以谋教育普及。"②郑贞文厅长补充的四条"本省教育原则"，明显带有强烈的时代特征，"九一八"后日本帝国主义侵吞中国的狼子野心日益彰显的担心，对中国工农红军在不断发展壮大的忧虑，在其教育行政方针中都有所体现。

福建省教育厅根据教育部的统一设计进行组建。教育厅设厅长 1 人，综理福建全省教育行政事宜，下设秘书室、督学处及第一、第二、第三科。第一科分设教育经费、地方教育行政、小学教育及义务教育四股，第二科分设中学、师范教育、职业教育三股，第三科设高等教育、社会教育、特种教育、考试、研究五股。全厅共有职员 70 人，其中职员以上者 45 人，办事员 25 人；科员以上者 45 人；国外大学及专科学校毕业者 7 人，国内大学及专科学校毕业者 26 人，高等考试及格者 2 人，师范学校或高中师范科毕业者 5 人，中学毕业者 3 人，其他 2 人。77%的科员以上干部具有大专文化程度。③在那个时代，教育厅人员的文化素质能够有如此之高，实属不易。

广西省的省级教育行政机关根据本省的实际情形，多次进行更易。1925 年 9 月，广西省教育行政机关独立地位始告恢复，称教育厅。下设三科，分掌教育行政、中小学教育和高等教育诸事项。1928 年将教育厅改为教育科，隶于中华民国第一方面军总司令政

①②③　刘海峰、庄明水著：《福建教育史》，福建教育出版社 1996 年版，第 374—375、375、376 页。

务处。1931 年 4 月，政治委员会成立，教育科更名为教育处。但三个月后，广西省政府成立，再次更名为教育厅。1932 年 3 月 25 日，再度缩为三科。第一科掌管的事务最杂：典守印信，保管案卷及文电之收发、缮校、编译，宣达政令；本厅职员进退之记录及考勤，拟办任免迁调令状及登记教育人员，地方教育行政及其诉愿，褒奖惩戒及考绩，教育调查及统计，管理本厅图书及征集教育出版物；本厅经费之预算、决算及会计，所属各机关预算、决算之汇编；本厅经营之官产官物；本厅出版物之发行，庶务及其他事项。① 第二科和第三科专管高等教育、留学教育、基础教育和社会教育事宜。

以后，广西省教育行政机关一直处在频繁的变易之中。1932 年 5 月 20 日，广西省政府委员会第 30 次特别会议议决公布《广西省政府组织大纲》，教育厅据此拟定广西省政府教育厅规程。1934 年 1 月，广西为谋统一政令，节省人力、财力、物力，增加行政效率，将省政府各厅处集中起来，实行合署办公。教育厅亦同时合并为广西省政府内部之一单位，对外文件概以省政府主席名义行之，不再单独发布厅令。6 月 15 日，省政府委员会第 137 次会议议决公布《广西省政府组织大纲》，将教育厅各科事务调整如下："1. 第一科掌：（1）关于高等教育事项；（2）关于留学事项；（3）关于教育学术团体事项。2. 第二科掌：（1）关于中等教育事项；（2）关于职业教育事项；（3）关于童子军训练事项；（4）关于学校军事训练事项。3. 第三科掌：（1）关于地方教育行政事项；（2）关于国民基础教育及幼稚教育事项；（3）关于社会教育事项。"② 以后于 1935 年2 月、1936 年 2 月又对教育厅各科的掌理事项进行大规模调整。广西省教育行政动荡之状于兹可见一斑。

---

①② 李彦福等编：《广西教育史料》，广西人民出版社 1990 年版，第 209—210、219 页。

广西教育行政机关变化不定，自然产生了很多教育行政首脑。广西教育行政机关历任首脑的情况见表 4-3。

表 4-3 广西省教育行政机关历任首脑一览表

官职名称	姓名	别号	籍贯	莅职日期	离职日期	学 历	备注
教育厅长	盘珠祁	斗寅	广西容县	1927 年 2 月	1927 年 5 月	美国威斯康星大学农学硕士	兼代
教育厅长	雷沛鸿	宾南	广西邕宁	1927 年 5 月	1927 年 11 月	美国奥柏林大学文学学士、哈佛大学文科硕士、教育院研究员	
教育厅长	苏　民	格非	广西苍梧	1927 年 11 月	1928 年 2 月	广东高师学士	兼代
教育厅长	黄华表	二明	广西藤县	1928 年 2 月	1929 年 5 月	美国华盛顿大学教育科、加利福尼亚大学研究教育，斯坦福大学研究教育行政	代理
教育厅长	盘珠祁	斗寅	广西容县	1929 年 5 月	1929 年 7 月		代理
教育厅长	曾如柏	仲鸾	广西田阳	1929 年 7 月	1929 年 7 月	北京大学法学士	代理
教育厅长	雷沛鸿	宾南	广西邕宁	1929 年 7 月	1929 年 12 月		
教育厅长	黄　钟	于敬	广西临桂	1931 年 4 月	1931 年 7 月	广西法政讲习所	代理
教育厅长	李任仁	重毅	广西临桂	1931 年 7 月	1933 年 9 月	广西优级师范学堂	

续表

官职名称	姓名	别号	籍贯	莅职日期	离职日期	学　历	备注
教育厅长	雷沛鸿	宾南	广西邕宁	1933 年 9 月	1936 年 5 月		

资料来源：李彦福等编《广西教育史料》，广西人民出版社 1990 年版，第 228—229 页。

在国民政府下辖的特别市，如上海市、南京市、北平市，均设教育局，局下分科办事。后来又裁撤教育局而并入社会局，失去独立地位。1931 年 5 月 2 日公布的《上海市政府组织规则》规定：上海市教育局设局长 1 人，科长 4 人，科员 25～35 人，督学 4 人，视察员 12～16 人。局下设四科，第一科为总务科，设文书、人事、会计、审核、庶务五股；第二科为学校教育科，设经济、管理、学务、私校四股；第三科为实验研究科，设测验、实验、统计、编纂四股；第四科为社会教育科，设民众教育、补习教育、通俗教育、民众体育四股。此外，督学处设行政、教学二股。

北平特别市教育局 1928 年 9 月公布《北平特别市教育局办事细则》，1929 年 5 月公布《修正北平特别市教育局办事细则》，规定了教育局各科和秘书室的职掌。1929 年 2 月公布《北平特别市教育局组织细则》，规定教育局除设立秘书室外，分设四科。第一科掌理撰拟文牍、收发文件及保管案卷事项、典守印信及职员任免纪录并考勤事项，统计事项，会计及庶务事项，编纂及审查各项章程事项，褒奖及抚恤事项，教育局官产及所属各学校暨其他教育机关之房舍产业事项，以及不属其他各科的事项。第二科掌理筹办及管理市立中等学校事项，市内私立中等学校之注册、指导、奖励及其取缔事项，其他中等教育应办事项等。第三科掌理筹办及管理市立小学校及划分学区事项，市内私立小学之注册、指导、奖励及其取缔事项，以及其他初等教育应办事项，市内幼稚园教育事项，取缔私塾事项。第四科掌管筹办及奖励市民体育事项，审查影片、画片、戏本及各种出版物事项，关于筹设博物馆、美术馆、动植物园及公共图书馆事项，关于提倡及监督私立博物馆、美术馆、动植物园及公共图书馆事项，关于历史文化之调查及保管事项，关于市内现行体教习俗之调查事项，关于平民学校、巡回图书馆、书报阅览所及讲演所事项，关于特殊教育事项，关于其他社会教育事项，关于视察教育事项，关于编辑出版图书及宣传事项。①

细则规定教育局设局长 1 人，秘书 2 人，科长 4 人，督学 2～4 人，科员若干人，办事员若干人。10 月 17 日修正的细则中，关于各科及秘书室职掌变化不大，但职员人数有较大变化，秘书由 2 人增到 3 人，科员原为“若干人”，修正后明确定为 12 人，督学 4 人，另增编辑员 2 人。②

其他市的教育局设置情形大致相似，不作赘述。大约 1936 年前后，大多数市纷纷将教育局并入社会局，而青岛市曾一度撤销教育局。成为社会局的一科后，教育局则沦于附属地位，其教育行政应有的功能难以发挥。而各省教育厅为该省政府的一部分，其职权与地位、员额编制均随省政府首脑及权要人物的意志为转移，如他们重视教育，教育厅的教育行政功能有望得以淋漓尽致地发挥；否则，有可能视教育厅为可有可无的部门，对全省教育问题置若罔闻，教育厅的行政功能便不易发挥。

从南京国民政府成立到抗日战争爆发，地方省级教育行政与民国前期相比，显然有很大的进步。如各省教育行政首脑的基本文化素质有了明显提高，从西方著名大学学成归国者已经不在少数，大多数省份都设立了独立的教育厅，独立地开展教育行政工作，提出适合本省情况的教育方针政策，制定本省教育发展规划，等等。但

①② 邓菊英等编：《北京近代教育行政史料》，北京教育出版社 1995 年版，第 753—754、758 页。

是也有相当省份教育厅并没有遵令成立，仍然是省政府下的几个科。虽然各省试图建立教育行政规章制度，但几乎是朝令夕改，有的竟一年内“修正”几次。教育厅长换届过频，有的省如广西省，当月报到当月离职之事时有发生。这必然会影响教育行政的效率，阻碍教育的正常发展。

（二）省级督学制度的建立

各省在建立省级教育行政体制的同时，重视督学制度的作用。为了保证督学制度真正能够发挥作用，各省纷纷建立督学规章制度。

南京国民政府建立后，即着手建立督学制度。全国各省中安徽省最早建立督学之制。1928 年 1 月 13 日，大学院核准《安徽教育厅督学暂行条例》12 条。《条例》规定了任督学的资格和职权。凡国民党党员具有以下资格之一者，得任为督学。其任职条件主要有三条，即：(1) 国内外大学教育科、高等师范学校及师范大学毕业而有教育经验者；(2) 国内外专科以上学校毕业，具有教育学识及二年以上的教育经验者；(3) 曾任中等以上学校校长或专任教员三年以上，且著有成绩者。其职权有如下十点：(1) 中央及本厅所定教育方针、法令的推行；(2) 依本厅所定各项教育标准，督促各校及其他教育机关设施，并考查指导之；(3) 调查地方社会情形，辅导地方办学人员促进各项教育设施；(4) 宣传本厅意旨，沟通本厅与地方的意见；(5) 调解或处理地方出现的纠纷；(6) 查察关于厅长指定的事项；(7) 赴地方时，得随时调阅各校及地方其他教育机关案卷表簿；(8) 咨询地方行政长官、县教育局及县督学，考核他们的办学成绩；(9) 必要时得试验学生的成绩，或变更教学时间；(10) 督察事竣，得召集该区办学人员或该校教职员，讨论地方的学校教育问题。

地方省教育厅推着中央走，成为司空见惯的现象。1929 年 2

月，教育部公布督学规程。1931 年 6 月 16 日教育部公布了《省市督学规程》17 条，1929 年公布的规程同时废止。新规程规定："各省教育厅设督学四人至八人，由省政府荐任；行政院直辖市、各市教育局设督学二人至四人，由市政府荐任或委任。承主管长官之命，视察及指导各该管区域内教育事宜。"① 担任督学有资格规定，必须满足以下三条件之一方可："一、国内外大学教育学院或文学院教育学系毕业，曾任教育职务二年以上著有成绩者；二、国内外专门以上学校毕业，曾任教育职务三年以上著有成绩者；三、高中师范科或师范学校毕业，曾任教育职务七年以上著有成绩者。"相对于民国前期，督学任职条件有所提高。省督学应视察及指导的事项有：教育法令之推行、地方教育行政、地方教育经费、学校教育、社会教育、义务教育、地方教育人员服务及考绩、主管教育行政长官特命视察或指导事项。

教育部《省市督学规程》公布后，各地对以前有关督学的规章进行了修正。1932 年 12 月，浙江省公布《修正浙江省教育厅督学办事细则》，将督学工作分为视察推行、调查统计和测验研究试验三股。《细则》提出了 13 条督学任务实施的方法，即视察、调查、测验、记载、统计、研究、计划、试验、报告、推行、督促、辅导、改善。与教育部的《规程》相比，《细则》有其独创之处。一是第十二条规定："督学视察时，应留意当地人材，遇有所任职务特著成效或努力研究有所创获者，得呈请厅长核奖。"二是第十三条规定："督学视察时，遇有办学人员不能称职者，得通知当地主管教育机关考查处分。如有情节重要非即撤换不可者，应叙明事实

① 宋恩荣、章咸选编：《中华民国教育法规选编》，江苏教育出版社 2005 年版，第 112 页。

通知主管机关办理。”① 为了防止督学腐败，《细则》在制度层面上作出了明确规定：“督学赴各地视察，不得预先通知，并不得收受馈赠”，“督学调查控案，不得在被控之教育机关住宿”。

从南京国民政府成立到抗日战争爆发，是我国督学制度发展的重要时期。除教育部和各省建立了督学规程和视察细则外，许多省还制订了具体而细致的督学计划。1931 年，山东省颁定视察小学要项，其中视察初级小学要项有五项：（1）学校：改建，新筑，凭居，借用，公产，教室光线，教室清洁；（2）经费：基金，地租，房租，学费，补助，公开；（3）设备：图书，桌凳，儿童读物，运动器具，游戏器具；（4）教职员：资格，学识，经验，课程，待遇，训育，服务精神，管理能力；（5）学生：编制，程度，校风，生活，升学，课外作业，课外组织。②

1934 年，浙江省教育厅制订了 1934 年度第二学期视察计划，确定分 5 路 45 县的 50 多所中学和职业学校视察。第一路海宁等 9 县 11 校，第二路杭县等 9 县 9 校，第三路桐庐等 9 县 12 校，第四路寿昌等 9 县 12 校，第五路缙云等 9 县 12 校。督学视察的标准是已经核定的《中等教育视察要项》、《地方教育视察要项》和《受省款辅助各学校办理成绩考核法规》等。③

湖北省教育厅制订出台了 1934 年度教育视察计划，拟除寒暑假外，在 8 个月内视察 14 县：10 月，武昌；11 月，沔阳、嘉鱼；12 月，宜昌、江陵；1 月，汉阳；3 月，应城、黄陂；4 月，钟祥、天门；5 月，浠水、广济；6 月，襄阳、郧县。计划指出：“本年度视察人员较为减少，除省会各教育机关仍随时普遍视察外，关于县

① 教育部中国教育年鉴编审委员会编：《第一次中国教育年鉴》乙编，开明书店 1934 年版，第 128—129 页。

② 《山东教育行政周报》1931 年第 139 期，第 38 页。

③ 孙邦正编著：《教育视导大纲》，商务印书馆 1944 年版，第 93 页。

区教育暂采集中视察原则，择定若干县份分期详细视察，以觇其是否遵令改进，及改进至何种程度；并从推广设施及改善训教方面，予以积极的指导，俾邻近各县，亦得闻风兴起，收相互观摩之效。”①

安徽省制定出台了1936年度第二学期督学视导要点。其关于县教育行政事项有：(1) 考查各县对于省颁县教育行政组织及设校办法实施情形；(2) 督导县教育行政人员切实奉行法令；(3) 督促各县详密规划全县教育，认真执行；(4) 督促各县任用合格教育行政人员及教职员；(5) 督促县长、科长勤密视察全县教育机关，并督导全县教育工作人员努力工作；(6) 考核县长、科长办理各项教育成绩；(7) 抽查区长、联保主任、主席、学董主席、理事办理教育成绩；(8) 视导关于教育行政其他事项。教育经费是教育督导的重要事项。视导要点要求视学人员：(1) 考查县教育经费收支状况，并督促增筹义教及补教经费；(2) 考查各县教育经费，是否另立项目保持其独立性质，并有无挪用情事；(3) 考查各县教育经费支配是否合理，县立小学经费是否遵照厅定标准列支，小学设备费是否由县统筹办理；(4) 考查各项经费是否按月发放，短小经费是否遵照各项规定切实办理；(5) 考查各县业经整理之学产，是否照案切实执行；(6) 考查各县土地陈报及整理合法税收之增加收入，是否拨足百分之四十作为教育经费；(7) 考查关于县教育经费其他事项。② 安徽省督学视导要点虽然是“要点”，但是实际上非常细致，抓住了该项工作的最为主要的内容。

为使督学收到实效，江西第五行政区地方教育指导员夏兆伦特地撰著了《二十四年度上学期视导第五行政区各县教育总报告》，对省督学人员进行具体视察技术的指导，文章要求督学人员拟具视

① 孙邦正编著：《教育视导大纲》，商务印书馆1944年版，第92—93页。

② 《安徽教育周刊》1937年第103期，第4—5页。

导计划，“使临时有步骤可循，不致犯随意观望之弊”①，特提出调查卷宗、征询——与主管人员谈话、采访——与地方人士谈话、调查各种簿表及会议记录、召集区长教育督办员考询并训话、召集学校教职员考询并训话等。

甘肃省督学机构几废几立。1917 年改视学为督学，成立督学处。1929 年，取消督学机构，督学一职仍然保留。1931 年，甘肃省教育厅设立督学处，增设省督学一职。教育厅重视少数民族地区教育的督导，将全省划分为四个学区，规定督学分区定点视察。藏族聚居和杂散居的夏河、临潭、岷县、永登、古浪、武都等被划为第一学区。1936 年又增设专管义务教育的督学 4 人，负责视察小学教育。

甘肃省的教育视导规制比较健全。1929 年 6 月，甘肃省教育厅颁行督学规程补充办法，对省督学资格、视察范围、视察时间和地区等，作了具体规定。(1) 督学必须具备下列资格之一，始得任职：师范大学毕业或与师范大学毕业有相当之资格者；师范学校毕业，曾任教育职务三年以上并著有成绩者；曾任师范学校或中等学校校长或专任教师二年以上并著有成绩者。遇有特殊情形经省教育厅厅长核准暂行任用者，不在此限。(2) 督导范围包括民众教育、学校劳动教育、民族教育、幼稚教育及特殊教育、各县教育革新计划事项。(3) 视察时间和地区：省督学在所辖区域每年须视察一遍。视察时间分两种：一是定期视察，每年 3 月上旬起至 12 月下旬止；二是临时视察，由教育厅长随时确定。(4) 报告制度：每一督学都要切实调查，按县逐一写出详细的报告，每年度终要写出总报告，分别按时报送省教育厅审核。“省督学对所辖学校一经视察完毕后，遇有特殊情形，亦需将小学以上学校完全进行视察。省督

① 《二十四年度上学期视导第五行政区各县教育总报告》，《江西教育》1936 年第 18 期，第 85—86 页。

学在视察到县遇有必要时，县教育局长、县督学或其他办事人员，须偕往学校视察。”① 补充办法还规定，省督学出发后，应逐日填写日程表，随时报呈教育厅查核。从这个补充规定可以看出，甘肃省教育厅督学制度是比较健全的。

三、省教育行政的开拓

南京国民政府成立后，伴随着教育行政体制的逐渐完善，省市教育行政部门亦积极图谋有所作为，努力改进落后的教育面貌，推动了教育的发展。

（一）创办简易小学与短期小学

从国民政府到各省市教育行政部门，为了早圆义务教育梦想，在教育上的重大举措是厉行义务教育，造成了巨大的推行义务教育的声浪。然而，在一个一穷二白的国家推行义务教育谈何容易！教育部认识到推行义务教育并非一蹴而就之举，一方面分步推进，一方面降格以求，大力创办简易小学和短期小学——专门推进义务教育的机构。

无可否认的是，简易小学和短期小学是推行四年义务教育变通、辅助的教学组织形式。1936 年 7 月，教育部修正公布的《小学规程》规定：“为推行义务教育起见，各地并得设简易小学及短期小学。”② 实为中国政府经费拮据，四年义务教育难以普及，难以整齐义务教育程度而采取的降格以求的办法。之后，教育部连续

① 甘肃省地方史志编纂委员会编纂：《甘肃省志·教育志》，甘肃人民出版社 1991 年版，第 61 页。

② 中国第二历史档案馆：《中华民国史档案资料汇编》第五辑第一编《教育》(一)，江苏古籍出版社 1994 年版，第 540 页。

颁发了《实施义务教育一年制短期小学暂行规程训令》、《一年制短期小学暂行课程标准令》、《〈短期小学实验办法〉的训令》、《〈二年制短期小学暂行规程及课程标准总纲〉的训令》、《〈实施二部制教学方法〉及〈巡回教学法〉的训令》、《二年制短期小学暂行规程》。这一系列文件的颁发，标志着政府注意推展短期小学，将推行短期义务教育作为工作的重点。简易小学、短期小学的推行，是政府对国情认识逐渐深刻的标志，也表征着政府推行义务教育的措施灵活变通，务求实效，不走形式，不求虚名。

甘肃省教育厅颁行了《甘肃省实施短期义务教育计划》，将筹设短期小学作为中心工作，要求各县尽量利用庙宇、公房、闲余民房等办理短期小学，或于普通小学内添招短期小学班，强迫10～16足岁失学儿童入学。到1934年，全省有小学2 282所，学生84 250人；短期小学2所，学生120多人。1936年，短期小学666所，学生125 165人。全省适龄儿童约91万人，失学儿童75万余人，失学率为83%。① 偌大的甘肃省失学率83%，何成绩之有？要知道在当时景况下能够取得这一成绩，已经是很了不起的了。如果教育行政部门尸位素餐，那真不知失学率是什么数字呢！

偏远的绥远省1935年度共有教育经费776 990元，其中省教育经费289 489元，各县共282 316元。全省短期小学经费1935年度205 184元，1936年度341 888元，1937年度363 794元。经费明显在逐年增加。据载，绥远省已经开办的短期小学330所，计划

① 《西北六省教育计划》，《开发西北》第2卷第3期。转引自傅九大主编：《甘肃教育史》，甘肃人民出版社2002年版，第375页。

1935年增设100余所，1936年增设1 300余所。[①] 如果这些数字确切可信的话，那么绥远的教育发展还是可观的。

（二）推进乡村教育

受新文化运动科学民主思潮的影响，1923年中华平民教育促进总会成立。不久平教会总干事晏阳初等目光逐渐由城市平民转向乡村平民，1929年不仅他举家离开繁华的京城，来到尘土飞扬的河北定县乡村，而且发动整个平教会和一批学贯中西的“博士下乡”，形成席卷全国的乡村教育思潮。南京国民政府教育部及各省教育厅给予了极大的关注。

1929年7月，河南省主席韩复榘批准成立乡村建设学院，由彭禹廷任院长，梁仲华任副院长，聘请梁漱溟为教务长。学院设农村组织训练部和农村师范部。农村组织训练部总理地方自治组织的研究、训练和教育诸工作，农村师范部负责乡村教育研究与培训。学院还开展农业改良试验研究、农业技术培训等。当时战云密布，地方常受散兵游勇干扰，学院便开展乡村自卫问题的研究和军事训练等。所开设的课程有文化课、军事训练课、农业课、乡村建设、农村合作、乡村调查等。学生来自河南、河北、山东、山西等省。1930年8月，彭禹廷回家乡河南镇平办起乡村自治，梁漱溟亦因中原大战和韩复榘调到山东等原因，于当年10月到山东办起乡村建设研究院。

1931年春，韩复榘邀请梁漱溟、梁仲华等河南“村治”实验

① 《绥远省民国二十三年教育概况》，《内蒙古教育志》编委会编：《内蒙古教育史志资料》第一辑上册，内蒙古大学出版社1995年版，第101—102页。此篇文字中可能有诸多错漏，就语气来看写于1934年，该书的编者也推定为是年。但该文中有“按民二十四年之统计”的文字，显系文章当在1935年之后。并有1936年和1937年短期小学的拨款数，的确使人感到有些扑朔迷离。

人员到山东继续研究，还拨发10万元专款。梁漱溟将“村治”更为“乡村建设”。并于当年6月，设立直辖于省政府的山东“乡村建设研究院”，设定邹平为实验区。研究院下设乡村建设研究部、乡村服务人员训练部和乡村建设实验区“二部一区”。乡村建设研究部负责乡村建设的理论研究、政策制定及方案的设计与实施，是实验的核心部分。乡村服务人员训练部以训练基层工作人员为目标，训练内容为乡村建设理论、乡村实际服务的精神陶炼、乡村自卫知识技能、乡村经济的知识技能、乡村社会政治的知识技能等。乡村建设实验区因国民党内政部1932年12月在南京召开全国第二次内政会议，梁漱溟、晏阳初、高阳等均应邀参加。会议通过了县政改革方案，决定各省设立县政建设研究院及县政改革实验区，还规定可以截留地方收入的50%作为实验经费。山东省政府遂确定邹平和菏泽两县为县政改革实验县。1934年夏，山东省政府又划出以济宁为中心的鲁西14个县为实验区，推广梁漱溟的乡村建设实验。

晏阳初1929年举家来到定县后，将定县分为8个实验区，全面开展以“四大教育”、“三大方式”的平民教育实验。他认为中国农村普遍存在的“愚、穷、弱、私”“四大病症”，需要开展“四大教育”，即以文艺教育治愚，以生计教育治穷，以卫生教育治弱，以公民教育治私。实行“学校式、家庭式、社会式”三种教育方式，最终实现“使中国人，尤其是最大多数的农民，人人都富有智识力、生产力、强健力与团结力”的“新民”的目标。①

此外，各省在省政府和省教育厅的支持下，进行了各式各样的乡村建设、乡村教育实验。但因为抗日战争爆发的缘故，这些实验大多无果而终，有一些由内地迁到西部继续进行，但各方面的制约

① 李济东主编：《晏阳初与定县平民教育》，河北教育出版社1990年，第186页。

因素，使实验收效甚微。

（三）支持教育改革实验

1929年，国民政府教育部颁行了《小学课程暂行标准》等，令各省进行实验探索。1931年9月，河南省教育厅成立省督学教育实验指挥部，并聘请具有丰富小学教育经验和研究有素的李廉方主持实验。教育厅随即制定了实验方针、大纲和规程，并以省立第一小学、第四小学、第十小学为实验小学。经两期的实验，取得初步成功，教育厅决定扩大实验范围，乃于次年夏天联合河南大学，将小学教育实验指导部改为开封城厢小学及民众教育实验区委员会，主要掌理“关于小学教育及民众教育事业的实验设计、研究、实验、调查、视导等事宜”①。其后，教育厅又拨出专款筹办民众、义务教育实验区。这样，在教育厅的大力支持下建立了开封一个城市实验区和杞县、洛阳两个乡村教育实验区。

福建省教育厅创办了4所省立实验小学，即福州、龙溪、莆田和建瓯实验小学，并分别在晋江、龙岩等县增设省立7所实验小学。由于省立小学直接由教育厅拨款，有充足稳定的经费来源，可以添置较好的设备，亦可以聘请师范学校毕业生和有一定经验的教师任教。福州实验小学在王秀南、梁士杰的主持下，形成了鲜明的特色。其实验以“复兴民族”为努力方向，以“教养卫”结合为实验目标，以政治与教育合一、家庭教育与学校教育合一、社会教育与学校教育合一为实施的途径。“教”——进行“减少假与缩短学年之实验”、“综合课程之实验”、“新教育方法合一之实验”、“兼办社会教育之尝试”等；“养”——有“生产劳动之尝试”、“废物利用之尝试”、“儿童家庭生产作业之指导”等；“卫”——进行“体

① 王日新、蒋笃运主编：《河南教育通史》中册，大象出版社2004年版，第240页。

育普遍化之尝试”、“学校卫生之建设”、“厉行童子军之训练”、“儿童自治采用保甲之组织”等。①

浙江省中小学教育实验也开展得如火如荼。杭州市1937年曾规定3所市立的横河小学、天长小学、云弄小学作为新的教学、管理、训练方法的实验场所，实验内容包括：小学各科教学过程的试验与研究，小学卫生训练与公民训练结合并进行的试验与研究，小学美术与劳作教材教法的试验与研究，小学音乐教材教法实验与研究，小学国语、常识混合教学的试验与研究，大单元教学的设计等。②

这些教育改革的实验都有教育厅局支持的背景。教育研究与实验需要一些必要的成本，但当时办学经费拮据，仅靠学校从全校捉襟见肘的办学经费中挤出一点来用于实验，实际上无异于杯水车薪，所以如果没有教育行政部门的支持，教育实验与研究是难以启动并进行的。

（四）整顿与改良私塾

私塾以其落后的教学方式和陈腐的教学内容顽固地存在着。为使汪洋大海一般的私塾为普及教育、提高国民文化素质服务，1932年5月，福建省教育厅公布《改良私塾规程》27条，并发出《为限期举办私塾登记及塾师训练令》。1934年12月，颁布《福建省各县塾师甄别委员会》10条及《福建省各县塾师甄别委员会组织规程施行细则规程》11条。1936年1月，又公布《福建省各县市塾师训练班暂行办法》12条。规定私塾在城市不得设于小学附近1 000米内，在乡村不得设于小学附近3 000米以内。设立私塾均

① 刘海峰、庄明水著：《福建教育史》，福建教育出版社1996年版，第381页。

② 张彬主编：《浙江教育史》，浙江教育出版社2006年版，第545页。

应呈报核准，并进行登记注册。私塾定名应采用所在地区最小之地名，并冠以县名。私塾教师须年在20岁以上60岁以下，并曾在初级中学以上学校毕业，或曾任教员2年以上有服务证明书方为合格。私塾不准选用四书、五经为教学内容，而必须开设党义、国语（读文、作文、写字）、算术（珠算、笔算）、常识（公民、卫生、历史、地理、自然）、体育等课程，每星期教授时数须在24小时以上30小时以下，其基本课程用书，以采用省简易小学课本为原则。①

湖北颁布严格的私塾管理办法，对经考察成绩优良的，县政府分别等第酌给资金；成绩尤佳者，改为短期小学或普通小学。对成绩不良者，分别情形，给予警告或勒令停闭。这样私塾基本结束了过去的无政府状态，接受了地方教育行政的领导，逐渐赶上和适应了教育改革的节律。湖北的暂行办法出台，绝非偶然现象，而是一种潮流，湖北只不过是站立在潮头者，嗣后各省市纷纷仿行。江苏省将优秀私塾“升格为代用小学，酌给经常津贴”，湖南湘潭县“改良私塾改作简易小学”，上海市教育局规定“私塾办理优良者，得由本局指定改为私立代用小学”。②

各省市整顿和改良私塾收到了比较明显的成效。安徽盱眙县（今属江苏省）1932年将32所私塾改良后转为短期小学。1937年初，湖南省会同县将经过改良的私塾由代用初级小学而升为正式小学的共有9校。宜章县共有私塾78所，经过改良后将其中合格的68所转为短期小学。与此同时，各省市取缔了一批私塾。浙江省杭州市规定，私塾如有如下情形之一者，得撤销其许可状，并勒令

① 刘海峰、庄明水著：《福建教育史》，福建教育出版社1996年版，第386—387页。

② 蒋纯焦著：《一个阶层的消失——晚清以降塾师研究》，上海书店出版社2007年版，第227页。

停闭："甲、违反党义不合时代者；乙、墨守成法不能改进者；丙、设备过于简陋，妨碍儿童卫生者；丁、学生成绩过于低劣者；戊、不遵守市政府之指导者；已、塾师出席研究会次数，每学期不及四分之一者；庚、塾师或塾址与许可证所载不符者。"① 按照相关规定，上海特别市仅在1931年8—9月便取缔了5所私塾。这5所私塾的情形见表4-4。

表4-4　上海特别市1931年8—9月取缔私塾情况表

塾师姓名	私塾地址	取缔时间	取缔原因
宋　某	江湾西塘家桥米氏家祠内	1931年8月31日	私自携取市校销存校具，擅设私塾，招引市校学生前往，实属不合，函公安局封闭。
陈　鳌	宝山路义品里蒲淞区	1931年8月18日	塾师未经本局核定，令其自行停闭。
顾志诚	杨思区西村51号	1931年9月30日	塾师教学无力，办理不良，且与市校伊迩，无设立之必要，函公安局封闭。
徐达清	杨思区西村3号	1931年9月18日	同上。
郭　某		1931年9月18日	同上。

资料来源：蒋纯焦著《一个阶层的消失——晚清以降塾师研究》，上海书店出版社2007年版，第227页。

这5所私塾中，有3所是布点不合适，离学校的距离太近，没有设立私塾的必要。

另外，湖南宜章县对境内私塾进行调查，督学认为不能改良的

① 《浙江省修正杭州市管理私塾规则》，吴寄萍编：《改良私塾》，中华书局1939年版，第134页。

共有10所，要求“径予取消，仍将学生送入附近小学修业”。长沙县1935年便取缔了98所私塾。①

私塾的整顿和改良，对于现代中国本来已经十分贫乏的教育资源来说，起到了一定的积极保障作用。通过整顿和改良，逼迫塾师了解新的教育理念，学习新的教育方法，钻研新的教材和教学内容，从而走到教学改革的前沿。很显然，私塾的整顿和改良取得了相当程度的成功。

第三节 县教育行政机构的辗转

国民政府定都南京后，中央大学院代替了教育部，省教育行政机构改革却并不是一帆风顺，大违设计者初衷，而省之下的县市教育行政机关殊不一致。其体制有三：其一，有的县市推行大学区制，县教育局直隶于大学校长，中央大学区主持全县教育行政事宜；其二，有的县市将原设之教育局改制为县政府下属的一科；其三，有的县市依旧设教育局，受县政府的指挥与监督。但总体上考察，以县教育局管理当时教育行政事宜者居多。

一、大学院制下的县教育局

国民政府定都南京后，随即进行教育行政体制改革，中央实行大学院制，省级教育行政推行大学区制。县级教育行政由于大学区制只限于少数省份试行，大多数县教育行政并没有随之进行改革，而是等待观望，少数试行大学区制的省份，也由于大学区制设计并

① 蒋纯焦著：《一个阶层的消失——晚清以降塾师研究》，上海书店出版社2007年版，第228—229页。

不周全，改革也并没有与大学区制成龙配套。

1928 年 1 月，大学院核备《江苏省县教育局暂行条例》11 条，主要条款如下。

(1) 县教育局由局长一人、县督学及事务员若干人组成；县督学、事务员名额视教育事务繁简酌定之。

(2) 县教育局长直隶于教育厅，协商县长，主管全县教育行政事宜。

(3) 县教育局长以合下列资格之一者充任：①大学校教育科、师范大学、高等师范学校毕业，曾任教育职务一年以上者；②师范学校本科，或高中师范科毕业，曾任教育职务三年以上者；③专门学校毕业，曾任教育职务三年以上者。

(4) 县教育局长由县长就具有前条资格者推荐三人，呈请教育厅选任，或由教育厅直接任之。

(5) 全县市乡，应由教育局酌划学区，每区设教育委员一人，受教育局长之指挥，办理本学区教育事务。市乡学区教育委员，由县教育局长就师范学校毕业生，或中学校毕业生而有教育经验者，呈报教育厅核准任用之。

(6) 县教育局长不以本县人为限，不得兼任其他职务。

在中央推行大学院制时，县级教育局有的采清末的董事会办法组织。如 1928 年 4 月 2 日大学院核备的《修正湖南省各县教育局暂行组织大纲》9 条，其中有 4 条便是对县教育局董事会的规定：(1) 县教育局设董事会，并设局长 1 人，县视学 1～4 人，局员 1～3 人，产款经理员 1 人。董事会成员 5～9 人，组成者结构如下：甲、县党部推选 1 人；乙、县行政长官选派 1 人；丙、县教育机关代表会选举若干人。(2) 董事的任职资格：甲、曾在师范大学、大学教育科、高等师范或大学文科毕业者；乙、在师范学校毕业，从事教育二年以上者；丙、大学毕业并从事教育职业一年以上者；丁、中等以上学校毕业，从事教育职业三年以上者；戊、从事教育五年以上确有成绩者；己、经检定小学教员委员会检定合格并领有证书者。（3）董事会的职权：甲、规划全县教育进行事宜；乙、筹划全县教育经费并监察之；丙、审核县教育机关的预算及决算。（4）产款经理员由董事会选出，函请县长委任，受教育局长指挥。

教育部公布督学规程后，浙江大学公布《浙江省各县规定县督学服务细则之标准》，对县督学的服务标准定为六项："（1）视察指导全县县区私立小学教育、社会教育及教育员办理的一切事项，并督促地方力谋教育事业之建设；（2）考察教育事业之现状，其重大而亟待改进之问题，应与当事者共同决定解决之步骤与方法；（3）视察指导应订定计划，使用合宜之标准与表格；（4）视察指导应注意方法示范，组织参观、讨论和研究，并为当事者指定参考书报，令其阅读；（5）视察指导应与县及县学区辅导会议谋密切联络；（6）应视地方之需要规划新兴教育事业，并作出计划，报告教育局。"① 县督学与省督学相比，素质总体上稍逊一筹，故对县督学予以指导，也是相当必要的。

1929 年 6 月 5 日，国民政府公布《县组织法》，其中第 16 条规定，县政府下设公安、财政、建设、教育四局，教育局的职掌为管理学校、图书馆、博物馆、公共体育场、公园等事项及其他文化社会事业。

根据以上资料可以清楚地看到，在大学院制和大学区制下的县级教育行政，其实并没有闻风而动的改革行动，与没有试行大学区制的省份的县级教育行政制度，并没有什么大的差异。

① 张彬主编：《浙江教育史》，浙江教育出版社 2006 年版，第 507 页。

二、恢复教育厅后的县级教育行政机构

尽管南京国民政府逐渐成为在很大程度上能够向各地发号施令的政权，但县级教育行政机关在恢复教育部后却长期处于动荡之中。县教育行政机关名称的更改，自然不仅是换名牌的问题，譬如由县教育局更名为教育科，不仅失去独立机构的地位，职能也有很大的变化。教育局长更为教育科长，也不仅是一个文字游戏，地位与职责随即发生了变化，无疑会影响到一县教育的革新。

（一）设教育经费经理处

南京国民政府成立后，教育经费问题始终困扰着教育界。大学院成立后，为逐步推行教育经费独立，将县教育行政机关的性质作些改变，工作重心作一些调整。1928 年 1 月，大学院核备《江苏县教育局教育经费委员会暂行条例》14 条，目的是为了确保全县教育经费之独立及公开。设置这一机构完全是为了辅助县教育局长筹措教育经费。这个教育经费委员会只是县教育局下的一个二级机构而已，所发挥的作用是相当有限的，无异于隔靴搔痒。正因为如此，当年 3 月 31 日大学院核备《福建省教育经费经理处规程》15 条，其主要内容有：（1）宗旨。经理处秉承县长，并辅助教育局长经理全县教育经费，以力谋教育经费之公开、确定及扩充。（2）组成。经理处用委员制，由下列三部分人员组成：甲、县长派县署人员 1 人；乙、教育局长派局员 2 人；丙、教育会推举会员 2 人。（3）职权。管理学款，讨论学款之增筹方法；县教育预算审查。（4）经理处分设催收、保管、稽核、收支四股。（5）经理处委员均为无给职。

福建所设教育经费委员会与江苏教育局教育经费委员会的不同处在于，一个与县教育局平级，直接秉承县长旨意经理全县教育经

费，一个则是县教育局下设的一个职能机构。但福建的模式比较尴尬，虽然秉承县长之意办事，表面上与教育局长平起平坐，但怎奈《规程》中明文规定“辅助教育局长经理教育经费”，实际上并无独立办事的权力，最终还是竹篮打水一场空。

（二）学区学务委员会与县教育委员会

1928 年 4 月 2 日，大学院核备《湖南省各县学区学务委员会暂行规程》9 条，主要内容有如下数点。

（1）各县每学区应选择适当地点成立学务委员会，但依地方情形得酌设分会；学务委员会设主任 1 人，委员若干人。

（2）学务委员由地方团体公选，有下列资格之一者，呈请教育局长核定委任，遇必要时得由教育局长径直委任。资格有三：一是经小学教员检定委员会检定合格者；二是中等以上学校毕业者；三是办理教育事业二年以上者。

（3）学务委员不得以各该学区内学校校长充任；学务委员任期 2 年，为无给职，但依地方情形得酌量津贴。

（4）学务委员会职掌为办理各该学区下列教育事项：甲、强迫普及义务教育；乙、农村教育及平民识字运动；丙、职业教育、通俗教育及宣传；丁、筹划、监察教育经费；戊、其他改良教育事项。学务委员会的作为不得与教育法令抵触或超出教育范围。

（三）县市长办理教育行政

1931 年 5 月 31 日，国民政府教育部公布了《县长市长（行政院直辖市除外）办理教育行政暂行考试规程》14 条。依此规程，县长、市长在任内必须重视并切实推行教育，将教育事务提到县市工作的重要议事日程，不得推诿，不得借故置之不理。为达此目的，该规程规定每年对县长、市长办理教育行政考成一次，自任县长、市长之日起，满一年后便予以考成。如果省教育厅或省民政厅认为有必要，可随时进行。

考绩的事项有 5 条，即：(1) 筹划整理及保障教育经费的成绩；(2) 办理义务教育之成绩；(3) 办理社会教育之成绩；(4) 学校数与学生数之增减；(5) 学校状况之优劣。

根据考成成绩决定对县长、市长是否予以奖励或惩戒。奖励之款有四，即嘉奖、记功、记大功、奖状；惩戒之款有五，即申诫、记过、记大过、减俸、停职。

《规程》规定，应予以奖状的奖励者，由教育厅、民政厅会呈省政府转咨教育部及内政部会同颁发；应予以嘉奖记大功的奖励者，由教育厅会同民政厅以厅令行之；应予停职处分者，由教育厅会同民政厅详叙事实由省政府核定，并咨铨叙教育部及内政部备案；应予以减俸之处分者，由教育厅会同民政厅呈请省政府行之；并由省政府咨铨叙部、教育部、内政部备案；应予以申诫记过、记大过之处分者，由教育厅会同民政厅以厅令行之。

县长、市长将教育作为自己职分内工作，这对于一县市教育发展，无疑有着十分重要的作用。县长、市长可利用自己的职权，利用自己职务发号施令，号召全县市民众重视教育，理解教育、支持教育，这是一县市教育发展的重要条件。众擎易举，各县市如能按《规程》要求办，理顺一县市各种教育的关系，调动人们兴学、办教育的积极性，是极有意义的。

（四）县教育局的恢复

民国前期，全国各省大多数县份教育行政机构实行教育局制，南京国民政府成立后，由于教育经费、精兵简政等问题，县教育行政机构的名目很多，体制也比较滥。1929 年 6 月，国民政府公布《县组织法》，次年 7 月又予以修正。规定县政府设公安、财政、建设和教育四局。但如有缩小范围的必要时，得呈请省政府改局为科，附设于县政府内。县教育局掌管学校、图书馆、博物馆、公共体育场、公园等事项及其他文化事业。

根据国民政府公布的《县组织法》，浙江省颁布了《浙江省县教育局组织规程》21条，规定县教育局设局长1人，由县长于考试或训练合格人员内遴选，由教育厅委任。但考试训练合格人员不敷任用时，教育厅可就大学或独立学院专修教育学科毕业获得证书者、师范大学或高等师范学校毕业获得证书者和高等师范学校选科或旧制师范学校本科一部二部或高中师范科毕业，获得证书并曾任教育职务满两年以上的人选中遴选委任。

县教育局下设三课。第一课负责秘书、财务、学校卫生等不属于其他各课之事项。第二课掌理党义教育之实施、各种学校课程之查核、训育标准的制定、假期的变更审核、学校费用标准的制定、各校编制及费用之核定、教育的登记、教材及教育设备教育用品之审查、教师的聘免奖惩、儿童身心的检验、全县教育效率之测量及增进、学区的划分、各种研究会的召集、学校法令的执行、学龄儿童的调查、义务教育的计划及进行、学校的设立立案及变更、私塾的取缔及改良、学生参加社会活动的领导、学生就学及升学指导等。① 第三课主管社会教育。

1932年2月10日，广西省公布《修正广西县市教育局暂行规程》，规定广西各县市设立教育局，“秉承教育厅主管全县市教育行政事宜，并受县市长之指挥监督”。县市教育局下设三课，第一课具体掌理：“1. 关于文书之撰拟、缮校、收发及印信、卷宗、图书之保管事项；2. 关于全县教育经费之保管、出纳、稽核暨预算、决算之编制事项；3. 关于教育建筑物之修建保管及建筑物图样之审查事项；4. 关于教育设备及教育用品之购置、分配事项；5. 关于教育刊物及儿童补充读物、乡土教材之编纂事项；6. 关于教育

① 雷国鼎著：《中国近代教育行政制度史》，台湾教育文物出版社有限公司1983年版，第344—345页。

统计及编纂教育年报事项；7. 关于办学人员成绩之考核及奖惩事项；8. 关于法令宣达事项；9. 关于提倡文化事业及奖励学术技艺事项；10. 关于学校卫生事项；11. 关于本局会计、庶务事项。”①第二课、第三课所掌理事项与浙江省《规程》基本无异，不作赘述。

浙江省对教育局规程进行了四次修订，最后确定的县教育行政机关组织系统为：

- 教育局
  - 局长
    - 第一课　总务及不属于其他各课事宜
    - 第二课　学校教育
    - 第三课　民众教育
    - 县督学　视察及指导教育
    - 指导员　推广乡村教育 1 人，改进民众教育 1 人
  - 教育委员会　筹议全县教育行政事宜
  - 管理教育款产委员会　管理全县教育款产

这是温州县教育局组织结构图，据此图可知温州教育局的结构和彼此间的关系。

（五）改县市教育局为教育科

南京国民政府成立前，全国许多省的县市教育行政机关名称多为教育局。但 1927 年以后，由于教育经费支绌的缘故，很多县教育局的名称更为教育科。以后，两个名称就展开了长年累月的“拉锯战”。1929 年，福建省各县的教育行政机关名称再次改科为局，并修订公布《福建省暂行教育局规程》，以及《指导员规程》、《学区教育委员会规程》。但是好景不长，1933 年又因经费困难，各县教育局又改为教育科。然而，次年将大县小县分别对待，大县被批

① 李彦福等编：《广西教育史料》，广西人民出版社 1990 年版，第 239 页。

准改科为局，小县则仍然维持教育科不动。所谓大县，意思是人口较多、经济条件比较好的县份。大县不仅改科为局，工作人员编制也要相对宽松。

如此频繁更易县市教育行政机关名称的现象，决不止福建一省，而是普遍存在的。1935 年，浙江省并不是因为教育经费的原因，而是为了统一全省县市行政机构，提高县长职权，于是裁局设科，将县教育局改为教育科。但到 1937 年，浙江省亦仿福建办法，将“年教育行政经费在 2 万元以上的县，又恢复成立县教育局”①。浙江绍兴的教育行政机构更是命运多舛，1935 年 5 月，根据省政府决定改局为科，原绍兴府属各县教育局相继裁撤，或者改为县政府教育科，或者改为县政府第四科。同时，撤销区教育员，改在区署设政教股，管理区内教育事宜。当年 9 月，浙江省第三行政督察区成立，绍兴、诸暨、上虞、嵊县、新昌各县均属第三区管辖。各县的教育行政事务同时划归督察区公署第三科兼管，但“仅有机构，未起作用”②。

1934 年，蒋介石在南昌颁布“剿共”省份各县政府裁局改科办法大纲，令鄂、豫、皖等省遵照办理。湖北省浠水县在 1935 年裁撤教育局，归并到县政府第三科。第三科分管教育、建设。下设教育、水利、交通、建设 4 个办公室。每个办公室设主任科员 1 人，科员 4～6 人。教育办公室另设督学 1 人，稽征员 1 人。5 个区各设教育委员 1 人，办理各区教育工作。③

县市教育行政机关名称轻易变更，教育行政机关内的股室或委员会轻置滥设，是这一时间县市教育行政的总体特征。

---

① 邵祖德等编纂：《浙江教育简志》，浙江人民出版社 1988 年版，第 31 页。

② 章玉安主编：《绍兴教育史》，中华书局 2004 年版，第 142 页。

③ 浠水县教育委员会编纂：《浠水县教育志（1904—1985）》，浠水县教育委员会 1990 年印行，第 25 页。

三、县级教育人事行政

由于教育经费等原因，各省县市教育局人员编制大多从严控制，确保人员精干，力避人浮于事，造成资源浪费。一般县市教育局只设局长 1 人，不设副局长；另设督学、科员各 1～3 人，办事员 1～3 人。所以，大多数县市教育局职员不超过 10 人。因为职数不多，故对他们的文化素质有较高的要求。福建省各县市教育局长和督学、科员，要求受过师范专业训练。据统计，福建省各县教育科长、局长中，大学教育系科毕业者占 34%，其他大专学校毕业者占 22%，师范学校毕业者占 34%。县督学中大学教育系科及其他大学毕业者占 19.5%，师范学校毕业者占 63%，中学和各种养成所毕业者占 17.5%。①

浙江省的县市教育人事行政制度健全，除对教育局的人事编制有严格规定外，还逐渐颁布了一系列关于教育局办事人员服务细则标准等规章制度。1930 年 1 月，浙江省教育厅颁布《浙江省各县规定区教育员服务细则标准》，规定区教育员的职责是："规划进行义务教育设施事项；计划实施区教育兴革事项；各小学设立、变更及预算、决算并经济公开事项；核定小学学级编制、教科增减及其设备、建筑事项；规划进行社会教育一切设施事项；办理区教育统计及报告，并搜集、编纂各种读物及乡土教材事项；调解关于教育的纠纷事项；调查改良私塾事项。"② 1934 年 3 月，浙江省教育厅在《标准》的基础上提出了提高教育行政效率的问题，颁布了《提

① 刘海峰、庄明水著：《福建教育史》，福建教育出版社 1996 年版，第 377 页。

② 邵祖德等编纂：《浙江教育简志》，浙江人民出版社 1988 年版，第 29 页。

高区教育员服务效率应行注意事项》，除对区教育员的委任、待遇、办公地点、办公时间等作了规定外，还要求区教育员办公室应具备办公日记簿、文件登记簿、各乡镇户口数及学龄儿童、失学成年数表、各教育机关分布图、各教育机关设施一览表、各教育机关预算决算书、各教育机关人员表、区教育款产登记簿、区教育经费收支簿、一学期视察预定表、视察记录簿、处理事件经过报告书、社会状况调查表等各项表簿。这些表簿一应俱全是提高教育行政效率的重要保障。

浙江省教育厅所制定的规章制度并不是只针对一般办事员的，对县市教育局长也有明确的要求。1933 年 10 月，浙江省教育厅颁布《浙江省各县教育局长下乡巡视办法》，明确规定："县教育局长为履行实地劝学的任务，及明了全县教育实际情况，每一学期应有四星期以上时间分赴各乡巡视，如一学期不能遍历所有各乡镇，至少应周历各学区一次。"①

湖南常德地区安乡、汉寿、澧县、常德、临澧、桃源、石门、慈利县教育局都设置了产款经理员一职。其职掌是经理全县教育经费，任期 3 年。具体事务是："编制年度预算，呈请局长提交县政会议审议；按县府议决之预算办理款项支付；掌管一切契据用簿。其现款之出纳，须有详密簿记，并随时接受局长查核；经理员交代时，应由继任人出具交代之清楚切结，呈由局长转报县政府查核。"② 全国其他县市教育产款经理处很多是独立设置的，而湖南常德在教育局中设置此职，应该说有利于教育产款的统一协调利用，有利于避免不必要的浪费。

---

① 邵祖德等编纂：《浙江教育简志》，浙江人民出版社 1988 年版，第 31 页。

② 颜永盛总纂，彭展、彭世华主编：《常德地区志·教育志》，中国社会科学出版社 1990 年版，第 477 页。

1929年2月1日公布的《北平特别市教育局组织细则》所规定的职员人数为：局长1人，秘书2人，科长4人，督学2～4人，科员若干人，办事员若干人，合计当在15人左右。而1929年10月17日公布的《修正北平特别市教育局组织细则》，其编制进一步放宽，规定局长1人，秘书3人，科长4人，科员12人，办事员若干人，督学4人，编辑员2人，共计当在30人左右。翌年5月24日，北平市再次修正《北平特别市教育局组织细则》，人员虽有收缩，但也只是秘书、科长和督学各减少了一人而已。① 而作为首都的南京，1930年改特别市为行政院直辖市，随即南京特别市教育局改称南京市教育局，下设第一、二两科。第一科设总务、初等教育、中等教育三股；第二科设民众教育、文化艺术、编审实验等三股，另设督学、指导员。1932年，因为财政拮据，南京市教育局裁撤，并入南京市社会局，成为社会局中的第三科，下设学校教育、社会教育、研究实验三股，另设督学、指导员和统计人员。1933年，南京市增设教育设计委员会，有委员15～21人，委员包括市长、秘书长和社会局局长，其他委员由市政府聘请专家及热心教育事业者担任。② 相对说来，北平市教育局的人员编制则要宽松得多。北平与南京相比，教育局人事编制比较宽裕，主要原因是北平人口密度大，学龄儿童人数比南京要多，因而教育的摊子铺得也更大。

尽管各省县市教育局长的聘任有政治条件和文化素质要求，各省均明确规定县市教育局局长由省教育厅任命，但是1929年10月25日，辽宁省却破天荒地公布《辽宁省教育厅考试教育局长及县督学规则》，明确规定“为选拔地方教育行政人材起见，举行教育局长及县督学考试”。凡本省男子在25岁以上，高等师范学校毕

---

① 邓菊英等编：《北京近代教育行政史料》，北京教育出版社1995年版，第754、756、758页。

② 陈传德主编：《南京教育史》，商务印书馆2007年版，第243页。

业，任教育职务一年以上者；专门学校以上毕业，任教育职务二年以上者；高中师范科及旧制本科师范毕业，任教育职务五年以上者，得应教育局长考试。考试方式分笔试和口试两种，笔试科目有党义、国文、国语、数学、教育、教育行政、公牍。口试“就应试人员经验设为问答”。党义、国文、国语考试不及格者，不得参加其余科目的笔试；数学等科目笔试不及格者，不能参加口试。口试“及格录取各员，均由厅发给凭照，并呈报省政府备案”，如遇教育局长缺出，即按照名次尽先擢用。① 这是我国历史上第一个县市教育局长选拔考试的法规。

同省级教育行政首脑设置与更换波谲云诡一样，县市教育行政官员也是更换频繁。以湖北省浠水县教育局（科）局长或科长一职为例，从1927年到1937年的10年间，就更换了8次之多。浠水县教育局（科）长任职情况见表4-5。

表4-5　湖北浠水县教育局（科）长任职情况

姓名	性别	籍贯	学历	职务	任职时间
蔡成椝	男	蕲水	日本东京大学毕业	局长	1927年
王印佛	男	蕲水	省立法科大学肄业	局长	1927年
肖佩萱	男	蕲水	北京法科大学毕业	局长	1927—1928年
王定康	男	蕲水	省立一师毕业	局长	1928年
蔡养然	男	蕲水	省立一师毕业	局长	1929—1932年
程隆政	男	蕲水	中华大学毕业	局长	1932年7月—1934年5月
程隆政	男	蕲水	中华大学毕业	第三科科长	1934年6月—1935年6月
吴振东	男	天门	法政专科	第三科科长	1935年7月—1937年7月

资料来源：浠水县教育委员会编纂《浠水县教育志（1904—1985）》，浠水县教育委员会1990年印行，第25页。

① 江铭主编：《中国教育督导史》，人民教育出版社1994年版，第301页。

浙江永嘉县教育局也经历了由教育局到教育科的辗转过程。设教育局时，除课长、指导员、区教育员外，还有办事员等。改为教育科后，全县教育行政由县长负责，教育科改为县政府组织之一部分，科长、科员、督学、指导员等均为县佐治人员。教育局长由省教育厅委任，虽受县长的指挥节制，但对于全县教育行政事宜负有责任，重大情事呈送教育厅核办。而改为教育科后，教育科长由谁委任，尚未看到详细资料，估计是县长委任。南京国民政府前期永嘉县教育局（科）长任期情况见表4-6。

表4-6 南京国民政府前期永嘉县教育局（科）长任期情况

机构名称	姓名	职务	任期
教育局	陈茂扬、王人驹	局长	1927年
教育局	王人驹	局长	1928年
县政府教育局	林大经	局长	1929—1931年
县政府教育局	王天择	局长	1932年
县政府教育局	王天择、童鹏超	局长	1933年
县政府教育局	童鹏超	局长	1934年
县政府教育局	童鹏超、郭人全、徐兆奎	局长	1935年
教育科	童鹏超、陈国西	科长	1936年
教育科	万永堃、徐兆奎、郭人全	科长	1937—1938年

资料来源：温州市教育志编纂委员会编《温州市教育志》，中华书局1997年版，第539页。

以上两县教育局长任职时间上有一共同的特点，即个人的文化素质、学历还是比较高的，符合相关的要求；但两县教育局长都没有一个固定的任期，大多数是只一年就调换。1927年湖北浠水县教育局长竟换了3人，1935年浙江永嘉县教育局长也换过3人。教育行政制度上如此短时的任期，教育局（科）在一县市一定是处于可有可无地位，一定会制约地方教育事业的发展。正如1931年来华的国联教育考察团所言："为谋迅速而果断之实行起见，中国教育行政机关对于各学校应有确切之行政权，对公立学校预算之决定，亦应有确切之控制力。教育行政人员应有永久工作之保障，并使明了自己所负之责任。现在省县教育人员之任免，常受私人势力及狭义的政治势力之影响。有数县教育局长，虽为各该社会教育团体所推举，省教育厅所委任，然每隔数月必有更调，即由上述种种势力所致。事势如此，教育人员自不敢有所作为，既虑多事，又恐招怨，故取消极态度，而无进取之心。"① 诚哉，斯言！

四、县市督学的继续设置

南京国民政府成立后，先后建立和完善了教育行政方面的规章制度，特别是省督学规程公布后，各省根据省督学规程，建立和完善了县督学规章制度，地方县市教育视察辅导工作先后开展起来。

1928 年 1 月，大学院核备《江苏县督学暂行条例》9 条，主要内容有：（1）各县教育局设督学 1～3 人，秉承教育局长，并督进全县教育事宜。县督学由教育局局长呈请教育厅委任，或由教育厅直接委任。（2）县督学的任职资格有二：一是师范学校本科及高中师范科毕业，曾任小学教员二年以上，并著有成绩者；二是中等以上学校毕业，曾任小学教员三年以上，并著有成绩者。（3）县督学的职权有四：指导各区学校及其他教育机关之设施；视察学校教学方法及阅校成绩，并考核指导之；遇必要时，得考验生徒之成绩，或变更教授时间；遇必要时，调阅各区学校及其他教育机关各项簿册，并审查内部经费。

1929 年 6 月，浙江大学颁布《浙江省各县规定督学服务细则

① 国联教育考察团著，国立编译馆译：《中国教育之改进》，国立编译馆 1932 年版，第 41 页。

之标准》，规定县督学服务标准为："视察指导全县县区私立小学教育、社会教育及区教育员办理一切事项，并督促地方力谋教育事业的建设；考查教育事业的现状，其重大而亟须改进的问题，应与当事者共同决定解决的步骤与方法；视察指导时应注意方法示范，并组织参观、讨论和研究；视察指导应订定计划，使用合宜的标准与表格；视察指导应与县及县学区辅导会议密切联络；应根据地方需要规划新兴教育事业，并作出计划报告教育局。"① 浙江一些县市督学积极推行先进的教学方法，对中小学教师改进教学方法予以切实指导。1933 年，杭州市督学积极推行示范教学，认为某学科的教学需要改革时，可选某校的某优秀教师举行演示教学。这位督学还设计了具体进行程序："举行前，督学说明演示教学的目的，由演示的教师选定教材、教法，然后共同商讨修正。演示教学确定日期、地点后，由市政府通知各校任该科的教师一律出席听课。课后组织听课者与演示教师一起详细讨论该科的教学方法的改进。"②

其他各省也都先后出台了有关督学方面的规程。1929 年 3 月，福建省出台了《福建省县教育局督学暂行规程》。1932 年 2 月 10 日，广西省公布了《广西县市教育部暂行规程》，其中第 10 条规定："各课课长及县市督学，由教育局荐请教育厅委任之，但遇必要时得由教育厅直接委任；各课课员，由教育局委任，呈报教育厅备案。"第 12 条说明"县市督学及区教育委员服务细则另定之"。③

广西省公布的《广西县市教育部暂行规程》有一点值得关注，其中县市督学的任命系由"教育部荐请教育厅委任"，但遇必要时教育厅可直接委任督学。这反映了督学委任上遇到的尴尬局面，这

① 邵祖德等编纂：《浙江教育简志》，浙江人民出版社 1988 年版，第 29 页。

② 张彬主编：《浙江教育史》，浙江教育出版社 2006 年版，第 547 页。

③ 李彦福等编：《广西教育史料》，广西人民出版社 1990 年版，第 241 页。

可能是全国带有共性的问题。也许正因为如此，1929 年 10 月 25 日，辽宁省出台了《辽宁省教育厅考试教育局长及县督学规则》，规定通过考试选拔县市督学。报考条件是本省年在 25 岁以上的男性，“本科师范及新制师范毕业，任教育职务三年以上者”，“旧制中学或高级中学毕业，任教育职务五年以上者”，具备应县督学考试资格。① 考试方式分三段，第一段和第二段笔试。第一段笔试党义、国文和国语，合格者允许参加第二段笔试。第二段笔试考试科目为数学、教育、教育行政策问和公牍，合格者可以参加第三段的口试。口试“就应试人员经验设为问答”。口试录取者均由教育厅发给凭照，并呈报省政府备案。如遇有县督学缺出，即按照名次尽先擢用。这是中国教育行政史上第一个通过考试选拔县市督学的规章，无论是从其愿景角度评判，还是从考试程序方法上来评判，都有着特别的意义。

从教育部到省教育厅建立起督学规章制度后，地方县市督学的视察和辅导工作便开展起来了。湖北省石首县规定督学赴城乡学校视察的时间，“按规定不得少于督学在县期间的三分之一”。据载，石首县督学“视察时，可以随时抽查，如进教室点名、命题测验学生、调查各学期表册、变更不适当的课表；向校长直接提出一些应兴应革的事项。县督学只对重大事项拟具条陈，报告县教育局长、省教育厅长。厅、局长对其报告事项，一般作‘如拟’批示处理。督学对学校兴革事项的权力仅次于局长”②。湖北省洪湖教育局督学吕深源认为，视察后对教育和教学工作提出些意见，实际上是无济于事的，故他提出要参观观摩。他说：“沔阳频遭水灾兵祸，弦

① 江铭主编：《中国教育督导史》，人民教育出版社 1994 年版，第 301 页。

② 《石首教育志》编纂领导小组编：《石首教育志（1866—1985）》，1987 年 11 月印行，第 152 页。

歌屡停，教职员等或疲于奔命，或厄于衣食，生活窘迫，对于新式教育当然无暇研究，虽已组织初等教育研究会，有了共同研究机会，惟非实地考察，实不足以资观摩而谋改进。宜令每完小派教务主任或训育主任一人，各初小联络选代表五至七人合组参观团，于下学期开课后赴武汉各校参观，俾就所得作改进的借鉴。”①

甘肃省县级督学制度的基本特色是规制健全。1933 年，甘肃省教育厅呈请省政府核准颁布《修正甘肃省教育厅各县督学暂行规程》，对县督学作了如下规定。（1）县督学人数及领导体制依据各县区域及学校之多寡，每县设督学 1～3 人，秉承县教育局长之命，视察指导并督进各县教育事业。（2）督学须具有下列资格之一，方可由县教育局报告县政府批准，选加倍人数，呈报省教育厅核委：“高等师范或旧制师范专科及专门以上学校毕业，曾任教育职务一年以上并著有成绩者；高级中学或中等师范及同级学科毕业，曾任教育职务两年以上并著有成绩者；旧制中学或初级中学毕业，曾任教育职务三年以上并著有成绩者。”（3）县督学 2 人以上者，可以分区视察并须交换其视察区域。其职责包括以下内容：“视察指导各学区对教育法令之执行；督促指导对教育计划之进行；查核教育经费；考查教育状况，并督促指导之；考查学校之状况，并督促指导之；考察社会教育（包括特殊教育等）状况，并督促指导之；指导学校教职员及其他办理教育人员，研究教育设施以及改进一切实际问题；教育厅长、教育局长委办的事项等。”（4）职权范围：县督学得随时至各学区内各学校检查学生名额及试验学生成绩；每视察完一所学校，可召集全体教职员开会讨论改进办法，并与校长商定应改革的事项，由校长执行；视察各区得依照规定改良并取缔私塾；应参加各级教育会议。（5）对视察的时间、报告和任期有明确的规

① 洪湖市教育委员会编：《洪湖教育志》，1996 年第 7 月印行，第 173 页。

定。县督学每学区巡视期间须在四个月以上，对所辖学校每学期至少视察一次，有特殊情况可不在此限。督学报告分两类，一是定期报告，是指每个学区、每个学校视察一次，要写专题报告；年终要写总结报告。二是由县长、局长临时委办的事，要写专题报告。遇有重大事项，要专题报告县教育局、县政府或省教育厅。还规定："县督学不得兼任其他职务或干预职权范围以外的事项。县督学任期二年，勤于职务著有成绩者，得奖励或连任。如有不尽职的事情，应撤换或惩办者，均由县政府核办。县督学离职时，应将表簿、文卷及经手的一切事项移交继任督学。"①《规程》对县督学的人数、资格、任命、职责权限、巡视时间、奖励和惩罚、任期和离职等，都作了比较详细的规定。

1931年1月，南京市督学视察了夫子庙小学，对其教学和训育都有较好的评价，认为："教学方面，各教师对于教学方法，大致尚可。而以幼稚班教师某某，授幼稚生认字，教态教音，俱属合宜。自然科教师某某，授四年级乙组自然，题'蒸汽机'，讲解清晰；野外自然教学报告中书，亦颇可取。……训育方面，因学生过多，颇难整齐，儿童活动，有市政府之组织，如市政、教育、财政、公安、卫生各局会议记录，均合实际。"但学校周围的环境比较差，"每当午后，游人如织，学生出入，深感不便，虽地址适宜，而环境不良，大门以迁改为宜"。②

1937年上学期，抗日战争尚未爆发，四川省政府教育厅督学孔庆辰和内江县长李文翥、第三科科长杨长济视察了内江县学校，在视察报告中提出应改进之处有七点：(1) 中小学特种教育应根据省颁纲要，速拟办法，督促实施。(2) 该县县立中学校地，原系考

① 甘肃省地方史志编纂委员会编纂：《甘肃省志·教育志》，甘肃人民出版社1991年版，第62页。

② 孙邦正编著：《教育视导大纲》，商务印书馆1944年版，第104页。

棚，改建后，临高崖前当大街，左右民房，扩充不易。且地势狭小，不敷分配，光线不足，有碍卫生。拟请令饬该县府将内江公园全界划作该校之地之用，园内尚有房屋多间，略加改建，即可敷用。(3) 该县小学教师精神欠佳，亟应利用寒暑假期间集中训练，以期改进。(4) 该县短期小学未达规定所数，应即设法推广，以重义教。(5) 各乡村小学设备简陋，学生很少，均应设法改进。(6) 私塾太多，亟应调训塾师，改良私塾。(7) 各小学经费，应由各区署按月代领转发，以省手续而利进行。① 其时从教育部到县市督学有一个良好的传统，严格按照督学规程视察，视察完毕在规定的时间内一定提交一个完整真实的视察报告，其中必须包括该县教育的整改意见部分。各级督学的严肃认真精神，视察督导不走过场，很值得发扬光大。

第四节　教育社团组织及其活动

1931 年 1 月 27 日，国民政府公布并实施《教育会法》。第一条规定了教育会的旨趣是："遵照中华民国教育宗旨及其实施方针，以研究教育事业发展地方教育为目的。"

与以前有关教育会法规不同的是，《教育会法》规定教育会是法人。

教育会的主要职掌有八，即："一、关于地方教育之研究设计及改进事项；二、关于增进人民生活上知识之指导事项；三、关于地方教育之调查统计及编纂事项；四、举办各项教育研究会学术讲演会；五、举办各种教育事项，但须经监督机关之核准；六、关于

① 《四川省二十六年上学期各县视察报告》，《四川教育》第 1 卷第 6 期，第 11 页。

教育事项得建议于教育行政机关，并答复行政机关之咨询；七、处理教育行政机关委办事项；八、办理其他合于教育会宗旨之事项。”① 教育会有区教育会、县市教育会、省教育会或行政院直辖市教育会等。同一区域内每级教育会以一个为限。教育会不得为营利事业。教育会的监督机关有：省政府教育厅监督省教育会，行政院直辖市教育局监督行政院直辖市教育会，县政府监督县教育会及其区教育会，市政府监督市教育会及其区教育会。1931 年 9 月 15 日，教育部公布并施行《教育会法施行细则》，对教育会的组织与活动开展作了明确规定。

一、全国性教育社团组织

从中华民国前期北洋政府到后期国民政府定都南京，政府虽然多次更替，但教育社团组织却不绝如缕。很多教育社团虽然兴起于民国前期，但活动的巅峰时期是在南京国民政府成立到抗日战争爆发，如中华职业教育社、中华平民教育促进总会等。另外，这一时期还创办了一些新的教育社团组织。

（一）中国儿童教育社

中国儿童教育社于 1929 年 7 月 12 日在杭州成立，总社设在南京，总事务所设在上海。设立旨趣在于推进全国学前教育和小学教育的新教育实验，研究幼稚教育、小学教育、家庭教育，关注实际问题，为幼稚园和小学校提供具体教材。成立之初以研究儿童教育、推进儿童福利和提倡教师专业精神为目标。由南京鼓楼幼稚园、晓庄师范学校、中央大学实验学校、中央大学教育学院等单位联合发起成立。会员分团体会员和个人会员两种。团体会员多系各

① 《中华民国法规大全·教育》，商务印书馆 1936 年版，第 4284 页。

地追求革新、锐意进取的小学和幼稚园，个人会员多系各地知名教育家、小学校长、幼稚园园长和教师。从1930年到抗日战争爆发，共召开了七次年会，先后讨论的主题为小学课程、儿童中心教育、健康教育、公民教育、生产教育、非常时期中国儿童教育之改进、学前儿童教育等问题，成为当时研究和推进儿童教育的基地。令中国儿童教育社成员们感到骄傲的是，他们参与修订的幼稚园课程标准、小学课程标准于1932年10月由教育部采纳，并公布实施，他们研究的成果终于对幼儿教育和小学教育产生了积极效用。

中国儿童教育社还以社会为己任，协助地方举办若干事业，譬如办理假期教师研究机构等。

为了丰富广大教师和学生的精神生活，为他们提供丰富的精神食粮，会员们出版有儿童教育研究丛书、小学教师辅导丛书12种，以及《儿童教育》、《活教育月刊》、《良师月刊》等。

（二）中国测验学会

中国测验学会于1931年6月在南京成立。发起人戴季陶。其宗旨是研究测验理论，推行测验方法，培植测验专门人才。首届负责人有艾伟、易克櫄、陈鹤琴。以后由肃孝嵘任理事长，艾伟、沈有乾、吴南轩、易克櫄、陈鹤琴等为理事。下设有编译委员会、经济委员会、测验译名委员会、编造中小学标准测验设计委员会等。

该会集中精力编订测验工具，取得了重要的成绩。第一，智力测验。会员们与中央大学心理系合作，编订小学智慧测验（2种）、中学智慧测验（5种），订定古氏儿童智慧测验，订正普通警察团体测验（2种），普通警察个别测验、警官智慧测验（10种）。第二，教育测验。会员们开展了大学各科测验、初中英语测验、初中代数测验、中学英语文法拼字测量、高中英语默读测量、高中国文默读测量、算术能力诊断测量等教育测量和测验。第三，品格测验。会员们曾订正有Prossey X-O测验、个人事实表格（2种）。

第四，职业测验。计有订正塞斯通职业指导测验、交通警察测验、刑事警察测验、护士能力倾向测验、德国各种机械能力测验、会计人员测验、小学教师能力倾向测验等多种。并编订职业指导测验及测量仪器，出版发行杂志《测验》。

（三）中国社会教育社

这是研究中国社会教育的学术团体，1931 年 12 月成立于南京民众教育馆。社址设在无锡江苏省教育学院，俞庆棠任总干事。以研究社会教育学术，促进社会教育事业发展为宗旨。先后在杭州、济南、开封、广州等地举行年会。会员众多，仅河南洛阳社员便达 1 500 余人，团体社员 20 多个。1937 年春与中国教育协会等 14 个教育学术团体在南京成立联合办事处，以后在此基础上成立中国教育学术联合会。主张实施社会教育的目的是“培养民众的几种基本力量——优先的是生产的与组织的力量——使渐能以自己的力量改善自己的生活，期于以乡村为起点，使整个民族能以自己的力量，恢复民族的精神”。着重研讨普及民众教育办法、社会教育在学制系统上的地位、民众教育课程标准、教材与教法等。1932 年 6 月，中国社会教育社召开第一次会议，议决推举专员，拟改良省官制系统，确立社会教育地位及普及民众教育专案。

中国社会教育社创办了一些实验区，如在河南洛阳和广东花县创办教育实验区，并在江苏无锡先后创办了黄巷实验区、丽新路工人教育实验区，在北郊和东郊开办了惠北和北夏两个民众教育实验区等。

（四）中国民生教育会

中国民生教育会于 1936 年春成立，由国内教育、实业界人士 500 余人发起组织，总会设在上海，“八一三”事变后迁到重庆。其宗旨是研究及推进民生教育，重在以教育力量发展人民生计，改进民众生活，扶植社会生存，保障民众生命，以期教育事业与民生需要配合完成民生建国之使命。理事主要有邰爽秋、乔一凡、程其保、吴俊升、妆伯韩等，会员最多时曾达 5 000 多人。

1933 年，邰爽秋为了实验其民生教育理论，在上海西郊建立了民生教育实验区，组织青年学生深入乡村，深入到劳动民众的生活中，开展“土货救国”和“把教育送到民众面前”等活动，在社会造成了巨大反响。这就是名噪一时的“念二运动”①。民生教育会会员认为，学问是做事的工具，做事之目的终归是为人们谋福利的，发展幼儿教育应该将学问与建设、生产等活动紧密结合起来。正因为如此，会员们曾协助创办中国民生建设实验院，编制各地民生教育的教材，供改进国民学校课程之用；又在上海开办沪光、沪德、沪友等民生补习学校。为了给民众经济文化、教育等生活提供资料，中国民生教育会创办了《民生教育月刊》和《教育与民生周刊》，给人们经济、文化、教育等予以切实指导。

（五）中国教育学会

中国教育学会于 1933 年 1 月在上海成立，总会设在南京，在全国各地设有 20 多个分会及 20 多个研究会。常道直、庄泽宣、邰爽秋、孟宪承、陈鹤琴、郑晓沧、杨亮功、陶行知等为理事。其宗旨是研究及改进中国教育；主要任务是研究教育问题，搜集教育资料，调查教育实况，提倡教育实验，贡献教育主张，促进教育改革，发行教育书报。设有高等教育、中等教育、初等教育、师范教育、职业教育、民众教育、教育行政等 7 个研究会，研究内容涉及教育政策、教育制度、教育经费、教育哲学、教育史学、教育心理、幼稚教育、国民教育、中等教育、高等教育、职业教育、女子教育、社会教育、乡村教育、生产教育、国防教育、体育教育、艺

① “念二运动”开展于 1933 年，即民国二十二年，正值“九一八”后两年，国人爱国热情高涨，故谓之“念二运动”。

术教育、卫生教育、电化教育、国际教育、青年教育、课程教材、校舍建筑与设备等。

到抗日战争爆发前，中国教育学会共举行四次年会，对中小学课程标准、中央和地方教育经费、学校会考方法以及生产教育、师范教育、特殊教育、国难教育等热点和重要问题，进行研究探讨。

承接着五四时期社团组织与活动的流风余韵，国家级学术研究社团不仅有一定规模，而且也是门类较多，分工比较细致。南京国民政府成立到抗日战争爆发期间全国性学术研究性质的社团情况见表 4-7。

表 4-7　抗日战争爆发前 10 年全国学术研究社团一览表

社团名称	成立时间	社团地址	主要发起人及理事	备注
中华盲哑教育社	1928 年			推进盲哑教育职业化，变分利为生利。
中华儿童教育社	1929 年 7 月	南京	陈鹤琴、马客谈、郑晓沧、夏承枫等	研究幼稚教育、小学教育、家庭教育。
中央体育研究会	1929 年	南京	吴蕴瑞发起	体育学术化，探讨和研究现代体育运动理论。
中国数理学会	1930 年	北京	冯祖荀、熊庆来、江泽涵、严济慈等	联络全国数理学家，从事新学说之传播与探讨。
中国物理学会	1932 年			从事物理学教育和研究的交流。
中国化学学会	1932 年			联络同人，研究和交流，推广化学应用。

续表

社团名称	成立时间	社团地址	主要发起人及理事	备注
中国教育电影协会	1932年			研究利用电影，辅助教育宣扬文化，协助电影事业之发展。
中国地理学会	1934年2月	南京	翁文灏、竺可桢、张其昀等发起	搜集地理资料，传布地理知识，进行地理考察。
中华艺术教育社	1934年10月	上海	马公愚、鄢克昌、施翀鹏、傅伯良等	以普及艺术教育、发扬民族文化、提倡实用、促进生产效能为职志。
中国数学会	1935年7月	上海	胡敦复、冯祖荀、周美权等发起	以谋数学之进步及其普及为宗旨。
新中国数学会	1935年			提倡和促进中国数学研究。
中华卫生教育社	1935年7月	南京	陈果夫任理事长，洪式闾任监事长	倡导卫生教育教育，谋中国卫生教育之普及，促进民族健康。
中华儿童文化协会	1935年			联络同人，研究儿童问题，发扬儿童文化。
父母教育研究会	1935年			提倡父母教育，改善儿童生活。
中国法律教育会	1936年			改造教师法律教育，增进国民法律知识。

续表

社团名称	成立时间	社团地址	主要发起人及理事	备注
中华体育学会	1936 年			研究体育学术，提高民族体质。
中国地理教育研究会	1936 年			加强地理科学研究，提高地理教学水平。
中华健康教育研究会	1936 年			加强学校卫生教育，普及卫生知识。

资料来源：丁致聘编《中国近七十年来教育记事》，国立编译馆 1935 年版；章绍嗣主编《中国现代社团辞典》，湖北人民出版社 1994 年版。

全国性教育社团虽然看上去比较多，门类比较齐全，但大多数存在时间不长，活动也不经常，这可能与动荡的局势有一定关系。与民国前期相比，全国性的大的教育社团的影响不及前期的全国教育会联合会之类，但深入到最基层研究具体问题，做细致的工作，前期教育社团则难与此时期教育社团比肩。

二、省级教育社团组织

教育部颁布《教育会法》后，各省教育行政机关纷纷组织教育会。1930 年，河北省成立了民众教育委员会、河北省识字委员会，辅助教育厅社会教育科和县社会教育股制订社会教育计划，筹集社会教育经费，研究社会教育办学方法。浙江省教育厅第一时间转发教育部令《教育会法》，并要求全省旧有教育会限期改组成立。①

民国前期，江苏省教育会在全国享有盛誉，处在执牛耳的地位。从南京国民政府成立到抗日战争爆发，江苏享与首都毗邻的地位，很多教育社团设在南京，享天时地利之便。当时在江苏活动着的教育社团众多，如中国社会教育社、幼稚教育研究会、中华儿童教育社、中国教育学会、中国测验学会、教育学术团体联合会、中国盲哑教育社、江苏浙江两省中等以上学校联合会、江苏省民众教育分区研究会等，可以说全国没有哪一个省能够与江苏相比。但是，江苏省的教育社团却远不如民国前期的影响大。人们对此感慨良多："民国十六年以后，江苏教育会基本上停止了活动。民国二十年，国民政府立法院制定的《教育会法》，规定教育会须受当地国民党党部监督指导，各地教育会也就不再具有生气和活力。直到民国三十六年，江苏省教育会又建立了组织，选举了理、监事，同时组织了各种研究会，其中有国民教育研究委员会、中学及高等教育研究委员会、职业教育研究委员会、社会教育研究委员会等，但开展的活动和作出之贡献就不能与民国十六年以前的江苏省教育会相比了。"② 不仅是 1947 年恢复的江苏省教育会不能与 1927 年以前相比，就是抗日战争爆发前的江苏省教育社团也难望其项背。

湖南省教育会成立很早，1912 年 1 月成立，到 1923 年根据《湖南省教育会法》的规定，其基本会务为"筹议教育改进事项，向省议会提出教育法规的提案，向行政官署提出建议，并答复行政官署或省议会的调查、咨询；调查统计全省教育状况；设立各种学术团体；开办讲习班；发行教育杂志及报告书；设立图书馆、博物

① 丁致聘编：《中国近七十年来教育记事》，国立编译馆 1935 年版，第 236 页。

② 江苏省地方志编纂委员会编：《江苏省志·教育志》（下），江苏古籍出版社 2000 年版，第 990—991 页。

馆、公共体育场；以及联络各县市教育会协同办理其他关于教育应行办理之事项”①。南京国民政府成立后，湖南省教育会仍然遵循着这一教育会法活动。1929 年 8 月 2 日召开第二次代表大会，到会代表 104 人，议决案 120 多份。② 足见当时会员们的积极性很高，参与教育会活动非常踊跃，竟人均 1 份以上的提案。但到抗日战争爆发，因为职员大多参加各种抗日救亡团体，会务不得不中断。

与湖南的情形有些类似，广西教育会于 1908 年 2 月成立，1912 年迁南宁，改名为广西教育会。直到 1929 年因蒋桂战争、粤桂战争，广西教育会的会务停顿。到 1933 年 11 月，广西教育会才在南宁召集第一次教育学术讨论会。南宁市中小学教师代表参加这次讨论会，分幼稚教育、初等教育、中等教育、成人教育、民众教育诸组进行学术交流。1935 年，广西教育会改组，次年迁桂林，以榕城街慈善会为会址，以县市教育会为会员。据 1937 年统计，广西教育会有团体会员 84 个，个人会员约 13 820 人，理、监事有李任仁等 17 人。③ 8 月，召集第二届会员大会，选唐现之等 31 人为理、监事。会务工作的重点转移到“策进县市教育会工作，倡导教育学术研究，举行国民教育座谈会，设立实验学校，举办学术讲演，出版《教育与文化》月刊，推动社会活动，设立教育职业介绍部，设立民众书报阅览处等”④上面来。

西北甘肃省教育会根据地方特殊情形，组织形式上颇有创新。1937 年 1 月，教育厅通令各地中学成立中学教育研究会，规定各

---

① 湖南省地方志编纂委员会编：《湖南省志·教育志》下册，湖南教育出版社 1995 年版，第 1231 页。

② 丁致聘编：《中国近七十年来教育记事》，国立编译馆 1935 年版，第 198 页。

③④ 广西壮族自治区地方志编纂委员会编：《广西通志·教育志》，广西人民出版社 1995 年版，第 747 页。

区研究会酌分若干组，研究关于学校行政、教学、训导等各方面的实际问题，各组研究会分别推定一所学校负责召集，如该区学校较少，即由该区学校分别认定一组或两组，自行研究各项问题。

据以上各省教育会的情形来看，各省教育会活动很不平衡，有的中道衰落，有的后来居上，也有的持之以恒。在组织形式上，虽然教育部公布的《教育会法》和《教育会法施行细则》文本是一样的，但有一些省充分发挥其首创精神，在组织方式上多有创新，成为教育行政的重要辅助力量。

三、县市教育社团组织

教育部公布的《教育会法》中已经有对县市教育会的相关规定。《教育会法》及《教育会法施行细则》公布后，各省县市先后成立了教育会。

1930 年，福建省各县市已有教育会组织。1931 年，国民政府和教育部先后公布《教育会法》及《教育会法施行细则》，福建省教育厅当即督促各县依法重新组织县区教育会。1933 年，拟订《福建省县市区教育会章程准则》，正式申报成立县市区教育会 77 个，会员总数 3 124 人。① 并不同程度地开展了教育研究、教学法探讨和教学经验交流活动。

1932 年 9 月，根据浙江省教育厅颁布的《浙江省中等学校各科教学研究会组织大纲》，省立绍兴中学及各县立中学、私立中学分别组建各学科教学研究会，旨在研究各科教学方法、教材联络、课外补充活动，以及其他教学上的问题。1933 年度，省立绍兴初级中学设国文、算学、英语、自然、社会、艺术等六个学科教学研

① 刘海峰、庄明水著：《福建教育史》，福建教育出版社 1996 年版，第 420 页。

究会，私立稽山中学设国文、英语、算学等三个学科教学研究会。各科教学会的主席由校长指定，各教学研究会每学期至少开会三次，校长及教务主任按例与会。各学科教研计划，须在每学期开学后一个月内报省教育厅。1937 年 2 月，浙江省中等学校教育研究会第五届年会在省立绍兴中学举行。年会期间，邀请著名学者莅会讲演，并举办艺术作品和劳作作品展览，还举办音乐演奏会和英语演讲比赛等活动。① 为了深层次地讨论交流教育经验和研究心得，使会员们参与活动能够有所收获，1933 年，浙江省绍兴县第三、第九两区小教研究会分别赴萧山、杭州两地参观，并编写《绍兴县教育参观团报告》。1934 年 5 月，上虞县小教研究会组成初等教育参观团，赴上海、无锡、南京等地进行为期两周的教育参观。

1934 年，兰州市和靖远县等 20 个县市先后成立教育会，有会员 1 098 人。截至 1938 年，县市成立教育会达 73 处。这些县市教育会一般附设在旧劝学所、教育局内。不过，“除少数教育会每年开一次会议，研究教育问题外，大都因组织机构不健全，经费拮据，很少开展活动”②。

湖南湘中各县在 20 世纪 20—30 年代初，均先后成立了小学教育研究会和国民教育研究会。各县教育会为了保障活动高质量地开展，教育会的章程对会员和教育会主任都提出了明确的要求。1928 年 12 月 11 日湘乡县教育研究会成立，选举王亮等 8 名委员。1935 年分设课程、教育、设备和行政四组。桥头乡还成立了国民教育研究会，颁行了章程。该章程规定会员的权利为：“阅读本会政府之各种书刊；享受会员应得之福利；研究报告得呈送审查与请求出版；接受研究奖金与优良教师荣誉奖励等。”会员的义务是：“参与

① 章玉安主编：《绍兴教育史》，中华书局 2004 年版，第 144—145 页。

② 甘肃省地方史志编纂委员会编纂：《甘肃省志·教育志》，甘肃人民出版社 1991 年版，第 494 页。

研究及上文规定之活动；讨论研究问题与拟定研究报告；致力于会员之福利事业；办理本会委任事项。”对研究会主任特别提出了要求，应当“按时召开会议；沟通会员消息；推进会员工作；执行本会决议；传达上级命令；汇呈各项报告；考校所属工作；出席上级国民教育研究会”。①

浙江省温州各县本在1913年订立了教育会章程，但1926年奉省长公署训令解散教育会。1931年，教育部公布《教育会法》及《教育会法施行细则》，各县教育会得到恢复。为了使教育会能够对最基层的学校产生影响，瑞安县教育会对全县进行分区，分设南区、城区、北区三个区教育会。乐清县教育会下设城区、柳市、虹桥三个区教育会。平阳县教育会下分设城区、万全、小南、江南、北港、南港六个区教育会。此前的1930年，永嘉县制订《小学教育研究会简章》，同时召开第一次常会。《简章》规定：“小学教育研究会之设立，系为集合全县小学教职员讨论研究小学教育上实际问题。”② 其后的1935年6月，该县瞿溪小学教师吴翰青等20多人召集本学区内服务教育者，发起组织第四学区小学教育研究会，“借谋小学教育之改进为前提，兼以普及乡村教育为宗旨”。

湖北省洪湖县教育会为使教研活动走向深入，收到实效，请优秀教师上示范课，以优秀带动一般。洪湖县教育会于1935—1937年在各区镇相继成立了教育研究会，由各中小学校长及知名教师组成。教育研究会主要工作是组织优秀教师开展示范教学。③

1929年，北平市遵循教育部规程，将北京教育会改组为北平

① 《桥头乡国民教育研究会章程》，佘国纲编著：《湘中教育志》，岳麓书社1995年版，第282页。

② 温州市教育志编纂委员会编：《温州市教育志》，中华书局1997年版，第572页。

③ 洪湖市教育委员会编：《洪湖教育志》，1996年第7月印行，第173页。

特别市教育会。1931 年遵照《教育会法》，并经北平市党部指导，改组为北平市教育会。市教育局每月拨发补助费 200 元，全年共拨 2 400 元。市教育会由全市内外城郊 13 区教育会代表选举 11 名理事，7 名监事，并由理事互选常务理事 3 人，负责办理日常事务。另有秘书 1 人，事务员 2 人，佐理内外一切事务。其具体会务是："一、参加本市抗日工作；二、建议教育部从速确定本市地方教育专款；三、研究本市失学儿童之救济方法；四、建议教育当局扩充本市教育；五、办理附设小学校。"① 据《北平晨报》1933 年 12 月 19 日报道，北平市内 6 区外 5 区，另加东郊、西郊、南郊和北郊 4 区，完成了改选工作，选出了各区教育会代表和干事人选。

北平市还成立了一些专业研究会。如 1935 年，北平市初等教育研究会召开第四次会议，所议决的提案主要有《最经济合用的校舍式样如何，并如何建筑案》、《小学最低限度应备何种校具教具和表册案》、《小学毕业时应否举行类似会考的测验案》、《对于现行小学规程有何意见案》和《如何协助推行义务教育案》等。②

县市教育会是教育行政机关基层的重要辅助力量，能够直接将上级教育行政部门的教育思想和举措贯彻到最基层的学校，直接影响到手执教鞭的教师，使教育行政扎根于每一个课室。尽管这一时期县市教育会所做的工作不尽如人意，但就当时的社会条件和大环境，以及教育发达程度而言，已经算是可喜的了。

① 邓菊英等编：《北京近代教育行政史料》，北京教育出版社 1995 年版，第 725 页。

② 《初等教育研究会昨召开四次会议决定协助推行义教》，《北平晨报》1935 年 6 月 2 日。

第五章 抗日战争和解放战争时期的教育行政

1937年7月7日，日本侵略军借演习之名，悍然向河北宛平卢沟桥中国驻军进犯，我第29军奋起反抗，拉开了长达8年的抗日战争的序幕。8月13日，驻上海日军亦发动淞沪之战。此后，战事迅速蔓延，形成全国抗战热潮。抗日战争爆发后，国民政府迁都重庆，教育部亦随之迁入重庆。1945年8月，抗日战争结束后，国共再次分裂。经过三年解放战争，国民党政权退居台湾一隅，中国共产党建立了中华人民共和国，中华民国南京政府被推翻。

第一节 教育部西迁重庆

日本侵略者的大举进攻和中国人民的全面抗战开始后，国民政府为保存作战实力，并减少国民的无谓牺牲，遂将政府机关撤离华北、华中和华南等战区的城镇，转移到西南，全力固守。1937 年年底，教育部也不得不迁到陪都重庆。

一、教育形势的严重变化

卢沟桥事变爆发后，日本帝国主义吞并中国的狼子野心暴露无遗。其对中国的野蛮侵略行径，使中国的教育事业陷入了一场空前的劫难。

1937 年 7 月 12 日，日军利用飞机大炮向天津进攻，战火中私立南开大学、民德中学片刻间化为瓦砾。南开中学、市立师范附属小学等教育机构，图书、仪器设备尽遭日本人抢掠和破坏。由于事变非常突然，天津教育机构毫无准备，“当时，平、津、京、沪各地之机关、学校，均以变起仓卒，不及准备，其能将图书、仪器设备择要移运内地者，仅属少数，其余大部随校舍毁于炮火，损失之重，实难数计”①。同时，日本关闭天津日租界各铁栅门，在各街口检查行人，在毗邻的地带堆积沙袋，设置鹿砦，置兵把守。临近南开大学的海光寺日本兵营则不断骚扰学校，携枪带炮到南开大学秀山堂前演习，而日本官员、特务等人以参观、访问为名，经常到学校惹是生非。他们提问题的方式，“就像背诵固定公式，矫揉造

① 教育部教育年鉴编纂委员会编：《第二次中国教育年鉴》第一编“总述”第二章“抗战时期教育”，商务印书馆 1948 年版，第 10 页。

作，诈情毕露"①。暑假前，日本特务竟公然要将学生自治会理事马大恢带走，时局日趋紧张。

7月30日子夜一点，日军悍然向南开大学开炮。当日下午，日机在南开大学上空投下一面作为标记的红旗，于是驻扎在海光寺的日军炮火更加猛烈。旋即日军的坦克车也开进了六里台。据中央通讯社当时从天津报道，是日下午2时，"日炮队亦自海光寺向南大射击，其中四弹落该院图书馆后，刻已起火"。"两日来日机在天津投弹，惨炸各处，而全城视线，犹注意于八里台南开大学之烟火。缘日方因二十九日之轰炸，仅及两三处大楼，为全部毁灭计，乃于三十日下午三时许，日方派骑兵百余名、汽车数辆，满载煤油到处放火，秀山堂、思源堂（以上为二大厦，均为该校之课堂）、图书馆、教授宿舍及邻近民房，尽在烟火之中，烟头十余处，红黑相接，黑白相间，烟云蔽天。翘首观火者，皆嗟叹不已。"② 南开大学的校舍基本被夷为平地，师生财物损失惨重，学校珍贵图书被洗劫一空。卢沟桥事变不到一月，作为第一所罹难高等学校，损失的财产便达300万元（法币）。据南开大学档案馆藏1943年9月25日的统计资料称，南开大学沦陷期间损失的建筑物、图书、标本、仪器设备等，总价值为6 630 400元（战前价值），占当时全国高等学校全部战争损失的1/10。③ 南开大学校长张伯苓发表谈话说："被炸者为南开之物质，而南开之精神将因此而益奋励。"④

战争使得天津教育陷于瘫痪。卢沟桥事变前，天津市共有高等学校6所，当时各校建筑、设备均已颇具规模，图书馆藏书丰

①③ 赵宝琪等主编：《天津教育史》上卷，天津人民出版社2002年版，第363、364页。

② 《中央日报》1937年7月31日。转引自南开大学校史编写组编：《南开大校史（1919—1949）》，南开大学出版社1989年版，第230页。

④ 中央教育科学研究所编：《中国现代教育大事记》，教育科学出版社1988年版，第371页。

富，学生人数达 1 000 多人。除首当其冲的南开大学外，北洋工学院因位于由平入津必经之路，被日军侵占作为兵营之用。除事先抢运出寄存在英租界兴华公司的 200 箱仪器设备、图书资料、实验药品外，均化为乌有。河北水产专科学校被迫停办，日军将其校舍改作军械制造厂，学校的一切设施损失殆尽。河北省立工业学院被日军强行解散，校舍改作伤兵医院。其师范部及中学部学生分别商洽收容于私立耀华中学、圣功中学，小学部商洽迁于志达小学继续上课。

8 月下旬至 10 月初，暨南、复旦、同济、中央、中山各大学相继被日军轰炸，校舍被毁，师生伤亡惨重。截至 10 月 20 日，已有南开大学、河北女子师范学院、河北工学院、河北医学院、河北农学院、同济医学院、复旦大学、暨南大学、大同大学、大夏大学、商学院、法政学院、持志学院、正风学院、东南医学院、同德医学院、音乐专科学校、商船学校、体育专科学校、中央大学、工业专科学校、南昌医学专科学校、广州中山大学等（北平的学校尚未统计在内）23 校被毁，损失共约 21 036 842 元。①

我国教育界强烈谴责日军的暴行。中山大学校长邹鲁表示："敌人轰炸之弹愈烈，吾人之敌忾愈炽。" 8 月 31 日，中央大学校长罗家伦向日内瓦知识合作委员会陈讼。11 月 1 日，浙江、交通、暨南等大学校长致电正在比利时开会的九国公约各国代表，要求对日本摧残中国文化的行径予以制裁。11 月 2 日，教育部长王世杰致电："九国会议开会在即，拟用全国教育领袖数十人名义，将日军摧毁教育实况，宣告中外。"② 11 月 5 日，教育部代发蔡元培、

① 中央教育科学研究所编：《中国现代教育大事记》，教育科学出版社 1988 年版，第 376 页。

② 高平叔撰著：《蔡元培年谱长编》第四卷，人民教育出版社 1998 年版，第 407 页。

张伯苓和胡适等102名中国文化教育界领袖联名发表的《日本破坏我国教育机关之英文事实声明》，向全世界揭露日军毁我文化教育的罪行。中央社南京5日电文指出："自芦沟桥事变后，三月以来，日本军队在我中国各地，利用飞机大炮，毁灭我各级教育机关，业已指不胜屈，此实为日方最恶之暴行，且亦为世界文明上之最大污点。"《声明》指出："北自北平，南迄广州，东起上海，西迄江西，我国教育机关被日方破坏者，大学、专门学校有二十三处，中学、小学则不可胜数。仅以大学而论，其物质上损失……则无法计算，诚所谓中国三十年建设之不足，而日本一日毁之有余也。……日本此种举动，实为对于文明之大威胁，应请世界开明人士，协同我国，一致谴责。如果此种威胁不能制止，则世界将无进步与和平之可言，且以为迟疑不决，即不啻与侵略者以鼓励。惟有举世决心，实施有效制裁，始为保障文明最简便最迅速之唯一方法。"①

鉴于卢沟桥事变后短短三个月内教育出现的严重变化，教育部及时采取积极的应对措施，以共济时艰。

二、教育部组织机构调整

日本帝国主义的疯狂侵略，严重破坏了发展中的中国教育。在全民抗战的伟大洪流中，教育部承担着振奋民族精神、鼓舞抗日斗志的历史使命，又承担着培养建设人才、服务建国事业的长远职责。正因为如此，教育部对部内的组织结构迅速作出调整。

① 高平叔编：《蔡元培全集》第七卷，中华书局1989年版，第191—192页。

（一）临时应对措施的出台

1937 年 8 月 27 日，教育部为紧急应变，颁布了《总动员时督导教育工作办法纲领》，指示战事迫近时各级教育的应对处理办法。要求全国各地各级学校“务力持镇静，以就地维持课务为原则”；各级学校的教育和训练，“应力求切合国防需要，但课程之变更，仍须遵照部定范围”。各级学校的教职员和大中学生，“得就其本地成立战时后方服务团体，但须严格遵照部定办法，不得以任何名义妨害学校之秩序”。① 战争尚未涉及之地的学校，要“尽可能范围内，设法扩充容量，收容战区学生”。《纲领》指出：“中央及地方主管教育行政机关，对于战区内学校之经费，得为财政紧急处分，酌量变更其用途，必要时并得对于其全部主管教育经费，为权宜之处置，以适应实际需要。”② 并指示各级教育行政机关，“应设法使其组织完密，对于教育行政主持人员之人选，尤应特别慎重选定，务使其能上下沟通，活动灵敏，以达身手臂指使用之效”③。蒋介石曾提出教育的应对方略：“我们决不能说教育部可遗世独立于国家需要之外，关起门来不管外边环境，乃至外敌压境，还可安常蹈故，一些不紧张起来。但我们也不能说因为在战时，所有一切学制、课程和教育法令，都可以搁在一边，因为在战时，我们就把所有现代的青年，无条件的都从课室、实验室、研究室里无目的的去做应急的工作。我们为适应抗战需要，符合战时环境，我们应该以非常时期的方法，来达成教育本来的目的，运用非常精神，来扩大教育效果。”④

随着战火在全国各地迅速蔓延，战区日益扩大，沿江、沿海各

---

①②③ 教育部教育年鉴编纂委员会编：《第二次中国教育年鉴》第一编“总述”第二章“抗战时期教育”，商务印书馆 1948 年版，第 10、10、13 页。

④ 转引自陈立夫：《战时教育行政回忆》，台湾商务印书馆股份有限公司 1973 年版，第 12 页。

省区教育比较发达者，敌人之蹂躏更加强烈。专科以上学校纷纷迁移到后方，中等学校亦多择地迁避，小学校则维持于敌人到达之前数小时，教员方携其教具避难偏僻的乡村。这显然牵制了国民政府相当的精力，“此种播迁流徙情形，遂使国民政府成立以来，历年在教育上所建立之基础，损毁过半”①。鉴于战争局势导致教育形势的严重变化，教育界人士颇主张变更教育制度，以配合抗战需要，谓高中以上学校与战事无关者，应予改组或即停办，俾师生应征服役，保卫国家。即初中以下学生未及兵役年龄，亦可变更课程，缩短年限。1937 年 12 月，南京撤守后，战时教育议论更是不绝于耳。这实在是中国教育存亡绝续之交。国民政府和教育部详加考虑，认为抗战既属长期，各方面人才，直接间接均为战时所需要。中国大学教育本来就不甚发达，每 1 万国民中，仅有大学生 1 人，与美英教育发达国家相差甚远。为自力更生抗战建国之计，原有教育必得维持，否则后果将更不堪。国民政府要员认为，中国人口之众，尚无立即征调大中学生的必要，所以应当坚持“战时须作平时看”的教育方针，应有各种临时措施出台，但一切仍以维持正常教育为其主旨。陈立夫 1938 年 3 月接长教育部后，发表《告青年书》，声明：“（一）青年愿从事军事工作者，送往军事工作地点；（二）认为不适合军事工作者，送往学校；（三）无论在何期学校肄业之青年，遇国家需要时，应随时放弃书本，以应国家征调。”②

为了应对战时教育的重大变化，1938 年 4 月，国民党临时全国代表大会通过《战时各级教育实施方案纲要》。这是抗战时期发展教育的法规准绳和全面抗战时期教育部的施政纲领。《纲要》云：“一、改订教育制度及教材，推行战时教程，注重于国民道德之修

①② 教育部教育年鉴编纂委员会编：《第二次中国教育年鉴》第一编“总述”第二章“抗战时期教育”，商务印书馆 1948 年版，第 10 页。

养，提高科学之研究，与扩充其设备。二、训练各种专门技术人员，与以适当之分配，以应抗战需要。三、训练青年，俾能服务于战区及农村。四、训练妇女，俾能服务于社会事业，以增加抗战力量。"① 与此同时，又订立了《战时各级教育实施方案纲要》，并提出实施的九大方针。《纲要》共有十七要点，其具体内容包括酌量变通学制、各级学校迁移、师资训练、教材和各科科目整理、制定训育标准、社会教育设施、中等以上学校的管理、学校教育经费及建筑，以及教育行政和留学教育诸问题。九大方针是："（一）三育并重。（二）文武合一。（三）农村需要与工业需要并重。（四）教育目的与政治目的一贯。（五）家庭教育与学校教育密切联系。（六）对于吾国文化固有精粹所寄之文学哲艺，以科学方法加以整理发扬，以立民族之自信。（七）对于自然科学，依据需要，迎头赶上，以应国防与生产之急需。（八）对于社会科学，取人之长，补己之短，对其原则整理，对于制度应谋创造，以求一切适合于国情。（九）对于各级学校教育，力求目标之明显，并谋各地平均之发展；对于义务教育，依照原定期限以达普及；对于社会教育与家庭教育，力求有计划之实施。"②

教育部为了应付时局，落实国民政府和国民党临时全国代表大会通过的一系列教育政策，采取了一系列措施实施战时教育。在初等教育方面，创设新的国民教育制度，熔合义务教育与失学民众补习教育于一炉。在中等教育方面，除尽力设法维持各地原有中学外，另办国立中学 48 所，同时输大量员生救济，并严格注意中学、职业、师范的比例发展。在高等教育方面，虽然建筑设备多遭损失，但并没有阻止发展。教育部有条不紊地完成了高等学校的西迁，维护了高等学校的正常教学，保护了民族发展的精血。

---

①② 教育部教育年鉴编纂委员会编：《第二次中国教育年鉴》第一编"总述"第二章"抗战时期教育"，商务印书馆 1948 年版，第 10—11、11 页。

（二）教育部组织法的修订与实施

1937年11月20日，国民政府宣布迁都重庆。迁出后不久，日本侵略者在南京制造了震惊寰宇的屠杀30万中国军民的事件。鉴于教育出现的前所未有的变化，要应对如此之危局，推行国民教育制度，督察国立中学教育，组织高等学校的搬迁等，教育部必须付出大量人力物力，故教育部组织法必须修订。

教育部的内部组织如何适应抗战形势的变化呢？1940年11月16日，教育部对组织法进行了又一次修订，修订的重点有四：

第一，将普通教育司一分为二，即中等教育司和国民教育司；裁撤大学委员会及华侨教育设计委员会；改会计室为会计处，置会计长1人。

第二，增加秘书人数，由过去的6人增至8人，其中2人简任，其余均为荐任；参事3～5人；司长6人；督学8～16人，其中4人简任，其余均为荐任；视察员16～24人，科员100～140人；技士2～4人。

第三，科长为荐任，其余科员、视察员及技士均为委任。

第四，根据事务上的需要，教育部得酌聘雇员。

1944年7月15日，教育部再次公布《修正教育部组织法》。其主要内容是增设人事处，改统计室为统计处，增加科长、科员、办事员，并规定必要时得增加聘任人员。整个教育部科长为22～30人，科员为120～180人。规定另增设办事员25～35人，必要时并得增加聘用人员20～32人。秘书维持原有6～8人的编制，其中3人为简任，其余为荐任。对教育部组织法的这些修订，体现了政府对中小学的重视，加强了对中小学教育的管理与规划。

抗战爆发后，教育部督导制度也在不断调整之中。1939年3月1—9日，教育部在重庆召开第三次全国教育会议，提案共有227件，决议125件，均是研究改进或加强各级教育行政以配合抗战建国的内容。其中便有督学制度改进方面的提案，经教育行政组议决的有《关于督学制度之改革案》和《现行督学制度之改革案》。1940 年 6 月，教育部恢复设置督学室。督学室设立后名称虽有变化，或称视导室，或称督学室，但这个机构一直发挥着督察作用。1941 年 6 月 30 日，教育部颁定《教育部视导规程》17 条，规定视导分定期与特殊、分区与分类两种，每年进行一次。视导区域和时间、任务由部长、次长核定。

抗日战争期间，教育部对教育督导工作给予了高度重视，这可从两方面得到证明：一是充实了大量督导人员，其力量比以前任何一个时期都要雄厚；一是多次颁行和修订有关教育督导的规章。1943 年 1 月 7 日，教育部第八次修正《教育部组织法》，裁撤视察员，督学由过去的 8～16 人增至 30～40 人，其中 4 人简任，6 人聘任，其余均为荐任。在督导立法上，卢沟桥事变后仅一月余的 8 月 27 日，教育部就颁布了《总动员时督导教育工作办法纲领》，对教育工作作了大致安排。为保证教育能够维持，《纲领》强调“中央及各省市教育经费，在战时仍应照常发给，倘至极万不得已有量予紧缩之必要时，在中央应由财、教两部协商呈准行政院核定后办理，在地方应由主管财教厅局会商呈准省市政府核定后办理”。“中央及地方主管教育行政机关，对于战区内学校之经费，得为财政紧急处分，酌量变更其用途，必要时并得对于其全部主管教育经费，为权宜之处置，以适应实际需要。”① 以后又于 1943 年 11 月 29 日颁布《教育部督学服务规则》。抗日战争结束后，教育部于 1945 年 11 月 7 日公布了《教育部聘任督学及专门人员选用规则》，并于当月的 13 日颁布《教育部设置边疆教育督导员的办法》，足见教育部对教育督导工作的重视程度。

---

① 教育部教育年鉴编纂委员会编：《第二次中国教育年鉴》第一编“总述”第二章“抗战时期教育”，商务印书馆 1948 年版，第 10 页。

抗日战争期间，《教育部组织法》曾四度修正，《教育部督导规程》也多次修订和增补，大体是遵循国民党临时全国代表大会通过的《战时各级教育实施方案纲要》提出的“各级教育行政机构，应设法使其完密”的原则。这四次修正相对于最初的《教育部组织法》而言，最明显的特点是扩大了编制，增加了人员。教育部的职员数相对于以前，不仅未因抗战之需紧缩，反而越发膨胀起来。相对于大学院的人员编制，几近多200人。抗战时期办教育与平时办教育有着很大不同，教育部又强调不能因为战争的原因而降低教育程度，故必然在人力和物力上加大投入，扩大编制，增加机构，以应急需。

1944年7月15日，重新修正《教育部组织法》，规定教育部于必要时得设各委员会，其组织以法律定之。除会议性的各委员会外，有国语推行、医学教育、侨民教育、国民教育、训育等委员会。各委员会依其组织条例或规程，分别设立主任委员、常务委员、专任委员、秘书、组主任、编辑、干事及助理干事等。教育部在1937年底撤离南京前，除会议性的各委员会外，其在部内原有的机构仍有国语推行、医学教育、侨民教育、国民教育、训育、学术审议、国民教育辅导研究、教育研究委员会等，并未因为抗战之故而取消或停止活动，而是从为建国储备人才的角度考虑，除1940年11月16日修正《教育部组织法》决定裁撤大学委员会及华侨教育设计委员会外，其余委员会均继续设置，一如既往地发挥其应有的作用。

1938年3月10日，国民政府行政院核定《教育部训育研究委员会规程》，规定训育研究委员会的任务是：“一、研究关于专科以上学校之训育实际问题；二、研究关于中等学校之训育实际问题；三、研究关于小学之训育实际问题；四、研究关于社会教育之训育实际问题。”①1938年8月10日，教育部公布《教育部教科用书编辑委员会章程》，规定其任务为：“一、拟订及审核教科用书及有关读物之编辑方针；二、计划中小学及民众学校教科用书之编辑事项；三、计划青年读物及民众读物之编辑事项；四、拟订本委员会各项章则事项……”②1940年5月8日，教育部修正公布《教育部边疆教育委员会章程》，决定“为谋推进边疆教育，调整各机关对于边教之设施起见”，组织边疆教育委员会。边疆教育委员会由教育部、蒙藏委员会各派主管人员2人，经济部、内政部、中央组织部、中央政治学校、中英庚款董事会各派代表1人，并由教育部聘请其他熟悉边疆教育情形的专家12～16人充任委员。其任务是：“一、研究边疆教育之办理原则及各项实际问题；二、筹拟并审议推进边疆教育各种方案；三、建议调整各边疆教育事业机关；四、建议调整各机关边教经费；五、指导边疆青年升学及就业。”③

在所有专业委员会中，美术教育委员会有较浓的为抗战服务的意味。1940年12月10日，教育部公布《教育部美术教育委员会章程》，规定其任务有12条：“一、规划美术教育推进事项；二、协助甄别美术教员事项；三、拟订各级学校美术课程及设备标准事项；四、审查美术作品及刊物事项；五、研究美术学术事项；六、调查保管美术作品事项；七、与国外交换美术作品事项；八、协助举办美术展览会事项；九、设计及制作美术物品（着重有关发扬民族意识之作品）事项；十、协助指导美术团体及视察美术教育事项；十一、其他有关美术设计事项；十二、议复本部交议关于美术教育事项。”④据这些专业委员会的情况看来，教育部中蔡元培强调教育学术化的流风余韵犹存。

---

①②③④ 宋恩荣、章咸选编：《中华民国教育法规选编》，江苏教育出版社2005年版，第67、70、72、73—74页。

抗战胜利后，国民政府于 1947 年 2 月 12 日再度修正公布《教育部组织法》。这是自 1928 年 12 月 7 日首次公布以来的第十次修正公布。《教育部组织法》规定教育部下设高等教育司、中等教育司、国民教育司、社会教育司、边疆教育司、总务司、国际文化教育事业处，以及会计处、统计处和人事处。各司的职掌与以前大同小异，但社会教育司和边疆教育司及国际文化教育事业处职掌则有不同。社会教育司职掌有很大扩充："一、关于家庭教育及补习教育事项；二、关于学校办理社会教育事项；三、关于低能及残废者之教育事项；四、关于文化团体之指导事项；五、关于民众教育馆事项；六、关于博物馆及科学馆事项；七、关于图书及保存文献事项；八、关于公共体育事项；九、关于音乐、戏剧、电影、播音及其他美化教育事项；一〇、关于其他社会教育事项。"边疆教育司掌管的事项包括："一、关于地方各级边疆教育之计划考核事项；二、关于部辖各级边疆学校之管理考核事项；三、关于边疆青年入学之奖励指导事项；四、关于边疆教育人才之储备训练事项；五、关于边疆教育之调查研究事项；六、关于其他边疆教育事项。"国际文化教育事业处的任务是："一、关于国际文化团体合作事项；二、关于国际间交换教授及学生事项；三、关于国外研究及考察事项；四、关于国外留学生选派及指导事项；五、关于国际出版品交换事项；六、关于其他国际文化教育事项。"①

相对于 1944 年 7 月 15 日教育部公布的《修正教育部组织法》而言，1947 年 2 月 12 日公布的《教育部组织法》在职员人数上虽然有所压缩，但仍然显得比较膨胀。1944 年《组织法》中科长为 22～30 人，科员为 120～180 人，办事员 25～35 人，而 1947 年修订的《组织法》规定教育部设科长 22～24 人，科员 77～125 人，

① 宋恩荣、章咸选编：《中华民国教育法规选编》，江苏教育出版社 2005 年版，第 97 页。

办事员21～27人。两个《组织法》督学人数都是30～40人。相比之下，1947年的《组织法》职员人数虽然有所压缩，但职员数字仍是相当可观的。

1948年5月29日修正公布的《教育部处务规程》规定：高等教育司、中等教育司和总务司三司之下各分四科，国民教育司、社会教育司、边疆教育司三司之下各分三科，国际文化教育事业处分二科，会计处、统计处、人事处三处之下亦分三科。又规定另设教育资料研究室，下分二组。《规程》的颁布，对于教育部组织的规范化和法制化，有一定积极意义。

教育部采取积极应对措施，使日本帝国主义的军事入侵并没有使中国文化教育中断，反而奇迹般地得到发展。原有的各级教育，虽因国土沦陷，幅员缩小，以及人力物力维艰，非但没有萎缩，还有些学校在数量上大有增加。这对于学术文化的延续与发扬，建国人才的培育，以及对于当时抗战所需专门技术人才的供应，都有积极作用。为了更好地说明问题，兹列出抗战前的1936学年度和抗战即将结束的1944学年度的教育基本情况比较表（见表5-1）。

表5-1　1936学年度和1944学年度学校基本情况比较表

项目	1936学年度	1944学年度	增减数目
专科以上学校			
校　数	108	145	+ 37
教员数	7 560	11 207	+ 3 647
学生数	41 922	78 909	+ 36 987
毕业生数	9 154	12 078	+ 2 924
大学研究所			
所　数	22	49	+ 27
学部数	35	87	+ 52
研究生数	75	422	+ 347

续表

项目	1936学年度	1944学年度	增减数目
中学			
校　数	1 956	2 759	+ 803
教职员数	41 180	67 477	+ 26 297
学生数	482 522	929 297	+ 446 775
毕业生数	76 864	212 783	+ 135 919
师范学校			
校　数	814	562	−252
教职员数	10 222	13 347	+ 3 125
学生数	87 902	157 806	+ 69 904
毕业生数	24 162	26 808	+ 2 646
职业学校			
校　数	494	424	−70
教职员数	8 645	9 811	+ 1 166
学生数	56 822	76 010	+ 19 188
毕业生数	10 294	14 030	+ 3 736
国民学校数			
校　数	320 080	254 377	−65 703
教职员数	742 871	655 611	−87 260
学生数	18 364 956	17 221 814	−1 143 142
毕业生数	2 166 377	3 871 688	+ 1 705 311

资料来源：陈立夫著《战时教育行政回忆》，台湾商务印书馆股份有限公司1973年版，第13—14页。

根据表 5-1 可知，虽然抗日战争给中国人民带来空前劫难，给中国教育带来毁灭性的打击，但是在教育部的精心组织下，不仅将损失降低到最低程度，而且专科以上学校、大学研究所和普通中学还有比较大的发展，这是非常令人欣慰的。因为抗日战争之故负增长的主要是职业学校、师范学校和国民学校。师范学校虽然校数上有所减少，但教职员数和学生数、毕业生数都有增长，这说明师范学校的学生容量有大幅度增加，以挽救战区师范学校不得不停办带来的损失。职业学校和国民学校虽损毁严重，但是职业学校同样是通过增加每所学校的容量来补救抗日战争造成的损失，因而教职员数、学生数和毕业生数都是正增长的。国民学校数受到很大的影响，这也是无法避免的。

（三）教育部长的更易

“七七”事变后，国事日非，教育的维持和发展进入十分艰难的阶段。当时的教育部长是王世杰，他于 1933 年 4 月 21 日出任教育部长，任内卢沟桥事变爆发，正赶上教育发展的艰难岁月。他“以三事自勉，并告全体同人：一、促进职业教育之发展；二、谋中央及地方教育费之独立；三、促公务员考试制度之普及，为青年求正当之出路，并图鼓励在校学生之努力”①。他继承大学院的学术与教育并重的传统，稳健地规划和统筹推进各级教育和学术研究事业，教育得到了较快发展。之所以有如此成绩，是与教育部积极筹措教育经费分不开的。这也是王世杰最感欣慰的。这一点，他在 1936 年的一次演讲中曾经提到：“三四年来，岁有增益，则为可喜之事实。……尤有一事，吾人极引为欣慰，即四年以来，中央直辖各校之经费，从未短欠，此实为民国以来空前之记录。高等教育之

---

① 《王世杰日记》（手稿本第一册），台湾中研院近代史研究所 1990 年编印，第 1 页。

整理工作，倘稍有成就，此为主要原因。”① 但是，卢沟桥事变后，全面抗战开始，蒋介石以王世杰任外交部长，希冀他在外交上为中国的抗战争取较好的国际环境。有人说王世杰能力不足以对付教育面临的危局，当是没有充分根据的。

1. 陈立夫受命于危难之际

1938 年 1 月，陈立夫出任教育部长。中国人民八年抗战，他当了七年教育部长，是抗战期间担任教育部长时间最长的一位最高教育行政首脑。陈立夫回忆说：“我受命后的第一件事，便是部中人事的安排。原任的两位次长和总务司、高等司两位司长，以及主要秘书人员，都已随前任部长去职，各另有任务。我的人事政策是留任的概不更动，已去职的物色适当的人才补充。这第一着已经安定了部内人心。因为命令发表以后，部内人员以为我从事党务多年，势必多借重党里人才，而对部内人事大事更动。孰知我过去受命为中央党部秘书长时，我只带了一位秘书去的。我自己不分人我，人家的人自然可为我所用了。我用人惟才，一秉大公，对于在职人员，一概留任。这样便安定了人心，保证了事务行政的稳定性和继续性，而不至减少工作效率。”② 他依王世杰联合各派的成规，仍用温和派朱经农为政务次长，以张道藩任常务次长，实权在握。联合任用东大、北大、北师大等教育界人士，譬如，以北大教授吴俊升为高教司长，以东大曹刍任中教司长，以北师大王星舟任社会教育司长，以无党派人士顾树森任国民教育司长。各省教育厅长亦兼顾各派系人士，力争兼收并蓄，照顾各方。莅职后，立即采取两大措施：一是制定战区高等学校西迁策略，继续指导和组织高校西

① 王世杰：《训政时期约法与最近教育工作》，黄季陆主编：《革命文献》第 54 辑，中国国民党中央委员会党史史料编纂委员会 1971 年印行，第 374—375 页。

② 《进教育部后的人事安排》，陈立夫著：《战时教育行政回忆》，台湾商务印书馆股份有限公司 1973 年版，第 5 页。

迁；二是继续设立国立中学，收容战区中学及师范学校学生，以解决战区流浪到后方的教师的工作和学生的学业问题。他在《战时教育行政回忆》一书中回忆说："我初接任部长时，所面临的有两大问题亟须立时解决的：第一问题是战区逐渐扩大，原有学校员生不能在原地进行教学，纷纷内迁，流亡在途。除紧急救济外，此等学校，究是迁地续办呢，还是即予停办？后方学校，因战事影响，究是继续办理呢，还是予以紧缩归并？这是战时教育亟须解决的'量'问题。第二问题是关于教育之'质'的问题。……我当时根据抗战与建国双管齐下的国策，认为建国需要人才，教育不可中断；并且即在战时，亦需要各种专技人才的供应，有赖学校的训练。……遂决定学校数量不仅不应减缩，并且依据需要，还需相当扩展。此为对于量之问题之解答。关于质的问题，我认为正常教育仍应维持，为建国预储人才；但为适应军事需要，应加特殊训练以备随时征召。"①

朱家骅曾经对王世杰和陈立夫两任教育部长的工作作过评价。他说："本人此次继王雪艇、陈立夫两先生，重长教部，王、陈两先生又曾是我的后任。王先生坚实稳健，五年之中，各级学校俱多改进，学术方面颇多进步。陈先生继王先生长部七载，教育事业，大为开展，战时学校内迁，尽力维护，使后进青年，弦诵不绝。其适应国家需要，两先生在部时，都能完成其使命，此为我所十分钦佩者。"② 这一评价还是恰如其分的。

2. 朱家骅再任教育部长

1944 年 12 月 3 日，朱家骅再任教育部长。他在就职演说中提

① 《战时教育政策、方针与方案的订定》，陈立夫著：《战时教育行政回忆》，台湾商务印书馆股份有限公司 1973 年版，第 10—11 页。

② 《第二次任教育部长就职致词》，王聿均、孙斌编：《朱家骅先生言论集》，台湾中研院近代史研究所 1977 年版，第 170 页。

出了六点计划：第一是“集中力量，先谋教育事业的安定，不独安定教职员及学生的生活为然，尤以安定教职员及学生的生活为始”；第二，动员知识青年从军，在短期内积极推行，普遍开展，努力完成；第三，安顿战区学校员生；第四，务使学术的进步，青年的学业得以兼顾；第五，培养尊重学术人才与学人的风气；第六，开展国际学术合作，促进科学本身的进步，“使全世界爱好和平的国家，沟通彼此生活方式的了解”。① 朱家骅此次担任教育部长，主持修订《教育部学术审议委员会科学研究奖助办法草案》。他上任伊始，调朱经农任上海商务印书馆总经理，调顾树森为上海中华书局总经理，以戴传贤的得力助手杭立武为政务次长，又以国民党中央组织部党员训练处长田培林任常务次长。1945 年 8 月 15 日，日本宣布无条件投降，他向日伪统治区教育界发表广播讲话，电颁《战区各省市教育复员紧急办理事项》，要求“暂维现状，听候接收”。他在广播讲话中指出：“大后方的教育界同仁、学术界同仁、文化界同仁，过去的耕耘，已有收获，未来的努力决不浪费，毋为求全的责备，而失自己的信心，随着‘抗战必胜’的兑现，从速去求‘建国必成’的证实。……最后，我还要想重提原子炸弹，及其背后所依的一切学术，想请大家注意。我们的学术文化，程度差得太远，如果要使国家地位不再下坠，我们的各级教育，还得力求充实，迎头赶上！”②

国民政府还都南京后，朱家骅主持教育复员工作。他在全国教育善后复员会议的开幕词上指出，希望会议代表对几个急需解决的问题提出具体意见：第一，迁移后方教育机关的复员问题；第二，

① 《第二次任教育部长就职致词》，王聿均、孙斌编：《朱家骅先生言论集》，台湾中研院近代史研究所 1977 年版，第 170—171 页。

② 《敌人投降时对教育界学术界文化界同仁广播词》，王聿均、孙斌编：《朱家骅先生言论集》，第 174—175 页。

"收复区和光复区教育的整个问题"；第三，留在西南西北各级教育机关的继续发展问题；第四，鼓励和救助退役与失学青年之就学与复学问题。在学校的分布问题上，他反对"把复员看作恢复战前的状态"的主张，认为"应该求进步，所有的学校，那［哪］些应该留在后方？那［哪］些应该搬到什么地点？都应该有彻底的打算"。① 在学校内迁的问题上，主要有两种不同的观点：一是侧重于全国教育的平衡发展，在学校分布上主张合理地调整；一是侧重于个别学校本身的发展，在地域的分布上，注重个别学校的便利。朱家骅则提出了很值得重视的观点，他说："我们仍然希望大家多多注意广大的西南和西北，有些学校能够留在这两个区域内的，最好自动的留下来。"② 朱家骅还利用教育善后机会厘清各级学校的质量、师资问题、课程问题、国民教育机会均等问题、法规整理等，为战后教育重建奠定了较好的基础。

朱家骅在抗日战争胜利后复员善后时期制定出教育管理的九大原则，即："一、专科以上学校作合理迁移与分布，因战事停顿而具有历史之学校应予恢复。二、国立中等学校分别交省办理，战区学生遣送还乡。具有特殊性之学校，仍酌量保留国立。三、籍隶收复区之教员继续在后方七省学校服务，应设法予以鼓励。四、战时服务后方而籍隶战区之教育人员无力还乡者，政府应设法予以资助。五、积极建设西安、成都、昆明、兰州四地之教育机关，俾五年内得树立为西南、西北之文化中心据点。六、收复区各级学校之教员应予以甄审，分别追认其资格。七、收复区中等以上学校学生应予以甄审，并设法维持其学业，已毕业者经甄审后追认其资格。

① 《全国教育善后复员会议期间纪念周讲词》，王聿均、孙斌编：《朱家骅先生言论集》，台湾中研院近代史研究所 1977 年版，第 180—181 页。

② 《全国教育善后复员会议闭幕致词》，王聿均、孙斌编：《朱家骅先生言论集》，第 184 页。

八、被敌劫掠之公私古物、图书，及各种文献、艺术品，应速清理收回，并责令战罪国家赔偿损失。九、中等以上学校战时服役学生应予以复学与转学之便利，失学青年继续予以救济。”① 保证了教育复员和善后工作有条不紊地进行。

1946 年 11 月，中国组团赴巴黎出席联合国教科文组织召开的有中、美、英、法等四十余国参加的第一届大会，朱家骅为代表团团长，代表有赵元任、程天放、李书华、竺可桢、陈源。朱家骅代表中国提出了《就各地需要设立教科文组织区域办事处》、《设立委员会，草拟“世界尊师约章”》、《在中国设立应用数学研究所》、《设立委员会，计划翻译中国、印度及其他国家的重要名著》和《设立委员会拟制联合国教科文组织歌曲一首》五项提案。1948 年 12 月，朱家骅卸教育部长职。

1946 年全国大、专学校因“法币”大贬值，学生供给膳食奇绌，爆发“反饥饿运动”②，从南京以至北平、上海、重庆、河南等地，都发生了教师罢教、学生罢课的严重局面。朱家骅则采用粗暴手段镇压学潮，从而恶名传遍了全国各地。

3. 南京国民政府最后一任教育部长杭立武

杭立武为安徽滁县人，1922 年毕业于金陵大学，次年考入英国伦敦大学政治经济学院，获硕士学位，后任美国威斯康星大学研究员。一年后归国，任考试院编纂兼金陵大学教授，当时仅 24 岁。

---

① 中央教育科学研究所编：《中国现代教育大事记》，教育科学出版社 1989 年版，第 551—552 页。

② “反饥饿运动”，1947 年国统区爆发的反对国民党黑暗统治的学生运动。5 月 4 日，上海各校学生举行游行示威，反对内战，运动扩大到南京、北平、杭州、沈阳、开封等地。5 月 20 日，京、津、沪、宁等地学生，分别举行反饥饿、反内战、反迫害大游行，许多教授也参加了。南京政府在南京、天津野蛮镇压游行示威的学生，殴伤和逮捕学生一百多人，造成“五二〇”血案。

1930 年任中央大学政治学教授兼主任、中央研究院社会研究所名誉研究员，旋即担任中英庚款会总干事，长达 13 年之久。1937 年任金陵大学董事会董事长。抗战初任南京安全区国际委员会总干事，南京城沦陷后，大约有 25 万人在安全区受到庇护，免遭杀戮。还成功将 16 000 多箱珍贵文物安全转移到后方。1944 年任国民政府教育部次长，1948 年负责将不少文物运往台湾。1948 年 12 月，国民政府任命梅贻琦为教育部长。梅未就职，由政务次长陈雪屏代理部务。1949 年 4 月，杭立武任教育部长。杭立武决定由曾任高教司长的吴俊升任政务次长，共同负责部务；又以黄龙先任高教司长。这样迁台前的教育部，是清一色的留美派。

杭立武接任教育部长之时，国民党军队节节败退，所以对后方的教育，已无心擘划。1949 年 9 月 3 日，中华人民共和国成立前夕，国民政府教育部在广州召开教育行政检讨会议。国立专科以上学校校长和院长、省市教育厅长和局长、教育部人员共 30 多人出席会议。会议收到议案 22 件，内容主要为增加教育经费和整肃学风等。① 随着中国人民解放战争的节节胜利，教育部主要致力于迁台工作，并无作为。

自卢沟桥事变到 1949 年南京国民政府垮台、中华人民共和国成立，国民政府教育部共历 12 年，教育部长一席更换过 4 次。他们在中华民族生死存亡的危难之秋执掌教育部，这是近现代有史以来教育发展最为艰难的时刻，特别是王世杰、陈立夫两位教育部长，在抗日战争期间能够惨淡经营，使各级教育得以维持，非但没有中断教学活动和学术研究活动，人才成长未出现断层，且有相当程度的发展，特别是高等教育的发展更令人惊讶，为抗日战争的胜利作出了重要贡献，为文化的传

① 宋恩荣、章咸选编：《中华民国教育法规选编》，江苏教育出版社 2005 年版，第 644 页。

承所做的工作彪炳千秋。

（四）教育部的兴革举措

抗日战争期间，国民政府教育部在极端困难的情况下，配合抗战及抗战后教育出现的种种新情况，为中华文化的继往开来，延续中华民族的生命，保存中华文化做了许多有益的工作，为教育的发展保存了生生不息的活力。抗战结束后，教育部先是忙于教育复员，尽管复员有诸多值得肯定之处，但毕竟没有较好地落实教育复员计划。其后随着国共内战的不断升级，国民党军队的节节败退，教育部已经没有昔日擘划和推进教育革新的虎虎生气，而是集中力量敷衍和忙于教育部的迁台。

1. 推进战时社会教育

卢沟桥事变后，国民政府要求社会适应抗日战争的新形势，以为抗日战争的最终胜利服务，教育部遂对社会教育的功能作了调整：一是积极发挥社会教育民众运动的便利作用；二是适应和满足战时生产的需要。

1939 年 4 月，教育部重新颁订了《民众教育馆规程》和《民众教育馆工作大纲》，对民众教育馆的编制和工作职能进行了较大调整。《规程》规定，民众教育馆的宗旨是“实施各种社会教育事业，并辅导各该地区社会教育的发展。各省应划分若干民众教育辅导区，每区设省立民众教育馆一所。民众教育馆应辅导或协助各该区内社会教育机关，联系公私立小学并兼办社会教育事宜”①。当年秋，教育部便在重庆青木关设各省民众教育馆馆长训练班，对主要干部的知识和技能进行强化训练。为给民众教育馆的工作进行卓有成效的指导，各省专门设置了行政督察员，具体负责巡视各地民

① 中央教育科学研究所编：《中国现代教育大事记》，教育科学出版社 1989 年版，第 414 页。

众教育馆民众教育的实施情况。

教育部为了推进民众教育，除原有国立社会教育机构予以恢复巩固外，还在战时创设了很多社会教育机构。1942 年，在重庆筹设中央民众教育馆；次年在兰州筹设国立西北图书馆，后改为国立兰州图书馆；1944 年，在重庆筹设中央美术馆，在甘肃设立国立敦煌研究所。这些民众教育机构与其他机构不同，都是白手起家，“凭空缔造”。陈立夫回忆说：“初创之时，未免简陋，但逐渐经营颇具规模。在悬格过高者看来，未免因陋就简，但我的政策是‘先求其有，再求其好’。由无而有，由有而好，乃是一切事业发展的途径。如悬格过高，先不能有，那［哪］可能好？尤其在战时一切物力、人力维艰，如只求好，则将一事不能兴办。我主持教育行政，不仅对于社教机构的创办，取由有而求好的政策，对于其他教育事业，也莫不如此。战时教育不仅未萎缩，且有蓬勃气象，莫非由于采取这个政策。”①

运用电化教育推进民众教育，这是战时的有力武器。无线电播音和电影、幻灯放映的运用，在抗战前已经采用。抗战爆发后，教育部将原有两委员会合并为电化教育委员会。先在教育部社会教育司下特设一科主管电化教育，1938 年 2 月，教育部通饬各省市一律设置电化教育服务处，以扩大原有播音教育服务处的工作范围，经费困难的省份由中央拨款补助。在抗日战争时期战区错落，交通和通讯极度困难的情况下，电化教育对于推进民众教育有着明显的作用。到 1943 年 10 月，除战区外，大后方 18 省市均已按要求设置。中等以上各级学校及省级社会教育机构均设置了收音室，中等以下的学校和县市级社会教育机构 20%设置此设备，人们能够及时收听中央电台播放的抗日战报与战时动员节目。在电影手段运用

① 陈立夫著：《战时教育行政回忆》，台湾商务印书馆股份有限公司 1973 年版，第 38 页。

方面，1942 年创设中华教育电影制片厂，并成立电化教育巡回工作队，分赴 19 省市巡回示范。截至 1944 年 12 月，共成立 52 个工作队。其时电化教育器材甚为缺乏，教育部勉筹外汇逐年购发收音机交各省市应用，并在教育部成立幻灯制造室，试制植物油幻灯机及电石幻灯机，镜头即用国产玻璃，用水力及人工磨制，可放映玻璃幻灯片。由于多方面的原因，影片制作非常困难，幻灯片便大显神通，其内容主要是民族英雄和爱国主义人物等。

借助学校的力量办社会教育，这是抗日战争时期社会教育的重大举措。1938 年 5 月，教育部颁布《各级学校兼办社会教育办法》，规定各校（不含六级以下小学）应于校内成立社会教育推行委员会，由县市相应社会教育委员会统筹管理，各师范院校和民众教育馆加强辅导，中央适当补助经费。之所以采取此办法，是因为民众教育馆刚刚成立，师资力量和仪器设备都远逊于各级学校，因而此举能够保障学校资源的综合利用，收到更为广泛的效益。到 1944 年，参加社会教育工作的中学教师有 6 192 人，学生有 83 579 人；小学教师达 71 563 人，学生为 559 562 人，河南大学等也参与了社会教育工作。1940—1945 年各级学校办理的社会教育情况见表 5-2。

表 5-2　1940—1945 年各级学校办理的社会教育情况

项目 年度	成人班		妇女班	
	班级数	学员数	班级数	学员数
1940 年	75 182	2 550 343	32 487	1 360 758
1941 年	122 615	4 540 969	57 388	1 862 921
1942 年	138 586	4 857 745	65 738	2 288 195
1943 年	183 867	5 638 411	83 303	2 824 586
1944 年	176 858	5 638 411	93 454	2 676 155
1945 年	153 578	5 116 484	79 025	3 013 042

资料来源：李华兴主编《民国教育史》，上海教育出版社 1997 年版，第 708 页。

此外，抗日战争时期，教育部在扫除文盲方面也取得了相当的成就。据 1944 年统计，后方 19 省市共收教成人数为 8 672 115 人，外加历年扫除文盲数 47 316 541 人，共扫除文盲 55 988 655 人。“此虽距清除文盲之目标尚远，但已尽相当之努力，而获有可观之成效。”①

2. 清理战区教育存款

战时各项事业经费均十分紧张，教育经费尤其囊中羞涩。教育部为了使战区教育救济事业得以妥善维持，并谋经济上之通盘计划起见，在 1938 年 2 月 16 日以教育部通令颁布《清理战区各省市教育存款办法》12 条。《办法》规定：教育部对战区各省市教育行政机关及各学校现有存款得随时予以清理；清理完竣后，除教育部核准的正常开支外，应将全部款额专户存储，负责保管，仍用于各该省市的教育救济事业，不得移挪。

清理的范围属于教育厅局及机关者有五点，即：（1）教育部拨发之义务教育经费、生产教育经费和边疆教育经费所剩余的款项；（2）中央协款内未经发放未曾支配罄尽之余款；（3）各省市教育专款或教育金项下之存款；（4）照各省市预算应存的结余款额；（5）未曾动用的经常费、临时费、事业费和设备费等。

清理教育存款的范围，属于省立学校及社会教育机关的，亦包括五点，即：（1）历年节余未经呈缴之存款；（2）未经动用的建设费；（3）未经支付的经常费；（4）未经呈缴的学费及学生保证金；（5）其他余款或者杂费。

《办法》规定：战区各省教育行政机关及各学校各项存款的清理事宜，由教育部令各该省市教育厅局设立某省或某市教育存款清理委员会清理之。清理的手续分为调查、登记、接收、保管四步，

① 陈立夫著：《战时教育行政回忆》，台湾商务印书馆股份有限公司 1973 年版，第 42 页。

委员会应将办理情形随时呈部备案。委员会成立后，凡是有存款的机关或学校，其主管人员应负责共同清理，所有账簿、存单、票据、印鉴等项，必须在调取时立即缴送，不得借口推诿；经办的会计人员，有协助清理的义务。存款清理完毕后，除经部核准的正当开支外，应将全部余款专户存储，负责保管，以仍用于各该市的教育救济事业为原则，不得挪作他用。

每每在教育经费拮据之时，出现教育经费悄悄流失被侵吞、挪用、浪费等问题。因此，抗战期间的教育款产清理，对于教育经费的合理使用，防止教育界的腐败，是有现实意义的。

3. 实施战时教育

1938 年 4 月，国民党临时全国代表大会制定《战时各级教育实施方案纲要》，提出了战时教育①“九大方针”及实施的“十七要点”。

“九大方针”是：(1) 三育并进；(2) 文武合一；(3) 农村需要与工业需要并重；(4) 教育目的与政治目的一贯；(5) 家庭教育与学校教育密切联系；(6) 对于吾国文化固有精粹所寄之文学哲艺，以科学方法加以整理发扬，以立民族之自信；(7) 对于自然科学，依据需要迎头赶上，以应国防与生产之急需；(8) 对于社会科学，取人之长，补己之短，对其原则整理，对于制度应谋创造，以

① 战时教育，抗日战争时期国民政府推行的教育方针政策。“七七”事变后，教育部于 1937 年 8 月 27 日颁布《总动员时督导教育工作办法纲领》，要求全国各地各级学校及其他文化教育机关“务力持镇静，以就地维持课务为原则”，一切以维持正常教育为主旨。1938 年 4 月，制定《中国国民党抗战救国纲领》，同时颁行《战时各级教育实施方案纲要》，推行“教育目的与政治目的的一贯”和管理上的“严格主义”。为维护战时教育，国民政府采取了部分重点大学合并内迁、对中等以上学校无经费来源的学生给以贷金、增设公立学校等应变措施。这些办法对于学校秩序维持及教育的发展，起到了一定的保障作用。

求一切适合于国情；(9) 对于各级学校教育，力求目标之明显，并谋各地平均之发展。对于义务教育，依照原定期限以达普及。对于社会教育与家庭教育，力求有计划之实施。①

《纲要》提出的“十七要点”是：(1) 对现行学制大体应仍维持现状，唯遇拘泥模袭他国制度过于划一而不易施行者，应酌量变通，或与以弹性之规定，务使因事制宜，因材施教，而收实际效果。(2) 对于全国各地各级学校之迁移与设置，应有通盘计划，务与政治经济实施方针相呼应。(3) 对师资之训练，应特别重视，而亟谋实施。(4) 对于各级学校各科教材，应彻底加以整理，使之成为一贯之体系，而应抗战与建国之需要，尤其尽先编辑中小学公民、国文、史地等教科书及各地乡土教材，以坚定爱国爱乡之观念。(5) 对于中小学教学科目，应加以整理，毋使过于繁重，致损及学生身心之健康。对于各大学、各院科系，应从经济及需要之观点设法调整，使学校教学力求切实，不事铺张。(6) 订定各级学校训育标准，并切实施行导师制，使各个学生在品格修养及生活指导与公民道德之训练上，均有导师为之负责，同时可重立师道之尊严。(7) 对于学校及社会体育应普遍设施，整理体育教材，使与军训童训取得连贯，以矫正过去之缺点；强迫课外运动，以锻炼在学青年之体魄，并注意学生卫生方法之指导及食物营养之充足。(8) 对于管理应采严格主义，尤注意于中学阶段之严格管理。中等以上学校一律采军事管理方法，养成清洁、整齐、确实、敏捷之美德、劳动服务之习惯与负责任、守纪律之团体生活。(9) 对于中央及地方之教育经费，一方面应有整个之筹集与整理方法，并设法逐年增加；一方面务使用得其当，毋使虚糜。(10) 对于各级学校之建筑，应只求朴实合用，不宜求其华美，但仪器与实习用具之设

① 教育部教育年鉴编纂委员会编：《第二次中国教育年鉴》第一编“总述”第二章“抗战时期教育”，商务印书馆 1948 年版，第 9 页。

备，应尽量充实，期达到规定之标准。(11) 各级教育行政机构，应设法使其完密，尤应重视各级督学工作之联系与效能；对各级教育行政人员之人选，以德行与学识并重，特别慎重铨衡。(12) 全国最高学术审议机关应即设立，以提高学术标准。(13) 改订留学制度，务使今后留学生之派遣，为国家整个教育计划之一部分；对于私费留学，亦应加以相当之统制，革除过去纷歧放任之积弊。(14) 中小学中之女生，应使之注重女子家事教育。并设法使学校教育与家庭教育相辅推行。(15) 督促改进边疆教育与华侨教育，并分别编订教材，养成其师资，从实际需要入手。(16) 确定社会教育制度，并迅速完成其机构，充分利用一切现有之组织与工具，务期五年内普及识字教育，肃清文盲，并普及适应于建国需要之基础训练。(17) 为谋教育行政与国防及生产建设事业之沟通与合作，应实施建教合作办法，并尽量推行职业补习教育，使各级干部人员均有充分之供给，俾生产机构早日完成。

1938年11月24日，行政院颁布《妇女战时教育实施办法》9条，规定各省教育厅会同国民党党部组织省妇女教育推行委员会；妇女教育在各校应于课程内注意讲授有关抗战的知识与技能；在各特设训练班，应同时注重公民训练、技术训练；对失学妇女应加授识字教育；技术训练得设救护、消防、交通、教养、宣传、情报、生产技术班等。

全面抗战需要全面实施战时教育。战时教育强调全面动员民力，全面训练民众，这是当时特殊需要决定的。动员和训练妇女参与抗战，这在中国战争史上尚属首次。

4. 推行国民教育

1938年以后，国民政府积极推行“新县制”。1938年9月19日，公布了《县各级组织纲要》及其“关系图”，规定县政府除警察事务在必要时可以设局外，一律设科。计设民政、财政、教育、建设、军事、地政、社会诸科。同时，提出了国民教育制度系统。

规定每乡镇设立中心学校，每保设国民学校，受教育者包括儿童、成人、妇女三部分人，使民众教育和义务教育打成一片。顾树森叙述这一制度说："乡（镇）长、乡中心学校校长及乡壮丁队长，保长、保国民学校校长、保壮丁队长，都分别暂以一人兼任。在教育、经济发达的地区，乡镇中心学校校长和保国民学校校长以专任为原则。乡镇中心学校教员，兼任乡（镇）公所文化股主任及干事；保国民学校教员，兼任保办公处文化干事。"①

"新县制"对于县以下各级组织机构采用"管、教、养、卫"四者合一的办法。"管"乃管理。1936年5月，蒋介石在南京地方高级行政人员讲习会上解释"管"说："所谓管者，简单言之，即执行法纪，纳民轨物之谓。"在操作层面上注意整顿党政关系。"教"者，一为强调教人以管理能力，培养有统治能力的行政人员；二是培养服从驯顺的臣民。正因如此，要建立各级由国民党控制的各种学校：在县一级应遍置中等学校，乡镇一级应遍置中心学校，保一级设立国民学校。"养"为注重农村经济，要治理好农村经济，建立农林场及合作社，举办农业仓库、合作金库或农民银行等。"卫"即加强地方的治安，积极发展壮丁队和民团，同时强化保甲组织。1944年12月的《乡镇维持治安须知》指出："维持治安最直接、最主要的工作是清查户口，管理民枪，实行联保连坐切结，严密巡哨及在与邻境毗连地带实行联防。"

国民教育实施不久，产生了两个问题。其一是地方教育行政的裁局并科问题。地方教育界认为，地方教育要发展，义务教育要推行，均有待于地方教育行政机构的加强，而裁局改科削弱了地方教育行政的力量，纷纷函电力争，国民政府只好决定裁局并科暂缓施行。经教育部国民教育司的再三努力，又利用国民参政会开会之

① 顾树森：《抗战时期国民党的反共教育》，《文史资料选辑》第17辑，中华书局1961年版，第149—150页。

机，通过私人关系，作出“调整地方教育行政机构，加强地方教育行政应恢复县教育局”的决议，先行恢复县教育局。其二是中心学校、国民学校校长专任和兼任问题。《县各级组织纲要》规定：“乡镇中心国民学校校长、保国民学校校长，以专任为原则；在经济、教育不发达的区域，乡镇长、保长、乡镇中心学校校长、保国民学校校长及壮丁队队长，暂以一人兼任之。”但实施起来根本行不通。正如顾树森所指出的：“在国民教育实施以后，各省市就借口地方人才、经费缺乏，一律以乡镇长兼任中心学校校长，保长兼任国民学校校长。而乡镇长、保长，多数是地方上鱼肉小民的地主、恶霸，不但缺乏常识，根本不懂教育，甚至有不识之无的。这些人当然会利用地位，任意动用学校经费，支配教职员人事，以乡镇公所的职员挂名兼任教员，支取干薪，或者委派不合格的亲戚朋友充任教员，其弊不一而足。因此，原任校长教职员纷纷离职而去，原来的小学教育也就无法维持，甚至只挂校牌而实际没有员生，成为空头学校了。”①

顾树森当时任国民教育司司长，他对校长专任问题竭尽全力抗争，再次动用私人关系，利用国民参政会第二届第一次大会的机会提出“凡中心国民学校、国民学校校长，应尽量改为专任”的建议。在第二届第三次大会上，又决定：“乡镇长兼任国民学校校长，不过一时权宜之计。惟乡镇保长学识资格，均不足胜任校长职权，自宜以专任为原则。本会于前次集会时，已有决议，应及早改善，以期完成普及国民教育计划。”②

教育部遂通令各省、市遵照办理。据顾树森回忆，当时，陈立夫感慨地说：“地方教育更困难了！”

国家在外强入侵、经济凋敝的境况下推行国民义务教育，其结

①② 顾树森：《抗战时期国民党的反共教育》，《文史资料选辑》第17辑，中华书局1961年版，第151、152页。

果是可想而知的。

5. 组织高等学校西迁

抗日战争爆发后，中国高等教育经历了巨大磨难。国民政府从“抗战建国”需要出发，将“战时当作平时看”，对高等学校的实施目标、系科调整、课程整理和教材编辑等，一一作了新的部署。教育部为了保存高等教育实力，使高等人才培养不绝如缕，采取了紧急应变措施，将集中在沿海城市的高等学校迁往内地，加以整合和充实。

1937 年 7 月 29 日、30 日，北平和天津相继沦陷。平津高等学校面临灭顶之灾。胡适和傅斯年向国民政府建议将北京大学、清华大学和南开大学迁往长沙，组建国立长沙临时大学。① 8 月，教育部发出一份密令：“指定张委员伯苓、梅委员贻琦、蒋委员梦麟为长沙临时大学筹备委员会常务委员。杨委员振声为长沙临时大学筹备委员会秘书主任。”② 他们得令后经两月的紧张筹备，于 10 月 26 日在长沙举行国立长沙临时大学开学典礼。1937 年 12 月，南京沦陷，武汉万分危急，长沙岌岌可危。蒋梦麟请示当局将临时大学迁至安全之所。1938 年 1 月 19 日，教育部批准长沙临时大学迁往云南省会昆明。同时，批准北平大学、北平师范大学及北洋工学院等高等学校迁往陕西西安，组成西安临时大学；嗣后再迁汉中，改名为国立西北联合大学。教育部令国立中央大学到重庆选择西迁校址，校长罗家伦对中日战局早有估计，事先打出了结实的大木

---

① 1943 年 1 月 2 日，蒋梦麟致胡适的一封信中写道：“弟则欲求联大之成功，故不惜牺牲一切，但精神上之不痛快总觉难免，有时不免痛责兄与雪艇、孟真之创联大之议。数月前在渝，孟真怪我不管联大事，我说，不管者所以管也。”（中国社会科学院近代史研究所中华民国史组编：《胡适往来书信选》中册，中华书局 1979 年版，第 550 页。）

② 西南联合大学校友会编：《国立西南联合大学校史》，北京大学出版社 2006 年版，第 18 页。

箱，上海开战后便将图书仪器装箱。校址选择好了重庆沙坪坝后，迅速将木箱搬到长江码头，适逢民生公司卢作孚航运公司的船只运送兵员上前线，顺道将中央大学师生和木箱运抵重庆，且分文未取。这样，中央大学继南开大学之后演出了“鸡犬不留”的西迁神话。

国立浙江大学是教育部西迁令下达后较晚行动者。校长竺可桢极讲究办学效率，日军占领杭州湾后这才迁校到天目山，杭州沦陷后天目山常常遭轰炸，遂搬迁到浙江建德。经整整两年的流亡办学，辗转江西、广西，最后在贵州遵义立足。竺可桢坚持浙江大学西迁决不走大城市的原则，坚持走从未接触过高等教育的偏僻之地，沿途播撒科学文化的种子。浙大四易校址，历经艰难，愈挫愈奋，一路搬迁一路歌，由一所地方性的高等学校发展成为一所全国性的大学，被李约瑟誉为“东方剑桥”。

教育部采取国立高等学校独立搬迁和合并及改组办法，成功将国立高等学校迁到大西南、大西北，保护了中国高等学校的实力。以国立高等学校西迁为示范，全国众多私立高等学校以及部分中等专业学校也采取西迁行动，迁到大后方继续办学。据统计，到1938年底，各地高等学校迁移后方者共39所，在后方新建者9所，调整合组者7所。① 但许多数据表明，此数据可能有误，或者系指国立高等学校。四川省志教育志编辑组的《抗战中48所高校迁川梗概》一文中的数据是，当时全国108所高校中，因战争的原因有17所停办，14所勉强在敌占区维持，其余77所全部西迁。② 而余子侠在《抗战时期高校内迁及其历史意义》一文的列表

① 李华兴主编：《民国教育史》，上海教育出版社1997年版，第610页。

② 《抗战中48所高校迁川梗概》，《四川文史资料选辑》第13辑，四川人民出版社1979年版，第72页。

中，确认公私立高等学校共 65 所。①

第二节 战时省级教育行政

抗日战争时期和国共内战时期，南京国民政府教育部只是延续 1931 年 3 月 23 日公布的《修正省政府组织法》，并没有再颁行省教育厅组织规章。但是，各省大多根据战时不同的情况，在《组织法》基础上有所损益。

一、江苏省教育行政的调整

抗日战争爆发后，江苏省政府于 1937 年 11 月北迁，由江都转江阴，职员大都疏散，教育厅日常事务由厅主任秘书代理。1938 年，江苏省教育厅调整组织，设秘书室掌机要工作，第一科掌教育经费，第二科掌地方教育行政及初等教育，第三科掌中等教育；嗣将第三科并入第二科，仍由主任秘书代行厅务。1938 年 1 月，马元放担任江苏省教育厅长，厅内组织稍稍扩充。1939 年 1 月，增加督学室和编审室，同时设立驻沪办事处，主要是负责督导迁沪复课的公私立学校。在两淮沦陷后，江苏省教育厅迁移到泰县，两月后又迁到兴化，并派员先后加入江南行署、徐海行署，协办教育工作。

1939 年 12 月，省政府改组，教育厅长易员。1940 年 1 月，复置第三科，各科任务重加分配，第一科掌高等教育及中等教育，第二科掌初等教育、社会教育及地方教育行政，第三科掌教育经费。

---

① 余子侠：《抗战时期高校内迁及其历史意义》，《近代史研究》1997 年第 4 期。

督学、编审员额均有增加。又在重庆设驻渝通讯处，负责与后方的联络事宜。另组甄用各县教育行政人员考询委员会、图书馆委员会。

1940 年 5 月，教育厅迁东台，继而又迁白驹。9 月再迁兴化。遵照教育部批示，教育厅添设战区教育指导股，并在沦陷县份设置教育联络员，隶属于战区教育指导股。1941 年 3 月，兴化县沦陷，教育厅又随省政府迁到淮安南乡，以高圩为临时教育厅址。厅内增加战地教育委员会及国民教育指导团，并分高泰东办事处、屯溪办事处，就近督导泰东及苏南各校。又裁撤编审室，另于上海设抗战补充教材及民众读物编印委员会，以罗致曾经服务该省而因战事失业的专门人才。1943 年 2 月，淮东事变，迁苏南张渚镇。1944 年 2 月迁皖南屯溪，8 月迁皖北太和，11 月随着政府迁阜阳公主桥。

1945 年 2 月，江苏省政府改组，实行战区党政军一元制，改设总务、政务、军事三厅，合署办公。民政、教育并入政务厅，设第四科，主管全省教育行政事宜。该科设科长 1 人，科员 6 人，督学 4 人，编审 2 人。① 同时在江南行署、淮南行署政务处各设教育科，就近办理各该区内教育事宜。

抗战胜利后，江苏省政府还治镇江，先后裁撤了江南、淮南两个行署及其他临时设置之通讯处、办事处。1945 年 11 月，江苏省奉令恢复各厅处，教育厅的内部组织暂时按照战前旧制。1946 年 8 月，江苏教育厅再度调整厅内的组织，设秘书室，职掌为会议、记录、编制报告、代核文稿、撰拟机要文件，以及长官交办事项。另设五科："第一科掌高等教育、师范教育及职业教育事项。第二科掌中等教育事项。第三科掌国民教育及县市教育行政事项。第四科

① 教育部教育年鉴编纂委员会编：《第二次中国教育年鉴》第二编"教育行政"第七章"省市教育行政组织"，商务印书馆 1948 年版，第 156 页。

掌图书馆、博物馆、科学馆、民众教育馆、体育场，以及音乐戏剧、电影、播音等社会教育事项。第五科掌文书、出纳、庶务及其他不属于各科之事项。更有督学、编审、会计、统计、人事等室，及专门委员、国民教育辅导员各若干人。”① 基本恢复到了抗战前的格局。原来的办公处所被焚毁，迁回镇江后暂就省立镇江图书馆办公，同时在镇江中山路筹建新办公处所。

1948 年 1 月，洪钧培任教育厅长。次年，淮海战役后，省教育厅迁至苏州，借用盘门苏州女子师范学校校舍办公，直到苏州为军管会派员接收。

江苏省教育厅在辗转过程中，在各级学校教育继续进行研究工作不停辍等方面，特别是在高等学校仪器设备配备方面，做了许多应予肯定的工作。抗日战争爆发前，江苏教育在全国具有明显的优势，特别是在高等教育方面更是如此。但八年的抗战，许多学校的设施受战争破坏，特别在日伪占领区情况尤为严重。伪江苏省教育厅长袁殊为《两年来之江苏教育》一书所写的序文中感叹说：“仪器、标本、图书三项，为教育上必不可缺之要件，本省中等学校拥有合理之设备者，固十无一有，大半均简陋无物，以教读课本为学校唯一之工作，既无实验、科学之概念，舍得之于想象，已无他途，颖悟之青年，尚能自发；庸庸之流，万难启迪其求知之兴趣。”② 当时江苏的高等学校均撤离原址，往他处办学。唯有中央大学由于经费比较充足，搬迁之前的准备工作又做得比较充分，仪器设备能及时完好地运出，所以该校在抗战期间的教学科研工作都能正常进行，满足需要。但图书资料因搬迁途中遭日机轰炸而损失

① 教育部教育年鉴编纂委员会编：《第二次中国教育年鉴》第二编“教育行政”第七章“省市教育行政组织”，商务印书馆 1948 年版，第 156 页。

② 江苏省地方志编纂委员会编：《江苏省志·教育志》（下），江苏古籍出版社 2000 年版，第 1141 页。

较大，由重庆、成都迁回南京时，仅剩 20 万册。抗日战争胜利后，各校迁回原地复办，原校舍已面目全非，仪器设备严重不足，实验实习基地（包括农场、工厂、附属医院、学校）多数也改作他用。南通学院农科的农艺化学系，因为仪器设备损失殆尽，不得不暂时停办。中央大学靠教育部拨发的专款，以及联合国教科文组织、美国图书馆和美国国会图书馆的捐赠，才得以充实和扩大。工学院 7 个系的实验室也因为有兵工厂、物资局及联勤总部各赠一批设备，规模得以略胜于战前，实验室（场）由 22 个增到 28 个。其中航空系的发动机实验室、土木工程系的道路实验室等设备相当先进。发动机实验室共有美制、苏制、日制的飞机发动机 9 部，线型、V 型、星型俱全。

江苏省教育厅在对学校装备仪器高度重视的同时，也注意配合设备和图书，单独建立图书馆。据 1940 年教育部统计，江苏学校图书馆公私立合计有 127 家。① 教育厅长期派出专家给各级学校的教学仪器的装备和实验予以指导。1946 年后，江苏省教育厅直接成立了实验机构，先在省会设置理化实验室，以备附近各学校学生做理化实验。1947 年，正式将理化实验室扩充为实验所，名称定为“省立镇江理化实验所”。实验所的主要任务是“指导省会公私立中等学校高中学生理化实验”②。其实验事项，分为分组实验和示范实验两种。分组实验为各该校学生到该所按照物理、化学两科目的学习过程来所分组进行实验活动；示范实验为各该校按理化两科目之教程来所借用仪器药品，进行示范实验。江苏省教育厅集中财力物力办实验所，避免了各公私立学校建小而全的实验室的传统做法。在抗日战争胜利后办学经费十分紧张的情况下，各校各自为政、各搞一套实际上是不可能的。由省教育厅建一实验所，资源由

①② 江苏省地方志编纂委员会编：《江苏省志·教育志》（下），江苏古籍出版社 2000 年版，第 1142、1143 页。

各公私立学校共享，能够保证中学的理化实验如数开出，使资源得到共享，仪器设备使用效率大大提高，从而能够保证每一学生都有充分的动手实验机会。

抗日战争中江苏省教育厅充分发挥督学的作用，督学活动从未间断。1938 年，江苏省教育厅设置督学室，负责视察指导全省教育事务。1942 年，全国教育视导工作检讨会议决议各省市教育厅设督导室，秉承教育厅局长主持全省（市）教育督导事宜。督导室设主任一人，由厅长就督学中指定一人兼任，秉承厅长主持全室一切事宜。督导室视事务的繁简酌设办事人员若干。1946 年 1 月，教育部根据全国教育善后复员会议提出的《健全各级教育视导组织，增进辅导效能以适应复员后改进教育之需要案》，咨请各省市政府转饬教育厅局处于厅局处内设督学室，分中等教育、国民教育、社会教育三股，室设主任督学一人，每股指定督学一人主持之。督学人数以每一二行政区各设一人为原则。①

抗日战争中的江苏省教育厅是辗转最多的单位之一，居无定所，游荡无根，如同水上浮萍，但教育厅根据抗战需要调整内部组织，如战线拉得太长，便扩充督学人员，复员后便收紧编制，从而保证教育行政能够收到指臂之效。

二、四川省教育厅的扩张

抗日战争爆发前夕，四川省于 1935 年为实行川政统一，省政府改组，人事调动走上正轨。教育厅下设秘书室、督学室和第一、第二、第三科及各种委员会。1937 年，教育厅下设考检联合办事处，处理各种考试及中小学教员检定事宜。1938 年，教育厅遵照

① 江苏省地方志编纂委员会编：《江苏省志·教育志》（下），江苏古籍出版社 2000 年版，第 1081 页。

教育部令，设电化教育服务处，办理全省电影教育及播音等社会教育事宜。当年设卫生教育委员会，办理全省卫生教育事宜。由于全国许多省份沦陷敌手，战区员生大量来到四川省各地，教育厅根据抗战情形设战区员生登记处。

1940年3月，四川省奉令实施“新县制”，推行国民教育，政务增加，于是四川省教育厅内组织进行扩充。厅内增加第四科，将原设之卫生教育督导队和电化教育服务处裁撤，并入该科，又将原设的考验处裁撤，并入督学室。另于第三科内，增设国民教育股，专事全省国民教育管理。并于秘书室内增设人事股。1942年，又在教育厅内增设统计室。原设督学室的考检股，另成立考检室。1945年，人事股改为人事室。鉴于抗日战争胜利，原来因为抗日战争扩编，现应当作适当收缩，四川省教育厅积极改进视导工作，将过去设置的地方教育视导员裁减16人，改为在各行政督学专员区增设省督学1人，并设文史、体育、数学、理化、英文各专科督学，集体分赴各校视导。一面于督学室增设三股，分掌国民教育、中等教育、社会教育及地方教育行政事宜。

从抗日战争爆发到中华人民共和国成立，四川省教育厅行政首脑共历五届，兹将其基本情况列表如下（见表5-3）。

表5-3　四川省教育厅行政首脑基本情况

姓名	籍贯	年龄	学历	经历	就职年月	卸任年月
蒋志澄	浙江诸暨	39	北京大学文学学士、德国柏林大学研究生	曾任专门学校及中学校长、县长等	1936年4月	1938年8月

续表

姓　名	籍　贯	年龄	学　　历	经　　历	就职年月	卸任年月
杨　廉	四川安岳	43	北京大学文学学士、美国哥伦比亚大学教育硕士	浙江大学主任、教育部司长、安徽省委员	1938年9月	1940年3月
郭有守	四川资中	39	北京大学文学学士、美国和瑞士楚玉胥大学研究生、巴黎大学文学博士	曾任教育部高等教育司科长、专员、简任秘书等	1939年3月	1946年1月
刘明扬	四川万县	49	北京大学毕业	四川公立法政学校校长、国民参政员	1946年1月	1947年
任觉五	不详				1947年	

资料来源：教育部教育年鉴编纂委员会编《第二次中国教育年鉴》，第二编“教育行政”第七章“省市教育行政组织”，商务印书馆1947年版，第161页。

四川省地域辽阔，全国各战区员生涌入省内各地，为使教育保持正常节律发展，充分发挥督学的功能，1940年将原有《四川省教育视导网组织试行办法》修订为《四川省教育视导网组织办法》，改订《四川省地方教育视导人员服务规程》。《办法》规定：第一，教育厅设督学室；第二，将四川省划分为若干视导区，以一行政督察专员区即师范学校区为一省视导区，每区有督学或视察员 1 人，另设地方教育视导员 3～7 人，分县视导地方教育及办理有关之临时工作，并暂兼所在地师范学校之地方教育指导员；第三，对视导人员的具体任务进行划分，省督学或视察员注重省办教育事业，每学期普遍视导省区内省立中等学校、社教机关一次，每年度视导县市教育行政和县市私立中等学校及社教机关一次，并抽查中心学校及其他教育机关，对下级视导人员有监督指导及考核之责；第四，全省每年举行一次视导会议，于每学年度开始时由教育厅召集，应出席人员为省督学及视察员、省府指定之地方教育视导员、省立教育学院院长、省立教育科学馆馆长、省立师范学校校长、省立社教机关主管人员、省立实验小学校长、教育厅各科室主管人员及省府临时聘请之专家，每年举行一次省视导区视导会议；第五，规定全省各级教育视导人员工作考核的程序；第六，规定全省各级视导人员工作计划订定之程序；第七，规定全省各级教育视导人员工作报告的呈送手续；第八，规定全省各级教育视导人员对于各项教育问题实验研究的处理方法；第九，规定全省各级教育行政人员抽查学校或教育机关应注意的事项。

《服务规程》要点还有如下诸端："一、地方教育视导员除担任教育视导外，应协同县市政府改进全县教育；二、地方教育视导员之视导计划或报告，应报由驻区省督学或视察员转呈省政府备核，如有重大事件，亦得专案径呈省政府核示，但仍应将其概略报告驻区省督学或视察员备查；三、地方教育视导员视导县市教育时，如有改进意见，除照法定手续呈请上级机关核办外，得函请当地县市政府参酌办理；四、县市督学每月至少应有三分之二时间在外视导，其余时间得运用于拟具计划及整理报告。"①

① 教育部教育年鉴编纂委员会编：《第二次中国教育年鉴》第二编"教育行政"，商务印书馆 1948 年版，第 125 页。

四川省本来就是教育大省，抗战中更是全国教育重镇。借助周密的教育视导制度，定时与不定时地对全省各地学校巡察指导，是省教育厅对各地教育进行切实领导的行之有效的措施之一。

三、湖北省教育行政的探索

1937 年 9 月，湖北省教育厅针对抗战的需要，对教育厅内组织机构及其职责进行了调整：第一科负责监印、收发、文牍、人事、考核、庶务、会计、统计、预算等；第二科管理高等教育、留学教育、普通教育、师范教育、学术机关、私塾改良等；第三科管理县区教育、社会教育、特殊教育、艺术教育，以及其他教育事项；第四科是这一次根据抗战需要新设立的机构，专司社会教育行政事宜。1939 年 3 月，教育厅设立会计室，负责经费审核、统计编制诸事项。1941 年，将师范教育由第二科划归第三科主管，期与国民教育相配合。1942 年教育厅的内部组织机构继续进行调整，第一科文书股划归秘书室，另设《国教》月刊编辑处及编译馆。1943 年奉令缩紧编制，裁撤编译馆。相对说来，湖北省级教育行政机构变易较小，与江苏、浙江等省相比，机构是比较稳定的，一直是采教育厅的组织制度，即使国民政府试行大学区制，湖北教育行政机构也没有受到大的冲击。当然，教育行政机构名称变不变，并不是衡量教育行政机关工作效率提高与否的准尺，也不能说明教育发展的成就。但是，教育行政机构名称频繁变换，必致教育厅内各科室的职责权限发生更易，这是不可能不影响办事效率的，必定对教育发展带来不良影响。抗日战争胜利后，湖北省教育厅于 1947 年奉令将秘书室人事股扩充为人事室。这一格局一直维持到新中国成立。

从抗日战争爆发到新中国成立，湖北省教育厅行政首脑共历六届，兹将其基本情况列表如下（见表 5-4）。

表 5-4　1937—1949 年湖北省教育厅行政首脑基本情况

姓　名	籍贯	任职年月	学　历	经　历
周天放	辽宁盖平	1937 年 2 月	日本明治大学、美国欧利根大学	
陈剑修	江西遂川	1938 年 6 月	英国伦敦大学硕士	曾任北京大学教授，南京市教育局局长，教育部社会教育司司长兼代高等教育司、蒙藏教育司司长，江西省教育厅厅长等
时子周	天津市	1939 年 7 月	保定优级师范学校	国民党中央委员、宁夏省教育厅厅长
张伯谨	河北行唐	1940 年 7 月	美国康乃尔大学博士（一说为哥伦比亚大学博士）	湖北省政府委员、湖北教育学院院长、湖北农学院院长、教育部次长等
钱云阶	湖北汉阳	1944 年 11 月	日本明治大学	国民政府军事委员会委员、长驻武汉行营参议暨特派驻鄂绥靖公署参议等
王文俊	湖北黄冈	1946 年 7 月	德国柏林大学教育学博士	三青团团部训练处处长、国民党中央候补监委、国大代表等
王介庵	湖北沔阳	1949 年 2 月		
朱英培	湖北宣恩	1949 年 5 月	中央军校、武汉大学毕业	湖北松滋县县长、宣恩县国大代表、第三兵团教导团团长等

资料来源：《第二次中国教育年鉴》第二编“教育行政”第七章“省市教育行政组织”，商务印书馆 1947 年版，第 159 页；熊贤君主编《湖北教育史》上卷，湖北教育出版社 1999 年版；湖北省地方志编纂委员会编《湖北省志人物志稿》，光明日报出版社 1989 年版。

从 1937 年到 1949 年的短短 13 年中，湖北省教育厅长一席便历 8 人，大多数任职时间都在一年光景，教育行政首脑更换过快，无一定任期，必致湖北教育发展无一定计划、无一定目标、无行之有效的措施，最终影响教育发展。

但是，在抗日战争期间，湖北省教育行政在极度困难的情况下，还是对全省教育管理体制作了一些有价值的探索。1938 年，省政府迁到恩施后，兴办了 7 所省立小学。兴办的方法是将办学经费分摊到省直各厅处，各自包办：一小——秘书处，二小——民政厅，三小——财政厅，四小——建设厅，五小——会计处，六小——保安处，七小——参议会，教育厅只负责其业务和人事。加上原来的2所省立小学，省会恩施借助新的办学体制创办了9所省立小学。

抗日战争时期的湖北省教育行政部门的又一项探索是推行“计划教育”。关于“计划教育”，湖北省主席陈诚曾述其旨趣云：“……借资维持原有各学校学生课业，兼以容战区失学青年。同时，为减轻学生家庭之负担，俾贫寒子弟一律得有就学之机会，并规定‘联中’学生所需衣食住行等费，概由政府供给，以树立公费制度之基础。此种战时应变之措置，实即本省推行计划教育之初步也。”① 抗日战争爆发后，国民政府实行“管、教、养、卫”合一的“新县制”，规定每一乡镇设中心学校，每保设国民学校，把民众教育与义务教育打成一片。此时，湖北省正实施“计划教育”，于是两制合为一体。1939年1月，湖北省公布《湖北省各级学校附设民众学校办法》，规定在1941—1942年将原有省会以外的51所省立小学一律改为县立实验乡（镇）中心小学，经费由省开支；将原有各县中心学校、中山中心学校及中山国民学校一并交县统一调整，分别改为乡（镇）中心学校、保国民学校。1941年，恩施、郧县两县乡（镇）中心国民学校已按乡镇数设立，襄阳、罗田两县乡（镇）中心小学及保国民学校也均已全部调整完毕。为解决师资问题，政府鼓励知识妇女，效力于国家的百年大计，规定凡18～40岁，初中、高中、师范、专科以上学校毕业，居住在本省有一年以上时间的妇女，均有服务国民教育的义务。全省有恩施、宜昌、远安、房县、竹山、荆门、礼山、麻城、郧县、崇阳、蒲圻、公安、兴山、监利、当阳等15县的158名知识妇女，响应这一号召报名当教师。这158名知识妇女中，有中等师范学校毕业的

① 陈诚：《〈计划教育丛书〉序》，《湖北省计划教育实施概况》，湖北省政府1943年编印，第2页。

学生 16 人，高中生 18 人，初中生 54 人。

省教育厅还制订了《教育视导方案》，规定省级设督学 1 人，视导员 8 人，专门负责国民教育。县设督学 1～3 人，区视导员 1 人，他们与乡镇文化主任、乡镇中心学校校长一起视导保国民学校。师范学校有辅导地方教育的职责。教育厅创办了《国民教育指导月刊》，供学校参考、学习。还举办“通讯研究”，为教员自修、答疑提供方便。此外，湖北省为改进国民学校教师素质而开展的“暑期训练”，也形成了定制。对于办理国民教育优良的县和优秀教员，教育厅给予物质和精神上的奖励。受奖的县先后有咸丰、建始、利川、宣恩、五峰等，最优秀的教员每县评定 1 人，奖 100 元现金。由于采取了这些措施，使得湖北各地小学数量大增。据统计，1945 年度全省小学共有 12 287 所，学生 701 186 人，教职员 33 772 人。其中，中心学校数为 1 316 所，占乡镇总数 2 335 个的 56.4%；保国民学校 10 951 所，占所有保国民学校数 39 429 所的 27.8%。虽没有达到原定五年内做到每乡镇设一所中心学校、每保设一所国民学校的目标，但较 1940 年小学 5 180 所的数字增加了一倍多。除战区各县份外，中心学校基本达到每乡一校，国民学校达到每三保两校的标准，教育的普及率比起战前有所提高。这在战时各方面相当困难的条件下，实在是可喜的。但也有一些国民学校完全是把原来地方小学和私塾的招牌换来换去，以应付上面来人视察。兼任国民学校校长的保长们，大多数对教育一窍不通，也引起教育界的强烈不满。

抗日战争期间湖北的中学实行“计划教育”成绩最为突出。省教育厅要求每县设一所初中，每行政区设一所高中及师范学校，职业学校各区按需要设置。为提高各县地方文化，同时由于国民教育的发展，升中学的人数增加，国民政府大力发展县立中学，争取县县有一所初中。为此，首先把联中的各初中就地以县名命名。湖北省教育厅根据这一原则，要求各县创办中学。由于教育厅的督促，湖北的县立中学数逐年增加。1940 年为 12 校，1941 年为 35 校，1942 年为 45 校，1943 年 51 校，到 1945 年已有 61 校。全省仅武昌、黄陂、潜江、嘉鱼、蒲圻、大冶、五峰等没有单设初中。就在大力发展县立初中的同时，教育厅通令取缔了私立中学。全省高中原来只有 5 所，即恩施高中、恩施女高、巴东女高、建始高中、郧县高中。“计划教育”实施后，高中均按行政区命名。1941—1942 年，全省增设了一批高中，分别是：省立第二高中（黄冈）、省立第二女高（黄冈）、省立第八高中（郧县）、省立第一高中（咸宁）、省立第四高中（松滋）、省立第五高中（襄阳）。1943 年又在随县建立省立第三高中，实现了每区都有一所高中的目标。

“计划教育”对于师资培训相当重视，认为师资是发展国民教育、标本兼治之良方，采取了一系列措施进行师资培训，如扩充师范学校班级，在师范学校和初级中学内增设简师科，并对原有“联中”各师范一律以行政区命名。重新命名的师范学校是：省立第九师范（建始）、省立第七师范（利川）、省立第一师范（建始）。1941 年又设立了一批师范学校，并进行了重新排布：省立第一师范（通城）、省立第二师范（黄冈）、省立第四师范（公安，后迁到建始）、省立第五师范（襄阳）、省立第二女师（恩施）。1943 年后，又在随县设第三师范，将省立第八师范改为省立第六师范（房县，原省立第八师范在郧县设有分部），加上简师班、初中班 、艺术班、社会教育班、体育班、幼师班等，大致也实现了每区有一所师范学校的目标。

从 1941 年开始，省教育厅对全省的中等职业教育布局进行了调整，对结构进行了改革。将职业学校从“联中”中独立出来，设立了秭归职校、恩施农专和高农、巴东高工、高商、初农、初商、女职、初工等 8 所职业学校。1943 年，在均县设立第八高级职业学校，又改省立高级护士学校为省立医学院内附设高级护士学校。1944 年，增设调剂、助产两科后，更名为省立医学院附设高级医事职业学校。有些县还根据本地经济特点附设职业班，如保康县中学添设了蚕丝职业班。

计划教育实施时期，湖北中等教育还是有一定发展的。这主要表现在：中等学校数量上有了增加，特别是初中基本做到了每县一所，高中每行政区一所；分布也逐渐趋于合理，不再仅限于大城市，基本覆盖了除战区以外的城镇；中等职业学校形成了工、农、商结构比较完备的体系。

总的来说，在抗日战争的特殊环境中，湖北的中等学校西迁，使一向沉寂的鄂西北黉舍林立，在文化教育方面出现了前所未有的繁荣，中等学校分布鄂西北各地，对鄂西北教育的发展起到了促进作用。但是，因为处在战争的环境，尽管湖北人民同仇敌忾，艰苦办学，中等教育还是存在着比较突出的问题，盲目地追求数量，教学水准并没有得到相应提高。

四、重庆市教育行政的鼎盛

重庆市教育局成立于1943年2月1日，首任教育局长为雷啸岑。1945年2月1日雷啸岑离职，由万子霖继任。

作为陪都的重庆，是抗日战争时期的政治、经济、文化教育的中心，是国民政府行政院的直辖市。重庆市教育局的编制，1942年2月—1946年5月，共有职员88人。其中，简任局长1人，荐任秘书1人，聘派（荐任）专员4人，荐任主任1人，委任视导员2人，委任科员39人，委任办事员17人，雇员11人。

抗日战争胜利后，1945年9月20—26日，全国教育善后复员会议假重庆市中央图书馆举行。1946年1月，教育部根据会议《健全各级教育视导组织，增进辅导效能以适应复员后改进教育之需要案》，决议咨请各省市政府转饬教育厅局，于厅局内设置督学室，分中等教育、国民教育、社会教育三股，室设主任督学1人，每股指定督学 1 人主持之，希冀省市教育视导组织能健全一致，发挥视导功能。实行驻区视导之省，各驻区省督学有设办公处于驻在地者，亦有于驻在地之地方行政机关设席办公者。重庆市教育局遵照教育部令裁员 7 人，总编制确定为 81 人。其中，简任局长 1 人，荐任秘书 1 人，聘派专员（荐任）4 人，荐任科长 3 人，荐任主任 3 人，荐任督学 3 人，荐任科员 3 人，委任主任 1 人，委任视导员 2 人，委任科员 35 人，委任办事员 15 人，雇员 10 人。①

作为战时陪都的重庆市，1941 年国民学校的数目成倍增加，督学人数也随之以倍数增加。原来督学仅 2 人，增加为 4 人，设国民教育视察员 2 人。重庆市教育局成立后，业务扩大，再增加视导员 2 人，共有 8 名教育视导员。重庆市将全市分为五个视导区，每区派驻区督学 1 人，常司督导。② 每期至少普遍视察各校两次，按标准评定成绩，并召开视导会议，商讨改进学校视导事宜。

重庆市教育局加强对各级学校的辅导，以提高学校的教学效率。1943 年，曾订定《重庆市国民教育层级辅导制暂行办法》，以及《市（区）辅导会议实施办法》和《中心国民学校辅导保国民学校实施办法》，每学期召开全市辅导会一次。每季各区分别召开辅导会议一次，讨论学校兴革事宜。重庆市教育行政管理部门将视导分为分区视导和驻区视导两种。分区视导开始于 1941 年，市社会局根据重庆的自然形势，将全市划分为城中区、南岸区、沙磁区、歌乐区，每区置督学 1 人，巡回视察。驻区视导也同时进行。1943 年市教育局根据全市教育所发生的变化，将全市划分为城中、南岩、江北、沙磁、九浮、迁建六区，每区派督学或视学 1 人，驻区

① 教育部教育年鉴编纂委员会编：《第二次中国教育年鉴》第二编“教育行政”，商务印书馆 1948 年版，第 173—174 页。

② 熊明安等主编：《四川教育史稿》，四川教育出版社 1993 年版，第 329 页。

视导。市教育行政管理部门还设计实施了层级辅导办法，即以教育局视导室为主持机关，视导区为承接枢纽，镇中心学校为实施机构，分别举行市辅导会议及区辅导会议，务使各校均纳于辅导网，期能层层辅导，加强视导的督促评价推动力量。这样，战时重庆构建了一个视导和辅导并行的“层级辅导组织系统”。这一系统可用下图表示。

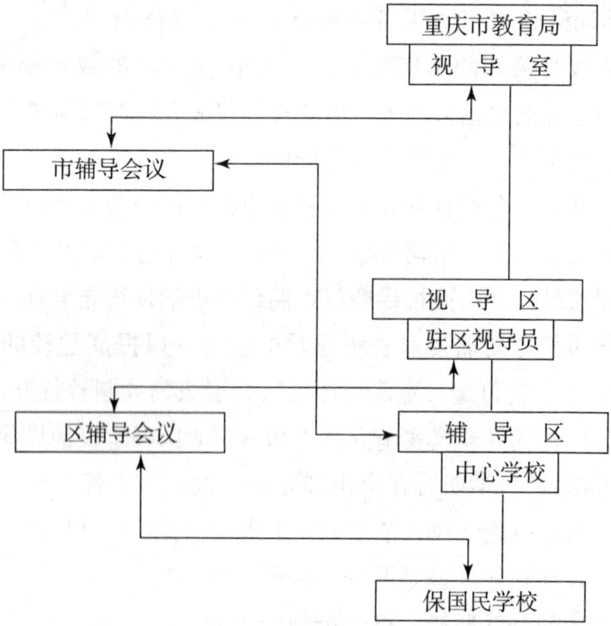

图 5-1　重庆市抗战期间层级视导与辅导组织系统图

资料来源：李定开著《抗战时期重庆的教育》，重庆出版社 1995 年版，第 57 页。

抗日战争爆发后，重庆市区扩大，学龄儿童猛增。重庆市社会局、教育局为解决学龄儿童入学难的问题，采取了一系列措施。第一，增设学校，这是收容大量儿童的主要方法。1941 年，教育局尚未成立，社会局利用推行国民教育的机会，将原有的市立小学、市立国民基础学校一律改为中心学校，连同接收的江、巴两县的小学和新成立的小学，共改建镇中心学校 27 所、国民学校 45 所、代用中心学校 4 所。第二，扩充班次，解决学龄儿童入学难的问题。重庆市教育局成立后，除每年成倍增设小学校外，由于市中区人口稠密、房屋集中，寻校址异常困难，建立更多的新校实在不容易。于是，重庆市教育局又采取增加原有学校班次的措施缓解校舍奇缺的问题。1943 年增加中心学校、国民学校班次共 68 班；1944 年增加 43 班；1945 年增加中心学校 34 班，保国民学校 43 班，共增加 77 班，① 学龄儿童入学率的问题在一定程度上得到缓解。第三，办理小学教师暑期训练班。校数和班次的大量增加，教师严重不足成为小学教育发展的瓶颈。市教育局于 1943 年利用暑假调训教师 120 名，自愿参加受训学员 30 名；并根据实际需要，附设小学体育教员训练班，训练学员 60 名，共计 210 名。1944 年暑假，教育局在小龙坎私立树人中学办理小学教员训练班，受训学员 177 人。1945 年，调训小学校长、教导主任、童体教员与事务员共 500 人，这是抗战中调训小学教员最多的一次。三年共调训小学教员 887 人。为了保证有高素质者引领，教育局将训练班都选择在接近中央大学、重庆大学的沙坪坝，便于聘请优秀的培训者。

重庆市教育行政部门对战区学生和战时公教人员子女实行补贴，鼓励他们刻苦学习。战区学生逃难来重庆，随行者中有父母亲属者，尚有所依托，无父母亲属同行者，经济上便毫无来源，维持生活已不易，坚持学习就更加困难。1941 年，重庆市社会局根据教育部颁发的《国立中等以上学校学生贷金暂行规则》规定，对战区来渝的贫困学生发放全贷和半贷两种贷金。当年社会局便核定战区学生贷金名额 500 名，其中全贷 250 名，半贷 250 名。全贷金额 22 元，半贷 11 元。1942 年，社会局将贷金上调到全额 44 元，半

① 李定开著：《抗战时期重庆的教育》，重庆出版社 1995 年版，第 55 页。

贷22元，计核发16 500元。1943年，教育局成立，继续推行社会局的政策，再度提高贷金，共计发出93 060元。① 尽管提高贷金有物价上涨、货币贬值的因素，但贷金随物价上涨、货币贬值而成倍拉高，既体现了政府对莘莘学子的关心，同时对学生生活也不无小补。1944年，重庆市及时转发了国民政府教育部《战时公教人员子女就学中等学校补助办法》，并附发战时公教人员子女就学中等学校补助办法申请书表式、学校证明书表式、实施要点各一份，要求于当年9月填报初核完竣，呈送教育局核发。尽管此时已经接近抗日战争胜利，此令后石沉大海，但在一定程度上表现出政府的一份心意，毕竟对公教人员子女家庭困难者是一种激励。

针对物价上涨、货币贬值给教师收入带来的不良影响，重庆市教育局和川东三区各县教育局采取各种措施，保证教师不致枵腹从公。第一，办理合作社。1944年，重庆市和部分县教育局成立合作社，筹集资金1 000万元，从事商业经营，以赢利所得来改善教师的生活；第二，提高教师工资待遇。据1944年统计，专任教师每月薪金高中为240元，初中180元。按照公教人员待遇，且按照各地生活水平，薪金增加60%～100%，生活补助费为280元、320元、340元、400元四种，食米不分高初中，一律按照教师年龄高低以六市斗、八市斗或一市石发给。第三，拨发学校贷金食米。重庆市各区公私立学校，平价米数量总额是1937年核定的，以后学校逐年增加，而食米则恒定不变，所以无法配拨。为救济教师，重庆市教育局商准粮管机关，得由各校报购贷金食米，以解决教师无米之炊。第四，征收尊师米。1942年，物价猛涨，黄谷每老石15元左右，大足中学学生每期缴尊师米两老斗（90市斤）供奉教师伙食。长寿县的私立中学学生除少数免缴尊师米外，其余每

① 李定开著：《抗战时期重庆的教育》，重庆出版社1995年版，第91页。

期学生均缴纳尊师米一斗五升，约占全校总收入的50%。学校全校尊师米总数，依照以往成例，教师占60%，职员占40%，平均按6个月摊发。武隆县立中学每期收米一斗八升，名曰提高公教人员之待遇。① 虽然这些措施与物价赛跑必败无疑，但还是在一定程度上缓解了教师们的一些暂时困难，对提高教学质量起到了一定的保障作用。

五、湖南省教育行政的拓展

湖南省教育厅成立于1926年7月，内部组织为三科一室。抗战前夕的1937年6月，遵令增设一科，9月遵令设会计室。1942年5月，复遵令设置统计室。1943年1月，增设督学室，共有四科四室。第一科职掌经费、建筑、设备、文书、出纳事务。第二科职掌市县教育行政，国民小学校长、教员登记，考核检定及审核督学报告。第三科职掌中学师范、职业等教育，及中学教员检定、军训、童训、毕业会考。第四科职掌高等教育、社会教育、考选行政。秘书室掌管机要、编纂、人事、交际。会计室、统计室、督导室分掌岁计、统计、督导事项。

为适应各项业务需要，湖南省教育厅还设有各种委员会。

抗日战争时期，湖南的教育走在全国前列。1937年，湖南全省小学共28 500所，校数为全国之冠，学生1 194 600人，仅次于人口大省四川；中等学校173所，紧随四川和广东，位居全国第三，学生有40 900人，在四川、河南、广东之后，居全国第四。1940年，湖南省政府根据国民党中央文件，制定了《湖南省实施国民教育五年计划纲要》等文件，决定采取四大措施推进小学教

① 李定开主编：《重庆教育史》第二卷，西南师范大学出版社2006年版，第290页。

育："1. 改办原有的公私立高级小学及完全小学为乡镇中心学校或代用中心学校，并调整其设立地点。原则上每乡镇中心学校一所，也暂可联乡合办。2. 改办原有的公私立初级小学为保国民学校，或代用保国民学校，原则上每保设国民学校一所，也暂可联保合办。3. 有计划地增设乡镇中心学校及保国民学校，选择好中心校址，筹集建校经费。4. 乡镇保内的其他公私立小学，仍继续办理，不得合并和减少。"① 采取这些措施后，湖南国民教育得到迅猛发展。到1941年，全省1 609个乡镇有1 491个设立了中心学校，国民教育普及率高达93%；全省共有20 138保，只有1 050个未设保国民学校，普及率达95%。还有未改办的私立小学6 285所，已基本实现一乡一所中心学校，一保一所国民学校。1945年小学校数增至32 000余所，小学生人数增加到2 168 000余人。教职工人数也有一定幅度的增加。1937年教职工人数为51 025人，到1941年增至64 916人，1945年教职工人数达78 895人。②

抗战期间，湖南的中等教育也有较快的发展。1941年，湖南省教育厅长朱经农曾作过统计：湖南历年中等教育经费的省款部分约占省预算教育文化经费总额的50%以上。1938—1941年，中等教育经费每年均有增加，全省公私立中等学校由省库开支的经费，1941年比1939年增加了300万元，3年中，省立中学按计划增设，县立中学根据需要次第增办，新兴私立中学更如雨后春笋一般。新增省立中学4所，私立中学13所，国立及外省设立中学4所，县立初中14所，私立初中37所，省立师范8所，县立简师4所，省立职校3所，私立初职2所，共计增设公私立中学89所。到1945年，全省中学增到280所，其中省立12所，县立、联立中学74所，私立中学194所。学生人数也逐年增加，1937年为30 782人，1941

①② 冯象钦等总编：《湖南教育史》第二卷，岳麓书社2002年版，第840、841页。

年猛增至 59 770 人，1945 年到了 91 916 人。教职工人数到 1945 年达 6 715 人。①

湖南省教育厅在抗日战争期间还进行了一些教学实验和教学改革。根据教育部颁订六年制中学教学科目及各学期每周各科教学时数表，省教育厅在中学进行课程教学实验，平衡发展各种学科，并采取曾经一贯的编配，以增进教学效率。教育厅指定省立第二中学和私立明德中学进行这项改革实验。1940 年，邬干于在长沙县白沙洲开始办五年一贯实验班，针对当时中学制度的三大弊端——时间浪费太大、程度太低、留级结果太残酷，提出四项原则："增加学生每天的自修时间；减少每班上课人数和学生每日上课时间；顾及一时一事之学习；避免课程太杂"②。这个实验班后来先后依附妙高峰、五四、文艺等中学继续不辍实验。

湖南省教育厅遵循教育部的推进短期义务教育指令，开办教育厅直辖乡村短期义务教育实验区，指定长沙县第一区为工作区域，"以实施短期义务教育，并实验中央及本省所颁布之各项关于短期义教之法规，与一年制短期小学教材、教法为目的"③。教育厅在短期义务教育实验方面，克服了诸多困难，设置一年制短期小学 30 所，普遍实施短期义务教育；设立区中心实验学校 1 所，以此校为依托进行各项乡村教育问题的探讨与实验；设立巡回教学处，办理短期义务教育以补短期小学之不及；训练塾师，改良私塾，使之为短期义务教育助一臂之力；开办民众夜班，实施成人补习教育；开办妇女职业补习班，实施生计教育；设立卫生室，实施卫生教育。此外，

---

① 湖南省地方志编纂委员会编：《湖南省志·教育志》下册，湖南教育出版社 1995 年版，第 306—307 页。

② 冯象钦等总编：《湖南教育史》第二卷，岳麓书社 2002 年版，第 846 页。

③ 刘寿祺：《湖南教育厅直辖乡村短期义务教育实验区两年来的工作》，陶蒲生、尹旦侯编：《刘寿祺教育文集》，湖南教育出版社 1992 年版，第 50 页。

教育厅还辟有民众图书室、民众体育场；开导农民组织信用合作社，促进乡村金融流通；提倡造林运动，扶植乡村生产事业等。

短期义务教育实验做了许多有价值的尝试。譬如，教育厅针对部颁短期小学课本排列不合理、分量过重等缺点，提出新的教材编写原则："（1）确立周中心单元制，依照儿童实际生活需要顺序编排各项单元；（2）增加积极振奋儿童爱国思想、鼓舞儿童抗敌意识之课文；（3）关于讲述我国国耻事实、国防情形之课文，尽量求其详尽，以增强儿童自强雪耻之志愿；（4）关于地理及历史之教材，遵照由近及远、由已知到未知之原则编配；（5）与儿童日常生活隔阂之课文，极力求其减少，增添帮助儿童了解自然现象之教材，以确立其对于科学之信念。"① 教育厅组织重新编写的实验教材，优点之一是"编配教材按照儿童实际生活环境由近及远，由浅入深，为反复式的叙述，并采取周中心单元制，能充分应用类化原则而使儿童易于理解"。其第一册所采用的单元为"自我及家庭"、"学校生活"、"国家的认识"、"勤劳训练"、"卫生训练"、"国庆"、"商业训练"和"互助训练"等10项。另一优点是"增加提倡儿童抗敌意识课文，较能鼓舞其爱国观念"。如《我们都得爱中国》："我们中国人，都得爱中国。我们的国土，大家要保卫。"《九一八》："民国二十年，九月十八日，敌人夺去我国的东三省，大家要牢记。"《敌人不足怕》："中国人口多，中国地方大，大家能团结，敌人不足怕。"② 这些课文易于引起儿童自强雪耻的观念。

湖南省教育厅的实验，取得了比较明显的效果。信用合作社的组织、妇女职业之传授及休闲教育的提倡，促使乡村生活渐趋改善，农民经济上亦得其实惠；卫生教育和卫生事业的改进，各小学

①② 刘寿祺：《湖南教育厅直辖乡村短期义务教育实验区两年来的工作》，陶蒲生、尹旦侯编：《刘寿祺教育文集》，湖南教育出版社1992年版，第54、55页。

所设卫生室为民众免费治疗疾病，功效屡见，引起乡民对于医药的信仰，迷信空气渐减。更显著的是，区内社会文化水准提高，爱国思想深植于民间。刘寿祺指出，其成效虽未能通过各种测验统计方法以数据说明，“但以壁报阅读人数增加，乡民对于国事时相问及，与前次绥远抗战募款慰劳时，乡民输捐踊跃等事实看来，知乡村民众已转变其前此对于国事漠不关心之态度，而国家思想深印入一般人脑筋中，乡村社会文化水准亦已提高不少”①。这当是民众对湖南省教育厅进行教育实验的上佳回报。

抗日战争结束后，教育部及时对省教育厅机构进行调整。由于战争状态结束，交通等逐渐恢复正常，校点布局逐渐趋于合理，教育视导必须结束战争状态，进行必要的调整。1946 年 1 月 26 日，教育部咨各省市政府转发全国教育善后复员会议议决案，饬各省市教育厅局设置督学室。督学室设中等教育、国民教育、社会教育三股，室设主任督学一人，每股设督学一人。② 这一次督学室的调整，与以前任何一次都不同，不但将督学室当科级设置，而且在室内进行专业化分工，每一位督导人员各有所司，各有所专，从而有利于提高教育督导的效率。

六、广西省教育督导的精致化

抗日战争爆发后，广西省为了加强对国民基础教育的检查指导，1938 年，为谋补救起见，规定由第三科职员担负教育视导职责，并颁行《广西省各县政府第三科职员视导教育细则》。《细则》

① 刘寿祺：《湖南教育厅直辖乡村短期义务教育实验区两年来的工作》，陶蒲生、尹旦侯编：《刘寿祺教育文集》，湖南教育出版社 1992 年版，第 62 页。

② 江铭主编：《中国教育督导史》，人民教育出版社 1994 年版，第 241 页。

实施后，“对各县中心学校及国民学校之视察工作已略加强”①。到1939年教育厅设有国民基础教育视导员9～10人。施行“新县制”，广西恢复设置县督学，另行制定《广西各县县督学规程及视导细则》，全省中心学校及国民学校的视导工作，“乃见活跃”。据载：“一年来，虽在物价高涨声中，人力物力两感困乏，而中心学校及国民学校不但弦诵之声未绝，且较昔略见进步。战时教育法令之推行，亦颇顺利。”之所以出现这一良好局面，“县督学之恢复，视导工作加强，要不失为重要原因之一”。②

广西省的中学教育督导分为两种，一种是普通视导，另一种是分科视导。普通视导每学期的视导任务和重点解决的问题都很明确，或者以调查各项教育的客观事实为主，目的在于明了真相，供改进中等教育作参考；或者以调查中等学校在职教员的服务情形与视察各种成绩为主要任务。督导报告分学校沿革、校舍及设备、行政组织、学级编制、教职员状况、学生状况、成绩考查、经费及学校拟办事项等项目。从1937年抗战开始后，原有的省督学及视察员，一部分被调往徐州，参加抗战青年团，从事青年政训工作，一时难以觅人接替，故视导人员大为减少，仅将全省中等学校划分为桂林、邕江、百保、柳浔、邕宁、平梧、玉梧等七路视导，每路派督学或专科视察员一人视导。1939年度颁布《广西省教育视导办法大纲》，将全省分十二个教育视导区，其区域悉依中学区域划分，并于各该区指定一省立中等学校，设置省教育视导办事处，处理区内教育视导事务。每区派省督学及专科视察员（或视导专员或视导员）各一人，指定其中一人为该区办事处主任。每学期将区内中等学校普遍督导一次；年终总结时，省督学齐集省会共同会商中等教育的改进问题。

①② 李彦福等编：《广西教育史料》，广西人民出版社1990年版，第308页。

1937 年，广西省制作了一纸普通视导表格，每一项目都有比较精致量化指标（见表 5-5）。①

表 5-5　1937 年制广西省教育厅中学校务工作评估方案

视察评估内容	满分	评分	视察评估内容	满分	评分
切实奉行法令，有变通之处亦甚适当。	20		分配各职教员工作或钟点适当，各人均能用其所长。	15	
注意各处工作之联系，充分增进合作效能。	20		订有行政历，并能切实遵行。	10	
注重考查职教员工作，并有适当之辅导。	20		主持学生奖惩，公正适当。	15	
注重训育合一，各教员一致负训导责任，有事实表现。	15		卫生教育及体育锻炼均有详密计划，并能切实实行。	20	
各项教育包括科学、语文、公民、生产、军事、健康、战时教育等，均有详细计划或方案。 各项教育之实施能给予适当的重视，无偏废或轻重倒置之弊。	15		各项设备能从财力、人力所及出发，能从轻重缓急的需要添置，无轻重倒置之弊。	20	
			核定学生转学、休学、退学及总核各学生操行成绩和各科成绩，均公正无私。	15	
军事教育与普通教育打成一片，军训人员在行政之监督和指挥下努力工作。	25		教员对学生所加考语均属正确，不敷衍，不憎恶，不溢美，不挟私见。	15	
各种会议均照规定举行，讨论事项均属切要，且能贯彻执行。	25		学校设施得到地方人士信仰，对外交涉各界人士乐于赞助。	15	

① 原表有评分说明：320 分以上为甲等；280～319 分为乙等；240～279 分为丙等，达到及格标准。

续表

视察评估内容	满分	评分	视察评估内容	满分	评分
全校员生精神融洽，全体职教员工作尽力，乐于合作，各部门工作一致、紧张。	30		对推广教育能相当注意，如能督促学生办理平民夜校等。	10	
除工资外，各项开支做到节约，经费使用得当，无轻重缓急倒置弊。	15		合计	400	
各月经费由稽核委员会审查外，另有经费公开办法，校内外均无所疑，代收各费手续清楚，支配得当。	25		总评语	等　　第	
事务工作有详密计划，校舍、图书、仪器、校具等之管理井井有条，教职员生活服务力求平等，员生膳食办理妥善，兵警工作之训练有切实办法。	30				

资料来源：广西壮族自治区地方志编纂委员会编《广西通志·教育志》，广西人民出版社1995年版，第732页。

分科视导是指教育厅设置专科视察员，每年和督学组成视察团，共同对中学的各科进行视察。分科视导进行比较早，1933年后便开始实施。但抗日战争爆发后，教育行政经费紧缩，无法再派大批视导人员遍赴各校视导，分科视导工作暂告结束。

广西省值得一提的还有地方教育行政视导。1939年，广西省颁布《广西省教育视导办法大纲》，将全省划为12个教育视导区，每区以省督学或视导专员1人，视导各县地方教育行政。规定每半年普遍视导一次。1940年夏，全省奉行“新县制”，原有行政监督制改组为行政视察专员公署，将各视导区的地方教育行政及国民教育等视导工作，划入专员公署办理，原有视导人员，调为专员公署第二科（教育科）科长。于是县地方教育行政即由专员公署第二科科长、科员负责视导，第一学期普遍视导各县一周，每视导一县，即有书面报告分呈省政府及专署查核。学期结束时，汇集总报告呈省政府。每届学年度结束时，均要求全省各县地方教育行政改进步骤之划一，“于推行教育政策法令，提高教育行政效率，颇收指臂之效”①。但是，这直接导致有难以兼顾之苦。所以，各警署增设教育视导员，“实有必要”，教育部对于增设教育视导员，“亦表赞同”。广西省的地方教育行政视导甚有特色，实施起来也收到了较好的效果。

第三节　裁局改科与教育局复归

抗日战争时期，国民政府为了精兵简政，提高行政工作的效率，对县政进行了牵动全身的改革，实行“新县制”，县级教育行政机构随着“新县制”的推行而进行了脱胎换骨般的革新。但“新县制”在抗战期间暴露出诸多问题，到抗战结束后，自然而然地到了寿终正寝的时候了。

一、县市教育行政机构的更易

1937年6月27日，国民政府行政院修正公布《县政府裁局改科暂行规程》，第3条为“县政府教育事务以设局办理为原则，在人口较少，事务较简之县份，得由省政府酌量改设专科办理”。

① 李彦福等编：《广西教育史料》，广西人民出版社1990年版，第307页。

1939年9月19日，国民政府公布《县各级组织纲要》，其中有关县教育行政的条文有：第8条“县政府设民政、财政、教育、建设、军事、地政、社会各科，设科之多寡及职掌之分配，由各省政府依县之等次及实际需要拟定，报内政备案”；第9条“县政府置秘书、科长、指导员（督学）、警佐、科员、技士、技佐、事务员、巡官，其名额、官等、俸级及编制，由省政府依县之等次及实际需要拟定，报内政部核定之”；第26条“区设区长一人，指导员三人至五人，分掌民政、财政、建设、教育、军事等事项，均为有给职，非甄选训练合格人员，不得委用”；第32条“乡（镇）长、乡（镇）中心学校校长，及乡（镇）壮丁队队长，暂以一人兼任之。在经济教育发达之区域，乡（镇）中心学校校长，以专任为原则”；第46条“在人口稠密地方，如一村或一街为自然单位不可分离时，得就二保或三保联合设立国民学校、合作社及仓储等机关，推举保长一人为首席保长，以总其成，但壮丁队仍须分保编队训练”；第49条“保长、保国民学校校长、保壮丁队队长，暂以一人兼任之。在经济教育发达之区域，国民学校校长以专任为原则。乡（镇）中心学校、保国民学校之名称，得沿用现行法令之规定”。① 还规定保办公处设干事2～4人不等，分掌民政、警卫、经济、文化各事务，由副保长及国民学校教员分别担任之。在经费不充裕区域，得仅设干事1人。这就是所谓“政教合一”，集“管、教、卫”三事于一身的“三位一体”的“新县制”。

国民政府公布的《县各级组织纲要》与以前县级教育行政组织相比，有四个方面的优点：一是使教育行政纳入普通行政系统，行政力量更形集中；二是减少教育行政人员编制，也就减少了教育行政费用，提高了教育行政的效率；三是以政治力量使教育与地方建

① 教育部教育年鉴编纂委员会编：《第二次中国教育年鉴》第二编“教育行政”，商务印书馆1948年版，第49页。

设相配合；四是一人兼理三事，可补救人才之缺乏。① 可能国民政府正是看准了这几点，便在全国全力铺开。

但是，与其优点同在的又有六大弊端。第一，裁局并科，改过去的县教育局为县政府下设之一科，教育科为县政府机构单位之一，教育科长为县长之佐治人员，原先的教育局是县里分管教育的独立机关，如今凡属教育设施，都要受县长的节制，听从县长的指挥，并没有独立规划一县教育发展的权力。而一县之长事务繁忙，能够兼顾到教育的鲜有其人。第二，教育科的人员编制不因抗战交通不便、教育事务繁多而增加职数，而是紧缩教育行政编制，使其难以承担起推进全县教育事业的重大责任。第三，全县教育经费并没有划拨一定的比例，改由县政府统收统支，教育经费更加捉襟见肘，入不敷出。故常常会挪用教育经费，导致拖欠教员薪俸，直接影响到教育质量的提高。第四，区及乡镇教育行政事务，或由指导员兼任，或由中心学校教员兼任，都非专门的教育行政人员，他们往往身兼数职，很难注意到全区教育行政工作，因而一区教育行政无疑会无人过问。教育行政工作由普通行政人员兼任，无疑降低了教育专业精神，“致原有人员灰心政业，或相率思迁”。第五，乡镇长或保长，都兼任中心学校校长或保国民学校校长，“集管（政）、教、卫三事于一身”。② 保长一般文化素质并不高，由他来担任国民学校校长，实在勉为其难，指望他来管好学校，定当会水中捞月一场空。第六，保教育文化事业，由保国民学校教员兼任，保国民学校的教员编制本来就非常有限，本来一位教师便担任多门课程，搞好教学已经力不从心，再让他来兼任文化事业管理工作，其结果可能要么重点做好其中的一种，要么一种都做不好。

尽管如此，国民政府仍然决定要在全国 19 个省推进《县各级

①② 雷国鼎著：《中国近代教育行政制度史》，台湾教育文物出版社有限公司 1983 年版，第 374 页。

组织纲要》。为配合“新县制”改革，以期收到政教卫合一的实效，国民教育的实施已经显得刻不容缓。要想国民教育推行顺利，县各级教育行政组织和人员，予以调整是大势所趋，保证事权分明，政无不举。于是，1940年7月6日，教育部颁布《办理县各级教育行政注意事项》16条，规定县政府“对全县教育行政应设专科办理，原为建设、教育合科的，应尽可能分科。原设县教育局的，在《县各级组织纲要》未普遍实施时，应予保留。县长办理教育行政如有违法或办事不力等情形，省教育厅会同民政厅应提请省府予以惩处”①，对县、区、乡（镇）、保各级教育行政组织、工作任务及教育工作人员的职掌作了明细规定。教育部看到，在“新县制”下的教育能否有所发展，县长是非常关键的人物。所以，《注意事项》对县长于教育行政之任务规定：“1. 遵照教育法令及中央暨省教育计划，推行全县教育文化；2. 拟具全县推行教育计划，普及全县国民教育；3. 整理或增筹全县教育经费，并依照法令保障管理支配动用之；4. 依照法令选用奖惩所属教育行政人员及学校校长，及其他教育文化机关主管人员；5. 奉行中央及省颁教育命令，并执行其所委办事项。”② 县长如果违背法令挪用预算内的教育经费及办事不力等，省教育厅应即会同民政厅，提请省政府予以惩处。

改教育局为教育科，在抗战的特殊时期，能使教育行政纳入普通行政系统，因而更易于集中行政之力推行实施；可减少行政费用，提高行政效率，减少内部诸环节的损耗；可借助政府的权威，将教育与地方的各项建设默契配合；由于一人兼理数事，避免了人浮于事之弊，可补救战争时期人才匮乏的不足。但带来的弊病更

① 中央教育科学研究所编：《中国现代教育大事记》，教育科学出版社1988年版，第445—446页。

② 雷国鼎著：《中国近代教育行政制度史》，台湾教育文物出版社有限公司1983年版，第376页。

多。由于裁局设科，教育局的地位降了一格，县级教育行政力量大为削弱，教育行政权能失却了其独立精神，限制了教育事业的推展；科长职权相对于局长大为降低，一面科长难以延揽教育专门人才，一面又须事事仰承县长之鼻息；又由于各县财政由县政府统收统支，教育经费独立的规定乃告废止，导致教育经费常常被挪作他用，教师的薪俸时有积欠；还由于县长多非专攻教育人才，所选教育科长多属不谙教育原理人士，导致教育专业精神降低，原来通教育者多思改弦易辙；县长掌理一县之事，头绪纷繁，无暇顾及教育，所谓县长兼理教育之事，实属虚悬一格。

曾先后在江苏省教育厅、甘肃省教育厅、四川省教育厅襄助推行国民教育，又先后在华西大学、四川大学、金陵大学讲授国民教育及教育行政等课程的刘百川，认为裁局改科后的县教育行政制度有如下缺点和困难。第一，“裁局改科以后，一切教育行政事务，统属县政府主管；一切事业的举办，都要取决于县长，所有教育科长或教建科长，事无巨细，都要请示县长，才敢处理”，如果县长公务过于繁忙，往往无暇兼顾教育。如果县长认为教育是索然无味的事业，也不免忽略教育。第二，“裁局改科以后，教育部对于科长资格，曾于县政人员任用条例的规定科长资格以外，特别有所规定，就是教育科长除去要合县政人员任用所规定的资格外，还要具有小学校长的资格而办理教育著有成绩，或大学毕业办理教育三年以上著有成绩”，这是最低的条件与要求。事实上，县教育科长往往随县长进退，科长更动频繁，“实难作较久远的计划与改进”。第三，推进国民教育，县教育行政日渐繁重，而县教育行政机构反而萎缩，“因为教育科的人员太少，县督学在县政府办公，不出外视导，已经变成最普遍的现象”。第四，县教育行政机构有名无实，在各区设指导员的，实不多见；乡镇文化股主任及干事，极少由中心国民学校教员兼任的，多半是由以前联保办公处的书记或事务员改充。他们“既不懂教育文化为何物，如何希望他帮助教育文化事业的推进？”第五，县督学的名额太少，每人所担任视导的学校数目太多，加之所定的旅费太少，视导工作无法推进。第六，教育经费统收统支，教育科长对于编制预算很少能参加意见，因此教育占县支出总数的百分比逐年减少，教师待遇无法改善。第七，教育行政人员的任免，都由县长决定，“因之教育机关常常变成县长安置闲员的地方，而教育机关主管人员，也就更动频繁”。而教师由校长聘任，任期多为半年，校长可以任意解聘教师，教师职位毫无保障。第八，无参议或咨询机关的设置，全县教师对教育措施少有贡献意见的机会，因此“县长及教育科长处理教育行政往往流为独断独行”。刘百川认为，“以上所述各项缺点和困难，虽不必每县都是如此，但各县有此情形的实在很多。”① 刘百川所列举的裁局改科的“八大罪状”，的确给当局者当头棒喝。

1945 年 5 月，国民党召开第六次全国代表大会，会上议决：“为谋基层教育之有效施行，应即恢复县市教育局制度，并提高教育人员专业精神。”当年国民参政会四届一次大会也曾作出“各县恢复设置教育局”的决议。1945 年 9 月，抗日战争已经胜利，全国教育善后复员会议上，教育部也提出《收复区各省调整地方教育行政机构》一案，议决县级教育行政改革的三个办法：“1. 收复区各省应即恢复县市教育局，以便负责办理各该县地方教育复员工作，请教育部呈请行政院自三十五年一月起实施；2. 关于县市教育局之组织，请教育部从速订定颁行；3. 县市教育局局长务须由省教育厅遴选富有教育经验之干练人员充任。”②

1947 年 1 月，教育部鉴于要求恢复县市教育局的呼声日高，

① 刘百川著：《国民教育行政问题》，商务印书馆 1948 年版，第 49—52 页。

② 雷国鼎著：《中国近代教育行政制度史》，台湾教育文物出版社有限公司 1983 年版，第 380 页。

乃训令各省从速恢复设置教育局。其训令云："今改科之制，行已数年，而地方教育基础动摇破坏，几至不可收拾，教育经费常被挪移，学校设施，亦少注意，以致教师罢教之风不息，学校停办者日多，紊乱情形，笔难罄述。良以改科之后，科长率由县长委派，权力既属有限，且往往随同县长进退，未能久于其位，而县政丛脞，县长或无暇顾及教育，其甚者，乃至假借权势，妨碍教育，无怪地方教育每下愈况……可见时至今日，恢复县教育局，以挽救地方教育，已为各方一致之主张，况宪政实施在即，普及国民教育，提高国民文化水准，为行宪之基本工作，则恢复县教育局，以加速地方教育行政力量，究属刻不容缓之举……仰该厅从速计划在各县一律恢复设置县教育局，于本年上半年内完成之。"① 2月17日，国民政府行政院训令："各省得就地方需要，于文化发达事务繁剧之县，酌量恢复设置教育局。"4月14日，教育部训令各省教育厅从速恢复设置县教育局。② 1947年10月28日，国民政府行政院颁布《县市教育局编制及局长选用标准》(4条)，意味着县市教育行政恢复教育局之制。当年年底，全国便有江苏、安徽、江西、四川、陕西及西康等6省的58个县市设置了教育局。

与此同时，县市教育视导机构也作了小幅调整。1946年1月，教育部根据全国教育善后复员会议作出的"健全各级教育视导组织，增进辅导效能，以适应复员后改进教育之需要案"的决议，咨请各省市政府转饬各该市政府或教育局，于必要时设置督学组，组设主任1人，督学人数以每二三乡镇设1人为原则，可以根据各乡镇教育发达的程度增加或减少。根据这一基本原则，全国各地县市或迟或早采取了行动。河南、辽北、辽宁等省各县市都按照要求将

① 《教育部公报》第19卷第2期，第29页。

② 中央教育科学研究所编：《中国现代教育大事记》，教育科学出版社1988年版，第589页。

县市政府内的教育科内设置督学室，辽宁省各县市从督学中挑选资深者1人为主任督学。广东省广州市教育局内也设置了督学室。四川省各县市督学机构虽然没有行动，但各县市教育局长从现有的督学中指定1人为首席督学。江西省各县市凡有3名督学者，均设置主任督学1人。其他省份县市督学机构都在筹设或拟筹设之中。大多数县市督学的办公处所，都设在县市政府教育局、教育科内。县市督学分区或驻区视察者，区署或乡镇中心国民学校，也就是他们的办公处所。

抗日战争时期和内战时期，作为基层县市教育行政机构摇摆最大，教育科或者第几科，改来改去，虽然有精兵简政的良好初衷，但教育界对抗日战争期间县市教育行政机构改革的评价颇有微词，直言面刺者不乏其人。总体上看，降低了县市教育行政的地位，教育科长仰人鼻息，不可能全身心致力于谋划全县教育的发展。

二、县市教育人事编制与职权

抗日战争期间，全国县市教育人事行政编制均按照1937年6月行政院颁布的《县市政府裁局改科暂行规程》实施。1938年9月19日，国民政府公布《县各级组织纲要》，对教育人事编制进行了规定。

县政府教育人员编制与职权均由省教育厅定夺。县下辖各区设区长1人，指导员3～5人不等，其职掌为分治一区之民政、财政、建设、教育和军事等事项。都是“有给职”，必须委用“甄选训练合格人员”。[①] 区下之乡镇公所，设民政、警察、经济、文化各股，各股设主任1人，干事若干人。若干干事中须有一人专办户籍，此

① 教育部教育年鉴编纂委员会编：《第二次中国教育年鉴》第二编“教育行政”，商务印书馆1948年版，第49页。

人由副乡镇长及乡镇中心学校教员分别担任。经费不充裕的乡镇，人员可以酌量减少，或者仅设干事。乡镇中心学校和乡镇壮丁队长，暂时也限定一人兼二职。在人口比较稠密之所，如一村或一街为自然单位不可分离时，乡镇得就两保或三保联合设立国民学校、合作社以及仓储等机关，数位保长中推举一人为首席保长。各保保长和保国民学校校长、壮丁队长，暂时以一人兼任。保办公处设干事 2～4 人不等，职责是掌管民政、警卫、经济、文化等事务，分别由副保长及国民学校教员兼任。如果地方经费不甚宽裕，可以仅设干事一人。

为收政教卫合一推进国民教育之效，教育部着手对县各级教育行政组织及人员进行调整，做到事权分明，于 1940 年 7 月 6 日颁布《县各级教育行政应行注意事项》16 条，对县、区、乡（镇）、保各级教育行政组织、工作任务及教育工作人员的职掌作了规定。对县长在教育行政方面的任务，作了五项规定：第一，遵照教育法令及中央暨省教育计划，推行全县教育文化；第二，拟具全县推行教育计划，普及全县国民教育；第三，整理或增筹全县教育经费，并依照法令保障管理支配动用之；第四，依照法令选用、奖惩所属教育行政人员及学校校长及其他教育文化机关主管人员；第五，奉行中央及省颁教育命令，并执行其所委办事项。《注意事项》规定全县教育行政应设专科办理，原为建教合科者，应尽先设法分科，原设县教育局者应遵照行政院令暂行裁撤。教育局裁撤后所设之教育科，应视地方需要，设置科员若干人，秉承科长办理主管事项，必要时得分股办事。

《注意事项》对区长在教育行政方面的职责作了规定，其任务是：第一，秉承县政府推行全国教育文化事业；第二，秉承县政府督促各乡（镇）增筹教育基金。区署所设教育指导员的职责有四：第一，遵照县定计划，推进区内教育文化；第二，遵照县督学之指示，视察指导区内学校及其他教育文化机关，改进其设施及方法；

第三，受县政府主管教育科及学校之委托，领发教育经费；第四，其他有关本区教育文化事宜。各区下辖的乡（镇）文化股主任及干事的职责权限有四：一为调查统计全乡（镇）学龄儿童及失学民众；二为筹设学校并筹集教育基金；三为劝导或强迫学龄儿童及失学民众入学；四为其他关于全乡（镇）教育文化事宜。乡（镇）之下辖的基层组织——保，其文化干事与乡（镇）文化干事的职责权限基本相同，在此不赘。

《注意事项》对县以下各级教育行政职员的职责权限划分较为明细，当是达到了制度设计者“事权分明”目标的。由县长独揽大权，对一县之教育及各方面资源配备，可作通盘筹划，又可精简地方行政机构，减少教育人事行政经费的开支。但是缺点也十分突出，正如孙邦正所言：“（1）教育科长为县长的幕僚，权力甚小，一切措施，受县长支配，因而无法发展其抱负。（2）教育科长的地位既低，不易罗致优秀人才。若采用教育局制，教育局长处于半独立地位，易于罗致专门人才。……（3）采用教育科制，县长综揽教育大权，由于县长的时间、精力不敷分配，或由于县长对于教育事业不甚重视，往往使得一县教育事业停滞不进。县长民选以后，往往把政治上的恩怨，掺杂于地方教育之中，造成教育上派系的纷争和人事上的不安。（4）改局为科以后，教育科的组织简单，人员有限，往往无法负起推进地方教育的责任；更由于各级学校的人事，均由县长决定，教育科长亦无法发挥其领导的作用。”① 孙邦正之言击中了要害。抗日战争中便有不少人要求停止实施此制度，抗战胜利后更是将这一制度驳得体无完肤，要求改回教育局之制。

1947 年 10 月 28 日，教育部呈奉行政院指令核定并颁发《县市教育局编制及局长选用标准》4 条，对县市教育局的人事编制及职权

① 孙邦正编著：《六十年来的中国教育》，台湾正中书局 1974 年版，第 138 页。

作了规定："县市教育局的组织与编制，应参照各县市人口数、教育经费数及学校数之多寡，分甲、乙二级，由省教育厅酌定之。"① 甲级县市教育局设局长1人，督学4人，科长2人，科员3～5人，雇员2人；乙级县市教育局设局长1人，督学3人，科长2人，科员2～4人，雇员2人。中国基层情形十分复杂，基层教育行政机构也是一样，各地千差万别，很难用一个模式作为样板来向全国推行。《标准》采取比较灵活的方式，将各地县市教育发展的不同程度大致分为两个层次，由省教育厅根据其教育发展的程度确定甲级或乙级，再确定教育行政人员编制。同时，还颁发了《县市教育局编制及局长选用标准》4条，规定县市教育局长委任或荐任。县市教育局长之任用，除合于公务员任用法或县行政人员任用条例之规定资格外，并须具备以下四项条件之一："1. 经普通或高等考试教育行政人员考试及格者；2. 国内外大学教育院系、师范大学、师范学院或高等师范毕业，曾任教育职务二年以上者；3. 师范专修科或师范专科学校毕业，曾任教育职务三年以上者；4. 师范学校本科或高中师范科毕业，曾任教育职务五年以上者；5. 专门学校或专科以上学校毕业，曾任教育职务四年以上，著有成绩者。"② 《标准》对县市教育局长有明确的资格条件要求，或者是通过考试院普通或高等考试，或者是具备相应的毕业文凭，当然还要有一定的工作经历。有一定资格要求，在一定程度上能够避免走后门、任人唯亲，对县市教育局长专业化是有一些好处的。

三、县市教育视导

抗日战争爆发后，地方县市是教育实施的最为重要的单位，直接

---

①② 教育部教育年鉴编纂委员会编：《第二次中国教育年鉴》第二编"教育行政"，商务印书馆1948年版，第49页。

关系到教育的存亡绝续。教育部对教育视导予以高度重视，部督学和省督学人员编制都有扩展，县市视导人员编制虽然由省教育厅决定，但从总体上看，县市教育视导人员数目比战前和战后都要宽裕。

四川省作为抗战的大后方，抗战八年，也是国民教育发展的八年。之所以能够在国家遭受劫难之时，教育反能够得到发展，与四川省构建起比较完善的教育视导体系有着密切的关系。抗日战争期间部分年份视学人员情况见表 5-6，于表中不难分析出四川省国民教育发展的深层次原因。

表 5-6　四川省抗战期间部分年份视学人员情况

年　度	省督学数	省视导区数	地方教育视导员及学区数	县督学及学区数	备　注
1940 年下期	16	16	78 人，每人视导 2 县	423 人，423 学区	
1941 年	16	16	同上	447 人，447 学区	
1942 年	13	16	50 人，每人视导 2～4 县	485 人，485 学区	另设区指导员 3 人
1943 年	16	16	47 人，每人视导 2～4 县	495 人，495 学区	另设区指导员 17 人
1944 年	16	16	同上	同上	另设区指导员 17 人
1945 年	16	16	同上	471 人，471 学区	

资料来源：熊明安等主编《四川教育史稿》，四川教育出版社 1993 年版，第 319—320 页。

从表中可以看出，抗日战争期间，四川省形成了一具由省和县共同编织的教育视导网络。每一县之下都有 400～500 个学区，保证每一学区有一位教育视导人员。再往上追溯，省教育视导人员又按每 2～4 县有一位省视导人员巡视督察。

四川省视导人员每年都要举行视导会议，总结和研究视导工作的经验教训，提高视导工作的绩效。1940 年 2 月，教育厅召开第一次全省教育视导会议，详细研讨全省教育视导工作，调整教育视导规章制度。1941 年 6 月，召开第二次全省教育视导会议。同时也从 1940 年下期起，四川各县市教育视导会议，也形成一项会议制度，于每学期开始及结束各举行一次，少数地域或视导经费支绌的县教育局经呈奉核准后，可以每学期举行一次县教育视导会议。

湖南省在抗日战争期间虽然大部分地区沦为战区，但教育发展不是停止了，而是得到迅猛发展。之所以如此，与湖南教育行政部门行之有效的管理，与制定严明的督学视导制度并严格实施是分不开的。1941 年 7 月，湖南省颁发了《湖南各县督学视导须知》，这一文件是由刘寿祺代拟的。《须知》十分细致，第一章，出发前的准备；第二章，学校视导；第三章，乡镇教育工作视导；第四章，小学教员考绩程序及处理应注意事项；第五章，视导工作结束事项。对视导人员的要求非常具体，视导内容与对象十分明确。如学校行政的视导内容有：(1) 行政组织系统如何，适当否？(2) 行政组织和学校实际情形相适应否？(3) 校务如何分掌？各部分匀称否？(4) 学级编制如何？适当否？(5) 订有行政历而能切实遵行否？(6) 有哪些会议？能切实进行否？(7) 经费的数目、来源、分配和支出如何？(8) 经费公开办法和会计方式如何？(9) 学生每期收费若干元？有奖学金及免费学额否？办法如何？(10) 有无推广教学事业办法和实际情形如何？兼办社会教育否？办法和实际情形如何？(11) 行政计划如何，能实行否？(12) 对于部颁《修正学校学年学期及休假日期规程》是否遵照办理？如因农忙，或其他事故呈准放假，其所缺课程，会否补足？（13）消防计划及设备如何？①《须知》还对视导人员视察完毕后对学校工作的批评予以指导。刘寿祺要求视导人员的批评应当做到：（1）批评应在视察之后；（2）应有客观的科学的态度与公正的精神；（3）不可心存成见轻易批评；（4）应站在同情的立场去批评；（5）应用谦和友善的态度去批评；（6）应以研究的态度去批评，不可有居高临下的神态；（7）对于成功者应表示友谊、钦佩，对于失败者应表示热忱的协助；（8）谦和婉转，维持对方的威信和尊严；（9）不可吹毛求疵，故意指斥或存心为难；（10）平心静气听取对方报告困难；（11）批评时注意对方的个性气质和程度；（12）批评应根据法令、学理或确定的标准；（13）批评应以教育事业为对象，不以攻击个人的缺点为目的；（14）批评应具有建设的协助的意义；（15）要了解教育方法是殊途同归的，切不要以所用方法不同，认为错误妄加批评；（16）批评应详察每一件事件的目的和动机，不可从表面上下判断；（17）应赞许在前，指责在后，务使其虚心接受；（18）批评应注重关系重要的地方，琐碎的事件可不提；（19）批评要来得自然，最好趁机会有意无意地讲出来，不着形迹；（20）赞许的话要具体，指责的话最好含蓄一点，使对方体会。②刘寿祺所代拟的《须知》不啻可以提高湖南省教育视导的绩效，保障湖南教育的健康有序发展，对现代教育视导理论形成，也有一定贡献。

大后方的贵州省在抗日战争期间，各级各类教育都得到较大发展。为了保证教育健康有序发展，贵州各县根据教育规模大小设立县督学1～5人。据1943年统计，全省78县1市共设县督学163人。

①② 刘寿祺：《代拟〈湖南各县督学视导须知〉》，陶蒲生、尹旦侯编：《刘寿祺教育文集》，湖南教育出版社1992年版，第81、87—88页。

其中最少的是仅为 1 人，最多的遵义县达 5 人之多。[1] 贵州省严格执行师范学校辅导区制度，从 1937 年起，将全省分为 6 个中等学校区，规定每个中等学校区至少有一所省立师范学校，实行师范辅导地方的制度，旨在使师范教育与国民教育取得密切联系，共谋改进，既发挥师范学校的引领作用，又促进理论联系基础教育实际。随着教育的发展，贵州师范学校辅导区不断增加，1942 年为 9 个，1949 年增加到 16 个。各辅导区的任务有八点："1. 召集辅导会议；2. 设置地方教育指导员；3. 指导教学实习；4. 办理通讯研究；5. 供给乡土教材及其他补充教材；6. 开办暑期讲习会或短期师资训练班；7. 发行教员进修刊物；8. 其他关于国民教育辅导事项。"[2]譬如，贵阳女子师范学校 1947 年开展了组织成立地方教育辅导委员会、聘请教育科教员，两次召开辅导地方教育委员会，研究本学期教学工作方针，并由附属小学教师举行三次示范教学等工作，还两次到私立小学听课，召开座谈会，研究教学方法改进诸问题。

抗日战争期间，甘肃省教育厅的重要帮手督学机构，为甘肃教育发展立下了汗马功劳。八年抗战期间，省教育厅根据"结合实际，平均发展"原则制定了一系列教育实施方案、办法以及相应的法规、条令等，以有计划有步骤地向全省各县市推进。各级各类教育、各区各县教育，每年的推进计划和主要措施，都由省教育厅制定，然后再按照分级分层负责的原则督导实施。国民教育的实施主要依靠各县来完成。各县国民教育实施情况主要是通过县教育局报告、督学视导检查等方式，汇集到省教育厅，每年或两三年作一次综合或分类总结，并提出下一年的实施方法。这一套有筹划、有检查、有结果报告的工作方法，被称为"主持得人"的一

①② 孔令中主编：《贵州教育史》，贵州教育出版社 2004 年版，第 319、343 页。

个重要方面。[1] 很显然，县督学有这一工作链条的终端，是省教育厅工作制度能够取得绩效的关键。有一事例足以证明督学的作用。甘肃省地广人稀，很多县面积辽阔，国民学校设立情况和适龄儿童入学情况存在着比较严重的虚报现象，省教育厅是无从知晓的。1945 年抗战胜利前夕，甘肃教育厅统计教育发展的成绩，全省已设中心学校 825 所，保国民学校 6 725 所，基本达到一乡一保一校的标准，在校儿童 40 万，入学比例为 49%。对此数据，一位督学的视导报告毫无遮掩地指出，秦安县国民教育"不切实际"，学校改设多是改名，即以教育厅规定该县第一期改设国民学校数目，将学校名称填入，"如此敷衍，怎会有成绩表现出来!"[2] 因为有伶牙俐齿了解实情的督学，才可能有切实可行的教育发展规划和措施。

就在抗日战争爆发的当年，广西省就公布了《视导人员的资格和任用》、《广西省各镇国民基础学校二十六年视导计划大纲》等教育视导文件。因为教育部有关县教育视导人员资格方面没有法令规定，准备以江苏省的县督学任职资格要求为标准。其资格条件是："（一）国内外大学教育学院或教育科毕业，曾任教育职务一年以上著有成绩者；（二）国内外专科或专门以上学校毕业，曾任小学教员二年以上著有成绩者；（三）师范学校本科或高中师范科毕业，曾任小学教员三年以上著有成绩者。"[3] 广西省还制定了县市视导的标准，规定："（A）科目、课程标准、教学时数，应和国民基础学校办理通则相符。（B）日课表应根据教育心理的原则。（C）教科书应活用。（D）教材的选择和分配，应根据社会的需要、学生

①② 傅九大主编：《甘肃教育史》，甘肃人民出版社 2002 年版，第 499、457—458 页。

③ 李彦福等编：《广西教育史料》，广西人民出版社 1990 年版，第 294 页。

的程度。(E) 应有补充的教材。(F) 能采用启发式或自学辅导式，不应纯粹用演讲式或注入式。”① 并对教室采光、黑板标准、教师技能、教态和考查等作了规定。1946 年，广西省对数年来广西县级教育视导工作进行总结，指出：“二十九年施行新县制，恢复设置县督学，复另制定《广西各县县督学规程及视导细则》，经此改进后，中心学校及国民学校之视导工作，乃见活跃。一年来，虽在物价高涨声中，人力物力两感困乏，而中心学校及国民学校不但弦诵之声未绝，且较昔略见进步。战时教育法令之推行，亦颇顺利。是则县督学之恢复，视导工作加强，要不失为重要原因之一。”② 美中不足的“惟县督学名额仍嫌过少”。《桂政纪实》对广西县级教育视导的评价，当是实事求是的，颇有分寸感。

1946 年 1 月 26 日，教育部咨各省市政府转发全国教育善后复员会议议决案，饬各省市教育厅局设置督学室。同时，令各县市教育局于必要时设督学组，组设主任督学一人，督学人数以每二三镇设一人为原则。③

八年抗战中当了七年教育部长的陈立夫，认为任教育部长七年，“有显著的成就”：“建立国民教育制度，订颁推行国民教育制度计划；督促并辅导各省市实施国民教育计划，计年责其成效；使国民及中心国民学校之数增加，学龄儿童入学比率逐年增大，文盲数逐年减少。”④ 按照陈立夫的说法，县级教育行政部门当居首功，因为国民教育取得成绩，承担推进国民教育任务者主要是县级教育行政部门。刘寿祺也认为，湖南各县教育，“两年来，经各级教育

---

①② 李彦福等编：《广西教育史料》，广西人民出版社 1990 年版，第 295—296、308 页。

③ 江铭主编：《中国教育督导史》，人民教育出版社 1994 年版，第 241 页。

④ 陈立夫著：《战时教育行政回忆》，台湾商务印书馆股份有限公司 1973 年版，第 33 页。

行政人员之努力，各方确有相当之进步，如一保一校完成，小学教员之训练、登记、任用及待遇之改善，私立小学之整理，多数县份均已有很好的成绩表现；尤以各县督学制度之改进，在行政上确已增进效率不小”①。而作为教育部长，对其所推出的教育制度，可能有所偏爱，不忍触其短，不许毁其誉。其时有不少教育工作者认为县教育行政效率未能达到标准者大有人在。刘寿祺就认为，“尚有少数县份的教育行政效率未能达到相当的标准”，并认为其重要原因有以下四点。第一，县以下的教育行政制度未确定，是重要原因之一。虽然规定乡（镇）公所设文化股主任及干事，保设文化干事，但这种制度各县当时并未切实建立，因之上级的政令虽然雷厉风行，往往到了乡（镇）保，处处发生脱节、迟滞、矛盾、隔阂、龃龉等现象，教育行政效率就无从谈起了。第二，人事制度不健全，也是行政效率低下的重要原因。有些县份的教育行政，人才缺乏已为毋庸讳言的事实，用人也没有严格的标准。县以下的乡（镇）保教育行政人员的情形，尤其纷乱，到处都看到人与事的分离，因之教育行政效率亦随之无形降低。第三，缺乏精密的事业计划，是行政效率低下的又一重要原因。刘寿祺指出：“有些县份，县以下的教育行政机关，大多缺乏计划，无论作一件什么事，事先没有仔细考虑，一切都是临时应付，往往弄得手忙脚乱，事业还是没有条理，没有结果。”②第四，品行不端，素质低下，是行政效率低下的再一个原因。刘寿祺说：“有些县份的教育行政干部，因为政治的领导不够，就影响到工作作风不纯正，因为工作作风不纯正，一切法令的执行也就不容易彻底。于是散漫，敷衍，自私自利，投机取巧，上骗下，下骗上，甚至违法舞弊均在所难免。此种情形，行政效率何能谈到？”因而可以说，在当时状况下，县及县

---

①② 刘寿祺：《县教育行政效率未能达到标准的原因》，陶蒲生、尹旦侯编：《刘寿祺教育文集》，湖南教育出版社 1992 年版，第 89、90 页。

以下行政组织和教育行政比较纷乱，并不能成龙配套，各级行政干部和教育行政干部素质十分低下，而要贯彻实施所谓周详缜密的“新县制”、国民教育制度，无疑是要失败的。

第四节 教育咨询与辅助团体

抗日战争爆发后，文化教育界围绕着救亡图存、抗日救国这一中华民族最高利益，成立了众多教育团体，宣传抗日救亡，研究国难教育和战时教育，为各级教育行政部门和政府提供教育咨询和教育发展的思路。抗日战争结束后，又围绕着反内战、反独裁，要民主、要和平，成立了民主教育方面的教育团体。

一、抗战教育研究会和全国战时教育协会

卢沟桥事变爆发后，国民政府一系列战时教育方针政策出台，全国人民同仇敌忾，积极支持抗日战争。教育界领袖们纷纷成立抗日教育团体，宣传和研究战时教育，为培养抗战建国人才服务。抗战教育研究会正是抗日战争初期较早成立的抗战教育团体。

1937 年 11 月 21 日，抗战教育研究会成立于武昌。在刘季平的努力下，由国民党元老孔庚和华中大学校长陈时发起成立。孔庚、陈时、刘季平、白桃、范寿康、陈开运、周子桢、冯永轩、何伟、陈仁炳、孟宪章等 11 人为理事，孔庚为理事长，陈时为副理事长，陈仁炳、刘季平、白桃（戴伯韬）、孟宪章、周子桢为常务理事。刘季平和白桃主持日常工作。会址设在武昌粮道街小学内。下设有工人、难民、伤兵、儿童等教育队。

该会主张“在研究中推行抗战教育，在推行中研究抗战教育”。倡议改革旧的教学内容，将私塾和小学《三字经》、《论语》之类的

课本换成抗战读本；在中学和大学，要突出抗战教育内容，加强学生的政治认识，训练学生组织民众的能力，使学生掌握一般国防、军事常识和游击战术，成为有益于抗日救国的有用人才。工作重点开始主要在教育界，后来扩展到广大群众之中。其主要活动是在工人、难民、伤兵、儿童之中开办演讲室、演讲站和“文化角”，如在武汉三镇创办了许多演讲室、演讲台、演讲站、“文化角”和工人识字班。通过这些教育阵地，向群众宣传抗战形势，讲解救亡道理，动员和组织群众参加抗日救亡活动。

为了推进抗战教育运动在全国的开展，抗战教育研究会还联合当时辗转到武汉的中国教育学会、中华职业教育社、教育短波社、《教与学》月刊社、全国卫生教育协会、全国抗战教育促进会、中国农村经济社、乡村建设研究院、儿童教育杂志社以及在延安的陕北国防教育研究会等团体，成立了全国战时教育协会。

1938 年 2 月 12 日，全国战时教育协会在湖北汉口成立。这是抗日战争时期成立的教育团体。总部设在武汉，武汉沦陷后迁至重庆，在西安、长沙、广州等地设立有分会。主要理事有张申府、陈时等 19 人，张申府、陈时、陈礼江、白桃、朱启贤、叶溯中、蒋健白等 7 人为常务理事。协会实际由共产党人朱启贤总干事和白桃庶务主持日常工作。

全国战时教育协会的宗旨是发动全国战时教育运动，并通电世界教育界，发起反侵略运动。

协会成立后，在全国范围内全力推进教育运动，曾提出《战时教育纲领》12 条，其内容如下：“一、教育系统简单化，各级学校紧密联成一体，并使教育完全配合于各种社会生活中，使与目前必要的国防——团结，抗战，生产——密切地联结起来。二、使教育方法主要只在指导被教育者的实践，养成自教，即在经历中认取教训的习惯。三、使各战时组织、后援组织、民众组织，均发生教育作用。四、使各级学校教师与学生均负民众动员指导（宣传、组织、训练）的责任，并借此使习于团体的规律的生活。五、在各种事业中，设置各级训练班，加紧各级干部的训练。六、多设专校，培植专家。七、裁减各级学校不必要的课程。减少各级学校讲授时间，尽量增加实习、实验、实践时间。讲授时间并尽量变为讨论制。八、就日用物品、实际生活，介绍现代科学知识及技术。九、各级学校均加授战时常识、军事训练、中日关系、国际现势。十、各级学校酌量增加中国建国史，社会组织进化史，世界近百年政治、经济、社会文化史及现势，人生及人生理想等科目。十一、提高大学程度，尽量改为研究性质，以国家社会种种现实需要为研究题目。十二、广设专科研究机关，特别奖励新军器、新医术、新算学、社会的合理组织、国产的利用、外来物的代用品、核物理的军事应用、各种光线与电的利用，以及一般现代科学的军事利用等等特殊研究。"① 后经国民政府充实修改，以《全国战时教育实施要则》（19 条）颁行全国。

全国战时教育协会主张抗战建国，唤起和训练民众，培养抗战干部，普及基础教育，提高专门技术。协会特别重视政治教育，注重军事和新经济建设的科学训练。该会对团结全国教育界人士投身抗日救亡运动，做好战时教育工作，起到了积极作用。

二、战时儿童保育会

1938 年 3 月 10 日，战时儿童保育会在湖北汉口成立，是战时救助儿童的慈善机构。蒋介石夫人宋美龄为理事长，冯玉祥夫人李德全为副理事长。保育会先在汉口设立武汉第一临时儿童保育院，救助因战争流离失所流浪街头的难童。武汉沦陷前，保育会共抢救运

① 《张申府文集》第一卷，河北人民出版社 2005 年版，第 198—199 页。

送28批1.5万余名儿童到四川。当年10月31日，国民政府教育部奉行政院之令颁发《抗战建国时期难童救济教育实施方案》，规定："为收容难区12岁以下孤苦无依儿童，中央设战区儿童教养团，各县设孤儿院、育婴所、保育所。在收容期间培养儿童健全体格、善良德性、国家民族意识，并授以基本知识，训练其生活技能。"① 此后，保育院数量有很快增长，到1938年底，全国已有保育院26所，其中10所即在四川省内，多集中在成都和重庆两市及周边地区。

1939年10月第一届儿童保育院院长会议召开时，全国大后方共设立了48所保育院，其中四川境内的22所，几乎占去半壁江山。除成都和重庆2所临时保育院外，直属于保育会的共有8所，属于四川分会及成都分会的分别为8所和4所。西部其他省份也设立了一些保育院，如贵州有4所，广西有2所，陕西和湖南（西部）各有3所。这些省份和四川省的保育院总数达34所，约占全国保育院总数的70%左右。自抗战开始到1939年，是战时儿童保育院设立的高峰期，此后发展的步伐逐渐减缓，1940年全国仅设立保育院5所。

太平洋战争爆发后，中国及周边环境更趋恶劣，外援逐渐减少，儿童保育会的维持经费遇到了极大的困难，不得不撙节开支，合并院点。从调整的实际上来看，这次大规模的保育院调整，主要都集中在西部的保育院。据一篇署名为"超人"的撰文云："自本年（指1941年——引者注）7月15日开始调整，按照年龄、性别、兴趣的不同归并为大、小、男、女、升学、习艺六种保育院。"② 超人所言是保育院合并的原则和指导思想。尽管此后的合

① 中央教育科学研究所编：《中国现代教育大事记》，教育科学出版社1988年版，第401—402页。

② 超人：《关于保育会直属各院调整问题》，《妇女新运通讯》第3卷第21—24期合刊，1941年10月。

并行动都是按照此原则进行的，但不能排除1941年后保育院设置步伐停止而院点合并减少仅仅是为了尊重和依照难童们的“年龄、性别、兴趣”进行，其隐忧与节省成本无疑是重要原因之一，而以此为由合并院点又是难以启齿的。

整个抗战期间，在全国各地成立了20多个分会，53所战时儿童保育院，收容、保育了3万多名难童。

战时儿童保育会在抗战的八年间，使因为战争流离失所的儿童获得安定的环境，保护了弱小的生命，使得民族的精血能够得以延续，不仅使他们的身心都能够得到健康成长，也使前方浴血奋战的将士无后顾之忧，奋勇杀敌。正如重庆歌乐山第一直属保育院长曹孟真在战时儿童保育会第一届院长会议上所指出的：“过去既无理论可供参考，我们更不能直接向外国照抄，一切都须在实践中得到经验和教训。但要适应中国民族的解放、社会改造的远大前程、实际的环境，正要求我们建树一个从战时到平时的‘儿童保育论’……中国战时儿童保育工作既不是资本主义美国的托儿所，也还与苏联工农儿童托儿所有异，尤其绝对不可以当它是从前中国的育婴堂、孤儿院看待。它是中国民族抗战时期人民保卫事业最严重的一种，是新型中国社会初级教育的先河，是全中国各阶层儿童统一训练的一个示范，是伟大的新中国国民的基本训练机关。”① 在某种意义上说，战时儿童保育会为中国人民的抗日战争和解放事业作出了特殊的贡献。

三、生活教育社

1938年12月15日，生活教育社在广西桂林成立，理事长由

① 曹孟真：《战时儿童保育院一周年》，《妇女生活》第7卷第5期，1939年4月。

生活教育理论的首创者陶行知担任。常务理事主要有 1927 年 3 月陶行知在南京成立的晓庄师范学校的学生王洞若、操震球、刘季平、戴伯韬、方与严等 13 人。理事有当时文化界、教育界名流李任仁、雷沛鸿、杨东莼、林砺儒、唐现之、黄炎培、沈钧儒、田汉、徐特立、汪达之、邵力子、张劲夫、孙铭勋、潘一尘等 33 人。理事会下设学务干事会，组织部常务干事刘季平，编辑部常务干事戴伯韬，服务部常务干事王洞若，调整设计部常务干事杨东莼，总务部常务干事杨寅初。

生活教育社的宗旨是："继承和发扬晓庄师范、山海工学团、国难教育社和战时教育的精神，探讨最合理最有效之新教育原理与方法，促进自觉性之启发，创造力之培养，教育之普及，以及生活之提高。"① 并以"调查生活需要，设计教育方案，编辑教育材料，研究专门问题，试验教育方法，推广探讨所得"等为社务。

生活教育社成立后，积极开展活动，在战时教育研究方面颇有贡献，其活动很受时人的关注。主要活动有如下五个方面。

第一，开展调查研究。包括战时普及国民教育问题，战时建设教育研究，游击区教育研究，晓庄教育研究，中国儿童运动的理论与实践研究等。

第二，与新安旅行团联手组织"岩洞教育服务团"，使桂林的每一个山洞都成为一所战时民众学校。在七星岩的崖壁上至今还有一条"敌人在轰炸，我们在上课"的石灰标语。

第三，编辑出版报刊和教育读物。包括《西南儿童》、《少年战线》、《生活教育社通讯》、《工作与学习》、《漫画与木刻》、《幼年文库》等。

第四，推行"小先生制"。陶行知很重视发挥小孩子的力量，

① 广西壮族自治区地方志编纂委员会编：《广西通志·教育志》，广西人民出版社 1995 年版，第 747—748 页。

组织小先生义务教人识字不收取费用，并结合进行抗日宣传。1940年在桂林恢复原来在江苏淮安的新安小学。这是生活教育社的实验基地。

第五，开展抗日救亡宣传教育。生活教育社同人们经常与中国农村经济研究会、国际新闻社、青年记者协会、晓庄研究所等团体联合举行时事报告会、座谈会，常常邀请著名学者来作学术报告或形势报告。“皖南事变”后，生活教育社被当局诬为“分子复杂，言行左倾”，工作不得不停顿下来。

1939 年 3 月 15 日，生活教育社在重庆社交会堂召开生活教育运动十二周年纪念大会。到会者有男女老少、三教九流、各界各层的民众 1 500 多人。黄炎培在开幕词中指出：“生活教育社的宗旨，是表现在这名字上。生活教育，是为了生活而教育，用生活来教育，给生活以教育的。”① 陶行知在会上作了主题发言，他指出：“今后我们的工作：第一是继续从前的工作，反洋化，反传统，继续建立争取自由平等的新中国的教育。……第二是负起当前任务。抗战已展开了全面抗战，教育也要展开为全面教育。展开到前线、后方、边疆、敌人后方、一切的地方。大家要分工合作，到西北去，到云贵去，到战区教育伤兵和老百姓，到敌人后方去粉碎敌人阴谋。”②当日，陶行知还撰写了《告生活教育社同志书》一文，指出：“生活教育社是一个教育界的大家庭。它是教育思想者的团体，又是教育运动者之团体，又是教育工作者之团体，又是培养教师的团体，又是一般人学习生活和知能的团体，又是一个共同生活体。”③ 他还阐述了生活教育社面临的任务：“我们当前的任务是展

①② 《记生活教育社十二周年纪念大会》，华中师范学院教育科学研究所主编：《陶行知全集》第 3 卷，湖南教育出版社 1985 年版，第 343、345—346 页。

③ 《告生活教育社同志书》，华中师范学院教育科学研究所主编：《陶行知全集》第 3 卷，第 342 页。

开全面教育，以配合全面抗战而争取全面的最后胜利。我们要把教育展开到前方，展开到边疆，展开到敌后方，展开到华侨的所在地，展开到全世界凡是有敌人斗争的地方去。”①

生活教育社成立后，四川、浙江、安徽、江苏、上海、香港、山西、贵州、甘肃、延安等地先后成立分社。登记合格社员有2 400多人。1941年后总社迁往重庆，日常社务先后由王洞若、程今吾负责办理。

四、国民教育研究会

1939年3月21日，国民政府教育部公布《国民教育实施纲领》9章40条。当年9月，国民政府又公布了《县各级组织纲要》，要求“所有组织民众，实行自治之使命，完全以小学为中心”，规定国民学校和中心国民学校要招收6～12岁的儿童入学并接受义务教育。1940年3月，国民政府教育部颁布《国民教育实施纲领》。当月，教育部在重庆召开第一次会议，研究在《县各级组织纲要》颁布后的国民教育建设问题。会议有《乡镇中心学校及保国民学校设施要则》、《筹措保国民学校基金》、《修订课程标准》等36件议案。但1940年9月11日，国民政府行政院明令暂缓国民教育，教育部电发之行政院令文云：“国民教育之实施，以军需孔亟，民力维艰，经决议暂缓办理。”② 不过，1942年1—2月，国民政府教育部在重庆召开第二次会议，重提国民教育问题。会议主要提案有《乡镇中心学校保国民学校校长专任问题案》、《县各级

① 《告生活教育社同志书》，华中师范学院教育科学研究所主编：《陶行知全集》第3卷，湖南教育出版社1985年版，第340页。

② 中央教育科学研究所编：《中国现代教育大事记》，教育科学出版社1988年版，第452页。

机关筹集中心学校及国民学校经常费案》等。

为了推动国民教育的发展，1941 年 5 月，教育部聘请国民教育专家组成的国民教育研究委员会召开第一次会议，集中讨论提高小学教员待遇、中心学校及国民学校校长专任与兼任等问题。当年 11 月 24 日，教育部颁布《各省市国民教育辅导研究办法大纲》19 条，规定各省、市、县、师范学校、区、乡、镇均应组织国民教育研究会，主持研究国民学校行政、课程、教学、训练、政教联系等问题。这是教育部第一次正式成立国民教育研究会之倡。1942 年 10 月 27 日，教育部颁发《各级国民教育研究会组织通则》15 条，规定国民教育研究会主要研究对象“以研究学校行政、课程、教学方法、训练方法、政教联系、推行社会教育方法、教师福利与进修等为限”①。同日还颁发了《国民教育研究会筹组办法》13 条，规定“组织研究会按乡、县、师范学校、区、省顺序逐级向上进行”。抗日战争胜利后，教育部还于 1945 年 10 月 24 日公布国民教育研究问题，要求“各地国民教育研究会检讨本乡（镇）或本县（市）或本师范教育区实施国民教育成绩及其应改善事项。并要求拟订辅导所属国民学校或中心国民学校方案，和举办教师进修研究计划，以及教师福利计划，研究如何强化收复区各级国民教育研究会之组织，并推进其工作和如何肃清收复区敌伪对于儿童及民众所施之奴化教育”②。

教育部关于成立国民教育研究会的一系列文件，促使各地先后成立国民教育研究会，开展国民教育研究。1943 年，重庆市着手组织各中心国民学校成立国民教育研究会，并经重庆市教育局拟具组织办法，限令各校一月内组织完毕。重庆国民教育研究会之设是促使重庆市小学教师交流教育教学经验，互相学习，共同提高的有

①② 中央教育科学研究所编：《中国现代教育大事记》，教育科学出版社 1988 年版，第 499、554 页。

力措施。按照重庆市教育局的计划，在全市各中心国民学校组织健全之后，便着手开展研究工作。重庆市教育局虽然得陪都之便，但重庆国民教育研究会迟迟未见进展。直到 1945 年 4 月，才分别成立各区国民教育研究会，并规定按月开会一次，由教育局派员指导，并请中央大学师范学院组织国民教育视察团，每学期视察国民教育研究会的研究工作。重庆国民教育研究会虽然成立比较晚，但各校的研究工作在教育局和中央大学的督促下，有关国民教育的进修和研究，进展堪称顺利。当时的小学教师们研究了国民教育的一系列问题，如“国民教育如何兼办社教”、“国民教育研究会如何办理教员福利事业”、“如何解决民教部招生留生问题”、“现行小学课程教育标准之改革意见”、“如何编选本地实用之劳作教材”、“编选本地流行之民间游戏”、“如何编选补充教材”、“怎样养成儿童的学习态度”、“怎样指导儿童查字典”、“怎样指导儿童阅读”、“怎样指导儿童作课外活动”等。① 教师们通过对这些有关国民教育问题的分析思考，打开了思路，研究了问题，提高了教育和教学的效率。

河南省成立县国民教育研究会 47 个，专区国民教育研究会 5 个，乡镇研究会 461 个。河南省教育厅拟定了全国教育研究会规程，还通知与会人员于 1944 年 6 月 12 日在鲁山县召开成立大会。② 但因战事不稳，未能如期举行。

① 李定开著：《抗战时期重庆的教育》，重庆出版社 1995 年版，第 56 页。

② 王日新、蒋笃运主编：《河南教育通史》中册，大象出版社 2004 年版，第 348—349 页。

第六章 革命根据地的教育行政

1927年，井冈山革命根据地建立，随即建立了湘赣边界工农兵政府。1931年11月27日，“中华苏维埃共和国”在江西瑞金成立，亦称“中央工农民主政府”；中国共产党开辟的根据地，均属其统辖。工农红军长征抵达陕北后，又经历“西安事变”、国共第二次合作达成，1937年9月6日，“陕甘宁区工农政府”正式更名为“陕甘宁特区政府”（次年1月改称“陕甘宁边区政府”），隶属南京国民政府之下，但又统辖各地共产党领导的抗日根据地。抗日战争胜利后，1946年6月全面内战爆发，中国革命进入解放战争时期。1949年10月1日，中华人民共和国成立，历史翻开了新的一页。

第一节 苏区的教育行政

井冈山革命根据地建立起来后，随着苏区的逐步扩大，革命根据地的增加，中央苏区和各革命根据地先后建立起了教育行政制度，任命了教育行政干部，负责对革命根据地的干部、战士、民众和普通教育进行组织和管理工作。

一、中央的教育行政

中央苏维埃政权教育行政机构的建立和教育行政人员的配备，是随着革命战争进展而逐步完成的，是在星星之火形成燎原之势的过程中逐步成熟的。

（一）湘赣边界工农兵政府教育部

1928 年 5 月，湘赣边界工农兵政府在井冈山的茅坪成立，这是湘赣边界的最高行政机关。袁文才担任边界工农兵政府主席。政府下设教育部，主要职责是进行所属各县的群众教育和学校教育等工作。边界工农兵政府教育部是苏区最早的教育行政管理机构。在中央苏区教育部的领导下，赣南、闽西、闽浙赣、鄂豫皖等根据地也先后成立教育行政管理机构。

边界政府教育部处于特殊的政治环境，认真进行红军干部与士兵教育。1929 年 12 月，红七军前委发布第 2 号《通告》，宣布在平马、百色、东兰立即开办“中坚同志训练班”。在短期内向学员施以基本理论的训练，以造就党的干部人才。红四军在福建上杭古田召开中国共产党第九次全军代表大会，通过了毛泽东根据中央“九月来信”精神起草的《中国共产党红军第四军代表大会决议案》，即“古田会议决议”。其中第五部分《士兵政治训练问题》中，提出对士兵训练要编制课本，根据不同教育对象分班上课的问题。并提出了著名的“十大教授法”：（1）启发式（废止注入式）；（2）由近及远；（3）由浅入深；（4）说话通俗化（新名词要释俗）；（5）说话要明白；（6）说话要有趣味；（7）以姿势助说话；（8）后次复习前次的概念；（9）要列提纲；（10）干部班要用讨论式。①这对于提高干部和士兵教育的效率，无疑会产生积极的作用。“十大教授法”在中国工农红军中央政治学校中得到了贯彻。如第一分校召开第一次校务委员会，讨论搞好政治教育和军事教育的问题，会议决定改进教学，“政治教官要加强研究教学方法，军事教官要多做示范、多举例子和结合实物进行教学。讲解要浅显明白，少用名词术语”②。这“十大教授法”不仅适用于红军，“也适用于一般学校，对以后根据地学校的改革起了很大作用”③。

1930年，红八军在广西龙州开办军事政治训练学校，俞作豫担任校长，招收部队选送的干部、战士及一批中学生和农村青年180人。所开设的课程主要有政治课和军事训练课。政治课的内容有《共产党宣言》等。红五军也是每到一地，只要有半天或一两天的休息时间就开始“操课”。上课的材料是根据六大决议摘编的八十多个问题和马克思主义浅说、共产主义ABC等。这是中国近现代最早在苏区实施的马克思主义教育、共产主义教育。不过，从当时的学员程度乃至教员程度来看，可能过于脱离实际。

由于革命斗争形势的严峻，斗争条件的异常恶劣，湘赣边界工农兵政府教育部下属机构不健全，教育行政人员配备情况也不甚清

① 陈元晖等编：《老解放区教育资料》（一），教育科学出版社1981年版，第4—5页。

②③ 皇甫束玉等编著：《中国革命根据地教育纪事》，教育科学出版社1989年版，第31、22页。

楚。教育行政职能的践履，也主要是围绕着革命战争展开，兴办学校、普及教育等，一时很难提上议事日程。

（二）中华苏维埃共和国中央教育人民委员部

1931年11月7日，中华苏维埃共和国在瑞金召开第一次全国工农兵代表大会，临时中央政府宣告成立。

代表大会通过了《中华苏维埃共和国宪法大纲》。其中第12条规定："中国苏维埃政权以保证工农劳苦民众有受教育的权利为目的。在进行国内革命战争所能做到的范围内，应开始施行完全免费的普及教育，首先应在青年劳动群众中施行，并保障青年劳动群众的一切权利，积极地引导他们参加政治和文化的革命生活，以发展新的社会力量。"① 为推进实现《中华苏维埃共和国宪法大纲》的庄严承诺，临时中央政府成立中央教育人民委员部，掌管苏区的教育行政事务。这是全国革命根据地的最高教育行政领导机构，职能是在教育方针政策上领导各革命根据地的学校教育和社会教育。②中央教育人民委员部部长由教育人民委员担任。部长的职掌是执行中共中央临时中央政府制定的各项教育方针政策和有关指示，并督促检查中央教育人民委员部所属下级教育行政机关的工作，还有对本部部分干部的任免权。

为了更好地发挥中央教育人民委员部管理苏区教育的职能，提高教育行政管理的效能，推动苏区文化教育事业的发展，中央教育人民委员部下设了若干行政管理职能部门，如初等教育局、高等教育局、社会教育局、艺术局、编审局和巡视委员会等机构。苏区

① 陈元晖等编：《老解放区教育资料》（一），教育科学出版社1981年版，第28页。

② 中央教育人民委员部名称系仿苏联教育行政体制，不称教育部，而以"教育人民委员部"称之。其行政首脑仍以"部长"称之。

学校教育由初等教育局和高等教育局协同管理，苏区社会教育由社会教育局和艺术局协同管理，编审局主要负责苏区各种教材编审方面的事务，巡视委员会主要负责苏区各级各类学校对方针政策的执行落实情况。此外，还设立了教育委员会，其职责主要是参与讨论、计划、建议教育改革与发展问题，并检查教育工作中存在的问题。

中央教育人民委员部的成员由教育人民委员担任，由中央临时政府任命。1931 年 11 月 27 日，中华苏维埃共和国第一次工农兵代表大会举行第一次会议，选举瞿秋白为教育人民委员部部长。但是，瞿秋白当时还在白区工作，中央人民委员会决定由副部长徐特立代理部长职务，后又任命沙可夫担任副部长，协助部长工作。1934 年 2 月，中华苏维埃共和国第二次全国代表大会选举，以张闻天为中央人民委员会主席。在人民委员会之下，设立了 11 个人民委员部。瞿秋白任教育人民委员部部长，徐特立为副部长。瞿秋白此时已经回到苏区，遂切实履行部长所承担的职责，担起了苏区教育工作领导的重要职责。他主持制定了苏区一系列教育法规，使苏区各项教育工作逐渐朝着制度化方向迈进。

教育委员会的 11 位成员由中央人民委员会任命，以部长为主任委员。瞿秋白、徐特立、方维夏、杨尚昆、沙可夫、魏挺群、曾镜冰、张欣、阿丕（即陈丕显）、潘汉年、谢然之等先后被任命为中央教育委员会委员。

中央教育人民委员部成立后，在当时恶劣的战争条件下，对苏区教育工作有所推进。1931 年 11 月中华苏维埃共和国第一次工农兵代表大会发表的《宣言》宣布：“工农劳苦群众，不论男子或女子，在社会、经济、政治和教育上，完全享有同等的权利和义务。”“一切工农劳苦群众及其子弟，有享受国家免费教育之权，教育事业之权归苏维埃掌管，取消一切麻醉人民的、封建的、宗教的和国民党三民主义的教育。”“在苏维埃政权之下，取消各种宗教团体的特别权利……政权组织、教育机关与宗教事业绝对分离，但人民有信仰宗教或反对宗教的自由。”①

重视和推进妇女教育，是中央教育人民委员部的重要工作。1932 年 6 月 20 日，中华苏维埃共和国临时中央政府发出《关于保护妇女权利与建立妇女生活改善委员会的组织和工作的训令》，要求各级苏维埃政府设立妇女生活改善委员会，以保证妇女的权利；应设立妇女半日学校，组织妇女识字班，也可以设立家庭临时识字班、田间流动识字班。由政府干部、群众团体干部和当地学校教员担任教学工作。在这些识字组和劳动妇女代表会议以及妇女学校、俱乐部中，要对妇女进行政治教育，号召她们积极参加苏维埃运动，参加革命战争。苏区妇女成为革命的一支不可小看的力量，与中央教育人民委员部开展的妇女教育有着密切关系。

积极贯彻落实中华苏维埃共和国临时中央政府的决定和指示，是中央教育人民委员部的重要职守。1933 年 3 月 13 日，中华苏维埃共和国临时中央政府人民委员会召开第 37 次常会，检查了中央教育人民委员部最近的工作，讨论了以后的教育方针，责成中央教育人民委员部健全整个教育行政组织系统，发布各种教育实施办法，并给各地提供教育材料。次日，临时中央政府人民委员会又召开第 38 次常会，责成中央教育人民委员部尽快颁发各级教育部的组织纲要，健全教育行政系统，并向各级教育部发出关于教育的任务与教育的具体实施办法。鉴于中央教育人民委员部人力不足的现实，会议决定任命徐特立、杨尚昆、沙可夫、魏挺群、曾镜冰、张欣等 9 人为中央教育委员会委员。中央教育人民委员部积极贯彻落

① 皇甫束玉等编著：《中国革命根据地教育纪事》，教育科学出版社 1989 年版，第 51 页。

实临时中央政府的决定，完善苏区的教育行政系统，使苏区的列宁小学等学校迅速发展，教育纷乱的局面有所改观。1935 年 6 月，中华苏维埃共和国临时中央政府中央教育人民委员部部长瞿秋白在狱中对《国闻周报》记者发表谈话称："苏区各地列宁小学甚多，教科书亦已编就。此外，有识字班之设置，后又改为流动识字班。师范生极为缺乏，故设立列宁师范，造就列宁小学教师甚多。……去年计划设立职业中学多处，尚未实现。"① 这从一个侧面证明中央教育人民委员部贯彻临时中央政府教育方面的指示是雷厉风行的，也是行之有效的。

1934 年瞿秋白部长到任后，起草并颁布了苏区一系列教育规章制度。当年 2 月，中华苏维埃共和国临时中央政府人民委员会颁布了《小学校制度暂行条例》，规定小学教育的目的是对一切儿童不分性别和成分差别，都施以免费的义务教育。但首先应该保证劳动工农的子弟享受免费义务教育。小学应该训练参加苏维埃革命斗争的新后代，并在苏维埃革命斗争中，训练将来的共产主义建设者。小学修业的年限以 5 年为标准，以 8～12 岁为学龄。前三年设国语、算术、游艺、唱歌、图画、游戏、体育等，后两年设国语、算术、社会常识、科学常识、游艺等。同日还发布了《小学教员优等条例》，规定："小学教员的生活费依照当地政府工作人员的生活费发给；乡苏维埃政府应发动群众帮助小学教员耕田；教员任职半年以上者，应减纳地税，市苏维埃政府应发动群众帮助教员家属工作；小学教员有权到国家医院治病，不收诊断费和药费；小学教员每半年给奖一次。一个教员连续取得第一等奖金两次者，按年增加原有奖金的十分之一或十分之三。"②此外，还颁布了《托儿所组织条例》、《消灭文盲协会章程》、《教育工作纲要》、《小学管理法大

①② 皇甫束玉等编著：《中国革命根据地教育纪事》，教育科学出版社 1989 年版，第 107、93 页。

纲》、《小学课程教则大纲》、《列宁小学校学生组织大纲》、《小学教员训练班简章》、《短期师范学校简章》、《初级师范学校简章》、《高级师范学校简章》、《短期职业中学试办章程》、《识字班办法》、《俱乐部纲要》等，对苏区各级各类教育的有序化制度化建设，起到了明显的推动作用。

（三）西北办事处教育部

1935年11月19日，中华苏维埃共和国中央执行委员会决定：在陕甘宁苏区成立苏维埃政府西北办事处，下辖陕北省、神府特区和关中特区。西北办事处教育部长为徐特立。这一特殊的教育行政机构实际上是中华苏维埃共和国中央教育人民委员部和临时中央政府驻西北办事处教育部合署办公。西北办事处教育部的工作“主要是编识字课本，搞扫盲工作和开办列宁小学”①。

西北办事处教育部给陕北的教育带来生机，陕甘宁教育有了蓬勃发展。1937年5月，成立了延安市新文字促进会，徐特立等当选为理事。在当月的一次理事会上，对延安市识字班推进的成绩给予了高度肯定，当月新成立识字班3处，加原有的15处，共有18处；高级补习班1处，讲习班1处；抗大4队有1个识字班，财政部有1处识字班和1个读书会。谢觉哉在《红色中华》上发表文章，将陕甘宁教育精神概括为：“（一）一切教育的中心是抗敌救亡，即国难教育；（二）教育与生活结合；（三）依靠大众在生活过程中要求教育的热忱，教育方法不限于学校；（四）实行儿童免费教育（包括幼稚园在内）；（五）中等以上学校供给衣食，并给津贴；（六）文化出版完全自由，并给以物质的帮助；（七）完全文盲

① 皇甫束玉等编著：《中国革命根据地教育纪事》，教育科学出版社1989年版，第108页。

的先教新文字，逐渐改革中国的文字工具。”① 《新中华报》从1937年5月，陆续报道了陕甘宁苏区教育工作的发展情况，具体报道的题目是：《蟠龙列宁小学学生增多》、《安定列宁小学猛烈扩大》、《志丹县文化教育的开展》、《延安县学生大增加》、《志丹列宁小学成立》、《红宜县学校扩大，识字组也很活跃》、《延水县注意群众教育》、《志丹县级机关教育有进步》、《延长普及教育工作猛烈的开展了》、《子长列宁学校有进步》、《蟠龙市青年夜校成立，正筹备设立妇女夜校》、《志丹县识字组变为小学》、《淳耀县学生积极参加普及教育运动》、《模范学校在旬邑》、《子长建立了三百个识字组》等。这些成绩可能有一些水分，有的学校可能维持时间不长，有的识字组可能徒有其名，但不容否定的是，西北办事处教育部给延安教育带来了巨大变化。

二、地方的教育行政

中华苏维埃共和国中央临时政府建立后，共产党领导的各地方革命根据地纷纷建立地方苏维埃政府。苏区的地方教育行政机构的出现，有的先于中央教育人民委员部。苏区地方教育行政机构的名称，地方不同，称谓也有较大不同，有的叫教育部，有的称文化部，有的以文化教育委员会称之。各根据地教育行政机构设置时间、教育行政首脑等情况见表6-1。

① 皇甫束玉等编著：《中国革命根据地教育纪事》，教育科学出版社1989年版，第120页。

表 6-1　各苏区教育行政管理机构简表

根据地	教育行政机构名称	成立时间	负责人
江西	教育部	1930 年 10 月	陈正人、聂绍良、甘立成、肖峰
闽西	文化部	1930 年 3 月	林一株、郭滴人、张丹川
湘赣	文化部	1931 年 8 月	汤旺、龙承绪
鄂豫皖	文化教育委员会	1931 年 7 月	成仿吾
闽浙赣	教育部	1930 年 6 月	黄道
闽赣	教育部	1933 年 5 月	胡德兰
川陕	文化教育委员会	1933 年 3 月	张逸民、向思爵、罗世文
湘鄂西	文教部	1931 年 10 月	熊瑾玎、谢觉哉
湘鄂赣	文化部	1931 年 9 月	李楚屏、张怀一
湘鄂川黔	教育部	1934 年 11 月	(不详)
左右江	文化教育委员会	1930 年 2 月	涂育之
琼崖	(不详)	1928 年 8 月	史丹
陕甘边	文化教育委员会	1934 年 11 月	蔡子伟

资料来源：董纯才主编《中国革命根据地教育史》第一卷，教育科学出版社 1991 年版，第 75 页。

各根据地教育行政机构称谓虽然有较大差异，但负责地方教育工作的职能却是一致的。根据 1933 年 4 月颁布的《省、县、区、市教育部及各级教育委员会的暂行组织纲要》可知，其任务是："正确执行中央政府及中央教育人民委员部关于文化教育的政策、计划、命令、训令，领导广大的工农群众，用教育与学习的方法，提高群众的阶级觉悟、文化水平与政治水平，打破旧社会习惯的传统，使能有力的动员起来加入战争，深入阶级斗争，参加苏维埃各方面的建设，以争取苏维埃运动在全国的胜利。"①

① 江西省教育学会编：《苏区教育资料选编》，江西人民出版社 1981 年版，第 224—225 页。

苏区政府分省、县、区、乡四级，苏区教育行政机构亦分为四级。根据《组织纲要》规定，省设教育部，设部长1人，副部长1人，主持省苏维埃政府的教育行政事宜。省教育部下分设诸科：(1) 普通教育科，设科长1人，科员2～6人。(2) 社会教育科，设科长1人，科员2～6人。(3) 编审出版委员会，主任1人，委员3～7人。编审委员会的职责是编辑普通教育和社会教育学生所需要的各种材料，审查下级编辑的材料并负责出版。但中央苏区及与中央苏区有直接联系的下级教育行政机构所编辑的重要材料，审查权归中央教育部。(4) 总务科，设秘书、文书、会计、统计等4～8人，另设指导员5～10人。

县苏维埃政府教育行政机构称县教育部，设部长1人，副部长1人。部下设若干科：(1) 普通教育科，科长1人，科员1～2人。(2) 社会教育科，置科长1人，科员1～2人，指导员1～2人。县教育部还设文书1人，并有教育统计人员（由两科人员兼理）。

区苏维埃政府教育行政机构称区教育部，市设教育科，设部长或科长1人，普通教育兼文书1人，社会教育兼统计1人。

乡苏维埃政府教育行政机构为教育委员会，由乡苏维埃在常驻人员中指派1人负责管理教育事宜，并负责该乡教育委员会的全部事务。

《组织纲要》还规定，除乡教育委员会外，省、县、区教育部长、市教育科长及乡苏维埃之下，均须设置教育委员会。各级教育委员会委员的产生，由各该级教育部长从群众团体（青年团、少队部、儿童团等）、政府机关报主笔（主编）、政府所在地及其附近的下级教育部长、各种文化团体及各该级教育部内职员中有经验者中提出名单，经各该主席团委任。①

各级教育委员会的人员编制，《组织纲要》作了明文规定。省

① 江西省教育学会编：《苏区教育资料选编》，江西人民出版社1981年版，第232页。

教育部 9～15 人，县、区或市 7～13 人，乡 9～15 人。对于这一教育行政人事编制，1933 年 12 月颁布实施的《中华苏维埃共和国地方苏维埃暂行组织法（草案）》作了调整："教育委员会，省由 13 人至 17 人，县由 11 人至 15 人，区由 9 人至 13 人组织之。市按市之大小由 9 人至 17 人组织之。"相对于调整前的人员编制而言，编制有所扩大。这表明尽管当时处在革命战争年代，教育发展生态环境异常恶劣，中央苏维埃政府仍然非常重视教育，不仅没有压缩人员编制，反而有所扩大，各级教育行政机构中的人员最低限额有一定幅度的提高，充分表明了发展教育的决心。

各根据地教育行政机构组织结构见图 6-1。

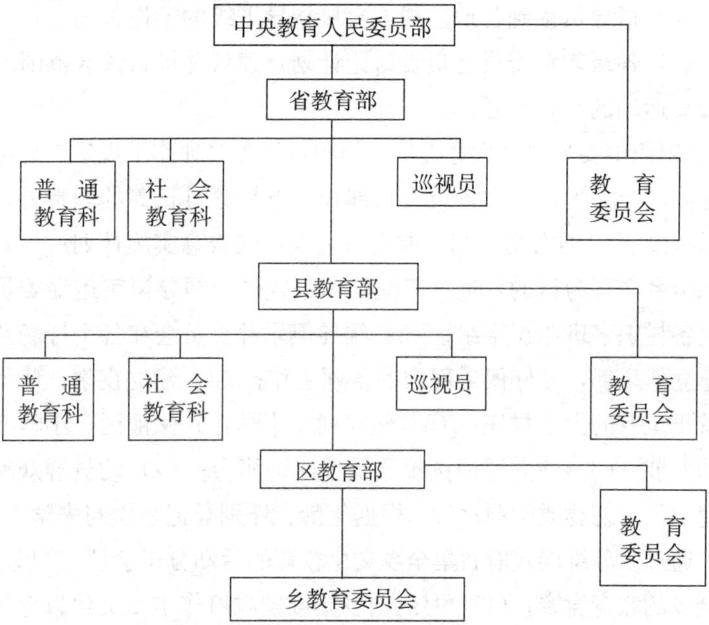

图 6-1 各根据地教育行政机构组织结构图

资料来源：于述胜著《中国教育制度通史》第七卷，山东教育出版社 2000 年版，第 393 页。

《组织纲要》对地方各级教育部长、市教育科长及其下设机构的职责作了如下规定。

（1）各级教育部长及市教育科长的职责，须遵循上级教育部的命令和指导，经常地有计划地检查所属地区内一切文化教育的进行情况，指示并督促下级工作人员执行上级教育行政领导部门的计划及对于这些计划的实施情况加以检查。

（2）普通教育科负责管理成年补习教育、青年教育及儿童教育诸事项。

（3）社会教育科的职掌是管理俱乐部工作、地方报纸、书报阅览所、革命历史博物馆及巡回演讲等。

（4）指导员须到各地巡视，直接指导下级的工作。

（5）各级教育委员会负责讨论计划，建议并检查该区范围内文化教育运动的一切问题。

《组织纲要》对乡教育委员会的职责任务单独作了规定。规定乡教育委员会除履行地方各级教育部长、市教育科长等的职责外，还须承担以下 11 项任务：（1）制定每月全乡的教育实施计划；（2）以扫除全乡文盲为目的，进行广泛的识字宣传，领导识字运动委员会成立各村识字班或识字组；（3）领导俱乐部委员会在各个圩场及村庄建立俱乐部，做好俱乐部内的各项工作；（4）建立夜学，使教育普及于全乡的大小村庄；（5）建立列宁小学，并保证列宁小学有良好的发展；（6）建立巡回读报会及巡回讲演会；（7）动员群众解决教育上的一切物质问题；（8）根据年龄、性别登记在学与失学人员；（9）通过乡苏维埃政府召集全乡文化教育的活动分子会议；（10）领导全乡的教育竞赛；（11）月终向乡苏维埃政府作本乡文化教育状况报告。

为了督促地方教育行政机关认真贯彻落实中华苏维埃共和国中央临时政府的教育方针政策，苏区建立了教育巡视和报告制度。

1934年教育人民委员部修正颁布了《教育行政纲要》①，对巡视和报告的办法作了明确具体的规定。

（1）巡视教育工作同时要了解当地政府一般政治的领导和工作方式，方能具体指出缺点和错误。

（2）巡视员除直接在教育机关考察外，还应该询问当地的党团及群众团体，甚至向个别的群众询问，征求他们的意见。特别要亲自到学校及文化团体中去，亲切地考察具体的情形，有时可以参加苏维埃主席团和代表会议，或翻阅主席团的会议记录。

（3）巡视检阅各级教育部的工作，除口问目见外，还要检阅他们的工作计划、会议记录、指示信及工作布置与执行情况，切实从实际调查，加以正确的批评。

（4）出发巡视，须配合下级教育部的人员，一同前往，以便在工作中教育下级工作人员，同时还可吸收下级的经验。

（5）定期普遍地巡视，以了解整个的情形，同时要用抽查的方法，以检查最好的、最坏的和可疑的，及检查某一特别的问题。

（6）巡视不仅是调查登记，除巡视已有的日夜学校、俱乐部、工农剧社、消灭文盲协会及其他教育组织外，还要帮助建立和改造学校，及其他下属组织。

（7）到下级巡视工作，每日要填写巡视日记，以备考查；尤其是记入待解决的问题和可学习的问题。

（8）调查登记为着求事实的准确，必须登记自己当日所亲见最具体的事实，更补充各方面所得的材料，同时要指出错误、缺点和优点，帮助改善工作。

（9）每次调查巡视登记的表册及开会的记录与决议，都要准备两份，一份存本部，一份报送上级。

① 《教育行政纲要》原名为《教育工作纲要》，1934年4月经教育人民委员部修正后更名为《教育行政纲要》。

（10）巡视员除随时用简单信件报告外，在一区或一县巡视完毕时，还须作一个总的书面报告，报告所属的教育部。各级的教育部长，对巡视员的一切报告，应在教育委员会或工作会议时，提出讨论回答，并将讨论的结果，作成指示信，指示巡视员及下级教育机关。

（11）各级教育部向上级报告每月一次，报告整个的工作，对于某些特别问题，还须随时报告，但调查统计及学期总结，只在每学期终报告。三个月不报告，尤其是不作学期总结报告者，以故意消极怠工论。

（12）各级教育部巡视与报告工作，具体有四条规定。①乡教育委员，按村分工，二日或三日检查该村的学校识字小组、消灭文盲协会的工作一次，检查的结果，报告教委主任，主任应该随时加以指示。②区教育部，每月抽查各学校及其他的教育组织一次，同时，每十天开区教育委员会一次，令驻在各乡的教育委员报告工作，并讨论决定以后的工作。③县教育部每两个月要把全县各学校及其他教育组织，普遍检查一次，所派巡视员应抽查最好的及最坏的区，以便普遍地运用这些区的经验，指出缺点和优点，而作一次总结。每学期再综合三次检查，作学期总结。④省教育部除正副部长、两科长、文书、调查统计等驻部工作外，其余按县分配巡视指导工作，但派遣巡视员时，切勿全部派出，应轮流出发，使留部的巡视员得了解全部工作及某科专门工作。①

《教育行政纲要》对苏区各根据地各级教育部的会议制度作了规定。

中华苏维埃共和国中央临时政府教育人民委员部“每一月召集教育委员会一次，检阅和计划工作。每月召集某些省或县、区、乡

① 陈元晖等编：《老解放区教育资料》（一），教育科学出版社 1981 年版，第 74—76 页。

的某一部分工作人员会议，检阅工作。每半年召集省教育部长，和某一科或几科长会议一次，检阅本学期工作，并计划下学期的工作”。省教育部“每半月召集教育委员会议一次，每半年要召集各县教育部长会议一次，检阅和计划工作”。县教育部“每半月召集县教育委员会一次，检阅县教育部工作，并计划工作；每两个月召集各区教育部长会议一次，检阅和计划工作。每学期结束后，召集区教育部长，及有成绩的夜校和‘列小’教员、校长、乡教育委员会主任等会议一次，检阅本期工作和计划下期工作”。区教育部“每十天一次召集区教育委员会，检阅十日内区教育部的工作；每月最后五日内，召集乡教育委员会主任会议一次，检阅本月的工作，并计划下月的工作，有特别需要时，可召集某些学校校长和教员参加”。乡教育委员会“每星期开会一次，检阅本星期的工作，并计划下星期的工作，同时召集与所讨论的问题有关系的人出席。在每月最后那星期的会议，要召集‘列小’和夜校的校长及教员，俱乐部主任、消灭文盲协会主任等，到会参加，作一个月的总结，和计划下一月的工作”。①

各根据地教育部积极发展苏区教育，提高苏区民众基本文化素质。1930 年 10 月，湘鄂西苏区在监利县城召开第二次工农兵贫民代表大会，通过了《文化教育决议案》，要求健全各级文化委员会，培养文化教育工作人员，划定教育经费，编写教材，开办师范学校、师范讲习所、高级小学、列宁小学和平民夜校、识字处、图书馆、通俗讲习所、俱乐部等各种学校和教育组织。《决议案》还规定，“苏维埃政权之下的教育采取强迫教育制”，“规定 6 岁至 13 岁为学龄儿童。学生的待遇，必须优待贫苦子弟；要彻底肃清孔孟思

① 陈元晖等编：《老解放区教育资料》（一），教育科学出版社 1981 年版，第 76 页。

想，严厉取缔私塾”。① 这些体现了早期苏区教育理想，从中可以看出“左”倾思想已经十分严重。

中华苏维埃共和国中央临时政府成立后，地方各根据地在教育人民委员部领导下，努力开创苏区教育工作新局面。湘鄂赣省万载县苏维埃于1931年12月召开第一次执委扩大会议，通过了《文化决议案》，规定儿童从7岁起强迫实行四二制的普通教育；有计划地开办成年补习夜校和女子职业学校；培养小学教育人才；统一编制教材，实行男女教育平等，男女同校；反对复古教育和国民党党化教育。

成仿吾于1931年来到鄂豫皖苏区，担任中共鄂豫皖分局宣传部长和鄂豫皖省苏维埃政府文化委员会主席。他到职后亲自主持制定了鄂豫皖苏区的一系列文化教育政策，编审了课本，并经常到高级进修班、干部学校讲课，为发展鄂豫皖苏区的文化教育事业，培养革命干部和进行革命宣传工作作出了重要贡献。

1933年1月，湘赣省苏维埃政府文化部转发永新县寒假教师讲习所的教材《教学法》。与传统的《教学法》教材相比，该书有一套新的适合苏区使用的理论，还有新的教学理念。其要旨是：(1) 适合儿童的兴趣，坚守儿童的阶级意识；(2) 彻底肃清国民党党化教育和其他一切反动派别的理论；(3) 养成儿童生活团体化和行动纪律化；(4) 适合某一时期的政治情形和我们的任务；(5) 教师须加重自己所负担的任务。《教学法》要求列宁小学的教师在教学实践中做到：第一，适合儿童的心理；第二，利用儿童的好奇心；第三，发挥儿童的天真烂漫；第四，引起儿童的学习兴趣。

地方根据地教育部在艰难的战争环境下，积极推动教育工作，取得了明显的成绩。以江西省兴国县为例，足以能够说明苏区教育

① 皇甫束玉等编著：《中国革命根据地教育纪事》，教育科学出版社1989年版，第34页。

面貌的深刻变化。1933 年 12 月，江西省兴国县召开文化教育建设大会，总结了过去兴国县的文化教育工作。各区教育部长提出开展教育工作竞赛活动的倡议。兴国县是全苏区教育工作方面的模范。据当年 9 月的统计，全县有组织的从事教育工作而不脱离生产的人员有 13 000 多人（包括教育委员会、俱乐部委员会和识字运动委员会的委员以及夜校校长、教员、识字组长在内）。教育行政的组织，“自上而下一直到群众形成一个组织网”。在成人教育方面，全县共成立 130 个识字运动委员会（平均每乡 1 个），560 个分会，3 287 个识字小组，有组员 22 519 人，其中妇女组员占 60%。全县夜校学生总数为 15 740 人，其中女生占 69%。在学校教育方面，全县学龄儿童总数为 20 969 人，入列宁小学读书的学生为 12 806 人，失学学龄儿童为 8 163 人。①

地方根据地教育部为苏区文化教育发展作出了一定贡献，有力地配合了红军粉碎敌人的“围剿”。但是，地方根据地教育行政人员在教育思想上还存在着比较严重的不切实际的“左”的教育思想，给苏区教育发展带来一些危害，在教育统计方面也不同程度地存在着夸大成绩的问题。

第二节 抗日根据地和解放区的教育行政

抗日民主统一战线形成，中国共产党领导的各根据地的政治制度由实行工农民主专政的苏维埃制度改为普选的民主制。抗日民主政权一般由参议会、政府机关和司法机关三部分组成。就其实质而

① 皇甫束玉等编著：《中国革命根据地教育纪事》，教育科学出版社 1989 年版，第 88 页。

言，这是新民主主义时期工人阶级通过中国共产党领导的以工农联盟为基础的新民主主义政权形式。各根据地政权名义上是属国民政府行政院管辖的地方政权，实际上由中共中央统一领导，独立自主地开展抗日斗争。抗日战争时期中国共产党领导的抗日根据地的教育行政，也是在这一大背景下形成和开展工作的。

一、中央的教育行政

抗日民主统一战线形成后，中国共产党领导的各根据地名义上都纳入南京国民政府管辖范围之内，教育也同其他一切设施一样，名义上归南京国民政府教育部统一领导。但根据新的斗争形势要求，为加强对各根据地教育的集中统一领导，1938 年 11 月，中共中央决定设立干部教育部，由张闻天任部长，罗迈（李维汉）任副部长。干部教育部的任务是："（1）统一中央直属各学校的教育方针、教育计划与教学方法；（2）适当调剂各学校的教员、教材、课程；（3）有计划地进行招收新生工作；（4）领导党政军民各机关的干部教育；（5）总结各学校、机关干部教育的经验教训等。"①

如果单就干部教育部的任务来看，似乎看不出它是中共中央的教育行政机关，所谓"各学校"也只是"中央直属各学校"。但是，从干部教育部下属的机构来看，则与中共中央的最高教育行政机关有一些关系。干部教育部下属有两个单位，一是干部教育科，一是国民教育科。根据董纯才主编《中国革命根据地教育史》第二卷的"干部教育部实际上领导了各个根据地的教育工作"的论断推断，干部教育部实际上领导了各个根据地的国民教育工作，当也是成

① 董纯才主编：《中国革命根据地教育史》第二卷，教育科学出版社 1991 年版，第 88—89 页。

立的。

1940 年 6 月，中央干部教育部与中央宣传部合并，改称为中央宣传教育部。当年 10 月，中央宣传教育部改为中央宣传部。此后，直到抗日战争胜利，“各个根据地的教育工作，由中央宣传部领导”①。中央宣传部的职掌，1941 年 12 月 17 日中央政治局通过的《中共中央关于延安干部学校的决定》中作了规定：“中央研究院直属中央宣传部，中央党校直属中央党校管理委员会，军事学院直属军委参谋部，延大、鲁艺、自然科学院直属中央文委。各校主管机关应把自己直属学校的工作，当作该机关业务的重要部分。中央宣传部对各校课程、教员、教材及经费，应协同各主管机关进行统一的计划、检查与督促。”② 中央宣传部的职责中明确规定了管理教育的内容。

在中共中央干部教育部、中央宣传部的领导下，干部教育和国民教育发生了一些变化。1940 年 6 月 6 日，中共中央干部教育部召开延安在职干部教育周年总结大会，罗迈在大会上作了《延安在职干部一年来学习经验总结》的报告。他总结了一年来在职干部的学习成绩，指出以后要加强对在职干部学习的领导，要加紧对时事政治的研究。罗迈还在《解放》杂志第 12 期上发表了《亟待改革的教育》一文。他在文章中指出：“抗战以来，中国的新教育正在发生着与发展着。但是，抗战以来的中国教育也有保守的一面，倒退的一面。这就是国民党提出的专制主义教育。专制主义教育不仅不能提高人民抗战的觉悟和信心，而且是为日伪和奴化教育所利用的。所以应该起来揭露专制主义的教育，反抗专制主义教育，改革

① 董纯才主编：《中国革命根据地教育史》第二卷，教育科学出版社 1991 年版，第 89 页。

② 中央教育科学研究所编：《老解放区教育资料·抗日战争时期》上册，教育科学出版社 1986 年版，第 239 页。

专制主义的教育。要为教育的民主，为实行新民主主义的教育而斗争。”①

1940年6月23日，《新华日报》（华北版）发表社论《创立正规的教育制度》，指出：“在各个抗日根据地应立即建立正规的教育系统与制度。应立即建立六年小学教育、四年中学教育的教育制度；应立即在各村建立初级小学，各区建立完全小学，各专区建立中学或师范学校。这种学制应有下列条件：（一）它是抗战的教育；（二）它是适应战争环境的教育；（三）它是免费的义务教育。为了建立这种新型的正规学制，社论要求各抗日根据地应该做到：（一）编订或改编各种适合正规教育的教材；（二）改造初、中两级学校；（三）提高教员待遇，加强对文化教育的领导；（四）动员大批进步青年从事教育工作。”②7月17日，杜润生在《新华日报》（华北版）发表《一年来太北区的教育工作》一文，指出自“七七”事变以来，太北地区各县的学校教育正向正规化转变，小学校的数量已恢复或超过了战前水平，就学儿童的数量也较战前增加了，小学教员的政治觉悟提高了；还建立健全了教育行政机构，教育经费做到了统筹统支。创立正规的教育制度，表明革命根据地教育行政的美好理想，表明他们心中有一幅美好的教育图景，是他们出生入死奋斗的目标——实行正规化的教育，免费的义务教育，公平民主的教育。但是，这在抗日战争的艰苦岁月中，在艰难的条件下，实际上是不可能做到的。太北区“各县的学校教育正向正规化转变，小学校的数量已恢复或超过了战前水平”，此结论肯定是不实之词。对于这一“超前”的观点，中央宣传部在《新中华报》上发表了题为《必须真正实施抗战教育》的社论，一方面对国民党统治区教育界存在的严重问题，予以严厉批评，要求国民政府和教育部真正实

①② 皇甫束玉等编著：《中国革命根据地教育纪事》，教育科学出版社1989年版，第175页。

施抗战教育；另一方面，也委婉地批评了革命根据地的“教育正规化”错误思想，指出“一切教育方针和课程必须适合抗战需要，符合抗战环境。在实际需要的基础上来提倡研究学术的风气”。社论明确地指出：“陕甘宁边区教育成绩及经验教训，正可供作全国之参考与借鉴。”①

中央宣传部虽然主要精力集中在干部教育上，如 1940 年 10 月 16 日中共中央宣传部发出《关于抗日根据地在职干部教育中的几个问题的指示》，17 日发表《关于各抗日根据地内党支部教育的指示》，20 日发出《关于提高延安在职干部教育质量的决定》等，都是干部教育和党的工作方面的内容。但是，也有关于国民教育方面内容的文件。1940 年 8 月 28 日，中宣部就提高陕甘宁边区国民教育部事给边区党委和边区政府发出《指示信》，对边区的小学教育、中等教育、师范教育、成人识字教育、补习教育等各项工作提出了许多具体的改进意见。当年 11 月 15 日，中宣部发出《关于各抗日根据地内小学教育的指示》，要求各根据地党和政府领导机关，必须将建设新民主主义的小学教育事业提到重要地位上来，指导、督促县区乡各级党组织、政府机关及群众团体将地方教育事业当作自己的中心工作之一。估计到农村中有广大贫苦的失学儿童与失学青年，小学教育应包括他们。对他们的入学年龄需要放宽。切实解决他们入学的困难。政府的教育经费要多用在经济落后、文化落后的地区，文化先进尤其是经济发达的地方，应当发动当地自筹经费、自立学校，尤其要发动和奖励私人和私人集团设立地方性的私立小学，以减轻目前政府的负担。小学教育的年限暂时采取三二制和四二制。小学教育的课程应包括初级普通教育所必需的关于自然、社会、劳作的知识、技能和学习方法。教学务须少而精；要提倡儿童的

① 皇甫束玉等编著：《中国革命根据地教育纪事》，教育科学出版社 1989 年版，第 178 页。

创造性，严禁对儿童采用恐怖的惩罚和体罚手段。小学师资不足和质量太差的问题，应从争取和改造已有的师资，培养、训练新的师资，由高级教育机关出版教育刊物，研究教育理论，交流教育经验，改造和提高教师基本素质，政府奖励小学教师，提高教师的社会政治地位等方面着手解决。

这个指示所提出的问题切中要害，解决的办法也有相当强的针对性。无疑，说中共中央宣传部只抓干部教育和时事政治理论宣传，而不懂不管国民教育，这是不符合实际的。

抗日战争胜利后，全国曾出现脆弱而短暂的和平。国共和谈失败后，解放战争的帷幕徐徐拉开。国内政治、军事形势发生了重大变化，各解放区的政治制度以及教育行政制度也发生了相应的变化，但中央教育行政制度基本上是沿用抗日战争时期的模式，变动不大。

二、地方的教育行政

抗日战争时期，中国共产党领导的抗日根据地的教育行政，承担着服务战争、生产自救、发展教育的三大任务。由于处于战争环境，各根据地的行政机关相互分隔，未能连成一片，也由于党中央宣传部并不是专管教育的行政部门，故各抗日根据地的教育行政机构体制并不统一，有的实行边区、县、乡三级体制，有的设边区、县、区、乡四级体制，有的层次更多，实行边区、行政区、县、区、乡的五级体制。但可以肯定，各根据地都建立了统一完整的教育行政管理机构，可谓以各边区为单位，自成体系，逐级设立教育行政管理机构。

各边区名义上按照国民政府教育部统一部署，边区政府之下设立教育厅，实为各边区最高教育行政机关，主管全边区的教育工作。教育厅的正副厅长为全边区的最高教育行政官员。厅中还置有秘书室、第一科、第二科和第三科，还设有督导室和编审室等机构。第一科的职责主要负责教育经费的管理，第二科负责学校干部教育和在职干部教育；第三科主管小学教育和社会教育。督导室后改名为研究视察室，负责教育政策研究和检查督促教育方针政策的贯彻落实情况。编审室掌理教材的编审等。

各抗日根据地行政公署一级设置的教育行政部门为教育处或文教处，是教育厅的派出机构，主要负责本行政区域内的重大教育问题的决策和处理。华中抗日根据地便是由各行政公署制定各区的教育规章制度。

专署设置教育科（处）或文教科（处），科（处）长及其下属职员和督学，负责专署内的教育工作，直接受行政公署领导。陕甘宁边区没有设置行政公署，直接接受边区教育厅的领导。其职责主要是贯彻落实上级指示，管理下属各县的教育工作。县教育行政机构为县政府中的第三科，此科实为教育科，一般由科长、会计、督学等若干人员组成，主要负责全县教育工作。

区公所一级的教育行政机构有一个演变过程。1938 年，区公所曾设专门管理教育的行政机构教育科，1940 年大多遵令撤销教育科，仅设教育助理员一人。为压缩人员编制，教育助理员始由区公所秘书兼任，但因为秘书大多繁忙，且对教育一窍不通，遂改由小学校长兼任。其职掌主要是组织和领导、检查区内各乡村的教育实施情况。

乡（镇）是基层政府，但不设专门的教育行政机构，而是设立一个半官半民的乡（镇）文化教育委员会，主任由乡议会公推。其职责是办理本乡（镇）的文化教育事业及民众团体等事项。乡（镇）下面的各村教育相关事宜，由各村文化教育委员掌理。文教委员负责动员、宣传、办理各该村的村学、冬学、识字组和民校等。

下面是各抗日根据地教育行政机构设置及负责人情况一览表（见表 6-2），从表中可以大致了解地方教育行政机构情况。

表 6-2　各抗日根据地教育行政领导机构及负责人一览表

根据地名称	机构名称	任职时间	负责人姓名	备　注
陕甘宁边区	教育厅	1937 年 10 月	徐特立　陈正人	1. 表中任职时间指开始履职时间； 2. 教育行政机关负责人有两人者，后者为副职； 3. 山东抗日根据地行政组织机构名称 1941—1943 年曾三次变动，教育处名称未曾变动。
		1939 年	周　扬	
		1940 年	周　扬　丁浩川	
		1941 年 11 月	柳　湜　贺连城	
晋察冀边区	教育处	1938 年 1 月	刘奠基	
		1943 年 1 月	刘皑风　王九茎	
晋绥边区	教育处	1940 年 1 月	刘庸如　梁膺庸	
	民教处	1942 年 1 月	杜心源　孙良臣	
晋察鲁豫边区	教育厅	1941 年 9 月	罗　青	
	民教厅	1942 年	李一清　罗　青	
山东抗日根据地	教育组	1940 年 8 月	杨希文　李竹如	
	教育处	1941 年 4 月	杨希文　李竹如	
		1942 年 12 月	杨希文　孙陶林	
		1943 年 8 月	田佩之　孙陶林	
	教育厅	1945 年 8 月	杨希文　孙陶林	
淮南抗日根据地	教育处	1942 年 8 月	郭兆元　刘健飞	
淮北抗日根据地	教育处	1941 年 6 月	江　凌　潘　琪	
		1943 年 12 月	潘　琪　刘抡才	
皖中抗日根据地	文教处	1942 年 7 月	徐冬荣	
	文教科	1943 年 1 月	汤泽云（代）	
苏北抗日根据地　盐阜	文教处	1941 年秋	白　桃（戴伯韬）	
苏北抗日根据地　淮海	文教处	1940 年秋	徐　克	
		1943 年秋	孙存楼	

续表

根据地名称		机构名称	任职时间	负责人姓名	备　注
苏中抗日根据地		文教处	1942 年春	刘季平	
苏南抗日根据地		文教处	1943 年春	欧阳惠林	
浙东抗日根据地		文教处	1945 年 2 月	黄　源　楼适夷	
鄂豫边区		教育处	1941 年 4 月 1942 年春	贺建华 李　实　习东光	
华南抗日根据地	东宝行政督导处	宣教科	1944 年 7 月	张孝民　张　旭	
	琼崖东北区抗日民主政府	教育科	1941 年 11 月	吴耀南	

资料来源：董纯才主编《中国革命根据地教育史》第二卷，教育科学出版社 1991 年版，第 90—91 页。

这些是各根据地教育行政系统的大概。各根据地所在地不同，教育行政机构与人员设置差异比较明显。兹以陕甘宁边区的教育行政为个案具体解剖。

陕甘宁边区为边区、县、乡三级行政结构，另设有行政督察专员公署和区公署，分别作为边区和县政府的派出机构。边区政府设教育厅，主管边区的教育。行政督察专员公署为发扬民主政治、提高行政效率而设，由边区政府划定两个或两个以上的县为一行政分区，督察和指导该分区各县行政事宜。公署下设教育科，具体分管教育工作。县政府委员会下设秘书室及一至六科，第三科分管教育，第六科不以顺序称之，而称为保安科。

区公署下设教育科，负责教育工作。

乡政府下设乡教育委员会，管理全乡的教育工作。

陕甘宁边区教育厅内部机构在不断调整变化中。边区成立之初设秘书、文书及社教科、学教科、编审科和行政科。1938 年 5 月，增设秘书处、总务科、巡视团，并将编审科改为编审委员会。1939 年，边区成立教育委员会。1941 年，设立第五科，还成立新文字推行委员会。1942 年，实行精兵简政，缩减冗员，教育厅将五科合并为四科，取消新文字推行委员会。1943 年复将四科合并为两科。这样，边区教育厅下设两科、两室。

陕甘宁边区教育厅内教育机构的职权，董纯才主编的《中国革命根据地教育史》第二卷作了比较详细的介绍。

教育委员会：决定干部教育和国民教育方针、政策、制度，教育上的重大设施以及主要教育干部的配备等。该委员会讨论决定的重大事项，须经政府正副主席审核，请政府代地方予以公决。

秘书处：核阅各部门所拟公文稿件；处理机要文件；厅长外出时，代表厅长处理全厅事务主持厅务会议；掌管本厅印信，保管本厅案卷等。

行政科：考查、审核各县教育行政干部；编制教育行政经费；编造教育经费预决算；领支、保管教育经费，并编造收支月报；审核各校经费预决算。

学教科：制定学校教育工作方针，制定、考核学校教育工作计划及工作进度，考核各校教员，处理教员训练事项，调查、统计学校教育工作情况。

社教科：制定社教工作方针、计划、进度，调查、统计社教工作情况，领导各直属社教团体工作，办理戏剧、歌咏及民众娱乐事宜。

编审委员会：编审学校课本、教材、教学法及各种民众读物，编审教育工作条例，审查各校采用非本厅编印之教材及读物，起草小学课程标准。

总务科：缮写、收发公文，办理伙食、卫生等杂务事宜，保管处理本厅所有财产，编造本厅经费预决算及收支情况，检查事务人员工作。

巡视团：传达本厅工作方针，代表本厅考察各县各学校教育工作及干部思想工作情况。

新文字推行委员会：主管推行新文字工作，训练新文字工作者，编写新文字课本、书籍及期刊，研究新文字的改进。①

自然，陕甘宁边区教育厅内部机构在不断变化调整中，其职责权限也在不断变化调整。

抗日战争期间，国民政府教育部进行“新县制”改革，陕甘宁边区也实行针对教育行政机构庞大、人浮于事、干部质量低劣、政令不畅通的改革。这一“消肿”的改革，陕甘宁边区教育厅长柳湜作了具体阐述：“现在为了纠正过去的毛病，贯彻民主集中制及统一领导的精神，特为明白规定从县级起，今后各自所掌之职责及领导之关系”，有以下四点。

第一，县政府领导全县国民教育（包括社会教育），直接领导区，区领导乡。县对专署直接负责。民教科合并后，一科设科长或副科长配合科员，分掌民教，各专其事，应有经常工作。不得像过去有些县那样，无经常工作，对上下均不负责。科长不能单独对外，应由县长对上下级负责，在县长领导下执行其职务。县政府应抓紧完小。在直接领导下，将它办好，及领导监督区将中小、普小整顿，并整顿发展社教。县级应有经常之调查研究工作，定期对下级作工作检查。对上级之报告，凡关于经费、干部以及一般问题，均应渐渐做到由地方解决。县之直接上级为专署，县对厅之关系，除每期的工作计划、定期之报告或特殊问题（如教材、教学上的问题等），除呈专署外，得另份呈到厅，凡应由专署解决的问题，不

① 董纯才主编：《中国革命根据地教育史》第二卷，教育科学出版社1991年版，第287—288页。

能越级上呈。第二，分区专署代表边区政府，领导本分区的教育，直接领导所属各县，对厅直接负责。专员对上下级负责。“在专员领导下，民教科合并后，一科设科长或副科长配合科员，分掌民政、教育，各专其事。专署亦应建立经常工作，除代表本厅直接监督与领导该分区之中等学校外，应对本分区有经常之调查研究工作，对各县教育有经常之指示与检查。对本分区教育经费、干部配备，有全盘之计划；对下级请求解决之日常问题，有负责之态度；对本厅有定期的报告。”第三，本厅对各县行文，以一般命令性质为限。第四，在边府一级合署办公以前，专署对本厅仍直接行文。①

柳湜强调，进行这一系列改革与调整的目的，是为了“使系统不乱，责任分明，渐渐建立健全的制度”。

厅长柳湜所阐述的陕甘宁边区教育行政组织上下级关系问题，是民主集中制的问题，其中的诸科合并和职责权限划分问题，显系“新县制”改革措施。

解放战争时期，各解放区教育行政机构设置，仍沿抗日战争旧例，机构名称颇不一致，称教育部者有之，称教育厅者亦有之，称教育处、文教处或教育委员会者仍有之。下面是各解放区教育行政机构及负责人一览表（见表 6-3），从中可以了解各解放区教育行政的大致情况。

① 柳湜：《关于 1943 年教育工作中几个问题的指示信》，龚守静等编：《柳湜教育文集》，教育科学出版社 1991 年版，第 139 页。

表 6-3 各解放区教育行政机构及负责人一览表

解放区政府名称	机构名称	主要负责人	任职时间	备注
晋察冀边区行政委员会	教育处	刘皑风	1946 年	1. 任职时间指开始履职之时； 2. 陕甘宁边区和山东省教育厅长是抗日战争时期即始任； 3. 晋察冀与晋察鲁豫于 1948 年 5 月合并为华北解放区； 4. 华北高等教育委员会在1949年7月周扬调离后由钱俊瑞任副主任。
晋冀鲁豫边区政府	教育厅	晁哲甫 崔斗辰	1946 年	
华北人民政府	教育部	晁哲甫 刘皑风 孙文淑	1948 年 5 月	
	高等教育委员会	董必武（兼） 张奚若 周 扬	1949 年 6 月	
东北行政委员会	教育委员会	主委车向忱 委员韩幽桐 关俊彦 张如心 董纯才	1946 年 9 月	
东北人民政府	教育部	车向忱 董纯才	1949 年 8 月	
陕甘宁边区政府	教育厅	柳 湜 贺连城	1945 年	
		贺连城 赵伯年	1946 年 4 月	
		贺连城 江隆基	1946 年 9 月	
		贺连城 江隆基 赵仲池	1949 年 2 月	
晋绥边区行署	民教处	杜心源 赵仲池	1946 年 5 月	
山东省人民政府	教育厅	杨希文 孙陶林	1945 年	
苏皖边区政府	教育厅	刘季平 戴伯韬	1946 年	
华中行政办事处	文教处	李俊民	1947 年 9 月	
中原临时人民政府	教育部	潘梓年	1949 年 3 月	

资料来源：董纯才主编《中国革命根据地教育史》第三卷，教育科学出版社 1993 年版，第 49 页。

不仅解放区的大行政区政府、边区政府等教育行政机构名称不同，而且内部机构设置及其职能差别也不小。行政公署一级主管教育的机构仍是教育处（或文教处），教育处主管教育经费、人事、文件收发保管及调查统计的第一科，主管中等教育的第二科，主管社会教育的第三科；有的解放区沿用抗日战争时期办法，设立对各地方学校进行督察、指导的视导室。晋察冀行政公署还直接办理培养、训练高小、完小教师的师范学校、农业职校等，并对中学教育进行直接领导。行政公署下的专员公署也设有教育科（或文教科），其主要任务是深入各县检查帮助地方教育工作。专员公署除对地方教育的检查帮助外，还经常与县联合开办师资培训班或短期师范学校，开展教师入职前的教育，也开展教师的继续教育。

县教育科仍然是解放区最基层的教育行政组织。一般设科长1人，科员和视导员等若干人。山东解放区还曾规定视导员的编制标准为每三个区设一位视导员，但总数不得超过4人。其主要任务是"指导、办理本县完小、中心小学，检查、帮助各区乡村的教育工作，领导全县的冬学工作，以及负责县教育经费的筹措与管理等"①。有些解放区的县教育科还负责办理中学教育。

区级以下只有教育行政人员之设，如区文教助理员、乡教育委员等，并无专门的机构。他们的主要职责是领导区乡内的初等教育。

此外，有些解放区的县、区、乡、村都成立了文教委员会，辅助同级教育行政部门开展教育工作。譬如，村文教委员会就是一村文教工作的实际组织者，包括民办公助学校的建立，校长和教员的聘任，冬学等群众教育工作的开展等。

抗日战争和解放战争时期的地方根据地教育行政制度既有很多

① 孙培青主编：《中国教育管理史》，人民教育出版社1996年版，第620页。

的相似之处，也有一些变化。相同点主要是中央教育行政是中央宣传部及类似的机关，其特点是分管范围十分广泛，教育只是其中的一个部分。正是因为中央教育行政的非专门化特点，使得各根据地教育行政机关多样化，百花齐放，名称颇不统一。两个时期教育行政的人事编制都扣得比较紧，避免了机构臃肿、人浮于事的现象。尽管抗日战争期间陕甘宁边区出现了各级政府机关人员过多、效率低下的现象，但很快实行精兵简政，机构臃肿冗员过多的问题在一定程度上得到了解决。但是，这两个时期的教育行政制度又有某些不同。第一，解放战争时期各解放区比较重视教育行政官员的基本文化素质，如华中解放区教育厅长刘季平抽调一批干部到高等学校深造，以提高他们的文化水平。第二，解放战争时期重视教育行政网络的建构，网络的终端直至地方乡（镇）、村，这为根据地政府教育方针政策的贯彻落实奠定了良好的基础。第三，强调教育行政决策实行民主集中制，陕甘宁边区教育厅长柳湜亲自撰写文章，梳理边区各级教育行政领导干部的关系，规范边区教育行政干部的教育管理行为与呈文方式。

各抗日根据地和解放区教育行政领导和人员积极贯彻上级发展教育的方针政策，在抗日根据地和解放区文化教育建设方面，做了大量的工作。仅以陕甘宁边区为例便足以让人们看到这一点。1939年8月15日，陕甘宁边区公布《陕甘宁边区小学法》、《陕甘宁边区小学规程》、《陕甘宁边区模范小学暂行条例》、《陕甘宁边区教育厅奖励小学教员暂行办法》。1940年3月29日，陕甘宁边区公布了《陕甘宁边区实施普及教育暂行条例》，当年12月又公布了《陕甘宁边区实施义务教育暂行办法》，等等。其中《陕甘宁边区实施义务教育暂行办法》第五条规定："义务教育之实施，分于六年内逐步推行，至第六年起，开始普遍的义务教育。分年推行办法依下列规定：一、第一年，十三岁及十四岁之学龄儿童全数入学。二、第二年，十二岁以上之学龄儿童全数入学。三、第三年，十一岁以上之学龄儿童全数入学。四、第四年，十岁以上之学龄儿童全数入学。五、第五年，九岁以上之学龄儿童全数入学。六、第六年，全部学龄儿童入学。”①《暂行办法》规定该文件从1941年1月1日起开始实施。

陕甘宁边区教育厅在抗日战争艰苦岁月里为推进教育发展，做了大量的工作，这是有目共睹的，对学校制度建设，对地方文化教育发展，作出了很大贡献，有力地配合了前线的军事斗争。但是在根本不具备实施义务教育的时代硬要推进义务教育，是不切实际的。

晋察冀边区的文化教育建设也取得辉煌成绩。边区行政委员会主任宋劭文在1943年1月晋察冀边区第一届参议会的工作报告中列举了一系列数字，足以显示了晋察冀边区教育行政部门工作的业绩。1940年，北岳区学龄儿童入学比例达到57.19%；冀中区达到75%，个别县甚至达到90%。1942年春，边区对小学进行了一次整理和检查，统一了学校的课程，统一了教学进度，使“小学走上了正规化的道路”。到1940年，北岳区有中学6所，冀中区有中学3所，还有6所一年制师范，有学生1 060人。当年冬学结束后，定北县有30 856人转入小学，深泽县有1 016人转入小学。② 晋察冀边区文化教育建设成绩斐然。

解放战争期间，各解放区教育行政部门的文化教育建设也令人啧啧称叹。1946年5月3日，鲁中区在博山县城召开学习模范、模范教育工作者及模范教育大会。从鲁中区的一系列数字中，可以看到鲁中区教育行政推动教育发展的力度。鲁中区共有7 078个村

① 中央教育科学研究所编：《老解放区教育资料抗日战争时期》下册，教育科学出版社1986年版，第323页。

② 皇甫束玉等编著：《中国革命根据地教育纪事》，教育科学出版社1989年版，第240页。

庄，其中有民校 9 200 处，学员有 223 万人左右；妇女识字班 5 000 多处，学员约有 12 万人；读报组 2 060 个，有 15 200 人参加活动；有剧团 1 015 个、俱乐部 226 处、文化馆 66 个、黑板报 9 000 余块；有工农通讯员 3 000 余人，小学 3 600 多所，入学儿童达 139 000 余人。①

鲁中解放区教育所取得的成绩，是鲁中区教育行政部门在解放区党和政府的领导以及广大人民群众共同努力下所取得的。同时，鲁中区只是众多解放区中的一个，它只是其中的一个代表而已。通过鲁中解放区教育个案可以看到，全国各解放区在推进文化教育建设，提高解放区人民群众文化水平方面所作的巨大努力。当然，这些数据难免有夸大之处，很难说没有溢美之词。即使如此，还是可以通过这些数据看到各解放区教育行政部门付出了大量辛勤的劳动。

① 皇甫束玉等编著：《中国革命根据地教育纪事》，教育科学出版社 1989 年版，第 319 页。

附录

日伪政权教育行政的演变

自清末开始，日本便始终对中国虎视眈眈。1875 年 6 月，日本侵略军进驻琉球，强迫琉球改奉日本年号。1879 年，强迫清政府承认日本吞并琉球，改称冲绳。1894 年，中日爆发了甲午战争，清朝北洋舰队全军覆没。1895 年 4 月 17 日，清政府的和谈代表在日本马关被迫签订丧权辱国的《马关条约》，承认朝鲜独立，将台湾及澎湖列岛和辽东半岛割让给日本，赔款 2 亿两白银，增开沙市、重庆、苏州、杭州为通商口岸。1904 年，日军攻占大连，包围旅顺口，并攻进辽阳。1905 年 1 月，攻占旅顺口；3 月，集中二三十万兵力攻占奉天，沙俄战败。当年 9 月，在美国的调停下，签订了《日俄和约》，沙俄将旅顺口、大连及附近的领土和领海“租借”权及与之有关的一切权利和财产转让给日本，还无偿转让了部分铁路等。1931 年 9 月 18 日，日军制造了柳条湖事件，悍然进攻沈阳。到当年 11 月，日军攻占中国东北三省全境。1932 年 3 月 9 日，日本拼凑和导演建立了傀儡政权——伪满洲国。1937 年 7 月 7 日卢沟桥事变爆发，日军发动了全面的侵华战争。华北、华东、华中主要地区沦陷后，日本扶植成立了华北地区伪政权和汪精卫伪政权。

第一节 伪满洲国的教育行政

1932年3月9日，日本帝国主义在长春成立傀儡政权——伪满洲国。以清废帝溥仪为“执政”，年号“大同”，以红蓝白黑满地黄五色旗为“国旗”，改长春为“新京”。当年9月15日，日本为了将“满洲国”打扮成一个独立国家，正式承认“满洲国”。伪满洲国成立后，随即构建了与日本侵略者沆瀣一气的教育行政系统。

一、伪满洲国中央教育行政

伪满洲国成立后，“中央”政府下设的各种机构中，教育行政机构也名列其中。

（一）辗转不定的“文教部”

伪满洲国成立之初，由于日军刚刚占领东北，立足未稳，因而将统治的重点放在“维持治安”、进行军事镇压上，加之大部分学校因事变而停办，学务极为简单，所以傀儡政权下并未直接设立教育行政机构，而是在伪民政部下设立文教司，主管教育事宜。

为了进一步加强对东北三省教育的掌控，1932年7月伪满将文教司升格为文教部，下设总务、学务和礼教三司，并设立了教科书编审委员会，掌管教育、宗教、礼俗和思想控制等方面的事务。

1934年3月，伪满实行帝制，伪文教部总长改称“大臣”，伪中央教育行政机构没有大的变化，但地方教育行政机构则有些伤筋动骨。当年10月，日伪当局公布新的“省官制”，并将包括热河省在内的原东北四省划为奉天、吉林、龙江、滨江、锦州、热河、安东、间岛、三江和黑河10省。除黑河在省公署民政厅内设教育科外，其他各省公署内均设置教育厅，厅内一般设置学务、礼教两科和视学官室。新京和哈尔滨特别市公署仍在行政处之下设置教育科。在推行“省官制”改革的同时，日伪当局还将原“兴安总省”改为伪满洲国的“蒙政部”，下设总务、民政和劝业三司，其中民政司下设文教科。伪蒙政部下属的四省，则分别在省公署民政厅内设文教科，各省属县、旗仍在内务科中设教育股。到1936年前后，“伪满的教育行政机构，从中央到地方，已普遍建立，形成了比较完整的体系”①。伪满初期教育行政机构的结构见图7-1。

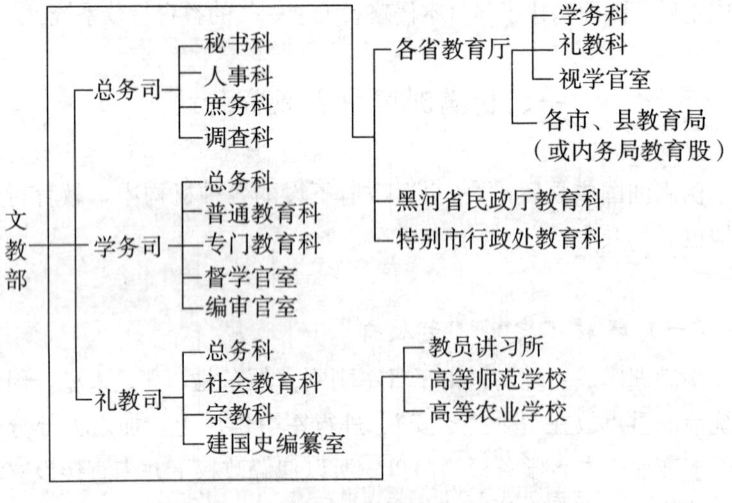

图7-1　伪满初期教育行政机构简图

资料来源：齐红深主编《东北地方教育史》，辽宁大学出版社1991年版，第287页。

1937年，伪满洲国进行了旨在进一步强化殖民统治的行政机构改革，中央新设民生部，举凡教育、保健、卫生、劳务、宗教等部门，均直辖于民生部。民生部下设教育司，教育司下设四科二

① 齐红深主编：《东北地方教育史》，辽宁大学出版社1991年版，第286—287页。

室，旋改为六科二室，即事务、企划、师道、普通教育、专门教育和养成六科及编审官、督学官二室。凡学校教育、学艺、教科书的编纂及审查事务，均由教育司执掌。

1943年4月，日伪为了顺应“非常时期下的总力战方针”，强化教育要适应战时变化，因此再度进行教育行政机构改革。这次改革，伪满洲国中央教育行政机关将民生部下属的教育司升格为文教部，即所谓“第二次文教部”。伪文教部下设大臣官房，学务、教学、教化三司，外有伪国立中央图书馆筹备处。学务司分学务、体育、专门教育、师道教育、普通教育等科，担当全国一般学务行政及体育行政。教学司是重心所在，由原民生部教育司的教学官室和编审室合并扩大而成，内分企划、指导、编审三部，“担当建国精神、思想、教育方针、制度之调查企划，学校之指导、监督及教科书之编审事项”①。教化司下设社会教育、礼教二科，负责宗教、教化、礼俗、学艺、文化及社会教育等事项。此外，对于法、医、农、工各伪国立大学、师道大学、中央地方各师道训练所、开拓医学院、兴安医学院、兴安学院、本溪湖工业实习所、临时农业教师养成所、留学生预备校其他各教育设施、国立中央博物馆等，亦有间接监督之责。

与此同时，伪满洲国教育行政改革新增设了文教审议会。1943年10月15日，伪满洲国公布了文教审议委员会官制，决定创立文教审议会。该会的会长是伪满洲国国务总理大臣张景惠，并且“网罗朝野的权威人士六十名为委员”组成文教审议会。这是伪满洲国最高的文教政策审议机关。

伪国务总理对文教审议会的创设作了说明：“本审议会是集思广益，对有关教学的刷新，学校教育的强化，社会教育和礼教的开

① 武强主编：《东北沦陷十四年教育史料》第一辑，吉林教育出版社1989年版，第49页。

展，进行根本的审议，从而对前所未有的重大时局确立文教决战体制。”① 这实际是伪满洲国进行教育方针政策、教科书、师生言行控制的机关。凡是不符合日本殖民统治和侵略战争需要的教育方针、政策、措施等，都会被文教审议会“审议”淘汰；凡是适合“大东亚圣战”需要的文教方针、政策、措施等，会被文教审议会“审议”合格。事实上正是如此。文教审议会曾多次召开会议，如1943 年 10 月 17 日召开了第一次特别委员会，集中讨论了咨询的第一号问题：“大东亚战争下关于我国文教刷新和振兴应采取的方针政策是什么?”当年 11 月 25 日召开第二次全会，会议深感上次会议讨论的问题有具体研究的必要，于是决定设立特别委员会，第一部会审议“有关我国教育本义的事项”，第二部会审议“决战下文教振兴的具体方针政策”。可见设立文教审议会是日伪当局在战争条件下加强对教育控制的一项重要举措。

伪满洲国规定了教育行政机关的职责权限。《大满洲帝国年鉴》载曰：“我国学校教育之本义，在于昂扬国民之建国精神与团体观念，使国民体得日满一德一心之大义，俾完成民族协和之最高理想。建国当时，政府为期确立国家教育之方针，曾对国民教育之实态与民智之程度加以调查，同时并检讨诸外国之教育程度。经慎重之审议，康德五年五月二日，在访日宣诏纪念日之佳辰，公布我国教育之新学制。教育行政之重点，系侧重于国民精神之涵养、实务教育之强化、勤务训练之彻底与身体锻炼四点。”② 当然，这里的所谓“国民精神”、“实务教育”、“勤务训练”都是另有所指的，都是要经过文教审议会“审议”合格的。

① 王野平主编：《东北沦陷十四年教育史》，吉林教育出版社 1989 年版，第 74 页。

② 转引自武强主编：《东北沦陷十四年教育史料》第一辑，吉林教育出版社 1989 年版，第 51 页。

（二）“文教部”的人事行政

伪满洲国在设立教育行政机关的同时，就设置了教育行政官员。1943 年的“第二次文教部”改革，“文教部”的组织和首脑官员有：“文教部”大臣卢元善，次长田中义男；参事官有三轮健儿、阿成嘎、河野通夫；官房大臣秘书官阎承业；学务司司长木田清；教学司司长佐枝常一；教化司司长耿熙旭。首任“文教部”大臣卢元善是关东州金州人，时年 56 岁，1912 年日本宫城农学校毕业，曾历任南京书院农业科教师、山城镇裕华电气公司董事、伪龙江省实业厅厅长同民生厅厅长、伪专卖总局局长、伪三江省省长、伪总务司次长等。

在人事安排上，伪满洲国中央教育行政机关中，先后实行“总务司中心制”和“次长中心制”。两者虽然形式有所差异，但实际上是异曲同工。由于权力集中在总务司和次长手中，所以，总务司负责人和次长两职均无一例外地由日本人出任。从科层制理论来看，“文教部总务司”是“文教部”的下属机构，权力当是小于总长的，当是服从“文教部”总长安排的。但是事实上并非如此。因为实行“总务司中心制”，伪文教部的权力几乎完全控制在总务司司长之手，很少有权力外溢的。因此，包括伪文教部在内的所有各部的总务司司长都无一例外地由日本人担任。

郑孝胥，字苏戡，号太夷，福建闽县（今福州市）人。1882 年，他中福建省正科乡试解元。1885 年，赴天津入李鸿章幕。1889 年，考取内阁中书。1891 年，东渡日本，任清政府驻日使馆书记官，次年升日筑领事，不久升神户、大阪总领事。他自认为对清王朝忠心不二，以不做民国官、不拿民国钱的遗老自居。1928 年 9 月，经溥仪和日本驻华公使芳泽的同意，郑孝胥和他的长子郑垂、日本浪人太田外世雄东渡日本，为复辟清王朝游说日本军部及“黑龙会”，受到各种热心于复辟的日本朝野要人的接待。“九一八”事变后随溥仪出关，任伪满洲国总理，并兼任伪军政部总长，“从此一文不值矣"①。1932年8月，又兼任伪文教部总长。他还帮助日本军国主义大力推行奴化教育，灌输"顺天安民"、"亲仁善邻"、"王道政治"等反动谬论，并亲自兼任"满日文化协会"会长。②还主持开办教员讲习所，对教员进行轮训，灌输忠君、亲日思想。1934年3月1日，伪满洲国改"执政"为帝制，溥仪正式"登极"，郑孝胥改任伪国务总理大臣。21日，被派赴日本进行所谓"修聘"，"朝觐天皇"以答谢所谓"友邦援助之盛意"。他作为伪满洲国的国务总理大臣，却要听命于其部下日本人的总务厅长，因此他曾发牢骚，惹恼了日本主子。1935年5月21日，日本关东军司令官南次郎以郑孝胥"倦勤思退"需要养老为由，另换了一个对主子更为忠顺的张景惠接替他。

伪文教部的职员由日本人和中国人两部分组成。通常日本人的比例大多占半数以上。1939年，伪民生部共有科长以上官员27人，日本人有16人，占59.6%；其中教育司7人，日本人有5人，约占71%。1940年7月，在伪民生部教育司教学官室有正副教学官12人，其中日本人7人，占58.3%。省级视学官及视学36人，日本人有18人，占50%。文教审议会设委员长1人，副委员长2人，及委员若干人。另设干事及书记。委员长由关东局总长充任，其余人员都由关东局部内官员及有学识经验的人员充任，都由大使任命或特邀。③

（三）伪满洲国中央视学制度

从1932年7月第一次伪文教部建立直到伪民生部建立后的

① 《郑孝胥》，贾逸君编：《民国名人传》，岳麓书社1993年版，第581页。

② 《郑孝胥》，朱信泉、严如平主编：《民国人物传》第四卷，中华书局1984年版，第153页。

③ 齐红深主编：《日本侵华教育史》，人民教育出版社2002年版，第243页。

1939年底，伪满洲国都在中央设有督学官室。其后，督学官的名称多次变更，1940年1月伪民生部“官制改正”后，其督学官室改称为教学官室，原督学官也随之改称为教学官。1943年“第二次文教部”改革后，所有督学官统统以“教学官”称之，归属于教学司。

为了加强对学校教育的控制，更加有效力地推进奴化教育，伪满洲国中央一级视学机构的编制不断扩大。1933年的伪文教部督学官室仅有督学官3人，到1940年7月，伪民生部教育司的教学官室里的督学人员已经增加了4倍，教学官有9人，副教学官3人，共达12人之多。而到第二次伪文教部以后，教学司里的教学官有些人满为患了，人数达16人。①

伪满洲国视学系统建立起来后，便着手进行视学制度建设。1936年12月，伪满洲国颁布了《视学官及特别市视学学事视察规程》，规定：“为发扬建国精神，养成国家观念”，“以期国民精神之统一与强化”，要求视学官及特别市视学“每年至少要到其下属的省立学校（特别市立学校）及县公署视察一次”，视导的内容有如下15项：(1) 关于伪皇帝“御容”、“诏书”的放置情况；(2) 灌输、宣传“建国精神”情况；(3) 学校教学、训练及卫生等情况；(4) 教科书使用的情况；(5) 日语普及情况；(6) 学校财经、设备及管理情况；(7) 学生就学及出席情况；(8) 地方对教育关心情况；(9) 学事事务整理情况；(10) 学校教职员思想、工作、修养及研究情况；(11) 教育法令实施情况；(12) 学校与家庭、社会联系情况；(13) 学生毕业后的情况及对毕业生指导情况；(14) 特别受命事项；(15) 其他有关学事事项。如果视学官遇有抵触法令的事项、不合于教育方针的事项等，“须将其视察状况及意见报告省长（特别市之市

① 王野平主编：《东北沦陷十四年教育史》，吉林教育出版社1989年版，第30页。

长）”，“关于重要事项应即以口头报告之”。①

根据《视察规程》可知，中央视学官员既负有重大职责，也有较大权威，在伪满洲国中享有较高的政治地位，遇有特别重要的事项，可以减省中间环节直接报告省长或特别市长。为了节约时间，不致贻误战机，应当即时口头向上级报告。

（四）伪满洲国“帝国教育会”

为了对伪满洲国的教育进行行之有效的控制，伪文教部还在1934年成立了辅助机构“满洲帝国教育会”。是年6月，伪文教部召开有文教部大臣、次长、各司长和各省教育厅长、特别市行政处长等150人参加的大会，会上决定成立“满洲帝国教育会”。本部设在伪文教部内，另在伪新京特别市设“主事务所”，并将奉天、吉林、黑龙江、热河各省教育会及新京特别市教育会等纳为分会。此会设置的指归是“以企图教育之进步改善及文教关系者相互之亲睦向上为目的”。

“帝国教育会”与伪文教部基本上是“两块牌子，一套人马”。成立大会便决定会长由当时的伪国务总理大臣兼文教部大臣郑孝胥担任。后来的伪文教部大臣阮振铎也很自然地“当选”为会长。副会长、理事长及理事则分别由当时的伪文教部次长、总务司长、学务司长及礼教司长等担任。伪民生部时期，伪民生部干脆于1938年8月在《满洲帝国教育会定款》中明确规定：“会长推戴民生部大臣”，“副会长委嘱民生部次长之职者”，“理事长委嘱在民生部教育司长之职者”，形式上的推选过场也不用劳神费力了。

为了将触角深入到教育控制网络的神经末梢，“帝国教育会”大力发展会员，会员数急剧增长。1937年有2.6万人，到1941年

① 王野平主编：《东北沦陷十四年教育史》，吉林教育出版社1989年版，第31页。

便达 5 万余人，发展的速度是惊人的。“满洲帝国教育会”“运营中之事业”主要有：

（1）贷与奖学资金，以免除贫困优良子弟之入学难；

（2）对教科书之配给，必须经过“帝国教育会”，以期调节需给之圆滑；

（3）对于学生服、学用品担当配给，以缓和学习上之困难；

（4）举开讲习会、讲演会，对教师再训练，而努力于民众教化；

（5）轮流放映电影，开展览会，以资促进文化；

（6）举办视察旅行，以敦睦会员之间感情，而广见闻；

（7）发行日、满文版机关杂志《建国教育》，配布与全会员，以期促进会员素质向上，而图相互疏通意志；

（8）对初等学校学生刊行杂志《满洲学童》，及夏冬休假学习帖，以图助长初等教育；

（9）其他关于资助教育之参考用书，出版约达数百种以上；

（10）联络其他外国教育会，与国内文化团体协力，表彰教育功劳者等。①

“帝国教育会”的活动非常猖獗。仅 1936 年度就曾多次举办教育“讲演会”、“展览会”，召集过“日满中等学校校长会议”，派遣过“视察团”，参加“泛太平洋会议”等。还编辑过宣传奴化教育的杂志及《满洲学童》、《建国读本》和《建国讲演集》之类的“课外读物”。

《大满洲帝国年鉴》记述“帝国教育会”经费预算说：“此种事业之预算，逐年显著增加，亦十足象征会务之跃进，反映会务之发展焉。”伪满洲国在活动经费预算上是非常充足的。从 1934 年到 1942 年，“帝国教育会”的预算分别为 38 545 元、52 783 元、

① 武强主编：《东北沦陷十四年教育史料》第一辑，吉林教育出版社 1989 年版，第 57 页。

75 393 元、113 412 元、237 276 元、417 732 元、644 985 元、1 091 035 元、1 372 795 元。① 1934 年初成立帝国教育会时仅 38 545 元，但到 1942 年则攀升到 1 372 795 元的天文数字。预算的成倍增长，“十足象征会务之跃进，反映会务之发展”，正好说明“帝国教育会”推行奴化教育非常卖力。

伪文教部还认为，“民度尚低，社会教育制度尚不发达之我国，欲期国民国家意识之向上与国民道德之昂扬，民间教化团体所负之使命实重且大”②，所以，还设立了国民教化委员会、国民教化联络会。鉴于教化团体“对社会教育之意义极为重大”，伪文教部大力发展教化团体。兹将伪满洲国主要教化团体的本部、分会和会员数列表如下（见表 7-1）。

表 7-1 伪满洲国主要教化团体一览表

团体名称	代表者	本部所在地	支分会数	会员人数	目 的
满洲帝国道德会		新京	478	61 055	研究性命学理，遵循道德。
世界红十字会		新京	76	15 757	尊崇师道，采取儒、释、道、耶、回五教之精义阐扬五伦八德，以促进世界和平。
满洲大同佛教会		新京	142	14 821	基于大乘佛教精神，以期日满两国民文化之向上与王道乐土之实现。

① 王野平主编：《东北沦陷十四年教育史》，吉林教育出版社 1989 年版，第 40—41 页。

② 武强主编：《东北沦陷十四年教育史料》第一辑，吉林教育出版社 1989 年版，第 54 页。

续表

团体名称	代表者	本部所在地	支分会数	会员人数	目　的
满洲博济慈善会		新京	97	10 189	启发民智，博济慈善。
满洲全国理善劝戒烟酒总会		新京	313	13 839	劝戒烟酒及其他一般慈善事业。
孔学会		奉天	18	2 852	提倡尊孔思想，翼赞王道，发挥至圣道德，维持礼教。
五台山向善普化佛教会		新京	13	2 085	宣扬佛法，挽救社会，昂扬王道精神。
总团体	7		1 137	120 598	

资料来源：武强主编《东北沦陷十四年教育史料》第一辑，吉林教育出版社 1989 年版，第 55 页。

（五）伪满洲国中央教育行政的奴化教育罪行

伪满洲国文教部、民生部教育司为配合日本军国主义在东北三省和全中国实行军事侵略进行奴化教育，教中国人做亡国奴的教育，的确是煞费苦心的，也是竭尽全力的。为“确立国防国家体制”和建立所谓“大东亚共荣圈”的需要，伪满洲国向东北青少年学生增加了一门思想教育的课程——时局教育。伪文教部十分重视时局教育课程，将它列入学校教育的重点。其主要内容为：（1）每天朝会都要诵读《国民训》和本省的《省训》，再由校长或值周教师讲话。（2）学校每天揭示时局新闻，组织学生收听重要广播，有时还组织学生观看日本侵略战争胜利的影片。（3）要求学生写“时局日记”，要把报纸上或新闻广播中的时事材料记录下来，第二天要交级任教师审阅，增强学生对时局的认识。各班级要搞报纸剪辑，及时揭示“大东亚战争”的“战果”。（4）通过课内各科教学进行时局教育，特别是通过“建国精神”课的教学，极力宣扬“惟神之道”、“国防国家体制的确立和日满共同防卫”，灌输“大东亚圣战必胜”的信念，等等。① 要学生在战时的特殊环境下“守本分”、“忠君爱国”，做驯服的亡国奴。又利用一切机会，向青少年进行“尊皇敬神”的精神教育，对青少年学生进行野蛮的思想毒化和残酷的精神奴役，实质上是亡国灭种的教育，旨在消灭青少年学生的民族意识和爱国心，体现了日本帝国主义将最终实现同化、灭亡中华民族的希望寄托在青少年一代的身上。所谓“尊皇敬神”的教育，也就是向青少年一代灌输亲日思想，养成日本精神，训练出与日本帝国主义“一德一心”、甘愿当为他们尽忠尽孝的孝子贤孙，最终实现其消灭中华民族、吞并中国的狼子野心。

伪满洲国文教部在社会教育方面，为了达到“与政府及协和会互相协力，适正其教义，期副时局下国家之要求”，大力表彰所谓孝子节妇及社会教化功劳者。伪文教部为宣扬孝子节妇的美德，高扬“国民”之道德的精神，对“建国以来，对德行显著、堪为社会之龟鉴者，则加以表彰”。到 1942 年，“受此光荣之殊遇者”，孝子共有 619 人，节妇 2 297 人，烈妇 30 人，贞女 1 人，义仆 6 人，懿行 384 人，耆老 48 人，共计 3 385 人。仅 1942 年这一年受表彰者，孝子 37 人，节妇 202 人，懿行 28 人，共计 267 人。据载，“对此全国各地（实际上仅伪满洲国的 10 省，主要是今东北地区——引者注）之表彰申请，亦有逐年激增之势，可见于民众思想善导上，已收莫大之效果矣”②。为了奴化广大人民群众，抬出所谓孝子、节妇、烈妇、贞女、义仆、懿行之类愚忠愚孝的所谓“示范

① 曲铁华、梁清著：《日本侵华教育全史》第一卷，人民教育出版社 2005 年版，第 120 页。

② 武强主编：《东北沦陷十四年教育史料》第一辑，吉林教育出版社 1989 年版，第 56 页。

人物”，试图使人民群众都成为服服帖帖地服从殖民统治循规蹈矩的奴才。

二、伪满洲国地方教育行政

伪满洲国在构建地方省及县（旗）教育行政系统的同时，也逐渐形成了地方教育行政系统。

（一）伪满洲国省级教育行政

1936 年前后，随着伪满将原东北 4 省划分为 10 省，伪满遂从中央到地方普遍建立起教育行政机构，企图全面控制东北城乡教育。与此同时，还将内蒙古地区的“兴安总省”升格为隶属于伪满中央的蒙政部。“兴安总省”下属有 4 个“分省”，均在省公署下设文教科。其“分省”下属各县、旗，在内务科里设置教育股。其他一般市、县乡署中的教育行政机构称谓不尽一致，有的称教育局，有的设教育科，在内务局中设教育股者亦有之。

伪满洲国宣告成立后，日本关东军司令部对东北占领区实行“划小省区，分而治之”的政策，并多次变更行政区划。1934 年 11 月 1 日，伪满洲国开始推行所谓“新省制”，将东北地区划分为 10 个小省、2 个特别市和 1 个特别区。譬如，辽宁省划成奉天省、安东省、锦州省和热河省。① 黑龙江境内有龙江省、滨江省、三江省、黑河省四省和哈尔滨特别市、北满特别区。② 在伪满洲国统治期间，黑龙江地区先后建立 12 个省（特别市、特别区）级教育行政机构。

---

① 热河省辖河北省东北部、辽宁省西南部和内蒙古自治区东南部。

② 这四省、特别市和特别区中所辖范围，除洮辽 7 县及双城县以南区域属现吉林省外，其余均为黑龙江省所辖范围。

伪奉天省由于局势不稳，教育行政机构系统未告形成，只设教育事务筹备处。处内设三个科及秘书处，并配备日本人为“顾问”。其分工职掌仍按前教育厅规模进行。办公职员处长以下 27 人，另设编审委员及雇员若干人。1932 年 5 月，局势稍稍稳定，伪奉天省根据伪中央公布的官制，将筹备处改组成为奉天省公署教育厅，并任命韦焕章为厅长，后由王允卿改任厅长。

伪奉天省教育厅的机构设置情况具体见图 7-2。

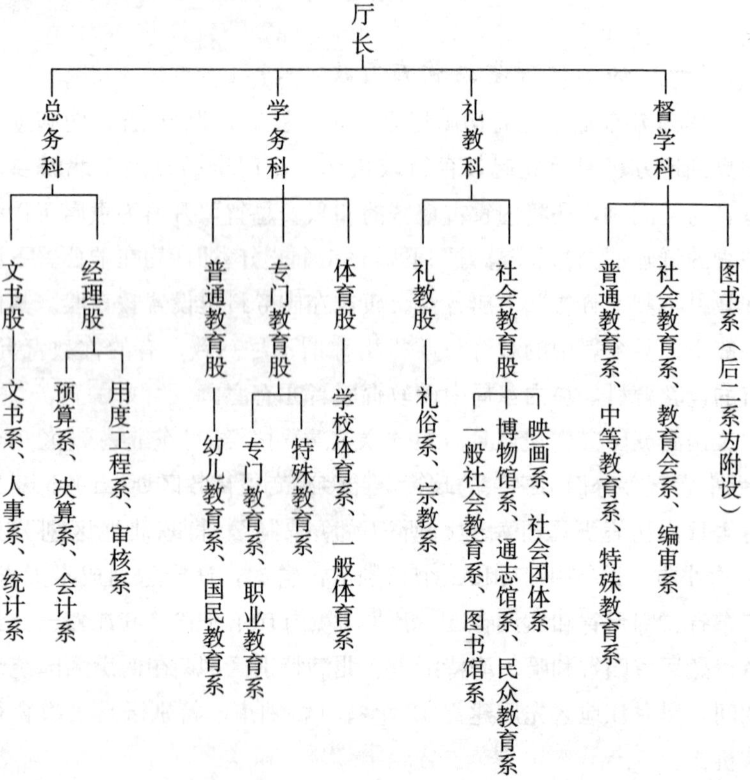

图 7-2　1934 年伪奉天省教育厅组织机构图

资料来源：辽宁省地方志编纂委员会办公室主编《教育志》，辽宁大学出版社 2001 年版，第 32 页。

伪奉天省教育厅附设的社会教育机构有省图书馆、民众教育馆、省教育会、博物馆、公众阅报所、通俗讲演所、民俗娱乐场所、同善堂、青年会、道德总会、文庙、大同佛教分会、慈善会、孔学会和省通志馆等。教育厅内附设的群众组织有奉天童子团、体育协会奉天支部、童子团奉天地方联盟等。

虽然说是“小省制”，但伪奉天省教育厅的人事编制却不能说少。伪教育厅设厅长 1 人，科长 4 人，视学 6 人（内 2 人由股长兼任），股长 7 人（内 2 人由视学兼任），科员 26 人，雇员 34 人，共计 76 人。① 当然，伪奉天省是“小省制”中的大省，伪安东省同一年的人事编制便少得多，设有厅长 1 人，科长 2 人，股长 5 人，属官（科员）6 人，视学官 2 人，另有雇员 7 人，共 23 人。伪锦州省教育厅有厅长 1 人，科长 2 人，股长 4 人，属官 4 人，视学官 2 人，雇员 11 人，共 24 人。② 而伪热河省教育厅的编制更少，仅 20 人。大致来说，教育行政编制的多少与该省在政治、军事和教育上的地位是有密切关联的。

伪满洲国黑龙江省教育厅 1932 年 8 月成立，下设总务科、业务科、社会教育科、督学科，管理教育、学艺礼俗及宗教、名胜等。1934 年 12 月伪黑龙江省撤销，成立伪龙江省公署，设立龙江省教育厅，下设学务科、礼教科、视学官室，分别执掌教育、学艺、礼教及宗教、史迹、名胜等事宜。1938 年 1 月，教育厅再次撤销，其职权转由民生厅文教科履行。

伪滨江省公署教育厅成立于 1934 年 12 月 1 日，内设学务科、礼教科、视学官科。1937 年民生厅下设文教科，同时撤销教育厅。

伪三江省公署教育厅于 1934 年 12 月 1 日成立，下设机构与关停并转情形与伪滨江省别无二致。

---

①② 辽宁省地方志编纂委员会办公室主编：《教育志》，辽宁大学出版社 2001 年版，第 32、33 页。

伪黑河省公署教育科亦于1934年12月1日成立，设于民政厅，行使相当于其他省教育厅的职权。1937年12月，该省实行“特殊省官制”，改行大科制，在民生科内设文教社会股，掌管教育事宜。

伪牡丹江省公署文教科成立于1937年7月1日，设在民生厅内。1943年9月，该省及文教科撤销。

伪北安省公署文教科成立于1939年6月1日，设于民生厅。

伪安东省公署文教科与伪北安省文教科同日成立，不同的是在民生厅内设民生科执掌教育。1943年10月1日并入伪东满总省。

1943年10月1日，伪牡丹江省、伪间岛省、伪安东省合并为伪安东总省，省公署文教科设在民生厅，直到1945年无条件投降前夕撤销。

1945年6月，伪东满省公署文教科成立，设于民生厅。这是伪满洲国设置最晚的一个省公署文教科。① 设置后仅一月便寿终正寝。

（二）伪满洲国地方县（旗）教育行政

伪满洲国在形成省级教育行政网络的同时，地方基层县（旗）教育行政机构也在构建中。1933年8月，伪民政部发出各县临时教育行政机构组织办法，将县（旗）划分为甲、乙、丙、丁四个级别。其中甲、乙两级县公署设教育局，下设学务股和礼教股。在丙、丁两级县公署设教育股，隶属于内务局之下。1937年12月，伪满实行新的县制和县官制改革，撤销教育局，设教育科或教育股。伪黑河省因为实行“特殊省官制”，县公署被看作省公署的教育处。除瑷珲县在民生科内设教育股外，其他8县均以民生股管理

① 姜树卿、单雪丽主编：《黑龙江教育史》，黑龙江人民出版社2002年版，第330页。

教育事宜。① 伪满洲国 1932 年公布《旗制》，将杜尔伯特、依克明安、郭尔罗斯后旗等 3 个扎萨克公署改为旗公署，各旗公署内设内务科，管理教育、宗教事宜。随着《旗制》的实施，各县有的在县公署下设教育局，局下设学务股、礼教股；有的县公署则在行政科或内务局下设教育股，县级教育行政组织系统臻于形成。

（三）伪满洲国的教育视导

伪满洲国的教育行政组织中，还设有视学系统。这是对奴化教育实施情况进行监督指导的机构。1932 年 7 月，伪满洲国文教部就设置了督学官室，次年便置有督学官 3 人。此前地方省县的视学机构并不齐全，人员没有统一的规定，视学机构的名称也不统一，有的称视学，有的称督学。此后，伪满洲国建立了中央和地方视学机构和视学制度，而且编制颇为宽松。譬如，伪民生部时期的 1941 年 7 月，省视学官 50 人，市视学官 28 人，县视学 181 人，旗视学 26 人，总共有 285 人。如果再加上中央的教学官、副教学官 11 人，整个伪满洲国的视学人员总数为 296 人。到 1943 年第二次伪文教部设立，地方各省、市、县、旗的视学人员的编制增到 315 人，加上中央教学官，伪满视学人员总数达 331 人。② 如伪黑龙江省公署教育厅内设督学科，伪东省特别区教育厅内设督导处，有主任 1 人，督学 6～9 人不等，市、县、旗均设视学 1～2 人。③ 编制一再扩大，说明伪满洲国为了推进奴化教育，是不惜血本的。

1936 年 12 月，伪满洲国发布了《视学官及特别市视学学事观察规程》，省视学官及特别市视学每年至少要到下属的省立学校

①③ 姜树卿、单雪丽主编：《黑龙江教育史》，黑龙江人民出版社 2002 年版，第 331、332 页。

② 王野平主编：《东北沦陷十四年教育史》，吉林教育出版社 1989 年版，第 30 页。

（特别市学校）及县公署视察一次。视察内容主要有：伪皇帝的“御容”、“诏书”的放置情况，灌输、宣传“建国精神”情况，教科书使用情况，日语普及情况，学生学务整理情况，学校教职员思想、工作、修养及研究情况，教育结合实际情况，特别受命事项等。① 必须向学校提示或注意的事项有四：（1）与法令抵触的事项；（2）不合于教育方针的事项；（3）关于教学、训练及卫生上不适当的事项；（4）特别受命事项。伪满洲国中央颁发《视察规程》后，各省也先后颁布了相关的制度。如 1935 年，黑龙江省颁布了《黑龙江省视学暂行规程及视察各县标准》。

1937 年 10 月，伪民生部为确定视学委员条件、职责以及与地方视学官员的关系，颁布了《省或特别市视学委员会规程准则》。《准则》规定：“（1）省或特别市视学委员对省或特别市视学官、视学是辅佐的关系；（2）省或特别市视学委员由管内中等学校的校长、教师及其他有学识、有经验的教育工作者兼任；（3）省或特别市视学委员有视察和指导监督的职责。视察终了时，须将其视察和指导监督的情况附具意见，以报告书呈报省长或特别市长。”②

由于伪满各级视学机构的不断扩充，特别是其“协力机关”③之类遍布各地，形成严密的网络，使伪满洲国教育行政当局对东北教育大权的实际掌控更加严密和强化。

① 姜树卿、单雪丽主编：《黑龙江教育史》，黑龙江人民出版社 2002 年版，第 331—332 页。

② 王野平主编：《东北沦陷十四年教育史》，吉林教育出版社 1989 年版，第 32 页。

③ 所谓“协力机关”，伪文教部着令各省、特别市指定 1～2 所小学作为实验学校，在其他各市、县则设中心学校。他们常以这类学校为典型，进行有关的“调查研究”和“教育指导”等。其校长常常担任视学委员。因此这类学校被称为视学机构的“协力机关”。伪满成立了思想、日语教授、满语教授、地理历史教育等“教育调查委员会”。该委员会是对初等和中等教育（重点在中等教育）进行“实质的调查研究”的一种“协力机关”。

（四）地方“帝国教育会”分会

1934年6月，“满洲帝国教育会”成立。成立之初便将伪奉天、吉林、黑龙江、热河等省教育会及伪新京特别市教育会等纳为“分会”。其后又在“分会”之下，在各市、县、旗设立教育会，并作为“帝国教育会”的“支会”。所有分会、支会都挂靠在同级地方教育行政机关中，名称为“××省（特别市、市、县、旗）教育会”。

“帝国教育会”成立后，很快便编织起教育分会、支会网络。伪满洲国帝国教育会分支会一览表见表7-2。教育会网络实际就是推行奴化教育的重要手段。

表7-2　伪满洲国帝国教育会分支会一览表

分会名称	所在地	支会数	会员人数
新京特别市教育会	新京		660
奉天省教育会	奉天	21（7市、14县）	10 758
吉林省教育会	吉林	17（1市、15县、1旗）	4 924
滨江省教育会	哈尔滨	18（1市、16县、1旗）	3 910
龙江省教育会	齐齐哈尔	18（1市、15县、2旗）	2 096
热河省教育会	承德	13（7县、6旗）	2 876
锦州省教育会	锦州	15（2市、10县、3旗）	5 620
安东省教育会	安东	7（1市、6县）	2 952
间岛省教育会	延吉	5（5县）	1 579
三江省教育会	佳木斯	13（1市、12县）	1 318
通化省教育会	通化	9（1市、8县）	1 735
牡丹江省教育会	牡丹江	5（1市、4县）	978
东安省教育会	东安	7（7县）	700
北安省教育会	北安	15（15县）	1 918
黑河省教育会	黑河	8（8县）	251

续表

分会名称	所在地	支会数	会员人数
四平省教育会	四平	11（2市、9县）	3 860
兴安东省教育会	扎兰屯	4（4旗）	247
兴安西省教育会	开鲁	8（2县、6旗）	346
兴安南省教育会	王爷庙	10（1县、9旗）	956
兴安北省教育会	海拉尔	8（2市、6旗）	174
合　计	20	212	47 858

资料来源：王野平主编《东北沦陷十四年教育史》，吉林教育出版社1989年版，第43—44页。

伪地方帝国教育分会或支会的会长，在成立之初均由同级伪教育局长或教育科长、股长担任。如伪奉天省教育会成立于1933年10月，会长由伪省教育长官（即伪省教育厅长）担任名誉会长，伪省教育厅各科长等任理事。其中常务理事1人，由学务科长（日本人）兼任。另有理事3人，由教育厅礼教科长及两名“厅视学官”兼任。但随着侵华战争的推进，也伴随着“圣战”的节节失利，在伪满的中后期，地方帝国教育会分会或支会的地位更趋加强，地方教育分会长、支会长等任职资格大大提高。各地教育会的会长由伪省长兼任，副会长由伪省次长、民生厅长兼任；各市、县、旗教育会的会长，分别由伪市长、县长、旗长兼任。副会长则分别由伪副市长、副县长、副旗长兼任。① 由地方最高行政长官兼任教育会会长、副会长，说明伪满洲国对帝国教育会、地方分会、支会重视程度到了无以复加的地步，也说明伪满洲国急于加大其权威性，为其履职提供更大的方便。自然，其旨意全在加大推行奴化教育的力度，提高推行奴化教育的效果。

① 王野平主编：《东北沦陷十四年教育史》，吉林教育出版社1989年版，第39页。

伪地方教育分会、支会俨然是地方第二教育处、第二教育科或第二教育股。伪地方教育分会、支会参照同级教育行政机关设置分会或支会下面的机构，基本上按照原样复制，也是小而全。如伪奉天省教育会中设有总务、学校教育和社会教育三部，正、副部长分别由中小学校长及省立图书馆馆长等兼任，而处理日常事务的总务部中的文牍、会计、庶务、编辑等股主任及书记，都是专职人员。1935 年，伪奉天省共设有 28 处县级教育支会。市、县教育会的组织系统与省教育会如出一辙，设有总务、学校教育、社会教育三部，处理日常事务的也是总务部之文牍、会计、庶务、编辑等股。县教育会也无一例外地成为相应市、县教育局、科、股等教育行政机构的“协力团体”，成为他们推行奴化教育和文化侵略的帮凶。

（五）伪满洲国地方教育行政的奴化教育政策推行

伪满洲国地方省、县（旗）教育行政忠实贯彻伪满洲国中央和文教部的奴化教育政策，给东北本土教育带来巨大破坏，严重违背了教育的发展规律。

在伪满洲国的各级学校里，日本法西斯殖民统治和伪政权对东北青少年进行的奴化教育简直无孔不入。从早晨起到放学后，从学校到校外，从上学到放假，都塞满了奴化教育的东西。每天的“朝会”要向伪满室皇宫和日本皇宫行九十度鞠躬礼①遥拜，强制灌输忠于伪满洲国和“大和日本帝国”，忠于伪皇和日本天皇，以及忠于“天照大神”的思想，企图让中国学生彻底忘掉东北，忘掉中国，忘掉中华民族。

据在东北沦陷时期就读于“吉林第二国民高等学校”“建国大学”，并任伪吉林省公署民生厅文教科雇员的徐德源回忆，1938 年到 1939 年，他在迎恩街小学读高小的时候，每天早自习必须分别

① 九十度鞠躬礼称作“最敬礼”，专用于伪皇帝。

背诵伪满的所谓《建国宣言》、1934年溥仪即伪皇位的《即位诏书》和1935年伪皇溥仪第一次访日的《回銮训民诏书》等文书。他说："背诵次数最多的是《回銮训民诏书》。朝会后，全班进入教室站立，由班长先念'诏书'，随后大家跟着齐声朗诵全文，两年里背的不下数百遍。"① 每星期一是"法定"的"诏书奉戴日"，上午第一节课，全校师生齐集礼堂肃立，由一位戴白手套的老师从存放处将装在圆筒里的"诏书"取出，放在一个日式木质祭器上，捧着走往讲台，全体师生按口令向这东西行注目礼。到讲台时交给校长或其他有资格的人，这个人像接受多么珍贵的东西一样，谨慎小心地接过来。这时候，全体师生听口令，一齐行九十度鞠躬礼，随后将卷着的东西从筒子里取出，从左向右打开，然后轻声朗读。若是日本人念，取来的就是日译本；如果是所谓"满系"人念，取来的就是汉语本。多数时候念《回銮训民诏书》，有时候念《国本奠定诏书》。徐德源说："每周一都是这么折腾一次，每次一个小时，一年四十多个小时，四年就是一百六十多小时，这不仅是让青少年时代多少宝贵的光阴就这样白白被荒废掉了，而且是翻来覆去灌输骗人的谎言，在青少年身上打烙'日满协和'的烙印。"②他还回忆说，他念小学的时候，伪满洲国实施的奴化教育还体现在歌曲上。他念小学时学过一首儿歌《乐园大满洲》，歌词是："好朋友，好朋友，大家牵着手，同向乐园走。乐园在何处？就是新兴国家大满洲。"把伪满洲国装扮成新兴独立国家，以欺骗东北人民及青少年，进行奴化教育。

伪吉林省制定了《时局训》，其基本内容是：(1)"奉戴时局诏书"；(2)"明徽大东亚战争"；(3)"坚持日本必胜之大信念"；(4)"致率先垂范职域奉公之诚"；(5)"挺身于国土防卫、物资增

①② 齐红深主编：《日本对华教育侵略》，昆仑出版社2005年版，第134、135页。

产以协力亲邦圣战之完整”。其制定的《教育训》是：(1)“吾等恭谨敬拜天照大神”；(2)“吾等尽忠于皇帝陛下”；(3)“吾等行孝道于父母”；(4)“吾等以日本为中心努力于一德一心”；(5)“吾等努力练成勤劳”。此外，伪牡丹江省的教育方针是：(1)“时局教育之彻底”；(2)“国民皆劳振作兴国之美风”；(3)“教育须遂行国策”；(4)“学校经营由平时体制改善为战时体制”；(5)“国民训之躬行实践”。伪间岛市公立北山国民优级学校的教育重点是：(1)努力普及日语；(2)重视乡土教育；(3)团体生活之训练等。①

1932年4月，伪满洲国国务院的第二号院令通令各地学校，“凡有关党义之教科书等一律废止”。当年6月，伪民政部强令“废止三民主义党义及其他与新国家建国精神相反之教科书或教材”，强调“是项禁令亟应严切实行”。② 相应成立的伪文教部教科书编审会规定了编审教科书的原则，即“明征建国精神，彻底了解民族协和、王道乐土之理想”。各省、县大规模查禁、没收、焚烧中国各类教科书，以及各种书籍、刊物、报纸，实际远远超出了“教科书”或“教材”的范围。只要是稍微带有一点点中国民族意识或民主思想的书籍、报刊等，均在禁止之列。只要是带有“中华”、“中国”字样的书刊，甚至地图也不放过。严济慈编的《现代初中教科书·算术》，也被定为禁书。据不完全统计，1932年3—7月，仅伪资政局弘法处督导下就焚毁书籍650万册。一个时期内，伪满洲国各地到处笼罩着查禁、焚烧书籍的恐怖气氛，各个城镇的大街小巷都能看到黑色的纸灰随风飘飞，空气中弥漫着浓烈的书刊被烧的气味。

① 曲铁华、梁清著：《日本侵华教育全史》第一卷，人民教育出版社2005年版，第119页。

② 姜树卿、单雪丽主编：《黑龙江教育史》，黑龙江人民出版社2002年版，第341页。

伪满洲国中央政府、文教部经常到地方举办有关讲习会、训练班之类，推行奴化教育。伪牡丹江市1939年起，“每年寒暑假都举行一周教员讲习班，集中所有教员参加，不许请假。讲习内容是灌输建国精神，宣扬‘惟神之道’，教日语，进行军事训练。男教员不许留长发，一律光头，打裹腿。在入讲习班前，一律填表，内容很详细，以便从中了解每个人的各种情况”①。试图首先奴化执掌教鞭的教师，然后再通过广大教师去逐级奴化青少年学生。

第二节　伪华北政权的教育行政

伪华北政权建立较早，“七七”事变之前就出台了“冀东防共自治政府”。其后，随着华北地区的不断沦陷，伪华北中央政权及各省市地方政权相继建立。伪华北政权以北平为立足点，统治区域主要是河北、河南、山东、山西四省和北平、天津、青岛三个特别市。这些伪政权建立后，为了达到其实施奴化教育的目的，相继成立了教育行政机构。

一、从“教育部”到“教育总署”

伪华北政权教育行政机构经历了一个由“部”的“高”起点降级到“署”的过程。其“降级”的主要原因是南京汪伪国民政府成立，日本帝国主义需要一个名义上能够统一所有沦陷区的傀儡“中央”政府，向全国各沦陷区发号施令。因此，伪华北政权教育部不得不“屈从”降级到“署”。

① 姜树卿、单雪丽主编：《黑龙江教育史》，黑龙江人民出版社2002年版，第334—335页。

“七七”事变后，北平教育行政机关陷于瘫痪状态，大批职员及学校的师生逃亡内地。1937年12月4日，日本侵略军在北平扶持成立了以王克敏为首的傀儡政权——伪中华民国临时政府。伪临时政府下辖河北、河南、山东、山西四个省及北平、天津、青岛三个特别市以及苏北、威海两行政区。其中苏北、威海两行政区建有“行政专员公署”。1938年2月4日，伪临时政府公布，在“行政委员会”之下设置行政、治安、教育、法制（司法）、赈济等五部以及秘书厅一厅。五部中的教育部，是最高教育行政管理机关，统管四省三市的教育。首任伪教育总长为汤尔和。

1938年元旦，日伪在北平组织的伪临时政府公布《教育部组织大纲》。1月10日，伪临时政府任命张水淇为伪北平市社会局局长，萧述宗为第三科（教育）科长。2月初，伪华北临时政府包括教育部在内的各部总长分别到各部“视事”，表示正式走马上任。汉奸汤尔和出任伪教育部总长，黎世蘅为次长，还兼任伪教育部秘书长。根据《组织大纲》规定，伪教育部下设总务局、文化局和教育局三局，张沁沛任教育局局长。

汤尔和以华北伪中央政权的议政委员会委员长和伪临时政府委员的身份兼任伪教育部总长，可谓位尊权重，但他似乎并不满意。其主要原因是“教育部”太穷，“全部经费只有两千元”，自己“白染一水”，并不能捞到什么油水，所以常常在伪教育部唉声叹气。等到“伪临时政府银行所印制的伪钞行使之后，伪教育部的经费得到增添，他才开始卖力干起来”①。他将前北平市党部的旧址改为伪教育部办公处所，以此为名义大兴土木。同时搭起班子组织编纂推行奴化教育的教科书，以向日本侵略军主子表达死心塌地卖国求荣的决心。

① 余子侠、宋恩荣著：《日本侵华教育全史》第二卷，人民教育出版社2005年版，第211页。

伪华北政权教育部成立，成为日本军国主义在沦陷区实行奴化教育的爪牙和帮凶。1938 年 4 月，日伪北京临时政府教育部发布《训令》，以“惩前毖后”自我标榜，将因日本侵略军对中国所进行的野蛮军事入侵所造成的“教育停顿，学舍丘墟”，归罪于南京国民政府“昌言党化，反覆容共，误用青年爱国赤忱”三端，提出发展教育“一本东方文化传统，与夫亲仁睦邻之旨，对于国民观感易作正本清源的计划”的基本原则。《训令》竟毫不遮掩，赤裸裸地说要“把青年的思想纳于‘轨范’之中，是教育的百年大计”。①

4 月 17 日，伪临时政府改北平为“北平特别市”。大约此后不久，沦陷区的河北、河南、山东、山西及天津、青岛等省市的各级伪教育行政机构都建立起来，形成沦陷区日军扶植起来的伪傀儡政权教育行政系统。

1940 年 3 月 30 日，汪伪国民政府在南京成立。为了使汪伪国民政府成为“统辖”沦陷区各省的最高伪中央政府，伪华北临时政府在名义上降格为“华北政务委员会”。与此相应的下属机构均作了调整，其下辖的伪教育部降为“教育总署”。按照汪伪拟定的《华北政务委员会组织条例》规定，新制下的总署，每署设置督办、署长各一人，督办由伪华北政务委员会委员兼任，即由“华北政务委员会”常务委员汤尔和兼任伪教育总署督办。总署长一职到 1940 年 5 月 4 日才宣布由方宗鳌代理。伪教育总署督办和署长两职，尽管都是日本侵略军的傀儡，但两职中督办是实权职位。伪教育总署内部组织机构与伪华北临时政府时期并无改动，总署下设总务、文化、教育三局，另设参事若干人。改教育总署后的各局局长，由刘士元、张心沛等分别代理各局局长，伪参事由梁亚平、毛颂芳等人出任。1943 年 11 月，伪华北政权因“策应战时体制”而

① 山东省档案馆，101—09—1079，第 11、45 页。转引自赵承福主编：《山东教育通史》(近现代卷)，山东人民出版社 2001 年版，第 332 页。

改组后，伪教育总署增加保健局。

伪教育总署督办一职，数易其人。继汤尔和之后短短的几年中，又有周作人和苏体仁任职。1940 年 12 月，日本占领军驻北平最高文化特务松井大佐为周作人“下水”之事专门发表谈话：“华北教育总署督办汤尔和逝世后，中日文化界不胜惋惜。此次以平素不喜政治生活之当代文学界权威者周作人氏，出任巨艰，鄙人觉得非常荣幸。……日本方面学界、舆论界及华北各机关团体，无不庆幸鼓舞。周氏平生最不喜欢政界生活，更不喜物质欲之生活，以纯粹学者之地位，实为中国教育界之明朗前途也。”① 1941 年元旦，周作人收到伪华北政务委员会交来的“国民政府委任状”，4 日，周作人到伪教育总署举行就职典礼。

伪华北政务委员会虽然名义上属汪伪南京国民政府管辖，但也绝不是只相当于一个省，它照样管辖着华北数省市，俨然是北方伪国民政府，或第二伪国民政府。伪华北政务委员会下辖的教育总署，也就是顺理成章的第二“教育部”。

1939 年，伪华北临时政府教育部教育局局长发表题为《一年来教育实施之回顾》的广播讲演，介绍了伪教育部一年来推行奴化教育的情况。伪教育部成立所做的第一件奴化人民的事情，便是“纠正国民的思想”，也就是“改正过去党化教育的错误”，“颁布新的教育方针”。为此，举办伪北京市中小学教职员讲演班，将讲演词刊印成集，颁发各地作参考，并令京外各省市仿照举办，“领导青年，使他们入于正轨，这是关乎百年大计的根本问题”。第二便是复兴各级学校，使奴化教育的根须深入到各级学校，以收到奴化教育实施的实际效果。1939 年 1—2 月，伪教育部就北京地方维持会设置之国立各校院保管会改组为保管处，清查校产，整理一切，订定保管处法，筹备国立专科以上各学校之复课，并在京、津、沪三处组设旧生报

① 《周作人掌教育　友邦人士感想》，《庸报》1940 年 12 月 19 日。

到处。伪教育局长大肆吹嘘说，伪北京市已经有公私立男女中学及师范职业学校 77 校，公私立小学 166 校，市立短期小学 199 校，市立简易小学 74 校，幼稚园 11 处，中小学总数为 527 校复课。京外各地的中等教育比较北京“自是不如”，然而“现状还不能说是过坏”，天津的学校“现时差不多都已恢复旧观”。伪河北省除冀东道尚未据报外，其津海、冀南、保定三道区已经复课的学校有 3 所师范学校，1 所中学，1 348 所小学。青岛市区及乡区复学者，有公私立男女中学 6 所，市乡区各级小学 57 所，女子补习学校 2 校，总数为 65 校。伪山东省除青岛市外，济南仅公私立小学复课者有 47 校，各县立小学 157 校。伪河南省和山西省的数字未予上报。① 这些数据自然免不了夸大其词，无限夸大伪教育部的所谓“政绩”。自然，伪局长免不了要吹一吹伪教育部在厘订中小学及师范学校课程标准并编审各级学校教科书方面的“功劳”。伪局长表功说：“本部于今年三月间接管编审会伊始，一方面由部召集教育专家设立学制研究会，厘订中小学及师范学校应用之课程标准，确定教学制度。一方面经编审会延聘总、副编纂，编审及特约编审，依据部订标准，分工合作，修正春季应用之初高级中学、初高级小学及短期民众各校课本计三十八种，以应急需。并继续编印新课本准备秋季应用者，如初高中及简易师范并各级小学教科书计四十九种。现在不特京津青岛各市，河北、山东各省一律遵用，即维新政府上海市亦均采集本部新编之教科书，以作参证引用之资料”，堪称“成绩甚佳”。②

伪华北政务委员会教育总署为了推进奴化教育，加强对学校的控制，删改教科书等，确保学校教育服务于日本帝国主义的侵略政策，摧毁中华民族文化教育，消除中国人民的爱国思想及抗战意识，1942 年 3 月 20—21 日，召开华北各省市教育会议，强令各省

①② 《一年来教育实施之回顾——教育部教育局张局长广播讲演词》，伪《教育公报》1939 年第 8 期。

市教育厅局处，教育方针应以协力东亚的建设为目的，一方面彻底铲除英美文化的“流弊”，一方面积极地增进中日文化的“交流”。1943年2月，伪华北政务委员会教育总署制定并颁发《三十二年度华北教育施策要纲》，提出教育要协力粮食增产运动，中学添设农业课程；要实施集团训练，组织少年团、青年团，实施严格训练，实施勤劳服务；要肃正思想，革新生活。由学校及社会教育机关宣传指导，使大东亚解放新国民运动具体化，以确立中日共存共荣，协力完成大东亚战争的信念等。其第二条规定：“以往各级学校虽均注重训育，但对集团训练则颇多忽视。兹当大东亚战争展开之际，为补救上项缺点，并养成具有实践能力及建设中国之基本人才起见，特将高小及初中学生组成少先团，高中以上各校学生组成青年团，严格实施集团训练，除锻炼坚强体格外，并清除一切不良思想，涤荡旧染，完成心理之建设。”① 伪教育总署组织所谓“邻邦孤儿爱护会”，派代表到北平，与敌军部队接洽，拟征募5～15岁之孤儿男女计100人，保姆5人，送往大孤施以10年“培养训练”，回国后供其“驱策”。挖空心思，想尽办法奴化青少年一代，培养向日本侵略者效忠的走卒。

二、伪华北政务委员会的地方省市教育行政

1938年春，伪华北临时政府颁布了《省道县公署组织大纲》。规定“省设省公署为全省行政机关”，设省长1人，简任；省长综理全省行政工作，监督下属各机关与道市县及其职员；省长有权节制调遣全省的警察部队；可函请驻扎附近的军事长官派出兵力会同办理或防卫非常事变事宜。省公署设秘书处以及民政、财政、教

① 齐红深主编：《日本侵华教育史》，人民教育出版社2002年版，第382页。

育、建设、警务5厅，各厅处长简任；各处分科办事，每科设科长1人，荐任；办事员若干人，委任。必要时，各厅可酌设技正、技工及视察员，均为荐任。

根据《组织大纲》，伪华北临时政府下辖各省市先后成立了省市公署教育局。兹介绍伪教育局内机构比较完善的北京和天津两公署教育局的情况。

1938年6月10日，伪北京市教育局成立，张鼎勋任局长。下设秘书室、督学室和第一、第二、第三科。秘书主任萧栋程，督学主任孙世庆。第一科科长赵维熙，科下设三股：事务股股长何泽远，文书股股长和调查股股长未定。第二科科长崔蔚云。中等教育股股长李芳林，初等教育股股长耆臣，实业教育股股长张书元。第三科科长夏亦夔。社会教育股股长未定，体育保健股股长郭健章。① 日寇在教育局安插了许多日本浪人当“学务委员”（前后有小野寺宫助、青地乙治、大西确郎等人）、“顾问”（岛崎静马等）及“督学”（吉川岩、菅正一等），作太上政府。这些“学务委员”、“顾问”，“督学”，事事干涉，教育局成了一个彻头彻尾的傀儡，日本“学务委员”、“顾问”到“局长”布置了各项规章制度，撤换、委任了各科科长等。新任命的一班人马全是东北盖平、海城、金州、复州等处籍贯，虽不懂得教育，却是受过日寇“彻底训练”的骨干。日寇还在各级各类学校大量“委派”日本浪人做“教员”，连私立学校也都一所不落地“委派”上日本“教员”，并规定这些“教员”每年必须调换一次，以免被“同化”。

下面是1940年伪北京特别市教育局组织机构简表②（见表7-3），据此可了解伪北京特别市教育局内部组织机构设置及其职掌之大概。

① 《京市教育局今晨正式成立》，《益世报》1938年6月10日。

② 此表系根据《京市教育局今晨正式成立》、《成立教育局之意义》和《教育局职务简明表》等材料绘制，见邓菊英等编：《北京近代教育行政史料》，北京教育出版社1995年版，第89—92页。

表 7-3　1940 年伪北京特别市教育局组织机构简表

科室名称	股室名称	职　　掌	备　注
秘书室		掌撰拟机要文件，审核文稿，编审章则及特交事项	
督学室		掌关于教育方针及法令推行之督察	
会计室		掌编审、概算、计算及收支事项	1938 年未设置会计室
第一科	文书股	掌撰拟文书、保管档案及收发	1938 年曾设调查股
	事务股	掌关于会计庶务之处理	
第二科	中等教育股	掌关于管理中等学校考核审核指导之一切事项	
	初等教育股	掌关于小学及幼稚园并简易及短期小学之管理	
	实业教育股	掌关于职业学校之管理	
第三科	社会教育股	掌关于社会教育之管理	1938 年未设设计股，而将第一科调查股的职掌移到第三科设计股
	体育保健股	掌关于体育之设施并指导	
	设计股	掌关于教育文化上计划及研究并调查	

18 日，伪局长张鼎勋在伪中央广播电台发表《成立教育局之意义》的讲演，指出伪教育局成立，对于“纠正青年思想，改善教

育状况而言，在过去的十年党化教育时期，青年学生思想庞杂，异说横行，因而引起社会上种种不安，国际间添了许多纠纷。现在新政府教育部即针对此种错误，决定了教育方针：辟邪说，正人心，安定社会，协和友邦，向着复兴中国之前途迈进”。“就整理和复兴固有文化及道德而言，中国立国四千余年，自有其千古不磨的立国精神存在。这种精神，就是所谓东方文化与吾国固有道德。十余年来毁灭遗弃，漫无条理，以致上无道揆，下无法守，社会秩序因而大乱，国家政治永失轨道。因此，我们非加以整理提倡，设法发扬光大不可。但是，一谈到东方文化与固有道德，真是典籍浩瀚，性理渊博，浑浑漠漠，无边无际，所以整理提倡，真是一个重大工作，没有负专责的机关，又岂能行?”① 张鼎勋自认为伪教育局中设置调查股，第二科中设置实业教育股，第三科中设置体育保健股是他的创新之处。

伪华北临时政府成立后，天津相应地成立了伪河北省公署。与此同时，伪天津治安维持会被伪天津市公署取代，1943 年 2 月，复更名为伪天津市政府。1938 年 1 月，李泰芬任伪天津特别市公署教育局局长。3 月间，伪市长潘毓桂把有关局调整为处，李泰芬成了教育处处长。4 月 2 日，《新民报》报道，伪教育处处长李泰芬当日作了《余着任后天津市教育状况》的广播讲话，谈了他任处长后的当务之急。4 月 7 日，《庸报》报道了李泰芬、蒋子绳及陈葆光等出席伪天津市文化教育振兴委员会 6 日召开的第一次常务委员会的情况。这次会上，蒋子绳“当选”为该委员会图书审查委员。他早在 1937 年 9 月便加入了伪天津治安维持会，是一个“铁杆”汉奸。

伪天津特别市公署教育局职官是日本侵略军绞尽脑汁安排的。

① 《成立教育局之意义》，邓菊英等编：《北京近代教育行政史料》，北京教育出版社 1995 年版，第 90 页。

继李泰芬之后，1939年，何庆元继任伪天津公署教育局长。何庆元，1929年日本东京庆应义塾大学经济学部毕业，是3月24日新任伪天津市长温世珍班子人马上任的。日军在伪天津市公署教育局里还照例地要安插掌控教育局的日本人。1938年11月，毕业于东京高等师范国语汉文科的日本人山田秀雄，出任伪天津市政府教育要员。1944年底，山田秀雄升任伪天津市政府顾问。

伪天津特别市政府教育局的职员虽然以中国人为主，但仍然要安插少量日本人。1944年11月，伪天津特别市政府教育局职员的大致情况是：局长王敬公，日本早稻田大学法科毕业，汪伪国民政府成立后，1940年7月任考试院参事。秘书主任张正藩，此前的1942年便任伪河北省公署教育厅督学。教育局专员有1931年东京外国语学校支那语部毕业，1938年任伪天津特别市立第一中学教谕的日本人柏忠雄、柿崎进。第一科科长王钧，第二科科长蒋子绳，第三科科长朱经畬，督学傅镜如、杨基荣、刘用栋、井家骧，市立第一图书馆馆长王君石，市立第二图书馆馆长赵鸿，市立博物院院长张栋石，市立美术馆馆长刘子久。①

1938年11月，伪青岛治安维持会聘任所谓“中日教育名流”10人，成立“学务委员会”，负责咨询各校预算及经营等事项。1939年1月，伪青岛特别市公署设青岛市教育局，下设三科一室，庶务科下设庶务、调查、人事三股，学务科下设特殊教育、中等教育、初等教育三股，社会教育科下设体育、图书、教化三股。② 庶务科中的调查股股长由日本陆军特务机关“推荐”的大久保清担任，学务科科长为满族人伊里布担任，社会教育科初为李伯林担任

① 赵宝琪等主编：《天津教育史》上卷，天津人民出版社2002年版，第373页。

② 青岛市史志办公室编：《青岛市志·教育志》，新华出版社1994年版，第27页。

科长，1940 年改由饭田晁三担任，督学室宇野祐四郎任主任，另设有教育指导员、嘱托和教育指导官共 12 人。从人事编制上足以看出督学在伪青岛教育行政中的地位。

伪华北政权下辖之各省情形比特别市要复杂，教育行政系统的建立要稍晚一些。1938 年 1 月，日伪在天津建立伪河北省公署，翌年迁保定。同年 7 月，伪河北省将全省分为四道，道下设县。各道、县设教育科。早在 1936 年 9 月，伪冀东政府颁布《冀东教育宗旨及实施方针》，同月，又制定了《冀东中小学训育标准》，其实质都是以奴化教育与封建主义思想结合，毒化麻痹青少年学生。伪河北省教育厅忠实地贯彻执行 1940 年伪南京国民政府教育部“和平反共建国”的教育方针，采取了一系列措施，推行以泯灭民族意识为目的的殖民地奴化教育。1941 年 3 月，日军实行“治安强化运动”以后，在对抗日根据地疯狂地进行“扫荡”的同时，更加积极地推行奴化教育，以配合军事进攻。伪华北教育总署施教方针中，明文规定以“肃正思想”为中心。其训育方针也规定：“根绝容共思想，以亲仁善邻之旨，谋东亚及全世界之和平。”乡村教育也以“培养和平反共建国与中日亲善之思想”为目的。①

1939 年，伪河南省公署建立，属于日伪华北政务委员会直辖。日伪统治下的河南沦陷区的教育体制是：日伪河南省教育厅属于伪华北政务委员会教育总署直辖，日伪河南教育厅主管市县教育科和市县中学，市县教育科主管小学。日伪河南教育厅设厅长、顾问、辅问、辅佐官、秘书主任等职。内设组织机构主要有秘书室、督学室、学务科、科教科，下设各股。日伪开封市政府教育科和各县教

① 阎国华等主编：《河北教育史》第二卷，河北教育出版社 2003 年版，第 326—327 页。

育科设科长、督学、科员、办事员等职。[1] 河南教育名流王幼侨被委任为伪教育厅厅长，但王幼侨深明大义，深恐当汉奸坏了名声，婉言拒绝了，遂以吕东荃担任伪教育厅厅长。尽管吕是一位忠实的奴才，但除了对河南教育界的情况一无所知外，也缺乏献媚效劳的本领，加之河南沦陷区留下的少数知识分子对吕东荃缺乏信任，河南教育工作毫无起色。日本当局遂通过伪省长陈静斋的关系，从北京“挖”来赫赫有名的老牌亲日派分子王大经出任伪河南省教育厅厅长。在形式上还是经华北伪政权组织王揖唐、王克敏推荐，再由伪河南省长陈静斋邀请，聘为伪河南省教育厅厅长的。王大经到开封走马上任后，本想“有所作为”，无奈伪教育厅的大部分秘书、科长、股长等都是外地人，自恃有日本人作后台，对王大经的重要人事调整举措不予支持。王大经仅安置了艾聿修担任教育厅的秘书主任，算是他的一员干将。于是，“王大经以治病为名，长期居住北京，所有厅长职责，交由秘书主任艾聿修代行”[2]。就这样，王大经敷衍了8个月，终于在伪教育厅长任上一命呜呼了。之后，又有在伪河南省建设厅任秘书主任的边状猷和在北京师范大学附属女子中学任教务主任的孙晶清充任伪教育厅厅长。这样，不到7年时间有4任教育厅长。伪教育厅长任期过短，任职无一定条件要求，裙带关系、拉帮结派盛行，是伪河南省教育厅人事行政的一大特点。

此外，伪山东省政府于1938年3月5日在济南组建，初由郝书暄出任伪教育厅长，1942年11月27日由俞康德继任。直到日本无条件投降前半年的3月16日，还有杨毓珣兼任和朱经占任最后一任伪山东省教育厅长。1938年6月20日，伪山西省政府在太原组建。首任伪教育厅长者系裴澗泉，1943年2月1日，赵济武

---

①② 王日新、蒋笃运主编：《河南教育通史》中册，大象出版社2004年版，第414页。

继任，两月后的4月22日，王骧出任；1944年2月3日，关庆翔陪伪山西省教育厅走完最后的一段路程。

三、伪华北政务委员会的地方道县教育行政

伪华北临时政府在省、市一级成立伪公署后，复在省、市公署下设道、县两级伪行政公署，无疑这一级地方行政机构也是在日本侵略军的扶植和操纵下建立的。道一级称为道公署，譬如河北省保定道公署，道公署长官称道尹。县一级称为县公署，其长官称县长。与道、县一级的市，如山东省烟台市，建立伪烟台市公署，其长官称为市长。1938年春，伪华北临时政府颁布了《省道县公署组织大纲》，规定道级行政“设道公署为一道行政机关”，设道尹1人，简任，综理一道之政务；道尹对驻扎本道的警团有调遣节制之权，但遇非常事件而需用兵力时，并得径向军事长官请求；道公署设秘书1～2人，荐任或委任，承道尹之命处理署务；道公署设警务、财政、教育、建设四科，各科置科长1人，荐任；科员及办事员若干人，委任。县级行政“设公署为一县行政机关”，置县长1人，荐任，处理全县行政事务。县公署设秘书1人，委任，处理县署公务；设警务局及财政、教育、建设等科，各局科置科长1人，科员1人或2人，均为委任。① 从伪华北临时政府道县公署组织机构系统看来，尽管其时处在日军发动侵略战争的非常时期，但所构建的系统是相当严密的。

伪华北临时政府颁布的《省道县公署组织大纲》，对下辖各省而言，具有指令的作用。各省可以根据《组织大纲》精神，将道县公署组织具体化。如伪河北省制定出台了《河北省公署与道县组织

① 余子侠、宋恩荣著：《日本侵华教育全史》第二卷，人民教育出版社2005年版，第202页。

大纲》，对伪河北省道县行政组织构建作了具体规定。规定各道公署设警务、财政、教育、建设四科，各科置科长 1 人，荐任，科员及办事员若干人，委任。① 全河北各县“设县公署为一县行政机关”，置县长 1 人，荐任，综理全县政务。县公署设秘书 1 人，委任，负责处理县署公务。县公署设警务局及财政、教育、建设等科，各局科署设局科长 1 人，科员 1～2 人，均为委任。②

日本帝国主义的侵略行径，激起中国人民的强烈抗争。伪华北临时政府尽管颁布有《省道县公署组织大纲》，但由于是战争状态，特别是 1940 年以后日军在战场上能够占到的便宜越来越少，且连连失利，新的道、县行政系统要建立起来并非易事。譬如伪河南省公署虽然建立起来了，但下面道、县公署建立起来的并不多。1937 年 11 月 5 日，日军侵占安阳，县教育局随县政府迁移到安阳西岭都岭头村。日军占领安阳城后，将安阳县改名为彰德县，以汉奸萧瑞臣为头子组织了彰德县维持会，次年改组成立伪彰德县公署，下设民政、财政、建设、教育等科。教育科设科长 1 人，督学 1 人，办事员若干人。第一任教育科长由东北人文光斗担任，第二任科长姓甚名谁资料阙如，第三任科长由东北人张文林担任。③

日伪统治期间，伪华北临时政府及后来的伪华北政务委员会下辖的道、县，由于日军竭力继续扩大战争，向国统区和解放区进行疯狂“扫荡”，继之于 1941 年发动太平洋战争，并多次实施所谓“治安强化运动”，物价上涨，日伪统治下的各省、道、县教职工生活水平急剧下降。以河南伪彰德县为例，到日本无条件投降前夕，“中小学教职工的薪给仅能维持个人温饱”④，家人则食不果腹，在啼饥号寒中执掌教鞭，其教学质量如何是可以想见的。

---

①② 伪《河北省公署与道县组织大纲》，《申报》1938 年 4 月 22 日。

③④ 安阳市教育志编辑室编印：《安阳市教育志·教育行政篇（初稿）》，1987 年 3 月油印本，第 4—5、156 页。

伪华北临时政府教育部或伪华北政务委员会教育总署，以及下辖各省、道、县教育行政，在短短的几年时间里，为日本帝国主义在沦陷区推行奴化教育，效尽了犬马之劳。伪华北政务委员会教育总署 1942 年 3 月和 12 月两次举行“临时教育会议”；从 1943 年到 1945 年，伪教育总署每年召开一次“华北各省市会议”。在这些会议期间，讨论和制定了诸多推进和强化奴化教育的政策和法令。1942 年 11 月抛出的《厘订教育刷新实施提纲》，最令亲者痛仇者快。这一奴化教育实施举措要旨有八：(1) 知行合一为我国古来治学之根本精神，务期学问与生活、理论与实践相即不离、融会贯通；(2) 中国固有之道德文化为立国之基础，历代之政教民情为国民精神之表征，应于专攻学科之外，作课余之研究；(3) 为适应时代需要起见，专科以上学校原有学系学科应从新检讨，加以调整，课程指导书应从速编制；(4) 教职员应指导学生革新其日常生活，尤当以身作则，为学生之表率；(5) 专任教员应于授课之外，在学术研究上及生活上与学生多接触联系，俾收教学相长之实效；(6) 宜指导学生养成纪律和生活自治能力，勤苦耐劳习惯及进取向上之精神；(7) 宜使学生对于世界大势有深刻之认识，对于中国复兴有确切之信念，激发爱国热诚，振奋兴亚精神；(8) 学校之行政管理亟应整饬刷新，会计、经理亦宜妥为经营，俾收最大之效果。①

这八条目的内容表面上似乎并无舛误之处，似乎都暗合着教育发展的规律和学生成长的规律。但是，事情并不那么简单，日本帝国主义侵略中国的狼子野心都被冠冕堂皇的“国民精神”、“革新”、“自治能力”、“世界大势”、“中国复兴”、“爱国热诚”、“振奋兴

① 《华北政务委员会教育总署教育行政报告书》，1943 年 2 月；伪华北教育总署档案，二二一/640，中国第二历史档案馆。转引自余子侠、宋恩荣著：《日本侵华教育全史》第二卷，人民教育出版社 2005 年版，第 230—231 页。

亚”、“整饬刷新”等所掩饰，都另有所指。譬如，所谓“世界大势”，绝不是民主和谐，而是所谓“大东亚共荣”。

1943 年 6 月 1—3 日，伪教育总署在北京召开教育行政会议。要求所辖各省、市教育厅局，“切实遵照上年十一月本总署通令颁行之教育刷新实施纲要，洞察时代动向，统筹全局，涤除欧美功利主义，发扬东方道义精神，力谋中日文化交流，通力合作。俾完成创造新东方文化，以建设东亚新秩序之使命”。会议讨论方案共 50 件，其中请统筹救济办法以维中小学教员生计而利教育的议案有 5 件。① 从这些会议所通过的文件和所讨论的问题来看，伪教育总署实施奴化教育的目的可谓欲盖弥彰。

伪华北临时政府或伪华北政务委员会下辖的各省、道、县教育行政机关，也无一不是死心塌地地为日本帝国主义的侵略战争服务，为培养他们所需要的奴才和顺民服务。1941 年 3 月，日伪开始了第一次“治安强化”运动，他们在向抗日根据地开展大规模军事“扫荡”的同时，提出了“兴亚灭共”的口号。当年 11 月，伪山东省公署在关于教育方针趋向的指示中强调：“现在庶政之推进，咸以治安为鹄的，教育为一切之原动力，今后当以教育全副力量，谋治安之强化。换言之，即站在强化治安的立场上而办教育。”② 1943 年 1 月，伪山东省公署公布了《山东省教育主旨》，对教育主旨的内容进一步概括：“山东为孔孟桑梓之邦，文化发祥之地，圣经贤传，历代所宗。凡我同胞应恪遵力行，敬祖先，孝父母，尊师长，友兄弟，信朋友，和乡里，尚勤俭，重道义，刻苦耐劳，锻炼体魄，博学深思，促进科学技术，勇于负责，严守纪律，知行合

① 中央教育科学研究所编：《中国现代教育大事记》，教育科学出版社 1988 年版，第 511 页。

② 山东省档案馆，101—16—50，第 37 页；转引自赵承福主编：《山东教育通史》（近现代卷），山东人民出版社 2001 年版，第 332—333 页。

一，自强不息，爱国家，爱东亚，精诚团结，共进大同。”① 明眼人一看便知，其目的就是“爱东亚”。伪山东省教育厅解释说：“同胞是国家的一分子，国家是东亚的一部分，这爱东亚的呼声便又从此推演出来。就是把爱的范围再作扩大，从自己的国家推想到同洲、同种、共荣辱、同甘苦的临近国家。这大东亚主义便同时揭示而出。……爱东亚正所以爱国家。”② 1944年夏，伪教育厅长说：“划历史时代下之思想战，惟有教育界可负其全责”，要在最短的时间内，“造就能苦干之青年，致力于大东亚战争之完遂”。伪省长也说：“时值今日，教育更为培养战斗力之根源”，成为“推进政治之工具”。他鼓吹要实行“政教合一”制度，实现“政治教育化”、“教育政治化”。③

伪河南省教育厅在郑州设置的中原自治学院，从全省挑选青年，强迫接受训练，三个月后分派到各县担任教育、宣传等奴化河南民众的工作。在接受训练的三个月内，每天一次朝会，节目清一色的是四个方面的内容：（1）向五色旗以及新民旗行礼；（2）唱新民歌；（3）做新民操；（4）讲解新民主义，不放弃任何对少年儿童实行奴化教育的机会。伪河南省教育厅还采取四项措施奴化教师。第一，商同伪华北政务委员会教育总署每年抽调一名中学教师到伪华北政务委员会教育总署办的师资讲肄馆学习，毕业后送日本参观。先奴化广大教师，将教师培养成推行奴化教育的骨干。第二，伪河南省教育厅在农林学校举办由各校校长、教务主任、训育主任参加的农业训练班。其内容是学习农业知识，讲授“大东亚战争必胜”、“美帝必败”等，目的是学好农业，支援“大东亚战争”。训

①② 《山东省教育主旨解说》，山东省公署教育厅1943年编印，第87、89页；转引自赵承福主编：《山东教育通史》（近现代卷），山东人民出版社2001年版，第333页。

③ 《山东省第五届教育行政会议要览》，山东省公署教育厅1944年编印，第10—12页。

练班结束后，又以同样的形式举办小学校长、教务主任、训育主任训练班，卑鄙的目的自然还是一样的。第三，每年开办寒假中小学校长训练班，加强对各级学校的控制，以达到稳定沦陷区殖民统治的罪恶目的。第四，规定各校每周集合一次，向学生宣读汪伪集团向美国宣战书；命令学生献铜、献铁、献废茶叶、献空酒瓶，以支援“大东亚战争”。① 汉奸们深知只有先将教师培养成奴才，才能将学生培养训练成小奴才的道理，乃处心积虑地推行奴化教育。

第三节　汪伪国民政府的教育行政②

1939年12月30日，汪精卫与日本签订《日支新关系调整纲要》，满足了日方条件，随即正式筹建伪中央政府。1940年3月30日，伪中华民国国民政府在南京成立，当时称为“还都”，以示其“正统”地位。因汪精卫担任该政府的“代理主席”，故通称其为“汪伪政府”。其辖区历有变更，最多时近400县，另有沦陷区中的各大城市。

一、汪伪国民政府的中央教育行政

汪伪国民政府主管教育的最高行政机关为教育部，1940年3月30日成立，直接隶属于行政院。1940年7月6日汪伪国民政府修正公布的《教育部组织法》规定：“教育部管理全国学术及教育

① 王日新、蒋笃运主编：《河南教育通史》中册，大象出版社2004年版，第414页。

② 本目系在曹必宏等著《日本侵华教育全史》第三卷第二章第二、三节基础上损益而成。曹必宏等著该书，披阅了大量第一手汪伪档案资料，是汪伪国民政府教育行政研究的扛鼎之作。该书由人民教育出版社2005年出版。

行政事宜”；“教育部对于各地方最高行政长官执行本部主管事务有指示监督之责”；“教育部就主管事务对于各地方最高级行政长官之命令或处分认为有违背法令或逾越权限者，得提经行政院会议议决后停止或撤销之”。① 汪伪教育部设部长一人，综理部务并监督指挥所属职员及各机关；设政务次长、常务次长各一人，辅助部长处理部务；设参事、秘书、督学、视察、专员各若干人，承长官之命，办理有关事务。1943年7月，又增设咨询委员若干人，专备咨询及建议有关事宜。

汪伪教育部内设总务、高等教育、普通教育、社会教育、边疆教育五司及秘书、参事、会计、统计四室，各司、室机构设置及职掌如下。

总务司　下设第一至三科，主要负责公布部令和编制报告，文件撰拟及收发、保管，职员任免、奖惩之记录，经费出纳，典守印信，编印和发行公报，官产官物之保管，庶务及其他下属各司事项。

高等教育司　下设第一至三科，主要负责大学教育及专门教育、国外留学、各种学术机关之指导，学位授予及其他高等教育事项。

普通教育司　下设第一至四科，主要负责中等教育、小学教育、幼稚教育、师范教育、职业教育、地方教育机关的设立及变更，以及其他普通教育事项。

社会教育司　下设第一至三科，主要负责民众教育及识字运动、补习教育、低能及残废者之教育、美化教育、公共教育、图书及保存文献，以及其他社会教育事项。

边疆教育司　主要负责蒙藏地方教育之调查、蒙藏地方各种教育事业之兴办、蒙藏教育师资之培养、蒙藏子弟入学之奖励、蒙藏

① 汪伪《国民政府公报》，第44号，1940年7月10日。

教育经费之计划及其他边疆教育事项。

秘书室　设秘书若干人，主要负责部务会议及长官交办事项。

参事室　设参事若干人，负责撰拟、审核教育部之法案、命令。

会计室　设会计主任一人，办理岁计、会计事项。

统计室　设统计主任一人，办理统计事项。

汪伪国民政府教育部还设有大学教育委员会、华侨设计委员会、编审委员会、学制及课程标准研究委员会，以及社会教育实施委员会、留学生考选委员会、驻日学务专员办事处、编历委员会、体育委员会、中小学训育实施委员会、中国青少年团事业委员会、义务教育委员会、留日学生津贴委员会、教育统计委员会、补助清寒学生审查委员会、童子军事务委员会等。

1942 年 1 月 28 日，汪伪教育部以上海“学校荟萃，教育事务极为繁重”，特别是太平洋战争爆发后，原租界内各学校由日伪接收，“为期租界内教育事务之联络推进，暨其他临时发生事件之处理便利起见，拟予设置教育部驻沪办事处”。① 经同年 2 月 3 日汪伪行政院第 97 次会议讨论通过，正式设立了汪伪教育部驻沪办事处，由伪教育部高等教育司司长严恩柞代理处长，后由赵润丰接任。该办事处的主要职掌为：“（1）关于国有学产之调查、保管及整顿事项；（2）关于有关教育工作之联络及推进事项；（3）关于教育事业之改进及建议计划事项；（4）关于教育部交办事项；（5）关于临时发生案件之调查处理事项；（6）关于教育部部长咨询事项。”② 1944 年 5 月底撤销。

从 1940 年 3 月 20 日成立至 1945 年 8 月覆亡，汪伪教育部首任

---

① 《教育部呈》，1942 年 1 月 28 日，汪伪行政院第 97 次会议记录附件，汪伪行政院档案，二〇〇三/7225，中国第二历史档案馆馆藏。

② 《教育部驻沪办事处组织规程》，1942 年 2 月 3 日，汪伪行政院第 97 次会议记录附件，汪伪行政院档案，二〇〇三/7225，中国第二历史档案馆馆藏。

部长为赵正平（1940年3月30日至1941年8月16日），继任部长李圣五（1941年8月16日至1945年8月）。伪政务次长有樊仲云（1940年3月30日至1940年8月13日）、戴英夫（1940年8月13日至1942年8月28日）、刘仰山（1942年8月28日至1943年2月1日）三人。伪常务次长有戴英夫（1940年3月30日至1940年8月13日）、王敏中（1940年8月13日至1941年8月22日）、薛典曾（1941年8月22日至1942年8月28日）、杨为桢（1942年10月19日至1943年2月1日）四人。次长有杨为桢（1943年2月1日至1944年1月27日）、赵润丰（1944年1月27日至1945年7月31日）和戴策（1945年7月31日至1945年8月）三人。

先后担任各司司长的有：总务司司长段庆平、王振纲、赵善铭、张寄岫，高等教育司司长钱慰宗、严恩祚、朱钰，普通教育司司长徐季敦、沈绂、薛荫曾，社会教育司司长严恩祚、赵如珩、王一方等。

汪伪教育部成立伊始，即通令沦陷区各伪省市教育主管部门“切实整理学风，扩充学校，设法恢复二十六年事变前之旧”①。为整顿沦陷区地方教育，1940年5月，汪伪教育部特派伪教育部督学吴家煦、孙泽民、赵如珩、李公锋、薛邦迈分别赴南京、上海、江苏、浙江、安徽等地视察，历时约一个月，其视察要点为：（1）各地教育实施状况；（2）各地教育上的困难；（3）各地教育经费状况；（4）国库补助费分配情形等。他们还将视察所了解的各地教育实施状况，向汪伪教育部作详细汇报，并提出了多项修改意见，由汪伪教育部分令各省市切实改进，同时编印了各省市教育视

① 汪伪宣传部编印：《国民政府三年来施政概况》，1943年3月，汪伪中央政治委员会最高国防会议档案，二〇〇六/343，中国第二历史档案馆馆藏。

察报告录，以作教育实施之参考。①

汪伪教育部在“恢复”各级学校与社会教育机构、派遣留日学生、创办“国立”师范学校、开办“国立”模范中学及“国立”模范女中、设立“国立”职业学校、设立“国立”中等学校理科实验所（1940年8月在南京设立）的同时，还倡议恢复了“国立”编译馆、“国立”中央图书馆等学术机构。

汪伪教育部成立之初，一项重要的工作就是编印各类“国定”教科书，在1940年6月召开的第一次教育行政会议上，沦陷区各伪省市教育当局即吁请迅速编印“国定”教科书，汪伪教育部乃“一面将从前各大书局发行之中小学各种教科书分别审查，其有不合时宜或不臻完善之处，用最简明之评定，标明‘适用’、‘不适用’、‘修改后适用’列表分发外，一面并责成编审委员会及国立编译馆，切实编撰各级学校教科书”②。至1940年秋季开学时，初小之国语、常识、算术及高小之国语、历史、地理、算术、自然、公民等科均陆续出版，并分发沦陷区各地使用。1941年春天，“国定”初中教科书也正式出版。

汪伪教育部还加强了对民众读物的审核，制定了《取缔不良民众读物暂行办法》及实施细则，并于1942年3月28日呈准伪行政院备案后，令各伪省市教育厅局遵照施行。

汪伪教育部还召开了多次“全国教育行政会议”，对沦陷区奴化教育进行讨论、研究。

汪伪第一次“全国教育行政会议”于1940年6月20—22日在南京举行，出席会议的代表有汪伪教育部官员及特别指派人员27人，汪伪统治区内安徽、湖北、江苏、浙江、南京、上海、武

① 《教育部工作报告》，1940年10月，汪伪教育部档案，二〇七八/29，中国第二历史档案馆馆藏。

② 《申报年鉴》，申报社1944年版，第944页。

汉、杭州等省市教育厅局官员 25 人，另有列席会议代表 4 人（其中“中国教育建设协会”代表 3 人，编审会 1 人），共计 56 人。汪精卫曾接见与会代表。会议共审议通过议案 75 件，其中高等教育组 5 件，普通教育组 49 件，社会教育组 21 件。

汪伪第二次“全国教育行政会议”于 1941 年 6 月 3—5 日在南京举行，按照会议规程，出席此次会议人员为：各伪省教育厅长，各伪市教育局长或社会局长，各伪省教育厅、伪市教育局或社会局秘书或科长一人（由各厅局自行指定），汪伪教育部部长、次长暨参事、各司司长、督学及特别指派人员。汪伪行政院秘书长陈春圃、内政部部长陈群、社会部部长丁默邨、立法院代表周学昌等出席了开幕式。陈春圃在代表汪伪行政院致词时强调此次会议应以汪伪“反共、和平、建国”教育方针为准则，“尤应特别注重肃清共产思想，以谋民族生命之延续，东亚永久和平之实现”。① 会议共收到提案 107 件，并分由教育行政、高等教育、社会教育、普通教育四组进行审议。

汪伪第三次“全国教育行政会议”于 1942 年 2 月 26—28 日在南京举行，出席会议的代表有汪伪教育部长官、直属各校校长、伪华北教育总署代表以及汪伪江苏、浙江、安徽、湖北、汉口、上海、南京各省市教育厅局长及专家代表共 102 人。会议由汪伪教育部部长李圣五担任议长，伪华北政务委员会委员苏体仁任副议长，共收到提案 220 件，就学制、教育经费、教科书等问题进行了讨论，并作出一系列决议。其重要决议有：（1）关于改革学制及课程标准问题，由教育部延聘专家组织学制研究委员会研究，并组织课程标准研究委员会相辅而行。（2）关于增加教育经费问题：①请“中央”及各“省市县”增加教育经费；②所增数目应各在总预算内规定成数；③“中央”对各“省市”教育经费，应定统筹办法，

① 《教育建设》第 2 卷第 4 期，1941 年 7 月 10 日出版。

以免盈亏不均；④从事教育人员之食粮，如政府采取配给办法，应以廉价从优配给。（3）继续办理民众教育馆，并尽量设立青年学校。（4）关于教科书问题，由“教育部”呈请“行政院”设立国营印刷公司，且于教科书编审后，准许各书局自由印行，辗转翻印，以应需要。① 此外，会议对扩充职业教育及女子师范教育、中小学训育、义务教育、教科书与教授法、中小学教材、体育以及恢复武汉大学、天津北洋工学院、山东大学、暨南大学等也均有决定。②

为了加强与教育界的沟通与联系，为日本建设所谓“东亚新秩序”服务，汪伪教育部还多次组团赴日本参加所谓“东亚教育大会”，进行考察等。汪伪国民政府成立不久，为庆祝日本建国纪元两千六百年纪念，日本东京市帝国教育会和东京市政府于 1940 年 7 月发起召开东亚教育大会，此即第一次东亚教育大会。刚刚成立不久的汪伪国民政府派出了以“教育部”次长戴英夫为团长的教育代表团参会。除华北及蒙疆地区代表外，由华东、华中、华南等汪伪统治区域代表组成的代表团共有 27 人。③

会议于 1940 年 7 月 8—11 日在东京举行，日本人永田秀次郎任大会主席。会议主要讨论了所谓“建设东亚新秩序教育上之协力，强化东亚教育界之亲善联络，及关于初等教育、教育团体及中等教育等各项问题”④。

1942 年 7 月，汪伪教育部又组团出席了在伪满洲国举办的第二次东亚教育大会。此次大会于 1942 年 7 月 22—24 日在伪满洲国的新京（今长春）举行，伪满洲国国务总理张景惠任总裁，出席会议的有日本、伪满、汪伪及泰国代表共 408 人。汪伪国民政府及伪

---

①②④ 《申报年鉴》，申报社 1944 年版，第 963 页。

③ 成员包括汪伪教育部司长、督学、秘书、科长、随团翻译、随团医生及江苏、浙江、安徽、广东、上海、湖北等地部分学校校长，还有伪教育部官员的夫人等。

华北政务委员会、伪蒙疆政府共派出36人参加，由汪伪教育部政务次长、“中国教育建设协会”理事长戴英夫任团长，伪华北教育总署参事孙季瑶任副团长。①

华南方面原决定派五名代表参加，即广东省两名，广州市、厦门市、汕头市各一名，但并未与会。此次大会主要讨论了所谓“兴亚教育”的推进方策，以及教育行政、政治教育、语言教育、科学技术教育、初等教育等方面的问题。② 一言以蔽之，研究在沦陷区有效推行奴化教育问题。

二、汪伪国民政府的地方省市教育行政

日伪在其统治下的各省和特别市设置的教育行政主管机关为省教育厅和市教育局。

各伪省教育厅是伪省政府的组成部门，并受伪中央教育部的指导，主要负责全省教育事务的规划，地方教育法规的制定，教育经费的筹措、管理，公立各级各类学校的筹设、管理，私立学校的立案、管理、审核，社会教育机构的筹设、管理，师资的培养、管理，学生的管理，毕业生的分派，留学生的选派，以及对各县教育的指导、督察等。

① 团员有伪教育部参事和科长、伪江苏教育厅科长、伪浙江教育厅科长、伪安徽教育厅科长、伪苏淮特区行政公署教育处长、伪南京市教育局科长、伪上海市教育局科长、伪汉口市教育局科长、伪苏北行营教育处科长、伪湖北省教育厅科长、伪北京市教育局科长、伪教育总会委员、伪华北教育总署学务专员、伪蒙疆乌兰察布盟文教科长、伪蒙疆兴蒙委员会高级辅佐官、伪蒙疆锡林郭勒盟文教科长等官员，还有北京大学、北京师范大学、上海大学、外国语专科学校、蒙疆兴蒙学院、蒙疆中央学院、新民学院等高等学校校（院）长、教师及部分中小学、职业学校校长和教师。

② 《申报年鉴》，申报社1944年版，第963—964页。

为了明确伪省教育厅各部门的主要职责，各地伪省政府还制定了教育厅办事细则。兹以伪安徽省政府1940年11月公布的《安徽省政府教育厅办事细则》为例，伪安徽省教育厅设厅长一人，简任，承伪省政府主席之命，“综理全厅事务，指导监督所属职员及所辖各机关”。① 伪安徽省教育厅内设四科及秘书、督学、技术、编审四室，各科室主要职掌如表7-4所示。

表7-4 伪安徽省教育厅科室设置及职掌

	科属	股属	职　掌
厅长一人，简任，承伪省政府主席之命，综理全厅事务，指导监督所属职员及所辖各机关。	第一科	第一股	办理文件之收发及文稿之撰拟，文件之缮校及管理档案，典守印信，工作报告之编制等事项。
		第二股	办理款项之出纳，账目之登记，预决算之编造，直辖校、局、场、所、馆、院经费之规定领发及稽核等事项。
		第三股	办理公用物品之购置、支配及保管，出版刊物之发行，公役工作之管理及指导，本厅消防及卫生以及普通交际等事项。
		第四股	办理直辖及所属校、局、场、所、馆、院钤记之核发、捐资兴学、请奖之审核和补助费之规定、支配及审核，本厅教育款产之调查、整理、征收、保管，本厅职员及直辖各机关人员之任免、升降、考核、奖惩及请假等事项。

① 《安徽省政府教育厅办事细则》，汪伪教育部档案，二〇七八/92，中国第二历史档案馆馆藏。

续表

科属	股属	职　掌
第二科	第一股	办理省立专科、独立学院及大学之筹设，公私立专科以上学校之管理及审核，公私立专科以上学校教职员资格之审核、登记，公私立专科以上学校学生入学、转学、辍学、退学、毕业之登记及毕业试验之审查暨监督，留学生之选派、管理及补助，专门以上人才之登记及文化事业之考核等事项。
	第二股	办理中等学校之筹设，公私立中等学校之立案、编制课程暨管理，公私立中等学校教职员资格之审核及登记，公私立中等学校学生入学、转学、辍学、毕业之登记及毕业试验之审查及监督等事项。
	第三股	办理小学教育及简易小学之筹设，公私立小学和幼稚园立案、编制课程暨管理，公私立小学校等学生入学、转学、辍学、毕业之登记和毕业试验之审查及监督，私塾之登记、管理、改良及取缔等事项。

续表

	科属	股属	职　掌
	第二科	第四股	办理师范学校及乡村师范之筹设，师范学校教职员资格之审核及登记，师资之培植及训练，公私立师范学校学生入学、辍学、毕业之登记及毕业试验之审查与监督等事项。
	第三科	第一股	办理民众教育馆、民众图书馆、民众学校之筹设及管理，其他民众教育推广等事项。
		第二股	办理公共体育场及游泳场所筹设、改进及管理，电影教育之推进、通俗讲演之改良及民众娱乐之设施，家庭之访问及联络，其他有益于民众生活之文艺教育及休闲教育等事项。
		第三股	办理特种学校之筹设、改良及编制课程，残废及低能儿童之智力测试、生活训练、体格锻炼，残废及低能民众之补习教育及休闲教育之设计等事项。
	第四科	第一股	办理农业、工业和商业职业学校之筹设、管理、改良及编制课程，以及各种职业学校毕业生之成绩考核及职业介绍等事项。
		第二股	办理青年学校之筹设、管理、改良及编制课程，青年学校学生之成绩考查及发给证件，青年学校毕业生之职业介绍及就业后之考查等事项。

续表

	科属	股属	职　掌
	第四科	第三股	办理家事学校之筹设、管理、改良及课程编制，家庭生活之分析、研究及指导，家庭经济之调查、设计及指导，家庭职业之研究、改良及指导等事项。
	秘书室		主要负责省府会议提案之备办及本厅会议之记录，重要文件之撰拟及保管，文件分配，各科室所拟文稿之审核，单行法规之拟订及每月行政报告之汇编，以及厅长交办的各种事项等工作。
	督学室		主要负责全省学务之调查、视察及指导，教育方案之规划及审核，建议教育兴革等工作。
	技术室		主要负责一切学校工程之设计，教育研究测试和调查统计，编制各种图表，仪器教具之改良等工作。
	编审室		主要负责书籍、刊物之出版、编审和图书、刊物、表册之搜集、保管等工作。

资料来源：《安徽省政府教育厅办事细则》（1940 年 11 月），汪伪教育部档案，二〇七八/92，中国第二历史档案馆馆藏。

对于各伪特别市教育局的职掌等情况，则以伪上海市教育局为例。按照汪伪国民政府 1941 年 2 月 17 日准予备案的《上海市政府组织规则》的规定，伪上海市教育局主要职掌为：（1）关于筹办管理市立学校划分及变更市内学区事项；（2）关于教职员之甄别、检定及待遇事项；（3）关于筹办义务教育、幼稚教育及学龄儿童之调查统计事项；（4）关于私立学校之立案、奖励、私塾改良及取缔事项；（5）关于教材之审查及编辑事项；（6）关于国外留学事项；（7）关于市有学产之调查、整理及保管事项；（8）关于中小学课程之研究及初等、中等教育实验事项；（9）关于社会教育、补习教育之计划实施指导事项；（10）关于市民体育及美育之训练、提倡、指导、奖励事项；（11）关于社会文化事业之筹办、管理、提倡、奖励及监督事项；（12）关于通俗演讲及娱乐之提倡、指导、审查、取缔事项；（13）关于民众读物之编辑、审查及取缔事项；（14）关于其他教育事项。① 除设局长外，还设有督学 2～3 人、专员 1～2 人，下设各科办事。各科所办事宜与各省教育厅各科事务基本相似，不再详述。

汪伪国民政府建立后，为了筹设教育经费，汪伪教育部还通令各省市成立教育经费委员会，“规定以教育部督学一人为各该省市教育经委会当然委员，俾可随时监督，并协助进行”，并派吴家煦、李公铎、吴秉衡、沈立、孙泽民分任江苏、浙江、安徽三省及南京、上海两市教育经费委员。②

为了贯彻奴化教育的方针、政策，解决奴化教育实施过程中存在的问题，听取教育界的意见，各伪省市教育厅局还多次召开教育行政会议及中小学校长会议等。如伪浙江省即于 1940 年 12 月 25—27 日在杭州召开了第一次教育行政会议，“听取各县市报告，并商讨今后兴革事宜”，出席会议的有伪浙江省各县市长 15 人，县市教育科长、督学 21 人，县市社教机关主持人员及中等学校校长 26 人，大会共收到提案 130 余件。③ 伪江苏省教育厅为“明了本省各中等学校对于和平、反共、建国教育之训教实施状况，并谋

① 伪《国民政府公报》，第 139 号，1941 年 2 月 21 日印行。

② 《教育部工作报告》，1940 年 10 月，汪伪教育部档案，二〇七八/29，中国第二历史档案馆馆藏。

③ 徐季敦：《一年来的浙江教育》，《教育建设》第 2 卷第 1 期。

中等教育之改进起见”①，于1940年10月28—29日召开了有伪教育厅官员、各省县立中等学校校长及其他有关人员共50余人参加的江苏省省、县、私立中等学校校长会议，大会共收到议案80件，经讨论决议的有44件。伪浙江省教育厅也于1941年2月10日，召开了中等学校校长座谈会，对中等教育作出进一步的研讨。会议共收到议案21件，临时动议1件。

三、汪伪国民政府的地方县级教育行政

日伪政权在各县的教育行政领导机关为教育局。沦陷初期，各地在日伪扶植下成立的地方治安维持会下，一般均设有教育科；伪维新政府成立后，一些县也开始设教育局，主管地方教育行政事宜。汪伪国民政府成立后，为健全地方教育行政机关，根据1940年6月召开的汪伪第一次“全国教育行政会议”议决案和教育部的指示，沦陷区各省按照《恢复各县教育局办法》，开始恢复各县教育局。为此，各省均制定了《恢复各县教育局办法》。伪安徽省规定：“就已恢复之县份，参酌各县财政及教育情形，分别缓急，次第恢复各县教育局，掌理全县学校教育及民众教育馆、图书馆、博物馆、公共体育场、民众乐园、儿童乐园等事项及其他文化、社会事业。”② 伪安徽各县呈请恢复县教育局的条件是：“每年教育经费收入在5万元以上者”，“各校学生总数达4 000人以上者”或“各校学级总数在100级以上者”。③伪江苏省最早恢复县教育局的有吴县、常熟、昆山、吴江、武进、无锡、太仓、丹徒、青浦、江都、

① 《江苏省省县私立中等学校校长会议报告》，1940年12月12日，汪伪教育部档案，二〇七八/92，中国第二历史档案馆馆藏。

②③ 《修正安徽省恢复各县教育局办法》，1940年10月，汪伪教育部档案，二〇七八/75，中国第二历史档案馆馆藏。

南通等11县。同时各省还制定并公布了《各县教育局组织暂行规程》及《各县教育局分级标准及月支经费表》，兹以伪江苏省为例。汪伪江苏省政府及各县政府相继建立后，伪江苏省政府即拟定公布了《江苏省各县教育局组织暂行规程》及《江苏省各县教育局分级标准及月支经费表》。1941年伪江苏省教育厅举行各县地方教育行政会议时，教育行政组提请对上述规程进行修订，使县属各局行政组织统归一律。1941年7月23日，伪江苏省政府第46次会议通过了《修正江苏省各县教育局组织暂行规程》，并公布施行，同时报汪伪教育部备案。《暂行规程》作了如下规定。

(1) 县教育局以教育局长、县督学、教育委员及课长、课员等若干人组织之。

(2) 县教育局依照县教育经费的多寡分为六级（年经费在55万元以上者为一级，年经费在45万元以上者为二级，年经费在35万元以上者为三级，年经费在25万元以上者为四级，年经费在15万元以上者为五级，年经费在8万元以上者为六级）。

(3) 县教育局掌理全县学校教育、社会教育及其他文化事业。

(4) 县教育局长受教育厅长及县长之指挥监督，综理局务，并指挥监督所辖教育机关。

(5) 县教育局长以人格高尚、思想纯正并合于下列资格之一者，由教育厅遴选二至三人，呈由教育厅核选一人，提请省政府委任：①国内外大学教育学院、师范大学或高等师范毕业，曾任教育职务一年以上者；②师范专修毕业，曾任教育职务两年以上者；③师范学校本科或高中师范科毕业，曾任教育职务三年以上者；④专门以上学校毕业，曾任教育职务三年以上确有成绩者。

(6) 县督学承教育局长之命，视察并指导全县教育事宜，由局长遴选，呈经县政府转请教育厅核准委任。

(7) 县教育局应根据现在学校数目暨学校分布情形，划分全县为若干学区，呈由县政府转呈教育厅核定，各学区设置教育委员一人，受局长之指挥监督，办理全区教育事务，教育委员由局长遴选，呈经县政府转请教育厅核准委任。

（8）县教育局得视事务之繁简，分设总务、学校教育、社会教育三课，或总务、教育两课，每课设课长一人，秉承局长分掌各课事务，由局长遴员呈经县政府转请教育厅核准委任，课员若干人，由局长遴员呈请县政府核准委任，并呈报教育厅备案。

（9）县教育局得视事务之需要，酌设雇员。

（10）县教育局经费由县教育经费项下支给之。①

《暂行规程》还规定各伪县教育局应设立教育行政委员会和教育经费委员会。②

根据《安徽省县教育局暂行规程》可知，伪县教育局下设的三课，其职掌如下：（1）总务课，主要掌理文书之收发、撰拟、缮校及印信、卷宗、图书之保管，学校之建筑及设备，全县教育经费之出纳、稽核及预决算，教育统计、调查以及刊物编辑、庶务、会计和不属于其他各课的事项；（2）学校教育课，主要掌理初等教育、县立中学、职业教育、师资培养训练及进修、学龄儿童调查及就学、私塾取缔及改良、学区划分及学校设立等学校教育事项；（3）社会教育课，主要掌理补习教育、特殊教育、公共体育、博物馆、科学教育馆、民众教育馆及图书馆、学术团体文化事业、推行识字运动、改良风化及民众娱乐，以及其他社会教育事项。③

至于伪江苏等省各县所设教育委员的任职则须符合下述条件之一：“（1）普通考试教育行政人员考试及格者；（2）大学教育系或高等师范毕业者；（3）高中师范科或师范本科毕业，曾任教育职务

①② 《江苏省政府咨送修正江苏省各县教育局组织暂行规程暨各县教育局分级标准及月支经费表》，1941 年 8 月 2 日，汪伪教育部档案，二〇七八/73，中国第二历史档案馆馆藏。

③ 《安徽省县教育局暂行规程》，1940 年 10 月，汪伪教育部档案，二〇七八/75，中国第二历史档案馆馆藏。

两年以上者；（4）中等以上学校毕业，曾任小学校长三年以上或正教员四年以上确有成绩者。”①

教育委员除视察、指导区内教育机关外，并应秉承伪县长或教育局长之令办理下列各事宜：（1）拟定本区应设小学校、社会教育机关及改良私塾之数量与地点，并规划其分年推广或改进办法；（2）调查学龄儿童数及成年识字与不识字人数，督促学龄儿童或年长失学者入学，并许可其免学或缓学；（3）考核小学校、民众学校之学级，组织课程编制及教员资格；（4）审核各校各级学生人数及升级、留级、毕业、停学、转学事项；（5）审核本区各学校及社教机关经费用途与经济公开事项；（6）调查并视察本区私塾设立状况，并办理塾师登记及取缔事项；（7）规定教育机关应用表簿，选定适用教科书及补充教材，指导各校及改良私塾于开课前置备；（8）指导区内学校及社教机关组织教育事业合作团体，主办本区教育人员进修事项及各种教育研究集会，并考核其成绩；（9）稽核本区各学校及社教机关教职员请假事宜；（10）调制本区教育上各种统计报告，办理县长或教育局长委托事项及与县督学协同主持之事项。②同时规定教育委员不得兼任其他有给职务，每学期至少视察本学区内学校及社教机关两次、私塾一次以上，并应将视察报告呈由伪县教育局或县政府加具奖惩及改进意见，列表呈报伪教育厅察核。各学区教育委员每学期须开联席会议两次，讨论改进事宜。③

①②③　《修正江苏省各县教育委员暂行规程》，1940年8月伪江苏省第八次省政府会议议决通过，汪伪教育部档案，二〇七八/92，中国第二历史档案馆馆藏。

四、汪伪国民政府的教育辅助机构

除各级教育行政机关外，日伪政权还指使一些追随投敌的教育界人士组织了一些教育团体，以协助其奴化教育方针政策的执行与实施，这些教育团体实际上是日伪政权的御用工具。

（一）“中国教育建设协会”

1940 年 3 月汪伪国民政府成立后，一些追随汪伪叛国投敌的教育界人士为了协助汪伪“和平反共建国国策的实现，与夫新中国教育建设的成功”①，乃发起组织所谓“中国教育建设协会”。1940 年 6 月 9 日，“中国教育建设协会”在南京建邺路前伪维新政府教员养成所举行成立典礼，出席会议的有汪伪国民政府有关机关的长官、协会会员、记者、来宾共 500 余人。会议由戴英夫、莫国康、卜愈、张仲寰、钱慰宗五人组成的主席团主持，汪伪教育部部长赵正平、宣传部部长林柏生、边疆委员会委员长罗君强、社会部次长彭年等出席会议并训话。会议决定“以大会名义电汪精卫致敬”，并以大会名义呈请伪教育部转呈伪行政院提高教职员待遇，呈请伪教育部从速制定教职员保障条例。会议通过了《中国教育建设协会章程》，推选了理监事，并发表了宣言。为了认清该会成立的目的及所谓的“使命”，并进一步明了汪伪教育理论，该会起草并发布成立宣言：“本会既以建设新中国教育为惟一之使命，请再进而分述今后我侪努力于教育之目标。一为本位的：教育之本质，每为一民族生命力与争存力之表现，故一国之教育，必有一国之特质，英美为同文之国，其教育实大相径庭，日本模仿德国，惟恐不及，而大和民族之精神，依然如

① 戴英夫：《一年来的中国教育建设协会》，《教育建设》第 2 卷第 1 期。

故。……今后建设新中国之教育，应以此时此地为第一，把握现实建设新制，固为建设新教育应有之事，而于我国固有文化优性之检讨与保存要亦不可忽视。……二为统一的：教育是辅导人类社会生活的手段，同时改良社会促进人类生活趋向至善之境地，简言之，'教育即生活'，'学校即社会'，故各国教育必以全民为对象。惟有若干国家，已经强盛，乃择比较不健全之要素，作为建国或强国之根据，畸轻畸重，原不足为训，以其适于国情，故亦行之而有效。……故今后建设新中国教育，应以民族、民权、民生三者并重，此又一事也。"①

"中国教育建设协会"以"联络教育界同志，研究教育问题，努力教育事业，以建设新中国教育，并与东亚各国教育界人士互通声气，以谋东亚教育之发展"② 为宗旨。该协会名义上是民间团体，实际上是汪伪政权加强对教育界统制的工具。其最高领导机关理监事会的成员多为汪伪国民政府各部委及汪伪教育部、各省教育厅的重要官员，陈公博等任名誉理事长，汪伪教育部次长戴英夫任理事长。理事会下设总务、组织、调查、研究、设计、出版等六组。并设有职业介绍、识字运动、国语普及运动、生产教育研究、简易小学实施等五个委员会。除伪华北政务委员会统辖范围外，该会在汪伪统治下的各省市均先后设立了分会，各县则设有支会。

"中国教育建设协会"的主要任务是"协助政府，推进教育建设，在教育建设的推进中，完成和平反共建国的使命，同时也可使教育界同人，生活能够得到改善，幸福也力谋增进"③。该协会成

① 戴英夫：《一年来的中国教育建设协会》，《教育建设》第2卷第1期。

② 《申报年鉴》，申报社1944年版，第964页。

③ 戴英夫：《中国教育建设协会的过去和将来》，1941年6月9日，伪中央电台广播稿。

立后，多方拉拢沦陷区内教育界人士，特别是各级各类学校的教职员工，为日伪推行奴化教育，协助汪伪所谓“和平反共建国的使命”而鼓噪，并依靠日伪政权的支持，成为汪伪统治区内参加人数最多、影响力最大的教育团体。该协会在其存在的五年多时间内，据载设立简易小学数十所，“解决”了部分沦陷区各地儿童无学可上的问题。又举办国语注音符号讲习会、各种座谈会及“教育建设资料展览会”。还创办了会刊《教育建设》（月刊）和《教育周刊》，出版有教育丛书五种，即《小学和平反共建国周中心教育实施大纲》、《儿童教育问题讨论集》、《戴英夫教育论丛》、《大东亚解放设计单元教学纲要》和《东亚解放与教育》。

（二）“全国大学教授协会”

“全国大学教授协会”于1941年3月2日在南京成立，系由沦陷区负责高等教育的伪政府官员和各高等学校教授组成，初有会员60余人，后增至百余人，其最高领导机关为理事会，常务理事有严恩柞、卜愈等7人，理事有张素民等21人。还设有监事会。下设总务、组织、研究、出版四组，以及大学丛书编审委员会、高等教育研究会、心理建设研究委员会、社会建设研究委员会、经济建设研究委员会、政治问题研究委员会等。

“全国大学教授协会”的主要任务有如下诸点。第一，创造本位文化。“旧的典型已经打破了，新的准则尚未建立，所以由大学教授来领导，发动一个新文化运动，是必要的。新文化运动的内容固极繁复，但其本质必须适应此时此地的需要，不迷恋旧骸骨，也不盲从新思潮，有计划地保存旧文化，也有计划地吸收新文化，先谋中国本位文化的建设，更在文化沟通的前提下，与友邦携手协力，共同创造东亚本位的新文化。”第二，树立中心思想。“过去康梁维新与五四运动的失败者以此，辛亥革命与国民革命的失败者亦以此。因为没有中心思想，便没有中心信仰；没有中心信仰，便无中心力量，一国政治而无中心力量，便足以亡国灭族而有余。”“教授协会”遂召集全国专家，共同商议做工作。第三，改进生产技术。“最近有倡议中日经济合作的，但合作绝不是附庸，必须我们自己也有力量，而后在平等互惠的原则下，谋共存共荣。关于生产技术的改良和研究，日本精进，使我国经济基础日臻强固，国民富力日渐增加，这也是本会同人的中心工作。”第四，提倡科学方法。“与东西各国相比，我国的科学水平，实在落后得可怕，今后实有迎头赶上去的必要。在量的方面，须养成全民的科学精神，使生活合理化、现代化；在实的方面，更须造就若干杰出人才，于学术上有所发明和贡献，以增进全社会的福利，并充实全民族生存竞争的力量。不过科学方法的提倡，决非空言所能幸致，也非皮毛的探求所能成功，必须在专科以上学校中培植基础，广育人才，尤贵大学教授自己以身作则，庶几养成良好风气，开中国学术界上灿烂的曙光。”①

由此不难看出，该会的主要任务就是要与日本侵略者“携手协力，共同创造东亚本位的新文化”，并将“心理建设”作为其工作的中心，其实质就是要使沦陷区民众能够心甘情愿地接受日伪的统治。

该协会成立后，曾通过了《编辑大学丛书》、《呈请教育部设立中央研究院》、《聘请专家修正学制》、《核议大学教授优待条例》等提案，并送交汪伪教育部。

（三）“中国儿童教育协会”

“中国儿童教育协会”系由沦陷区内从事初等教育的一些人士组织成立，会所初设上海，1940 年 3 月汪伪国民政府成立后迁南京。该协会主要从事了以下几方面的工作：（1）从 1940 年 10 月

① 严恩柞：《一年来的高等教育》，《教育建设》第 2 卷第 1 期。

起，先后设立报童学校5所；(2) 1941年11月在沦陷区内举办了所谓“全国小学教师征文”；(3) 1942年4月发起组织了“全国儿童和平征文”竞赛；(4) 编辑出版书刊，主要有《全国儿童和平征文选集》、《儿童游览手册》等书籍，及《儿童画刊》、《儿童月刊》、《小学教师》等刊物。

作为汪伪国民政府教育部辅助机构的教育团体，都是为汪伪推行奴化教育效力的机构。这些教育团体存在的时间虽然不长，但围绕着奴化教育开展的活动却不少，充分暴露了这些汉奸卖国求荣的本质。

主要参考文献

Ⅰ

《十三经注疏》，中华书局1980年影印版。

《二十五史》，上海古籍出版社、上海书店1986年影印版。

《西汉会要》，上海人民出版社1977年版。

李林甫等撰：《唐六典》，中华书局1992年版。

《唐会要》，上海古籍出版社2006年版。

《宋会要辑稿》第五十四册《崇儒》。

《文献通考》，浙江古籍出版社2000年影印版。

《续文献通考》，浙江古籍出版社2000年影印版。

《清朝通志》，浙江古籍出版社2000年影印版。

《清朝文献通考》，浙江古籍出版社2000年影印版。

纪昀等：《历代职官表》，上海古籍出版社1989年影印版。

孙逢吉：《职官分纪》，中华书局1988年影印版。

清代官修：《学政全书》，台湾广文书局1974年版。

朱寿朋编，张静庐等校点：《光绪朝东华录》，中华书局1958年版。

《筹办夷务始末》（咸丰朝），中华书局1979年版。

中国史学会主编：《洋务运动》，上海人民出版社、上海书店出版社2000年影印版。

国家档案局明清档案部编：《戊戌变法档案史料》，中华书局1958年版。

中国史学会主编：《戊戌变法》，上海人民出版社、上海书店出版社 2000 年影印版。

舒新城编：《中国近代教育史资料》，人民教育出版社 1981 年版。

舒新城编：《近代中国教育史料》，中华书局 1933 年版。

朱有瓛主编：《中国近代学制史料》，华东师范大学出版社 1983 年版。

朱有瓛等编：《中国近代教育史资料汇编·教育行政机构及教育团体》，上海教育出版社 1986 年版。

李桂林等编：《中国近代教育史资料汇编·普通教育》，上海教育出版社 1995 年版。

学部总务司编：《学部奏咨辑要》卷一，宣统元年（1909 年）刊本。

中央教育科学研究所编：《中国现代教育大事记》，教育科学出版社 1989 年版。

中国第二历史档案馆编：《中华民国史档案资料汇编》第三辑《教育》，江苏古籍出版社 1991 年版。

中国第二历史档案馆编：《中华民国史档案资料汇编》第五辑，江苏古籍出版社 1994 年版。

丁致聘编：《中国近七十年来教育记事》，国立编译馆 1935 年版。

《最近三十五年来之中国教育》，商务印书馆 1931 年版。

《教育法令汇编》第一辑，商务印书馆 1936 年版。

《老解放区教育资料》，教育科学出版社 1981 年版。

皇甫束玉等编著：《中国革命根据地教育纪事》，教育科学出版社 1989 年版。

江西省教育学会编：《苏区教育资料选编》，江西人民出版社 1981 年版。

中国第二历史档案馆编：《善后会议》，档案出版社 1985 年版。

黄季陆主编：《革命文献》第54辑，中国国民党中央委员会党史史料编纂委员会1971年3月印行。

熊承涤编：《中国古代教育史料系年》，人民教育出版社1985年版。

宋恩荣、章咸选编：《中华民国教育法规选编》，江苏教育出版社2005年版。

Ⅱ

《沈丘县志》，明嘉靖刻本。

教育部中国教育年鉴编审委员会编：《第一次中国教育年鉴》，开明书店1934年版。

教育部教育年鉴编纂委员会编：《第二次中国教育年鉴》，商务印书馆1948年版。

江苏省地方志编纂委员会编：《江苏省志·教育志》，江苏古籍出版社2000年版。

河北省地方志编纂委员会编：《河北省志·教育志》，中华书局1995年版。

甘肃省地方史志编纂委员会编纂：《甘肃省志·教育志》，甘肃人民出版社1991年版。

湖南省地方志编纂委员会编：《湖南省志·教育志》下册，湖南教育出版社1995年版。

《内蒙古教育志》编委会编：《内蒙古教育史志资料》，内蒙古大学出版社1995年版。

邵祖德等编纂：《浙江教育简志》，浙江人民出版社1988年版。

广西壮族自治区地方志编纂委员会编：《广西通志·教育志》，广西人民出版社1995年版。

邓菊英等编：《北京近代教育行政史料》，北京教育出版社

1995 年版。

李彦福等编：《广西教育史料》，广西人民出版社 1990 年版。

辽宁省地方志编纂委员会办公室主编：《教育志》，辽宁大学出版社 2001 年版。

武强主编：《东北沦陷十四年教育史料》第一辑，吉林教育出版社 1989 年版。

青岛市史志办公室编：《青岛市志·教育志》，新华出版社 1994 年版。

浠水县教育委员会编纂：《浠水县教育志（1904—1985）》，浠水县教育委员会 1990 年印行。

洪湖市教育委员会编：《洪湖教育志》，1996 年第 7 月印行。

常德地区志教育志领导小组编：《常德地区志·教育志》，中国社会科学出版社 1990 年版。

《石首教育志》编纂领导小组编：《石首教育志（1866—1985)》，1987 年 11 月印行。

佘国纲编著：《湘中教育志》，岳麓书社 1995 年版。

温州市教育志编纂委员会编：《温州市教育志》，中华书局 1997 年版。

保定市教育局史志办公室编：《保定教育史料类编》，河北人民出版社 1990 年版。

Ⅲ

熊明安等主编：《四川教育史稿》，四川教育出版社 1993 年版。

阎国华、安效珍主编：《河北教育史》，河北教育出版社 2003 年版。

阎国华主编：《保定近代教育史略》，河北大学出版社 1992 年版。

张彬主编：《浙江教育史》，浙江教育出版社 2006 年版。

陈科美主编：《上海近代教育史》，上海教育出版社 2003 年版。

赵承福主编：《山东教育通史》，山东教育出版社 2001 年版。

冯象钦、刘欣森总编：《湖南教育史》，岳麓书社 2002 年版。

李喜平主编：《辽宁教育史》，辽海出版社 1998 年版。

蔡寿福主编：《云南教育史》，云南教育出版社 2001 年版。

王日新、蒋笃运主编：《河南教育通史》，大象出版社 2004 年版。

刘海峰、庄明水著：《福建教育史》，福建教育出版社 1996 年版。

四川省政协文史资料研究委员会、四川省文史馆编：《四川近现代文化人物》，四川人民出版社 1989 年版。

赵宝琪、张凤民主编：《天津教育史》上卷，天津人民出版社 2002 年版。

朱解琳著：《甘宁青民族教育史简编》，青海人民出版社 1993 年版。

杨明、王岚著：《中国藏族教育史略》，成都科技大学出版社 1993 年版。

章玉安主编：《绍兴教育史》，中华书局 2004 年版。

谷秀青著：《清末民初江苏省教育会研究》，广西师范大学出版社 2009 年版。

陈贤忠等主编：《安徽教育史》，安徽教育出版社 2006 年版。

傅九大主编：《甘肃教育史》，甘肃人民出版社 2002 年版。

李定开主编：《重庆教育史》第二卷，西南师范大学出版社 2006 年版。

李定开著：《抗战时期重庆的教育》，重庆出版社 1995 年版。

湖北省政府编印：《湖北省计划教育实施概况》，1943 年印行。

孔令中主编：《贵州教育史》，贵州教育出版社 2004 年版。

齐红深主编：《东北地方教育史》，辽宁大学出版社 1991 年版。

王野平主编：《东北沦陷十四年教育史》，吉林教育出版社 1989 年版。

姜树卿、单雪丽主编：《黑龙江教育史》，黑龙江人民出版社 2002 年版。

赵承福主编：《山东教育通史》（近现代卷），山东人民出版社 2001 年版。

陈传德主编：《南京教育史》，商务印书馆 2007 年版。

Ⅳ

严昌点校：《韩愈集》，岳麓书社 2000 年版。

宋大防等撰：《韩愈年谱》，中华书局 1991 年版。

《范文正公文集》，中华书局 1985 年版。

《王文公文集》，上海人民出版社 1974 年版。

《李觏集》，中华书局 1981 年版。

章学诚：《史通通释 · 文史通义》，江苏广陵古籍刻印社 1991 年影印版。

黄汝成：《日知录集释》，岳麓书社 1994 年版。

李元度：《国朝先生事略》，岳麓书社 1991 年版。

苑书义等主编：《张之洞全集》，河北人民出版社 1998 年版。

汤志钧编：《康有为政论集》，中华书局 1981 年版。

张品兴主编：《梁启超全集》，北京出版社 1999 年版。

廖一中、罗真容整理：《袁世凯奏议》，天津古籍出版社 1987 年版。

何启、胡礼垣：《新政真诠》，辽宁人民出版社 1994 年版。

谭承耕、李龙如校点：《张百熙集》，岳麓书社 2008 年版。

中华职业教育社编：《黄炎培教育文集》，中国文史出版社

1994 年版。

吕达主编:《陆费逵教育论著选》,人民教育出版社 2000 年版。

高平叔撰著:《蔡元培年谱长编》,人民教育出版社 1996 年版。

高平叔编:《蔡元培全集》,中华书局 1989 年版。

季羡林主编:《胡适全集》,安徽教育出版社 2003 年版。

华中师范学院教育科学研究所主编:《陶行知全集》,湖南教育出版社 1984—1992 年版。

蔡振生、刘立德编:《陈宝泉教育论著选》,人民教育出版社 1996 年版。

宋恩荣主编:《晏阳初全集》,湖南教育出版社 1989 年版。

吴寄萍编:《改良私塾》,中华书局 1939 年版。

孙邦正编著:《教育视导大纲》,商务印书馆 1944 年版。

王云五著:《王云五文集》,江西教育出版社 2008 年版。

王云五著:《谈往事》,台湾传记文学出版社 1981 年版。

国联教育考察团著,国立编译馆译:《中国教育之改进》,国立编译馆 1932 年版。

舒新城编:《近代中国教育思想史》,福建教育出版社 2007 年版。

陈青之著:《中国教育史》,东方出版社 2008 年版。

陶蒲生、尹旦侯编:《刘寿祺教育文集》,湖南教育出版社 1992 年版。

刘百川著:《国民教育行政问题》,商务印书馆 1948 年版。

孙邦正编著:《六十年来的中国教育》,台湾正中书局 1974 年版。

王聿均、孙斌编:《朱家骅先生言论集》,台湾中研院近代史研究所 1977 年版。

陈立夫著:《战时教育行政回忆》,台湾商务印书馆股份有限公司 1973 年版。

李学通等整理:《翁文灏日记》,中华书局 2010 年版。

《张申府文集》,河北人民出版社 2005 年版。

龚守静等编:《柳湜教育文集》,教育科学出版社 1991 年版。

李又宁等编:《中国妇女史论文集》第 2 辑,台湾商务印书馆 1988 年版。

熊明安著:《中华民国教育史》,重庆出版社 1990 年版。

李华兴主编:《民国教育史》,上海教育出版社 1997 年版。

江铭主编:《中国教育督导史》,人民教育出版社 1994 年版。

雷国鼎著:《中国近代教育行政制度史》,台湾教育文物出版社有限公司 1983 年版。

李济东主编:《晏阳初与定县平民教育》,河北教育出版社 1990 年。

齐红深主编:《日本侵华教育史》,人民教育出版社 2002 年版。

曲铁华、梁清著:《日本侵华教育全史》第一卷,人民教育出版社 2005 年版。

余子侠、宋恩荣著:《日本侵华教育全史》第二卷,人民教育出版社 2005 年版。

曹必宏等著:《日本侵华教育全史》第三卷,人民教育出版社 2005 年版。

齐红深主编:《日本对华教育侵略》,昆仑出版社 2005 年版。

武强著:《日本侵华时期殖民教育政策》,辽宁教育出版社 1994 年版。

刘子扬编著:《清代地方官制考》,紫禁城出版社 1988 年版。

董纯才主编:《中国革命根据地教育史》,教育科学出版社 1991 年版。

关晓红著:《晚清学部研究》,广东教育出版社 2000 年版。

蒋纯焦著:《一个阶层的消失——晚清以降塾师研究》,上海世纪出版集团 2007 年版。

V

贾逸君编:《民国名人传》，岳麓书社 1993 年版。

周天度著:《蔡元培传》，人民出版社 1984 年版。

唐振常著:《蔡元培传》，上海人民出版社 1984 年版。

冯天瑜、何晓明著:《张之洞评传》，南京大学出版社 1991 年版。

《北京师范大学校史》，北京师范大学出版社 1982 年版。

武修敬主编:《历代教育名人志》，湖北教育出版社 1994 年版。

南开大学校史编写组编:《南开大校史（1919—1949）》，南开大学出版社 1989 年版。

王德滋主编:《南京大学百年史》，南京大学出版社 2002 年版。

西南联合大学校友会编:《国立西南联合大学校史》，北京大学出版社 2006 年版。

后　记

十余年前，我撰写了《中国教育行政史》，是为教育管理专业教材之用而动心忍性，苦苦地折腾一番才付梓的。当时，进行中国教育行政史研究的平台颇低，尽管薛人仰氏、郭秉文氏有大著在前，但实在是语焉未详。所以，拙著从研究运思对象到布局谋篇，都费了一番周折，甚至一些概念的概括，也都是最早由我抽绎而成。然而，“第一个吃螃蟹”的人，肯定会为学术界树起一些“攻击”的靶子的。譬如，已经故去的李才栋教授，就曾与我讨论古代最高教育行政管理机构是礼部还是国子监的问题。这显然是一个很值得讨论的论题，由于忙于教学和其他事务，这一问题被束之高阁了。如今哲人仙逝，像李教授那样沉到深水区的学人，今天已觉是向曙之星了。

可以肯定地说，《中国教育行政史》只是对三千年教育行政进行了简单的梳理，近现代部分为了防止篇章结构上畸轻畸重，防止犯下“薄古厚今”的错误，因而也有“语焉不详”的毛病。2009年，人民教育出版社刘立德先生来电约稿，希冀在他们承担的国家“十五”出版规划重点项目“中国近代教育专题史论丛”中加增一本《中国近代教育行政史》，我欣然应允。领了符节后，夙兴夜寐，唯恐丛书增加这本不多，不出此本无憾，如履薄冰，如临深渊。最终是否如愿以偿，话语权全在读者，故乞望批评斧正。

人民教育出版社郭戈、吕达、刘立德、诸惠芳、冯卫斌等先生及特约责编朱珊女士对本书的出版给予了大力帮助，特此鸣谢。研究生滕文娟、张帮娇做了部分文稿核对工作，特记于书之一隅，以志不忘。

熊贤君

2014年9月